Schreiben im Netz

D1639969

Anne Thillosen

Schreiben im Netz

Neue literale Praktiken im Kontext Hochschule

Waxmann 2008
Münster / New York / München / Berlin

Bibliografische Informationen der Deutschen Nationalbibliothek
Die Deutsche Nationalbibliothek verzeichnet diese Publikation in der
Deutschen Nationalbibliografie; detaillierte bibliografische Daten sind
im Internet über http://dnb.d-nb.de abrufbar.

Medien in der Wissenschaft; Band 49
Gesellschaft für Medien in der Wissenschaft e.V.

ISSN 1434-3436
ISBN 978-3-8309-2061-8

© Waxmann Verlag GmbH, Münster 2008

www.waxmann.com
info@waxmann.com

Umschlaggestaltung: Pleßmann Kommunikationsdesign, Ascheberg
Titelbild: Christian Ziegler
Satz: Stoddart Satz- und Layoutservice, Münster
Druck: Hubert & Co., Göttingen
Gedruckt auf alterungsbeständigem Papier, säurefrei gemäß ISO 9706

GRATIAS TIBI AGO BENEDICTE
NON AVTEM TIBI SOLVM

Inhalt

1. Literalität als Thema der Hochschuldidaktik: Zu Relevanz und Zielsetzung der Arbeit

1977 erschien Umberto Ecos *Come si fa una Tesi di Laurea*. Als 1987 die deutsche Übersetzung mit dem Titel *Wie man eine wissenschaftliche Abschlußarbeit schreibt* veröffentlicht wurde, begründete der Übersetzer Walter Schick (1990, S. V) dies in seinem Vorwort unter anderem damit, dass „das Buch für eine wissenschaftliche Arbeitsweise [steht], die angesichts des Übergreifens neuer Techniken der Dokumentation und des Schreibens auch auf diesem Bereich in Gefahr geraten könnte": Innerhalb von zehn Jahren war Ecos Buch zu einem historischen Dokument geworden, das „als Mahnung verstanden werden [könnte], bewährte Arbeitsweisen nicht leichtfertig über Bord zu werfen und das Neue darauf zu prüfen, ob es sich mit den Anforderungen wissenschaftlichen Arbeitens verträgt" (ebd.).

Die vorliegende Arbeit geht nur am Rande auf die Veränderungen bei der Erstellung wissenschaftlicher Arbeiten ein, jedoch illustriert dieses Beispiel, welche Befürchtungen damit verbunden sind, dass zurzeit traditionelle wissenschaftliche Arbeitsprozesse „bereits auf der Ebene ihrer basalen Arbeitstechniken [...] selber an den medialen Veränderungen teil[nehmen]" (Kulturwissenschaftliches Forschungskolleg Medien und kulturelle Kommunikation der Universität Köln; im Folgenden zitiert als SFB/FK 427). Allerdings sind die Veränderungen für die Hochschulen – für die Geistes- und Kulturwissenschaften wohl noch mehr als für die Naturwissenschaften – noch erheblich weitreichender: Nach einer Situationsbeschreibung des Kulturwissenschaftlichen Forschungskollegs *Medien und kulturelle Kommunikation* der Universität zu Köln „wandeln sich die sprachlichen und literarischen Kompetenzen, auf denen sie aufruhen und die sie produzieren. Der Stellenwert ihrer kanonischen Gegenstände und ihrer eigenen Verfahrensweisen ist ebenso wie ihre Leistung für die Gesellschaft neu zu klären" (ebd.). Offensichtlich verändert die Nutzung der digitalen, „neuen" Medien die Hochschulen, und offensichtlich berühren diese Veränderungen in erheblichem Maße die bisher in diesem Umfeld praktizierte Schriftlichkeit, „Literalität"[1].

Auch viele organisatorische Maßnahmen an einzelnen Hochschulen sowie nationale und internationale Entwicklungen werden durch die Vernetzung der Medien beschleunigt. Dies zeigt sich beispielsweise sehr deutlich an den Veränderungen, die durch den Bologna-Prozess[2] ausgelöst werden. Mit dem Ziel, ein System europaweit

---

1   Die Begriffe Schriftlichkeit und Literalität werden in dieser Arbeit synonym verwendet; die in diesem ersten Kapitel vorgestellte vorläufige Definition wird im Laufe der Arbeit ergänzt und erweitert.

2   Einen umfangreichen Überblick, Literatur- und Linklisten zum Bologna-Prozess stellt die Service-Stelle Bologna der Hochschulrektorenkonferenz unter www.hrk.de/bologna/de/home/ 1952.php zur Verfügung (letzter Abruf 01.06.2007). Zur kritischen Reflexion des Bologna-Prozesses z.B. Zimmer 2007 sowie die weiteren Beiträge zum Themenschwerpunkt „Hochschule" in: Das Argument 272/2007; Liessmann 2006; Schriewer 2007 u.v.m.

vergleichbarer Studienabschlüsse zu schaffen, geht eine grundlegende Umgestaltung der Struktur der Studiengänge sowie der Studien- bzw. Arbeitsprozesse einher. In diesem Zusammenhang spielen digitale und vernetzte Medien eine wichtige Rolle: Der Begriff „E-Bologna" umfasst unterschiedliche Handlungsebenen, in denen „implizit oder explizit der Einsatz digitaler Medien zur Umsetzung der Bologna-Richtlinien beiträgt" (Bachmann/Bremer/Carstensen 2005, S. 1), von der Studienorganisation durch den Einsatz von Campusmanagementsystemen bis zur inhaltlichen und didaktischen Unterstützung des Studiums durch E-Learning-Elemente. Eine sehr „radikale bologna-konforme Neukonzeption der gesamten Lehre" hat beispielsweise die Universität St. Gallen mit Beginn des Wintersemesters 2001/02 eingeführt (Euler/Wilbers 2005, S. 1). Das die gesamte Hochschule umfassende Change-Management-Konzept sieht u.a. einen Selbststudienanteil von 25% des Studien- und Prüfungsvolumens vor; in diesem Kontext ist E-Learning „kein Selbstzweck, sondern steht im Dienst des Selbststudiums bzw. – in anderer Lesart – des Bologna-Prozesses" (ebd., S. 8). Aber auch an Hochschulen, die die Studienstrukturreform weniger konsequent umsetzen, trägt der Bologna-Prozess zum Einsatz digitaler Medien in der Lehre bei. So wird beispielsweise die Entwicklung multimedialer, wiederverwendbarer Lernmaterialien auch dadurch gefördert, dass diese durch die modulare Struktur der neuen Studiengänge standortübergreifend und sogar transnational einsetzbar sind, zumal die Vernetzung die nationale und internationale Zusammenarbeit von Universitäten und Hochschulen und die Entwicklung hochschulübergreifender Studienangebote erleichtert (vgl. z.B. Vögele/Mohnike/ Trahasch 2005; Mohnike 2005). Dass solche deutlich erkennbaren strukturellen Veränderungen Auswirkungen auf die Arbeit der Hochschulen haben, ist offensichtlich und steht im Fokus der öffentlichen Aufmerksamkeit.

Der (von ihnen selbst mitgestaltete) Wandel der Schriftlichkeit dagegen ist vielen Beteiligten kaum bewusst. Die vorliegende Arbeit befasst sich mit den Wechselwirkungen zwischen den Faktoren Literalität, digitale Medien und Hochschule und geht dabei davon aus, dass nicht nur offensichtliche strukturelle Veränderungen, sondern auch solche, die sich scheinbar beiläufig vollziehen, wie eben auch eine veränderte Literalität, Einfluss auf das Verständnis und die Praxis von Lehre, Lernen und Forschung haben und eventuell auch die Wahrnehmung und die Stellung der Hochschulen betreffen. Ziel der Untersuchung ist es, Veränderungen literaler Praktiken im Hochschulkontext – über die oben genannten kulturpessimistischen Befürchtungen hinaus – möglichst genau zu beschreiben und so zugleich auch damit einhergehende Veränderungen im Verständnis von Wissenschaft und (Aus)Bildung zu präzisieren: Anhand welcher Kriterien lassen sie sich adäquat erfassen? Welche (neuen) Kompetenzen sind zur Nutzung notwendig? Können Bedingungen oder (hochschuldidaktische) Maßnahmen identifiziert werden, unter denen neue literale Praktiken „funktionieren", d.h. von den Beteiligten akzeptiert und genutzt werden, und damit tatsächlich zu Veränderungsprozessen im Hochschulkontext führen?

In diesem einleitenden Kapitel wird zunächst kurz der Einfluss medialer Veränderungen auf eine Gesellschaft und deren Verständnis von Wissen und (Hochschul)Bildung umrissen (Abschnitt 1.1). Danach erfolgt eine erste Definition des Untersuchungsfeldes „Literalität" (Abschnitt 1.2) bzw. „Hochschulliteralität" (Abschnitt 1.3): Was genau ist mit diesen Begriffen gemeint? In einem kurzen Überblick über die inter- bzw. transdisziplinäre Forschungsgeschichte werden die unterschiedlichen Perspektiven der beteiligten Fächer vorgestellt und schließlich eine Arbeitsdefinition entwickelt, die zentrale Thesen der verschiedenen Theorien (zumindest als Fragestellung) aufnimmt. Über die Konkretisierung des Arbeitsthemas hinaus wird dadurch ein Orientierungsrahmen entwickelt, auf den bei der Beschreibung und Beurteilung der in den folgenden Kapiteln untersuchten Lese- und Schreibtheorien Bezug genommen werden kann: Welche (impliziten) Annahmen über Literalität liegen ihnen zugrunde, welche Aspekte werden in einer Konzeption betont bzw. vernachlässigt? Vor diesem Hintergrund wird anschließend die Gliederung der Arbeit mit ihren wesentlichen inhaltlichen Schwerpunkten vorgestellt (Abschnitt 1.4).

1.1 Medien und ihr Einfluss auf Gesellschaft und Bildungsverständnis

Der kulturelle Umbruch, der zurzeit durch die Neuen Medien initiiert zu sein scheint, betrifft nicht nur die Hochschulen und die wissenschaftliche Forschung, sondern die gesamte Gesellschaft. Häufig wird dieser Umbruch mit dem Wandel verglichen, der der Erfindung des Buchdrucks im 15. Jahrhundert zugeschrieben wird. Der Schrifttheoretiker und Pädagoge Stephan Sting (1998, S. 46) geht davon aus, dass eine neue Technologie nur dann weitreichenden Einfluss haben kann, wenn sie von sozialen Instanzen und weiteren Faktoren unterstützt wird, im 15. Jahrhundert beispielsweise durch „die Standardisierung von Sprache und Typographie, [...] die Entwicklung des perspektivischen Sehens und neuer Gestaltungs- und Rezeptionspraktiken von Geschriebenem". Er verweist mit Giesecke (1994, S. 124–129) darauf, dass der Buchdruck in Südostasien bereits ab dem 8. Jahrhundert, also weit früher als in Europa, eingeführt wurde, dort jedoch keineswegs die Folgen eintraten, die ihm in Europa zugeschrieben werden.[3] In Europa entwickelten sich jedoch unzweifelhaft parallel mit dem Buchdruck neue Interessenstrukturen sowie

---

3 Die technische Innovation trug dort eher zur Stabilisierung als zur Veränderung des sozialen Systems bei. So war eine besondere Faszination des Drucks offensichtlich – anders als bei fehleranfälligen Abschriften per Hand – der „magische Wiederholungscharakter". Dieser kam in China dem gesellschaftlichen Bedürfnis der Drucker und ihrer Auftraggeber entgegen, die Schriften einer religiösen Autorität, des Konfuzius, zu verbreiten bzw. zur Autorisierung einer bestimmten Textvariante beizutragen: „Im Dienste einer Standardisierung und einer zentralen Kontrolle der Informationsverarbeitung und des Nachrichtensystems verblieb der Druck in China bis in die Neuzeit hinein" (Giesecke 1994, S. 127).

Umgangsweisen mit den veränderten Anforderungen und dem Verständnis der Gemeinschaft, in der diese Veränderungen geschahen. Es entstand nicht nur eine neue Bildungskultur und -elite, auch die ökonomischen Verhältnisse, Machtverhältnisse und die Rolle des Individuums wurden neu definiert. Nicht zuletzt veränderten sich Bildungsziele und -institutionen, so wurde z.b. die allgemeine Schulpflicht in Deutschland fast überall vom 19. Jahrhundert an eingeführt (vgl. Eisenstein 1997; Birkerts 1997; Bolz 1993, Sting 1998 u.v.m.). Zwar war „Literatur – insbesondere das geschriebene Wort – [...] jahrhundertelang in allen Hochkulturen das einzig verfügbare Medium für intellektuelle Rezeption und Reflexion. Literatur war (damit) Synonym für Information" (Henzler 1997, S. 54), nun jedoch bekam Lesen – und verbunden damit Wissen – eine Massenbasis, die sich auf alle Bereiche der westlichen Gesellschaft auswirkte.

Auch heute scheinen neue technische Medien einen umfassenden Wandel in Gang zu setzen, der zahlreiche gesellschaftliche Bereiche betrifft und dessen Folgen noch kaum abzusehen sind. Für die Hochschulen, speziell für die Geisteswissenschaften, konstatiert das Forschungskolleg *Medien und kulturelle Kommunikation*: „Die Gegenwart erscheint als ‚Mediengesellschaft', deren entfesselte Dynamik als Gegenbild zu Wert-, Hierarchie- und Steuerungsvorstellungen erfahren wird, auf die sich die Geisteswissenschaften traditionell verlassen haben: Kanon, Autorität und ihre Institutionen" (SFB/FK 427). Im Gegensatz zur Erfindung der Druckerpresse stehen die Neuen Medien seit Marshall McLuhans programmatischem Buch *Die Gutenberg-Galaxis: Das Ende des Buchzeitalters* (1968) für eine Relativierung der Bedeutung der Schrift, für den Beginn eines Zeitalters *Jenseits der Schriftkultur* (Nadin 1999).

So verwundert es nicht, dass zunächst vor allem Kulturkritiker vor den befürchteten Folgen der Neuen Medien warnten, beispielsweise in *Gutenberg-Elegien* eine Verschlechterung der Lese- und Schreibkompetenzen von Studierenden konstatierten (Birkerts 1997) und vor einem neuen Analphabetismus warnten (z.b. Sanders 1997).

Auf der anderen Seite herrschte dagegen zunächst häufig eine „begeisterte[...] Antizipation neuer Techniken – die von den Euphorien der Werbung oft nicht zu unterscheiden ist" (SFB/FK 427). Seit den 1990er Jahren reagierten auch Forschung und Wissenschaftspolitik auf die neue mediale Situation. So förderten einzelne Bundesländer und das Bundesministerium für Bildung und Forschung (BMBF) zahlreiche telematische[4] Lehr-/Lernprojekte[5]. Inzwischen hat sich nicht

---

4 In dieser Arbeit werden in Anlehnung an Gerhard Zimmer (1997a, S. 111) die Begriffe „telematisch" bzw. „Telematik" verwendet, die (im Gegensatz zu „online" oder „virtuell lernen") zwei wesentliche Komponenten der neuen Lehr- und Lernformen, *Tele*kommunikation und Infor*matik*, beinhalten.

5 Eine Übersicht über die vom Bundesministerium für Bildung und Forschung (BMBF) geförderten Hochschulprojekte gibt das Portal www.medien-bildung.net/ // 01.06.2007. Die Auswertung der Projektergebnisse nach dem Ende der 2. großen Projektförderwelle 2005

nur im Hochschulbereich die erste mit den digitalen Medien verbundene Euphorie gelegt (vgl. Kandzia 2002; Brake 2000 u.a.). Jedoch verbinden gerade auch Pädagogen explizit mit der Loslösung der Wissensvermittlung und des Lernens von der reinen Verwiesenheit auf die Schrift weiterhin große Hoffnungen. Man geht davon aus, dass die veränderten Strukturen von Wissensvermittlung und -rezeption durch den Einsatz von multisymbolischen Formen wie (bewegten) Bildern, Audioelementen etc. (ausführlicher dazu Kap. 2.1.2), durch die vernetzten Strukturen der Hypermedien (anstelle des „linearen" Systems der Papiermedien) und die vermutete höhere Aktivität der Lernenden die Lernleistungen verbessern können (vgl. Kerres 1998; Schulmeister 1997, Zimmer 1997b; Groeben/Christmann 1995 u.v.m.; ausführlicher dazu Kap. 5.3.1).

Inzwischen werden Extrempositionen in Bezug auf die Literalität zumeist dahingehend relativiert, dass die Schrift nicht „verschwinde", sondern ihre Rolle sich ändere. Schon früh wurde in zahlreichen Publikationen darauf hingewiesen, dass ohne die „Schlüsselqualifikationen" bzw. „Schlüsselkompetenzen" Lesen und Schreiben auch der Umgang mit den neuen Medien nicht möglich sei (z.B. Rosebrock 1995; S. 10f.; Henzler 1997, S. 57; Gronemeyer 1997, S. 101ff. u.v.m.). Dennoch besteht ebenfalls Einigkeit darin, dass die Literatur ihre Rolle als Leitmedium (des Lernens) verliere. Da Literalität in Hochschulen eine noch zentralere Rolle spielt als in anderen (Lehr- und Lern-)Umgebungen, bietet es sich an, den Wandel der Schriftlichkeit in diesem Umfeld zu untersuchen: „Es gibt kein Studium, das sich nicht der Schriftsprache bedient. Ja, erst die Existenz der Schrift und einer Kultur der Literalität machen die Tätigkeit und den Begriff des Studierens überhaupt möglich" (Brockmeier 1997, S. 11).

Aber bereits flüchtige Bestandsaufnahmen zeigen, dass sich – entgegen dem prognostizierten Verschwinden der Schriftlichkeit – an Hochschulen zunächst neue literale Formen entwickeln bzw. literale Formen integriert werden, die zuerst im außeruniversitären Kontext entstanden. In dieser Arbeit werden drei zentrale Felder neuer Schriftlichkeit in sechs Fallstudien untersucht: neue Formen schriftlicher Kommunikation, neue Organisationsformen von Schriftlichkeit in Hypertexten bzw. Hypermedien sowie literale Praktiken beim Schreiben und Lesen von Wikis und Weblogs, also mit sog. „social software"- bzw. „Web 2.0"-Anwendungen. Alle diese Bereiche berühren auch das Themenfeld der sich neu etablierenden Zeichen- und Ordnungssysteme, jedoch richtet sich der Blick vor allem darauf, inwiefern sich diese Praktiken in ihren literalen Anteilen von den traditionellen schriftlichen Praktiken im Hochschulbereich – etwa der wissenschaftlichen Lektüre und dem Schreiben wissenschaftlicher Arbeiten – unterscheiden: Welche neuen

---

ergab, dass trotz der umfangreichen Förderung eine nachhaltige Implementierung von E-Learning an Hochschulen noch nicht erreicht worden war. Dies führte zu einer Änderung der Förderpolitik: In der seit 2006 laufenden 3. Förderwelle werden nicht mehr einzelne Entwicklungsprojekte unterstützt, sondern strategische Konzepte zur Verankerung von E-Learning in den Hochschulen.

literalen Kompetenzen werden damit von Lehrenden und Studierenden gefordert? Wie ist ihr Verhältnis – und möglicherweise ihr Einfluss – auf die bisherigen Anforderungen an die Literalität in der Hochschule? Welche der neuen Formen werden (über die Nutzung durch „Pioniere" hinaus) akzeptiert? Lassen sich Gründe dafür ausmachen? Welche Bedenken bestehen? Welche Implikationen sind damit für das Verständnis bzw. die Konzeption von Forschung und Lehre verbunden? Ergeben sich daraus neue didaktische Konzeptionen und ein neues Verständnis der Lehr- und Lernprozesse? Lassen sich über die konkreten Kompetenzen und Konzepte hinausreichende Ansatzpunkte für strukturelle und hochschulpolitische Veränderungen ausmachen?

Mit der „Globalisierung des Bildungsmarktes" (z.B. BLK 2000/85, S. 15) zeichnen sich vielfach länderübergreifend ähnliche Entwicklungen ab, die durch den Einsatz des Internet an den Hochschulen noch verstärkt werden (vgl. Weber 2002; Dittler u.a. 2005); es wird sich zeigen, ob dies dazu führen wird, dass im Zuge der Wettbewerbsfähigkeit auf dem internationalen Markt landestypische Charakteristika des Hochschulstudiums verschwinden. Dabei geht es nicht nur um die abnehmende Bedeutung des Deutschen als Wissenschaftssprache (z.B. Ammon 1999) und die zunehmende Durchsetzung des Englischen, sondern auch um die damit verbundenen Fragen des wissenschaftlichen Arbeitsstils – die nicht zuletzt auch in deren literalen Anteilen zum Ausdruck kommen (vgl. Schwinges 2001). Für diese Arbeit erscheint es deshalb sinnvoll, die Veränderungen an deutschen Hochschulen in den Mittelpunkt zu stellen.

1.2 Literalität als interdisziplinäres Forschungsfeld – Geschichte und Modelle

Der deutsche Begriff „Literalität" ist ein Neologismus, der als Übersetzung des englischen „literacy" vermutlich erst mit den Büchern von Neil Postman Verbreitung fand.[6] Aber obwohl *Das Verschwinden der Kindheit* (1983) und *Wir amüsieren uns zu Tode* (1987) Bestseller wurden, hat er sich im öffentlichen Sprachgebrauch noch kaum durchgesetzt. In zahlreichen fachspezifischen Publikationen wird der Begriff auch im Wechsel mit „Literarität", „Literativität" o.ä. verwendet; teilweise wird die Uneinigkeit und Unklarheit in der Abgrenzung – auch zu weiteren Begriffen wie Illiteralität oder (An)Alphabetismus – explizit aufgenommen, um dadurch auf den noch ausstehenden notwendigen Diskurs über die Begrifflichkeiten hinzuweisen (vgl. z.B. Linde 2001, S. 5).

---

6   So weist Brockmeier (1997, S. 53) darauf hin, dass in einer 1978 in Kindlers *Psychologie des Zwanzigsten Jahrhunderts* erschienen deutschen Fassung des Aufsatzes *Symbols and texts as tools of intellect* von Jerome S. Bruner und David R. Olson die Übersetzung des englischen „literate" „unentschlossen zwischen verschiedenen Varianten von ‚verbal' bis ‚literarisch'" wechsele.

Gemeint ist mit Literalität zunächst der Gebrauch der beiden „Kulturtechniken"[7] Lesen und Schreiben, „deren simultane Beherrschung, heute allgemeines Bildungsgut, etwa seit dem 18. Jahrhundert echte Breitenwirkung erzielte" (Henzler 1997, S. 53f.). In der vorliegenden Arbeit soll durch diesen Begriff auch darauf hingewiesen werden, dass über eine Beherrschung dieser Fertigkeiten hinaus mit Literalität weitere kognitive und soziale Implikationen verbunden sind.[8] Welche Implikationen sind damit gemeint, welche Forschungen und welche wissenschaftstheoretischen Modelle liegen ihnen zugrunde?

Ausgangspunkt der Forschung waren die Studien Milman Parrys (1928; 1971) über (schriftliche) Darstellungsformen in den Epen Homers, die auf deren *ursprünglich mündliche* Überlieferung verweisen, und die Feldforschungen Aleksandr R. Lurijas in Kirgisien und Usbekistan 1931/32 (Lurija 1987; 1993), die anhand des Vergleichs der Bewältigung bestimmter Aufgaben durch literalisierte und nicht-literalisierte Personen charakteristische Eigenarten oraler Kulturen aufzeigen sollten. Diese beiden sehr unterschiedlichen Forschungsansätze zeigten übereinstimmende Ergebnisse über die Ausdrucks- (und Denk-)weise „primär mündlicher" Kulturen, d.h. Kulturen, die über kein „außerkognitives" schriftliches Speicher- und Kommunikationssystem verfügen: Beispielsweise sei in oralen Kulturen (geschichtliches) Wissen ein gemeinsamer, an bestimmte Mnemotechniken und stilistische Merkmale (wie Reimformen, Sprachrhythmen, Wiederholungen, aber auch Gestik und Mimik des Vortragenden usw.) gebundener, kultureller Besitz.

In Fortsetzung dieser beiden Ansätze entstand in den 1960er Jahren ein ganz neues, interdisziplinäres Interesse[9] an der Erforschung oraler Kulturen. Trotz unterschied-

---

7 Andrea Linde (2001, S. 50 und S. 58, Anm. 46) weist auf die gängige Nutzung dieses Begriffs z.B. in den Veröffentlichungen der UNESCO und des Deutschen Instituts für Erwachsenenbildung (DIE) hin, mit der implizit nicht-literale Personen und Kulturen durch einen Mangel charakterisiert werden. Im Gegensatz dazu war Literalität im 18. Jahrhundert eine *zusätzliche* Qualifikation (und eben noch keine „Kulturtechnik"), deren Nicht-Beherrschung – anders als heute – nicht mit einem sozialen Stigma verbunden war. Auch die lateinische Wurzel des Begriffs lässt ein pejoratives Verständnis vermuten (wie es auch mit dem Begriff „Analphabet" verbunden ist): Dort wird dem *litteratus*, d.h. dem literarisch bzw. wissenschaftlich Gebildeten der *illitteratus* entgegengesetzt, d.h. ein Mensch ohne ‚literarische', schriftliche Kultur.

8 Stephan Sting (1998, S. 20f.) lehnt in seiner Untersuchung zur pädagogischen Geschichte der Schriftlichkeit den Begriff Literalität ab, weil er ihm zu sehr an die Alphabetschrift und gedruckte Bücher gebunden scheint. Im Gegensatz dazu fällt auf, dass das englische *literacy* inzwischen oft eher in einem weiteren, metaphorischen Verständnis und in anderen Zusammenhängen verwendet wird, die in etwa dem Kompetenzbegriff entsprechen, beispielsweise „visual literacy", „financial literacy", „democratic literacy" usw.
   In der vorliegenden Arbeit wird der Begriff im engeren Sinne verwendet, bezogen auf Buchstabenschrift(en) (dazu Kap. 2.2) in unterschiedlichen Distributionsmedien (dazu Kap. 2.3); in einigen Fällen sind jedoch, wie sich zeigen wird, Übergänge fließend, etwa zu „media literacy", „hypertext literacy" oder „computer literacy".

9 Eric A. Havelocks (1963) Aufstellung der Anfang der 1960er Jahre erschienenen Werke umfasst Fachbereiche von der Ethnologie (Claude Lévi-Strauss 1962) über die Soziologie (Jack Goody/Ian Watt 1963), bis zur Biologie (Ernst Mayr 1963) und Kommunikationsforschung

lichster fachlicher Ausrichtungen beschäftigen sie sich alle mit der Rolle menschlicher Sprache in der Kultur und gingen dabei über die Untersuchung und Feststellung stilistischer Merkmale hinaus. Damit kamen sie erstmals zu einer Gegenüberstellung mündlicher und schriftlicher Traditionen, die bestimmte kognitive und soziale, psychologische und philosophische Theorien des Bewusstseins mit oralen Kulturen bzw. literalen Gesellschaften verbanden. Bis dahin waren etwa die einflussreichsten Linguisten – Ferdinand de Saussure, Edward Sapir (1921), Leonard Bloomfield (1933) und auch noch Noam Chomsky (1965) – davon ausgegangen, dass „Schriftsprache [...] keine Sprache, sondern nur eine Art, Sprache mit Hilfe von sichtbaren Zeichen darzustellen" sei (Brockmeier 1997, S. 48; dazu ausführlicher Kap. 2.1).

Die späte „Entdeckung" der Schriftlichkeit als epistemischem Gegenstand lange nach der „Erfindung" bzw. Entwicklung der Schrift (Brockmeier 1997) führte zunächst, beginnend mit den ersten Ausführungen von Eric A. Havelock bis zu Walter J. Ongs *Oralität und Literalität. Die Technologisierung des Wortes* (1987) zu einer starken Polarisierung zwischen mündlichen und schriftlichen Kulturen. Danach fördern die Beherrschung der Schrift und die räumliche und zeitliche Trennung von Schreib- und Leseprozess abstraktes und formallogisches Denken sowie die Fähigkeit zur distanzierten Selbstanalyse. Dies führe zu einer Expansion des Wissens, neuen systematischen Ordnungen und Archivsystemen und einem neuen geschichtlichen Denken, aus dem letztlich das „neuzeitliche Subjekt" entstanden sei. Dagegen seien die Denkstrukturen mündlicher Kulturen – aber auch einzelner illiteraler Personen –, so Ong, nachahmend, konservativ-traditionalistisch, eher additiv (als subordinierend), eher aggregativ (als analytisch), eher einfühlend und teilnehmend (als objektiv-distanziert), eher situativ (als abstrakt); die Dynamik von Bewahren und Vergessen ist „homöostatisch", d.h. die für die Gegenwart irrelevanten Erinnerungen werden ausgeschieden.

Diese starre Entgegensetzung wird inzwischen von den meisten Forschern als eurozentristisch und einer deterministischen Fortschrittslogik folgend kritisiert. Mit dem Begriff *Oraliteralität* soll auf die vor allem in empirischen Studien identifizierten verschiedenen Mischformen zwischen Literalität und Oralität hingewiesen werden: In jeder literalen Kultur werde schließlich weiter gesprochen. Dabei spricht Ong mit Bezug auf die neuen mündlichen Medien Telefon, Radio und Fernsehen im 20. Jahrhundert von einer „sekundären Oralität", die strukturell erheblich von der sie umgebenden literalen Kultur geprägt sei: Während es in primär oralen Kulturen keine Alternative zur Gruppenorientierung und zur Ausrichtung nach außen gebe –

(Marshall McLuhan 1962). Diese Liste wird von Jan und Aleida Assmann (1990) ergänzt um Werke z.B. aus der Musiktheorie (Hermann Koller 1963) und den Sammelband *L'écriture et la psychologie des peuples* (1963); Jens Brockmeier (1997) erweitert sie noch einmal um André Leroi-Gourhan (1964/65) und weist darüber hinaus darauf hin, dass 1962 die englische, d.h. erste international zugängliche Ausgabe von Lev S. Vygotskis *Denken und Sprechen* (russ. Original 1934) erschien.

da sie keine Gelegenheit zur Introspektion hätten –, schaffe sekundäre Oralität auf der einen Seite einen Sinn für „unendlich größere Gruppen", zum anderen müssten die Individuen erst erkennen, dass sie sich sozial orientieren müssen. Auch die Redeformen und die Spontaneität sekundärer Oralität beruhten auf analytischer Reflexion[10] und seien von den geschlossenen Formen der elektronischen Medien, letztendlich des Buchdrucks, geprägt.

Die bisher beschriebene Konzeption wird als „autonomes Modell" der Literalität bezeichnet, da ihre funktionale Herangehensweise Lesen und Schreiben als neutrale, technische Fertigkeiten definiere, deren Beherrschung implizit zur Ausbildung bestimmter kognitiver Fähigkeiten führe. Trotz der beschriebenen Relativierung der Positionen wird das Konzept inzwischen immer häufiger kritisiert: Von sozialhistorischer und anthropologischer Seite wird dem „autonomen Modell" der Literalität entgegengesetzt, dass Literalität als soziale Praxis „handlungsorientiert im historischen und sozialen Kontext zu bestimmen ist": Zu unterscheiden seien somit eine Vielzahl von Literalitäten in Abhängigkeit von deren „gesellschaftlich verankerte[m] Bewusstsein der sozialen Zuschreibungen" (Linde 2001, S. 52ff.).

Insbesondere Brian Street (1993, S. 7f.) widersprach den Annahmen Ongs über die Folgen der Schriftlichkeit[11] und setzte ihm seinen als „ideologisches Modell" bezeichneten Ansatz entgegen. Dabei will Street „ideologisch" nicht im Sinne des „altmodischen Marxisten" verstanden wissen, sondern im Sinne gegenwärtiger, anthropologischer, soziolinguistischer und kulturwissenschaftlicher Studien als „Platzhalter für die Spannung zwischen Autorität und Macht einerseits und Widerstand und Kreativität andererseits". Das ideologische Modell der Literalität thematisiert somit nicht nur kulturelle Aspekte, sondern auch politische, ökonomische und soziale Machtstrukturen. Ein Beispiel hierfür ist die Betrachtung des Themenfelds Literalität aus der Gender-Perspektive: Laut einer UNESCO-Statistik waren im Jahr 2000 von 20,6% illiteralen Personen weltweit 14,7% Männer, aber 26,4% Frauen; in manchen Entwicklungsländern sind etwa 80% der illiteralen Personen Frauen (nach Linde 2001, S. 12).[12]

---

10 „Primäre Oralität befördert die Spontaneität, weil ihr die analytische Reflektivität, die das Schreiben mit sich bringt, verschlossen bleibt. Sekundäre Oralität befördert die Spontaneität, weil durch analytische Reflexion erkannt wird, dass Spontaneität eine gute Sache ist" (Ong 1987, S. 136f.).

11 So können z.B. nach Street auch schon durch das gesprochene Wort flüchtige Erfahrungen fixiert werden (was nach Ong nur durch geschriebene Sprache geschieht); die Fähigkeit zur Distanzierung, nach Ong ebenfalls ein Charakteristikum der Schriftkultur, kann nach Street auch ein Merkmal der jeweiligen Situation sein, z.B. im akademischen Diskurs oder vor Gerichtshöfen.

12 Der Fokus der vorliegenden Arbeit richtet sich nicht auf Gender-Aspekte. Dennoch soll hier zumindest darauf hingewiesen werden, dass Frauen aus dem Bereich der Wissenschaft – und damit aus der Gestaltung wissenschaftlicher Literalität – bis in das 20. Jahrhundert hinein weitgehend ausgeschlossen waren und entsprechend auch den Stil akademischer Literalität weniger mitgeprägt haben. Es wäre somit ein interessantes, weiterführendes Forschungsfeld zu untersuchen, ob bzw. inwiefern die zunehmende Anzahl von Frauen in der Wissenschaft

Vor dem Hintergrund dieses Verständnisses von Literalität als sozialer Praxis wurden die *New Literacy Studies* begründet, in deren Konsequenz *Local Literacies*, „lokale Literalitäten" unterschieden und untersucht werden. Beispielhaft dafür sei hier die Untersuchung der englischen Gemeinde Lancaster von David Barton und Mary Hamilton (1998) angeführt, die bewusst im Gegensatz zu Studien angelegt wurde, die über Jahre hinweg weltweit und isoliert Daten erheben, aus denen dann generelle Rückschlüsse auf die Wirkung von Literalität gezogen werden. Damit verbanden sie mehrere Ziele: (1) die genaue Beschreibung literaler Praktiken an einem konkreten Ort und einer bestimmten Zeit, (2) die Erweiterung des theoretischen Verständnisses von Literalität um die Bedeutsamkeit für ein bestimmtes soziales Umfeld und für die Sinngebung von Individuen in ihren täglichen Praxen und (3) die „Eröffnung eines alternativen öffentlichen Diskurses zu den gegenwärtigen politischen Diskursen, wobei die Rolle von Literalität als sozialer Ressource für die Lebensqualität in der Gemeinde im Vordergrund steht" (nach Linde 2001, S. 60ff.).

Im Sinne solcher Untersuchungen „lokaler Literalitäten" bzw. auf der Grundlage der *New Literacy Studies* entwickelten Brian Street und Mary R. Lea ein Modell, das die an Hochschulen praktizierte(n) Literalität(en) ebenfalls als *Local Literacy* betrachtet und in Abschnitt 1.3 vorgestellt wird. Wichtig ist an dieser Stelle die – hier polarisiert dargestellte – Unterscheidung des sog. autonomen im Gegensatz zu einem in Wechselwirkung mit den gesellschaftlichen Verhältnissen stehenden Verständnisses von Literalität insofern, als damit wissenschaftliche Annahmen über kognitive und soziale Auswirkungen des Lesen- und Schreiben-Könnens verbunden sind, die erheblichen Einfluss etwa auf Investitionen in Bildungsmaßnahmen haben. So gehen z.B. die Alphabetisierungsmaßnahmen der UNESCO davon aus, dass durch das Erlernen (der „Techniken") des Lesens und Schreibens eine kognitive Entwicklung erfolge, die sich auch ökonomisch auswirke. Die enttäuschenden Ergebnisse solcher Projekte führen z.B. die Psychologen Sylvia Scribner und Michael Cole (1991) darauf zurück, dass solche eher „autonomen" Modelle von einem kognitiven Defizit nicht-literaler Personen ausgehen und deren soziales Umfeld nicht berücksichtigen.

---

akademische literale Praktiken verändert und inwiefern dabei auch die Nutzung digitaler, vernetzter Medien eine Rolle spielt.

Zugleich soll an dieser Stelle auch erwähnt werden, dass in dieser Arbeit nicht, wie inzwischen meist üblich, aus Gründen der „leichteren Lesbarkeit" oder sprachlichen Ökonomie das generische Maskulinum im geschlechtsneutralen Sinn verwendet wird: Untersuchungen haben gezeigt, dass Leserinnen und Leser trotz des Hinweises, dass mit den maskulinen Formen beide Geschlechter gemeint seien, jeweils eher Männer assoziierten (vgl. Heise 2000; Stahlberg/Sczesny 2001). Im Folgenden wird entweder eine geschlechtsneutrale Form gewählt oder es werden beide Geschlechter genannt (vgl. auch Jelitto 2003).

So wird auch in dieser Arbeit zu überprüfen sein, welche Annahmen über die Auswirkungen der mit den durch die Neuen Medien entstehenden neuen Literalitäten –
und mit der Förderung ihres Einsatzes in Schulen und Hochschulen – verbunden
werden bzw. welchen Einfluss die Rahmenbedingungen des Kontextes Hochschule
auf deren Akzeptanz haben.

1.3 Hochschulliteralität – Ansatzpunkte der Untersuchung

In der vorliegenden Arbeit geht es um (Veränderung von) Literalität in dem
speziellen Umfeld der Hochschule. Vielfach wird davon ausgegangen, dass die an
Hochschulen (und in anderen, z.B. beruflichen Kontexten) benötigten literalen
Kompetenzen Erwachsener in Kindheit und Jugend bzw. in der Schule erworben
werden. Den meisten Hochschulangehörigen in Deutschland erschien – im Gegensatz zu England und den USA – bis in die 1990er Jahre (wissenschaftliches) Lesen
und Schreiben als eine „wissenschaftsunspezifische" Kompetenz, die in den
Schulen und nicht in den Hochschulen vermittelt werden sollte. 1994 hielten einer
Umfrage zufolge über 60 % der befragten Professoren in Deutschland die wissenschaftliche Lesequalifikation der Studierenden für nur ausreichend oder sogar
mangelhaft (von Werder 1994a, S. 3–10). Eine Nachfolgeuntersuchung aus dem
Jahr 2002 zeigt, dass seitdem an den Hochschulen das Bewusstsein dafür gestiegen
ist, dass Kompetenzen der Studierenden zum wissenschaftlichen Arbeiten und
wissenschaftlichen Schreiben gezielt unterstützt werden müssen; über 80%
derjenigen, die sich an der Umfrage beteiligt hatten, gaben an, dass ihrer Erfahrung
nach Studierende Schwierigkeiten beim wissenschaftlichen Schreiben haben, z.B.
bei der Gliederung, beim Verfassen und beim Revidieren von Texten (von Werder
u.a. 2002, S. 67f.). Nach rückläufigen Tendenzen Anfang der 1990er Jahre (von
Werder 1994b) nahm seit Mitte der 1990er Jahre die Anzahl der Kurse für
wissenschaftliches (bzw. auch kreatives wissenschaftliches) Schreiben in Deutschland wieder zu (von Werder 1997; von Werder u.a. 2002, S. 72). Ebenfalls in dieser
Zeit, 1999[13], wurde auch die europäische Gesellschaft für akademisches Schreiben
gegründet (European Association for the Teaching of Academic Writing EATAW,
www.eataw.org // 20.07.2007). Verantwortlich dafür, dass „die akademische
Schlüsselqualifikation wissenschaftliches Lesen und Schreiben nicht mehr natur-
wüchsig und schon gar nicht mehr ,nebenbei' entstehen" (von Werder 1994b, S. 9),
werden zum einen die mangelnde Qualität der Schulen, zum anderen die Massenuniversitäten gemacht (z.B. Eco 1990, S. 1ff.) Auch heute besteht noch die Befürchtung, dass sich „die Ergebnisse der Pisa-Studie 2002 unbemerkt, aber wir-

---

13 Dies ist im internationalen Vergleich relativ spät, entsprechende Vereinigungen in den USA
    (International Writing Centers Association, http://writingcenters.org/index.php // 20.07.2007)
    und Kanada (Canadian Association of Teachers of Technical Writing, http://cattw-
    acprts.mcgill.ca/ // 20.07.2007) entstanden beispielsweise bereits Anfang der 1980er Jahre.

kungsvoll in den deutschen Hochschulen reproduzieren" (von Werder u.a. 2002, S. 74).

So wird Hochschulliteralität vor allem wahrgenommen, wenn und weil „Defizite" auf Seiten der Studierenden festgestellt werden, für die dann unterschiedliche Lösungen gesucht werden, z.b. durch Einführungen in die „Technik" wissenschaftlichen Arbeitens (Eco 1990; Höge 2002; Bänsch 1999; Lück 2002 u.v.m.), durch Leseforschung (z.b. Mandl/Tergan/Ballstaedt 1982) und Textproduktionsforschung (z.b. Jakobs/Knorr 1997; Jakobs 1997 u.a.), inzwischen auch durch Anregungen zum kreativen wissenschaftlichen Lesen und Schreiben, zum Umgang mit Schreibblockaden usw. (von Werder 2000a; Pyerin 2001; Esselborn-Krumbiegel 2002; Kruse 2007 u.a.; zu dem gesamten angerissenen Themenfeld vgl. ausführlich Kap. 3.2).

Andererseits wird kaum thematisiert, wie sehr sowohl Lehre als auch Forschung und damit die *inhaltliche* Entwicklung der Disziplinen auf Literalität verwiesen sind, obwohl inzwischen auch die These vertreten wird, dass wissenschaftliches Denken „schriftliches Denken" ist und diese „materiale Grundlage" mitzureflektieren sei (vgl. Brockmeier 1997, S. 42ff.; dazu auch Kap. 2 und Kap. 3)

In dieser Arbeit wird davon ausgegangen, dass es Aufgabe der Schulen ist, eine umfassende „allgemeine" Literalität zu fördern, wie dies auch als zentrales Lernziel des Deutschunterrichts formuliert ist. Darunter wird die Befähigung der Schülerinnen und Schüler verstanden, „in der sich entwickelnden Informationsgesellschaft selbstbestimmt und kompetent zu handeln, d.h. angemessen mündlich und schriftlich zu kommunizieren, Informationen zu recherchieren und zu bewerten, eigene Texte zu produzieren sowie literarische Texte mit Vergnügen zu lesen" (Becker-Mrotzeck o.J., S. 27).

Als „Hochschulliteralität" werden dagegen hier *alle Formen des (wissenschaftlichen) Lesens und Schreibens an Hochschulen* verstanden. Dazu gehören sowohl „traditionelle" literale Praktiken (wie das Lesen wissenschaftlicher Literatur, das Schreiben von Hausarbeiten, Abschlussarbeiten, aber auch Aufsätzen und Monographien – die sich durch die Nutzung von Computern ebenfalls im Wandel befinden) als auch die mit den neuen Medien verbundenen neuen literalen Anforderungen (wie das Lesen von Hypertexten, schriftliche synchrone Kommunikation u.a.). Diese spezifisch hochschulliteralen Kompetenzen können nicht an den Schulen vermittelt bzw. erworben werden. (Ebensowenig lässt sich die Nutzung neuer literaler Formen – z.B. das Schreiben von E-Mails oder Weblogs – direkt aus dem nicht-universitären Alltagsgebrauch in den Hochschulkontext übertragen.) Zweifellos erschwert es die Arbeit der Hochschulen, dass in Deutschland z.T. bereits auf schulischer Ebene im Bereich der (allgemeinen) Lesekompetenz große Defizite bestehen, wie die PISA-Studie gezeigt hat.[14] Jedoch ist dies keinesfalls die (alleinige) Ursache für die festgestellten Probleme im Bereich der Hochschulliteralität, nicht nur aufgrund der „Bedeutung der Wissenschaftssprache als Sondersprache, die sich deutlich von der Gemeinsprache abhebt" (Kruse/Jakobs 1999, S. 20), sondern auch wegen der kognitiven und sozialen Implikationen, die mit deren Erwerb und Gebrauch verbunden sind.

Zur Charakterisierung traditioneller Hochschulliteralität und der damit verbundenen Praktiken und Theorien wird ein von Brian Street und Mary R. Lea (1998) im Kontext der *New Literacy Studies* ausgearbeitetes Modell herangezogen. Auch zehn Jahre nach dessen Entwicklung gibt es im deutschsprachigen Raum kein vergleichbar umfassendes Konzept zur Beschreibung von Hochschulliteralität, zumal hier auch Ansätze der *New Literacy Studies* noch kaum rezipiert wurden. Obwohl es – im Sinne seiner Herkunft aus den *Local Literacy Studies* – eng auf das spezifische Umfeld englischer Universitäten und hier vor allem auf studentisches Schreiben[15] bezogen ist, lassen sich die Grundzüge gut auf den deutschen Hochschulkontext übertragen. Sie bieten einen Betrachtungsrahmen, anhand dessen zunächst traditionelle Formen wissenschaftlicher Literalität beschrieben und dann auf unterschiedlichen Ebenen mit neuen literalen Praktiken verglichen werden können; darüber hinaus zeigt sich dabei auch, wo dieses Konzept zur Charakterisierung neuer literaler Praktiken nicht mehr ausreicht und erweitert werden muss.

Dem Modell zufolge führen (wie in anderen, oben dargestellten literalen Forschungsfeldern) auch im Hochschulkontext unterschiedliche pädagogische bzw. kulturwissenschaftliche Ansatzpunkte dazu, dass literale Merkmale und Praktiken unterschiedlich interpretiert werden. Street und Lea unterscheiden drei Ebenen von Hochulliteralität, „Studierfertigkeiten" (*Study Skills*), „akademische Sozialisation" (*Academic Socialisation*) und „akademische Literalitäten" (*Academic Literacies*).

---

14 Nach der PISA-Studie (vgl. Baumert u.a. 2001; www.pisa.oecd.org/ // 01.09.2007) lagen die Lesekompetenzen deutscher Schülerinnen und Schüler im Vergleich aller untersuchten Länder im unteren Drittel. Unter „guter Lesekompetenz" wurden etwa die Fähigkeiten verstanden, komplexe Texte verstehen und Hypothesen bilden zu können oder von Informationen und speziellen Kenntnissen Gebrauch machen zu können. In allen Ländern waren die Lesekompetenzen der Mädchen höher als die der Jungen (im Gegensatz zu den mathematischen Kompetenzen). Diese ungleichen Ergebnisse werden oft dahingehend interpretiert, dass es nicht gelinge, „ein Lernumfeld zu schaffen, das beiden Geschlechtern gleichermaßen entgegenkommt" (Carle 2002). Untersuchungen zur Lesesozialisation und zum (Freizeit-) Leseverhalten bestätigen, dass Mädchen und Frauen andere Lektüreinteressen und -strategien haben als Männer (vgl. u.a. Rosebrock 1995).

15 Zu den Charakteristika englischer Universitäten, für die es im deutschen Hochschulkontext keine Entsprechung gibt, gehört z.B. das regelmäßige Schreiben von Essays durch die Studierenden mit Beratung und Korrektur durch einen persönlichen Tutor.

Abb. 1:   Academic-Literacy-Modell in Anlehnung an Brian Street und Mary R. Lea (1998)

Auf der Ebene der *Study Skills* wird akademische Literalität als technische bzw. instrumentelle Fertigkeit betrachtet. Ausgangspunkt ist die Feststellung von Defiziten auf Seiten der Studierenden, die behoben werden können, sobald sie – im Sinne eines „pathologischen Befundes" (Jones u.a. 1999) – identifiziert worden sind. Dies geschieht durch das Erlernen eines Sets einzelner unterschiedlicher Kenntnisse – u.a. Rechtschreibung und Grammatik –, die dann auf andere Kontexte übertragen werden können. Dieser auf Konzepten des Behaviourismus, der experimentellen Psychologie und des programmierten Lernens basierende Ansatz allein erwies sich zunehmend als unzureichend, um die diagnostizierten „Defizite" zu beheben. Dies führte dazu, dass die zu erwerbenden literalen „Fertigkeiten" auch unter erweiterten lerntheoretischen und sozialen Aspekten betrachtet wurden.

Auf der Ebene der *Academic Socialisation* wird akademische Literalität als Akkulturation in die akademische Kultur verstanden, in die Studierende erst eingeführt werden müssen. Akademisches Schreiben erscheint als „transparentes Medium der Repräsentation", d.h. es wird davon ausgegangen, dass eine transparente Offenlegung der gängigen literalen Normen und die Einübung der entsprechenden Praktiken – z.B. Methoden der Recherche, Gliederung, Zitationsweisen usw. – ein erfolgreiches Studium und die Teilnahme am akademischen Diskurs ermöglichen. Verankert ist dieses Verständnis in sozialpsychologischen, anthropologischen und konstruktivistischen Annahmen. Trotz seiner größeren Sensibilität gegenüber den Studierenden und ihrem kulturellen Kontext charakterisieren Street und Lea auch dieses Modell noch als zu kurz greifend, da es die akademische Kultur als relativ homogen darstelle und auf Unterschiede zwischen Fakultäten und Diskursstrukturen, auf den Wechsel von Praktiken und auf die Machtstrukturen innerhalb der Institutionen nicht eingehe.

Auf der Ebene der *Academic Literacies* werden akademische Literalität*en* – über ein Verständnis von Fertigkeiten oder Sozialisation hinaus – aus der Perspektive von Kulturanthropologie, kritischer Diskursanalyse und systemischer Linguistik als innerhalb einer Institution ausgeübte soziale Praktiken betrachtet. Die Hochschule erscheint als Repräsentant spezifischer Diskurs- und Machtstrukturen, zugleich wird sie aber auch durch diese konstituiert. Es existiert eine Vielfalt kommunikativer Repertoires, Genres und Disziplinen, zwischen denen Studierende und Wissenschaftlerinnen und Wissenschaftler wechseln können müssen, um am Diskurs teilzunehmen. Über die Kenntnis der angemessenen linguistischen Praktiken hinaus ist dazu ein Bewusstsein für deren soziale Bedeutung notwendig. So kann die Entscheidung für bestimmte literale Formen zu einer „anfechtbaren" Positionierung innerhalb einer Disziplin führen: Forschende, die sich nicht an diese Regeln halten, können aufgrund der Nichtbeachtung – und nicht aufgrund der vertretenen Inhalte – diskreditiert werden. Andererseits kann eine solche „Positionierung" auch bewusst unter Inkaufnahme möglicher Sanktionen erfolgen, um bestimmte wissenschaftliche Praktiken zu kritisieren, wie dies z.B. aus feministischer oder befreiungstheologischer Perspektive geschah. Studierende, denen diese Prozesse meist noch nicht bewusst sind, erleben oft die geforderte Abstraktheit und Unpersönlichkeit wissenschaftlichen Schreibens als Abwertung ihrer bisherigen Alltagserfahrungen und ihrer Person[16]. Akademisches Schreiben ist aus dieser Perspektive sowohl konstitutiv für die Institution Hochschule als auch „anfechtbar".

Viele akademische literale Praktiken können aus der Perspektive aller drei Ebenen beschrieben und interpretiert werden, und die Übergänge sind teilweise fließend. Wie in der Graphik dargestellt, schließen die unterschiedlichen Betrachtungsweisen einander nicht aus, sondern umfassen bzw. erweitern die jeweiligen Perspektiven: „Erziehungswissenschaftler und Psychologen [beziehen] sich zumeist auf einzelne Aspekte der Lese- und Schreibfertigkeit [...], während Anthropologen und Soziolinguisten sich auf Literalitäten konzentrieren – d.h. auf die sozialen Praxen und Konzepte von Lesen und Schreiben" (Street 1993, S. 1). Dabei ist es ein Unterschied, ob z.B. formale Aspekte der Gliederung oder die oft übliche Vermeidung des Personalpronomens „ich"[17] usw. auf der Ebene der *Study Skills* als einzelne zu

---

16 Lea (1994) hat diesen Identitätskonflikt und im Zusammenhang mit studentischem Schreiben häufig auftretende Verunsicherungen – „Das bin ich nicht" („this isn't me"), „Ich dachte, ich könnte schreiben, bevor ich an die Universität kam" u.ä. – in qualitativen Interviews untersucht.

17 Ist die Vermeidung des „ich" in wissenschaftlichen Arbeiten eine „Regel", die Studierende zu lernen und unhinterfragt anzunehmen haben? Welche Begründungen und Argumente dafür oder dagegen werden angeführt, die ein Wissenschaftler oder eine Wissenschaftlerin akzeptieren oder ablehnen kann? Als Autorin der vorliegenden Arbeit habe ich mich dafür entschieden, das Wort „ich" in dieser Arbeit mit Ausnahme dieser Fußnote nicht zu gebrauchen. Es erscheint als selbstverständlich, dass ich alle zitierten oder dem Sinn nach übernommenen

erwerbende Fertigkeiten, als Teil des Prozesses akademischer Sozialisation oder im Sinne der „Positionierung" aus der Perspektive der gesamten Institution Hochschule verstanden (und Studierenden erläutert) werden.

Für die vorliegende Arbeit stellt sich die Frage, ob bzw. inwieweit sich dieses Modell der Hochschulliteralität auf die durch die digitalen Medien sich entwickelnden Literalitäten übertragen lässt. In Bezug auf den Umgang mit digitalen Medien sind Hochschulen (wie Schulen) zurzeit in einer komplizierten Situation: Die zunächst durch technische und gesellschaftliche Entwicklungen angestoßenen Veränderungen machen Reaktionen notwendig, ohne dass zunächst (didaktische) Konzepte dazu vorhanden sein können. In telematischen Lernsituationen setzen Hochschullehrerinnen und -lehrer also Medien ein, über deren Wirkungen noch keine gesicherten Kenntnisse vorliegen, und die ihnen zumeist aus der eigenen (Lern-)Biographie nicht vertraut sind, während die Studierenden mit diesem Medium aufwachsen.[18] Die damit einhergehenden Veränderungen literaler Anforderungen sind also – auch auf der Ebene der Institutionen – nicht für alle Beteiligten dieselben, und sie sind ihnen zudem häufig kaum bewusst, während sie zugleich nicht nur darauf reagieren, sondern sie auch mitgestalten.

Bereits vor jeder Untersuchung ist offensichtlich, wie sehr die Nutzung der neuen literalen Formen an Hochschulen sich von den traditionellen literalen Praktiken unterscheidet und dass das vorgestellte Modell auf allen drei Ebenen erweitert werden muss, um neue literale Praktiken adäquat beschreiben zu können: Schon für die erforderlichen Fertigkeiten gibt es hier noch kein definiertes Set bereits praktizierter Formen. Noch viel weniger lässt sich im Zusammenhang mit „Akkulturation" oder „Positionierung" feststellen, in Hinblick auf welche „Tradition" (bzw. auch in welche Textsorten, vgl. Kap. 3.1 sowie Kap. 5) dies geschehen soll oder selbst, welche Akteure die Regeln bestimmen: Wer legt beispielsweise fest, auf welche Weise ein Diskussionsforum „angemessen" in einem Seminar genutzt wird oder was die „Wissenschaftlichkeit" eines Weblogs ausmacht – wenn zwar die Lehrenden erheblich weniger Erfahrung mit diesen Kommunikationsformen, aber dennoch aus institutioneller Perspektive die Definitionsmacht haben.

Passagen als solche gekennzeichnet habe. Alle darüber hinausgehenden Verbindungen und Schlussfolgerungen habe natürlich ich gezogen, die Auswahl der Fallstudien getroffen usw. Obwohl ich die Subjektivität und Individualität solcher Entscheidungen nicht leugne und andere Forschende bei einem ähnlichen Thema möglicherweise andere Schwerpunkte gesetzt hätten, geht es bei den Ergebnissen m.E. jedoch nicht um meine Person. Sie sollen nicht nur intersubjektiv nachvollziehbar sein, sondern – wie jede wissenschaftliche Arbeit – über die Person des Forschenden hinaus verallgemeinerbare wissenschaftliche Ergebnisse darstellen.

18 So geht z.B. Marc Prensky (2001), der die Begriffe „Digital Natives" für die Generation der nach 1980 geborenen Studierenden und „Digital Immigrants" für deren in die digitale Welt nur „eingewanderten" Lehrenden prägte, davon aus, dass das Lernverhalten beider Generationen sich stark voneinander unterscheidet.

Das Modell bietet also ein Betrachtungsraster, vor dessen Hintergrund aufgezeigt werden kann, an welchen Stellen alte und neue hochschulliterale Praktiken Berührungspunkte haben und sich miteinander vergleichen lassen und wo die traditionellen Beschreibungskategorien für neue Praktiken nicht adäquat sind. Zugleich lenkt es (für traditionelle und neue) hochschulliterale Praktiken sowohl im Zusammenhang mit theoretischen Ansätzen als auch in Bezug auf die Fallstudien die Aufmerksamkeit darauf, ob ein eher „autonomes" (d.h. technisches) Verständnis von Literalität vorliegt oder ob Literalität im Sinne von Brian Street (1993) als in gesellschaftliche Zusammenhänge eingebettet verstanden wird. Zudem kann beschrieben werden, auf welcher Ebene des Academic-Literacy-Modells sich ein Ansatz einordnen ließe, welche Aspekte explizit gemacht, welche implizit vorausgesetzt werden, welche unberücksichtigt bleiben bzw. den Handelnden bewusst sind oder nicht. Ein Vergleich der Praktiken und Theorien traditioneller und neuer Formen von Hochschulliteralität auf den verschiedenen Ebenen der benötigten Fertigkeiten, der akademische Sozialisation und der institutionellen Praxis in den Institutionen ermöglicht dann eine strukturierte Beschreibung der momentanen Veränderungen, die auch das Verhältnis bzw. die Verschiebung von (bisheriger) Mündlichkeit und (neuer) Schriftlichkeit einbezieht.

1.4 Erläuterung der Gliederung

Der Prozess, in dem die Veränderungen sich vollziehen, die in dieser Arbeit untersucht werden, hat erst vor wenigen Jahren begonnen und ist noch lange nicht an ein Ende gekommen. Unterschiedliche Entwicklungs- und Umsetzungsstadien existieren parallel zueinander, ebenso eine Fülle von Theorien über mögliche Auswirkungen und darauf aufbauenden (didaktischen) Konzepten, deren tatsächliche Wirksamkeit jedoch zumeist erst in Ansätzen verifiziert werden kann. Um dieser komplexen Situation gerecht zu werden, wird ein multiperspektivischer Zugang gewählt:

Zunächst werden die Merkmale und Anforderungen an traditionelle akademische Literalität (und ihre hochschulpädagogischen Implikationen) beschrieben. Im Anschluss daran werden (pädagogische) Theorien, Erwartungen und Prognosen bezüglich der Auswirkungen der gegenwärtigen Veränderungen vorgestellt, die anhand von exemplarischen Beispielen aus Lehre und Forschung kritisch hinterfragt werden. Auf diese Weise werden Theorie und Praxis des Veränderungsprozesses in Beziehung zueinander und zu der Ausgangssituation gesetzt. Ziel ist es dabei zunächst zu identifizieren, inwiefern sich alte und neue Literalitäten hinsichtlich ihres *Verständnisses von Forschung und Lehre und der Beziehungen der beteiligten Personen zueinander* unterscheiden. Erst vor diesem Hintergrund erscheint es sinnvoll, Konzepte zum Umgang mit den neuen Anforderungen an „telematische" Hochschulliteralitäten zu entwickeln. Es geht also weniger um methodisch-didaktische Vorschläge zum Erwerb der notwendigen (Handhabungs-)Kompetenzen als um den Gesamtzusammenhang literaler akademischer Kompetenzen Studierender und Lehrender. Methodisch-didaktische Aspekte der Medien- und Hochschulpädagogik werden also in diesem weiteren Rahmen aus der Perspektive literaler Zusammenhänge betrachtet.

In Verbindung gebracht werden damit teilweise sehr unterschiedliche Methoden, Modelle und Ergebnisse aus verschiedensten Fachrichtungen, z.b. Semiotik und Linguistik, Literaturwissenschaften, Sozialwissenschaften, kulturhistorische Fächer, Philosophie und natürlich (Entwicklungs-)Psychologie, Erziehungswissenschaften, Pädagogik und andere. Dies entspricht der oben dargestellten Geschichte der Literalitätsforschung, an der zahlreiche Fachdisziplinen beteiligt sind – „natürlich gibt es keine Fachdisziplin ‚Oralitäts-Literalitäts-Studien', schon gar nicht im Sinne einer akademischen Institutionalisierung" (Brockmeier 1997, S. 46). Es wird zu prüfen sein, inwieweit diese Ansätze sich widersprechen oder miteinander kompatibel sind und einander ergänzen. Die folgende Grafik gibt einen Überblick über die Gliederung der Arbeit:

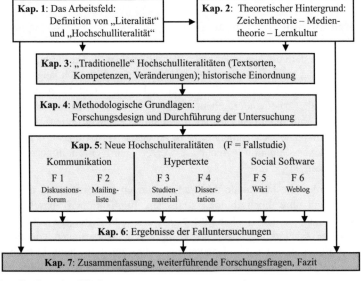

Abb. 2:   Struktur der Gliederung

Die einzelnen Kapitel behandeln die folgenden Themen:

• Im zweiten Kapitel wird zunächst das theoretische Konzept von Literalität erweitert: Dies beginnt mit einer charakterisierenden Abgrenzung der (Alphabet)Schrift von mündlicher Sprache und anderen Symbolsystemen unter lerntheoretischen Gesichtspunkten. Ein weiterer Aspekt ist die Definition des Medienbegriffs und der Rolle von Medien und medienpädagogischen Überlegungen im Zusammenhang mit (der Rolle von) Schriftlichkeit in Lernprozessen. Auf dieser Grundlage werden abschließend noch einmal die Zusammenhänge zwischen Symbolsystemen bzw. Schriftlichkeit und (dem Wandel von Lern-)Kultur(en) einer Gesellschaft dargestellt und auf den Hochschulkontext übertragen.

Vor dem in den beiden ersten Kapiteln entwickelten theoretischen Hintergrund werden in den folgenden Kapiteln Theorie und Praxis traditioneller und neuer Hochschulliteralitäten in Bezug auf ihre Konzeptionen und Annahmen von Literalität hin untersucht.

• Im dritten Kapitel werden unterschiedliche Zugänge zur (pädagogischen) Bedeutung der Literalität in der universitären Lehre vorgestellt. Dies beinhaltet z.B. eine Darstellung akademischer Textsorten und Theorien zum Lehren und Lernen mit Texten und zum wissenschaftlichen Schreiben sowie die Frage, welchen Einfluss die Nutzung der digitalen Medien auf solche traditionellen Praktiken hat. Komplementär dazu zeigt ein historischer Rückblick, welche Bedeutung die Erfindung des (damals neuen) Mediums Buchdruck für den Wandel der Rolle der Literalität in der Geschichte der Universität bzw. der akademischen Ausbildung hatte.

• Das vierte Kapitel stellt die methodologischen Grundlagen und das methodische Vorgehen dar, anhand derer im fünften Kapitel die Nutzung neuer literaler Praktiken an Hochschulen untersucht werden. Es begründet die gewählte Methode des Fallvergleichs, also eines Verfahrens der qualitativen Sozialforschung, und erläutert die Fallauswahl, die Erhebungsmethoden und den Prozess der Datenauswertung.

• Das fünfte Kapitel ist das mit Abstand umfangreichste der Arbeit. Es enthält drei Hauptabschnitte zu zentralen Bereichen neuer Literalitäten an Hochschulen: Kommunikation, Hypertext und Social Software. Jeder dieser Hauptabschnitte beginnt mit einer systematischen Darstellung der Charakteristika dieser literalen Formen, die im Sinne eines heuristischen Rahmens zu verstehen ist. Daran schließen sich jeweils zwei Fallstudien an, von denen eine dem Bereich der Lehre und eine dem Bereich der Wissenschaft zuzuordnen ist. Die abschließende Zusammenfassung jedes Hauptabschnitts setzt die beiden behandelten Fallstudien in Beziehung zueinander und zum heuristischen Rahmen: Wie verhalten sich die charakteristischen Merkmale der Fallstudien zueinander, zum heuristischen Rahmen und zu traditionellen Anforderungen an akademi sche Literalitäten? Wie verändern sich das Verhältnis von Literalität und Oralität und die Kommunikationsstrukturen? Inwieweit können (und sollen) die neuen Textsorten und Kommunikationsformen den traditionellen Anforderungen an wissenschaftliche Texte entsprechen?

- Im sechsten Kapitel werden die zuvor einzeln „als Fall" untersuchten Studien vergleichend und systematisierend ausgewertet: Welche Gemeinsamkeiten, Unterschiede und singulären Merkmale sind festzustellen? Welche Handlungsstrategien wurden angewandt, um die neuen literalen Formen den Anforderungen von Lehre und Forschung anzupassen und welches Verständnis von Lehre und Forschung ist damit jeweils verbunden?

- Das siebte Kapitel fasst im ersten Abschnitt die Ergebnisse der Arbeit zusammen und bietet einen vergleichenden Überblick über (Gemeinsamkeiten und) Unterschiede traditioneller und neuer Hochschulliteralitäten. Der abschließende Ausblick enthält Thesen zum Zusammenhang neuer literaler Formen und einem veränderten Verständnis von Wissenschaft und Lehre, und es thematisiert die hochschuldidaktische, bildungstheoretische und bildungspolitische Relevanz der Veränderungen.

2. Zeichen, Schrift, Medium: Zum Zusammenhang von Literalität und (Lern)Kultur

Dieses Kapitel verfolgt verschiedene miteinander verbundene und einander ergänzende Ziele: Zunächst werden für das Untersuchungsfeld Literalität zentrale Begriffe, wie Text, Code, Medium usw., definiert und Kriterien herausgearbeitet, anhand derer in den weiteren Kapiteln traditionelle und neue akademische Texte an Hochschulen miteinander verglichen werden können. Diese Merkmale werden in einem nächsten Schritt in Beziehung zur Kultur einer Gesellschaft bzw. zur Lernkultur der Institution Hochschule gesetzt. Auf dieser Grundlage werden schließlich Thesen und weiterführende Fragen entwickelt.

Für die Fragestellung dieser Arbeit gilt, was Jürgen Baurmann (1996, S. 1124) für die Forschung zur Aneignung von Schriftlichkeit konstatiert: Da das Verhältnis der beteiligten Disziplinen – er nennt „Psychologie, Pädagogik (Erziehungswissenschaft), Psycholinguistik und Didaktik (Methodik)" – zueinander „noch nicht geklärt ist, ist ein systematischer Überblick ebenso wenig möglich wie eine kontrastive Gegenüberstellung unterschiedlicher Konzepte." Da also auf einen gemeinsamen Forschungsstand nicht rekurriert werden kann, wird auch in diesem Kapitel auf Theorien und Methoden unterschiedlicher kulturwissenschaftlicher Einzeldisziplinen zurückgegriffen, anhand derer das Untersuchungsfeld präzisiert werden kann bzw. die geeignete Methoden zur Beschreibung und Interpretation der Veränderung von Literalität an Hochschulen bieten. Insofern trägt die Einführung von Kriterien aus semiotischer Perspektive nicht nur zur Definition zentraler Begriffe der Arbeit bei, sondern eröffnet zudem einen weiteren, die verschiedenen Einzeldisziplinen – und Unterkapitel – verbindenden Fragehorizont.[19]

---

19 „Laut Wörterbuch ist Semiotik (von griech. σημεῖον bzw. σῆμα abgeleitet; engl. semiotics, semiology; frz. sémiotique, sémiologie) die allgemeine Theorie der Zeichen, Zeichensysteme und Zeichenprozesse" (Schönrich 1999, S. 7). Obwohl seit der Antike zu allen Zeiten über semiotische Themen philosophiert wurde, wird der Beginn der neuzeitlichen Semiotik als Wissenschaft gemeinhin mit den Ansätzen von Charles Peirce (1839–1914) und Ferdinand de Saussure (1857–1913) verbunden. Beide Traditionslinien werden bis heute fortgeschrieben, außerdem bildeten sich zahlreiche spezielle Semiotiken von der Zoosemiotik bis zur Medien- und Kultursemiotik. Neben der Entwicklung von „Schulen", wie der Prager strukturalistischen Schule, traten einzelne herausragende sich linguistisch oder kulturwissenschaftlich verstehende Einzelwissenschaftler hervor, beispielsweise Roman Jakobson oder Umberto Eco; letzterer wurde 1975 auf die weltweit erste Professur für Semiotik an der Universität Bologna berufen. Es herrscht eine große Meinungsvielfalt „hinsichtlich des Status der Semiotik als Wissenschaft (Forschungsfeld, Disziplin, Inter-, Trans-, Metadisziplin, ...), ihres Gegenstandsbereichs oder ihrer grundlegenden Terminologie" (Baltzer 2000), ihre Geltungsansprüche reichen vom wissenschaftlichen Hilfsmittel über die wissenschaftliche Leitdisziplin bis zur wissenschaftsbegründenden Formaldisziplin. So wollen einerseits „unter Semiotik die Gesamtheit aller Wissenschaften verstanden, die Vorgänge untersuchen, an denen *Zeichenprozesse* beteiligt sind" (selbst wenn diese die Semiotik als wissenschaftliche Richtung ablehnen), andererseits versuchten die „Orthodoxen unter den Semiotikern" ihren Gegenstandsbereich „durch eine Reihe von Axiomen ein[zu]grenzen" und lehnten alle An-

In Kap. 2.1. wird Schrift als ein spezielles Zeichensystem betrachtet. In einem ersten historischen und systematischen Überblick wird sie zunächst von mündlicher Sprache abgegrenzt. Ein Schwerpunkt liegt in der Beschreibung von Merkmalen schriftlicher Texte (Kap. 2.1.1). Außerdem werden Schrift und Bilder im Hinblick auf semiotische und kognitive Gemeinsamkeiten und Unterschiede beschrieben (Kap. 2.1.2). Schließlich wird kurz dargestellt, welche Lerntheorien beim Lesen- und Schreibenlernen relevant sind und welche Faktoren darüber hinaus bei der Aneignung von Schriftlichkeit eine Rolle spielen (Kap. 2.1.3).

Der zweite Abschnitt des Kapitels (Kap. 2.2) befasst sich mit dem Zusammenhang von Medien, literalen Praktiken und Pädagogik. Nach der Erläuterung des dieser Arbeit zugrundeliegende Medienbegriffs (Kap. 2.2.1). wird untersucht, welchen Einfluss die genutzten Medien auf Produktion, Rezeption, Struktur und Bedeutung schriftlicher Artefakte haben (Kap. 2.2.2). An dieser Stelle erfolgt auch eine erste kurze Beschreibung von „Hypertext" im Gegensatz zu „klassischen", linearen Textsorten. Schließlich geht es darum, den Begriff (Medien)Pädagogik zu klären und zu zeigen, an welchen Stellen innerhalb dieser komplexen Zusammenhänge (medien-)pädagogische Überlegungen im weiteren Verlauf der Untersuchung ansetzen müssen (Kap. 2.2.3).

Auf dieser Grundlage werden im nächsten Abschnitt (Kap. 2.3) die im 1. Kapitel erarbeiteten Zusammenhänge von Schriftlichkeit und (Lern)Kultur erweitert und präzisiert. In einem ersten Schritt wird aus einer kultursemiotischen Perspektive[20] der Zusammenhang zwischen den in einer Gesellschaft verwendeten Symbolsystemen und ihrer (Lern)Kultur dargestellt (Kap. 2.3.1). In einem nächsten Schritt werden die dabei festgestellten Zusammenhänge auf die Hochschulkultur über-

---

sätze als nicht-semiotisch ab, die beispielsweise von den „Ansätze[n] von Peirce und Morris als *semiotische Basistheorie*" abweichen (Posner 1979, S. 5ff., Hervorhebungen im Text). Aus diesem Grund scheint es für die vorliegende Arbeit sinnvoll, sich dem Vorschlag Posners anzuschließen und zur Definition von Semiotik einen neutralen Ansatzpunkt zu wählen, d.h. „von bestimmten Fragestellungen auszugehen und erst auf sie hin eine passende Terminologie zu ihrer Formulierung zu entwickeln sowie eine angemessene Methodologie und Theorie zu ihrer Beantwortung anzustreben". Als Beispiele für solche – auch im Hinblick auf die vorliegende Arbeit interessanten Untersuchungskomplexe – nennt er unter anderem die „Frage, was ein Zeichen ist", die „Analyse der Komplementarität von Zeichen in multimedialer Kommunikation" oder das „Thema Kodewandel".

20 In den Auffassungen über die Beziehungen zwischen der Semiotik und den verschiedenen mit Kultur befassten Wissenschaften werden unterschiedliche Akzente gesetzt, die sowohl unterschiedliche Richtungen der Semiotik als auch verschiedene Kulturbegriffe kennzeichnen. So wird Kultur „als solche" im Gegensatz zu Natur betrachtet, es werden Unterschiede zwischen verschiedenen kulturellen Systemen – Kulturen – untersucht, schließlich werden Kulturwissenschaften auch als Erweiterung der traditionellen Sprach- und Literaturwissenschaften betrachtet (vgl. Nöth 2000, S. 513). Hier wird der Ansatz von Roland Posner (1991, S. 53) aufgegriffen, der „eine Gesellschaft als Menge von Zeichenbenutzern, eine Zivilisation als Menge von Texten und eine Mentalität als Menge von Kodes definiert" und so diese drei Bereiche als notwendig miteinander verbunden betrachtet, „denn Zeichenbenutzer sind auf Kodes angewiesen, wenn sie Texte verstehen wollen."

tragen und der Einfluss von akademischer Literalität auf die Lernkultur an Hochschulen untersucht (Kap. 2.3.2).

In der abschließenden Zusammenfassung (Kap. 2.4) werden aus den erarbeiteten Zusammenhängen von Schriftlichkeit und Lernkultur an Hochschulen Thesen und Anhaltspunkte für die weitere Untersuchung abgeleitet.

2.1 Schrift und Lernen

Im Folgenden wird im Anschluss an die kultursemiotische These, dass menschliche Kommunikation[21] nur vermittelt durch Zeichensysteme funktioniert, davon ausgegangen, dass Menschen zur Bewältigung ihrer Lebensprobleme spezielle Zeichenprozesse beherrschen müssen: „Der Mensch, so hat man gesagt, ist ein symbolisches Wesen, und in diesem Sinne sind nicht nur die Wortsprache, sondern die Kultur insgesamt, die Riten, die Institutionen, die sozialen Beziehungen, die Bräuche usw. nichts anderes als symbolische Formen" (Eco 1988, S. 108). In der Praxis werden die unterschiedlichen Zeichensysteme miteinander kombiniert und beeinflussen einander; Kommunikation ist in diesem Sinne „multimedial": Mündliche Rede wird von Gestik und Mimik begleitet, schriftliche Texte können Graphiken und Bilder enthalten usw. Dabei unterliegen die einzelnen Zeichensysteme einem dynamischen, geschichtlichen Wandel und kreativer Veränderung, während sie zugleich an die nächste Generation weitergegeben werden: Es entstehen neue Codes, neue Regeln und neue Zeichensysteme.

Aus pädagogischer Perspektive rückt damit ein wechselseitiger Zusammenhang ins Blickfeld: Die in einer Gesellschaft oder Institution verwendeten Zeichensysteme müssen erlernt werden, und dieses Lernen wiederum geschieht symbolisch vermittelt. Damit hat das in einem Kontext zentrale Zeichensystem – und dessen Veränderung – erheblichen Einfluss auf die Lernkultur (vgl. zu dieser Wechselwirkung Kap. 2.3).

Im Folgenden werden Sprache und Schrift als zentrale und spezielle Zeichensysteme[22] miteinander und mit anderen Zeichensystemen verglichen. Ziel dabei ist zum einen, Merkmale von Schriftlichkeit zu identifizieren, anhand derer im 3. Kap. klassische akademische Textsorten und im 5. Kap. neue, in akademischen Zusammenhängen genutzte schriftliche Textsorten und Kommunikationsformen beschrie-

---

21 Auch Tiere kommunizieren durch spezielle Zeichensysteme, beispielsweise Bienentänze, Paarungsrituale usw. Auf dieses Untersuchungsfeld der Bio- und Zoosemiotik wird jedoch im Folgenden nicht weiter eingegangen (vgl. dazu z.B. Nöth 2000, S. 254–272).

22 Während etwa Cornelia Bohn (1999, S. 12) für ihre Arbeit definiert, dass dort Schriftlichkeit „als Operation und nicht als Zeichen, Spur oder Graphem aufgefaßt werden" soll, wird hier ein multiperspektivischer Zugang gewählt; außerdem schließt das zugrunde liegende Verständnis von Semiotik die Betrachtung von Zeichenprozessen ein (vgl. Anm. 19).

ben werden können. Zum anderen wird untersucht, welche Faktoren bei der Aneignung von Literalität zu berücksichtigen sind.

2.1.1 Mündliche und schriftliche Sprache als Zeichensysteme – historische und systematische Betrachtung

Die häufig verwendete grobe Klassifizierung menschlicher Zeichensysteme als „verbal, piktoral und numerisch" (z.B. Weidenmann 2002b, S. 46) ist für den Gegenstand dieser Arbeit zu ungenau bzw. nicht funktional: Unterschiede, wie die akustische Darstellung gesprochener Sprache und die visuelle Darstellung der Schrift, lassen sich in einem solchen System nicht fassen. Die Schwierigkeit der klaren Zuordnung innerhalb der Zeichensysteme lässt sich auch dadurch gut illustrieren, dass die visuelle Darstellung von Sprache nicht unbedingt Schrift sein muss: So sind die Gebärdensprachen Taubstummer eindeutig als Sprachen mit eigener Semantik und Syntax zu klassifizieren und von Gestik oder Pantomime abzusetzen, sie sind begrifflich, jedoch weder mündliche noch schriftliche Sprache (vgl. dazu z.B. Papaspyrou 1990; Wisch 1990).

Im Folgenden werden als „Sprache" natürliche, begriffliche Zeichensysteme verstanden, die einer bestimmten Syntax und Semantik folgen und deren Zweck die Kommunikation der beteiligten Personen ist. Um die Assoziation der lautlichen Artikulation zu vermeiden, die mit dem Ausdruck „verbal" verbunden ist, wird Sprache als „begrifflich" bezeichnet; sie kann mündlich, schriftlich oder auf andere Weise, z.B. gestisch, zum Ausdruck gebracht werden. Abgegrenzt wird sie damit zum einen gegenüber nicht-begrifflichen Zeichensystemen wie Bildern, Film, Architektur usw., deren Syntax und Semantik aus anderen Elementen besteht – in der „Filmsprache" z.B. Kameraführung, Perspektive, Montagetechnik etc. –, zum andern gegenüber künstlichen Sprachen, beispielsweise Programmiersprachen.

2.1.1.1 Mündliche Sprache

Aus Schädel- und Werkzeugfunden lässt sich folgern, dass der Mensch die kognitiven Voraussetzungen zu sprachlichen Operationen seit ca. 1,5 bis 2 Millionen Jahren besitzt, „eine moderne, syntaktisch strukturierte Sprache benutzt er jedoch höchstens seit 40-70.000 Jahren" (Müller 1987, S. 128f.). Die evolutionären Vorteile der Ausbildung dieses akustischen Kommunikationssystems – Hände und Augen bleiben dabei frei für andere Tätigkeiten – überwogen offensichtlich bei weitem die Nachteile, z.B. die mit der Absenkung des Kehlkopfes verbundene Möglichkeit des sich Verschluckens (vgl. Becker-Mrotzek o.J., S. 3).

Mit der Untersuchung von Sprache befassen sich unterschiedliche semiotische Einzeldisziplinen, die verschiedenen linguistischen Schulen haben komplexe Beschreibungsmodelle zum Funktionieren von (vor allem) gesprochener Sprache[23] herausgebildet. Das allen zugrundeliegende dyadische Modell Ferdinand de Saussures betrachtet Sprache als System und stellt eine statische Beziehung zwischen dem Zeichen („Ausdruck", Lautkette) und dessen Inhalt her. Diese Beziehung ist arbiträr, also willkürlich oder zufällig, und konventionell. Ein Beispiel dafür sind die unterschiedlichen Sprachen, deren Vokabular verschieden und durch die Praxis der jeweiligen Gesellschaft legitimiert ist. (Im Gegensatz dazu haben Bilder und Symbole eine gewisse Ähnlichkeit mit dem Gegenstand, den sie bezeichnen, vgl. unten.)

Nach dem triadischen Organon-Modell des Sprachpsychologen Karl Bühler (1965, Orig. 1934) dagegen kann Sprache nur unter Einbeziehung der Sprachbenutzer beschrieben werden. In Anlehnung an den Kratylos-Dialog Platons bezeichnet er Sprache als ein „organon didaskaleion", als ein „Werkzeug, mit dem eine Person mit einer anderen über Dinge kommunizieren kann" (Nöth 2000, S. 203). Bühler unterscheidet zwischen drei Sprachfunktionen, *Ausdruck, Appell* und *Darstellung*, die danach bestimmt sind, welche Bezugsgröße eines Zeichens – Sender, Empfänger oder referierter Gegenstand – in einer bestimmten Kommunikationssituation im Vordergrund steht (zum Organon-Modell Bühlers vgl. z.B. Beck 1980; Eschbach 1984). Wenn Sprache als „System mit Funktionen" betrachtet wird, wie beispielsweise von den Funktionalisten der Prager strukturalistischen Schule unter Rückgriff auf Bühler, werden damit psychologische und soziologische Kriterien in die Untersuchung von Sprachen, Sprachsystemen und Sprachfunktionen einbezogen: Welche gesellschaftlichen Zusammenhänge führen zum konventionellen Gebrauch sprachlicher Zeichen, zu deren Akzeptanz und Veränderung?

Das in Erweiterung des Organon-Modells entwickelte, vielzitierte Kommunikationsmodell Roman Jakobsons (1979, Orig. 1960) wird hier wegen seiner Komplexität beispielhaft angeführt. Jakobson geht dabei von sechs konstitutiven Faktoren eines Sprechaktes aus, durch die jeweils eine andere Funktion von Sprache bestimmt wird: Ein Sender sendet eine Botschaft an einen Empfänger. Die Botschaft benötigt einen Kontext, auf den sie sich bezieht, Sender und Empfänger müssen über einen gemeinsamen Code verfügen, physikalisch wird die Verbindung durch ein Kontaktmedium übermittelt. Wie Bühler geht Jakobson davon aus, dass eine Botschaft verschiedene Funktionen haben kann, oft jedoch steht eine Funktion im Vordergrund (Dominanzprinzip). Eine primär auf den Gegenstand bezogene Botschaft nennt er *referentiell*; Beispiele hierfür sind Nachrichten, aber auch Vor-

---

23 Obwohl sich die Reflexion über sprachliche Zeichensysteme seit der mittelalterlichen Scholastik in einer langen *schriftlichen* Tradition entwickelte, galt in der Semiotik und Linguistik seit Ferdinand de Saussure explizit das „Primat der gesprochenen Sprache". Es ist ein Paradox der Geschichte der Semiotik, dass die Schrift erst mit Jacques Derrida in den 1960er Jahren als Gegenstand semiotischer Reflexion entdeckt wurde (vgl. Nöth 2000, S. 349).

lesungen an Hochschulen. Eine *expressive* Botschaft drückt vor allem die Haltung oder Stimmung des Sprechenden aus, eine *appellative* Botschaft will den Empfänger zu etwas auffordern oder Reaktionen bewirken. *Phatische* Anteile der Kommunikation sind vor allem auf das Kontakthalten oder auf das Überprüfen des Kanalmediums gerichtet. Die *metasprachliche* Funktion bezieht sich auf die Sprache selbst oder den Prozess der Kommunikation. „Als *poetische Funktion* schließlich definiert Jakobson eine Einstellung, die primär auf die Botschaft selbst gerichtet ist" (Nöth 2000, S. 105f.; zum Kommunikationsmodell Jakobsons vgl. z.B. Beck 1980, Veltruský 1984).

Gegenstand (REFERENTIELL)

Nachricht (POETISCH)

Sender (EMOTIV, EXPRESSIV) --------------- Empfänger (APPELLATIV, KONATIV)

Kontaktmedium (PHATISCH)

Code (METASPRACHLICH)

Abb. 3: Roman Jakobsons (1960) Modell der konstitutiven Faktoren sprachlicher Kommunikation und ihre Kommunikationsfunktionen

Gesprochene Sprache dient also der Verständigung der beteiligten Personen. Für die verschiedenen kommunikativen Bedürfnisse, die in den hier beschriebenen Funktionen jeweils nur grob umschrieben sind, haben sich im Laufe der Zeit spezifische sprachliche Formen und teilweise komplexe Handlungsmuster herausgebildet, z.B. das Frage-Antwort-Schema (Becker-Mrotzek/Vogt 2001). Gesprochene Sprache kann entweder praktisches Handeln begleiten (Empraxie) oder der Bewahrung und Überlieferung komplexen Wissens dienen. Da sie ohne technische Hilfsmittel (wie Ton- und Filmaufnahmen) keine materialen Artefakte[24] bildet, entwickelten sich zur Gedächtnisunterstützung mit der Zeit sprachliche Hilfsmittel (z.B. Reimformen, Rhythmen), außerdem dienten auch nicht-sprachliche Zeichensysteme wie Gesten, Tänze oder Rituale usw. – mit denen ein künstlicher Handlungszusammenhang hergestellt wurde –, der Unterstützung des Gedächtnisses. Im Gegensatz z.B. zum Erfassen von Bildern ist gesprochene Sprache ein zeitlicher, in einen Handlungszusammenhang eingebetteter Prozess. Ihr besonderes Kennzeichen ist die gemeinsame Anwesenheit von Sprechenden und Hörenden in einer Sprechsituation, die nicht nur physikalisch einen gemeinsamen Wahrnehmungsraum schafft, sondern vor allem ein gemeinsames Bewusstsein darüber, „wer mit *Ich* und *Du*, welcher Zeitraum mit *Jetzt*, *Gestern* und *Morgen* und welche Orte mit *Hier* und *Da* gemeint sind" (Becker-Mrotzek o.J., S. 2f.).

---

24 Auch nicht-sprachliche Artefakte wie Bauwerke, Bilder, Plastiken, Kunstwerke usw. dienen (neben praktischen Zwecken) der Überlieferung von Wissen und der Unterstützung des Gedächtnisses. Die Interpretation ihrer Bedeutung ist jedoch ohne die Unterstützung durch Worte (und selbst dann) oft schwierig.

2.1.1.2 Schrift

Den Beginn der Schriftentwicklung kann man vor ca. 5000 Jahren ansetzen, d.h. dass die Menschheit den weit größeren Teil ihrer Geschichte ohne schriftliche Notationssysteme auskam. Viele Darstellungen zur Evolution der Schrift gehen davon aus, dass die Verschriftlichung gesprochener Sprache von ikonischen zu symbolischen Zeichen führte (vgl. dazu Coulmas 1989). Andere Autoren heben jedoch hervor, dass zu den Vorläufern der Schrift auch arbiträre, also nicht durch Ähnlichkeit auf den referenzierten Gegenstand verweisende, und „lineare" Zeichen wie Ritzmarken, Merkknoten u.ä. gehörten (vgl. Becker-Mrotzek o.J.; Nöth 2000) sowie die von der Ägyptologin Denise Schmand-Besserat (1978) in Mesopotamien entdeckten, bis ins 9. Jahrtausend v.Chr. zurückreichenden Tonzeichen. Die buchhalterische Funktion dieser Zeichen (zur Zählung von Hausrat, Vieh usw.) führten sie auch zu der These, dass ökonomische und verwaltungstechnische Gründe in komplexer werdenden Gesellschaften eine Ursache für die Entwicklung der Schrift waren.

Schrift äußert sich in konkreten Schrift*en*: Nach Harald Haarmann (1998, S. 19) beläuft sich die „Gesamtzahl aller Schriftsprachen, die in Geschichte und Gegenwart in Gebrauch waren und noch sind" auf „rund 660". Grundsätzlich wird dabei unterschieden zwischen phonologischen Schriftsystemen, deren Grapheme (kleinste schriftliche Minimaleinheiten) sich auf Phoneme (kleinste bedeutungstragende lautliche Einheiten) oder Silben beziehen, wie in den alphabetischen und silbischen Schriften[25] und semantischen Schriftsystemen, deren Zeichen bedeutungstragende Minimaleinheiten sind, d.h. piktographische, ideographische oder logographische Schriften[26]. Außerdem unterscheiden sich Schriften in der Schreibrichtung: Das lateinische Alphabet wird beispielsweise von links nach rechts geschrieben, hebräische und arabische Schriften von rechts nach links, Japanisch und Chinesisch traditionell in vertikalen Zeilen von oben nach unten und von rechts nach links (wobei inzwischen technische Dokumente und wissenschaftliche Magazine meist von links nach rechts in horizontalen Zeilen geschrieben werden). Abgesehen von der formalen Perspektive hat diese Unterscheidung in der Lese- und Schreibrichtung neurologische Auswirkungen: So unterstützt die Leserichtung von rechts nach links (z.B. bei den semitischen Konsonantenschriften, in denen die Vokale durch die Lesenden assoziiert werden müssen) eine visuell-räumliche,

---

25 Zu den alphabetischen Schreibsystemen gehören sowohl Konsonantenalphabete (z.B. Ugarit, Hebräisch, Aramäisch, Arabisch) als auch phonemische Alphabete (z.B. Griechisch, Kyrillisch, Georgisch, Lateinisch). Silbische Schriftsysteme sind z.B. Balinesisch, Bengalisch, Tamilisch oder Tibetisch (zu den verschiedenen Schriftsystemen vgl. z.B. Eisenberg 1996; Coulmas 2000).

26 Z.B. Altägyptisch, Chinesisch, Japanisch u.v.m. Semantische Schriftsysteme müssen eine große Anzahl von Zeichen enthalten; im modernen Chinesisch etwa liegt die Zahl der Schriftzeichen „zwischen 2.000 (ausreichend für einfache Texte) und bis zu 50.000 (für sehr elaborierte Schrift auch mit archaischen und spezielleren Zeichen)" (Nöth 2000, S. 352).

ganzheitliche Worterkennung und entspricht eher einer Spezialisierung und führenden neurophysiologischen Kontrollleistung der rechten Hirnhemisphäre; dagegen entspricht die Schreibrichtung der indoeuropäischen Schriften von links nach rechts in Bezug auf die Integration der Buchstaben und die Erfassung des Wortsinns viel besser der Verarbeitungsstrategie der linken Gehirnhälfte (vgl. Fischer 1999).

Die von unterschiedlichen Schrifttheoretikern vertretene Theorie der Überlegenheit der Alphabetschrift als effizientestem Schriftsystem (vgl. dazu Coulmas 2000) wird hier nicht geteilt. Vielmehr wird davon ausgegangen, dass die verschiedenen Systeme für die jeweiligen Sprachen funktional sind und unterschiedliche Vorteile haben (vgl. Nöth 2000)[27]. An deutschen Hochschulen wird (wie auch in dieser Arbeit) im Allgemeinen die (lateinische) Alphabetschrift und die deutsche Sprache verwendet.[28]

Am Beispiel der deutschen Sprache soll hier kurz auf die Wechselwirkung zwischen geschriebener und gesprochener Sprache in einer Gesellschaft eingegangen werden: Geschriebene (althoch)deutsche Sprache lässt sich um 870 mit der Evangelienharmonie des Otfried von Weißenburg datieren (vgl. Schröder 1989, S. 172–193). Die Verschriftlichung des (Althoch-)Deutschen begann vor dem Hintergrund einer bereits existierenden verschriftlichten Sprache, des Lateinischen; das Verlassen der Mündlichkeit geschah also nicht unberührt von Schriftsprache, was einerseits eine Erleichterung, aber auch Probleme für die eigenständige Entwicklung, z.B. für das Schriftsystem und stilistische Fragen bedeutet. Mit der „Schriftlichkeits- und Verschriftungswelle" nach der Einführung von Papier und Druck begann das „Vordringen der geschriebenen Form in völlig neue Funktionsbereiche [...] Die deutsche Prosa beginnt schließlich auch, sich als Wissenschaftssprache zu etablieren" (August/Müller 1996, S. 1500f.). Während die Stadien der Schriftsprache vom 8. bis 17. Jahrhundert noch nicht standardisiert waren, wurde „in der Folge Schriftsprache quasi zum Synonym für Hochsprache, Kultursprache, Literatur-/Dichtersprache und Wissenschaftssprache" (ebd.). Das deutsche Schriftsystem ist trotz verschiedener – jeweils umstrittener – Rechtschreibreformen etwa seit Mitte des 19. Jahrhunderts relativ stabil und im deutschen Sprachgebiet weitgehend vereinheitlicht. Während es auch in anderen Alphabetschriften die Großschreibung z.B. von Satzanfängen, Eigennamen und Anredepronomina gibt, ist beispielsweise die Großschreibung von Substantiven ein Charakteristikum des Deutschen (für Gesamtdarstellungen hierzu vgl. z.B. Eisenberg 1995; Maas 1992).

---

27 Ein Vorteil der semantischen Schrift im Chinesischen ist beispielsweise seine Unabhängigkeit von Dialekten. Ein Vorteil des hohen Abstraktionsgrades der Alphabetschrift ist die relativ leichte Transformation in nicht-visuelle Codes, z.B. akustische (Morse-Alphabet) oder haptische/taktile (Braille-Schrift).

28 Es ist jedoch wahrscheinlich, dass sich im Wissenschaftsbereich im Zuge der Globalisierung Englisch als gesprochene Sprache mehr und mehr durchsetzt. Ein System, in dem zwei Sprachen in unterschiedlichen Modalitäten genutzt wurden, gab es im deutschsprachigen Raum im Mittelalter, als Deutsch gesprochen und Latein geschrieben wurde (vgl. August/ Müller 1996).

„In der Gegenwart zeigt die Entwicklung der geschriebenen Sprache für das Deutsche verschiedene, teils gegenläufige Tendenzen: Einerseits Zunahme der Unterschiede zur gesprochenen Sprache (Verwaltung, Wissenschaft), andererseits mehr oder weniger weitgehende Annäherung, z.B. in Literatur, Presse, Medien, Werbung" (Augst/Müller 1996, S. 1501).

Was kennzeichnet nun die Schrift in Abgrenzung zu gesprochener Sprache einerseits und zu Bildern und Symbolen andererseits? Im Folgenden sind wesentliche, von verschiedenen Schrifttheoretikern (vgl. dazu Coulmas 2000; Nöth 2000) genannte Merkmale zusammengefasst: Schriftzeichen sind arbiträre und konventionelle, „durch die Motorik der Hand erstellte" graphische Zeichen, die auf unterschiedlichen Trägermaterialien (dauerhafter oder elektronischer Oberfläche) und mit unterschiedlichen Schreibwerkzeugen erstellt werden können. Im Gegensatz zur gesprochenen Sprache ist der Übertragungskanal also visuell. Es muss eine systematische Entsprechung zwischen einer spezifischen lautlichen Einzelsprache und den Schriftzeichen geben, und jede mündliche Äußerung muss in der Schriftsprache abbildbar sein (dies unterscheidet Schrift von Bildern, wenngleich Übergänge fließend sein können). In Anlehnung an die Funktionen, die Jakobson den konstitutiven Faktoren eines Sprechaktes zuordnete, nennt Florian Coulmas (2000) als *Funktionen* der Schrift unter anderem die mnemonische, die distanzüberwindende, die Kontrollfunktion, nach der der geschriebenen Sprache soziale Autorität zukommt, die Kommunikation und die poetische Funktion (visuelle Poesie, aber auch Typographie).

Zentrale Charakteristika der Schrift sind also deren visuelle (gegenständliche und räumliche) Darstellung und die räumliche und ggf. auch zeitliche Trennung zwischen Sender und Empfänger einer Botschaft, der damit der für die mündliche Sprache konstitutive Kontext fehlt. Die schon sehr frühe und oft zitierte Schriftkritik Platons[29] (die sich im übrigen auch auf Bilder bezieht), betrifft die „Unbefragbarkeit" der Artefakte:

„Denn das, Phaidros, ist offenbar das Ärgerliche bei der Schrift und macht sie in der Tat vergleichbar der Malerei: Auch die Erzeugnisse der Malerei nämlich stehen da, als wären sie lebendig: fragst du sie aber etwas, so schweigen sie in aller Majestät. Und genauso ist es mit den geschriebenen Texten: Du könntest meinen, sie sprechen, als hätten sie Verstand; fragst du aber nach etwas von dem, was sie sagen, weil du es verstehen willst, so erzählt der Text immer nur ein und dasselbe [...] Und wird er mißhandelt und zu Unrecht kritisiert, braucht er immer die Hilfe seines Vaters. Denn er selbst kann sich weder wehren noch helfen" (Phaidros-Dialog §274; zitiert nach Schöttker 1999, S. 35f.).

---

29 Eric A. Havelock dagegen wies in seiner Platon-Interpretation insbesondere auf dessen *Oralitätskritik* hin, die sich im wesentlichen darauf bezieht, dass es den Wissensträgern in oralen Kulturen und deren Zuhörern nicht möglich ist, in eine kritische Distanz zur Überlieferung zu treten (vgl. dazu Assmann/Assmann 1990, S. 14–20).

Ein weiterer Aspekt der Schriftkritik Platons betrifft die Befürchtung, dass die Schrift der Erinnerung der Lernenden schaden werde (vgl. ebd.), da schriftlich festgehaltene Inhalte nicht mehr im Gedächtnis behalten werden müssen.

2.1.1.3 Charakteristika mündlicher und schriftlicher Texte

Es ist nicht anzunehmen, dass sich die Alphabetschrift *als Zeichensystem* durch die neuen Medien gravierend verändert, auch wenn sich mit den telemedialen Kommunikationsformen das schriftliche Zeichensystem momentan z.b. um (piktorale) Zeichen wie die Emoticons erweitert (vgl. z.B. Sanderson 1997). Zentral für die Untersuchung der Veränderung von Literalität in dieser Arbeit sind deshalb *schriftliche Texte.* Aus semiotischer Perspektive kann der Begriff Text unterschiedlich weit gefasst werden, bis hin zum Verständnis von Kultur als zu entzifferndem und zu interpretierenden „Text" (vgl. Nöth 2000; Posner 1991 u.a.). In dieser Arbeit werden („abgeschlossene") schriftliche und mündliche Textformen als Texte bezeichnet. Die im Folgenden beschriebenen Merkmale schriftlicher Texte dienen dazu, im 3. und 5. Kap. klassische und telematische Texte beschreiben und dann miteinander vergleichen zu können.

Mündlichkeit und Schriftlichkeit beziehen sich auf „eine" Sprache, Schreiben und Sprechen sind eng aufeinander bezogen und gehören in literalen Gesellschaften zur sprachlichen Kompetenz des Einzelnen. Gibt es Unterschiede zwischen beiden Kodierungssystemen, d.h. Merkmale, die nur mündlich oder nur schriftlich vorkommen? Zu nennen sind zunächst einige spezielle Entwicklungen der Schriftsprache, d.h. Merkmale, die gesprochene Sprache nicht hat, z.B. visuelle Abstände zwischen den einzelnen Worten (die nicht denen der gesprochenen Sprache entsprechen, erst relativ spät in der Schriftentwicklung entstanden und zu einem anderen „Wortbewusstsein" literaler Personen führen), Interpunktions- und andere Zeichen, wie Klammern, Schrägstriche, Worttrennungen am Zeilenende oder typographische Formen. Desweiteren ist für einige Textsorten das jeweilige Medium konstitutiv: So sind Telefongespräche oder small talk mündliche Textsorten; an Schriftlichkeit gebunden sind beispielsweise Quittungen, Listen, Lexika oder – im Kontext des Themas dieser Arbeit besonders wichtig – die „makrostrukturelle Organisation von umfangreicheren Texten in Inhaltsverzeichnis, ‚Text', Fußnoten, Literaturverzeichnis, Personen- und Sachregister" (Augst/Müller 1996).

Insgesamt jedoch überlappen sich die sprachlichen Regeln; Syntax und Semantik sind weitgehend gleich; jedoch gibt es teilweise unterschiedliche „sprachliche Register", d.h. Wörter und Sprachstrukturen, die eher mündlich (z.B. parataktische Aneinanderreihung, umgangssprachliche Wendungen) bzw. eher schriftlich (komplexe Syntax, gehobene Sprache) verwendet werden (Augst/Müller 1996). In Bezug auf die Wahl dieser Register unterscheiden Peter Koch und Wulf Oesterreicher

(1994) zwischen *Medium* und *Konzeption*. Danach ist eine Äußerung medial entweder mündlich oder schriftlich, aber in Bezug auf ihre Konzeption oder „kommunikative Strategie" besteht ein weites Kontinuum von Möglichkeiten zwischen *Nähe* und *Distanz*. So ist beispielsweise ein persönlicher Brief medial schriftlich, konzeptionell jedoch eher mündlich, eine Vorlesung zwar medial mündlich, konzeptionell jedoch eher auf Schriftlichkeit bezogen. Diese Unterscheidung zwischen medialer Repräsentation und Konzeption ist gerade auch in Bezug auf die neu entstehenden Textformen von großem Interesse.

Generell verweisen „Intention, Faktoren, Produktion" im Schriftlichen (im Gegensatz zu mündlichen Texten) „tendenziell auf ein autonomes Sprachwerk, das ‚selbstversorgt' alle notwendigen Informationen enthält, die den Leser befähigen, den vom Schreiber gemeinten Sinn zu rekonstruieren oder überhaupt einen Sinn zu konstruieren. Im Schriftlichen gibt es einen veräußerlichten, objektivierten Text, der sich vom Schreiber löst; nur durch ihn können Schreiber und Leser kommunizieren. Oft tritt der Schreiber auch ganz aus dem Blickfeld des Lesers (z.B. Gesetzestexte, manche Formen der Dichtung)" (August/Müller 1996, S. 1504). Dabei orientiert sich ein schriftlicher Text nach Hardarik Blühdorn (1990, S. 228) nicht an „Merkmalsstrukturen schlechthin", sondern an Prototypen, die mit dem normalen Spracherwerb gelernt werden und unbewusst die Funktion latenter, im gesellschaftlichen Verkehr konventionalisierter Leitbilder erfüllen: „Von einem kompetenten Mitglied einer Kommunikationsgemeinschaft wäre zu erwarten, dass es etwa über eine Vorstellung von einem typischen wissenschaftlichen Aufsatz oder einem typischen Telefongespräch (als Genre-Vertreter) [...] verfügt".

Trotz der bisher skizzierten Eigenschaften von Texten scheint es, von der medialen Repräsentation und der tendenziellen Autonomie des schriftlichen Textes abgesehen, schwierig, mündliche und schriftliche Texte eindeutig voneinander abzugrenzen: Beide können konzeptionell näher oder distanzierter sein; beide orientieren sich an unbewusst vorhandenen prototypischen Leitbildern, d.h. nicht nur an „Richtigkeitsnormen", sondern vor allem auch an „Angemessenheitsnormen". Dabei werden mündliche *und* schriftliche akademische Texte als eher distanziert charakterisiert, eine Textorganisation wie in wissenschaftlichen Texten scheint an Schrift gebunden. Wodurch aber unterscheidet sich der „fachsprachlich ausgerichtete, logisch durchstrukturierte, informative und wohlgeformte Text [...] (als Ideal der Hochschule)" von dem „leicht verständliche[n], flüssige[n], wenig Widerstand bietende[n] Text (als Ideal der Gymnasien)"? (August/Müller 1996, S. 1504).

Offensichtlich lassen sich Kriterien zur Beschreibung (schriftlicher) Texte nicht eindeutig und statisch festlegen. Charakteristischerweise wird die (unbewusste) Vorstellung davon, welche Texte als „angemessen" betrachtet werden, bestimmt durch *funktionale* Komponenten – d.h. die Erwartung eines bestimmten situativen und kommunikativen Kontextes – und *formale* Komponenten, d.h. die Erwartung bestimmter formaler Texteigenschaften. Aus diesem Grund werden bei der Untersuchung von Texten beide Komponenten in die Beschreibung einbezogen. Zu den formalen Texteigenschaften gehören dabei z.b. die strukturellen Merkmale der Organisation eines Gesamttextes sowie stilistische Merkmale, die unter Rückgriff auf linguistische Beschreibungskategorien, wie Informationsgehalt (z.B. Häufigkeit von Nomina usw.), Narrativität (z.b. Verwendung der Vergangenheitsformen) und abstrakte Information, beschrieben werden können (vgl. Wenz 1998; Collot/ Belmore 1996). Für diese formalen sprachlichen Kriterien wird im Folgenden der Begriff „Code" verwendet.[30] (Um zu untersuchen, welche Struktur und welcher Code für wissenschaftliche Arbeiten als angemessen erachtet werden, werden in Kap. 3.1 und 3.2 dieser Arbeit u.a. Einführungen in die Erstellung wissenschaftlicher Texte herangezogen.) Betrachtet wird aber auch, ob bzw. inwiefern sich der situative und kommunikative Kontext auf Struktur und Code eines Textes auswirkt. Von besonderem Interesse ist dabei, inwieweit sich Veränderungen des Kontextes in den Hochschulen und in der Gesamtgesellschaft – vor allem durch die neuen Medien – auf die Beurteilung der Angemessenheit von (telemedialen akademischen) Texten auswirken.

In diesem Kapitel 2.1.1 ging es darum, grundlegende Begriffe, wie Sprache, Schrift und Text, zu definieren sowie wesentliche, für die weitere Untersuchung relevante Unterscheidungskriterien und Merkmale. Zusammenfassend kann nun Sprache als ein System arbiträrer und konventioneller Zeichen betrachtet werden. Dieses System kann unterschiedliche Funktionen haben, von denen jedoch in spezifischen Kontexten häufig eine dominant ist (so im Kontext Wissenschaft der „Gegenstand"). Mündliche Sprache ist durch die lautliche Übertragung und die „Kontextualität" der sprachlichen Äußerungen gekennzeichnet, schriftliche Texte dagegen „stehen für sich". Zu unterscheiden sind verschiedene sprachliche Regelregister, wobei die Repräsentationsformen und die unterschiedlichen Grade von Distanz und Nähe ineinander übergehen können. Dabei orientieren sich Texte an unbewussten, prototypischen Leitbildern, von denen die verwendeten sprachlichen Codes und deren Angemessenheit bestimmt werden. Schriftlichkeit und Mündlichkeit beeinflussen einander und stehen in Wechselwirkung mit gesellschaftlichen – und im Rahmen dieser Arbeit besonders wichtig – medialen Entwicklungen.

---

30 In semiotischen Arbeiten wird der Begriff „Code" meist synonym für „Zeichen" verwendet (vgl. Nöth 2000, S. 216–226). Auch Bernd Weidenmann (2002b, S. 47) versteht unter „Multicodierung" die Verwendung unterschiedlicher Zeichensystemen innerhalb eines medialen Angebots (z.B. Text mit Bildern). Allerdings unterscheidet er auch (2002a, S. 88f.) zwischen verschiedenen bildlichen Codes: Zum „Darstellungscode" gehören danach etwa Schattierungen oder Perspektive, zum Steuerungscode, der bei der Verarbeitung eines Bildes helfen soll, Pfeile, Umrandungen usw. – Eine kulturelle Defizittheorie wie die Basil Bernsteins, der aus der Nutzung von elaboriertem und restringierten sprachlichen Code Schlüsse über die kognitive Entwicklung ableitete, wird jedoch abgelehnt.

2.1.2 Bilder und Graphiken

Verschiedene Wissenschaften konstatieren zurzeit übereinstimmend eine Zunahme bildlicher Kommunikation. In dieser Arbeit wird nicht die häufig geäußerte Befürchtung geteilt, dass mit dem Rückgang der Schrift eine kognitive Verarmung verbunden sei (vgl. dazu Nolda 2002, S. 117, wie auch Kap. 1.2 dieser Arbeit); ein Zusammenhang mit der Veränderung von Literalität wird jedoch durchaus gesehen. Dies betrifft sowohl die Bedeutung, die den Zeichensystemen Text und Bild in der Gesellschaft zugemessen wird, als auch die Einbindung von Bildern unterschiedlicher Art in klassische und vor allem telemediale Texte. Im Folgenden werden in Kürze wesentliche Merkmale und Leistungen von Bildern dargestellt und mit Texten verglichen. Ziel dieser Kontrastierung ist es, weitere Anhaltspunkte für die Beschreibung der Veränderung von Literalität zu gewinnen.

Allgemein kann ein Bild beschrieben werden als „ein komplexes visuelles Zeichen, dessen Zeichenträger eines zweidimensionalen Mediums, der Bild- oder Schreiboberfläche bedarf" (Nöth 2000, S. 180). Schriftliche Texte und Bilder verbindet also die mediale Gemeinsamkeit; dahinter jedoch „verbergen sich wesentliche kognitive und semantische Unterschiede" (ebd.). Aus semiotischer Perspektive lassen Bilder sich nicht, wie Wörter, in bedeutungtragende Minimaleinheiten – Phoneme bzw. Grapheme – zerlegen und sind nicht arbiträr, sondern dem dargestellten Gegenstand ähnlich.[31] Dies trifft sowohl für Abbilder (realistische Bildern, Photos, Zeichnungen, Comics usw.) zu als auch für logische Bilder (Diagramme usw.), die zwar keine äußerliche, jedoch dennoch eine *strukturelle* Ähnlichkeit mit dem dargestellten Inhalt aufweisen, indem sie z.b. Mengen- oder Größenverhältnisse visualisieren und in Beziehung zueinander stellen (vgl. Schnotz 2002, S. 66).

Hinsichtlich ihres „semiotischen Potentials" zeigen Bilder und Sprache in Bezug auf unterschiedliche Faktoren eine unterschiedliche Leistungsfähigkeit. So sind z.B. Bilder und Karten meist besser zur Repräsentation von *Räumlich-Visuellem* geeignet als Sprache, *zeitliche Abläufe* dagegen lassen sich durch Bilder allein (selbst in Filmen) sehr schwer darstellen. Bilder zeigen im wesentlichen *Visuelles,* Sprache dagegen kann alle Sinnesmodalität, auch die *nicht Visuellen* beschreiben. Bilder eignen sich zur Darstellung *konkreter* Gegenstände oder Sachverhalte; Sprache dagegen kann Konkretes und *Abstraktes* beschreiben. Ebenso zeigen Bilder jeweils Einzelexemplare von Klassen oder Individuen, während Sprache

---

31 Auch das zweite Merkmal sprachlicher Zeichen, die Konventionalität, ist also bei Bildern nicht gegeben. Allerdings haben sich nach Wolfgang Schnotz (2002, S. 77ff.) in Bezug auf bestimmte Darstellungszwecke Konventionen zur Nutzung bestimmter logischer Bilder wie Kreis-, Balken-, Kurven- oder Punktdiagrammen herausgebildet. Der Hinweis von Sigrid Nolda (2002, S. 119f.), dass zunehmend standardisierte Bildelemente genutzt werden, etwa „die immer wieder verwendeten Clip-Art-Elemente, die jeder PC-Besitzer in seine Texte integrieren kann" könnte inzwischen bereits schon wieder veraltet sein.

Einzelnes und *Allgemeines* darstellen kann. Bilder und Zeichnungen können auch dazu genutzt werden, einen eher emotionalen als sachlich-nüchternen Zugang zu einem Inhalt zu eröffnen und dazu dienen, die Phantasie anzuregen, zumal sie auch Gegenstände abbilden können, die nicht in der Realität existieren. *Selbstreflektivität, Metasprache, Negationen* und *kausale* oder *logische Beziehungen* sind nur sprachlich möglich. In der gleichen Wahrnehmungszeit vermitteln Bilder mehr Informationen als Sprache, gelten aber auch als vieldeutig und offen. Bilder und Texte haben also unterschiedliche Stärken und Schwächen. Sie können einander ergänzen, wenn Bilder Texte illustrieren oder Texte Bilder kommentieren (vgl. Nöth 2000, S. 481ff.).

Bereits vor der Erfindung des Buchdrucks wurden Manuskripte mit erläuternden Bildern versehen, aber auch genutzt, um Leseunkundigen z.b. religiöse Inhalte zu vermitteln, etwa in der „biblia pauperum" oder in Altar- und anderen Bildern in Kirchen. „Direkte didaktische Visualisierungen" wurden und werden in Lehrtexten zur Steigerung der Behaltensleistung und zur Erleichterung von Verstehen und Behalten „[v]on Comenius [bis] zum Comic" genutzt (vgl. Nolda 2002, S. 117–138). Bernd Weidenmann (2002a) unterscheidet dabei zwischen unterschiedlichen instruktionalen Funktionen von Abbildern in Lehr-/Lernkontexten: Bilder mit *Zeigefunktion* sollen Lernenden eine Vorstellung des Lernobjekts vermitteln; *Situierungsfunktion* haben Bilder, durch die Information in einen Rahmen oder Kontext eingeordnet werden können, die *Konstruktionsfunktion* von Bildern dient der Einbettung komplexerer Zusammenhänge in ein mentales Modell (vgl. nächster Abschnitt). Das Verstehen und Interpretieren von logischen Bildern, die zumeist Konstruktionsfunktion haben, muss dabei, anders als bei den meisten Abbildern, erst erlernt werden (vgl. Schnotz 2002, S. 72). Bei Abbildern wie bei logischen Bildern kommt der *Gestaltung* große Bedeutung zu, damit die wesentlichen Elemente gut verstanden werden können. So haben Evaluationen gezeigt, dass z.b. sehr realistische Bilder zwar besonders wirkungsvoll situieren, jedoch auch Gefahr laufen, nicht mit den Erfahrungen der Lernenden übereinzustimmen, schnell zu veralten usw. (Zu anderen Gestaltungselementen wie Komplexitätsgrad, Beschriftung von Bildern u.v.m. vgl. Weidenmann 2002, S. 83–96; Schnotz 2002, S. 73–80.)

Bilder und Texte werden kognitiv unterschiedlich verarbeitet. Während Bilder über die rechte Gehirnhälfte simultan und holistisch wahrgenommen und schnell verarbeitet werden, erfolgt Schriftwahrnehmung linear und sukzessiv über die linke Gehirnhälfte. Auch die Augenbewegungen bei der Verarbeitung von Bildern oder Texten mit integrierten Bildern führen zu anderen neuronalen Verknüpfungen (bzw. Verknüpfungen von rechter und linker Gehirnhälfte) als die Rezeption von Texten. Mit der Verbreitung der Hypermedien hat sich auch das Interesse an der Erforschung der Auswirkung der Blickrichtungen (eye-movement, eye-tracking) noch einmal verstärkt (vgl. dazu Fischer 1999).

Aus instruktionspsychologischer Perspektive gibt es Ähnlichkeiten und Unterschiede beim Verstehen von Texten und Bildern. In beiden Fällen muss die äußere Repräsentation (Text oder Bild) „verinnerlicht" werden. Dabei konstruiert das Individuum sowohl eine „deskriptionale" interne Repräsentation als auch ein „depiktionales" mentales Modell des Gegenstandes, die sich beide von der externen Repräsentation unterscheiden. Beim Verstehen von Texten wird zunächst das interne deskriptionale Modell generiert und auf dieser Basis das mentale bildliche Modell. Bei der Verarbeitung von Bildern dagegen wird zuerst ein depiktionales mentales Modell gebildet und dann eine ergänzende deskriptionale Repräsentation. Bei Bildern ist also – anders als bei Texten – der Aufbau eines mentalen Modells relativ leicht. Dies kann dazu führen, dass Lernende meinen, sie könnten Bilder und Diagramme „mit einem Blick erfassen", sie jedoch nur oberflächlich verarbeiten ohne die notwendigen internen Modelle aufzubauen; die Lernleistung bleibt in solchen Fällen gering. Um Bilder dagegen nicht nur wahrzunehmen, sondern sie auch zu verstehen, müssen also die entsprechenden kognitiven Prozesse gezielt aktiviert werden, etwa durch geeignete Darstellungsformen und Aufgabenstellungen (vgl. Schnotz 1997, S. 230ff.; 2002, S. 68–72)[32].

Bilder und Texte sind also in vieler Hinsicht komplementär, jedoch werden in wissenschaftlichen Texten und Lehrtexten bisher kaum Bilder – zumal Abbilder – verwendet, da sie, wie oben ausgeführt, zur Darstellung abstrakter Gedankengänge und Metareflexionen zunächst wenig geeignet erscheinen. Im Zusammenhang mit der Beschreibung von Merkmalen klassischer und telematischer akademischer Literalität (im 3. und 5. Kapitel dieser Arbeit) stellt sich daher die Frage, ob auch im Hochschulbereich zurzeit eine „Abwendung von der Askese der Schriftkultur" (Nolda 2002, S. 119) stattfindet und wie sich dies – etwa in Bezug auf die Beurteilung der Angemessenheit von Codes und Zeichensystemen – auswirkt. So kann beispielsweise untersucht werden, welche Bilder jeweils verwendet werden und welche Funktionen sie haben. Es liegt auf der Hand, dass eine Veränderung akademischer Literalität durch eine Aufwertung von Bildern erheblichen Einfluss auf die didaktische Gestaltung von Lehrmaterialien hätte.

---

32 Ähnliches gilt auch für bewegte Bilder: Im Gegensatz zu der verbreiteten Auffassung, dass sich dynamische Sachverhalte durch Animationen leichter erlernen lassen, hat sich gezeigt, dass teilweise die Lernleistung von Lernenden mit statischen Bildern höher ist. Schnotz (1997, S. 231ff.) führt dies zum einen darauf zurück, dass die depiktionalen Repräsentationen nur flüchtig zur Verfügung stehen und die Interaktion zwischen internem depiktionalen und deskriptionalem Modell eingeschränkt wird, zum andern darauf, dass animierte Bilder die kognitiven Anforderungen reduzieren und die Lernenden „unbeabsichtigt am Vollzug lernrelevanter mentaler Prozesse hindern" (dazu auch Behrends 2001).

2.1.3 Aspekte der Aneignung von Literalität

Es hat sich gezeigt, dass Literalität ein komplexes Themenfeld ist. Jürgen Baurmann (1996, S. 1118) schlägt deshalb vor, von Aneignung statt von Erwerb der Literalität zu sprechen, da „dies nicht so leicht auf das Lesen- und Schreibenlernen eingeengt wird, sondern auch die Bereiche einschließt, die einen umfassenden und differenzierten Gebrauch des Schriftsprachlichen intendieren (literacy)." Gesellschaften „mit durchschnittlich entwickelter Industrialisierung, Verwissenschaftlichung und Verrechtlichung" kommen ohne solche schriftsprachlichen Fähigkeiten ihrer Mitglieder nicht aus und schaffen entsprechende Institutionen zu deren Vermittlung: Erstes Ziel der in allen europäischen Ländern bis zum 18. Jahrhundert sich etablierenden *Schulen als Institutionen für alle Bevölkerungsschichten* war (und ist), Lese- und Schreibfähigkeit zu vermitteln; darauf aufbauend und mit Hilfe dieser Techniken werden alle anderen Fächer unterrichtet. Damit verbunden sind sowohl die Erwartungen von z.b. ökonomischem Nutzen als auch die „ideologisch inspirierte Wertschätzung der Schrift oder die Überzeugung, dass das Recht auf Bildung und Ausbildung die Vertrautheit mit der Schrift voraussetzt oder einschließt" (ebd.).

Im internationalen Schulvergleich erzielten deutsche Schülerinnen und Schüler am Ende der Primarstufe signifikant bessere Ergebnisse als am Ende der Sekundarstufe 1 (vgl. Bos 2003): Die IGLU-Studie zeigte für das 4. Schuljahr insgesamt ein gutes Kompetenzniveau, sowohl im Leseverständnis als auch bezüglich der orthographischen Kenntnisse. Dabei ist die Streuung der Leistungswerte relativ gering. Am Ende der Sekundarstufe 1 dagegen weisen die deutschen Schülerinnen und Schüler nach der PISA-Studie deutliche Leistungsdefizite auf; die Unterschiede zwischen guten und schlechten Ergebnissen sind sehr groß.[33] Bereits vor der Durchführung dieser Untersuchungen konstatierte Jürgen Baurmann (1996, S. 1122f.) einen Widerspruch zwischen der durch Literalität intendierten Mündigkeit und Emanzipation und der Tatsache, dass in Schulen[34] häufig „reproduktive Tätigkeiten favorisiert werden", die eher „auf mechanistischen Sprach- und Lernvorstellungen beruhen". Die Bewertungen „kanonischer" literaler Unterrichtsgegenstände, wie Diktat, Schulaufsatz, Lesen, Textinterpretation, erfolgten oft anhand formaler und weniger inhaltlicher Leistungen und dienten „vornehmlich der Vergabe von Zertifikaten, obwohl sich wegen der Mängel an Objektivität, Reliabilität

---

33 Eine anders verlaufende Leistungskurve zeigen beispielsweise die Ergebnisse aus Norwegen: Dort fielen die IGLU-Ergebnisse erheblich schlechter und die PISA-Ergebnisse erheblich besser aus als in Deutschland.

34 Es besteht die Befürchtung, dass durch die Hochschulreform im Zuge des Bologna-Prozesses solche Tendenzen auch an Hochschulen gefördert werden: „Die Modularisierung bewirkt eine durchgängige Formierung der höher und hoch qualifizierten Arbeitskräfte für die Wissensarbeit in kapitalistische Unternehmensstrukturen. Bildung zur Mündigkeit, Freiheit für Lehre, Forschung und Studium […] sind in Bachelor- und Masterstudiengängen kein Thema mehr" (vgl. Zimmer 2007, S. 552).

und Validität insbesondere der Aufsatz und die Interpretation als wenig taugliche Prüfinstrumente erwiesen haben. [...] Im ungünstigsten Fall resultieren daraus bloße Anpassung an vorgegebene Muster, eine reduzierte Beteiligung oder weitgehendes Desinteresse im Unterricht, möglicherweise sogar Verweigerung der institutionell beabsichtigten Literalisierung." Ein Indikator dafür ist auch, dass Grundschülerinnen und -schüler oft angeben, gerne zu lesen, während in den höheren Klassen privates Lesen, wenn es denn überhaupt noch stattfindet[35], häufig in einer „befremdlichen Gegenwendung zur Schule", als Lesen „gegen die Schule" erfolgt (Haas 1995, S. 218f.).

Lesen- und Schreibenlernen sind komplexe geistige Prozesse. Anders als früher angenommen, lassen sie sich nicht auf der Grundlage einer einzigen Lerntheorie erklären. Die Aneignung „vollzieht sich über Lernprozesse, die sich in der Art und im Niveau unterscheiden – etwa als assoziatives, instrumentelles, kognitives Lernen oder als Problemlösen" (Baurmann 1996, S. 1118). Dabei dominieren „in Bereichen, die einen hohen reproduktiven oder technischen Anteil aufweisen (etwa Schreibenlernen im engeren Sinne oder Rechtschreiben) [...] einfachere, während bei der Textproduktion und -rezeption komplexere Problemlöseprozesse im Zentrum stehen" (ebd.). Die hier beschriebenen unterschiedlichen Fähigkeiten entsprechen in etwa den beiden ersten Ebenen des in Kap. 1.2 vorgestellten Modells akademischer Literalität: Mary Lea und Brian Street (1998) beschreiben dort auf der Ebene der *study skills* technische und instrumentelle Fähigkeiten, die sie z.B. mit behavioristischen Lerntheorien und programmiertem Lernen verbinden; die Einübung spezieller akademischer literaler Praktiken (wie Recherche, Gliederung usw.) auf der Ebene der *akademischen Sozialisation* erfordert dagegen komplexere Tätigkeiten. Trotzdem wird es in Deutschland zumeist nicht als Aufgabe der Hochschulen betrachtet, die Aneignung dieser Kompetenzen zu unterstützen (vgl. Kap. 1.2).

Darüber hinaus spielen bei der Aneignung von Literalität weitere Faktoren eine wichtige Rolle. Zu diesen gehören neben den individuellen kognitiven und motivationalen Voraussetzungen vor allem das soziale Umfeld (vgl. Wieler 1995) und das Medienumfeld bzw. die Mediensozialisation (vgl. z.B. Fritz 1991; Rosebrock 1995 u.a.).

Bei aller Problematik des Vergleichs von IGLU- und PISA-Studie und der Gefahr, daraus monokausale oder zu kurz greifende Schlüsse zu ziehen (vgl. Bos 2003), zeigen die Ergebnisse jedoch, dass eine erfolgreiche Erstaneignung von Literalität

---

35 Während lange, z.B. unter Berufung auf die Marktentwicklung der Printmedien, davon ausgegangen wurde, dass heute nicht weniger gelesen werde als früher (vgl. z.B. Baacke 1997, S. 70ff.), zeigen nun die Ergebnisse einer im Auftrag des Bundesministeriums für Bildung und Forschung durchgeführten Studie, dass die unter 30-jährigen in Deutschland im Vergleich zu 1992 deutlich weniger und anders lesen: 45% der Befragten haben mit Büchern kaum oder nichts mehr zu tun, zunehmend werden Texte nur noch überflogen und höchstens ausschnittsweise gelesen (vgl. Franzmann 2001).

offensichtlich relativ ungeachtet von eventuellen ungünstigen außerschulischen Faktoren möglich ist (vgl. dazu z.b. Wieler 1995); zugleich führen gute literale Basiskompetenzen offensichtlich nicht unbedingt dazu, dass die erworbenen Kenntnisse genutzt und erweitert werden. Auf beides kann die Institution Schule erheblichen (sowohl positiven wie negativen) Einfluss haben.

Für die Institution Hochschule bedeutet dies, dass die während der Schulzeit angeeigneten allgemeinen literalen Kompetenzen – zumal, wenn hier bereits Defizite bestehen – nicht unmittelbar zu den im akademischen Bereich notwendigen literalen Kompetenzen befähigen, und dass hier tatsächlich eine bisher vernachlässigte genuine Aufgabe der Hochschulen liegt. Die in diesem Bereich notwendigen konkreten Kompetenzen und ihre Aneignung werden in Kap. 3.2 ausführlicher behandelt, als es an dieser Stelle möglich ist. Dabei geht es vor allem um Prozesse der Textproduktion (vgl. z.B. Lübbert-Molitor 1996; Jakobs 1997) und um Textrezeption. Letzteres bezieht sich nicht nur auf das bisher von der Leseforschung primär untersuchte Verstehen und Behalten von Fakten, sondern auch auf weitere typische Studiertätigkeiten, wie die Suche nach Informationen, Wissensnutzung usw. (vgl. Tergan 1997, S. 238ff.).

Desweiteren ist aber auch zu prüfen, ob Parallelen zu dem von Baurmann (1996) für die Schulen festgestellten Widerspruch zwischen intendiertem Ziel und Vermittlung bzw. Bewertung von Literalität auch an Hochschulen festzustellen sind: Inwieweit etwa lässt sich die (praktizierte und geforderte) Form akademischer Literalität für Studierende nachvollziehbar mit Kriterien wie z.B. Erkenntnisgewinn, wissenschaftlicher Objektivität, herrschaftsfreiem Diskurs (vgl. dazu Huber 2000) usw. vereinbaren (vgl. zur Literalität und Kultur bzw. Lernkultur an Hochschulen auch unten Kap. 2.3)? Über die Beherrschung von technischen und formalen Fertigkeiten hinaus geht es dabei auch um das zugrundeliegende Wissenschaftsverständnis sowie vor allem um die *soziale Bedeutung* der verschiedenen Formen von akademischen Literalitä*ten* innerhalb der Institution Hochschule mit ihren spezifischen Hierarchien, Diskurs- und Machtstrukturen (vgl. Lea/Street 1998).

Dabei ist außerdem in Betracht zu ziehen, dass die Hochschulen als Institutionen in Beziehung zur Gesamtgesellschaft stehen. Wenn nach Joachim Gessinger (1979) Ziele und Inhalte der Literalität einer Gesellschaft im Sinne eines „kollektiven Nachdenkens" politisch-gesellschaftlich entschieden werden, so stellt sich die Frage, wie dies geschieht und welche Faktoren dabei eine Rolle spielen – gegebenenfalls auch ohne dass dies bewusst intendiert ist oder die Auswirkungen im vorhinein eingeschätzt werden könnten. Dabei ist der Einfluss der Entwicklung und Nutzung neuer Medien auf die Literalität einer Gesellschaft (bzw. einer wichtigen Bildungsinstitution als Teil dieser Gesellschaft) für das Thema dieser Arbeit von besonderem Interesse.

2.2   Medien, Literalität und (Medien)Pädagogik

Wenn nach dem Einfluss der (neuen) Medien auf die Veränderung (schrift)sprach-licher Prozesse und deren Bedeutung gefragt wird, müssen nicht nur – wie bisher geschehen – mit dem Thema Literalität verbundene Begriffe, wie Sprache, Schrift, Text, Zeichen usw., geklärt werden, sondern auch das zugrunde liegende Medienverständnis. Der folgende Abschnitt behandelt deshalb zunächst den dieser Arbeit zugrunde liegenden Medienbegriff (Kap. 2.2.1). Anschließend wird der Einfluss der Medien auf Form und Bedeutung der in einer bestimmten Kultur bzw. Gesellschaft praktizierten Literalität thematisiert (Kap. 2.2.2). Im Anschluss daran geht es (in Kap. 2.2.3) um das Verhältnis von Medien und Pädagogik bzw. das Verständnis von „Medienpädagogik" sowie gemeinsame Bezugspunkte von Medien und Pädagogik in Bezug auf Veränderungen von Literalität.

2.2.1   Medienbegriff

„Alltagssprachlich werden unter Medien zunächst Vermittlungssysteme für alle Arten von Informationen verstanden" (Pabst/Zimmer 2005, S. 403); traditionelle Medien in diesem Sinne sind im Kontext von Hochschullehre in der Regel Lehr-bücher, Fachzeitschriften, wissenschaftliche Monographien usw. Seit den 1950er Jahren wurde der Begriff „Medium" in vielen Untersuchungen primär auf die soge-nannten „Massenmedien" bezogen, d.h. zunächst Hörfunk, danach Fernsehen, etwa seit den 1990er Jahren erfuhr er eine starke Erweiterung durch die „neuen", digita-len Medien. Systematische Definitionen des Begriffs beginnen oft bei der wört-lichen Übersetzung als „Mittel" oder „(Ver)Mittler", die in einem weiten Sinne auch „Geld, Straßen, Architektur, Sozialstrukturen" umfasst (Stiehler 1997, S. 275): „Der Begriff des Mediums kann keinesfalls als geklärt gelten" (Barsch/ Erlinger 2002, S. 10). Grundsätzlich jedoch sind Medien immer „von Menschen für Menschen gestaltete Vermittlungssysteme oder vorgefundene Gegenstände, die von Menschen für Menschen zum Medium gemacht werden. In ihre Formen sind Informationen und Interpretationen über das zu vermitteln intendierte Kultur- und Weltverständnis eingeschrieben" (Pabst/Zimmer 2005, S. 403). Wie die Themen Sprache und Schrift wird auch das Thema „(neue) Medien" mit sehr unterschied-lichen Interessen und aus sehr unterschiedlichen Perspektiven betrachtet, wie etwa die Beiträge im *Kursbuch Medienkultur* (Pias u.a. 1999) sowie in anderen Sammel-bänden und Kompendien zeigen (vgl. z.B. Voß/Holly/Boehnke 2000; Hiebel u.a. 1998; Hüther/Schorb/Brehm-Klotz 1997; von Rein 1996), die beispielsweise tech-nische, kommunikationswissenschaftliche, soziologische, historische, philoso-phische, biologische oder erkenntnistheoretische Perspektiven berücksichtigen. Dabei sind Unterscheidungskriterien je nach Fachdisziplin unterschiedlich. Wäh-rend etwa in kommunikationswissenschaftlichen Kontexten in Abhängigkeit vom

Einsatz technischer Medien auf Sender- und Empfängerseite von primären, sekundären und tertiären Medien gesprochen wird, verzichten technische Definitionen auf das Sender-Empfänger-Modell und unterscheiden z.b. Speicher-, Übertragungs- und Bearbeitungsmedien (z.b. Hiebel 1998, S. 12f.).[36] Dementsprechend uneinheitlich ist auch die Theoriebildung.

Geht man davon aus, dass eine Definition eine Art Modellvorstellung ist, die wesentliche Merkmale hervorhebt und damit implizit oder explizit eine Anweisung zu deren Erforschung enthält, so sind damit medienpädagogische Konsequenzen verbunden, „da in der Modellvorstellung der Medien und der von ihnen vermittelten Kommunikation auch Spielräume für pädagogisches Handeln eingeschrieben sind" (Stiehler 1997, S. 274). Insofern ist es aufschlussreich, dass die Heterogenität der vorliegenden Definitionsansätze die Hochschulrektorenkonferenz in ihrer Entschließung zum Einsatz der neuen Medien in der Hochschullehre explizit dazu veranlasste, auf eine „Definition aus der Literatur" zu verzichten (HRK 2003, S. 2) und von einer eigenen, am Einsatz der Technologie orientierten Definition der neuen Medien auszugehen: „Wir verstehen im folgenden [!] unter diesem Begriff die Integration von Kommunikationsformen – wie z. B. [!] E-Mail, Diskussionsforen im Internet, Videokonferenzen – und Präsentationsformen – wie z. B. [!] den gemeinsamen Einsatz von Texten, Bildern, Grafiken, Sprache, Musik, Geräuschen, Videos oder Animationen" (ebd.).

Für diese Arbeit bietet es sich an, von einem ähnlich pragmatischen Begriff auszugehen, der sich an den technologischen Dimensionen des medialen Wandels orientiert, der auch im Alltagsverständnis im Vordergrund steht. Da es in der weiteren Untersuchung jedoch darum geht, in welchem Zusammenhang (die neuen) Medien mit der praktizierten Literalität und deren Bedeutung an Hochschulen stehen und welche hochschuldidaktischen Implikationen sich daraus ergeben, darf die Definition sich nicht ausschließlich auf die technische Seite konzentrieren und damit verengen, wie dies etwa der Fall ist, wenn Medienkompetenz ausschließlich als „computer literacy" oder „visual literacy" (oder als Lese- und Schreibkompetenz) betrachtet wird und damit die Komplexität des medialen Wandels als auch sozialen Wandels aus den Augen verloren wird (vgl. Groeben 2002b, S.160). Medien, verstanden als Informations- und Kommunikationstechnologien, haben auch Sozialisations- und Enkulturationsfunktion und wirken sich auf „die Selektion, Thematisierung und Gewichtung kulturellen Wissens" aus (Schmidt 1994, S. 32). Norbert

---

36 Aus philosophischer und soziologischer Perspektive hat gerade der schnelle mediale Wandel zu noch weit umfassenderen Begriffsbestimmungen geführt. So unterscheidet Magreiter (1999, S. 14f.) „(topische) Mitte, (technisches) Mittel und (transzendentale) Vermittlung". Im Zuge des mehrfachen Paradigmenwechsel in der Philosophie seit der Mitte des 20. Jahrhunderts – vom *lingustic turn* über den *symbolic turn* zum *medial turn* – rückt danach die Bedeutung der Medien in eine zentrale Stellung bezüglich der klassischen philosophischen Frage nach der „Erfahrung der Wirklichkeit und der Wirklichkeit der Erfahrung" (ebd.). Solche Definitionen sind jedoch im Rahmen dieser Arbeit nicht mehr operationalisierbar.

Groeben (2002a, S. 14) spricht in Anlehnung an Werner Holly (2000, S. 82) von einem „Medienbegriff mittlerer Reichweite", der unterschiedliche Implikationen beinhaltet, die auch den Fragestellungen dieser Arbeit nahe liegen: (1) Zunächst ist damit „ein kommunikationszentrierter Medienbegriff zugrunde gelegt, der die technologischen Werkzeugaspekte mit den sozial-kulturellen Funktionsaspekten verbinden und einer empirischen Operationalisierung zuführen kann" (Groeben 2002a, S. 14). (2) Ausgangpunkt ist dabei die Mikroebene individueller Mediennutzung, von dort aus werden jedoch die potenziellen Funktionen von Medien auf Meso- und Makroebene, in Gruppen bzw. gesellschaftlichen Systemen und Kulturen konzeptionell einbezogen.

An dieser Stelle bleibt zunächst festzuhalten, dass es zu den charakteristischen technischen Merkmalen der derzeit neuen Medien gehört, dass in ihnen Produktions- und Rezeptionsmedium zusammenfallen, also keine Trennung mehr zwischen dem Instrument zur Herstellung und dem „Trägermedium" besteht; sie sind zugleich auch Speicher- und Kommunikationsmedium.[37] Verbunden damit sind konstitutive Merkmale wie „Interaktivität, Virtualität, Digitalität, Multimedialität, Vernetzung und Entlinearisierung" (Groeben 2002a, S. 14; vgl. dazu auch Holly 2000, S. 87f). In einem nächsten Schritt ist also zu fragen, in welchem Zusammenhang diese Eigenschaften mit der praktizierten Literalität und ihrer Bedeutung in einer (Teil)Gesellschaft stehen.

2.2.2 Medien und Literalität

„Bevor die elektronische Schrift[38] erfunden wurde, beschränkte sich das Schreiben auf zwei grundsätzliche Techniken: Das Auftragen von Pigment auf eine geglättete Fläche und das Einritzen in ein aufnahmefähiges Material. Da Papier erst im 13. Jahrhundert in Umlauf kam und Papyrus und Pergament knappe und kostbare Materialien waren, wurde in alten Kulturen in Wachs, Ton und Stein geschrieben" (A. Assmann 1998, S. 151). Es liegt auf der Hand, dass sich mit den Produktions- und Rezeptionsmedien nicht nur die Kompetenzen ändern, die zur Erstellung literaler Artefakte notwendig sind – vom Meißeln in Stein zum Schreiben am Computer –, sondern auch Textsorten, die Verfügbarkeit von Texten und deren Bedeutung in einer Gesellschaft. Es wurde bereits angesprochen, dass mit der Erfindung der Druckerpresse und der damit gegebenen Möglichkeit, relativ günstig und

---

37 An dieser Stelle soll noch einmal betont werden, dass Medien nicht mit Symbolen gleichzusetzen sind; vielmehr dienen sie eben zur Herstellung bzw. als Träger-, Speicher- oder Kommunikationssystem, um unterschiedliche Zeichen- bzw. Symbolsysteme wie Sprache, Schrift oder Bilder mit ihren jeweiligen Codes (vgl. Kap. 2.1) darzustellen.

38 Zentrales Merkmal der elektronischen Schrift ist die Flüchtigkeit der am Bildschirm mit Datenverarbeitungssystemen entstehenden, „immateriellen" Texte, d.h. dass digitale Schrift „das Alte nicht mehr konserviert, sondern im Prozess des Schreibens auflöst" (ebd.).

unkompliziert identische (umfangreiche) Texte zu produzieren nicht nur die Entwicklung neuer Publikationsmedien und Textgenres einherging.[39] Parallel dazu veränderten sich auch das Verständnis von Bildung und Wissen und vor allem gesellschaftliche Strukturen und Machtverhältnisse, nicht zuletzt auch die Bildungsinstitutionen (vgl. Kap. 1.1 sowie Eisenstein 1997; Giesecke 1994; Postman 1983 u.v.m.). Diese historischen Umbrüche und ihr Einfluss auf das Verständnis von Lehre und Lernen werden in dieser Arbeit in zwei Abschnitten ausführlicher betrachtet: im Zusammenhang mit dem Einfluss der in einer Gesellschaft zentralen Symbolsysteme auf die Lernkultur (Kap. 2.3.1) sowie in einem Überblick über die historische Entwicklung der Universitäten und der jeweils praktizierten Literalität (Kap. 3.4). Im Folgenden geht es dagegen um eine erste Übersicht darüber, wie sich die am Schluss des letzten Abschnitts genannten charakteristischen Merkmale digitaler Medien auf literale Praktiken auswirken. (Die damit verbundenen hochschulliteralen Implikationen werden an dieser Stelle zunächst eher thesenartig genannt; inwieweit sie tatsächlich eintreten, muss dann in der ausführlichen Untersuchung in Kap. 5 konkret überprüft werden.)

Oft werden Computer zunächst einmal zur Textverarbeitung benutzt. Wie ein in diesem Zusammenhang früher, jedoch unverändert zutreffender Text von Markus Kutter (1989, S. 102) zeigt, bedeutet „neue Literalität" also zunächst einmal eine Vielzahl neuer Handhabungskompetenzen,

> „die Fortsetzung des alten Begriffs, den Umgang mit neuen Schreib- und Lesetechniken. [...] Wie erfasse ich, formatiere ich, wie setze ich Rechtschreibungs- und Trennprogramme ein, wie speichere ich ab, überspiele, ergänze und korrigiere ich den Text. Wie lese ich mit Hilfe des Scanners ein. Wie transformiere ich Zahlenangaben in Tabellen, grafische Darstellungen. Wie bearbeite ich den erfassten Text, dass ihn der Laser-Drucker in Form einer Vorlage ausspuckt [...] In all diesen Bereichen kann die neue Literalität eine verschieden große Fertigkeit meinen, eine Handhabungskompetenz."

Entsprechende Handhabungskompetenzen im Umgang mit Computern und Textverarbeitungssystemen werden inzwischen bereits in der Schule sowie in zahlreichen Kursen und Handbüchern vermittelt und auch speziell auf das Verfassen wissenschaftlicher Arbeiten ausgerichtet (z.B. Nicol/Albrecht 1997; 2004). Im Kontext dieser Arbeit stellen sich jedoch Fragen, die darüber weit hinaus gehen: Was ändert sich für diejenigen, die auf diese Weise schreiben? Wie wirkt es sich aus, wenn Textverarbeitungssysteme – im Gegensatz zum Schreiben mit der Hand oder mit einer Schreibmaschine – es ermöglichen, mühelos Texte immer wieder neu anzuordnen und umzuschreiben? Welchen Einfluss hat es auf Form und Inhalte, wenn es mit zunehmender Nutzung von Spracherkennungsprogrammen

---

39 Einen Überblick über die von 1700 bis 1800 in Deutschland neu entstehenden Medienformate „Von Almanach bis Zeitung" geben Ernst Haefs u.a. (1999); vgl. dazu ausführlicher Kap. 3.4.

möglich ist, Texte zunächst zu diktieren, bevor die schriftliche Fassung entsteht? Inwiefern verändern sich (wissenschaftliche) Texte durch die Möglichkeit, vom eigenen Arbeitsplatz auf zahlreiche Internetressourcen zugreifen zu können – nicht nur, weil damit Plagiate erheblich vereinfacht werden (z.b. Weber-Wulff 2003a; Baruchson-Arbib/Yaari 2004; Schätzlein 2006). Wie bereits erwähnt, werden mit solchen Veränderungen zunächst oft kultur- und bildungskritische Befürchtungen verbunden (vgl. Kap. 1.1), wie etwa im folgenden pointierten Zitat von Sigurd Martin (1997, S. 316):

„Der vernetzte Computer [...] provoziert dadurch, dass er riesige Datenmengen schnell verfügbar macht, den Hang zur Ausbreitung sämtlichen Materials. Viele am Computer verfasste Bücher sehen deswegen so aus, als habe der Schreiber seine Zettelkästen ausgeleert. [...] Die Uferlosigkeit des Schreibens, welche als wissenschaftlicher Vollständigkeitsanspruch gepriesen wird [steht ...] der prägnanten Form des Essays konträr entgegen."

Außer den bisher genannten Aspekten – neuen Handhabungskompetenzen und der Menge der zu erfassenden Informationen sowie Form und Strukturierung der Texte – ist die unkomplizierte Integration anderer Symbolsysteme (z.b. Bilder, bewegte Bilder oder Audioelemente) ein Kennzeichen der neuen Medien; schriftliche Texte und andere Symbolsysteme verbinden und vermischen sich. Mit den neuen schriftlichen Kommunikationsformen, wie E-Mails, Diskussionsforen usw., entwickeln sich zudem neue Symbolsysteme wie Emoticons und Akronyme[40], die zum Ausgleich der fehlenden nonverbalen Signale eingesetzt werden, um Gefühle und Zustände darzustellen. Damit wird jedoch zugleich eine Metareflexion über die eigenen Empfindungen und Aussageintentionen herbeigeführt, die in einem Gespräch normalerweise unnötig ist und nicht stattfindet. Mit solchen Kommunikationsformen verändert sich oft auch das traditionelle Zeitverständnis schriftlicher Textsorten: „In einem Brief geschriebene Worte stammen immer sozusagen aus der Vergangenheit (des Absenders) und sind für die Zukunft (des Empfängers) bestimmt". Im Gegensatz dazu „dringt in die neuen schriftlichen Kommunikationsformen Gegenwart ein" (Kutter 1989, S. 111). Sprachwissenschaftler beobachten eine nicht für die Dauer bestimmte „Schreibkultur mit Verfallsdatum": „Der Bildschirm, auf dem [ein solcher Dialog] sich abspielt, ist weder mein Bildschirm noch derjenige des Partners, er gehört uns beiden gemeinsam, er ist der Treffpunkt, Austauschort, er ist die Projektionsfläche unseres literalen Gesprächs" (ebd.). Die dabei offensichtliche Flüchtigkeit digitaler Schriftlichkeit ist jedoch nicht nur ein Merkmal neuer expliziter *Kommunikations*formen, sondern auch anderer Textsorten.

---

40 Emoticons sind mithilfe von Satz- und Sonderzeichen zusammengesetzte Bilder (Icons), mit denen Gefühle (Emotionen) ausgedrückt werden sollen, z.B. ein lächelndes Gesicht :-) oder Ironie ;-); Akronyme werden aus den Anfangsbuchstaben oder dem Klang von Worten aus Buchstaben und Zahlen zusammengesetzt (z.B. „mfg" für „Mit freundlichen Grüßen"; 4U für „for you"; vgl. Sanderson 1997 sowie Kap. 5.2.1).

„Was auf dem Bildschirm zu lesen ist, ist dort nicht geschrieben. Es bleibt nicht. Bedrucktes Papier hingegen, das bleibt [...] Der mediale Träger erzwingt [...] nicht unbedingt, aber suggeriert eine Beschränkung auf wenig Text. Und weil seine Daten immateriell sind, aufleuchten und weghuschen, werden Wortwahl, Duktus, Stil notwendigerweise anders. [...] Der Bildschirm, verstanden als Träger von alphanumerischen Signalen, ist ohne eine neue, vermutlich erst am Anfang stehende Literalität nicht denkbar. Die literale Kultur geht nicht verloren, sie wird anders" (Kutter 1989, S. 110–113).

So ist für Umberto Eco – anders als für viele andere Medientheoretiker wie etwa Marshal McLuhan – das wesentliche Kennzeichen digitaler Medien nicht „die Dominanz des Visuellen, sondern Eco sieht die Neuen Medien vor allem als Manipulatoren von Schrift, da die unterschiedlichsten Disziplinen heute mit einem erweiterten Schrift- und Textbegriff operieren" (Wenz 1998, S.1). Dieser veränderte Textbegriff hat verschiedene Dimensionen. Zunächst bezieht er sich auf die schnelle inhaltliche und strukturelle Veränderbarkeit digitaler Texte im Gegensatz zu schriftlichen Artefakten auf anderen Trägermedien, die nach einem eindeutig feststellbaren Ende des Produktionsprozesses dauerhaft und verlässlich archiviert werden können, was gerade im Hochschulkontext von großer Bedeutung ist. Ein weiterer Aspekt ist die formale Organisation digitaler Textsorten: Um z.B. Hypertexte zu entwickeln, müssen nicht nur neue Zeichensysteme und Autorenprogramme beherrscht werden. Auch die Konzeption erfordert wieder neue, andere Kompetenzen als das Erstellen linearer Texte mit dem Computer, nicht zuletzt in Bezug auf die Integration anderer Symbolsysteme. Auf die Untersuchung wesentlicher Auswirkungen solcher Veränderungen aus verschiedenen Blickwinkeln – psychologischen, soziologischen, germanistischen usw. (vgl. Gerdes 1997, S. 137–159; Ohler/Nieding 1997, S. 162–180; Hautzinger 1999 u.v.m.) – wird in Kap. 5 ausführlich eingegangen. Dies betrifft auch veränderte Rezeptionsprozesse, wenn z.B. Navigationsentscheidungen der Lesenden „jetzt als dynamische Begriffe der Bewegung, der Performanz, der Interaktion verstanden werden" müssen (ebd.). Entsprechend fragt Karin Wenz (ebd.): „[r]ückt die Repräsentation des elektronischen Textes damit in die Nähe der räumlichen Fragilität und zeitlichen Simultaneität gesprochener Sprache? Liegt trotz medialer Schriftlichkeit eine neue Form der konzeptuellen Mündlichkeit vor (cf. Koch/Österreicher 1994)?"

Diese Frage muss sicher für verschiedene neue Textsorten und Kommunikationsformen unterschiedlich beantwortet werden. Dennoch betrachtet Wenz z.B. E-Mail-Kommunikation als als „hybride Varietät der Sprache, die weder der Kategorie Mündlichkeit noch Schriftlichkeit zugeordnet werden kann" bzw. „konzeptuell Aspekte beider Kommunikationsformen" vereint (ebd., S. 2). So wird in E-Mails das Symbolsystem Schrift genutzt und durch das Medium Computer vermittelt – beide Elemente schaffen Distanz, die üblicherweise mit schriftlichen Texten verbunden wird –, zugleich entsteht oft durch die relativ große zeitliche Unmittelbarkeit sowie ggf. die Nutzung von Emoticons Nähe. In Bezug auf Hypertexte betrachtet sie im Anschluss an Wolfgang Raible (1992) die Verknüpfung durch Links als eine einfache, „aggregative Form, also als ein Nebeneinander" (Wenz 1998, S. 4), nicht als eine „integrative" Form; wobei aggregative Formen als zum Mündlichen tendierend verstanden werden. Damit haben sich zwei (insbesondere auch im Kontext Wissenschaft) wesentliche Merkmale linearer, schriftlicher Texte, Kohärenz und Kohäsion (vgl. Beaugrande/Dressler 1981; Storrer 1999), als Problemfelder hypertextueller Darstellung erwiesen und müssen deshalb später besonders untersucht werden (vgl. Kap. 5.3.).

Mit den jeweils neuen Medien entwickeln sich also neue Textsorten und Kommunikationsformen, die neue Lese- und Schreibtechniken erfordern. Zugleich wirken sie sich auch auf die Archivierbarkeit und die Zugänglichkeit von Wissen aus – und darauf, welche Inhalte und welche formale Gestaltung in einer Gesellschaft für relevant gehalten werden. So bestehen, wie Aleida Assmann (1998, S. 149) betont, „enge Wechselbeziehungen zwischen den Medien und den Metaphern des Gedächtnisses. Denn die Bilder, die von Philosophen, Wissenschaftlern und Künstlern für die Prozesse des Erinnerns und Vergessens gefunden wurden, folgen jeweils den derzeit herrschenden materiellen Aufschreibesystemen und Speichertechnologien."

2.2.3 Literalität und (Medien)Pädagogik

In welchem Zusammenhang stehen die bisher vorgenommene Definition des Medienbegriffs und der dargestellte Einfluss von Medien auf die praktizierte Literalität mit der auch (hochschul)pädagogisch bzw. (hochschul)didaktisch ausgerichteten Fragestellung dieser Arbeit? Sigrid Nolda (2002) beschreibt ein komplexes und vielfältiges Beziehungsgeflecht zwischen den Themenfeldern „Medien" und „Pädagogik": Vor einer Verbindung beider Begriffe zu „Medienpädagogik" geht sie zunächst auf (auch in dieser Arbeit bereits thematisierte) Bezugspunkte wie die Bedeutung beider Felder für das kulturelle Gedächtnis und die öffentliche Zugänglichkeit von Wissen ein. Weitere Schwerpunkte sind die Behandlung pädagogischer Themen in den Medien sowie die pädagogische Anwendung medialer Präsentationsformen, z.B. pädagogische Visualisierungen und Digitalisierungen, die auch im Zusammenhang der vorliegenden Untersuchung von Bedeutung sind.

Bezüglich der zentralen Frage nach „pädagogischen Interpretationen von Medien" hebt sie drei wesentliche Betrachtungsweisen hervor: (1) Die (kultur)kritische Befürchtung, dass Medien pädagogische Ziele verhindern: So betonen verschiedene Autoren z.B. die Gefahren der visuellen und auditiven Massenmedien (im Gegensatz zu der geringer werdenden Bedeutung schriftlicher Medien) für das *Verschwinden der Kindheit* (Postman 1983) oder die im Einsatz vernetzter Computer zum Ausdruck gebrachte Technologiegläubigkeit (Stoll 2001). (2) Die Betrachtung von Medien als Herausforderung für die pädagogische Praxis: Das in diesem Zusammenhang entwickelte, auf Medien*kompetenz* gerichtete Verständnis von Medienpädagogik liegt auch dieser Arbeit zugrunde und wird unten erläutert. (3) Die Nutzung von (Massen-)Medien als Quellen für Bildung und Aufklärung: Diese den möglichen Gefahren der Mediennutzung eher unkritisch gegenüberstehende Sicht wird eher von Soziologen vertreten und ist weniger auf Erziehung als auf Sozialisation gerichtet. So wurden seit Beginn der Nutzung von Massenmedien auch Radio und Film, inzwischen auch Medien wie Daily Soaps oder verschiedener Dienste des Internet eingesetzt, um damit Ziele wie „Destereotypisierung" oder der Erziehung zur Selbstbestimmung zu erreichen (vgl. Nolda 2002, S. 79–97). Ohne dabei einen kritischen Blick auf die Mediennutzung zu vernachlässigen, muss in dieser Arbeit gefragt werden, inwieweit solche Ziele auch mit dem Einsatz neuer literaler Praktiken an Hochschulen verbunden werden (können).

An dieser Stelle soll zunächst der unter (2) erwähnte Begriff der Medienkompetenz genauer definiert werden, der sich seit dem Erscheinen der Habilitationsschrift von Dieter Baacke, *Kommunikation und Kompetenz* (1973), in den 1980er und 1990er Jahren etabliert hat. In einem kritischen Rückblick weist Baacke (1996; 1997) darauf hin, dass sein Konzept ursprünglich im Zusammenhang der Abkehr von einer geisteswissenschaftlich geprägten Bewahrpädagogik zu einer ideologiekritisch orientierten Pädagogik entstand. Es umfasst vier zentrale, jeweils wieder untergliederte Punkte: die Fähigkeit zur *Medienkritik* (auf analytischer, reflexiver und ethischer Ebene), *Medienkunde* (die inhaltliches Wissen über Medien und die instrumentelle Fähigkeit Bedienung neuer Geräte bzw. Techniken beinhaltet), sowie die Kompetenzen (zur rezeptiv-anwendenden wie interaktiv-anbietenden) *Mediennutzung* und zielorientierten *Mediengestaltung* (in Hinblick auf innovative Veränderungen und Weiterentwicklung ebenso wie kreativ-ästhetisch).

Aus wissenschaftlicher Perspektive wurde der Begriff Medienkompetenz in Bezug auf beide Teile, Medien und Kompetenz, als unpräzise aus theoriehistorischen, -systematischen und anwendungspraktischen Gründen problematisiert. Hingewiesen wird darauf, dass mit der Nutzung im pädagogischen Zusammenhang eine dreifache Verschiebung des Kompetenzbegriffs einherging: (1) Ursprünglich stammt der Kompetenzbegriff aus Chomskys Sprach- und Grammatiktheorie, wobei zwischen angeborener „Kompetenz" und Performanz unterschieden wurde. (2) Mit seiner Übernahme in Entwicklungs- und Sozialisationstheorien wurde der Begriff mit Entwicklungstheorien in der Tradition Piagets, aber auch Kohlbergs verknüpft und schließlich (3) auch in soziologischen Analysen von Sozialisation und Gesellschaft verwendet (vgl. Sutter/Carlton 2002, S. 130). Trotz dieser Kritik sind der Begriff und das Konzept für die vorliegende Arbeit gut anwendbar, nicht nur weil sie sich sowohl in der Pädagogik als auch in der Kulturpolitik und im Alltagsgebrauch weitgehend durchgesetzt haben. Eine vergleichende Synopse, in der Cornelia Rosebrock und Olga Zitzelsberger (2002) die Medienkompetenz-Konzepte von Annette Hillebrand und Bernd-Peter Lange (1996), Bernd Dewe und Uwe Sander (1996), Ida Pöttinger (1997), Dieter Baacke (1997), Helga Theunert (1999), Gerhard Tulodziecki (1997; 1998) und Jo Groebel (1997) nebeneinander stellten, zeigt, dass diese trotz unterschiedlicher Schwerpunkte und Gewichtungen – z.b. aus gesellschaftlicher oder individueller Perspektive, als Lernaufgabe oder Kompetenz der Lehrenden – prinzipiell miteinander kompatibel sind und zwar als ein Bündel unterschiedlicher Fähigkeiten, die unspezifisch auf verschiedene Medien bezogen sein können, sowohl auf visuelle und auditive (z.b. Fernsehen oder Hörkassette) als auch auf das Internet. Interessant ist an dieser Stelle, dass diese unterschiedlichen Vorstellungen nicht nur Gemeinsamkeiten *untereinander* haben, sondern zugleich auch mit der Definition von „Lesekompetenz", die Norbert Groeben (2002a, S. 17) als zentrales Vorläuferkonzept der Medienkompetenz bezeichnet. Sie umfasst:

- *Eine „basale" technische Ebene*: Auf dieser Ebene umfassen die notwendigen Kompetenzen bei digitalen Medien die Beherrschung von Hardware und Programmen (wie in Kap. 2.2.1 ausgeführt); bei auditiven und visuellen Medien werden sie in der Literatur kaum ausdifferenziert. In Bezug auf Lesekompetenz geht es um „Dechiffrierungsfähigkeiten und die elementaren Automatisierungsfähigkeiten beim Entziffern von Schrift" (Rosebrock/Zitzelberger 2002, S. 157). Darüber hinaus sind notwendig:

- *Inhaltliche Verstehensfähigkeit*: Dies bedeutet, Inhalte in den eigenen Wissens- und Erfahrungshorizont einbetten zu können. Im Zusammenhang mit „Lesekompetenz" wird dabei häufig von „kognitiven Fähigkeiten" gesprochen.

- *Sozial-kommunikative Kompetenzen*: Die medialen Erfahrungen müssen im lebensweltlichen Kontext situiert werden können; wichtig ist dabei auch der Bereich der „Anschlusskommunikation", der in „interaktiveren Medien als dem Buch" auch als „unmittelbar medienabhängige Form des Austauschs" gedacht werden kann (ebd.). (Im Zusammenhang der vorliegenden Arbeit stellt sich damit die Frage, welche spezifischen Anforderungen die „Anschlusskommunikation" mit neuen Kommunikationsformen wie Mailinglisten, Diskussionsforen, Weblogs usw. im akademischen Kontext – ggf. im Unterschied zu anderen Lebensbereichen – stellt.)

- *Motivation der Mediennutzung*: Diese Kategorie spielt bei der momentanen Modellierung des Begriffs Lesekompetenz eine wichtige Rolle; auch bei einigen Ansätzen zur Definition von Medienkompetenz wird ihr eine eigene Kategorie zugewiesen. Inhaltlich ist er bestimmt durch individuellen Bezug des Mediums zur Lebensgeschichte und Lebenswelt. (Auch für die „Lebenswelt Hochschule" ist es interessant zu prüfen, wer welche neuen Medien nutzt und welche Motivationen und Intentionen damit verbunden sind, ggf. auch über persönliche Interessen hinaus.)

- *Emotionaler Aspekt der Medienkompetenz:* Interessant ist hier der Hinweis, dass die Möglichkeit, emotionale Erfahrungen in bzw. mit einem Medium zu machen, in der Mediengeschichte als Gefährdungspotenzial des Buches betrachtet wurde, das nun auf die neuen Medien übertragen wird. (Hier fragt sich, inwieweit solche oder andere Gefahren auch durch den Einsatz neuer literaler Praktiken an Hochschulen befürchtet werden und welche weiteren emotionalen Komponenten dabei eine Rolle spielen.)

- *Fähigkeit zur Reflexion und Kritik:* Diese Komponente bezieht sich sowohl auf die Inhalte als auch die Reflexion spezifischer Merkmale des jeweiligen Mediums.

- *Anwendungsorientierung:* (Nur) in dieser Kompetenz, Medien selber zu gestalten und der damit auch verbundenen produktionsästhetischen Komponente sehen die Autorinnen einen Unterschied zur Lesekompetenz, die diesen Aspekt nicht mit einschließt. Allerdings nennen auch sie eine in Bezug auf die vorliegende Arbeit entscheidende Ausnahme: „Etwa […] in wissenschaftlichen Kontexten steht Lektüre in enger Verbindung zum Schreiben" (ebd, S. 158). (Welche konkreten Gestaltungskompetenzen erforderlich sind und inwiefern sich diese voneinander unterscheiden, muss also sowohl für traditionelle als auch für neue literale Praktiken untersucht werden.)

Im Zusammenhang mit „Lesekompetenz" soll an dieser Stelle ein Thema dieser Arbeit explizit erwähnt werden, das bisher nur am Rande vorkam: die (literale und multisymbolische) Repräsentation von Inhalten auf Lehr-/Lernmedien, als „Mittel der Kommunikation beziehungsweise Träger von Informationen über einen Gegenstand beziehungsweise Ausbildungsinhalt" (Zimmer 1999, S. 94). Die Frage ist hier, welche Bedeutung multimediale Lernmaterialien an Universitäten haben (können) und welche Kompetenzen zu deren Gestaltung und Nutzung notwendig sind bzw. ob sich von Studierenden (ebenso wie von Auszubildenden) sagen lässt: Sie „rekonstruieren und interpretieren durch die Auseinandersetzung mit den in den symbolischen Formen repräsentierten Informationen über wichtige Aspekte eines Ausbildungsgegenstandes das Wissen und Denken eines Medienautors über einen Ausbildungsgegenstand" (ebd., S. 94f.).

Es dürfte jedoch deutlich geworden sein, dass die im Zusammenhang dieser Arbeit aus (medien)pädagogischer Perspektive zu berücksichtigenden Aspekte weit über die Frage nach der Gestaltung und Nutzung multimedialer Lernmaterialien hinaus reichen. Die in diesem Kap. 2.2 angesprochenen Bereiche zeigen, dass literale Kompetenzen und Medienkompetenz in engem Zusammenhang miteinander stehen und ein komplexes Bündel sehr unterschiedlicher Fähigkeiten und Fertigkeiten umfassen, die sich für Lernende (bzw. Studierende) und Lehrende an Hochschulen noch einmal unterscheiden – und die zugleich in einen umfassenderen Zusammenhang eingebettet sind bzw. in Wechselwirkung mit diesem stehen. Bevor in den folgenden Kapiteln zunächst traditionelle Hochschulliteralitäten und dann sich zurzeit neu herausbildende hochschulliterale Praktiken und die zu deren Nutzung jeweils notwendigen Kompetenzen (im oben ausgeführten weiteren Sinn) konkreter untersucht werden als es an dieser Stelle möglich war, ist es deshalb notwendig, zum Abschluss dieses zweiten Kapitels noch einmal genauer zu bestimmen, in welchem Verhältnis und Zusammenhang Zeichensysteme (und das heißt: alte und neue literale Praktiken und Kompetenzen) und (Lern-)Kultur zueinander stehen.

2.3 Kultur als Zeichensystem: Zum Zusammenhang des Wandels von Literalität und Lernkultur

Thema des folgenden Abschnitts ist der Zusammenhang zwischen dem in den vorangegangenen Abschnitten beschriebenen, mit der Nutzung der neuen Medien einhergehenden Wandel der Literalität und dem Wandel von Kultur und Lernkultur vor allem an der gesellschaftlichen Institution Hochschule. Dabei geht es darum, konkrete Merkmale zu identifizieren, an denen sich diese Wechselwirkung und deren mögliche Auswirkungen zeigen und untersuchen lassen und die Ansatzpunkte zur pädagogischen Gestaltung dieses Wandels bieten.

2.3.1 (Lern)Kultur als Zeichensystem

Der Begriff Lernkultur oder neue Lernkultur erscheint seit einiger Zeit in unterschiedlichen Zusammenhängen, in Bezug auf schulisches Lernen, Lehrerfortbildung, Erwachsenenbildung, (berufliche) Weiterbildung und insbesondere im Zusammenhang mit der Nutzung der neuen Medien in Lernkontexten (vgl. als einführende Überblicke z.B. Nuissl 1999; DIE 2000; Forum Bildung 2001; Heuer 2001). Dennoch handelt es sich bei diesem Begriff um „keine eingeführte und etablierte pädagogische Kategorie" (R. Arnold/Schüßler 1998, S. 3). Tatsächlich verstehen unterschiedliche Autoren den Begriff sehr verschieden, so z.B. als „Trias aus Lernort, Lernziel und Lernweg" (Hufer 1999, S. 50) oder als die Identifizierung bisher unhinterfragter, scheinbar selbstverständlicher alltagskultureller und „weicher Faktoren" in der Beschreibung einer Lernsituation (R. Arnold 1999, S. 31f.). Auch zeigt sich, dass „der Begriff Lernkultur mit seinen vielfältigen Facetten und Konnotationen oft dann benutzt wird, wenn gesellschaftliche Veränderungen Verunsicherungen auslösen, die es zu bewältigen gilt. Mit *neuen Lernkulturen* ist dann entweder eine Beschreibung veränderter Lehr- und Lernformen verbunden oder die programmatische Forderung der Veränderung von Lehrformen bzw. Lernangeboten" (P. Arnold 2003, S. 27). Dies führt dazu, dass die Diskussion darum „manchen in ihrer Semantik unklar und ihrer Geltung und in ihrem Gegenstandsbereich unpräzise gefasst erscheint" (Dräger 2003, S. 184). Kritisiert wird außerdem, dass durch die „bisweilen auch nur suggerierte *Neuartigkeit* der ‚Lernkulturen'" eine unnötige Kontroverse zwischen selbstgesteuerten, selbstorganisierten als „neu" eingeführten und institutionalisierten „alten" Lernformen geschaffen werde, die letztere zugleich als veraltet erscheinen lasse und verhindere, dass nach den tatsächlichen Möglichkeiten und Grenzen der jeweiligen Formen gefragt werde (Wittpoth 2003, S. 155; vgl. dazu auch Bonometti/Graf 2002; Wiese 2001).

Trotz dieser Kritik scheint die Kategorie Lernkultur[41] für das Untersuchungsfeld dieser Arbeit aus verschiedenen Gründen besonders gut geeignet. Zum einen geht es darum, eine bestimmte gesellschaftliche Institution, die Hochschule, in den Blick zu nehmen und damit „den Begriff Lernkultur auf soziale Systeme zu beschränken" und „für individuelle Lernaktivitäten Begriffe wie Lernbiografie, Lerntyp, Lernstil zu verwenden" (Siebert 1999, S. 16). Dabei wird eine *„Lernkultur als historisch herausgebildetes Muster institutionalisierter Anordnungen pädagogischer Handlungen"* (Zimmer 2001, S. 129; Hervorhebung im Text) immer bereits vorgefunden; zugleich aber wird damit ein Zustand beschrieben, der gestaltet und verändert werden kann. Dabei richtet sich die Aufmerksamkeit nicht „auf Details, die man verbessern will, [...] sondern eigentlich auf das Ganze in seiner gleichsam noch nicht vollständig erfassten Weite" (Dräger 2003, S. 184). Vor allem aber liegt es nahe, der Fragestellung der Arbeit entsprechend von einem semiotisch verstandenen Kulturbegriff auszugehen und damit konkrete semiotische und materiale Merkmale in die Beschreibung von Kultur und Lernkultur einzubeziehen.

Im Folgenden wird der Ansatz von Roland Posner (1991) aufgegriffen, dessen unterschiedliche Anschlussstellen für das Thema dieser Arbeit zunächst vorgestellt und dann für die weitere Untersuchung weiterentwickelt werden. Zentraler Gedanke dieses Ansatzes ist die Verbindung zwischen der materialen, sozialen und mentalen Seite von Kulturen. Unter materialer Kultur werden dabei Artefakte verstanden, z.B. Texte[42] und die Fertigkeiten zu deren Herstellung und Verwendung; soziale Kultur meint die Gesellschaft, ihre Institutionen und Rituale; mentale Kultur bezieht sich auf Ideen und Werte, Konventionen der Darstellung und Verwendung usw. Dabei werden in einer Gesellschaft unterschiedliche Zeichensysteme und Codes genutzt; Posner unterscheidet hier zwischen unterschiedlichen Zentralisierungsgraden: Je zentraler ein Code für eine Kultur ist, umso weiter ist seine Distribution – d.h. er wird von mehr Gesellschaftsmitgliedern beherrscht als andere Codes –, umso größer ist seine Frequenz – d.h. er wird in einer Gesellschaft in mehr Situationen verwendet als andere Codes – und umso höher ist sein Prestige – d.h. er hat in einer Gesellschaft in einer gegebenen Situation höheres Prestige als

---

41 Dabei liegt der Fokus an dieser Stelle eher auf dem Kulturbegriff als auf dem häufig betonten Wechsel von einer *Lehr-* zur *Lern*kultur (vgl. R. Arnold 1999), wenngleich auch dieser thematisiert wird, zumal an Universitäten – mehr noch als an Fachhochschulen – traditionell eher von einer *Lehr*kultur ausgegangen werden muss (vgl. dazu unten Kap. 2.3.2).

42 Posner benutzt dabei einen weiten Textbegriff, d.h. er versteht Kulturen als „Texte". Es erscheint jedoch möglich und sinnvoll, im Zusammenhang dieser Arbeit den in Kap. 2.1 entwickelten, auf mündliche und schriftliche Texte bezogenen Text-Begriff zu verwenden.

konkurrierende Codes. Anhand dieser Kriterien lässt sich durch empirische Untersuchungen feststellen, welchen Codes in einer bestimmten Gesellschaft zu einer bestimmten Zeit Zentralität zukommt. So ist etwa nach Posner der „visuelle nichtsprachliche Kode der ‚beweglichen Bilder' (in Film, Fernsehen, Video und Comic-Strip) in den westlichen Gesellschaften der Gegenwart" zentral, während es „in den europäischen Kulturen der Aufklärungszeit" der „visuelle (d.h. schriftliche) Kode der natürlichen Sprache und theoretische[n] Abhandlungen" gewesen sei.[43] Der in einer bestimmten Gesellschaft in einer bestimmten geschichtlichen Situation zentrale Code bekommt mit der Zeit Modellfunktion für die anderen Artefakte, zugleich wächst sein Elaboriertheitsgrad und das zugrundeliegende Zeichensystem wird immer stärker standardisiert. Schließlich geht mit der Automatisierung in der Verwendung und der Unterdrückung weniger gebräuchlicher Varianten die Gefahr der „Versteinerung" und die Anziehungskraft anderer, flexiblerer Codes einher, die den bisher zentralen an die Peripherie zu drängen versuchen.[44] Posner unterscheidet zwischen zentral Kulturellem – das Teil einer Kultur und wesentlich für deren Identität ist –, peripher Kulturellem – das als Teil der Kultur anerkannt, aber nicht für zentral gehalten wird –, Gegenkulturellem – das in einer Gesellschaft bekannt ist, aber der eigenen Kultur völlig entgegengesetzt zu sein scheint – und dem Außerkulturellem, das den Mitgliedern einer Gesellschaft völlig unbekannt und damit nicht-semiosisch ist. Dabei hätten sich bisher alle historisch bekannten Kulturen durch eine Trennung der eigenen „Kultur" im Gegensatz zu einer davon getrennten „Gegenkultur" definiert, so z.B. die klassische Kultur Griechenlands im Gegensatz zu den Barbaren oder die Kulturen der Aufklärung im Gegensatz zum Unwissen. Dabei herrsche zwischen Kultur und Gegenkultur ein ambivalentes Verhältnis: einerseits die Abwendung von der als negativ bewerteten Gegenkultur, andererseits der Versuch, diese in Kultur umzuwandeln (d.h. im Falle der beiden genannten Beispiele: die Barbaren zu kultivieren und die Unwissenden zu belehren).

Auf das Thema dieser Arbeit bezogen stellt sich also die Frage, ob der schriftliche akademische Code in der Institution Hochschule ein zentraler Code ist, und wenn dies zutrifft, ob dieser Code (zumindest in Lernsituationen) zurzeit an Prestige verliert und zugleich Codes eine höhere Frequenz erreichen, die bisher eher als peripher oder sogar gegenkulturell galten (z.B. bildliche Codes), bzw. ob nun auch schriftliche Kommunikationsformen Anerkennung gewinnen, die vor der Erfindung der Technik vernetzter Computer unbekannt, d.h. „außerkulturell" waren. Die charakteristischen Merkmale akademischer Texte bzw. des schriftlichen akademi-

---

43 Damit steht nach der Analyse Posners der zentrale Code der Hochschulkultur im Gegensatz zur Kultur der sie umgebenden Gesellschaft bzw. war vermutlich (bis auf die kurze Spanne der Aufklärung) in den noch nicht literalen Gesellschaften bis ca. ins 18. Jahrhundert schon immer eine Gegenkultur (vgl. dazu auch Kap. 3.4).
44 Inwiefern dies auch für einen engeren, sprachlichen Codebegriff dieser Arbeit zutrifft, wird im folgenden zu überprüfen sein.

schen Codes und sein Zentralitätsgrad sollen in Kap. 3 untersucht werden und in Kap. 5 mit den an Hochschulen sich mit den neuen Medien neu entwickelnden Literalitäten – Textsorten, ihren Charakteristika, den verwendeten schriftlichen Codes und anderen Symbolsystemen – verglichen werden. Dabei ist dieser Vergleich literaler Formen und Codes, so interessant er auch an sich schon ist, kein Selbstzweck. Vielmehr geht es darum zu untersuchen, welche Rolle ein zentraler Code (und dessen Wandel) nicht nur für eine Kultur, sondern auch für eine Lernkultur hat. In welchem Zusammenhang stehen nun Kultur und Lernkultur in einer Gesellschaft oder einer Institution? Zwar trifft es zu, dass „Kulturen [...] immer Lernkulturen [sind], weil Lernen ein wesentliches Konstituens jeder Kultur ist" (Mittelstrass 1999, S. 50); jedoch ist es ein Unterschied, ob Wissen, Werte und Zeichensysteme implizit und informell weitergegeben werden oder ob eine Gesellschaft spezielle Situationen oder auch Institutionen schafft, deren Zweck explizit Lernen und Wissensweitergabe ist. Im Folgenden wird davon ausgegangen, dass sich auch die Mitglieder von Lerninstitutionen – wie die Mitglieder einer Gesellschaft – bestimmter Codes bedienen, die ihrem Selbst- und Lernverständnis entsprechen und mehr oder weniger bewusst auch die Lernsituationen, verstanden als „Anordnungen der pädagogischen Handlungen der beteiligten Personen" (Zimmer 2001, S. 129) beeinflussen. (Wie oben gezeigt, kann dabei der zentrale Code einer Gesamtgesellschaft von dem zentralen Code bestimmter Lerninstitutionen abweichen, vgl. Anm. 43.) Die Veränderung von Lernkulturen kann durch die bewusste Veränderung der „Anordnung von Lehr- und Lernsituationen" erfolgen (und dann von einem Codewandel initiiert oder begleitet sein); sie kann aber auch (unbeabsichtigt) mit einem Code- und/oder Medienwandel einhergehen, der die Lernsituation beeinflusst und mit der Zeit aktiv in deren Gestaltung einbezogen werden kann. Eine solche Verbindung zwischen einem Code- und Medienwechsel und der Lernkultur einer Gesellschaft zeigt Jürgen Wittpoth (2003) unter Berufung auf Michael Giesecke (1998a; 1998b) an dem historischen, für diese Arbeit wegen der Ausbreitung des literalen Codes jedoch besonders interessanten Beispiel der Erfindung der Druckerpresse. Die schnell wachsende Produktion und Distribution gedruckter Bücher – vor allem auch Alltagsratgebern, praktischen Handreichungen und Texten zur beruflichen Weiterbildung –, die damit einhergehende Explosion des Wissens und die wachsenden Zahl von lesefähigen Menschen habe bereits im 15. und 16. Jahrhundert zu einer Autonomisierung der Lernenden, selbstorganisiertem Lernen und einem allmählich entstehenden Zwang zur Weiterbildung geführt, zunächst aber zu einer Veränderung der Lernsituation, der Verhältnisse und Interaktionen in folgenden Bereichen:

- *Lehrende – Lernende*: Durch die neu hinzukommende Informationsquelle veränderte sich die Vermittlungs- und Aneignungsstruktur in der Unterrichtssituation nachhaltig; durch die Vervielfältigung konnte nun tendenziell ein einzelner Experte eine beliebige Zahl von Menschen belehren.

- *Autor – Botschaft*: Während bis zur Erfindung der Druckerpresse schriftlich festgehaltenes Wissen zur individuellen Gedächtnisstütze diente (z.B. in Notizen, Tagebüchern und Exzerpten), wurden mit der nun entstehenden Fachprosa kommunikative Zwecke verfolgt: Da Wissen vermittelt (und nicht nur erinnert) werden sollte, musste es entsprechend aufbereitet werden, was zu einer „Pädagogisierung" der literarischen Produktion führte.
- *Wissen – Aneignung*: Wissen wurde nicht mehr in „natürlichen" Situationen, d.h. in einem Handlungszusammenhang oder einer Werkstattsituation vermittelt. Damit verbunden war eine Beschleunigung der individuellen Aneignung und das neu erzeugte und steigende Bedürfnis, selbst zu lernen, die Autonomisierung der Lernenden und die Entkopplung von Vermittlung und Aneignung innerhalb und außerhalb pädagogischer Institutionen.
- *Wissen – Nichtwissen*: Mit der steigenden Erwartung, dass die Möglichkeit zum Lernen auch genutzt wurden, begann ein allmählich entstehender Zwang zur Weiterbildung.

2.3.2 Wandel der Literalität und Lernkulturwandel an Hochschulen

Wie oben dargestellt, nutzen Gesellschaften und Institutionen die Zeichensysteme, die ihrem Selbstverständnis und ihren Werten entsprechen und geben das ihnen bedeutsame Wissen entsprechend weiter. Dies führt hier zu der Frage nach dem Selbstverständnis und der Kultur an Hochschulen und der Bedeutung der Literalität innerhalb dieses Systems und innerhalb der Lernprozesse bzw. der Lernkultur dieses Systems.

Dabei ist ihrer geschichtlichen Tradition und ihrem Selbstverständnis nach „die Hochschule eben nicht nur, nicht einmal primär eine (Aus-)Bildungseinrichtung, sondern ihrer raison d'être nach eine Einrichtung der Wissenschaft, Teil eines Wissenschaftssystems [...], an der auch ausgebildet wird, allerdings in großem (bisher immer zunehmendem) Umfang" (Huber 2001, S. 1043). Es ist deshalb naheliegend, zwischen Wissenschafts- bzw. Forschungskultur und Lernkultur an Hochschulen zu unterscheiden und nach der Rolle akademischer Literalität in beiden Kulturen und deren Zusammenhang zu fragen.

Dabei wurde erst mit der „Entdeckung der Literalität" (vgl. Kap. 1.2) auch deren konstitutive Funktion für das Wissenschaftsverständnis in den Blick genommen. So zeigt Jens Brockmeier (1997, S. 44f.) unter Verweis auf Hegels *Wissenschaft der Logik*, dass das für den philosophischen Diskurs vermeintlich zentrale gesprochene Wort zumindest sehr stark auf Schriftlichkeit verwiesen ist. Seine Beschreibung dürfte für die meisten wissenschaftlichen Texte zutreffen:

"Wir begreifen nach wenigen Zeilen, ja nach wenigen Worten, dass sich diese Gedanken nur nachvollziehen lassen, wenn sie in fixierter Form vorliegen.

Würde sie uns jemand im Rhythmus der gesprochenen Sprache vortragen: Was würden wir wohl verstehen? Keine Frage, dieser Text muß zeiträumlich vor unseren Augen präsent, also materiell gegenwärtig sein. Seinen Inhalt zu erfassen, verlangt eine Vielzahl literaler Praktiken. Zunächst einmal Konzentration, Ruhe und Ungestörtheit – mit allen äußeren Voraussetzungen, die dazu nötig sind. Das schließt weiterhin eine spezielle Ausbildung ein, Übung, Interesse, Motivation. Dann der Akt der Lektüre selbst. Er vollzieht sich langsam, vieles wird wiederholt gelesen, bei bestimmten Begriffen muß der Leser verweilen, sie mit anderen vergleichen, zurück- oder vorblättern, Textstellen aus einem anderen Buch, vielleicht einem Nachschlagewerk, einsehen, und wieder vergleichen mit dem Hegelschen Text. Es mag hilfreich sein, einiges zu unterstreichen oder am Rand zu notieren, vielleicht werden ausführlichere Notizen gemacht, man schreibt etwas ‚heraus‘, liest dies noch einmal, konfrontiert es wieder mit dem Text, unterbricht womöglich die Lektüre, um über das Gelesene nachzudenken oder mit anderen darüber zu sprechen, bevor man die Lektüre, nun vielleicht in einem anderen Licht, wieder aufnimmt.“

Bei diesem „vermeintlich individuellen Akt der Lektüre“ handelt es sich nach Brockmeier (ebd.) „um einen verzweigten Diskurs.“ Er konstatiert: „Auch die ursprüngliche Formulierung, die ‚Konstruktion‘ eines solchen Gedankenzusammenhangs kann kaum anders als in Form einer literalen Produktion erfolgt sein. [...] Es sind schriftliche Gedanken. Sie auszudenken, bedeutet sie mit literalen Mitteln zu konstruieren.“ Obwohl natürlich in den Hochschulen auch mündliche Diskurse stattfinden, ist für die Teilnahme am wissenschaftlichen Diskurs Literalität zumindest in Form der Rezeption der Entwicklungen einer Fachrichtung unverzichtbar, eine aktive Teilnahme verlangt schriftliche Beteiligung. So erscheint Literalität als konstitutiv für das Wissenschaftsverständnis an Hochschulen.

Blickt man nun in einem weiteren Schritt auf die Lernkultur an Hochschulen, so zeigt sich, dass diese von Pädagogen oft eher kritisch beurteilt wird. „Unzweifelhaft findet auch an der Hochschule Unterricht (‚Lehre‘) und Lernen (‚Studium‘) statt. [...] Trotzdem ist es in der Tradition der deutschen Hochschulen (anders als in z.B. englischen oder amerikanischen Colleges) – und zumal in den Universitäten noch stärker als in den Fachhochschulen – mitnichten selbstverständlich, dass dieses Lehren und Lernen zum Gegenstand didaktischer Forschung und Entwicklung oder gar allgemein pädagogischer Wissenschaft gemacht wird“ (Huber 2001, S. 1042). Tatsächlich entstanden das pädagogische Arbeitsfeld Hochschuldidaktik und hochschuldidaktische Zentren erst etwa seit den 1970er Jahren. Was jedoch deren Einfluss auf die Praxis des Lehrens und Lernens betrifft, so konstatiert Heinz-Otto Gralki (1979, S. 198), dass dennoch „in allen Fachbereichen weitgehend darauf vertraut wird, daß der Lernprozeß der Studenten am günstigsten durch die Elemente Dozentenvortrag, Lektüre von Texten und die Diskussion über wissenschaftliche Inhalte erreichbar ist. Für diese traditionellen Elemente der akademischen Lehre gibt es offenbar im Augenblick keine realistische Alternative." Nach Ludwig Huber (2001, S. 1043) gibt es einen systematischen Grund für diese Distanz zwischen Pädagogik und hochschulischem Lehren und Lernen: Die „Abgrenzung der Universität von jeder Art von Schule, das Postulat der ‚Bildung (nur) durch Wissenschaft', die (und sei es: kontrafaktische) Prämisse der Selbständigkeit der Studierenden, die wohl durch das Vorbild der Lehrenden und den Verkehr mit ihnen immer noch weiter lernen (wie idealiter jene von diesen), nicht aber schulmeisterlicher Hinsicht und Rücksicht bedürfen [... sind] Kernstücke der Gründungsschriften des Kreises um Humboldt für die Berliner Universität". Dennoch gibt es inzwischen zahlreiche Vorschläge zur besseren Gestaltung der Präsenzlehre, von der Kommunikation über den Medieneinsatz bis hin zu ausführlichen Vorschlägen bezüglich der Veranstaltungsformen (vgl. z.B. Flechsig 1996). Allerdings wird in diesem Zusammenhang die Rolle der Literalität kaum in den Blick genommen, möglicherweise, weil die Rezeption und Produktion von Texten (Fachlektüre und das Erstellen von Hausarbeiten usw.) außerhalb der Präsenzveranstaltungen in der eigenen Verantwortung der Studierenden liegt. Es handelt sich also um selbstorganisierte Arbeitsformen der Studierenden, die zumindest an deutschen Hochschulen bisher wenig unterstützt werden. Nach den dargestellten Zusammenhängen zwischen (Lern)Kultur und Zeichensystemen ist jedoch davon auszugehen, dass die Praxis der Literalität die Lernkultur an Hochschulen implizit erheblich beeinflusst, umso mehr, als sie offensichtlich wenig explizit reflektiert und in didaktische Überlegungen einbezogen wird. Dies betrifft

1. den Einfluss, den literale Artefakte auf die Gestaltung der Lernsituation haben: „Artefakte wie beispielsweise Unterrichtsbücher [...], Klausuren und studentische Hausarbeiten nehmen im Zusammenhang mit Lehr- und Lernsituationen eine wesentliche Rolle ein. Über Artefakte werden Handlungen innerhalb von Lehr- und Lernsituationen vermittelt" (Gaiser 2002, S. 90).
2. literale Kompetenz als (möglicherweise wenig thematisierte) Arbeitsvoraussetzung und als Arbeitsergebnis, d.h. die Fähigkeit zur adäquaten Rezeption und Produktion akademischer Texte.

Insbesondere der zweite Punkt impliziert den besonderen Bezug zur Wissenschaftskultur an den Hochschulen: Quasi unabhängig von den jeweiligen fachlichen Inhalten zielt die praktizierte und geforderte akademische Literalität auf die Ausbildung einer wissenschaftsorientierten (und nicht berufspraktisch orientierten) Denk- und Arbeitsweise, die zwar zum Selbstverständnis der Hochschulen als Forschungseinrichtungen gehört, jedoch möglicherweise nicht den Ausbildungsanforderungen bestimmter Berufe entspricht und auch im Bezug auf die heutigen gesellschaftlichen Anforderungen – bzw. auch im Zusammenhang der expliziten Berufsorientierung neuen BA/MA-Studiengänge – überprüft werden müsste.

Die bisher dargestellten Zusammenhänge legen die Annahme nahe, dass die Einbeziehung neuer Techniken und die Entwicklung neuer, telemedialer literaler Formen zu erheblichen Veränderungen der akademischen Literalität führen und erhebliche Auswirkungen auf unterschiedliche Bereiche und Ebenen der Lernkultur an Hochschulen haben wird:

- auf die Praxis des Lehrens und Lernens, da es möglich ist, dass sich mit der veränderten (z.b. objektivierten oder pädagogisierten) Darstellung von Inhalten auch die Verhältnisse und Interaktionen zwischen weiteren Bezugspunkten ändern können, z.b. zwischen Lehrenden und Lernenden, Wissen und Aneignung, Wissen und Nicht-Wissen usw. (vgl. oben Kap. 2.3.1; Wittpoth 2003);

- auf die Aneignung akademischer Schreibkompetenz, da die neuen Medien andere Schreibprozesse ermöglichen, aber auch andere Schreibkompetenzen – auch für die Entwickler von Lernmaterialien – erfordern. So stellt sich etwa die Frage, inwieweit das in Kap 1.3 vorgestellte Modell der sich erweiternden Kompetenzen akademischer Literalität (Grundlagenkenntnisse – Akkulturation – anfechtbare Positionierung innerhalb der hierarchischen Organisation) in einem solchen Kontext noch anwendbar ist, bzw. was anhand dieses Modells über eine sich *noch entwickelnde* telemediale akademische Literalität z.b. in Bezug auf die Definitionsmacht von Darstellungsweisen gesagt werden kann;

- nicht zuletzt auf das Selbstverständnis von Hochschulen als Einrichtungen, deren Wissenschaftsverständnis zumindest implizit stark auf klassische akademische Literalität bezogen ist.

2.4 Ansatzpunkte für die weitere Untersuchung

Es hat sich gezeigt, dass die Veränderung von Literalität an Hochschulen ein komplexes Themenfeld ist: Es geht dabei nicht nur um die Untersuchung der in wissenschaftlichen und Lehr-/Lerntexten verwendeten Zeichensysteme und Codes und der damit jeweils verbundenen kognitiven Verarbeitungsprozesse, sondern vielmehr um deren Rolle im Gesamtkontext von Forschung und Lehre. Dazu gehören auch die Bestimmung des Zentralitätsgrads von Codes, die Beobachtung von Codewechseln und das Verhältnis von Mündlichkeit und Schriftlichkeit. Berührt werden damit auch Fragen nach der Hochschule als sozialem System, nach dem Verhältnis von Lehrenden und Lernenden, Hierarchien und Definitionsmacht sowie nach der Rolle der Hochschule innerhalb des Gesellschaftssystems und ihrem Selbstverständnis als Bildungs- und Wissenschaftseinrichtung. So ergeben sich für die weitere Untersuchung verschiedene Ansatzpunkte, die an dieser Stelle thesenartig und plakativ formuliert werden, um von dort aus Veränderungsprozesse beschreiben und überprüfen zu können. Dafür müssen in den folgenden Kapiteln die bisher eher allgemein umrissenen Kriterien von Schriftlichkeit für den Kontext Hochschule präzisiert und differenziert werden.

(1) Begonnen werden soll mit der Untersuchung traditioneller akademischer Literalität(en). Am Ausgangspunkt steht dabei die (zu überprüfende) Hypothese, dass sich klassische wissenschaftliche Texte bzw. Textsorten in der Regel an der Forschungskultur orientieren. Von Studierenden zu erstellende Texte, wie Seminar- und Examensarbeiten, sind wissenschaftlichen Aufsätzen und Monographien in vielerlei Hinsicht sehr ähnlich und entsprechen in etwa demselben akademischen Code, etwa in Gliederung, Stil, typographischer Gestaltung usw. Ansatzpunkte für die Untersuchung dieser These bieten sich also an unterschiedlichen Stellen:

Merkmale akademischer Texte: Zunächst muss geklärt werden, anhand welcher Merkmale sich traditionelle akademische Texte adäquat beschreiben lassen. Gibt es verallgemeinerbare Kriterien? Wodurch unterscheiden sich die verschiedenen Textgattungen (z.B. wissenschaftliche und studentische Arbeiten oder Lehr-/Lerntexte)? (Wie) Ändern sich deren Merkmale durch die neuen Produktionsmöglichkeiten, z.B. in Bezug auf formale Gestaltungsansprüche oder auf verwendete Symbolsysteme?

Kompetenzen zur Nutzung traditioneller Hochschulliteralitäten: Welche Kompetenzen sind für die *Rezeption* wissenschaftlicher Texte und das Arbeiten mit Texten an Hochschulen notwendig und wie werden sie erworben? Welche Modelle zur Textrezeption können zur Unterstützung der Studierenden und zur Gestaltung von Texten herangezogen werden? Welche Kompetenzen werden für die *Produktion* akademischer Texte benötigt? Wie erwerben Studierende diese Kompetenzen? Welche Probleme gibt es dabei? Welche Unterstützung wird durch Arbeitshilfen, Literatur o.ä. gegeben? Inwieweit wird, über praktische Hilfen hinaus, auf die Bedeutung akademischen Schreibens im Sinne eines Modells akademischer Literalität (Street/Lea 1998) eingegangen?

Inwiefern verändert sich akademische Textproduktion, z.B. Schreib- und Arbeitsprozesse, durch die Nutzung digitaler Medien? Welche Auswirkungen haben z.B. die vereinfachten Möglichkeiten, Texte zu verändern und andere Symbolsysteme einzubinden? Wie wirkt sich die neue Informationsfülle auf die einander widersprechenden Anforderungen von Vollständigkeit und Zielgerichtetheit aus? – Den bis hierher aufgeworfenen Fragen wird im 3. Kapitel dieser Arbeit nachgegangen.

(2) In einem zweiten Schritt muss zunächst ein möglichst repräsentativer Überblick darüber gewonnen werden, welche neuen Textsorten und Kommunikationsformen im Hochschulkontext genutzt werden. Wofür werden Hypertexte bzw. Hypermedien, synchrone und asynchrone Kommunikationsformen und Social-Software-Tools wie Wikis und Weblogs eingesetzt? Wie ist hier das Verhältnis von Lehre und Wissenschaft? Treten solche neuen literalen Formen vor allem an die Stellen, an denen bisher auch in Hochschulen gesprochene Sprache vorherrschte: Vorlesungen, Seminare, Beratung usw.? Inwieweit werden sie (von Wissenschaftlern und Studierenden) auch zur Darstellung von Forschungsergebnissen genutzt?

Könnte sich der Eindruck bestätigen, dass hier eine im Hochschulraum bisher so nicht vorhandene unterschiedliche Codierung und unterschiedliche mediale Präsentation von Wissenschaft und Lehre erfolgt, d.h. Forschungsergebnisse in traditioneller, linearer schriftlicher Form veröffentlicht werden, während in der Lehre zunehmend Hypermedien und andere digitale literale Formen zum Einsatz kommen? Auch hier bieten sich verschiedene Ansatzpunkte für die Untersuchung.

Merkmale der telemedialen literalen Text- und Kommunikationsformen: Im Hochschulkontext werden sehr heterogene neue literale Praktiken eingesetzt. Gibt es charakteristische Merkmale, z.b. bezüglich der verwendeten Codes und Zeichensysteme? Wodurch unterscheiden sie sich von traditionellen Textsorten? Wie unterscheiden sich etwa die „Angemessenheitsnormen" neuer literaler Textsorten von traditionellen? Wird z.b. eine Sprache der Nähe genutzt, um den hier verschriftlichten Elementen der traditionell mündlichen Lehre „Kontext" zu verschaffen? Lässt sich diese Entwicklung vergleichen mit der „Pädagogisierung" schriftlicher Texte nach der Erfindung des Buchdrucks (Wittpoth 2003, S. 159ff; vgl. auch Nolda 2002, S. 9) oder handelt es sich eher um eine „Verobjektivierung" von Lerninhalten (Zimmer 2001, S. 131–134) – oder gibt es weitere Beschreibungskategorien?

Kompetenzen zur Nutzung der neuen literalen Praktiken: Auch hier muss auf die Heterogenität der neuen literalen Praktiken hingewiesen werden. Die Rezeption eines Hypertextes, das Mitverfolgen eines Diskussionsforums, das Schreiben eines Weblogs oder die Zusammenarbeit in einem Wiki erfordern sehr unterschiedliche Kompetenzen auf sehr unterschiedlichen Ebenen. Zu fragen ist deshalb für alle unterschiedlichen Praktiken, welche Erwartungen in Bezug auf Wissenschaft und Lehre damit verbunden werden (z.b. mit der Rezeption von Hypertexten für selbstorganisiertes Lernen), welche technischen, kognitiven und sozialen Kompetenzen dafür benötigt und wie diese erworben werden. Welche für traditionelle akademische Literalität nicht notwendigen neuen Kenntnisse sind dafür erforderlich, z.B. über die Struktur von Hypertexten und das Zusammenwirken von Texten, Bildern, bewegten Bildern usw.?

Bedeutung telemedialer Textsorten und Kommunikationsformen im akademischen Kontext: Welche Rolle spielen neue literale Formen zurzeit im Hochschulkontext? Wer nutzt sie, was wird von der Nutzung erwartet und wovon hängt die Nutzung ab? Welche Funktion haben sie (auch im Vergleich zu traditionellen Textsorten) in Forschung und Lehre? Welche Rolle wird ihnen in Lernszenarien gegeben, welche Verwendung sehen Lernplattformen vor? Welches Wissen und welche Kompetenzen sollen durch sie erworben werden? Welche Formen des Wissenserwerbs sind vorgesehen? Auf welchem didaktischen Hintergrund beruhen sie?

Hat die teamorientierte Entwicklung hypertextueller Lernmaterialien (im Gegensatz zu individueller Autorenschaft bzw. Verantwortung für Hochschulveranstaltungen)

Einfluss auf das Sozialgefüge und die Hierarchien in Hochschulen? Wer hat bei neu entstehenden Textsorten, für die es noch keinen etablierten Code gibt, die Definitionsmacht (im Sinne des academic-literacy-Modells)? – Die in dieser zweiten Annäherung an den Begriff „Literalität" aufgeworfenen Fragen bieten erste Ansatzpunkte für die Untersuchung neuer schriftlicher Praktiken im zentralen fünften Kapitel der Arbeit.

(3) Didaktisch sinnvolle Vorschläge zum Umgang mit telemedialen hochschulliteralen Praktiken dürfen nicht nur deren Rolle im Kontext der Lernsituationen und die zu erwerbenden Kompetenzen reflektieren, sondern müssen auch das Verhältnis von telemedialer zu klassischer akademischer Literalität und die Frage nach dem Verhältnis von Lern- und Forschungskultur in die Überlegungen einbeziehen.

Weder klassische noch neue literale Formen und Codes sind Selbstzweck. Sie stehen im Dienste des Lernens des Individuums und der Gesellschaft, der Lerninhalte und repräsentieren einen bestimmten Arbeitsstil und ein bestimmtes Verständnis von Wissenschaft und deren gesamtgesellschaftliche Bedeutung.

Zu überlegen ist also zunächst, ob und wie telemediale literale Formen in Lernsituationen eingesetzt werden und auf welche Weise Lernende und Lehrende die dazu notwendigen Kompetenzen erwerben können. In einem weiteren Schritt muss z.B. auch mitbedacht und geprüft werden, ob die Entwicklung telemedialer literaler Formen zu einer Trennung von Forschungs- und Lernkultur der Hochschulen führt und insbesondere der Ausbildungsfunktion Rechnung trägt, wenn etwa neue literale Praktiken vor allem im Kontext der Lehre genutzt werden. Auch stellt sich die Frage, ob bzw. inwiefern eine solche Verschiebung der Rolle (bestimmter) literaler Praktiken implizit zur Veränderung der gesellschaftlichen Funktion von Hochschulen beiträgt.

3. Traditionelle Hochschulliteralität

In den beiden ersten Kapiteln dieser Arbeit wurde ein Begriff von „Literalität" entwickelt, der beinhaltet, dass der Gebrauch der beiden Kulturtechniken Lesen und Schreiben nicht nur kognitive Implikationen hat, sondern wesentlich auch durch seine soziale Bedeutung innerhalb eines bestimmten Handlungskontexts bestimmt ist (vgl. Kap. 1.2 und 2.3). Die Beschreibung von literalen Artefakten und deren Veränderung anhand typischer Merkmale – z.b. der verwendeten Zeichensysteme, der Struktur der Texte, des Codes usw. (vgl. Kap. 2.1) – gibt so zugleich Hinweise auf die Wechselwirkung von Literalität und Kultur einer (Teil-)Gesellschaft und deren spezifische Diskurs- und Machtstrukturen (vgl. Kap. 2.3). Vor diesem Hintergrund orientiert sich die Untersuchung der besonderen Rolle von Literalität an Hochschulen an folgenden Leitfragen, die sich auf die genannten Aspekte beziehen:

- Anhand welcher (formalen) Merkmale können Texte adäquat beschrieben werden? Welche (traditionellen) Textsorten gibt es im Hochschulkontext? Welcher Spielraum besteht bei deren Gestaltung?
- Welche Kompetenzen werden benötigt, um mit einem literalen Artefakt adäquat umgehen zu können? Wie werden diese Kompetenzen erworben?
- In welchem Kontext stehen literale Artefakte und literale Praktiken an Hochschulen? Welche Funktionen haben sie für die beteiligten Personen? Wer hat die Definitionsmacht in Bezug auf die Bewertung der literalen Artefakte?

Im Folgenden werden traditionelle literale Praktiken an Hochschulen untersucht. Den formulierten Fragen entsprechend, beginnt die Darstellung mit der Beschreibung von hochschulliteralen Textsorten; einen Orientierungsrahmen bietet dabei das Konzept des Textsortenwissens (Kap. 3.1). Im Anschluss daran wird untersucht, welche Kompetenzen zum adäquaten Umgang mit diesen Textsorten notwendig sind und wie die Kompetenzen zum Umgang mit akademischen Textsorten erworben werden (Kap. 3.2), dabei werden Lesekompetenzen (Kap. 3.2.1), Schreibkompetenzen (Kap. 3.2.2) und das oft vernachlässigte Thema des Wissenserwerbs durch Schreiben (Kap. 3.2.3) behandelt. Der folgende Abschnitt thematisiert, inwieweit sich die beschriebenen Merkmale, Kompetenzen und Kontexte traditioneller Hochschulliteralitäten durch die Nutzung neuer Medien bereits verändern (Kap. 3.3). Komplementär dazu geht ein historischer Rückblick auf die Formen und Funktionen von Literalität(en) in der Geschichte der Universitäten ein (Kap. 3.4). Das Fazit (Kap. 3.5) fasst die wesentlichen Ergebnisse im Hinblick darauf zusammen, welche Akzente sich daraus für das 5. Kapitel ergeben, in dem die durch die neuen Medien neu entstehenden und neu in akademischen Kontexten eingesetzten literalen Formen anhand der oben formulierten Leitfragen untersucht werden.

3.1   Textsorten an Hochschulen

Eines der ersten Ergebnisse der Untersuchung des Literalitätsbegriffs war, dass nicht von *einer* Hochschulliteralität, sondern immer von Literalitä*ten* gesprochen werden muss (vgl. Kap. 1.2). Dennoch wurden unter dem Begriff „klassische" oder „traditionelle" Hochschulliteralität bisher alle an Hochschulen praktizierten literalen Textsorten zusammengefasst, die bereits vor dem Entstehen der neuen Medien eingesetzt wurden und auch heute noch (weitgehend, vgl. dazu Kap. 3.3) ohne sie genutzt werden können. Welche Textsorten sind dies? Gemeinhin gehen Schreibratgeber auf häufig praktizierte Formen studentischen Schreibens wie Seminar-, Haus- und Abschlussarbeiten ein, teilweise darüber hinaus auch auf „Sonderformen", beispielsweise Veranstaltungsmitschriften, Protokolle, Thesenpapiere und Klausuren (z.B. Sesink 2000, S. 125–147). In Bezug auf die auf der Seite der Wissenschaftler publizierten Texte werden als Grundformen in der Regel Artikel, Monographien und Rezensionen genannt.

Bereits dieser grobe Überblick enthält eine Fülle von Textsorten, die sich in Form und Funktion stark von einander unterscheiden. Hinzu kommt, dass selbst an eine einzelne dieser Textsorten in den verschiedenen Disziplinen der Natur- und Geisteswissenschaften, aber auch schon an einzelnen Hochschulen, Fakultäten und Lehrstühlen sehr verschiedene Anforderungen gestellt werden können. Da es im Rahmen dieser Arbeit unmöglich ist, auf die Unterschiede dieser Kontexte und formalen Ausprägungen einzugehen, wird stattdessen auf das Konzept des „Textsortenwissens" zurückgegriffen, auf das inzwischen verschiedene Theorien akademischen Schreibens rekurrieren, und das auf die unterschiedlichen Gegebenheiten hin angepasst werden kann. Zudem wird der Ausgangspunkt geteilt, dass es ungeachtet der de facto vorhandenen Unterschiede ein übergeordnetes akademisches Genre gebe, das „research paper" – dessen Äquivalent im deutschsprachigen Raum der wissenschaftliche Aufsatz ist –, das ein „umbrella-genre" (Rienecker/Stray Jörgensen 2003, S. 61) für viele akademische Textsorten darstelle. Im Folgenden wird in einem ersten Schritt das Konzept des Textsortenwissens genauer erläutert (Kap. 3.1.1); bereits an dieser Stelle soll jedoch darauf hingewiesen werden, dass Textsortenwissen nicht nur bedeutet, allgemeine Merkmale einer Textsorte zu kennen, sondern vielmehr zu wissen, dass eine bestimmte Textsorte – z.B. eine Seminararbeit – in verschiedenen Fachdisziplinen sehr unterschiedliche, vom Gegenstand und von den Fachdisziplinen abhängige Ausprägungen haben kann. Im zweiten Schritt wird kurz auf *mündliche* Textsorten an Hochschulen und die notwendigen Kompetenzen zum Umgang mit ihnen eingegangen (Kap. 3.1.2); im dritten Schritt werden typische Merkmale hochschul*literaler* Textsorten charakterisiert (Kap. 3.1.3).

3.1.1 Textsortenwissen als Ausgangspunkt

Textsorten sind „komplexe Muster sprachlicher Kommunikation [...] die innerhalb einer Sprachgemeinschaft im Laufe der historisch-gesellschaftlichen Entwicklung aufgrund kommunikativer Bedürfnisse entstanden sind" (Brinker 2001, S. 129). Aus linguistischer Perspektive ist es ein *„Bündel* von Merkmalen" (Linke/Nussbaumer/Portmann 2004, S. 278), durch das Texte als einer Textsorte[45] zugehörig bestimmt werden. Dabei werden textinterne und textexterne Klassifikationskriterien unterschieden. Als textintern werden zunächst Faktoren bezeichnet, die an die Tiefenstruktur eines Textes gebunden sind, etwa der Gegenstand bzw. das Thema und die Themenbindung: In einem Brief können beispielsweise mehrere Themen angesprochen werden, wissenschaftliche Arbeiten dagegen sind in der Regel auf ein Thema ausgerichtet (ebd., S. 278f.). Zur Tiefenstruktur eines Textes gehört außerdem das Textstrukturmuster (z.B. die Gliederung); hinzu kommt inzwischen auch verstärkt die – gerade bei neuen Textsorten interessante – Frage nach den „Textgrenzen", d.h. der Möglichkeit, Anfang und Ende bzw. die Abgeschlossenheit eines Textes eindeutig zu bestimmen (ebd. S. 285f.; S. 288, vgl. Kap. 2.2.2). Textinterne Faktoren, die sich auf die Textoberfläche beziehen, sind z.b. die Wortwahl, die Art und Häufigkeit der Satzbaumuster, aber auch die lautlich-paraverbale Ebene (dieser entspricht bei schriftlichen Texten die graphische Gestaltung, die selbst ohne genaues Lesen die Zuordnung eines Textes anhand des optischen Eindrucks ermöglicht). Als textexterne Kriterien werden z.b. das texttragende Kommunikationsmedium, die Textfunktion sowie die Kommunikationssituation bezeichnet, in die ein Text eingebunden ist (und die u.a. den Öffentlichkeitscharakter oder den sozialen Status der Kommunikationspartner betreffen kann; ebd., S. 280f.).

Linguistisch lassen sich zwei Hauptansätze zur Bestimmung bzw. Abgrenzung von Textsorten unterscheiden: Der sprachsystematische Ansatz setzt bei strukturellen und grammatischen Merkmalen an – wobei eine hinreichend begründete Differenzierung auf diesem Weg interessanterweise bisher noch nicht gelungen ist –, der kommunikationsorientierte Forschungsansatz versucht, Textsorten durch ihre situativen und kommunikativ-funktionalen Aspekte – also durch ihre Funktion, ihre Intention und ihre Inhalte – zu bestimmen (vgl. Brinker 2001, S. 135). Inzwischen werden auch beide Ansätze miteinander verbunden. Dennoch ist die Bestimmung von Textsorten anhand konkreter Merkmale offensichtlich häufig schwierig.

---

45 In einigen linguistischen Ansätzen wird zwischen Texttypen und Textklassen als „Großgruppen" und Textsorten als „Untergruppen" unterschieden (Beispiel: Anleitung – Rezept – Kochrezept); jedoch werden die Begriffe Texttyp und Textklasse nicht immer einheitlich verwendet. Interessant ist die daraus sich ergebende Zuordnungsmöglichkeit von Textsortenverwandtschaften: So könnte der Texttyp „Seminarprotokoll" sowohl der Textsorte „Protokoll" als auch der Textsorte „Hochschultext" zugeordnet werden (vgl. Linke/Nussbaumer/ Portmann 2004, S. 282f.).

Welche Faktoren jeweils zu Richtkriterien werden, kann ebenso wechseln wie die Anzahl der Merkmale. Jedoch scheinen einige jeweils wichtiger zu sein als andere; diese ermöglichen es den Rezipientinnen und Rezipienten beispielsweise, die Parodie eines bestimmten Textmusters zu erkennen.[46] In der Praxis gehört das Wissen „über bestimmte konventionalisierte, wiedererkennbare und erwartbare Muster des Sprachgebrauchs" (Linke/Nussbaumer/Portmann 2004, S. 283) – etwa in Bezug auf die Struktur und Gliederung bestimmter Texte, die Verwendung bestimmter Textbausteine usw. – meist zum Alltagswissen der Sprachteilhaber. Der Sprachgebrauch wird dadurch einerseits normiert, andererseits wird die Kommunikation erleichtert, da damit Orientierung bei der Rezeption und Produktion von Texten gegeben wird (vgl. Brinker 2001, S. 135). Tatsächlich nehmen Menschen Texte offensichtlich nie „einfach als ,Text' wahr, sondern immer schon als *Wohnungsinserat, Geburtsanzeige, Sitzungsprotokoll* etc." (Linke/Nussbaumer/ Portmann 2004, S. 284).[47] Der praktische Umgang mit konkreten Texten erweitert, bestätigt oder verändert vorhandene Erfahrungen und scheint „Prototypen" zu schaffen, die im konkreten sprachlichen Handeln intuitiv die Zuordnung und adäquate Nutzung von Textsorten ermöglichen. Dies zeigt sich z.B. darin, dass Lesende Textfragmente oder in falscher Reihenfolge angeordnete Texte wieder richtig anordnen können oder darin, „dass wir als Leser von wissenschaftlichen Abhandlungen wissen, dass am Schluss eines Textes sowie als Abschluss von größeren Unterkapiteln kurze Zusammenfassungen zu erwarten sind, und dass wir durch gezielte Suche nach solchen Textstellen uns auch bei einem dicken Wälzer relativ rasch einen gewissen inhaltlichen Überblick verschaffen können" (ebd., S. 284).

Für die Fragestellung dieser Arbeit sind am Ende dieses Abschnitts zwei Punkte von Bedeutung, die in den folgenden Abschnitten genauer betrachtet werden: zum einen, dass zur Beschreibung von Textsorten die gemeinsame Betrachtung von „kontextuellen (situativen), kommunikativ-funktionalen und strukturellen (grammatischen und thematischen) Merkmalen" (Brinker 2001, S. 135) gehört, zum anderen, dass Textsortenwissen (nicht nur im Kontext Hochschule) *erworben* werden muss.

---

46 Ein amüsantes Beispiel dafür sind die „soziologischen Untersuchungen" von Gummibärchen (www.gummibaeren-forschung.de/ // 20.07.2007): Die auf dieser Webseite veröffentlichten Texte imitieren zahlreiche Merkmale – Struktur, Wortwahl, Vorgehensweise, Zitate – wissenschaftlicher (bzw. konkret soziologischer) Textsorten; das Thema – im Bereich der Wissenschaft von zentraler Bedeutung – ist jedoch offensichtlich ungeeignet: Auf situativer und kommunikativ-funktionaler Ebene sind die Texte leicht als Parodien zu erkennen. Hinzu kommt in diesem Fall das textexterne Kriterium der (untypischen) Veröffentlichung im Internet: Vermutlich wären diese Parodien als Papiermedium nicht veröffentlicht worden.

47 Als solche sind die Texte auch von ihren Autoren intendiert – um jedoch die Intention eines Textes erkennen zu können und noch mehr, um die eigene Intention inhaltlich, formal und in Bezug auf einen bestimmten Kontext adäquat ausdrücken zu können, bedarf es eines Lernprozesses, wie sich gerade auch im Hochschulbereich deutlich zeigt.

3.1.2 Mündliche Textsorten an Hochschulen

Bevor in den folgenden Abschnitten das zentrale Thema dieser Arbeit, Merkmale *schriftlicher* Textsorten an Hochschulen, genauer untersucht wird, soll an dieser Stelle zumindest kurz auch auf *mündliche* Textsorten an Hochschulen und die zu deren Nutzung notwendigen Kompetenzen eingegangen werden – zum einen, da sie in enger Beziehung zu schriftlichen Praktiken und Kompetenzen stehen, zum anderen, da auch sie sich durch den Einsatz digitaler Medien zurzeit erheblich verändern.

Eine Vorlesung oder ein Referat sind mündliche Textsorten, die sich durch typische Merkmale von anderen mündlichen Textsorten – z.B. von Unterrichtsgesprächen an Schulen – unterscheiden. Wie bereits erwähnt, charakterisieren Peter Koch und Wulf Oesterreicher (1994, vgl. Kap. 2.1.1.3) mündliche Textsorten an Hochschulen trotz ihrer „medialen Mündlichkeit" als „konzeptuell schriftlich": In der Regel basiert z.B. eine „Vorlesung" trotz des mündlichen Vortrags auf einem schriftlichen Konzept; ähnlich definiert Werner Sesink (2003, S. 219) auch die Textsorte „Referat": „Das Referat ist in der Regel eine **schriftliche Arbeit,** die zu einem bestimmten festgelegten Termin im Seminar zum **Vortrag** kommen soll." Dabei kann im Einzelfall das Verhältnis von schriftlichem Manuskript und mündlichem Vortrag unterschiedlich sein, u.a. auch in Hinblick auf die Verwendung von begleitenden Materialien wie Thesenpapieren oder Präsentationsfolien (vgl. ebd., S. 219–232); auf jeden Fall wird die (mündliche) Darstellung des Inhalts vom universitären Rahmen der Veranstaltung und ihrer Funktion beeinflusst.[48] Mündliche und schriftliche Darstellungsformen sind in diesem Kontext stark aufeinander bezogen und haben Gemeinsamkeiten, die sie untereinander verbinden und von anderen Textsorten unterscheiden, z.B. in der Form, der Gliederung, aber auch in den Satzstrukturen, der Wortwahl usw. Obwohl sie in der Ratgeberliteratur selten thematisiert werden (eine Ausnahme ist hier z.B. Sesink 2003), gehören die Fähigkeiten, diese Textsorten zu rezipieren und zu produzieren zu den wissenschaftlichen

---

48 Sibylle Peters (2007) weist in diesem Zusammenhang auf ein interessantes Paradox hin: Zwar sei seit der Aufklärung der freie, sich lebendig entwickelnde Vortrag das Ideal – statt „Erkenntnisse zu referieren, soll der Prozess der Erkenntnis auf der Szene des Vortrags gegenwärtig werden" (ebd., S. 41); dennoch blieb gerade an Universitäten bis heute das Ablesen eines Manuskripts der Regelfall. Bei beiden Vortragsarten können unterschiedliche, jeweils charakteristische Aufmerksamkeitsstörungen auftreten: So kann bei einem freien Vortrag der Gesamtzusammenhang aus dem Blick kommen oder ein guter Gedanke aufgrund mangelnder rhetorischer Fähigkeiten untergehen, während ein abgelesener, komplexer Vortrag sehr hohe Anforderungen an die Zuhörenden stellt. Wenn „Vorlesungen" im wörtlichen Sinn trotz aller Kritik eine etablierte mündliche Textsorte darstellen, so nicht nur deshalb, weil sie den Vortragenden eine gewisse Sicherheit bieten, sondern auch, weil sie einer zentralen Anforderung an Wissenschaft entgegenkommen: „Indem der Vortragende vorliest, was er selbst […] niedergeschrieben hat, behauptet er bereits ein erstes Mal die Wiederholbarkeit der getroffenen Aussagen, behauptet die Identität der Aussagen über zeitliche, räumliche, mediale und kontextuelle Differenzen hinweg und beglaubigt und autorisiert seine Rede damit als Teil des akademischen Diskurses" (ebd., S. 40).

Arbeitskompetenzen, die Studierende während des Studiums erwerben müssen, z.B. die Kompetenz, einem wissenschaftlichen Vortrag zu folgen und ggf. die wesentlichen Gedanken für den eigenen Gebrauch oder für ein gemeinsames Skript schriftlich festzuhalten oder selber Referate mündlich in einer Form vorzutragen, die in den Konventionen eines Fachgebiets bzw. den Ansprüchen eines bestimmten Dozenten entsprechen.

Im Zusammenhang mit dem Thema dieser Arbeit ist es von großem Interesse, dass diese Konventionen zurzeit in einem umfassenden Wandel begriffen sind. Zwar wurden rein mündliche Vorträge, insbesondere das reine Ablesen eines Manuskripts im wörtlichen Sinn schon um 1800 öffentlich kritisiert; dennoch waren visuelle Unterstützungen des gesprochenen Wortes – z.b. durch Kartenmaterial, bildliche Darstellungen, Tafelanschrieb usw. – bis vor wenigen Jahren nur in wenigen Fächern, beispielsweise Kunstgeschichte und einigen Naturwissenschaften, akzeptiert und etabliert, wurden dort jedoch meist zu Demonstrationszwecken verwendet. Erst seit etwa der Mitte der 1970er Jahre setzt sich der Einsatz von Dias, Overheadprojektoren, ggf. Film- und Audiomaterialien auch in anderen Disziplinen zunehmend durch (vgl. z.b. Schnettler/Knoblauch/Pötzsch 2007, S. 11f.; Peters 2007, S. 43ff.). Insofern können die Entwicklungen, die Friedemann Schulz von Thun (2007) in einem (ebenfalls in den 1970er Jahren ansetzenden) Rückblick auf Gestaltung seiner Vorlesungen beschreibt, als charakteristisch für diesen Veränderungsprozess betrachtet werden: Zunächst konstatiert er, dass das Übergehen vom Ablesen eines Manuskripts zum freien Vortrag nicht mit einem (offensichtlich befürchteten) „inhaltlichen Niveauverlust erkauft [worden sei] – zumindest dann nicht, wenn das ‚Niveau' daran gemessen wird, was in den Köpfen der Hörer ankommt und was dort an Vorgängen der Aneignung und Verarbeitung entsteht" (ebd., S. 122). Dies trifft ebenfalls zu für die Entwicklung von einer ausschließlich mündlichen Darstellung hin zu einer Kombination mit Abbildungen und schließlich für den Wandel der eingesetzten visuellen Materialien, d.h. der vorrangigen Nutzung von Overhead-Folien mit abstrakten, logischen Bildern zu realistischen Abbildern (vgl. Kap. 2.1.2).

Eine solche (Medien-)Kombination von mündlichem Vortrag und bildlichen und/oder schriftlichen Artefakten ist also im akademischen Kontext noch relativ neu. Jedoch vollzieht sich nach Ansicht verschiedener Autoren seit etwa Anfang der 1990er Jahre eine noch weit fundamentalere Veränderung: Die „Explosionsartigkeit" (Schnettler/Knoblauch/Pötzsch 2007, S. 10) der Ausbreitung „computerunterstützter visueller Präsentationen"[49] ist demnach nicht nur ein quantitatives

---

49 Die Präsentationssoftware PowerPoint der Firma Microsoft ist das am häufigsten verwendete Programm zur Erstellung solcher Präsentationen: „Dass der Markenname eines Produkts zum Synonym für eine ganze Kommunikationsgattung avanciert ist, ist wissenssoziologisch selbst schon ein beachtlicher Vorgang. Er mag auf die enge Verzahnung von Ökonomie und Wissensproduktion in der Gegenwartsgesellschaft verweisen" (Schnettler/Knoblauch/Pötzsch

Phänomen, verbunden damit sei auch ein „massiver qualitativer Wandel" (Pötzsch/ Schnettler 2006, S. 186). Diese Präsentationsform wird inzwischen weltweit täglich ca. 30.000 Mal eingesetzt und ist „mittlerweile zu einer Hauptform der akademischen wie außerakademischen Wissensvermittlung avanciert" (Schnettler 2007, S. 1).

Immer wieder findet sich – vor allem in den Feuillitons großer Zeitungen (vgl. u.a. Joffe 2007) – eine starke Polemik gegen diese Art der Präsentation, die sich häufig auf den 2003 erschienen Text *The Cognitive Style of PowerPoint* von Edward Tufte bezieht (für einen Überblick über die Kritik an PowerPoint bzw. ähnlichen Programmen vgl. z.b. Mertens o.J.; Mertens/Leggewie 2004). Wie verschiedene Autoren (z.b. Farkas 2006, S. 162; Schnettler/Knoblauch/Pötzsch 2007, S. 18ff.) inzwischen zu Recht feststellen, bezieht sich diese Kritik jedoch in der Regel auf die jeweiligen Artefakte (also auf die einzelnen Folien) und lässt die *Performanz* der Präsentationen außer Acht, d.h. die Kombination von Folienpräsentation und mündlichem Vortrag im Rahmen einer Präsenzveranstaltung.[50] Dabei soll die zentrale Rolle der Folien nicht unterschätzt werden: Es findet ein Wandel statt von einem rein mündlichen Vortrag zu einer auch visuellen Präsentation, in der auch Bilder, schriftliche Texte sowie ggf. weitere Symbolsysteme, z.b. Filme oder Audioaufnahmen gezeigt werden können. Erste Analysen eines umfangreichen Korpus' von Präsentationen haben dabei interessanterweise gezeigt, dass reine Bildfolien sehr selten sind; reine Textfolien und bilddominierte Kombinationen mit Texten kommen ungefähr gleich häufig vor.[51] Unter den Textfolien bestand der überwiegende Anteil aus Listen und Aufzählungen (sog. Bulletlisten). Daran zeigt sich, dass eine zentrale Funktion eines Präsentationsprogramms in der Strukturierung der Inhalte liegt: „Es hilft bei der Gliederung des Materials, es bietet ein schnelles und sauberes Layout [… und] außerdem ist es ein Geländer, an dem man sich entlang hangeln kann, weil einen die ubiquitäre Situation des Vortrags überfordert" (Mertens/Leggewie 2004). Solche computerunterstützten Präsentationen sind eine (neue) Kommunikationsform bzw. eine „Textsorte", die im Hochschul-

---

2007, S. 10). Der im Folgenden verwendete Begriff „Präsentation" bezieht sich auf die Kommunikationsform, unabhängig von der zur Erstellung genutzten Software.

50 Es ist jedoch durchaus zu berücksichtigen, dass in vielen Fällen die Präsentationsfolien auch außerhalb des Kontextes einer Präsenzveranstaltung, d.h. ohne den begleitenden Vortrag zur Verfügung gestellt werden, z.b. in einem virtuellen Lernraum anstelle eines Skripts. Außerdem gibt es inzwischen unterschiedliche Software-Tools, die es ermöglichen, Präsentationsfolien zu vertonen oder mit einem Video zu begleiten, entweder „on the fly" während einer Präsenzveranstaltung oder im Nachhinein. Damit entsteht eine Form von – wie oben gezeigt (vgl. Anm. 48), gerade im akademischen Diskurs wichtigen – archivierbaren Dokumenten, die sich erheblich von den traditionellen linearen Manuskripten, Veröffentlichungen oder auch Veranstaltungsmitschriften unterscheiden (vgl. Lobin 2007, S. 69).

51 Untersucht wurden 58 Präsentationen vor allem aus dem akademischen Kontext. Unter den insgesamt 653 Einzelfolien waren 238 reine Textfolien, von denen 171 Bulletlisten enthielten. 350 Folien zeigten Texte und Bilder (von diesen waren 250 bilddominiert, auf 100 Folien wurden Texte und Bilder kombiniert), nur 27 Folien zeigten ausschließlich Bilder (vgl. Schnettler 2007, S. 144).

zusammenhang ihre angemessene Form zurzeit erst findet; sie unterscheiden sich von Präsentationen bei Messen, anderen Fortbildungsveranstaltungen usw. (vgl. Lobin 2007). Lehrende und Studierende müssen den Umgang damit lernen bzw. entwickeln. Daraus ergibt sich die Forderung danach zu lehren, wie man „Storyboards" erstellt: „Wer diese Verfahren in den Uni- und Wissenschaftsbetrieb einführt, kommt einem Filmemacher nahe, der Text und Bild in ein gescheites Verhältnis bringen, also weder allein mit Bildern argumentieren noch auf übliche orale Erzähl- und Erklärungsverfahren zurückgreifen kann" (Mertens/Leggewie 2004).

An dieser Stelle kann also festgehalten werden, dass die Nutzung digitaler Medien die *mündlichen akademischen* Textsorten in der Präsenzlehre (aber auch bei wissenschaftlichen Tagungen usw.) zurzeit stark verändern und um neue visuelle Symbolsysteme erweitern. Mit diesem umfangreichen Einsatz von Zeichensystemen, die bis dahin im akademischen Kontext als peripher-, gegen- oder außerkulturell galten, zeichnet sich eine deutliche Veränderung der Lernkultur, des „Lernstils" ab (vgl. dazu auch die Ausführungen in Anlehnung an Posner 1991 in Kap. 2.3). Die *Bedeutung* von traditionellen schriftlichen Artefakten, beispielsweise Manuskripten, Vorlesungsmitschriften usw., ändert sich jedenfalls erheblich, wenn den Studierenden die Folien der Präsentation vorliegen, wenn der mündliche Vortrag durch Graphiken u.ä. ergänzt wird. Ob und inwiefern sich solche neuen (nicht ausschließlich *mündlichen*) Praktiken auch auf die *Gestaltung* traditioneller *hochschulliteraler* Textsorten auswirkt, muss noch untersucht werden.

3.1.3 Merkmale hochschulliteraler Textsorten

Welche Merkmale sind nun charakteristisch für traditionelle Hochschulliteralität? Da es unmöglich ist, an dieser Stelle auf die Vielfalt der Textsorten und der fächer- und fakultätenspezifischen Merkmale einzugehen, beginnt die folgende Darstellung – im Anschluss an Lotte Rienecker und Peter Stray Jörgensen (2003, S. 61, s.o.) – mit der Charakterisierung von Ansprüchen an ein „übergeordnetes akademisches Genre"; im Anschluss werden beispielhaft einige dieser Merkmale aufgegriffen, um damit Gemeinsamkeiten und Unterschiede verschiedener wissenschaftlicher Textsorten zu konkretisieren.

Interessanterweise nennt der deutsche Schreibdidaktiker Otto Kruse – ohne sich auf das Konzept des Textmusterwissens zu beziehen – zur Beschreibung wissenschaftlicher Texte genau die oben genannten Merkmale. Dabei bezieht er sich auf die Schreibprozess-Modelle von John Hayes und Linda Flower (1980, vgl. Kap. 3.2.2.) sowie von Otto Kruse und Eva-Maria Jakobs (1999) und differenziert für wissenschaftliche Texte zwischen drei generellen Ansprüchen (vgl. Kruse 2003, S. 24ff.):

- Ansprüche des Wissens („knowledge"): Ein akademischer Text verlangt den Bezug auf bestehendes Wissen über einen Gegenstand; Funktion von Schreiben ist es, Wissen zu akquirieren *und* zu demonstrieren. Danach müssen Schreibende zumindest vorgeben, sie hätten alles relevante Wissen erworben, Probleme damit dürfen nicht gezeigt oder kommuniziert werden. Gerade in Deutschland sei es ein spezielles Problem, dass Studierende von Anfang an „research papers", d.h. anspruchsvolle Texte, schreiben müssten und persönlichere oder kommunikativere Genres nicht zum Einsatz kämen.

- Ansprüche der Sprache: Ausgangspunkt ist hier (unter Bezug auf Pörksen 1994), dass Sprache für Wissenschaftler immer besonders wichtig als Basis von Bewusstsein, Wissen und Kommunikation gewesen sei; wer nicht mit den Standards konform gehe, könne kaum erwarten, anerkannt zu werden. Beispielhaft führt er an, dass ein Text – und sein Autor – in der akademischen Welt diskreditiert sei, wenn eine poetische Sprache statt akademischer Begriffe genutzt würden. Problematisch sei, dass auch den meisten Wissenschaftlern die Struktur akademischer Sprache nicht vollständig transparent sei. Zwar kennen sie die Regeln, nicht aber die subtilen linguistischen Dimensionen sowie die „soziale" Dimension. Für Studierende sei der Erwerb von Genrebewusstsein deshalb besonders wichtig (vgl. auch Björk/Räisänen 1997). Probleme mache bei der Nutzung akademischer Sprachregeln zu Anfang auch die Frage, wo die „eigene" Sprache bleibe (vgl. auch Lea 1994, Kap. 1: Anm. 16). In Bezug auf Entscheidungskriterien für unterschiedliche akademische „Stile" helfe es Studierenden, positive Definitionen und wünschenswerte Eigenschaften akademischer Sprache zu geben.

- Ansprüche der Kommunikation/Rhetorik: Aus dieser Perspektive geht es darum, die Texte in einen Gesamtkontext einzubetten. Dies bedeutet, dass sie nicht (nur) für Dozenten und Kommilitonen geschrieben werden, sondern ein Teil des Prozesses wissenschaftlicher Forschung sind. Sichtbar wird dies in Verweisen und Zitaten – dies ist eine Begründung für das hohe Maß von Redundanz akademischer Texte. Allerdings werde die Praxis des Zitierens meist nur „formal" erläutert und nicht in ihrer Dimension als kollaborativer, nie endender Praxis der gemeinsamen Wissensentwicklung von Menschen, die sich meist persönlich nicht treffen. Hierin gründe auch die Verpflichtung zu publizieren und die Texte anderer zu rezipieren. Schreiben lernen heißt, diese Spielregeln kennen zu lernen und schließlich daran teilzunehmen, allerdings „verstecke" sich der kommunikative Charakter oft hinter der unpersönlichen Form; deshalb erschienen Texte als „container", nicht als Botschaften, die sich an andere richten.

Dass diese Charakterisierung der Merkmale wissenschaftlicher Literalität zunächst relativ unkonkret erscheint, liegt nicht nur daran, dass es sich um übergeordnete, allgemeine Kriterien handelt, deren konkrete Umsetzung sich in unterschiedlichen Textsorten und unterschiedlichen Disziplinen stark voneinander unterscheiden kann. Vielmehr zeigt sich hier, dass die Benennung völlig eindeutiger Kriterien auch deshalb schwierig ist, weil „manches einfach Übereinkunft, Gewohnheit, Tradition [ist], ohne daß man sagen könnte, warum gerade so und nicht anders" (Sesink 2000, S. 12). Solche „unsichtbaren Codes der Wissenschaft" werden – wie Kruse (s.o.) ausführt – häufig auch von den Wissenschaftlern bzw. Lehrenden selbst eher intuitiv genutzt werden und sind ihnen nicht völlig transparent. So werden zwar in Anleitungen zum wissenschaftlichen Arbeiten Anforderungen an wissenschaftliche Texte beschrieben, was genau dann aber als „angemessen" (vgl. auch Kap. 2.1.1.3) z.B. für eine studentische Arbeit beurteilt wird, kann teilweise sogar nur im persönlichen Gespräch geklärt werden (vgl. Ruhmann 1995, S.96).

Im Folgenden werden einige Beispiele dafür angeführt, auf welche Merkmale wissenschaftlicher Textsorten in Handbüchern zur Einführung in das wissenschaftliche Arbeiten hingewiesen wird. Diese exemplarische Darstellung zeigt über eine Konkretisierung von Merkmalen hinaus, dass in vieler Hinsicht Konsens über gewisse Konventionen besteht – zugleich erweist sich auch an dieser Stelle, dass es Handlungsspielräume gibt und die Angemessenheit der dargestellten Kriterien durchaus unterschiedlich beurteilt werden kann.

Viele Einführungen in das wissenschaftliche Arbeiten befassen sich ausführlich mit „textexternen" Merkmalen sowie „textinternen Merkmalen an der Textoberfläche": Danach sollten z.B. studentische Seminar- bzw. Hausarbeiten ca. 15 Seiten umfassen, es sollte weißes, unliniertes Papier verwendet werden, das einseitig beschrieben und nicht geheftet wird; im Gegensatz dazu müssen Examensarbeiten oder Dissertationen gebunden werden. Bereits solche – scheinbar eher nebensächlichen – Merkmale wie das allen traditionellen wissenschaftlichen Textsorten gemeinsame Trägermedium Papier geben also Rückschlüsse auf die Textsorte; außerdem vermitteln sie Schreibenden und Lesenden Orientierung.

Textinterne Merkmale auf der Ebene der Textoberfläche sind z.B. die graphische Gestaltung, die Art der Satzbaumuster und die Wortwahl. Charakteristisch für wissenschaftliche Arbeiten sind hier z.B. die Verwendung neutraler Schrifttypen auch für Überschriften (die z.B. in journalistischen Textsorten häufig optisch hervorgehoben werden); die meisten (studentischen) Arbeiten werden inzwischen mit Textverarbeitungsprogrammen geschrieben.[52] Die Inhalte wissenschaftlicher Arbeiten werden in Worten und Sätzen vermittelt, andere Darstellungsformen widersprächen der gängigen Selbstpräsentation von Wissenschaft; Bilder und Graphiken dienen – sofern sie nicht Gegenstand der Untersuchung sind – der

---

52 Dagegen findet sich noch in einer Einführung in das wissenschaftliche Arbeiten aus dem Jahr 2000 (Sesink 2000, S. 14) die Anmerkung: „Ein Computer ist ein nützliches Hilfsmittel – aber Sie kommen auch ohne ihn aus." Inzwischen werden handschriftlich – und auf liniertem Papier – meist nur noch Klausuren bzw. Texte zum privaten Gebrauch abgefasst, z.B. Veranstaltungsmitschriften oder Exzerpte; diese stellen allerdings bereits wieder eine Grenzregion im „fließenden Übergang" zum öffentlichem Gebrauch dar.

Illustration.[53] Viele Handbücher gehen auch ausführlich auf stilistische Merkmale ein, z.B. die Verwendung von Fachvokabular, Faktoren wie komplexen Satzbau, die Verwendung des Passiv usw. Die häufig thematisierte, kontrovers diskutierte Verwendung der Ich-Form in wissenschaftlichen Texten ist ein Beispiel dafür, dass anhand solcher stilistischer Merkmale auch unterschiedliche Auffassungen zum Wissenschaftsverständnis zum Ausdruck gebracht werden.

Zentrales Kriterium zur Beurteilung wissenschaftlicher Textsorten ist, wie auch bei Kruse (2003, s.o.) an erster Stelle genannt, deren inhaltliche Qualität. Diese hängt jedoch auch davon ab, ob die – je nach Disziplin unterschiedlichen – „adäquaten" Methoden zur Untersuchung und Darstellung berücksichtigt wurden, z.B. bezüglich der Qualität und Quantität der berücksichtigten Fachliteratur.[54] Thematische Kohärenz, inhaltlich-logische Kohärenz (auf der strukturellen Ebene) und Kohäsion (auf der grammatischen Ebene) werden als grundsätzliche Merkmale von Textualität betrachtet (vgl. de Beaugrande/Dressler 1981), haben jedoch für die stringente Darstellung wissenschaftlicher Texte eine besondere Bedeutung.[55] So sind die Gliederung, aber auch Faktoren wie Literatur- und Abbildungsverzeichnisse, nicht nur formale Elemente, vielmehr verbinden sich in diesen, an die Tiefenstruktur eines Textes gebundenen, textinternen Kriterien strukturelle und inhaltliche Aspekte. Der Aufbau wissenschaftlicher Arbeiten umfasst in der Regel drei zentrale Teile: die Einleitung zur Klärung der Fragestellung und des Untersuchungsziels, den Hauptabschnitt, in dem das Thema vollständig und in lückenloser Argumentationskette dargestellt wird und einen Schlussteil, in dem die Ergebnisse formuliert werden (vgl. Bänsch 1999, S. 3).

Abschließend soll noch darauf hingewiesen werden, dass die Behandlung desselben Themas in verschiedenen wissenschaftlichen Textsorten – etwa Lexikonartikel, Seminararbeit oder Zeitschriftenaufsatz – sich möglicherweise inhaltlich kaum unterscheidet, die formalen Eigenschaften können jedoch Unterschiede aufweisen (z.B. eine geringere Zahl von Zitationen in einem Lexikonartikel), und ihre jeweilige kommunikative Funktion ist sehr unterschiedlich. Dieses Beispiel verdeutlicht noch einmal, dass bei der Einordnung wissenschaftlicher Textsorten ein „Bündel von Merkmalen" (vgl. oben Kap. 3.1.1) zu berücksichtigen ist, und dass die Kenntnis dieser Merkmale, die Beurteilung ihrer Adäquatheit und die Kompetenzen zur aktiven Nutzung von den Teilnehmern am akademischen Diskurs erst erworben werden müssen.

---

53 Dagegen haben Bilder in Lehrwerken instruktionale Funktionen, d.h. Zeige-, aber auch Situierungs- und Konstruktionsfunktion (vgl. Kap. 2.1.2).
54 Nach Bänsch (1999, S. 5) sollten z.B. in Proseminararbeiten ca. 5–10 Titel, in Hauptseminararbeiten ca. 15–20 Titel und in Diplomarbeiten mindestens 25–30 Titel zitiert werden.
55 Die kohärente Darstellung wird durch die lineare Struktur traditioneller, wissenschaftlicher Textsorten unterstützt, und stellt für den Einsatz von Hypertexten in wissenschaftlichen Zusammenhängen ein Problem dar (vgl. ausführlich Kap. 5).

3.2 Kompetenzen zum Umgang mit Hochschulliteralitäten

Bisher ging es in diesem Kapitel darum, Merkmale wissenschaftlicher Textsorten zu beschreiben, da deren Kenntnis eine wesentliche Voraussetzung für das wissenschaftliche Arbeiten darstellt. Im Folgenden geht es darum, wie solches Textsortenwissen erworben wird, welche weiteren literalen Kompetenzen für wissenschaftliches Arbeiten notwendig sind, und wie diese ausgebildet werden. Dies umfasst ein weiteres Spektrum als Schreiben und Schreibprozesse, da die meisten wissenschaftlichen Tätigkeiten „literal" sind, z.b. die Literaturrecherche und deren Auswertung, aber auch die Vorbereitung mündlicher Vorträge usw.

Obwohl jedoch der Terminus „wissenschaftliches Arbeiten" teilweise als Synonym für das Verfassen wissenschaftlicher Texte gebraucht wird (vgl. z.b. Bänsch 1999; Lück 2002 u.a), wird in Einführungen in wissenschaftliche Fachgebiete der *Umgang mit Texten* selten explizit thematisiert; im Zentrum stehen die *Inhalte und Methoden*, nicht jedoch der Lese- und Schreibprozess, der als „Mittel zum Zweck" bzw. als Arbeitsinstrument betrachtet wird. Bewertet werden die *Ergebnisse* studentischer Arbeiten (z.B. Haus- oder Seminararbeiten) oder die Lernleistung (z.B. eine mündliche Prüfung oder eine Klausur) bzw. wissenschaftliche Publikationen (Aufsätze, Monographien etc.). Dies entspricht einer „vorwiegend *expositorischen* Lehre" (Peters 1997, S. 62; Hervorhebung im Original): Auch in Präsenzveranstaltungen werden zumeist die Ergebnisse wissenschaftlicher Arbeit präsentiert:

> „In den Lehrveranstaltungen wird – in aller Regel (die durch rühmliche Ausnahmen bestätigt wird) – der Prozeß des wissenschaftlichen Arbeitens selbst nicht mehr sichtbar. [...] die Studierenden [...] bekommen von den ‚wissenschaftlichen Arbeitern' (den Lehrenden) lediglich Ergebnisse wissenschaftlicher Arbeit vorgesetzt. Das ist, wie wenn ein Schreiner seinen Lehrlingen das Handwerk beibringen wollte, indem er ihnen die fertigen Möbel demonstriert, sie beschreibt, vielleicht noch ihre besonderen Stilmerkmale, herausragenden Qualitäten hervorhebt und dann sagt: Und nun macht ihr mal!" (Sesink 2000, S. 9).

Eine Ursache für diese Praxis ist, dass die für wissenschaftliche Arbeit benötigten (literalen) Strategien und Kompetenzen für Wissenschaftler während ihrer akademischen Laufbahn zur „zweiten Natur" geworden sind und insofern einfach „erwartet" werden (vgl. Russell, 2003, S. VI). Im Folgenden werden deshalb drei zentrale Bereiche wissenschaftlicher literaler Kompetenzen explizit thematisiert: wissenschaftliche Lesekompetenzen (Kap. 3.2.1) und wissenschaftliche Schreibkompetenzen (Kap. 3.2.2); darüber hinaus geht es um Potenzial des „schreibenden Denkens" (Kap. 3.2.3).

Die explizite Auseinandersetzung mit diesen – sonst eher unreflektiert und un-hinterfragt verwendeten – Kompetenzen erfolgt im Zusammenhang dieser Arbeit auch, um sie (in Kap. 5 und 6) in Beziehung zu den Kompetenzen setzen zu kön-nen, die erforderlich sind, um die mit den neuen Medien sich entwickelnden litera-len Formen wissenschaftlich zu nutzen.

3.2.1 Wissenschaftliche Lesekompetenzen

Untersuchungen haben gezeigt, dass das Potential wissenschaftlichen Lesens und Schreibens noch keineswegs ausgenutzt wird: Die von den meisten Studierenden bevorzugten Lernstrategien mit Texten – „read – reread – take notes – underline" – sind defizitär und unterstützen den Lernprozess keineswegs optimal (vgl. Ballstaedt u.a. 1981, S. 250). Der folgende Abschnitt geht in diesem Zusammenhang auf zwei Aspekte ein: zu erwerbende wissenschaftliche Lesekompetenz und die Gestaltung von Lehr-/Lerntexten.

Die ersten Untersuchungen zur Textverständlichkeit in den 1930er Jahren kon-zentrierten sich auf Fragen wie Wort- und Satzlänge. Inzwischen existieren eine Fülle von aus solchen Untersuchungen abgeleiteten „Lesbarkeitsformeln", die die Oberflächenstruktur eines Textes durch „den Ausprägungsgrad formaler, lexikali-scher und syntaktischer Textmerkmale wie z.b. Wortlänge und Worthäufigkeit" bestimmen und daraus seinen Schwierigkeitsgrad („Reading Ease", RE) ableiten (vgl. Mandl/Tergan/Ballstaedt 1982, S. 67). Neuere Konzepte der Leseverständ-lichkeit, z.b. das Verständlichkeitskonzept von Norbert Groeben (1972), wurden unter Zugrundelegung eines Ratingkonzepts mehrerer Merkmale entwickelt. Als das derzeit „empirisch gesichertste Verständlichkeitskonzept im deutschsprachigen Raum" (ebd., S. 68) gilt das von Inghard Langer u.a. 1974 entwickelte „Hamburger Verständlichkeitskonzept", auf das auch häufig bei Empfehlungen zur Gestaltung von Lehr-/Lerntexten hingewiesen wird (vgl. Müller 1979, S. 217f.) Es enthält vier Verständlichkeitsdimensionen, und es wurde nachgewiesen, dass Behaltensleistun-gen von Texten am größten waren, wenn sie optimale Ausprägungsgrade dieser Faktoren aufwiesen:

- hohes Maß an Einfachheit (Gegenpol: Kompliziertheit),
- hohes Maß an Gliederung/Ordnung (Gegenpol: Unordnung, Zusammenhang-losigkeit),
- mittleres bis mäßig hohes Maß an Kürze/Prägnanz (Gegenpol: Weitschweifig-keit),
- Zusätzliche Stimulanz (Gegenpol: keine zusätzliche Stimulanz).

Neuere Konzepte jedoch kritisieren an diesem Ansatz, dass sie – häufig unter Laborbedingungen – vor allem das Behalten von Faktenwissen und die dazu be-sonders geeigneten Textmerkmale untersuchen, Verstehensprozesse auf Seiten der

Lesenden jedoch nur mangelhaft berücksichtigen. Danach „resultiert Textverstehen aus der aktiven Konstruktion einer kohärenten Wissensstruktur, in der Informationen aus dem Text und dem Vorwissen unter der Kontrolle von Zielsetzungen des Lesers integriert werden" (Mandl/Tergan/Ballstaedt 1982, S. 72). Textverstehen wird in der Folge als aktiver Konstruktionsprozess des Lesers in einem zyklischen zeitlichen Verarbeitungsmodell verstanden. Die „Schema-Theorie" besagt, dass auf allen Verarbeitungsebenen von Texten „Schemata" aktiviert werden können müssen, ohne die ein Text nicht verstanden werden kann, z.b. Buchstabenschema, syntaktische Schemata, Zielschemata etc. (vgl. ebd., S. 75f.). Aus den hier angerissen Ansätzen der Grundlagenforschung zum Textverstehen lassen sich für die praktische Gestaltung von Lehr-/Lerntexten Rückschlüsse auf unterschiedlichen Ebenen ableiten. Steffen Ballstaedt u.a. (1981, S. 107–238) gehen ausführlich auf verschiedene Faktoren ein, die Inhalte, Organisation, Layout und die Einbindung anderer Symbolsysteme betreffen, z.b. Lernziele, Zusammenfassungen, Advance Organizers, Sequenzierung, Überschriften, Marginalien, Textfragen, sprachlich-stilistische Gestaltung, drucktechnische Gestaltung und die Einbindung von Abbildungen und Graphiken. Dass solche Gestaltungselemente in wissenschaftlichen Lehr-/Lerntexten bisher nur wenig berücksichtigt wurden, liegt nicht nur an der mangelnden Kenntnis von Autoren über lernerfreundliche Textgestaltung (Mandl/Tergan/Ballstaedt 1982, S. 75f.) , sondern auch daran, dass dies dem Textmusterwissen bezüglich wissenschaftlicher Textsorten widerspricht, woraus sich für Autoren ein Konflikt ergibt. (So wird die lernfreundlichere Gestaltung von Lehrwerken teilweise sogar von den Verlagen als ein „Zurücktreten der Inhalte" betrachtet, vgl. Kap. 3.3.1).

Es ist also davon auszugehen, dass der Großteil der Lehrwerke für Studierende nicht optimal aufbereitet ist. Aber nicht nur deshalb – und weil auch der Umgang mit anderen wissenschaftlichen Textsorten eingeübt werden muss – ist für das Studium die Ausbildung neuer Lernstrategien im Umgang mit Texten notwendig. Dass dies noch weniger als das wissenschaftliche Schreiben im Fokus der Lernprozesse steht, hat u.a. damit zu tun, dass die individuelle Tätigkeit des Lesens noch weniger manifest ist als die Ergebnisse wissenschaftlichen Schreibens und nur mittelbar über die Ergebnisse z.B. von mündlichen Prüfungen oder Klausuren ersichtlich wird.

Der Umgang mit wissenschaftlicher Literatur umfasst Kompetenzen, die über das Lesen, Verstehen und Behalten von Texten hinausgehen, und ebenfalls erworben werden müssen. Dazu gehören vor allem die Literaturrecherche und die Bewertung der Rechercheergebnisse (u.a. vor dem Hintergrund von Textmusterwissen). Bezüglich der Lektürestrategien ist sowohl die Kompetenz zur schnellen, kursorischen Lektüre wichtig als auch die Ausbildung gründlicher, aktiver und zielgerichteter Lesemethoden. Für letztere wird immer noch häufig auf die von Francis Robinson (1961) entwickelte SQ3R-Methode zur Förderung aktiven, zielgerichteten Lesens verwiesen (vgl. z.B. Christmann/Groeben 1999), die als besonders lerneffektiv gilt und hier exemplarisch vorgestellt werden soll. Die Abkürzung SQ3R steht für verschiedene Schritte des Leseprozesses: Survey (Überblick gewinnen), Question ([Forschungs-]Fragen an den Text stellen und diese schriftlich festhalten) und die „3R", Read (abschnittsweises, gründliches Lesen), Recite (Rekapitulieren wichtiger Inhalte in eigenen Worten, Zitate usw.) und Review (abschließende Wiederholung). Es fällt auf, dass empfohlen wird, Teilprozesse der wissenschaftlichen Lektüre *schriftlich* zu vollziehen und die Ergebnisse *schriftlich* festzuhalten. Darüber hinaus wird angeregt, eigene Wissensspeicher bzw. Dokumentations- und Ordnungssysteme aufzubauen (vgl. dazu umfangreich Eco 1990; solche Arbeiten können inzwischen durch elektronische Literaturverwaltungsprogramme[56] erheblich vereinfacht werden; dazu ist es hilfreich, an die Nutzung entsprechender Systeme bereits frühzeitig im Studium herangeführt zu werden). Es bestätigt sich also, dass Lese- und Schreibkompetenzen im akademischen Bereich – anders als in vielen anderen Zusammenhängen – eng aufeinander bezogen sind: Texte werden gelesen, damit auf dieser Grundlage oder vor diesem Hintergrund geschrieben werden kann, Texte werden kaum ohne Verweise auf andere Texte geschrieben (vgl. Groeben 2002b; Eco 1990 u.a.).

3.2.2 Wissenschaftliche Schreibkompetenzen

Während sich in den USA und Großbritannien bereits seit dem späten 19. Jahrhundert Einführungen in das akademische Schreiben für Studierende etablierten und seit den 1970er Jahren Hunderte von Schreibcentern (writing centres) an colleges in den USA fest installiert sind[57], wird an europäischen Universitäten immer noch häufig die Auffassung vertreten, akademisches Schreiben sei ein angeborenes, intellektuelles Talent und gutes Schreiben gehe mit guter Forschungstätigkeit einher (vgl. Björk u.a. 2003; der Interpretation von Gerd Bräuer 1998, S. 11 zufolge ist seit dem 18. Jahrhundert das deutsche Bildungssystem von der Vorstellung nicht nur des Künstlers, sondern auch des wissenschaftlich Schreibenden als Genie befangen, derzufolge die wissenschaftliche Durchdringung eines Gegenstandes quasi „von selbst" zu guten wissenschaftlichen Texten führe). Immer noch erwarten die meisten Lehrenden an europäischen Hochschulen, dass die Studieren-

---

56 Ein Vergleich der Leistungsfähigkeit von Literaturverwaltungsprogrammen (Literat, Citavi, Bibliographix u.a.m.) findet sich in der von der Ludwig-Maximilians-Universität München herausgegebenen Online-Zeitschrift IASLOnline (vgl. Eberhard 2006 // 10.07.2007).

57 In den USA entwickelten sich seit den 1970er Jahren die beiden Bewegungen „writing across the curriculum" (wac) und „National Writing Project" (NWP), die sich danach auch in Kanada und inzwischen langsam auch in Europa ausbreiten. Durch die speziell auf Hochschulen ausgerichtete wac-Bewegung etablierten sich an den Universitäten in den USA spezifische Strukturen mit wac-Stützpunkten, einem Netzwerk von Beratungspersonal, Schreibzentren und tutorieller Betreuung (vgl. Bräuer 1998, S. 115ff.).

den im Laufe des Studiums in die Anforderungen des Schreibens „hineinwachsen".
Trotz oft geäußerter Klagen gebe es unter Hochschullehrenden kein gemeinsames
Verständnis oder Vokabular dazu, was konkret gemeint sei, wenn studentische
literale Kompetenzen als „schlecht" bezeichnet würden (Russell 2003, S. VI).
Andererseits seien „Schreibprobleme als Massenphänomen an der Massen-
universität [...] inzwischen ein offenes Geheimnis" (Ruhmann 1995, S. 93). Entsprechend identifiziert Gabriela Ruhmann (ebd., S. 86ff.) Schreibprobleme als
Kulminationspunkt von allgemeinen Ausbildungs- und Lernproblemen an Universitäten, die teilweise auch eng mit psychischen und lebenspraktischen Problemen
verbunden seien, von denen sie sich schwer trennen lassen und auch kognitive und
emotionale Faktoren beinhalten. Wenngleich studentische Schreibprobleme unterschiedliche Ursachen haben und Schreib- und Leseprozesse individuell unterschiedlich sind und bleiben (und es hilfreich ist, mit der Zeit eigene Arbeitsstrategien zu finden und entsprechend anzuwenden, vgl. z.B. Esselborn-Krumbiegel 2002 u.a.), gibt es bestimmte Tätigkeiten, die für wissenschaftliches
Arbeiten unabdingbar sind, z.b. die Recherche, Dokumentation und Bewertung von
Materialien, das Beherrschen von formalen Gestaltungsregeln, Zitationsregeln usw.
Im Folgenden soll nicht auf persönliche oder psychologische Probleme eingegangen werden (obwohl auch die Organisation eines längeren wissenschaftlichen
Arbeitsprozesses eingeübt werden muss; charakteristische Schwierigkeiten sind
hier z.B. das Nicht-Anfangen- und Nicht-Aufhören-Können, vgl. Ruhmann 1995,
S. 87ff.). Bei der Analyse von Schreibprozessen und in Schreibratgebern scheint
der *Gegenstand* des Schreibens häufig im Hintergrund zu stehen. Dies liegt nicht
nur daran, dass sie oft eine interdisziplinäre Zielgruppe adressieren; vor allem
wenden sie sich gegen die (wie oben beschrieben, gerade an deutschen Hochschulen verbreitete) Auffassung, die inhaltliche Erfassung eines Themas allein
führe bereits zu der Kompetenz, darüber adäquat wissenschaftlich zu schreiben.
Auch sie gehen davon aus, dass ein formal richtig gestalteter Text „nichts [ist] ohne
den Inhalt der Botschaft, wie umgekehrt" (Zimmer 2006, S. 208) – was impliziert,
dass unterschiedliche Inhalte und Kommunikationssituationen jeweils auch unterschiedliche formale Ausprägungen erfordern. Der Fokus der Schreibdidaktik liegt
dann jedoch nicht auf den Inhalten, sondern darauf, den Erwerb dieser (kommunikativen) Kompetenzen zu unterstützen, damit der Schreibende „die beabsichtigte
mediale Wirkung erzielen kann [...] Bekanntlich befähigt die Rezeption medialer
Botschaften noch nicht zur gleichwertigen Präsentation medialer Botschaften"
(ebd., S. 209). Ausgangspunkt dabei ist die Beobachtung, dass offensichtlich
unabhängig vom jeweiligen Gegenstand in vielen akademischen Fachbereichen
ähnliche Schreibprobleme auftreten. Als typische Anfängerschwierigkeiten sehr
vieler Studierender nennt Otto Kruse (2003, S. 21f.) u.a.:

- die Unkenntnis der unterschiedlichen Genres und Texttypen,
- die fehlende Vorbereitung auf mögliche Schreibprobleme und das Problem,
  dass es dafür kein Ansprechpartner gibt,

- die Unkenntnis, dass das zu bearbeitende Problem selbst formuliert werden muss („knowledge-telling", aber nicht „knowledge-transforming"),
- fehlende Kenntnisse über Verbindung von Schreiben und Forschen, die mit einem Verständnis von „Schreiben" als Formulieren von Ergebnissen einhergeht,
- trotz des Bewusstseins einer speziellen Sprache Unkenntnis in Bezug auf deren Stil und Rhetorik; die Praxis ist dementsprechend Imitation,
- das Verständnis von Texten als „containern" für Inhalte, nicht aber als zweckgerichtete Kommunikation über diese Inhalte innerhalb der „scientific community".

Entsprechend greifen viele Studierende zu einer Strategie, die Kruse (ebd., S. 23) als „Wiedererfinden" akademischen Schreibens („reinvent academic writing") bezeichnet, das teilweise intuitiv, teilweise als logische Rekonstruktion und teilweise als Versuch und Irrtum vor sich gehe. Welche Möglichkeiten gibt es, diesen Prozess gezielt zu unterstützen? Trotz der Einigkeit der Schreibdidaktiker darüber, dass „schlechtes" Schreiben kein Defizit, sondern ein Durchgangsstadium sei (vgl. Russell 2003, S VIf.), sind die vorgeschlagenen Strategien zur Unterstützung des Prozesses heterogen. So unterscheidet beispielsweise Gabriela Ruhmann (1995) in Bezug auf die Ratgeberliteratur vier unterschiedliche Typen: Ratgeber zur Form (Gliederung, Stil, Textsorten usw.), Ratgeber zur Arbeitstechnik (Recherche, Dokumentation, Organisation von Arbeitsprozessen usw.), Ratgeber zum Thema „Was ist ‚Wissenschaftlichkeit'?" sowie Anleitungen zum „kreativen Schreiben" (Hinweise zum Umgang mit Problemen, Schreibblockaden, zur Ideensammlung usw.). Diese vier Typen können im Großen und Ganzen zwei der drei Dimensionen des in Kap. 1.2 vorgestellten Modells akademischer Literalität von Brian Street und Mary Lea (1998) zugeordnet werden: Ratgeber zur Form können als „Grundkenntnisse" („Study Skills") verstanden werden (dort wird dieser Ansatz als auf Konzepten des Behaviorismus und der Programmierten Unterweisung beruhend charakterisiert). Die anderen drei Ratgeber-Typen könnten der Dimension der Akkulturation in die akademische Kultur zugeordnet werden, d.h. als (in sozialpsychologischen, anthropologischen und konstruktivistischen Annahmen verankerte) Offenlegung der gängigen Normen und Praktiken. Nur in Ansätzen thematisiert wird akademische Literalität als soziale Praxis innerhalb einer hierarchisch strukturierten Organisation, die dritte Ebene des Modells von Street und Lea.

Auch der Tagungsband (vgl. Björk u.a. 2003) des ersten Kongresses der "European Association for the Teaching of Academic Writing (EATAW)" – der erst 2001 in Groningen stattfand – enthält sehr unterschiedliche Modelle zur Lehre akademischen Schreibens, die an unterschiedlichen Punkten ansetzen: entweder beim „Text" („academic discourse"), bei den Schreibenden („individual discourse") oder bei der „discourse community" („discipline specific discourse"). Die daraus resultierenden unterschiedlichen pädagogischen Strategien setzen entsprechend verschiedene Schwerpunkte: (1) Konzepte, die bei Inhalt, Genre, Stil etc. ansetzen, entwickeln Richtlinien, Modelle oder Software[58] für die Einführung in Textsorten; der Unterricht findet in großen Gruppen statt. (2) Konzepte, die den Prozess und die Identität des Schreibenden in den Mittelpunkt setzen, fokussieren prozessorientiertes Schreiben (z.b. brainstorming, clustering), das in individuellen Gruppen vermittelt wird. (3) Konzepte, die soziale Konstruktionen betonen, setzen disziplinenspezifisch an und gestalten die Anleitung zu Schreibprozessen im Dialog, durch peer review und kleine Gruppen.

Trotz dieser starken Differenzen ist allen Positionen im Buch gemeinsam, dass sie vom *Schreibprozess* ausgehen und dabei im Anschluss an John Hayes und Linda Flower (1980) Schreiben als Problemlöseprozess definieren, innerhalb dessen verschiedene Subprozesse ablaufen. Ein weiterer Anschlusspunkt ist das Modell von Marlene Scardamalia und Carl Bereiter (1987), dessen zentrale Erkenntnis darin liegt, dass im Schreibprozess nicht nur Wissen über einen Gegenstand reproduziert wird – ein solches Modell des „knowledge telling" ist charakteristisch für Schreibanfänger –, sondern sich im Verlauf der Arbeit über eine Reflexion über die Zielstrategien verändert: Charakteristisch für erfahrene Schreibende ist deshalb das „knowledge transforming".

Wichtig ist außerdem, dass die Prozesse des Erwerbs wissenschaftlicher Schreibkompetenzen – unabhängig davon, welches Modell zugrunde liegt –, institutionell begleitet werden müssen: Schreiben lerne man nicht durch Lesen der Ratgeberliteratur, vielmehr brauche es viel Geschick, das eigene Problem zu identifizieren. Hinzu kommt, dass die Anforderungen im Rahmen einer wissenschaftlichen Studienarbeit – im Sinne des Modells der Local Literacies – „in den verschiedenen Universitäten, an verschiedenen Fakultäten unterschiedlich fest[liegen ... und] von verschiedenen Lehrenden unterschiedlich ausgelegt" werden (Ruhmann 1995, S. 96).

3.2.3 Ein vernachlässigtes Forschungsfeld: Schreibend denken

Ausgangspunkt der folgenden Überlegungen ist die Kritik einiger Schreibdidaktiker daran, dass studentisches Schreiben aus „traditioneller Perspektive" vorrangig als Werkzeug zur Beurteilung („Testing Tool") diene, sowohl bezüglich deren Kenntnis der Fachinhalte („Subject Knowledge") als auch bezüglich der formalen Gestaltung („Code", vgl. Björk/Räisänen 1997, S. 14ff.)

Danach dominieren an Hochschulen (wie bereits an Schulen, vgl. auch Kap. 2.1.3) durch „Autoritäten" vorgegebene, „fremdbestimmte" Schreibanlässe, die Arbeits-

---

58 Bisher sind Software-Lösungen zur Einführung in wissenschaftliche Schreibpraktiken (z.B. von Werder 2000b; Proske u.a. 2004) die Ausnahme und haben sich noch nicht als effektiv erwiesen.

ergebnisse bereits antizipieren und „die Auffassung vom Schreiben als produktgesteuerte[r] Handlung" konservieren (Bräuer 1998, S. 19). Solches leserorientierte Schreiben („Reader-Oriented Writing") richte sich an den Genre-Erwartung des Lesers[59] aus (Björk/Räisänen 1997, S. 18ff.) – wobei die Lesenden bzw. Lehrenden, die die studentischen Arbeiten beurteilen, als Adressaten in Schreibratgebern nur selten thematisiert werden, d.h. die Hierarchieverhältnisse unausgesprochen bleiben. Dennoch ist die ausschließliche Akzeptanz akademischer Textsorten im Hochschulkontext danach „direktes Ergebnis einer herausgestellten (Autoritäts-) Position der Lehrenden, die auf zwei Hauptkomponenten beruht: Anforderung und Kontrolle. Beides orientiert sich inhaltlich und organisatorisch weniger an den Bedürfnissen der Lernenden, dafür aber um so mehr an Kriterien, denen selbst das Hierarchie-System von Lehrenden und Lernenden immanent ist" (Bräuer 1998, S. 105). Entsprechend gehe die fortschreitende Etablierung kreativer Lernfelder an Schulen und Hochschulen einher „mit der Formierung/Ausprägung pädagogischer Ansichten, die vor allem das traditionelle Verhältnis von LehrerIn und SchülerIn/ StudentIn neu definieren" (ebd.).

Unter Rückgriff auf die Debatte zwischen den amerikanischen Schreibforschern David Bartholomea und Peter Elbow reflektiert Gerd Bräuer (1998), ob fremde, akademisch anerkannte oder eigene Texte das Studieren stärker beeinflussen: Nach Bartholomea ist Unterrichten und Schreiben ohne fremde Texte eine Illusion. Lehrer müssten anerkennen, dass „demokratisches" Schreiben den Erfahrungen der „wirklichen Welt" widerspreche, in der Machtstrukturen erlebt werden: „Als Konsequenz ergibt sich für Bartholomea ein Schreibunterricht – Schreiben als Lernen – der sich an dominanten Mustern orientiert: einmal, um diese Dominanz zu kritisieren, aber auch um selbst zu dominieren" (ebd., S. 118). Dagegen setzt Elbow den Akzent nicht auf Dominanz fremder bzw. eigener Texte, sondern auf „die Definition jener Texte für persönlich bedeutsames Lernen"; sein Fokus ist die Frage der Identifikation der Studierenden mit den (eigenen) Texten bzw. auch mit ihren Bedürfnissen und Interessen (ebd.).

Auf eine Beurteilung von Texten kann in akademischen Zusammenhängen kaum verzichtet werden. Wichtig erscheint es jedoch, die Hierarchieverhältnisse innerhalb der Institution zu thematisieren; insofern ist dieser Ansatz eine explizite Illustration des hochschulliteralen Modells von Brian Street und Mary Lea (1998, vgl. Kap. 1.2).

---

59 Obwohl gerade im Wissenschaftsbereich persönliche Aufzeichnungen eine wichtige Rolle spielen – z.B. als Veranstaltungsmitschriften, Zettelkästen u.v.m. (vgl. Björk/Räisänen 1997) – richtet sich Schreiben in der Regel meist an einen Leser; die hier geäußerte Kritik an der Leserorientierung betrifft vor allem die Begrenzung der Genre-Erwartungen an Hochschulen und ist verbunden mit der Frage, ob nicht andere Textsorten, z.B. persönliche Berichte, Kritiken, Kurzgeschichten usw., die möglicherweise eher an den Interessen der Studierenden ansetzen („Writer-Oriented Writing"), ebenfalls zur inhaltlichen Erfassung eines Sachverhalts oder Untersuchungsgegenstands bzw. zur Erweiterung der Erkenntnisse darüber beitragen würden.

Aus schreibdidaktischer Perspektive ist in diesem Zusammenhang ein weiterer Aspekt von Bedeutung: Solange wissenschaftliches Schreiben vorrangig aus produkt- bzw. textsortenspezifischer Perspektive betrachtet wird, kann das Potenzial des Schreibprozesses zur Unterstützung des Denkprozesses, also der inhaltlichen Auseinandersetzung mit einem (wissenschaftlichen) Gegenstand, nicht ausgeschöpft werden. Wie oben ausgeführt, geht auch das Modell der Textproduktion von Carl Bereiter und Marlene Scardamalia (1987) davon aus, dass Schreiben nicht nur der *Darstellung* von Inhalten, sondern der *Entwicklung von Gedanken*, d.h. der Durchdringung und Weiterentwicklung von Erkenntnissen über die jeweiligen Sachverhalte, dient. Dabei gibt es unterschiedlichste Formen von Schreibprozessen mit jeweils speziellen Verläufen, die keineswegs linear sind, sondern verschiedene Phasen durchlaufen, z.B. Inspiration, Überdenken, Verwerfen, Planen, Zweifeln (vgl. Bräuer 1998, S. 20) und beispielsweise durch Verbalisierung, Visualisierung und Kommunikation unterstützt werden können (vgl. Björk/Räisänen 1999, S. 16). Solange solche Phasen und Formen des Schreibens nicht auch (grundsätzlich) pädagogisch und (methodisch und inhaltlich) unterrichtspezifisch angeregt werden, können sie ihr Potenzial für individuelles, kollaboratives und gesellschaftliches Lernen nicht entfalten: „Schreiben als Medium und Mittel kreativen Lehrens und Lernens braucht soziale Anerkennung in Form von institutioneller Anbindung und Förderung" (Bräuer 1998, S. 12).

3.3 Veränderungen traditioneller hochschulliteraler Praktiken durch die neuen Medien

In den beiden vorangegangenen Abschnitten wurden Merkmale traditioneller Hochschulliteralität(en) und zu deren Nutzung notwendige Kompetenzen beschrieben. Die Veränderungen, die der Einsatz digitaler und vernetzter Medien in diesen Bereichen auslöst, stehen nicht im Fokus der vorliegenden Arbeit; jedoch soll im Folgenden zumindest exemplarisch gezeigt werden, dass die Veränderung von Erstellungsprozessen und Darstellungsformen (Kap. 3.3.1) sowie Digitalisierung und Veröffentlichungsmöglichkeiten im Internet (Kap. 3.3.2) erhebliche Auswirkungen auf traditionelle wissenschaftliche Arbeitsweisen haben.

3.3.1 Erstellungsprozess und Darstellungsformen

Unter dem Titel „Das Neue Schreiben" beschreibt Beat Suter (2006, S. 235) Veränderungen von Schreibprozessen durch die genutzten Schreibmaterialien und Schreibinstrumente. Dabei unterscheidet er vom Anfang der 1980er Jahre bis heute vier Phasen der Entwicklung des elektronischen Schreibens. Nur in der ersten

Phase geht es dabei noch um lineare Texte.[60] Insofern scheint diese Phase, „beweglicher Text", im Zusammenhang dieses 3. Kapitels von besonderer Bedeutung zu sein; allerdings spielen auch in die Erstellung linearer Texte inzwischen Entwicklungen hinein, die Suter den weiteren Phasen elektronischen Schreibens zuordnet. Als „beweglich" wird (linearer oder hypertextueller) digitaler Text im Gegensatz zu analogen bzw. statischen Texten charakterisiert, die nach Abschluss des Produktionsprozesses nicht mehr verändert werden können. Die folgende Tabelle gibt einen Überblick darüber, welchen Einfluss die technische Entwicklung auf die sukzessiv sich erweiternden Möglichkeiten der Manipulation linearer Texte hatte und welcher Gewinn nach Suter daraus resultiert:

Technische Entwicklung	Manipulation des Textes	„Gewinn" nach Suter
1. Textverarbeitung am Computer	Kleine Veränderungen an Worten und Sätzen	Kein Abtippen mehr nötig
2. Cut & Paste	Veränderungen ganzer Sätze	Nicht mehr neu beginnen müssen
3. Cut & Paste (wachsende Zwischenablage)	Veränderungen/Verschiebungen größerer Textteile innerhalb eines Dokuments	Flexiblere Produktions- und Denkprozesse
4. Montage	Verschiebungen von Textteilen zwischen Dokumenten und Programmen	Interoperabilität
5. Integration textfremder Objekte	Einfügen andere Symbolsysteme und medialer Formate in einen Text (Bild, Tabelle, Ton, Film)	Konkrete Intermedialität

Tab. 1:   Entwicklungsschritte des elektronischen Schreibprozesses in der Phase „Beweglicher Text" in Anlehnung an Beat Suter (2006, S. 249)

Inwiefern wirken sich diese Möglichkeiten auf die tatsächliche hochschulliterale Praxis aus? Sicher wäre es auch heute noch möglich, lineare wissenschaftliche Texte mit einer Schreibmaschine oder sogar mit der Hand zu schreiben und auf die Einbindung von Bildern oder anderen Layout-Elementen zu verzichten. Studentische Arbeiten werden in der Regel weiterhin als Papierausdrucke eingereicht. Während jedoch in den 1990er Jahren Ratgeber zum wissenschaftlichen Schreiben noch von der „gerade beim Einsatz eines Computers" naheliegenden „Versuchung"

---

60 Alle weiteren Phasen gehen von einem erweiterten Textbegriff bzw. von literalen Formen und Praktiken aus, die in dieser Arbeit erst im 5. Kapitel behandelt werden: Hypertext (Phase II), vernetztes Schreiben (Phase III) und sog. „Schwebendes Schreiben" (Phase IV); unter „Schwebendem Schreiben" versteht Suter (2006, S. 252) ein „,fluktuierendes Konkreatisieren', wobei Autor, Herausgeber und Leser in ihren Rollen ebenso fluktuieren wie die einzelnen Text- und Medienelemente." Realisiert wird dies z.B. durch Schreiben in Wikis.

abrieten, ein „allzu ‚aufgemotztes' Schriftbild und Layout" zu verwenden, da dies den Eindruck der Unbescheidenheit erwecke (Sesink 1990, S. 113), steigen inzwischen auch in diesem Bereich die Ansprüche. Für die Publikation wissenschaftlicher Fachaufsätze oder Monographien fordern die Verlage inzwischen in der Regel digitale Dokumente, deren Formate oft bereits vorgegeben werden. Werden die Möglichkeiten der veränderten formalen (und inhaltlichen) Gestaltung dieser „beweglichen Texte" genutzt?

Einer Studie des UTB-Verlags zufolge ist der Großteil der Studierenden „nicht mehr bereit, ein Standardwerk mit 400 Seiten Fließtext zu lesen". In einem SPIEGEL-Interview (Spiegel 40/2002) kündigte der Geschäftsführer des Verlags, Volker Hühn, die inzwischen in den Neuveröffentlichungen umgesetzten Konsequenzen an: „Wir werden auf unsere Studie reagieren und die Studenten künftig mehr an die Hand nehmen. Mit Merksätzen, Grafiken, Einstiegsfragen und Wiederholungen werden sie durch die Texte geführt. Wie in Schulbüchern. Die Bedeutung vom Layout wird zunehmen, Inhalte müssen zurücktreten." Solche Gestaltungsformen sind nicht nur in Lehrbüchern, sondern teilweise auch in wissenschaftlichen Veröffentlichungen zu beobachten, beispielsweise fasst Dagmar Unz (2000) in ihrer Dissertation die Ergebnisse am Ende jedes Kapitels in grau hinterlegten Kästen mit stichwortartigen Aufzählungen in Spiegelstrichen zusammen. Die Erziehungswissenschaftlerin Sigrid Nolda (2002, S. 17) begründet den Einsatz anderer Darstellungsformen in ihrer Einführung in die Medienpädagogik inhaltlich: Um die Vielfalt der Zugänge, Diskurse und Textsorten „auch visuell abzubilden, wird der Text hin und wieder durch Kästen mit längeren Zitaten und durch diverse Abbildungen in seinem vereinheitlichenden Fluss unterbrochen". Gemeinsam ist den Stellungnahmen von Sigrid Nolda und UTB-Verlag, dass es in beiden Fällen offensichtlich als notwendig erachtet wurde, Abweichungen von einer etablierten Darstellungsform explizit zu machen und zu begründen. Während die Erziehungswissenschaftlerin die Veränderung aus inhaltlichen und didaktischen Gründen auch im Sinne einer „Pädagogisierung" positiv wertet (vgl. auch Kap. 2), klingt in der Stellungnahme des UTB-Verlags eher die Befürchtung eines kognitiven Rückschritts mit. Die Verhältnisse von Ursachen und Wirkungen – gesellschaftliche Entwicklungen, wirtschaftliche Anforderungen, Bildungsauftrag usw. – sind hier keineswegs eindeutig. Es müsste systematisch geprüft werden, ob die hier nur durch punktuelle Beobachtungen gezeigten Tendenzen quantitativ nachweisbar sind. In diesem Zusammenhang wäre auch interessant, wer Veränderungen mit welchen Begründungen initiiert – einzelne Wissenschaftler, Institutionen, Verlage (also die Frage der Definitionsmacht) – und welche Veränderungen sich dauerhaft durchsetzen.[61]

---

61 Möglicherweise findet zurzeit auch eine Erprobung unterschiedlicher Darstellungsformen statt. So ist z.B. die 3. Auflage des medienpädagogischen Grundlagenwerks *Information und Lernen mit Multimedia und Internet* (Issing/Klimsa 2002) nicht nur inhaltlich überarbeitet und aktualisiert; auch der dort gewählte Schrifttyp ist weniger sachlich und die in der 2. Auf-

Auch ob solche den gängigen formalen Merkmalen traditioneller wissenschaftlicher Texte widersprechende Darstellungsformen (durch die unkomplizierte technische Möglichkeit der Integration, durch gesellschaftlich sich durchsetzende Praktiken usw.) in studentischen Arbeiten vermehrt eingesetzt werden, kann hier nicht überprüft werden; dies ist ebenfalls zumindest teilweise eine Frage der Definitionsmacht.

Der Einfluss elektronischer und vernetzter Medien auf die literalen Arbeitspraktiken einzelner Personen, d.h. Studierender und Wissenschaftler betrifft unterschiedliche Ebenen: Zunächst erleichtert die Möglichkeit, Texte inhaltlich und strukturell laufend zu überarbeiten, die mit wissenschaftlichem Schreiben verbundenen Revisionsprozesse erheblich, ebenso wie weitere technische Entwicklungen, z.b. die automatische Generierung von Inhalts- und Abbildungsverzeichnissen oder die Nutzung von Literaturverwaltungsprogrammen. Die Möglichkeit, Elemente aus eigenen Texten (unverändert oder modifiziert) wieder zu verwenden, kann Arbeitsprozesse vereinfachen, aber auch Wiederholungen provozieren (zu Autoplagiaten vgl. auch Fröhlich 2006, S. 82).

Alle bisher betrachteten Veränderungen bezogen sich auf die Produktion und Veröffentlichung von Print- bzw. Papiermedien. Noch erheblich relevanter für wissenschaftliche Arbeitsprozesse erscheint jedoch die Möglichkeit des Zugriffs auf das Internet bzw. der Veröffentlichung im Internet.

3.3.2 Digitale Veröffentlichungen „traditioneller" wissenschaftlicher Textformate

Das Internet bietet eine Fülle von Quellen der unterschiedlichsten Art, von elektronischen Datenbanken und Zeitschriften-Verzeichnissen über Online-Publikation von Qualifizierungsschriften wie Diplomarbeiten und Dissertationen bis zu von Einzelpersonen veröffentlichten (nicht nur linearen) Texten, z.B. auch Seminar- und Hausarbeiten. An dieser Stelle der Arbeit geht es noch nicht um neue Textsorten und Kommunikationsformen (vgl. dazu Kap. 5) oder um Internetpublikationen von Privatpersonen (wie private Homepages usw.), sondern um (linearen) wissenschaftlichen Publikationen vergleichbare, qualitätsgeprüfte digitale Veröffentlichungen in bibliothekarischen oder archivischen, institutionell verankerten Digitalisierungsprojekten. Die Grenzen zwischen traditionellen und „neuen" Formaten in diesem Bereich sind sicher fließend, der Vergleich mit „klassischen" wissenschaftlichen Textsorten" erscheint jedoch insofern gerechtfertigt als nicht nur für „Online-Zeitschriften [zutrifft, dass sie] die Möglichkeiten des Internets

---

lage (1997) jedem Kapitel als Übersicht vorangestellten, komplexen kognitiven Landkarten sind durch einfache Mindmaps ersetzt. Diese enthalten nur noch die zentralen Gliederungspunkte, sind jedoch nicht hierarchisch angeordnet.

kaum nutzen (z.B. die Einbindung von Hyperlinks oder farbigen Bildern)" (Schaffert/Schmidt 2006, S. 58).

Einen umfassenden Überblick über diese Entwicklung zu geben ist aufgrund der vielfältigen nationalen und internationalen Projekte und der Unterschiede zwischen den verschiedenen akademischen Disziplinen völlig unmöglich. In Deutschland haben vor allem die Deutsche Forschungsgesellschaft (DFG) und das Bundesministerium für Bildung und Forschung (BMBF) frühzeitig den Aufbau von Infrastrukturen unterstützt, z.B. durch die Finanzierung von Digitalisierungszentren in Göttingen und München und von Vascoda (www.vascoda.de/ // 01.09.2007), einem interdisziplinären Internetportal für wissenschaftliche Informationen (vgl. Haber 2007, S. 7).[62]

Grundsätzliche Unterscheidungen in Bezug auf digitale, wissenschaftliche Veröffentlichungen betreffen die sog. „Retrodigitalisierung", d.h. die Digitalisierung ursprünglich analoger Dokumente (in der Regel durch Einscannen), die „hybride" Produktion von digitalen und materialen Veröffentlichungen (z.B. Parallelausgaben von Print- und Online-Versionen von Zeitschriften) sowie ausschließlich digitale Veröffentlichungen (vgl. Haber 2007). Die hohen Kosten für den Zugang zu wissenschaftlichen Online-Veröffentlichungen von Verlagen und Institutionen (z.B. Zeitschriften und Quellensammlungen) löste die Gegenbewegung *Open Access* aus, deren Ziel es ist, „wissenschaftliche Literatur und wissenschaftliche Materialien für alle Nutzerinnen und Nutzer kostenlos im Internet zugänglich zu machen".[63]

Als erste elektronische Zeitschriften wurden bereits 1983 Parallelausgaben der naturwissenschaftlichen Zeitschriften der Verlagshäuser Elsevier Science und American Chemical Society veröffentlicht (vgl. Keller 2003). Eine größere Öffentlichkeit fanden elektronische, wissenschaftliche Zeitschriften[64] aber erst, als sich Anfang der 1990er Jahre das WorldWideWeb etablierte; Mitte der 1990er Jahre erschienen auch die ersten an Wissenschaftler gerichteten Ratgeber für Publikationen im Internet (z.B. Bleuel 1995). Die Durchsetzung von Online-Publikationen ist in den unterschiedlichen Fachrichtungen verschieden. So ergab etwa eine Untersuchung von Oliver Obst (2001, S. 1317ff.) zur quantitativen Nutzung medizinischer kostenpflichtiger Online-Zeitschriften, dass dort „innerhalb von zwei bis drei

---

62 Haber (2007) gibt einen kurzen Überblick über nationale Projekte in verschiedenen europäischen und außereuropäischen Ländern sowie z.B. das Programm *i2010: Digitale Bibliotheken* der Europäischen Union (http://eur-lex.europa.eu/LexUriServ/site/de/com/2005/com2005_ 0465de01.pdf // 20.07.2007), das (auch) eine Reaktion auf die Ankündigung des Suchmaschinenbetreibers Google war, bis zum Jahr 2010 15 Millionen gedruckte Bücher digitalisieren und im Internet veröffentlichen zu wollen (zum Projekt google book search vgl. Jeanney 2006).

63 Vgl. http://openaccess-germany.de/ // 10.07.2007: Die deutsche Homepage der Open-Access-Bewegung informiert umfassend über die Entwicklung und die Bewegung; vgl. außerdem Mruck/Gersmann 2004.

64 Diese unterscheiden sich von Online veröffentlichten Dokumenten durch regelmäßige Neuerscheinung und die ISSN-Nummer; allerdings sind Übergänge fließend (vgl. Keller 2003).

Jahren die Online-Zeitschriften die Print-Titel in der Nutzung um den Faktor zehn überflügelt haben" und die „Online-Nutzung [des Journals biological chemistry] die Print-Nutzung erstmals 1998 übertraf". Dagegen kannten einer DFG-Studie aus dem Jahr 2005 zufolge von den 1.600 befragten Wissenschaftlern der Geistes-, Sozial-, Lebens-, Natur- und Ingenieurwissenschaften nur 38% die fachrelevanten Online-Zeitschriften. Zentrales Hindernis für Veröffentlichungen in Open-Access-Zeitschriften war die Befürchtung, dass deren wissenschaftliches Renommee geringer sei und weniger Beachtung in der Fachöffentlichkeit finde als klassische Print-Publikationen (vgl. Deutsche Forschungsgemeinschaft 2005, S. 41–52).[65]

Anders verhält es sich bei der Online-Veröffentlichung von Dissertationen. Laut Statistik der Deutschen Nationalbibliothek waren am 12.04.2006 neunzig deutsche Hochschulen am Ablieferungsverfahren von Online-Hochschulschriften bei der Deutschen Nationalbibliothek angemeldet. Insgesamt waren dort zu diesem Zeitpunkt über 43.000 Dissertationen und über 500 Habilitationen Online zugänglich, auf die über die Server der beteiligten Hochschulen, über den Online-Katalog der Deutschen Nationalbibliothek oder vom OPAC aus zugegriffen werden kann. Damit stieg die Zahl der Veröffentlichung von Online-Dissertationen von 12% im Jahr 2000 auf über 33% im Jahr 2005; die Zugriffszahlen waren mit durchschnittlich 18 Zugriffen auf jeden Volltext von Oktober bis Dezember 2005 hoch[66] (vgl. Deutsche Nationalbibliothek).[67]

Prognosen zur Entwicklung (der Bedeutung) von Online-Veröffentlichungen sind schwierig, zumal sie in den unterschiedlichen Disziplinen unterschiedlich verläuft. Aber obwohl die mit der Open-Access-Bewegung angekündigte „wissenschaftliche Revolution" (Mruck/Gradmann/Mey 2004, Überschrift 2) bisher ausgeblieben ist,

---

65 Dieses Ergebnis unterscheidet sich kaum von einer Befragung aus dem Jahr 2003: Danach war den 77 befragten Erziehungswissenschaftlern zufolge zumindest in diesem Fachbereich eine „Veränderung des Publikationsverhaltens […] nicht in Sicht. Alle diesbezüglichen Aussagen werden von den Befragten mehr oder weniger verneint" (Miller-Kipp/Neuenhausen 2003, S. 7, vgl. auch Björk 2004).

66 Erfasst wurden reine Zugriffe, nicht die Indexierung durch Google.

67 Die Online-Veröffentlichung von Dissertationen wurde von 1997 bis 2000 durch das DFG-geförderte Projekt „Dissertationen Online" begleitet, dessen Ziel es war „ein möglichst einheitliches, bundesweites Konzept der Erstellung, des juristisch korrekten Umgangs mit Dissertationen als Examensarbeiten, der elektronischen Archivierung und des Retrievals von Dissertationen […] zusammen mit den jeweiligen Hochschulbibliotheken […], der Deutschen Bibliothek sowie der Staats- und Universitätsbibliothek Göttingen" zu entwickeln, praktisch zu erproben und soweit anzupassen, dass das Konzept übertragbar ist (Diepold 1997). Dazu gehörte z.B. auch die Erweiterung der Recherchemöglichkeiten um die für Online-Publikationen notwendigen Elemente der Metadaten nach Dublin Core. Seit Februar 2001 steht bei der Deutschen Nationalbibliothek eine *Koordinierungsstelle DissOnline* als Ansprechpartnerin für Fragen zu Online-Hochschulschriften zur Verfügung steht, die auch die Weiterentwicklung der Ergebnisse des Projektes „Dissertationen Online" anregt und koordiniert (www.dissonline.de/ // 10.07.2007).

kann fundierte wissenschaftliche Arbeit auf die Recherche in elektronischen Datenbanken, Zeitschriftenkatalogen usw. nicht mehr verzichten. Die dazu erforderlichen neuen Recherchekompetenzen und -strategien (vgl. Baumgartner/Payr 2001) eignen sich sowohl Studierende als auch Lehrende zurzeit überwiegend autodidaktisch durch „Versuch und Irrtum" an, wie Untersuchungen gezeigt haben (vgl. Klatt u.a. 2001). Obwohl sie die eigenen Fähigkeiten dabei meist als gut einschätzen, weist der objektive Kenntnisstand starke Defizite auf: Elektronische Ressourcen werden insgesamt eher unsystematisch genutzt. Auch in Lehrveranstaltungen wird dieses Thema in der Regel nicht thematisiert (ebd.).

Die mit dem Zugriff auf das Internet erhöhte Gefahr des Plagiats (nicht nur bei Studierenden, vgl. Fröhlich 2006; Wohnsdorf/Weber-Wulff 2006) wurde bereits erwähnt (vgl. Kap. 2.2.2), ebenso wie erforderlichen Kompetenzen in Bezug auf die Abwägung zwischen Vollständigkeit und Konzentriertheit wissenschaftlicher Texte (vgl. Martin 1997). Unabdingbar sind darüber hinaus neue Kompetenzen zur Bewertung des gefundenen Materials, zumal im Internet nicht nur die in diesem Abschnitt behandelten, traditionellen wissenschaftlichen Textsorten vergleichbaren Quellen zugänglich sind. Der (rezipierende und produzierende) Umgang mit „neuen" Textsorten und Kommunikationsformen – der den Phasen II bis IV des elektronischen Schreibens nach Beat Suter (2006, vgl. Anm. 60) zuzuordnen ist – und deren Einfluss auf das Verständnis von Wissenschaft und wissenschaftlicher Arbeit ist Thema der Untersuchung in Kap. 5 dieser Arbeit.

3.4 Historischer Rückblick: Literalität in der Universitätsgeschichte

Komplementär zu der kurzen Darstellung neuer Entwicklungen von Hochschulliteralität im letzten Abschnitt gibt der folgende Abschnitt einen kurzen Überblick über die Entwicklung literaler Praktiken in der Universitätsgeschichte. Literalität ist nicht nur von Beginn an ein unverzichtbarer und konstituierender Faktor von Universitäten, in diesen „zentralen Institutionen" des Spätmittelalters[68] fand die

---

68 An dieser Stelle soll zumindest kurz darauf hingewiesen werden, dass es bereits in der Antike – lange vor der Gründung der europäischen Universitäten – Philosophen- bzw. Rhetorikschulen und „Wissenschaftszentren" gab (vgl. Lüth 2006, S. 125f.). Nach Bernhard Schwenk (1996, S. 139) war beispielsweise das von Ptolemaios I. Soter (323–285 v.Chr.) gegründete Museion von Alexandria eine „den heutigen Akademien vergleichbare Forschungs- und Bildungsanstalt", in der philologische und mathematisch-naturwissenschaftliche Forschungen betrieben wurden. Dazu gehörte auch die berühmte Bibliothek von Alexandria, die ca. 120.000 Bände umfasste (ebd.). An dieser und ähnlichen Institutionen geringeren Umfangs, u.a. in Ephesos, Smyrna und an anderen Orten, können die erste Anfänge der *septem artes liberales* (vgl. Anm. 69 und 73) verortet werden; jedoch verzichtet z.B. Christoph Lüth (2006, S. 125), obwohl er den Begriff „Studium" verwendet, ausdrücklich „auf die Termini ‚Hochschule' und ‚Universität', da sie Vorstellungen von Studiengängen mit Abschlüssen

Schriftkultur ihre spezifische Ausprägung und strahlte auch auf andere Gesell-
schaftsbereiche aus, bis hin zu den angewandten Techniken des „flüssigen", ökonomischen und klaren Schreibens im Gegensatz zur förmlichen Buchschrift
(Miethke 1990, S. 8). Zugleich unterschieden sich diese literalen Formen und ihre
Funktionen deutlich von den bisher beschriebenen heutigen. Im Zusammenhang
dieses 3. Kapitels, das Literalität an Hochschulen *vor* der Erfindung der *heute*
„neuen Medien" behandelt, wird in diesem Abschnitt zumindest ein kurzer Blick
auf die Schriftlichkeit der ersten großen Epoche der Universitätsgeschichte geworfen, die nach der gängigen Datierung die Zeit vor der Erfindung der Druckerpresse und einen längeren Zeitraum, in der dieses heute „alte" Medium neu war,
umschließt. Die meisten Universitätshistoriker unterscheiden zwei Hauptepochen
der Universitätsgeschichte: die von der Gründung der Universitäten im späten
Mittelalter bis zum Beginn des 19. Jahrhunderts andauernde erste Periode (die
wiederum in eine spätmittelalterliche und eine frühneuzeitliche Epoche unterteilt
werden kann) und eine zweite Periode, deren Beginn meist mit der Gründung der
Berliner Universität 1809 bzw. der Humboldtschen Universitätsreform datiert wird.
In der zweiten Periode setzte die bis heute andauernde „klassische Universitätsidee" ein, die sich „während der 180 Jahre seit ihrer Konzeptualisierung eine über-
raschende innere Konsistenz bewahrt" und „selbst im außerdeutschen Bereich [vor
allem in den USA] bis in die Gegenwart vielfältige Impulse freigesetzt" hat (Röhrs
1995, S. 15; vgl. auch Schwinges 2001) und die auch noch für die oft etwa mit dem
Ende 1960er Jahre angesetzte weitere Phase der heutigen „Massenuniversitäten"
kennzeichnend ist (vgl. z.B. Weber 2002).

Nachdem Universitäten als Institutionen sich bis Mitte des 13. Jahrhunderts erst
einmal konsolidiert hatten, gaben sie unbenommen von regionalen Unterschieden
und gesellschaftlichen und politischen Entwicklungen (Humanismus, Aufklärung,
Reformation und Gegenreformation, die ab etwa 1600 zur Transformation der Universitäten in konfessionelle und nationalstaatliche Institutionen führte) vom Mittelalter bis zur Gründung der neuen Universitäten zu Beginn des 19. Jahrhunderts insbesondere in Bezug auf den Lehrbetrieb europaweit ein relativ einheitliches Bild
ab. Allen gemeinsam waren z.B. die Fächeraufteilung – das sogenannte 4-Fakul-
täten-Schema[69] –, der Lehrkanon, die Lehr- und Lernformen, die Abschlüsse[70], die

---

hervorrufen, die es in der griechischen Antike nicht gab – übrigens auch nicht in der römi-
schen Antike" (ähnlich Vössing 2006, S. 143).
Im Zusammenhang mit dem Thema dieser Arbeit ist interessant, dass in Griechenland bereits
im 7. Jhdt. v.Chr. die Lesefähigkeit weit verbreitet war und Schriftlichkeit schon früh mit
dem Studium verbunden wurde: Obwohl beispielsweise Platons Methode das mündliche
Lehrgespräch gewesen sei (vgl. Lüth 2006, S. 133), sei doch der Anforderungskatalog zur
Aufnahme in seine Schule ohne eine Schrift- und Lesekultur nicht erfüllbar gewesen: „Das
Entscheidende ist, dass auch die mündliche Vermittlung auf einer verschriftlichten Fassung
beruhte" (Dreyer 2006, S. 231).

69 Die Grundlagen des Studiums wurden in den sieben Fächern der von allen Studierenden zu
    absolvierenden „Artistenfakultät" (vgl. Anm. 73) vermittelt, die mit dem Bakkalaureat oder
    dem Magistergrad abgeschlossen werden konnte. Verließ ein Student nach dieser Graduie-

Sozialstruktur[71] sowie die europaweit an allen Universitäten genutzte Sprache Latein[72]. Diese Gemeinsamkeiten ermöglichen es, zumindest überblicksartig, die Gattungen und Funktionen von Literalität in dieser Phase der Universitätsgeschichte als Fokus zu nutzen und zunächst in Bezug zum herrschenden Wissens- bzw. Wissenschaftsverständnis und zur Praxis der Lehre zu setzen (Kap. 3.4.1). In einem nächsten Schritt wird die Wechselbeziehung zwischen der medien-technischen Entwicklung – insbesondere in Folge der Erfindung der Druckerpresse – sowie gesellschaftspolitischen Faktoren und deren Einfluss auf das Wissen-schaftsverständnis, die wissenschaftliche Literalität und die Entwicklung der Uni-versitäten untersucht (Kap. 3.4.2). Die Faktoren, die bisher in diesem Kapitel zur Strukturierung gedient haben – die formale Beschreibung von Textsorten, die Rolle und die Bedeutung der literalen Artefakte im universitären Gesamtzusammenhang, sowie die notwendigen Kompetenzen und der Kompetenzerwerb – werden, soweit dies möglich bzw. rekonstruierbar ist, in die Darstellung einbezogen.

---

rung nicht die Universität, begann das Studium in den höheren Fakultäten, der Theologie, der Medizin, des geistlichen oder weltlichen Rechts. Diese Struktur wurde erst mit der Neugrün-dung der Universität Berlin 1809 von der noch heute üblichen Einteilung in Geistes- und Naturwissenschaften abgelöst, die sich schnell in zahlreiche weitere Fakultäten und Fächer differenzierte.

70 Der niedrigste akademische Grad war das Bakkalaureat, der danach „als eine Art Zwischen-prüfung" vor dem Studium der höheren Fakultäten folgende Magister Artium wäre „heute am ehesten noch mit dem Abitur zu vergleichen" (Miethke 1990, S. 13), die anschließenden höheren Fakultäten konnten den Doktorgrad verleihen. Jedoch war es „noch um 1500 absolut nicht die Regel, ein Examen abzulegen. Den weitaus meisten genügten offenbar Besuch und Dazugehören" (Schwinges 1994, S. 130). Beispielhaft seien hier Absolventenangaben der Artes-Fakultät der Universität Erfurt genannt. Dort erwarben im letzten Jahrzehnt des 14. Jahrhunderts nur 10 % aller Eingeschriebenen das Bakkalaureat, den Magister Artium erreichten nur ein Sechstel bis ein Viertel aller Bakkalare (vgl. Miethke 1990, S. 12).

71 Die Sozialstruktur kann vor allem aus Angaben abgeleitet werden, die sich in den Immatrikulationslisten finden, z.B. in Bezug auf die Zahlung von Studiengebühren: Genannt werden Vollzahler (divites), Teilzahler sowie von den Gebühren befreite Studenten (pauperes), deren Verteilung geographisch unterschiedlich ist; außerdem gibt es historische Verschiebungen. Ab dem 14. Jahrhundert entwickelten sich die bis dahin hauptsächlich von Klerikern besuchten Universitäten hin zu Laienorganisationen (vgl. Schwinges 1998). Frauen wurden – von einzelnen Ausnahmen abgesehen – in Deutschland erst Ende des 19. Jahr-hunderts zur Immatrikulation zugelassen (vgl. dazu u.a. Schlüter 1992; Costas 1992; Schmidt-Harzbach 1981).

72 Die klassische europäische Wissenschaftssprache Latein dominierte an deutschen Univer-sitäten bis zur Humboldtschen Universitätsreform, während sich in Druckwerken und an den Akademien (vgl. Kap. 3.4.2) die Nationalsprachen durchsetzten. Während die National-akademien in England und Frankreich ab dem 17. Jahrhundert die Nutzung der Mutter-sprachen unterstützten, löste Christian Thomasius 1678 mit einer auf Deutsch gehaltenen Vorlesung an der Universität Leipzig einen Skandal aus. Die Unsicherheit bezüglich der an-gemessenen Sprachwahl zeigt sich auch an der Praxis der drei Wissenschaftsakademien, die im 18. Jahrhundert im deutschen Sprachraum gegründet wurden: Während in München von Beginn der Akademiegründung 1759 an das Deutsche verwendet wurde, erfolgte in Berlin ein Wechsel vom Lateinischen über das Französische zum Deutschen; Göttingen blieb jedoch ganz beim Lateinischen (vgl. Kretzenbacher 2005; Ammon 1999).

3.4.1   Wissenschaftsverständnis und Praxis der Lehre

Zum Zeitpunkt ihrer Gründung waren die Universitäten historisch neue Institutionen, die auf kein Vorbild zurückgreifen konnten. Die Artes liberales[73], Theologie, Medizin und Recht bildeten je eigene Wissenskomplexe, die in eigenen historischen und funktionalen Bezügen standen (z.b. Klöster und Klosterschulen). Dabei trafen zwei zentrale Formen der Wissensdefinition und -systematisierung aufeinander: die christliche der Kirchentradition sowie die zu diesem Zeitpunkt im europäischen Kulturraum neu- oder wiederentdeckte antike Philosophie, vor allem Aristoteles sowie auch arabisches Gedankengut. Der Anspruch der Universitäten war es nun, das vorhandene Wissen zusammenzuführen, zu systematisieren und für eine Elite aufbereitet, in die zeitgenössische Kultur zurückzuleiten (vgl. Weber 2002, S. 35f.). Dies bedeutete zum einen, Wissen zu sichern, zu bewahren und zu verbreiten, zum anderen darum zu klären, wie das vorchristliche, antike oder nichtchristliche arabische Wissen mit der christlichen bzw. kirchlichen Perspektive zu vereinbaren war. Im Zuge dieses Prozesses bildeten alle Fakultäten „spätestens im 13. Jahrhundert den wesentlichen Kanon von Büchern aus, die ihrem Unterricht zugrunde lagen, und das in erstaunlicher Einheitlichkeit über ganz Europa hin" (Miethke 1990, S. 14) Als philosophische und methodische Herangehensweise und didaktisches Prinzip etablierte sich die (nicht nur für die Theologie geltende) scholastische Methode. Sie bestand aus der Herausarbeitung einer Leitfrage (*quaestio*) und der Ableitung von Nebenfragen, klaren begrifflichen Unterscheidungen (*distinctio*), logisch konsequenter Beweisführung, „hoch differenzierter Erörterung der Gründe und Gegengründe in formal durchorganisierter Disputation" (Weber 2004, S. 39) sowie einer Zusammenfassung und Zuordnung des Ergebnisses in den Kontext der *doctrina sacra* (vgl. ebd.).

Beiden Zielen, der Wissensbewahrung und der systematischen Auseinandersetzung mit dem überlieferten Wissen dienten die zentralen universitären Lehrveranstaltungen, die *Lectio* und die *Disputatio*. Der *Lectio*, der „Vorlesung", lagen „autoritative, schriftlich niedergelegte Texte oder Textcorpora" (Miethke 1990, S. 18) zugrunde, z.B. eine Grammatik, Dialektik usw. In der Veranstaltung erfolgte die Erklärung dieses Textes durch den Magister. Konkret bedeutete dies, dass Titel, Anlass der Abfassung, Inhalt, Absicht des Verfassers, Vorteile für den Leser, Stellung innerhalb des Wissenschaftsorganismus erläutert und schließlich der Text selber Satz für Satz und Wort für Wort vorgelesen – oft auch diktiert[74] – wurden

---

73   Die Artes-Fakultät bestand aus sieben Fächern, dem aus Grammatik, Logik und Rhetorik bestehenden *Trivium* und dem aus Arithmetik, Geometrie, Astronomie und Musik bestehenden *Quadrivium*.

74   Dies konnte auch in einer eigenen Veranstaltung geschehen, der sog. *Pronunciatio* (vgl. Miethke 1990). Bezüglich der Rolle des gesprochenen Wortes an mittelalterlichen Universitäten kann festgehalten werden, dass es „unspezifische" mündliche Formen wie Predigten oder Reden gab, die sich kaum von außeruniversitären mündlichen Texten unterschieden (ebd., S. 17f.); im Zusammenhang mit der eigenen Kommentierung der Texte in einer Ver-

(vgl. Grabmann 1911, S. 13). Oft wurden außerdem ebenfalls schon autoritative Kommentare vorgelesen, im Anschluss daran erfolgte die Erläuterung des Dozenten, die am Rand des Textes festgehalten werden konnte. Die wortgetreue Weitergabe eines Textes war insofern wichtig, als bei weitem nicht alle Studenten die teueren und „unhandlichen Bücher" (Miethke 1990, S. 19) besaßen, teilweise waren sogar kaum Schreibmaterialien vorhanden. Auch an den Universitäten selber waren zunächst nur sehr wenige Handschriften[75] vorhanden, noch viel weniger in der späteren außeruniversitären Lebens- und Arbeitswelt der Absolventen.

Auch die Veranstaltungsform der *Disputatio* institutionalisiert sich bereits zu Beginn der Universitätsgeschichte. Sie sollte „die freie Problembehandlung und wissenschaftliche Methode in der Lösung von Fragen schulen" (Miethke 1990, S. 31), der Lehr- und Lernstoff sollte „geistiges Eigentum des Schülers und mit dessen bisherigen Erkenntnissen in organische Verbindung gebracht" werden (vgl. Grabmann 1911, S. 13). Disputationen fanden auf allen Stufen universitären Lebens statt: Für Anfänger dienten sie der Wiederholung und Einübung (*repetitio*); sie begleiteten in Form der *quaestiones disputatae* die Vorlesungen als Veranstaltungsreihen mit festen Terminen, es gab feierliche Disputationsübungen der Fakultäten mit verschiedenen Mitwirkenden, um deren Leistungen öffentlich zu demonstrieren und Disputationen *pro gradu*, um einen akademischen Grad zu erlangen. Die Disputation war somit Unterrichtsform und Ausbildungsmethode, Prüfungsform und Ziel des Studiums (Miethke 1990, S. 37). Es handelte sich zunächst um einen streng formalisierten mündlichen Akt, der als Methode der Wahrheitsfindung diente, „als Standardverfahren, tradierte Wahrheit sozial geordnet zu verhandeln und so zu reproduzieren" (Gierl 2004, S. 421). Der Ablauf war schematisiert und entsprach der scholastischen Methode: Es gab einen Vorsitzenden (Magister oder Doktor), der oft die zu behandelnde Frage (*quaestio*) stellte, einen sog. *respondens*, der auf der Grundlage von fachlichen Autoritäten und Argumenten eine Lösung vorschlug, einen oder mehrere Opponenten, die diese Lösung angriffen und eventuell Gegenpositionen vertraten, auf die der *respondens* wieder antwortete. Die „Entscheidung" (*determinatio*) wurde vom Magister nach einem Rückblick auf die vorgestellten Argumente getroffen (Miethke 1990, S. 32f.). Um eine solche Debatte führen zu können, war sowohl die Gedächtnisleistung (*memoria*) von Bedeutung als auch die Fähigkeit, ein „gewisses und sicheres Urteil, ein *certum et clarum iudicium*" fällen zu können (ebd., S. 37f.). Die Ausbildung von Gedächtnis und Urteilskraft sind auch eine Reaktion der Universität auf ihre gesellschaftliche Position, das Angewiesensein von Universitätsabsolventen auf

---

anstaltung hat jedoch der „nichtschriftliche Charakter der Vorlesung" eine große Bedeutung (ebd., S. 23).

75 Konkrete Zahlen lassen sich nur schwer rekonstruieren. Weber (2002, S. 67) gibt für die größte Universitätsbibliothek des Mittelalters, die Sorbonne, im Jahr 1290 einen Bestand von 1017, im Jahr 1396 einen Bestand von 1722 Handschriften an; für das Collegium Carolinum in Prag im Jahr 1367 eine Stückzahl von 177.

„ungebildete" und dennoch machtvolle Personen, z.B. an den Höfen, von deren Aufmerksamkeit und Wohlwollen sie abhängig waren (ebd., S. 39).

Grundlage und Bezugspunkt universitären Wissens und universitärer Lehre war also der klassische Text. Universitätsangehörige lernten „während ihrer Zeit an den Universitäten ohne Frage, mit überlieferten Texten, ja mit Textmassen umzugehen" (Miethke 1990, S. 14), sie konnten lateinische Texte lesen und abfassen (ebd., S. 11). Gelehrt wurde jedoch für die Situation der Mündlichkeit: Wissenschaftlicher Austausch fand – wenn nicht durch den Austausch klassischer Schriften – mündlich statt, sowohl informell als auch vor allem in den Disputationen (in denen auch die Prüfungen durchgeführt wurden); dies wurde auch durch das weitverbreitete Wanderwesen gefördert. Auch in beruflichen Situationen (z.B. als Mediziner und Juristen) standen den Absolventen außerhalb der Universitäten nur wenige Texte zur Verfügung. Es war deshalb notwendig, dass sie die zentralen Texte auswendig memorieren konnten und eine systematische Methode beherrschten, die es ihnen ermöglichte, dieses Wissens auf aktuelle und konkrete Fragen und Probleme hin anzuwenden.

Die Produktion eigenständiger Texte war nicht das eigentliche Ziel der mittelalterlichen Universität. Als universitäre Textgattungen werden in Universitätsgeschichten zunächst einmal Einschreibelisten und Veranstaltungsverzeichnisse genannt, dann auf die Lehre bezogene Werke wie Einleitungen und Lehrbücher (vgl. Miethke 1990, S. 25). Bereits seit der Mitte des 12. Jahrhunderts wurden auch, teilweise in Zusammenarbeit mit den Professoren, Vorlesungsmitschriften (*reportationes*) erstellt. Das *Pecia-System*, ein nach Textabschnitten strukturierter Abschreibdienst für Skripten, der es geübten Kopisten ermöglichte, schneller zu arbeiten, führte bereits vor der Erfindung des Buchdrucks zu einer Mechanisierung und Rationalisierung des Handschriftenmarkts, blieb jedoch teuer und fehleranfällig (vgl. ebd., S. 8f). Darüber hinaus entstanden mit zunehmendem Wissensbestand und wachsender Auslegungsvielfalt neue Textbedarfe, beispielsweise enzyklopädische Übersichten und Gutachten, eine wichtige Gattung waren Kommentare. Die dynamische Entwicklung zeigt sich in der Optimierung vorhandener Textgattungen – z.B. durch das Schreiben in Spalten, die Nutzung verschiedenfarbiger Tinten sowie den Einsatz verschiedener Lesehilfen wie Unterstreichungen, Randbemerkungen etc. –, der Einführung kleinerer, d.h. leichter transportablerer Buchformate sowie der Erprobung neuer Textgattungen wie Thesenpapieren und Dissertationen (vgl. Weber 2002, S. 42). Die zunächst nicht auf schriftliche Fixierung hin ausgerichteten Disputationen ließen sich aufgrund ihrer hochformalisierten Struktur leicht protokollieren. So gibt es eine Fülle unterschiedlicher Überlieferungen, teilweise unautorisierte Mitschriften, öfter die nach der Determination durch den Magister schon auf das Ergebnis hin konzipierte Version.

Es erscheint plausibel, dass mit der Abfassung umfangreicher, strukturell und inhaltlich stringenter Werke, auch eine grundlegende Veränderung des Schreibprozesses einherging. War es vorher üblich, Texte zu diktieren – das Aufschreiben war damit definiert als rein handwerklicher Akt, der von einem Schreiber übernommen wurde – wurde nun der Autor selber zum Schreiber: Die Konzeptionierung solcher Texte erfordert eigene schriftliche Entwürfe und Notizen, „schriftliches Denken". Parallel zu der zunehmenden Textproduktion entwickelten sich seit dem 13. Jahrhundert auch Praktiken des visuellen, stillen Lesens im Gegensatz zu dem oralisierten, auf Wortaneignung ausgerichteten (vgl. Weber 2002, S. 144).

3.4.2 Bedeutung der Erfindung der Druckerpresse für die Universitäten

Alle geschichtlichen Darstellungen der Folgen der Erfindung der Druckerpresse weisen auf die schnell entstehende Fülle gedruckter Informationen und die damit einhergehende Expansion in allen Wissensgebieten hin (vgl. Eisenstein 1997; Giesecke 1994). Auch für die Universitäten trifft zu, dass nun schnell die zentralen Texte in ausreichender Zahl und (anders als im fehleranfälligen Pecia-System) identischer Ausführung zu erschwinglichen Preisen vorlagen. Damit ging teilweise eine Veränderung der Veranstaltungsformen einher. So wurde etwa in der Stadt Basel, deren international herausragende Buchdruckerzunft in enger Verbindung zur Universität stand, das „vorher übliche Diktieren [...] durch Erläuterung der gedruckten Texte und durch eigentliche Vorlesungen ersetzt" (Sieber 1994, S. 77). Die eigenständige Lektüre der Studenten entlastete die Professoren und verschaffte ihnen Freiraum für eigene Forschungen (vgl. Weber 2002, S. 145f.). Aber obwohl „gerade im 18. Jahrhundert eine förmliche Explosion von Lehrbüchern und didaktisch optimierten Lehrwerken aller Art stattfand" (ebd.) scheint die neue Technik lange Zeit insgesamt relativ wenig Einfluss auf die Lehre und das Wissenschaftsverständnis der Universitäten gehabt zu haben: „Mit der Vorlesung, welche die Erfindung des Buchdrucks gut überstand, trotzte auch die Disputation lange allen Herausforderungen der Zeit. Der antike Autorenkanon [...] blieb bis weit ins 18. Jahrhundert maßgebend für die Textproduktion (imitatio) [...] Das Gattungsrepertoire des akademischen Schrifttums (Vorlesungsverzeichnisse, Schulreden, Programmschriften, Dissertationen, Lehrbücher) und mit ihm häufig auch die Gattungsnormen standen ebenso fest wie das Promotionszeremoniell und die von ritualisierten Abläufen stark geprägten Verhaltensmuster und Umgangsformen" (Marti 2004, S. 395). Eine Ursache dafür mag darin liegen, dass verschiedene Gestaltungsmittel, z.B. der Spaltensatz, der Einsatz von Kolumnentiteln, Graphiken, Marginalien und Fußnoten, unterschiedlichen Schrifttypen und -größen etc., eingesetzt werden konnten und die Drucktechnik „bis in das 17. Jahrhundert hinein in mancher Hinsicht die Möglichkeiten der handschriftlichen Buchproduktion [...] unter freier Verwendung unterschiedlich breiter Schreibfedern, verschiedener Tinten usw. (Skriptographie), noch überhaupt nicht" erreichte

(Weber 2004, S. 66). Vor allem jedoch scheint die Stagnation der neuen Technik im universitären Kontext daran gelegen zu haben, dass „Produzenten und Konsumenten einen begrenzten Beteiligtenkreis bildeten, dessen Wünsche und Interessen, zumal angesichts eines noch vorherrschend statischen, also auf dauerhaft gleichen Texten beruhenden Wissenschaftsverständnisses bald einen vorläufigen Sättigungsgrad erreichen konnten" (ebd., S. 72).

Im Gegensatz dazu wurde die Drucktechnik zu einem zentralen Instrument des sich außerhalb der Universitäten in Humanismus und Aufklärung neu entwickelnden Wissenschaftsverständnisses. Der gelehrte Austausch im Rahmen der humanistischen, öffentlichen Briefkultur war „nicht privates Parlieren, sondern funktional im offiziösen gelehrten Korrespondenzsystem eingebettet, dessen Basis das Lehrer-Schüler-Verhältnis gewesen ist, das [...] und dann über Jahrhunderte soziales Rückgrat institutionalisierter Wissenschaft" war (Gierl 2004, S. 420). Zugleich mit dieser europaweit geführten Auseinandersetzung wuchs das Interesse an der gedruckten Disputation, die, wie der Brief, formal als verschriftlichtes Gespräch über Raum und Zeit hinweg verstanden werden konnte (ebd., S. 421): „Up-to-date zu sein, hieß in der prae-journalen Zeit, über die aktuellen Disputationen in Form der Dissertationen zu verfügen" (ebd., S. 423). Diese Nachfrage wirkte auf die Universitäten zurück, zunehmend wurde von den Studenten die Abfassung schriftlicher Arbeiten zu Übungszwecken oder zum Erlangen eines akademischen Grades verlangt. Mündlicher und schriftlicher Akt standen dabei in wechselseitigem Bezug zu einander. „Mehr und mehr sind im 17. Jahrhundert die Disputationen nach dem mündlichen Akt als schriftliche Dissertationen herausgegeben wurden. Und mehr und mehr hatten die Dissertationen bereits im Vorfeld als Grundlage der Disputation gedient" (ebd., S. 421). „Um es zu qualifizieren: Eine Dissertation um 1700 ist formal ein alles andere als verstaubter Text. Er folgt Standards. Die Thesen werden eingeführt, dabei zunächst Begriffsdefinitionen und -herleitungen gegeben, dann die zum Thema vorliegenden Texte besprochen, bevor man die Thesen systematisch bespricht." Die Disputation war „in ihrer schriftlichen Form doch lange schon ein wohl geordneter, in vielem sehr moderner, substantieller wissenschaftlicher Text" (ebd., S. 425).

Gleichwohl wuchs die Kritik am scholastischen Universalitätsanspruch und an der scholastischen Methode und war gegen Ende des 17. Jahrhunderts common sense geworden (ebd., S. 425). Wissenschaft im Sinne der Aufklärung, insbesondere naturwissenschaftliche Erkenntnisse, die Experimentier- und Empiriefreude, die Sammlung, Diskussion und Verbreitung von gesellschaftlich nützlichem Wissen fand in dieser Zeit eher außerhalb der Universitäten statt, nämlich in den zu diesem Zweck gegründeten Akademien, deren wohl berühmteste die *Royal Society* in London (Gründung 1660) und die *Academie des Sciences* in Paris (Gründung 1666) sind, und zu denen zahlreiche größere und kleinere, teilweise bis heute existierende weitere Akademien gehörten. Parallel dazu entstand, teilweise von den Akademien ausgehend, mit dem wissenschaftlichen Zeitschriftenwesen ein schnelles Medium, das sich rasant entwickelte und an die Stelle von Brief und Disputation trat[76] und mit der Zeit zu einer neuen Ordnung des Wissens führte. Der wachsende Buchmarkt verlangte nach „Verzeichnissen und Listen [...], nach Buchankündigungen und Rezensionen" (ebd., S. 431). Nach Christian Juncker (1692) sind Zeitschriften „nicht gewöhnliche, sondern wöchentlich, monatlich oder jährlich erscheinende Bücher, in denen die Äußerungen der Gelehrten von Einzelnen oder formalen Gesellschaften dem öffentlichen Gebrauch und Fortschritt der Gelehrsamkeit zuliebe beurteilt werden" (zit. nach Gierl 2004, S. 429). Dieses neue Medium verschaffte den schnell wachsenden Wissensbeständen „Adresse und Aufbewahrungsort, standardisierte Formate und durch die Medien kontinuierliche, periodisch rhythmische, ubiquitäre Distribution" (ebd., S. 428f.), ein Ordnungsvorgang, der einen bedeutenden Schritt auf dem Weg der Entstehung eines modernen Wissenschaftsverständnisses und der Entwicklung der Disziplinen darstellte. Neue Medienformate, etwa Fachjournale, entstanden als „Teil und Ergebnis der wissenschaftlichen Disziplinenbildung" (ebd., S. 435). Die Zeitschriften schienen Produkt einer dann schriftlich niedergelegten Gruppendiskussion zu sein, waren jedoch de facto auf Korrespondenzen gegründet. „In jedem Sinn hatte die Symbiose zwischen Gelehrtensozietät, Korrespondenzen und Zeitschrift die alten Gelehrtenbriefwechsel im neuen Medium funktional entfaltet" (ebd., S. 432). Anhand der 1665 von der Royal Society gegründeten „Philosophical Transactions", einer führenden Zeitschrift, die sich vor allem mit Experimenten und naturwissenschaftlichen Diskussionen beschäftigte, können die führenden literarischen Formen beispielhaft benannt werden: Der Brief, dessen Nutzung abnahm, der aber erst 1875 ganz verschwand, daneben „Pamphletistik und Streitschriften: die Texte der gelehrten Streitkultur und etwas später auch die Disputationstexte – als sich der Zeitschriftenaufsatz durchgesetzt hatte, mußten die Promovenden ihre Dissertationen endgültig selber schreiben. Disput und damit Wissenschaft, soweit sie Erörterung ist, fanden in den Zeitschriften ihre neue Form" (ebd., S. 432f.). Schließlich lässt sich anhand der Veränderung der Ordnungsstruktur einzelner „Gelehrter Zeitschriften" die Entwicklung nachvollziehen. So protokollierte etwa die „Gelehrte Zeitung" aus Göttingen zunächst die Aktivitäten von Wissenschaftlern in geographischer und zeitlicher Anordnung (ebd., S. 436); ab 1749 ändert sich jedoch das Sachregister: Ordnungsbasis wurden nun Autoren und die Titel ihrer Werke, nicht mehr die geographische Ordnung, Fokus der Zeitung wurden Rezensionen von Büchern, die „das Klein- und Gelegenheitsschriftum [sic]" verdrängten: „Programme und Dissertationen, Poesie, Predigten und Erbauungsliteratur, auch die Moralischen Wochenschriften, die bis zur Jahrhundertmitte noch besprochen worden waren, verließen nach und nach das Blatt. Die Wahrnehmung der Zeit-

---

76 „Und tatsächlich bildeten Disputation und Brief für die Verschriftlichung von Wissenschaft ein gutes Team, auf dessen Leistungen die gelehrten Zeitschriften aufgebaut haben" (Gierl 2004, S. 421f.).

schrift stutzte damit gelehrtes Schrifttum zum Buch. [...] So blieb denn, was nicht in den Büchern ist, nicht in der gelehrten Welt. Und der, der Wissen schafft, hatte Autor zu sein" (ebd., S. 438).

Natürlich blieben die Universitäten von diesen außeruniversitären Entwicklungen nicht unberührt. Immer häufiger wurden Prüfungen schriftlich abgelegt; für Professoren wuchs die Notwendigkeit, schriftliche Werke abzufassen, die Bedeutung der Universitätsbibliotheken[77] nahm zu. Es entwickelte sich eine zunehmende Textdominanz, d.h. eine textbedingte und textbezogene Lehre und eine Ergänzungsbedürftigkeit des gesprochenen Wortes durch die individuelle und insofern autodidaktische Lektüre (vgl. Stichweh 1991, S. 292ff.). In diesem Zusammenhang vertritt Georg Elwert (1987, S. 253ff.) die These, dass die formalisierte, mündliche Form der Disputation zu deren Anerkennung auch in der schriftsprachlichen Fassung beigetragen habe, da dies sonst lächerlich und artifiziell gewirkt haben könnte.

Eine wissenschaftliche Revolution fand somit nicht *in* den Universitäten statt, deren Wissenschaftsverständnis weitgehend statisch und innovationsfeindlich blieb; jedoch bot die universitäre Bildung die Grundlage für die außerhalb der Universitäten stattfindende und nach außen drängende Veränderung von Wissenschaft (vgl. Porter 1996, S. 295).

Die Frage, ob mit der Möglichkeit der Vervielfältigung der klassischen Texte Universitäten als Institutionen überflüssig würden, wurde bereits im 16. Jahrhundert gestellt (vgl. Weber 2002, S. 145) und verschärfte sich in den folgenden Jahrhunderten, beispielsweise in den Schriften von Joachim Heinrich Campe (1746–1818) und Christian Gotthilf Salzmann (1744–1811): „Die Einrichtung unserer Universitäten ist in Zeiten gemacht worden, da die Welt noch arm an Büchern war, und ein Mann, der lesen und schreiben konnte, unter die Seltenheiten gehörte. Und für diese Zeiten mochten sie sehr nützlich seyn. In unsern Tagen machen sie aber eine eben so elende Figur, wie eine Festung, die zu den Zeiten der Kreuzzüge angelegt wurde, in einem Kriege, wo man zu Bestürmung der Festungen Bomben und Kanonen zu bauen pflegt" (zit. nach Mittelstraß 1994, S. 211f.). So wurde die „Erfindung des Buchdrucks, die im Medium des Buches ein weitgehend selbsttätiges Studium, einem Schlüsselwort der Aufklärung entsprechend, möglich machen sollte" (Röhrs 1995, S. 16f.) zu einem wesentlichen Argument für die Einrichtung der Akademien gemacht, deren Zielsetzung die Vermittlung eines profunden Fachwissens zum Nutzen der Gesellschaft war.

Obwohl sich in den Jahren 1792 bis 1818 die Zahl der deutschen Universitäten auf 22 halbierte – eine „Verfallsgeschichte" (Mittelstraß 1994, S. 215) –, gewann die

---

77 Interessant ist hier die Verschiebung der Bedeutung der Bibliotheken: Während es vor der Erfindung der Druckerpresse so wenige Bücher gab, dass die Hoffnung bestand, an den Universitäten wären immerhin einige vorhanden, nahm die Zahl der Bücher danach so stark zu, dass alle relevanten Bücher nur in den Sammlungen an Universitäten vorhanden sein konnten (vgl. Stichweh 1991, S. 288).

klassische Universitätsidee nun gerade wegen ihrer Absetzung von dieser Auffassung neuen Auftrieb, indem sie sich mit der Philosophie des deutschen Idealismus explizit gegen das Nützlichkeitsstreben dieser Entwicklung wendet. „Das eigentliche Ziel der einsetzenden breiten Diskussion ist die Begründung universitärer Studien in klarer Absetzung von der berufspezifisch-utilitaristischen Argumentationsweise der Aufklärung" (Röhrs 1995, S. 16). Interessanterweise wurde dieser Begründungsweg auch gegen das 4-Fakultäten-Schema angewendet, denn die drei höheren Fakultäten waren – obwohl sie sich nicht im Sinne des neuen Wissenschaftsverständnisses mit der sie umgebenden Welt und den neuen Entwicklungen auseinandersetzten – „vorrangig darauf ausgerichtet, für die Praxis auszubilden" (Baumgarten 1997, S. 13), d.h. für die Berufe des Pfarrers, Mediziners oder Juristen. Die neue Vorstellung universitärer Bildung zielte dagegen die „Entfaltung der gesamten Persönlichkeit des Individuums" und die „Selbstvollendung der geistigen und ästhetischen Fähigkeiten" an. Dabei ging man davon aus, dass „Berufliche Qualifikation und staatsbürgerliche Verantwortbarkeit [...] gleichsam ein sicheres Nebenergebnis der Humanisierung, einer geistigen Auseinandersetzung mit fachlichen Inhalten in philosophischer Begründung" sind (Röhrs 1995, S. 16f.). Wohl wurde die Forschung ausdrücklich zu einem Gegenstand universitärer Beschäftigung – damit wurde das mittelalterliche Bildungsverständnis zu dem bis heute geltenden Prinzip der „Einheit von Forschung und Lehre" erweitert; jedoch wurde zugleich der – ebenfalls bis heute geltende – Anspruch der „Freiheit von Forschung und Lehre" erhoben, d.h. Forschung sollte ausdrücklich im Gegensatz zu einer unmittelbar und ausschließlich nützlichkeitsorientierten Ausrichtung betrieben werden. Diese beiden Prinzipien wurden ergänzt durch das Primat der Bildung.

Die literale Entwicklung der Universitäten lässt sich unter Rückgriff auf zwei Analogien zusammenfassen: „Die mittelalterliche Universität [...] ordnet das Wissen auf ihre Weise, nämlich nach der Ordnung der Bücher. Wissen ist, was von zwei Buchdeckeln umgeben ist, mit einer langen Konservierungsdauer" (Mittelstraß 1994, S. 208). Im Gegensatz dazu geht es in der neuzeitlichen Universität „nicht um den ‚Buchinhalt' schlechthin, vielmehr um das ‚Prinzip der Verbesserung des Buchinhalts' [...]. Nicht ‚Wiederholung des Buchwissens', sondern Entfaltung einer ‚Schule der Kunst des wissenschaftlichen Verstandesgebrauchs' im Medium des Buchs ist ein methodisches Ziel der Universität"[78] (Röhrs 1995, S. 23). Diese Ausrichtung des Studiums verändert sich gegenwärtig im Zusammenhang mit dem Bologna-Prozess erneut, wenn mit den neuen BA/MA-Studiengängen explizit der Berufs- und Praxisbezug fokussiert wird. Im 5. und 6. Kapitel dieser Arbeit muss deshalb geprüft werden, ob bzw. inwiefern dieser Ausgriff über

---

78 Die Verweise innerhalb dieses Zitats beziehen sich auf Johann Gottlieb Fichte, *Deducirter Plan einer zu Berlin zu errichtenden höheren Lehranstalt* (verfasst 1807, hier verifiziert nach der Ausgabe von 1845, S. 99 und 102).

die Grenzen der Hochschulen hinaus eine „literale Entsprechung" findet, indem die (bereits physisch existierenden) „Grenzen" traditioneller literaler Medien durch die offenen und vernetzten neuen hochschulliteralen Praktiken erweitert werden.

3.5 Zusammenfassung

Im 3. Kapitel wurde traditionelle Hochschulliteralität aus unterschiedlichen Blickwinkeln betrachtet. Allen gemeinsam ist der Ausgangspunkt, dass der lesende und schreibende Umgang mit wissenschaftlichen Texten konstituierend ist für das Selbst- bzw. Wissenschaftsverständnis an Universitäten und die dort praktizierte Lehre und Forschung.

Wie gezeigt, hat es dabei im Laufe der Universitätsgeschichte Veränderungen gegeben, die mit technischen und gesellschaftlichen Veränderungen in Zusammenhang standen bzw. in der Regel von diesen ausgingen und immer zugleich auch Einfluss auf die Form der Lehre und das Verständnis von Wissenschaftlichkeit hatten. Die Bedeutung von Texten für das Wissenschaftsverständnis und das Lehren und Lernen ändert sich mit deren Verfügbarkeit und der zur Verfügung stehenden Technik und hat Einfluss auf die behandelten Inhalte. Hierin zeigt sich zugleich, dass mit „Literalität" nicht generell ein bestimmter Lernstil und Bildungsbegriff verbunden ist, sondern eine Auswahl zwischen unterschiedlichen Möglichkeiten eröffnet wird, die u.a. auch auf Abstimmungen und politischen und gesellschaftlichen *Entscheidungen* beruht und dem Bildungsverständnis oder -ideal einer Gesellschaft oder Institution verbunden oder verpflichtet sein kann.

Die universitätsgeschichtliche Entwicklung zeigt unterschiedliche, teilweise auch widersprüchliche und gegenläufige Bewegungen: So lässt sich einerseits durch die Epochen hindurch belegen, dass Universitäten gerade dort aufblühten, wo sie sich der in der außeruniversitären Umwelt praktizierten Literalität annähern. So wird bereits der Beginn der Universitätsgründung im oberitalienischen Raum unter anderem mit der dort herrschenden „einzigartig frühe[n], intensive[n] und komplexe[n], weitverbreitete[n] und wirkungsmächtige[n] [...] ‚moderne[n]' Schriftlichkeit der oberitalienischen Kommunen" begründet (vgl. Moraw 1994, S. 16); später wurden in Städten wie Basel, wo die florierenden Druckerzünfte die Universitäten zu besonderen Anziehungspunkten machten, auch die Bürger intensiver in das universitäre Leben einbezogen.

Andererseits war universitäre Schriftlichkeit immer auch gekennzeichnet durch typische widerständige Merkmale, die nicht an außeruniversitäre Entwicklungen angepasst wurden, etwa bestimmte Argumentations- und Gliederungsstrukturen, Codes usw. Dieses innerhalb der Institution Universitäten dominante Zeichensystem (vgl. auch Kap. 2.3) ist ein konstantes Moment der Qualitätssicherung und der Sicherung des eigenen Selbstverständnisses; zugleich macht das Festhalten daran (das „Versteinern der Codes", vgl. Kap. 2.3) Universitäten auch unbeweglicher gegenüber Neuerungen.

Im Gesamtzusammenhang der vorliegenden Arbeit war die Funktion dieses 3. Kapitels zum einen, diese geschichtlichen Wechselwirkungen aufzuzeigen, zum anderen Merkmale zu identifizieren, anhand derer praktizierte („traditionelle") Hochschulliteralitäten charakterisiert werden können. Diese Merkmale sollen es auch ermöglichen, im 5. Kapitel der Arbeit zu beschreiben, inwiefern mit der Nutzung digitaler Medien an Hochschulen Veränderungen einhergehen, die das etablierte Selbstverständnis von Forschung und Lehre betreffen.

Zur Gewinnung solcher Kriterien wurde auf das Konzept des Textsortenwissens zurückgegriffen. Demzufolge sind es *kontextuelle, inhaltliche* und *formale Merkmale*, die es den Mitgliedern einer Sprachgemeinschaft ermöglichen, spezifische Textsorten zu erkennen, zu beurteilen und sich selbst sprachlich gemessen zu verhalten. Um eine Textsorte zu charakterisieren, müssen dementsprechend Kontext, Inhalt(e) und formale Merkmale beschrieben werden. Insgesamt können (traditionelle) akademische literale Textsorten bei aller vorhandenen Heterogenität in der Regel charakterisiert werden als in sich geschlossene Werke eines individuellen, erkennbaren Autors, die eine bestimmte Funktion innerhalb des Hochschulkontextes einnehmen, die auch die Beurteilung von Leistungen beinhaltet und insofern die Hierarchieverhältnisse des Systems repräsentiert. Obwohl wissenschaftliche Veröffentlichungen (unabhängig von einer direkten „Verwertbarkeit" oder „Nützlichkeit" der jeweiligen Gegenstände) selbstverständlich nicht nur für einen in sich geschlossenen Hochschulkontext, sondern für die gesamte Gesellschaft von Bedeutung sind, müssen Wissenschaftler sich in der Darstellung an den Methoden und Konventionen ihrer Disziplin orientieren, um im Kontext Hochschule anerkannt zu werden.

Die Kompetenzen zur rezipierenden und schreibenden Nutzung akademischer Literalitäten müssen erworben werden. Trotz der Individualität der jeweiligen Prozesse und trotz der sehr unterschiedlichen Modelle zur Unterstützung dieses Prozesses gibt es auch hier allgemeine Kompetenzen, deren Erwerb bei allen Studierenden unterstützt werden muss, z.B. Recherche- und Beurteilungskompetenzen, aber auch Genre-Kenntnisse und Kenntnisse bezüglich des Schreibprozesses. Dabei wächst inzwischen langsam das Bewusstsein für die Bedeutung des – bisher zu wenig genutzten – Potenzials des Schreibprozesses für die Entwicklung (d.h. nicht nur die Darstellung) von Gedanken.

In diesem Kapitel wurden zur Beschreibung (traditioneller) hochschulliteraler Praktiken also unterschiedliche Kategorien angelegt. Zum einen wurden dazu die Merkmale *Kontext, Inhalt* und *Form* genutzt, außerdem wurde auf die notwendigen *Kompetenzen* eingegangen. Diese Kriterien wurden erweitert um die Kategorie *Definitionsmacht* (die im Grunde einen Teilaspekt des Bereichs „Kontext" darstellt), um die sonst häufig nicht thematisierten, in die literale Praxis aber deutlich hineinspielenden Machtverhältnisse explizit zu machen. Damit sind „offene" und erweiterbare Kategorien gewonnen, die im 5. Kapitel im Sinne eines „sensibilisierenden Konzepts" (vgl. Kap. 4.1.2) auch zur Beschreibung neuer literaler Praktiken und zu einer vergleichenden Gegenüberstellung von Altem und Neuem verwendet werden können.

4 Forschungsdesign und Durchführung der Untersuchung

Die Ausgangsfrage dieser Arbeit lautete: Wie verändert sich die Literalität an Hochschulen durch die neuen Medien? Lassen sich Bedingungen und Faktoren identifizieren, unter denen der Einsatz neuer literaler Formen gelingt? Welche (neuen) Kompetenzen benötigen die beteiligten Personen – Studierende und Lehrende – dazu? Als Grundlage zur Beantwortung dieser Fragen wurden bisher die Bedeutung von Literalität (Kap. 1), einzelner literaler Merkmale wie Zeichen und Code (Kap. 2) sowie schließlich zentrale Elemente *traditioneller* Hochschulliteralität (Kap. 3) untersucht.

Im folgenden 4. Kapitel werden nun die methodologischen Grundlagen und das methodische Vorgehen dargelegt werden, anhand derer dann im 5. Kapitel neue literale Praktiken an Hochschulen und deren Merkmale untersucht und in Beziehung zu den bisherigen Ergebnissen der Arbeit gesetzt werden. In Bezug auf die Gütekriterien sozialwissenschaftlicher Forschung dient das Kapitel damit zugleich der Transparenz bzw. der Verfahrensdokumentation (Mayring 1996, S. 119) und der intersubjektiven Nachvollziehbarkeit (Steinke 1999, S. 208) des Forschungsprozesses und der Forschungsergebnisse.

Den Ausgangspunkt bildet die Reflexion der methodologischen Grundlagen der Untersuchung (Kap. 4.1). Zunächst wird begründet, warum das Konzept des Fallvergleichs (als eines Verfahrens der qualitativen Sozialforschung) für die Untersuchung gewählt wurde (Kap. 4.1.1). Im Anschluss daran wird die Bedeutung des heuristischen Rahmens für die Auswahl der Fälle und das Vorgehen bei der Untersuchung jedes einzelnen Falles dargestellt (Kap. 4.1.2). Kap. 4.2 befasst sich mit der Durchführung der Untersuchung. Dabei wird die Fallauswahl erläutert (Kap. 4.2.1), im Anschluss daran werden die Erhebungsmethoden und die Funktion der Methodentriangulation (Kap. 4.2.2) sowie schließlich das Datenmanagement und der Prozess der Auswertung dargelegt (Kap. 4.2.3).

4.1 Methodologische Grundlagen

Die Frage nach der Geltungsbegründung empirischer Forschung wird in quantitativen und qualitativen Forschungsansätzen unterschiedlich beantwortet. Klassische Gütekriterien quantitativer Forschung sind Validität und Reliabilität: Im Vorhinein aufgestellte Hypothesen sollen durch statistisch repräsentative und wiederholbare Untersuchungen überprüfbar werden. Für die Fragestellung dieser Arbeit sind solche Verfahren nicht anwendbar. Ihr Gegenstand – neue literale Praktiken an Hochschulen – ist so jung, dass auf statistisch relevante Ausprägungen noch nicht zugegriffen werden kann. Der Umgang mit den neuen Techniken und den damit verbundenen literalen Formen wird zurzeit noch erprobt, es finden sich unterschiedliche Praktiken, die sich – im Gegensatz zu den traditionellen – noch nicht etabliert und noch keine verbindliche Form angenommen haben. Zurzeit bietet sich das Bild vieler neuer Literalitäten, die sich sowohl untereinander als auch von den traditionellen literalen Formen an Hochschulen erheblich unterscheiden. In der Untersuchung soll zum einen diese Vielfalt thematisiert werden; zum anderen geht es darum, (formale) Strukturen und (persönliche) Gründe der Beteiligten zu identifizieren, die dazu beitragen, dass neue literaler Praktiken akzeptiert und genutzt werden. Da dieses Ziel mit einem hypothesenüberprüfenden Ansatz in der Tradition quantitativer Untersuchungen nicht erreicht werden kann, wird ein qualitativer Forschungsansatz gewählt, bei dem es nicht (nur) um Theorie*überprüfung*, sondern vor allem um Theorie*bildung* geht – gerade in Bezug auf die Bedingungen des Funktionierens neuer literaler Formen. Bezüglich der oben angesprochenen – in qualitativen Forschungsansätzen selten gestellten – Frage nach der Geltungsbegründung der Untersuchung wird dabei mit Flick (1990, S. 189) an drei Punkten angesetzt, auf die in unterschiedlichen Abschnitten dieses Kapitels eingegangen wird: Bei den Daten selber, d.h. bei der Auswahlbegründung (Kap. 4.1.1 und Kap. 4.2.1), bei der Art der Erhebung, d.h. der Methodenangemessenheit (Kap. 4.1.1 und Kap. 4.2.2) sowie schließlich bei der Art der Interpretation (Kap. 4.1.1 und Kap. 4.2.3).

4.1.1 Fallvergleich als Forschungsmethode

Der Begriff „qualitative Sozialforschung" umfasst sehr unterschiedliche, teilweise stark divergierende oder sogar miteinander konkurrierende methodische und methodologische Ansätze. Dies betrifft Verfahren und Techniken der Datenerhebung und -auswertung ebenso wie die Ansprüche auf Verallgemeinerbarkeit der Forschungsergebnisse (vgl. Kelle/Kluge 1999, S. 9). Die Forderung nach Gegenstandsangemessenheit der Untersuchungsmethoden jedoch gilt unabhängig vom konkret gewählten Forschungsansatz als Gütekriterium empirischer Untersuchungen (Mayring 1996, S. 120; Steinke 1999, S. 215; Zimmer 1987, S. 26ff. und S. 130ff.). Eine solche Angemessenheit bezieht sich zunächst einmal auf die Fragen der Forschenden an ihren Gegenstand. Hilfreich erscheint dabei der Systematisierungsansatz von Christian Lüders und Jo Reichertz (1986, S. 92ff.). Sie unterscheiden zwischen unterschiedlichen Forschungsperspektiven innerhalb der qualitativen Forschung, mit denen jeweils verschiedene Untersuchungsmethoden verbunden sind:

- Oft richtet sich qualitative Forschung auf den „Nachvollzug subjektiv gemeinten Sinns" (ebd., S. 92); Zielpunkt ist das Subjekt, seine Sichtweise, sein Weltbild etc. Die „Rekonstruktion subjektiver Theorien bis hin zu deren kommunikativer Validierung" impliziert die Beteiligung der untersuchten Personen(gruppen) am Forschungsprozess (Flick 2004, S. 22).

- Das Forschungsziel kann aber auch die „Deskription sozialen Handelns und sozialer Milieus" (Lüders/Reichertz 1986, S. 93) sein. Notwendig ist dann die „Beschreibung und Dokumentation unterschiedlicher Lebenswelten, Milieus und gelegentlich [...] das Herausfinden der darin gehandelten Regeln und Symbole" (ebd.);

- Die „Rekonstruktion deutungs- und handlungsgenerierender Tiefenstrukturen", die dritte genannte Perspektive (ebd., S. 95), zielt über den subjektiv gemeinten Sinn und die oberflächlich erkennbaren Strukturen hinaus auf Ebenen, die den Handelnden nicht unbedingt bewusst sein müssen.

Diese hier analytisch getrennten Forschungsperspektiven können in einer Untersuchung im Sinne einer Perspektiventriangulation wieder zusammengeführt werden. Wichtig ist dabei, dass die Forschenden selber sich ihrer Ziele bewusst sind, ihre Methoden entsprechend auswählen und diesen Prozess offenlegen. Im Zusammenhang der vorliegenden Arbeit ist es wichtig zu überprüfen, ob und wie sich durch die Nutzung der neuen Techniken neue Textsorten herausbilden, die anerkannt und praktiziert werden. Die Untersuchung setzt deshalb an bei der Deskription der „gehandelten Regeln und Symbole", Techniken und Formen des Lesens und Schreibens in einem bestimmten Milieu, dem Hochschulkontext. Dazu müssen konkrete literale Artefakte beschrieben und analysiert werden, anhand derer dann geprüft werden kann, inwiefern sie sich von traditionellen literalen Praktiken unterscheiden und welcher (Lern-)Kulturwandel ggf. damit verbunden ist (vgl. Kap. 2.3). Selbstverständlich spielen bei der Herausbildung literaler Formen aber auch die subjektiven Handlungsbegründungen und Motivationen der einzelnen Beteiligten eine Rolle, nach denen deshalb in einem zweiten Schritt gefragt wird. Letztlich geht es jedoch darum, über die bloße Beschreibung und subjektiven Handlungsbegründungen hinaus Strukturen zu identifizieren bzw. zu rekonstruieren, die zur Herausbildung, Nutzung und Akzeptanz neuer Literalitäten beitragen.

In die Konkretisierung des Untersuchungsdesign müssen die bereits herausgearbeiteten Charakteristika von Literalität(en) an Hochschulen einbezogen werden. So wurde deutlich, dass im Alltag des sozialen Kontextes Hochschule immer verschiedene literale Praktiken parallel, komplementär und einander ergänzend genutzt werden (vgl. Kap. 3). Dies bedeutet für die Untersuchung, dass der gewählte Ansatz dieser Komplexität und auch Widersprüchlichkeit literaler Formen als sozialer Praxis gerecht werden muss.

Es liegt deshalb nahe, in dieser Arbeit *unterschiedliche* zurzeit sich entwickelnde neue literale Praktiken zu untersuchen und im Rahmen von Fallstudien zu betrachten. Dies scheint auch insofern sinnvoll, als diese sich möglicherweise wechselseitig beeinflussen. Zugleich wird damit eine Entscheidung gegen andere, ebenfalls mögliche Vorgehensweisen getroffen, z.B. die Möglichkeit *einen* Fall vertieft zu untersuchen oder mehrere Fälle einer Textsorte vergleichend untersuchen. Als

„Fall" werden also in dieser Arbeit neue literale Praktiken definiert – also z.B. ein Hypertext, eine Mailingliste, ein Weblog usw. –, während in der qualitativen Sozialforschung sonst in der Regel Einzelpersonen oder soziale Gruppen untersucht werden (vgl. Flick 2000, S. 253f.). Beispielsweise untersuchte Patricia Arnold (2003) eine Community of Practice, deren Mitglieder, Studierende eines Fernstudienanbieters, durch ihre Studiensituation und ihr Studienziel verbunden waren und zur gegenseitigen Unterstützung eine Mailingliste einsetzten. Am Ausgangspunkt der Untersuchung dieser Arbeit stehen dagegen nicht die Personen oder sozialen Gruppen, die eine neue literale Praxis anwenden, sondern die jeweilige literale Praxis als solche. Welche Personen und in welchem Kontext an dieser Praxis beteiligt sind, ist dagegen Untersuchungs*gegenstand*; dabei kann sich von Fall zu Fall unterscheiden, ob es sich um Einzelpersonen oder Gruppen[79] handelt, ob die Personen und deren jeweilige Handlungen identifizierbar sind usw. Um eine neue literale Praxis im Hochschulkontext als Fall betrachten und untersuchen zu können, ist es jedoch nötig, jeweils bestimmte Rahmungen zu definieren. So werden der Einsatz eines Diskussionsforums oder eines Hypertextes nicht als einmaliges Ereignis betrachtet; zu einem für diese Arbeit relevanten „Fall" werden sie, insofern sie in einen Veranstaltungszusammenhang eingebettet sind und jeweils über den Zeitraum von einem Semester mitverfolgt werden können. Welche Rahmenbedingungen zur Definition des jeweils konkreten Falls gehören, wird bei der Beschreibung des Kontextes jedes einzelnen Falls in Kap. 5 dargestellt.

Für diese Arbeit wird also ein Verfahren des Fallvergleichs bzw. der Fallkontrastierung gewählt. Solche Verfahren spielen unabhängig von den gewählten Verfahren und Zielen eine wichtige Rolle in der qualitativen Forschung (vgl. Kelle/ Kluge 1999, S. 9). Welche Aussagekraft haben fallvergleichende Untersuchungen? Sie können gleichzeitig unterschiedliche Funktionen einnehmen: In ihrer deskriptiven Funktion dienen sie dazu, die soziale Realität zu beschreiben, zu strukturieren und in ihrer Komplexität zu reduzieren. Ihre hypothesengenerierende Funktion ermöglicht es, kausale Beziehungen zwischen Unterschieden und Ähnlichkeiten der untersuchten Fälle abzuleiten (ebd.). Auf die Frage, wie sich das Allgemeine in einem Fall abbildet, gibt die vergleichende Betrachtung unterschiedlicher Fälle eine andere Antwort als z.B. die „konsequente Idiographik" (Flick 1990, S. 184), aus der von einem Einzelfall auf die darin liegenden allgemeinen Strukturen geschlossen wird, wie etwa in der objektiven Hermeneutik Ulrich Oevermanns. Auch kann es nicht darum gehen, ein einzelnes Phänomen aus dem Fallzusammenhang herauszulösen („Quasi-Nomoethik", Flick 1990, S. 185f.) und vergleichend zu untersuchen; dies ist auch in Bezug auf die Untersuchung von Literalität unangemessen, da in dieser Arbeit gezeigt wurde, dass dazu ein *Bündel*

---

79 Dabei können die beteiligten Personen z.B. zu einer Seminargruppe gehören; es ist jedoch auch möglich, dass sie als „Gruppe" nur insofern betrachtet werden können, als sie lesend (oder schreibend) die untersuchten neuen literalen Formen nutzen oder gestalten ohne durch ein gemeinsames inhaltliches oder formales Ziel verbunden zu sein.

von Merkmalen einbezogen werden muss, die wechselseitig miteinander in Beziehung stehen (Kontext, Form, Inhalte usw., vgl. Kap. 3). Die ausschließliche Untersuchung einzelner – scheinbar naheliegender – Faktoren (z.b. genutzte Zeichensysteme, Codes usw.) ist unangemessen und letztlich wenig aufschlussreich. Stattdessen geht es darum, „Wege zu suchen, die den Sprung vom Fall zum Allgemeinen – den Regeln oder dem Typischen – und das zugrundegelegte Verhältnis der Fälle zueinander deutlich werden lassen – auch in der Darstellung der Ergebnisse durch den Forscher" (Flick 1990, S. 186). Die Strategie liegt darin, in Auswertung und Darstellung[80] zunächst jeden Fall als Fall zu betrachten (vgl. Kap. 5) und danach eine fallvergleichende Analyse anzuschließen (vgl. Kap. 6). Die Darstellung muss dabei so erfolgen, dass der „Sprung" zu verallgemeinernden Aussagen nachvollziehbar bleibt (Flick 1990, S. 186). Dies bedeutet, dass verallgemeinerbare Aussagen hier nicht aus einem einzelnen Fall abgeleitet werden können und dass auch über Phänomene, die in mehreren oder allen Fallstudien auftreten, nur dann verallgemeinernde Aussagen getroffen werden können, wenn dabei die Fallzusammenhänge mitberücksichtigt werden.

Obwohl die Bedeutung des systematischen Fallvergleichs für die qualitative Sozialforschung in der Literatur häufig betont wird (z.b. Lamnek 2005, S. 318f.; Mayring 1996, S. 105ff.), gehen allgemeine Handbücher auf die dazu notwendige Methodologie meist nur überblicksartig ein. Die folgenden Ausführungen orientieren sich an den von Udo Kelle und Susann Kluge (1999) vorgeschlagenen methodologischen und forschungspraktischen Schritten sowie an den Überlegungen der *Projektgruppe Automation und Qualifikation*, die in den 1980er Jahren umfangreiche Untersuchungen im Bereich der Automationsforschung durchführte (vgl. PAQ 1980 und 1987).

Für die Durchführung einer Untersuchung ist die Fallauswahl ein zentraler Faktor. Bei vergleichenden Fallstudien ist das Ziel einer Stichprobenauswahl nicht – wie in quantitativen Untersuchungen – statistische Repräsentativität, „vielmehr kann es nur darum gehen, daß die im Untersuchungsfeld tatsächlich vorhandene *Heterogenität* in den Blickpunkt gerät" (Kelle/Kluge 1999, S. 99). Dabei darf die Auswahl natürlich nicht zufällig erfolgen. Nach Bruno Hildenbrand (1987, S. 160) ist eine Kontrastierung besonders interessant, wenn sie minimale oder maximale Abweichungen thematisiert. Kelle und Kluge (1999, S. 39f.) nennen für eine bewusste, kriteriengeleitete Auswahl geeigneter Fälle unterschiedliche Samplingstrategien:

- die Fallkontrastierung anhand von Gegenbeispielen,

---

80 Zunehmend wird inzwischen auf die Bedeutung der Darstellung von Forschungsergebnissen gerade qualitativer Forschung verwiesen: Neben der „Logik der Forschung" ist auch die „Logik der Darstellung" einzubeziehen (vgl. Bude 1989). Auch die schriftliche Darstellung „ist immer zugleich eine Konstruktion von Wirklichkeit" (Matt 2000, S. 581).

- die von Glaser und Strauss vorgeschlagene Strategie des „theoretical sampling", bei der Kriterien für die Auswahl des jeweils nächsten Falles danach definiert werden, welche Hypothesen und Theorien sich im Forschungsprozess entwickeln, oder

- die Auswahl anhand eines qualitativen, zu Beginn der Studie festgelegten Stichprobenplans. Dabei erfolgt eine Definition der Auswahlmerkmale a priori, um sicherzustellen, dass im Sample alle theoretisch relevanten Merkmalskombinationen vertreten sind.

Für die vorliegende Arbeit bietet sich eine in Anlehnung an die *Projektgruppe Automation und Qualifikation* (PAQ) leicht abgewandelte Form des letztgenannten Verfahrens an. Auch hier gilt es sicherzustellen, dass im Sample alle bedeutend erscheinenden neuen literalen Formen in ihrer Heterogenität und Varianz vertreten sind. Dies geschieht jedoch nicht dadurch, bestimmte Merkmalskombinationen zur Auswahl heranzuziehen; vielmehr kann in Anlehnung an PAQ auch für die neuen literalen Praktiken formuliert werden, dass „alle technischen Neuerungen [...] auch zur Kenntnis genommen werden" sollen: „Von jedem Typus [für die vorliegende Arbeit: von jedem Typus neuer literaler Formen] sollte zumindest ein Exemplar im Untersuchungssample vorhanden sein" (PAQ 1980, S. 31; vgl. zur konkreten Fallauswahl unten Abschnitt 4.2.1).

Wie inzwischen deutlich wurde, besteht zwischen den untersuchten Fällen große Heterogenität. Um deren Verbindung in Bezug auf die Untersuchungsfrage aufzuzeigen, ist deshalb eine systematische Kontrastierung anhand gemeinsamer Analysedimensionen sinnvoll: „Eine vergleichende Kontrastierung von Fällen erfordert grundsätzlich das Vorhandensein von *Vergleichsdimensionen*" (Kelle/ Kluge 1999, S. 98). Ebenso wie die kriteriengeleitete Auswahl einer Samplingstrategie kann auch die Konstruktion dieser Vergleichsdimensionen auf unterschiedliche Weise erfolgen. So kritisiert beispielsweise Flick (1990, S. 188) das Vorgehen Gerd Jüttemanns (1981), vor der Datenerhebung Kategorien zu entwickeln und diese „von außen" an den Fall heranzutragen und schlägt stattdessen vor, die Dimension aus dem Fall zu entwickeln und zugleich kontrastierend vorzugehen. Nach Kelle und Kluge (1999, S. 98) sind dies zwei von drei möglichen Vorgehensweisen bei der Entwicklung von Vergleichsdimensionen, die sie (analog zur Wahl der Samplingstrategie) vorstellen: (1) die Entwicklung kontrastiver Kategorien während der Datenauswertung, (2) die Entwicklung von Kategorien im Prozess des „theoretical sampling" oder (3) die Festlegung von Kategorien „vor der Datenerhebung in Form eines *heuristischen Rahmens*" (wie bei einem qualitativen Stichprobenplan). Dabei hängt die Auswahl des jeweils geeigneten Vorgehens vom Ziel der Untersuchung ab. Für die vorliegende Arbeit bietet sich eine Kombination aus der 2. und 3. Strategie an: Zum einen geht es darum zu untersuchen, wie sich neue literale Formen von den traditionellen Formen unterscheiden. Dazu müssen die Kategorien herangezogen werden, die als relevante Merkmale traditioneller literaler Formen herausgearbeitet wurden (vgl. Kap. 3.1 und Kap. 3.5). Es geht jedoch auch darum, offen für die Entdeckung von Merkmalen und Strukturen neuer literaler Formen zu sein und sich von Daten „überraschen zu lassen" (ebd., S. 61), die sich in diesen Kategorien nicht fassen lassen. Auch hier wird einerseits das Vorwissen in Bezug auch auf die neuen literalen Formen einbezogen (vgl. dazu Kap. 5). Außerdem sollen die Fallstudien parallel zueinander ausgewertet werden, um dadurch die Aufmerksamkeit für spezifische Merkmale neuer literaler Formen zu schärfen (vgl. dazu Abschnitt 4.2.2).

Da also der heuristische Rahmen sowohl für die Fallauswahl also auch für die Definition der Analysedimensionen zum Vergleich der Fälle – und darüber hinaus für den gesamten Prozess der Datenerhebung und -auswertung – von entscheidender Bedeutung ist, soll im folgenden Abschnitt dargestellt werden, welches theoretische Wissen auf welche Weise in die Untersuchung einbezogen wurde und welche Funktion es bei der Durchführung hatte.

4.1.2 Die Bedeutung des heuristischen Rahmenkonzepts

In Abgrenzung zur (quantitativen) sozialwissenschaftlichen Methodenlehre, die ihre Hypothesen zu Beginn des Forschungsprozesses formuliert, wird qualitative Sozialforschung oft als „offene Datensammlung" bzw. „induktive Vorgehensweise" konzeptualisiert (Kelle/Kluge 1999, S. 16). Der damit verbundene Anspruch, sich dem untersuchten Feld möglichst unvoreingenommen zu nähern, wird häufig auf Barney Glaser und Anselm Strauss (1967; 1998) zurückgeführt, die im Rahmen ihres Ansatzes der *Grounded Theory* die Anforderung stellten, theoretische Konzepte, Kategorien, Typen und Hypothesen nicht im vorhinein an die erhobenen Daten anzulegen. Stattdessen sei eine „unvoreingenommene" Position zur Erfassung der Realität notwendig, wenn nicht eigene Vorurteile und Konzepte hineingelesen werden sollen: Theoretische Konzepte sollen aus den erhobenen Daten „emergieren". Dagegen konstatieren Kelle und Kluge (1999, S. 17): „Die Unbrauchbarkeit naiv empiristischer Modelle des Forschungsprozesses kann seit Kant als erwiesen gelten, und es gehört zu den wenigen theoretischen Aussagen, in der fast alle modernen wissenschaftsphilosophischen Schulen übereinstimmen, dass es *‚keine Wahrnehmung geben (kann), die nicht von Erwartungen durchsetzt ist'".* Sie unterstützen dieses erkenntnistheoretische Argument dadurch, dass die Undurchführbarkeit solcher induktivistischen Forschungsstrategien auch auf der Ebene der Forschungspraxis bestätigt wird (ebd.). Auch Glaser und Strauss selbst folgten in ihrer Forschungspraxis ihren eigenen Empfehlungen nicht und entwickelten an anderer Stelle das Konzept der „theoretischen Sensibilisierung", einer Methode, deren Anliegen es ist, theoretisches Vorwissen und eigene Vorerfahrungen methodisch sauber in den Forschungsprozess einzubringen und offenzulegen (vgl. Glaser 1978; Strauss/Corbin 1996). Bei dem von Herbert Blumer

(1940; 1954) vorgeschlagenen Ansatz der „sensibilisierenden Konzepte" („sensitizing concepts") dient das Vorwissen der Forschenden als sensibilisierende „Linse" und darf nicht vor der Untersuchung präzisiert werden. Vielmehr werden die im Vorfeld vage und vieldeutig gehaltenen Begriffe erst im Laufe der Untersuchung präzisiert und in theoretische Konzepte transformiert.

Jedoch entstehen konkretere und definitivere Formen des Vorwissens oft bereits durch die Lektüre der Fachliteratur über den Forschungsgegenstand. Solche Vorannahmen sind somit nicht Hypothesen gegenüber Subjekten, sondern Grundwissen über den Forschungsgegenstand (PAQ 1980, S. 22). Ein umfassendes Konzept, das solches Vorwissen in qualitative Forschungsansätze integriert, muss deshalb über Blumers Ansatz der sensibilisierenden Konzepte und das Konzept der theoretischen Sensibilisierung von Glaser und Strauss hinausgehen, zugleich darf es aber den Forschungsprozess nicht determinieren. Daraus ergibt sich die Anforderung an qualitative Studien, das eingebrachte theoretische Vorwissen in Form eines heuristischen Rahmenkonzepts offenzulegen und eine fortlaufende Integration zwischen theoretischen und empirischen Forschungsschritten zu gewährleisten.

In Bezug darauf, welche Kategorien zur Beschreibung neuer literaler Formen und zu deren Vergleich untereinander herangezogen werden können, kann für die vorliegende Arbeit die systematische Erörterung traditioneller hochschulliteraler Textsorten im 3. Kapitel als ein solcher heuristischer Rahmen betrachtet werden: Um etwas zum Stand des Neuen sagen zu können, „muss zunächst herausgearbeitet werden, welches die bestimmenden Merkmale des Alten sind", auf dieser Grundlage können dann Abweichungen vom „fixierten Alten" gemessen werden (PAQ 1980, S. 34). Nun kann beispielsweise untersucht werden, ob die neuen literalen Formen Anforderungen an traditionelle Literalität negieren. Das dabei entwickelte Vorwissen kann als „Forscherwissen" klassifiziert werden, dem in der Untersuchung das „Akteurswissen" der handelnden Personen begegnet (vgl. Kelle/Kluge 1999, S. 29f.). Zugleich haben die bei der Beschreibung traditioneller Textsorten entwickelten und eingesetzten Untersuchungskategorien den von Kelle und Kluge (ebd., S. 32ff.) geforderten „geringen Grad an empirischem Gehalt". Dies bedeutet, dass sie nicht im Sinne quantitativer Forschung verwendet werden (und damit falsifizierbar sind), sondern eher im Sinne eines „sensibilisierenden Konzepts", etwa als „offene" Frage danach, welcher Code oder welches Zeichensystem in einem Text verwendet werden und nicht, „ob" und mit welcher Häufigkeit ein bestimmter Code verwendet wird.

Das dieser Arbeit zugrunde liegende Vorwissen über *neue* literale Praktiken wurde bisher noch nicht systematisch geschlossen dargestellt, auch wenn einzelne Aspekte wie etwa die Frage nach den Textgrenzen bereits kurz angerissen wurden (vgl. Kap. 2.2.2). Der Grund hierfür ist eine Entscheidung bezüglich der Gliederung dieser Arbeit: Zunächst war (analog zum 3. Kapitel „Traditionelle literale Formen") ein eigenes, von den Fallunteruchungen getrenntes Kapitel zum theoretischen Vorwissen über neue literale Formen geplant. Auf ein solches Kapitel hätte dann an dieser Stelle z.B. zur Begründung der Fallauswahl verwiesen werden können. Stattdessen wird jedoch nun im 5. Kapitel jeweils für jede relevant erscheinende neue literale Praxis zunächst das zugrunde liegende Vorwissen dargestellt; im Anschluss daran erfolgt die Darstellung der jeweiligen Falluntersuchung. Auf diese Weise werden die Fallstudien besser in den Gesamtkontext neuer literaler Praktiken an Hochschulen eingebettet, außerdem entsteht damit eine höhere Geschlossenheit und bessere Lesbarkeit der Darstellung. Dies bedeutet jedoch, dass die im folgenden Abschnitt 4.2.1 erläuterte Fallauswahl auf einem *Vorgriff* auf die im 5. Kapitel erfolgende Darstellung der wesentlichen neuen literalen Praktiken beruht.

Abschließend darf nicht unerwähnt bleiben, dass von eigenen Erfahrungen mit den neuen literalen Formen – sowohl im wissenschaftlichen als auch im privaten Zusammenhang – nicht abstrahiert werden kann: Positive und negative Erfahrungen bei der Lektüre von Hypertexten, Weblogs und Wikis, der Nutzung von Mailinglisten und Diskussionsforen in Online-Weiterbildungsangeboten und privaten Zusammenhängen wurden deshalb in die Untersuchung und Datenauswertung kritisch reflektierend einbezogen.

4.2   Durchführung der Untersuchungen

Während in Kap. 4.1 die methodologischen Grundlagen der Untersuchung dargestellt wurden, geht es nun in Kap. 4.2 um die wesentlichen Entscheidungen zur praktischen Durchführung der Untersuchung. Um die notwendige Transparenz des Forschungsprozesses zu gewährleisten, werden im Folgenden die Auswahl der Fälle, der Erhebungsverfahren und -instrumente sowie die Prinzipien des Datenmanagements und der Auswertung dargestellt und begründet.

4.2.1   Die Auswahl der Fallstudien

Wie oben ausgeführt, sollen in der Untersuchung die relevanten neuen literalen Formen berücksichtigt werden, die an Hochschulen eingesetzt werden (vgl. Kap. 4.1.2). Dabei werden die neuen literalen Formen drei Hauptkategorien zugeordnet, die jeweils intern weiter unterteilt sind: Kommunikation (ein push- und ein pull-Medium), Hypertexte (als Lernmaterialien und wissenschaftliche Texte) und Formen der seit etwa 2003 im deutschsprachigen Raum genutzten sog. „Social Software" zur kooperativen und individuellen Darstellung von Inhalten (vgl. zu dieser Einteilung und der Darstellung der jeweiligen Formen ausführlich Kap. 5). Innerhalb der drei Hauptkategorien werden jeweils zwei für die Untersuchung relevante neue Textsorten identifiziert: Im Bereich der Kommunikation sind dies *Diskussionsforum* (pull-Medium, Fallstudie 1) und *Mailingliste*[81] (push-Medium, Fallstudie 2), im Bereich der Social Software *Wikis* (als Form der kooperativen Darstellung von Inhalten, Fallstudie 5) und *Weblogs* (als Form der individuellen Wissensdarstellung, Fallstudie 6); schließlich bilden die *Hypertexte* (Fallstudie 4 und 5) eine weitere typische neue Textsorte. Um dem Kontext Hochschule gerecht zu werden, wird in jeder Hauptkategorie je ein Fall dem Bereich der Lehre zugeordnet (und damit einer geschlossenen Veranstaltung, z.b. einer Seminargruppe) und ein Fall eher dem Bereich von Wissenschaft und Forschung (und damit der – durch die neuen Medien möglichen – Öffentlichkeit). Die folgende Tabelle gibt einen Überblick über alle untersuchten Fälle und deren Einteilung:

Kontext		Lehre; geschlossene Gruppe	Forschung/Wissenschaft; offene/teiloffene Gruppe
Kommuni-kation	Diskussions-forum	Fallstudie 1: Einsatz eines Diskussions-forums in einem Hochschul-seminar	
	Mailingliste		Fallstudie 2: eine wissenschaftliche Mailingliste
Hypertexte	Studien-material	Fallstudie 3: ein Hypertext als Studienma-terial	
	Wissenschaftl. Hypertext		Fallstudie 4: eine Dissertation als Hypertext
Social Software	Wiki (kooperativ)	Fallstudie 5: Wiki-Nutzung in einem Hoch-schulseminar	
	Weblog (individuell)		Fallstudie 6: ein wissenschaftliches Weblog

Tab. 2: Überblick über die Zuordnung der untersuchten Fälle

Untersucht werden deutschsprachige Beispiele aus dem deutschsprachigen Hochschulraum.[82] Damit ist zunächst einmal ein (zumindest relativ) einheitlicher Kon-

---

81 Auch die Untersuchung der E-Mail-Korrespondenz zwischen zwei Personen wäre interessant; allerdings sind dabei Zugänglichkeit und Definition eines Untersuchungskorpus erheblich schwieriger. Zudem erscheint die Untersuchung einer *öffentlichen*, asynchronen, wissenschaftlichen Kommunikationssituation für die Fragestellung der Arbeit aufschlussreicher.

82 Für die dem Bereich Lehre zugeordneten Fallstudien wurden Beispiele aus der Ruhr-Universität Bochum ausgewählt. Im Zusammenhang dieser Arbeit erscheinen sie auch insofern als besonders geeignet, als E-Learning an der Ruhr-Universität – anders als an anderen Hochschulen – kaum durch größere Drittmittelprojekte gefördert wurde. An der Ruhr-Universität steht die Präsenzlehre im Vordergrund; E-Learning wird seit der Implementierung der

text für diese Untersuchung so heterogener Fälle gegeben. Außerdem verlief die Entwicklung in Deutschland (bzw. in Europa) bisher anders als beispielsweise im us-amerikanischen Raum (z.b. in Bezug auf die Ausbreitung von Wikis und Weblogs). Da es jedoch auch innerhalb des europäischen Hochschulraums trotz des Fortschreitens des Bologna-Prozesses starke Unterschiede in der Wissenschaftskultur (und deren literalem Ausdruck) gibt und in die Untersuchung auch die Beschreibung (wissenschaftlicher) Codes einbezogen werden muss, erscheint die Begrenzung auf den deutschsprachigen Raum sinnvoll.

Zentrales Auswahlkriterium für die einzelnen Fälle ist das „Funktionieren" der jeweiligen literalen Praxis, also die aktive Nutzung z.b. einer Mailingliste, die Akzeptanz eines als Studienmaterial eingesetzten Hypertextes usw. Außerdem wurden, soweit möglich, nicht „best-practice"-, sondern „good-practice"-Beispiele ausgewählt. In der Regel haben „[K]lassische qualitative Untersuchungen [...] das Besondere zum Thema" (Merkens 2000, S. 287). In dieser Arbeit sollten jedoch gerade nicht solche Beispiele untersucht werden, die „sich vom Gewohnten, Normalen, Durchschnittlichen" abheben (Fatke 1997, S. 61), sondern solche, die sich schon in gewisser Weise „etabliert" hatten (und möglichst ohne großen Aufwand auch in anderen Zusammenhängen umgesetzt werden könnten).[83] Dieses Auswahlkriterium kann zumindest für solche literalen Praktiken angewendet werden, die bereits seit einigen Jahren auch im Hochschulraum eingesetzt werden, z.B. Diskussionsforen und Hypertexte. In Bezug auf die noch sehr neuen Formen der Social Software ging es zunächst einmal darum, praktizierte Beispiele überhaupt zu finden. Auch wenn sich erst im Verlauf der Entwicklung erweisen kann, ob diese „typisch" für den Einsatz sein werden, können diese Beispiele zur Erkenntnis des Entwicklungsprozesses durchaus beitragen.[84]

Ein weiteres Auswahlkriterium ist die *Zugänglichkeit* der Fallbeispiele (vgl. Merkens 2000, S. 288f.). Dies ist besonders dann von Bedeutung, wenn die neue literale Praxis in einer geschlossenen Gruppe eingesetzt wird, z.B. einem Hochschul-

---

virtuellen Lernplattform Blackboard für die gesamte Ruhr-Universität im Jahr 2000 kontinuierlich, jedoch „pragmatisch" durch das Rektorat unterstützt. Die gewählten Beispiele stehen also für eine Nutzung von E-Learning, das ohne vermehrte finanzielle und personelle Ressourcen im Hochschulalltag umgesetzt werden kann (zur Geschichte des E-Learning an der Ruhr-Universität vgl. www.rubel.rub.de/elearning/geschichte.htm // 20.07.2007). Die Ruhr-Universität Bochum wurde 1965 gegründet und ist eine Voll- und Campusuniversität mit 20 Fakultäten, mehr als 33.000 Studierenden (WS 2006/07) und 350 Professorinnen und Professoren (www.ruhr-uni-bochum.de/profil/fakten/zahlen.htm // 20.07.2007).

83 Man könnte es in gewisser Weise im umgekehrten Sinn als „außergewöhnlich" bezeichnen, wenn sich ein solcher etablierter Gebrauch der neuen literalen Formen bereits herausgebildet hat.

84 „Das Neue tritt ja nicht sogleich auf als Massenerscheinung, als Durchschnitt. Es ist nicht schon allgemein durchgesetztes Resultat, sondern selber Beginn" (PAQ 1980, S. 35). Möglicherweise kann das einzelne Neue als Vorbote der allgemeinen Entwicklung mehr über das Wesen des Prozesses aussagen als der Durchschnitt (vgl. ebd.).

seminar. Um nicht durch teilnehmende Beobachtung (oder etwa eigene Leitung einer Veranstaltung) die Erhebungsergebnisse (in Bezug zu den anderen Fällen) zu verfälschen, mussten quasi im Nachhinein Hochschulveranstaltungen identifiziert werden, in denen die entsprechenden neuen literalen Formen eingesetzt, akzeptiert und genutzt wurden. Es musste Zugang zu den in einem Kurs entstandenen Artefakten bestehen und die Möglichkeit zum Interview mit Lehrenden und Studierenden gegeben sein.[85] Da gerade bei den neuen Kommunikationsformen zeitliche Faktoren (Antwortgeschwindigkeiten usw.) sehr wichtig sind und das eigene Miterleben ein anderes Gefühl der Authentizität schafft als das nachträgliche Lesen von Archivbeiträgen (vgl. Arnold 2003, S. 124), ist diese Zugangsweise nicht optimal; dennoch erscheint sie als die günstigste Lösung.

Über diese allgemeine Darlegung der Prinzipien der Fallauswahl hinaus ist natürlich auch eine konkrete Begründung für die Auswahl jedes einzelnen Falles notwendig. Diese erfolgt in Kap. 5 jeweils vor der Darstellung der einzelnen Fälle. Dabei lässt sich – in Anlehnung an die Projektgruppe Automation (PAQ 1980, S. 37) – auch für diese Arbeit „nicht mit Wahrscheinlichkeitskoeffizienten berechnen, ob wir die bestmögliche Praxis, die entwickeltste Durchsetzungsform des Neuen in unsere Untersuchung überhaupt einbezogen haben." Die Relevanz der Ergebnisse liegt also nicht im *„konkreten* Handeln" des einzelnen Falls, sondern „in der Dynamik des Heranreifens derartiger *Möglichkeiten* der Entwicklung". Der Fehler läge deshalb darin, das Sample zu klein zu wählen (ebd., S. 37f.).

4.2.2 Datenquellen und Erhebungsmethoden

Prinzipiell können zur Analyse von Fallbeispielen unterschiedliche Methoden angewendet werden. Das wesentliche Kriterium zur Auswahl der Methoden ist deren Gegenstandsangemessenheit. Wie in der Einleitung dieses Kapitels erwähnt, sind Gültigkeit und theoretische Relevanz qualitativer Forschung unter anderem in der Methodenangemessenheit der Datenerhebung begründet, die ein wesentliches Gütekriterium darstellt. Ein zentrales Verfahren ist dabei die *Triangulation*, d.h. die Betrachtung des Forschungsgegenstands von mindestens zwei Punkten aus, meist auch mit verschiedenen Methoden (vgl. Flick 2004, S. 11). Auch sie war zunächst konzipiert als Strategie der Geltungsbegründung; das ursprüngliche Anliegen Norman Denzins, der 1970 eine erste systematische Konzeptualisierung vorlegte[86], waren die Validierung, Steigerung der Reliabilität sowie die Fundierung der Theoriebildung. Denzin nahm an, dass die Richtigkeit qualitativer Forschungs-

---

85 Dabei ist die Rolle von Kontaktpersonen wichtig. Die Verbindung zu den „gatekeepers" (Merkens 2000, S. 288) wird deshalb in den Darstellungen der einzelnen Fälle berücksichtigt.
86 Flick (2004, S. 7) merkt jedoch an, dass viele „klassische Studien" qualitativer Forschung zwar nicht den Begriff verwendet, wohl aber mit deren Prinzipien und Methoden gearbeitet haben.

ergebnisse, die mit einer bestimmten Methode erhoben wurden, dadurch geprüft werden könne, dass zu demselben Gegenstand auch mit einer anderen Methode Daten erheben wurden. Außer Acht gelassen wurde dabei teilweise die Gegenstandskonstituierung durch Methoden; darauf bezogen sich dann auch vor allem die kritischen Diskussionen. In einer späteren Fassung betonte Denzin (1989, S. 246; Flick 2004, S. 17) dann weniger Validität und Objektivität als tieferes Verständnis des Gegenstandes. Inzwischen wird Triangulation weniger als Validierungsstrategie verstanden (Flick 1990, S. 192); nach Siegfried Lamnek (2005) ergibt sie komplementäre, nicht kongruente Ergebnisse. Durch die „Zusammenführung verschiedener Instrumente und wechselseitiger Beleuchtung der mit ihnen erzielten Ergebnisse" soll die Leistungskraft empirischer Forschung erhöht werden (PAQ 1980, S. 42).

Wie ist eine tatsächlich vielschichtige Betrachtung des Gegenstands zu gewährleisten? Nach Flick (1990, S. 192) ist der Ausgangspunkt die Systematisierung der Forschungspraxis, z.B. die (in Abschnitt 4.1.1 dargestellte) Unterscheidung dreier Forschungsperspektiven und damit verbundenen Methoden bei Lüders und Reichertz (1986, S. 92ff.). Ein anderer Ansatz ist Jörg Bergmanns (1985) Unterscheidung zwischen rekonstruktiven Verfahren (alle Formen von Interviews, teilnehmende Beobachtung usw., bei denen die Forschenden im Feld sind und dann mit ihren Fragen „sinnproduzierende Eingriffe" produzieren) und interpretativen Verfahren, d.h. Ansätzen, die ohne daten- und sinnproduzierende Eingriffe der Forschenden in das untersuchte Feld auskommen. Danach geben (nachträglich geführte) Interviews dem ursprünglichen Sinn- und Handlungszusammenhang einen sekundären Sinnzusammenhang, der den ursprünglichen überlagert (ebd., S. 305f.).

Solche Unterscheidungen können genutzt werden, um eine Triangulation systematisch zu gestalten: Da alle Verfahren begrenzt sind, kann das „Potenzial der Triangulation verschiedener qualitativer methodischer Zugänge […] darin liegen, systematisch unterschiedliche Perspektiven zu verbinden und unterschiedliche Aspekte des untersuchten Gegenstandes zu thematisieren" (Flick 2004, S. 23f.). Weil die jeweilige Methode den Gegenstand mitkonstituiert, ist eine begründete Auswahl der triangulierten Perspektiven und Methoden und eine Kombination geeigneter Datensorten wichtig (ebd., S. 24). Nigel und Jane Fielding (1986, S. 34) fordern deshalb, mindestens zwei Perspektiven zu kombinieren, von denen eine darauf ausgerichtet ist, die strukturellen Aspekte des Problems zu identifizieren und die andere, die wesentlichen Merkmale seiner Bedeutung für die Beteiligten zu erfassen. Anders formuliert, sollten also – im Sinne Bergmanns (1985, s.o.) – ein interpretatives und ein rekonstruktives Verfahren miteinander verbunden werden; die „Deskription sozialen Handelns und sozialer Milieus" und der „Nachvollzug subjektiv gemeinten Sinns" (Lüders/Reichertz 1986, S. 92f.) sind einander ergänzende Perspektiven.

Die folgende Tabelle gibt eine Übersicht über die in den einzelnen Fallstudien genutzten Datenquellen und Erhebungsmethoden:

Fallstudien	Datenquellen	Erhebungsmethoden
Fallstudie 1 Einsatz eines Diskussionsforums in einem Hochschulseminar	– Archiv des Diskussionsforums, – Experteninterviews mit der Seminarleiterin und zwei Studentinnen.	– Dokumentenanalyse (der Beiträge im Diskussionsforum), – Mündliche Befragung (Interviews).
Fallstudie 2 eine wissenschaftliche Mailingliste	– E-Mail-Kommunikation innerhalb der Mailingliste, – Archiv der Mailingliste, – Informationen zur Mailingliste auf der Homepage der DEGeVAL, – Experteninterviews mit dem Moderator, einem Teilnehmer und einer Teilnehmerin.	– Teilnehmende Beobachtung, – Dokumentenanalyse (der Postings im Archiv der Mailingliste), – Mündliche Befragung (Telefoninterviews).
Fallstudie 3 ein Hypertext als Studienmaterial	– Studienmodul (web based training), – Aufsatz der Entwicklerin, – Experteninterviews mit der Entwicklerin, einer Studentin und einem Studenten.	– Dokumentenanalyse, – Mündliche Befragung (Telefoninterview mit der Entwicklerin; Interviews mit den Studierenden).
Fallstudie 4 eine Dissertation als Hypertext	– Text der Dissertation (Hypertext und Buch), – Experteninterviews mit der Autorin, einer Leserin und einem Leser.	– Dokumentenanalyse (Hypertext und Buch), – Mündliche Befragung (Telefoninterviews).
Fallstudie 5 Wiki-Einsatz in einem Hochschulseminar	– Wiki-Beiträge (Versionsprotokolle und Endfassungen), – Experteninterviews mit dem Seminarleiter, einer Studentin und einem Studenten.	– Dokumentenanalyse, – Mündliche Befragung (Telefoninterview mit dem Seminarleiter, Interviews mit den Studierenden).
Fallstudie 6 ein wissenschaftliches Weblog	– Weblogbeiträge und Kommentare, – Archiv des Weblogs, – Experteninterviews mit dem Autor, einer Leserin und einem Leser.	– Teilnehmende Beobachtung, – Dokumentenanalyse, – Mündliche Befragung (Telefoninterviews).

Tab. 3: Übersicht über die in den Fallstudien eingesetzten Datenquellen und Erhebungsmethoden

In Bezug auf die vorliegende Arbeit können also die gewählten Methoden folgendermaßen charakterisiert werden: Ausgangspunkt des Forschungsprozesses ist in jeder Fallstudie die Analyse des jeweiligen literalen Artefakts (bzw. der Artefakte), also der Hypertexte, der Postings im Diskussionsforum sowie (den Archiven) der Mailingliste und den Beiträgen in Wiki und Weblog. Bei diesen interpretativen

Verfahren wird nicht in das Forschungsfeld eingegriffen. Sie erfassen in einem ersten Angang die strukturellen Aspekte der jeweiligen literalen Formen. Liegen für die jeweilige Fallstudie zusätzlich sekundäre (traditionelle oder neue) Dokumente vor (z.B. Aufsätze usw.), so werden auch diese in die Interpretation einbezogen. Derartige Dokumente enthalten oft bereits Interpretationen der Handelnden (z.B. wenn in einem Aufsatz über die Erstellung eines Hypertextes reflektiert wird). Schließlich werden auf der Grundlage der bis dahin erzielten Ergebnisse Experteninterviews mit ausgewählten handelnden Personen innerhalb des jeweiligen Falls geführt. Diese rekonstruktiven Erhebungsverfahren sind auf subjektive Bedeutungszuschreibungen der beteiligten Personen, Motivationen, persönliche Begründungen usw. ausgerichtet. In gewissem Maße „entlasten" die erhobenen Datensorten einander (so muss in Interviews nicht nach Sachverhalten gefragt werden, die bereits in einem Aufsatz dargestellt wurden); im Wesentlichen dienen sie aber dazu, die jeweiligen literalen Praktiken aus unterschiedlichen Perspektiven in den Blick zu nehmen.

An dieser Stelle muss auf eine Besonderheit der Arbeit hingewiesen werden: Dass in jeder Fallstudie unterschiedliche literale Praktiken bzw. Artefakte (z.B. eine Mailingliste, ein Hypertext oder ein Wiki) untersucht werden, impliziert, dass die Gegenstände der Untersuchung und die entsprechenden adäquaten Methoden sich in den einzelnen Fallbeispielen unterscheiden. Dabei geht die Untersuchung immer von den Besonderheiten des jeweiligen literalen Artefakts aus. Dieses steht im Mittelpunkt der Untersuchung: Die Erhebung erfolgt also nicht „anhand" einer Umfrage in einer Mailingliste und richtet sich nicht (nur) auf die in einer Mailingliste kommunizierten *Inhalte* (auch wenn diese in die Analyse einbezogen werden), sondern die Mailingliste als solche und die Bedingungen ihres Funktionierens – ihr Kontext, ihre Form, ihre Inhalte – sind *Gegenstand* der Untersuchung. Inzwischen ist an verschiedenen Stellen darauf hingewiesen worden, dass durch die Nutzung der neuen Medien entstehende Artefakte natürlich für sozialwissenschaftliche Forschung von großem Interesse sind, dass jedoch zu ihrer Analyse und Auswertung nicht unhinterfragt die Methoden eingesetzt werden können, die für (traditionelle) Textsorten genutzt werden (vgl. etwa Batinic 1999 und 2002; Bergmann/Meier 2000; Moes 2000; Hofmann 1998 u.a.). Die entsprechenden Überlegungen richten sich immer auf eine spezielle neue literale Praxis und können nicht verallgemeinert werden; sie werden aber selbstverständlich im Sinne einer gegenstandsadäquaten Vorgehensweise in die Untersuchung einbezogen und zu Beginn der jeweiligen Falldarstellung erläutert.

Die Analyse der (unterschiedlichen) literalen Artefakte als Ausgangspunkt der Untersuchung hat nicht nur den Vorteil, dass damit die Forscherin im Beobachtungsprozess zunächst nicht in Erscheinung tritt und keine Situation entsteht, die erst durch den Forschungsprozess geschaffen wird. Darüber hinaus entspricht diese

Vorgehensweise der Wahrnehmungsweise vieler Nutzerinnen und Nutzer, die Forschungssituation befindet sich also in großer Nähe zu deren Alltagssituation.

Forschungspraktisch wurde bei der Datenerhebung folgendermaßen vorgegangen: Nach der exemplarischen Untersuchung eines Falles (der Mailingliste) wurden parallel zueinander die Analysen der primären und ggf. sekundären Dokumente für alle weiteren Fälle durchgeführt. Dabei wurde jeder Fall zunächst „für sich" betrachtet; jedoch wurden Ergebnisse des einen Falls bereits bei der Untersuchung des nächsten mitberücksichtigt. Dies war besonders dann von Bedeutung, wenn über die Vergleichskategorien der traditionellen hochschulliteralen Formen bei den neuen literalen Formen neue Dimensionen auftraten, die ggf. nicht für diese eine Form, sondern generell von Interesse zu sein schienen. Dies entspricht einer Triangulation „auf der Ebene des Fallvergleichs [...] indem etwa aus der zunächst einzelfallorientierten und dann fallvergleichenden Analyse der einen Datensorte Perspektiven für die Analyse der anderen Datensorte abgeleitet werden" (Flick 1990, S. 194). Im Anschluss an diesen ersten Untersuchungsschritt wurden Leitfäden für Experteninterviews entwickelt und für jede Fallstudie drei Interviews durchgeführt (vgl. dazu unten). Die folgende Graphik gibt einen Überblick über die Vorgehensweise bei der Durchführung der Untersuchung:

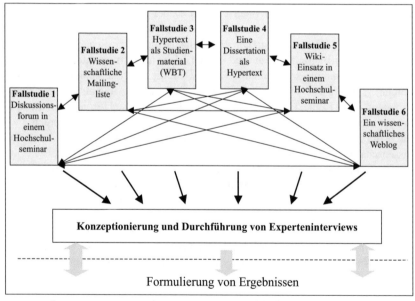

Abb. 4: Überblick über die Vorgehensweise bei den Falluntersuchungen

4.2.2.1 Durchführung der Dokumentenanalyse

Ausgangspunkt der Untersuchung war also in jeder Fallstudie die Analyse der jeweiligen (primären) literalen Artefakte. Der Zugang erfolgte auf je unterschiedliche Weise: Durch Zugriff auf öffentlich im Internet zugängliche Dokumente, durch teilnehmende Beobachtung (Mailingliste und Weblog) sowie durch Auswertung der jeweiligen Archive. Wie bereits ausgeführt, ermöglichen die besonderen Gegebenheit des Internet damit einen ersten Angang der Untersuchung ohne Eingriff in das Untersuchungsfeld. Die folgenden Fragen fassen das Vorwissen über traditionelle literale Praktiken und über die Nutzung neuer literaler Formen an Hochschulen in (relativ) offene Beobachtungskategorien. Diese strukturierenden Bezugspunkte können zur Beschreibung und zum Vergleich der Fälle herangezogen, jedoch variabel gehandhabt werden. Falls sekundäre Informationsdokumente (wie Aufsätze, Homepages usw.) vorhanden waren, wurden diese in einem zweiten Schritt in die Analyse einbezogen.

Analysekriterien (Überblick)

1. Vergleichsdimensionen in Bezug auf traditionelle literale Praktiken
Kontext: In welchem Zusammenhang wird die entsprechende literale Praxis eingesetzt (institutionell, offen etc.)? Welche Personen sind beteiligt? Wie viele Personen sind beteiligt? Was lässt sich über die Rollen der Personen sagen? Ist die Teilnahme freiwillig? Gibt es eine Bewertung?
Form: Beschreibung der äußeren Form, sowohl in Bezug auf die speziellen Besonderheiten der literalen Praxis als auch in Hinblick auf deren konkrete Nutzung (wird ein Hypertext anders genutzt als üblich? Wenn ja: wie?). Welche Zeichensysteme werden verwendet? Welcher Code wird verwendet?
Inhalt(e): In Bezug auf welche(n) Inhalt(e) wird die literale Form verwendet? Wie ausführlich wird dieser Inhalt behandelt? Werden unterschiedliche Inhalte thematisiert?
Definitionsmacht: Ist erkennbar, wer Einfluss auf die konkrete Praxis (Form und Inhalte) hat? Gibt es Regeln bei der Nutzung der literalen Praxis? Wer hat diese Regeln aufgestellt? Gibt es Sanktionen bei Regelverstoß? Wird die Art und Form der Nutzung thematisiert? Sind Nutzungsformen und Regeln aushandelbar?
Notwendige Kompetenzen: Was müssen die beteiligten Personen können und wissen, um sinnvoll die jeweilige literale Form nutzen zu können (technische Kenntnisse, formale Kenntnisse, inhaltliches Wissen usw.)? Wie werden diese Kompetenzen erworben?

2. Vergleichsdimensionen in Bezug auf neue literale Praktiken
Textgrenzen: Wie wird mit dem Phänomen der unklaren Textgrenzen umgegangen, die ein Kennzeichen (literaler Artefakte) der neuen Medien sind und im Gegensatz sowohl zum traditionellen Textverständnis als auch zu wissenschaftlichen Textsorten stehen?
Textstruktur: Welche Bedeutung hat die mit einer neuen Praxis vorgegebene Textstruktur (z.B. Hypertext, Weblog) für die inhaltliche Nutzung? Werden die gegebenen Möglichkeiten ausgenutzt?
Zeitliche Aspekte: Welche Rolle spielt der Faktor Zeit, z.B. Antwortgeschwindigkeiten, Veröffentlichungshäufigkeiten usw.?

4.2.2.2 Durchführung der Experteninterviews

Im Rahmen der Untersuchung stellten Interviews einen Zugang zu Erfahrungen und subjektiven Handlungsbegründungen der beteiligten Personen dar, die aus der Analyse der Artefakte allein nicht abgeleitet werden können. Bereits die Unterschiedlichkeit der Fälle und die damit gegebenen unterschiedlichen Rollen der jeweils beteiligten Personen erklären, dass „einheitliche" Fragebögen oder Leitfadeninterviews zur Erfassung der jeweiligen Handlungsbegründungen ungeeignet waren. Schon aus diesem Grund erschien es notwendig, Personen aus allen an der jeweiligen Praxis beteiligten Rollengruppen als „Experten für ihren Bereich" (PAQ 1980, S. 44) in die Untersuchung einzubeziehen. Auf allen (unterschiedlichen) Ebenen der neuen Praktiken ging es dabei um neuartige Probleme und den Umgang damit: „Entsprechend sind die in die Untersuchung einbezogenen Personen nicht als lebendige Datenspeicher, sondern als Problemlöser aufzufassen und anzusprechen" (PAQ 1980, S. 42). Aus praktischen Gründen wurden deshalb für jede Fallstudie drei Personen interviewt. Die möglichen Interviewpartner wurden dabei – im Sinne eines theoretischen Sampling – aufgrund ihrer Rolle, spezieller (inhaltlicher) Beiträge, Beitragshäufigkeiten usw. schrittweise im Verlauf der Untersuchung der einzelnen Fälle identifiziert. Meistens gibt es eine/n Hauptverantwortlichen (z.B. die Autorin eines Hypertextes, den Initiator bzw. Moderator der Mailingliste, den Autor eines Weblogs); zusätzlich tragen jedoch oft weitere Beteiligte mehr oder weniger aktiv zur Gestaltung der literalen Praxis bei (z.B. durch die Teilnahme an der Mailingliste, dem Diskussionsforum, dem Wiki; durch ihre Kommentare zu einem Weblog, aber auch durch die *lesergesteuerte* Rezeption eines Hypertextes – selbst wenn sie dessen materiale Grundlage nicht verändern).

Die Interviewleitfäden mussten sich aufgrund der sehr unterschiedlichen Fälle zwangsläufig stark voneinander unterscheiden. (Bereits innerhalb eines Falles konnten die Handlungen der Personen sich sehr stark voneinander unterscheiden, z.B. bei den Autoren und den Leserinnen und Lesern eines Hypertextes.) Die hier vorgestellte Grundversion eines Interviewleitfadens wurde deshalb dem jeweiligen Fall und der jeweiligen Rolle der Befragten entsprechend modifiziert.

Interviewleitfaden (Grundversion)

Einstiegsfrage: Sie haben [diese spezielle literale Praxis] initiiert/beteiligen sich daran. Welche Erwartungen haben Sie damit verbunden? Haben sich diese Erwartungen erfüllt? (Wenn nein: Inwiefern nicht?) Gab es eventuell Vorbehalte gegen diese Praxis? (Wenn ja: Welche? Haben sie sich bestätigt?)

Nützlichkeit: Was halten Sie an der Nutzung [dieser neuen literalen Praxis] für besonders vorteilhaft?

Wissenschaftlichkeit: Ist diese neue Form (sich auszutauschen) Ihrer Meinung nach „wissenschaftlich"? (Wenn nein: Warum nicht, was widerspricht einem wissenschaftlichen Charakter?)

(Formale) Aspekte der Schriftlichkeit: Haben Sie sich schon einmal Gedanken dazu gemacht, dass mit einer solchen Praxis auch eine „neue Schriftlichkeit" verbunden ist? Wenn Sie sich selber beteiligen, denken Sie dann z.B. über die Rechtschreibung, über bestimmte Ausdrücke usw. nach? Haben Sie sich schon einmal darüber geärgert, dass jemand sich in einer „unangemessenen" Form geäußert hat?

Öffentliche Sichtbarkeit: Haben Sie sich schon einmal nicht zu Wort gemeldet, weil sie Bedenken hatten, dass viele Personen Ihren Beitrag lesen können? Gibt es Aktivitäten ohne die Öffentlichkeit (z.B. individuelle Mails, Anrufe usw.)? Wie wichtig ist die Öffentlichkeit/allgemeine Sichtbarkeit? Welche Bedeutung haben Reaktionen anderer (z.B. auf Mails oder auf Beiträge im Weblog und Diskussionsforum usw.)?

Erfolgsbedingungen: Was sind aus Ihrer Perspektive die Gründe dafür, dass [die jeweilige literale Praxis] gut funktioniert?

Zusatzfrage: Ist Ihnen noch ein Aspekt in Bezug auf „neue Schriftlichkeit" mit den neuen Medien/im Internet wichtig, der bisher nicht zur Sprache gekommen ist?

Kontextinformationen: Nutzen Sie [diese literale Praxis] auch in anderen, ggf. auch in privaten Zusammenhängen (andere Mailinglisten, Weblogs etc.)? Wie stark ist generell Ihre Affinität zu neuen Medien/Internet?

4.3 Datenmanagement und Datenauswertung

Ein zentrales Problem des Datenmanagements für diese Arbeit stellen die verschiedenen Datensorten der neuen literalen Artefakte dar: Wie können die unterschiedlichen Dokumente von Hypertext bis Mailingliste bzw. Mailinglistenarchiv nachprüfbar bereitgestellt werden? Die Verwendung der neuen Medien bei der Datenerhebung und die damit verbundenen Probleme werden inzwischen von verschiedenen Autoren thematisiert (u.a. Batinic 1999; 2002; Bergmann/Meier 2000).

Dabei ist es, wie Jörg Bergmann und Christoph Meier (2000) zeigen, keine Lösung, Internet-Artefakte z.B. in ein Word-Dokument zu überführen, da verschiedene Optionen, z.B. enthaltene Links, animierte Bilder usw., damit nicht mehr bereitgehalten werden. Da in dieser Arbeit für die einzelnen Fälle unterschiedliche Lösungen gefunden werden mussten, wird an dieser Stelle auf die Beschreibung der jeweiligen Vorgehensweise vor der Darstellung jedes Fallbeispiels verwiesen.

Die Aufzeichnung der Interviews erfolgte mit Audacity (http://audacity. sourceforge.net/ // 20.07.2007), die Aufzeichnung der Telefoninterviews mit

PowerGramo (www.powergramo.com/ // 20.07.2007) über den Internet-Telefonie-Anbieter Skype (www.skype 2008.net/ // 20.07.2007).

Trotz der grundsätzlichen qualitativen Ausrichtung der Untersuchung wurden in die Auswertungen teilweise auch quantitative Auszählungen einbezogen, um Aufschluss z.B. über Antworthäufigkeiten, inhaltliche Themenschwerpunkte usw. der Mailingliste oder des Weblogs zu erhalten. Dies geschieht unter Berufung auf verschiedene Arbeiten, in denen seit einiger Zeit methodologische und methodische Grundlagen zur Integration quantitativer und qualitativer Ansätze entwickelt werden (z.B. Barton/Lazarsfeld 1984; Fielding/Fielding 1986; Kelle/Erzberger 1999; 2000). Die dabei erhobenen Daten wurden bei der Auswertung im Sinne einer Triangulation verwendet, d.h. zur komplementären Ergänzung der Ergebnisse aus einer weiteren Perspektive (vgl. Kelle/Erzberger 2000).

Zur Validierung der Forschungsergebnisse wurden verschiedene Strategien angewendet: Außer (1) der bereits ausführlich dargestellten Strategie der Triangulation wurde der Forschungsprozess durch (2) eine „systematische Produktion von Zweifeln" (Arnold 2003, S. 223) an zunächst offensichtlich erscheinenden Zusammenhängen begleitet. Um über eine bloße „Illustration des vorher Gedachten" (PAQ 1980, S. 54) hinaus zu gelangen, wurde „abweichenden" Nutzungen bestimmter literaler Praktiken und widersprüchlichen Nutzungsformen besondere Aufmerksamkeit geschenkt. Dies bedeutet, dass die oben vorgestellten Untersuchungskategorien grundsätzlich als vorläufig betrachtet werden müssen. Die Begründung für dieses Vorgehen liegt darin, dass der Erkenntnisgehalt einer Aussage umso glaubwürdiger ist, je stärker die Versuche waren, sie zu widerlegen (vgl. Kvale 1996, S. 241). (3) Außer den im Datenerhebungsprozess angewendeten Verfahren trägt schließlich der *Diskurs* über die Forschungsergebnisse zu deren Geltungsbegründung maßgeblich bei. Dabei wurde der von Jo Reichertz (2000, S. 40) angesprochene wissenschaftliche Diskurs in einer Forschergruppe für diese Arbeit dadurch eingelöst, dass Zwischenergebnisse in einem den Forschungsprozess begleitenden Doktorandenkolloquium am Lehrstuhl für Berufs- und Betriebspädagogik der Helmut-Schmidt-Universität Hamburg (Prof. Dr. Gerhard Zimmer) regelmäßig diskutiert wurden; ebenso wurden Fachwissenschaftler um Stellungnahme gebeten. Steinar Kvales (1996, S. 246ff.) Verständnis der „kommunikativen Validierung" der Forschungsergebnisse geht über Reichertz Ansatz der Diskussion innerhalb der „scientific community" hinaus und bezieht auch die befragten Personen in den Diskurs ein. Dies entspricht dem beschriebenen Verständnis der Befragten als Experten ihrer Praxis; mit ihnen wurden deshalb nach einer ersten Auswertung die jeweiligen Fallergebnisse diskutiert.

Im folgenden 5. Kapitel erfolgt zunächst – eingebettet in eine systematische Darstellung der neuen literalen Formen als solcher – eine (auswertende) Darstellung jeder einzelnen Fallstudie. Eine systematische, zusammenschauende Auswertung wird in Kapitel 6 vorgenommen.

5 Neue Literalitäten an Hochschulen und Universitäten

Im folgenden 5. Kapitel werden neue literale Formen an Hochschulen sowohl systematisch beschrieben als auch anhand von Fallstudien konkret untersucht. In der Einleitung in Abschnitt 5.1 werden virtuelle Lernplattformen im Hinblick auf ihre Bedeutung für (Veränderungen von) Literalität betrachtet. Daraus ergibt sich die weitere Strukturierung des Kapitels, die Untersuchung neuer literaler Formen an Hochschulen in drei Hauptabschnitten: (asynchroner und synchroner) Kommunikation (Kap. 5.2), Hypertexten (Kap. 5.3) und Social Software (Kap. 5.4). Jeder Hauptabschnitt beginnt mit einer systematischen Darstellung der jeweiligen Charakteristika der literalen Form(en), die im Sinne eines heuristischen Rahmens zu verstehen ist (vgl. Kap. 4.1.3). Soweit möglich, wird diese Darstellung auch bereits auf die Nutzung im Hochschulbereich fokussiert. Im Anschluss daran werden jeweils zwei Fallbeispiele untersucht. Dabei geht es nicht um eine Illustration, vielmehr dienen die Fallstudien (im Sinne des in Kap. 4 ausführlich erläuterten Forschungsdesigns) dazu, strukturelle Merkmale der Nutzung und des Funktionierens (bzw. nicht-Funktionierens) zu identifizieren, die sich zum Teil gerade durch Abweichungen und Widersprüche zum erwarteten Erfolg oder zu Strukturen des Mediums ergeben. Die konkrete Begründung der Fallauswahl (im Gegensatz zu den zugrunde liegenden, in Kap. 4.2.1 dargestellten allgemeinen Prinzipien) erfolgt jeweils zu Beginn der Falldarstellung. Um eine vergleichende Betrachtung der Fälle untereinander – und zu den klassischen hochschulliteralen Textsorten – zu erleichtern, orientiert sich die Gliederung jeder einzelnen Falldarstellung zunächst an den Dimensionen, die sich zur Beschreibung traditioneller Literalität als sinnvoll erwiesen haben (vgl. dazu Kap. 3.1 und 3.5, Kap. 4.1.1 und Kap. 4.2.2); da jedoch die Entdeckung *neuer* Charakteristika oder Muster, die sich nicht in diesem Rahmen fassen lassen, ein zentrales Anliegen der Untersuchung ist, werden gerade solche in den Falldarstellungen besonders beachtet. Wie bereits in Kap. 4.2.2 dargestellt, wurden die Daten parallel erhoben und ausgewertet, sodass Entdeckungen in einem Fall auch in anderen Fällen anregend waren bzw. überprüft werden konnten.

Die Falldarstellungen in diesem 5. Kapitel gehen über eine bloße Darstellung der Ergebnisse insofern hinaus, als aus der triangulativen Betrachtung innerhalb der einzelnen Hauptabschnitte bereits erste Schlussfolgerungen gezogen werden. Aber obwohl in die Auswertung aus den anderen Fallstudien gewonnene Kategorien bereits einbezogen wurden, wird hier zunächst einmal jeder Fall „als Fall" dargestellt und analysiert; eine ausführliche, systematisierende und zusammenschauende Auswertung aller Ergebnisse erfolgt dann im 6. Kapitel.

5.1 Virtuelle Lernräume und Literalität an Hochschulen

Der Grund dafür, dieses Kapitel nicht mit einer neuen literalen Technik oder Textsorte zu beginnen, sondern mit einem Blick auf virtuelle Lernräume, liegt darin, dass dort – unabhängig von Kommunikationsform(en) oder Textsorte(n) – sichtbar wird, wie sich *Funktionen* von Schriftlichkeit im Hochschulkontext verschieben. Neue Medien könnten im Prinzip in einzelnen Lehrveranstaltungen ohne eine bestimmte technische Plattform eingesetzt werden; jedoch stellt die in einem Lernraumsystem vorgegebene Struktur für Lehrende und Studierende oft eine Hilfe insbesondere bei den ersten Schritten zur Einbindung von E-Learning-Elementen in Veranstaltungen dar. Wenn an einer Hochschule viele Veranstaltungen durch virtuelle Anteile ergänzt werden, bietet sie darüber hinaus einen gemeinsamen Rahmen. Die optimale Gestaltung solcher Plattformen ist noch in der Diskussion bzw. hängt von den fachlichen Inhalten und der jeweiligen Veranstaltungsform ab. Thematisiert wurden dabei in der bisherigen Diskussion sowohl technische als auch didaktische Aspekte der Nutzung (vgl. Baumgartner u.a. 2002; Schulmeister 2003; Arnold u.a. 2004). Aus der Perspektive der vorliegenden Arbeit rücken dabei Aspekte der Literalität in den Vordergrund. Dabei kann an unterschiedlichen Punkten angesetzt werden: (1) Schnell hat sich gezeigt, dass „realistische", d.h. dreidimensionale Darstellungen von Hochschul-Gebäuden, von denen man zunächst annahm, dass sie den Zugang vereinfachen würden, nur für die ersten Besuche interessant waren und danach lästig wurden.[87] Stattdessen bilden inzwischen die meisten Lernraumsysteme *Strukturen* von Hochschulen und Universitäten nach: Sie stellen Kursräume mit unterschiedlichen Abteilungen zur Verfügung, die nicht durch ihre Architektur strukturiert werden, sondern durch ihre Funktion(en), die schriftlich abgebildet werden (vgl. z.B. Arnold u.a. 2004, S. 49ff.). Um welche Funktionen geht es dabei? (2) Die grundsätzliche Unterscheidung zwischen Content Management Systemen (CMS) und Learning Management Systemen (LMS) ist auch für eine Charakterisierung aus der Perspektive der Rolle von Literalität aufschlussreich. CMS sollen es ermöglichen, unkompliziert Inhalte zur Verfügung zu stellen. LMS dagegen sollen insbesondere die Kommunikation vereinfachen. Inzwischen sind die meisten Lernraumsysteme LCMS – also Learning Content Management Systeme –, die Funktionen zur Verwaltung von Inhalten und zur Kommunikation bereitstellen und einander in ihren konkreten Funktionalitäten relativ ähnlich sind.[88] Aus systematischer Perspektive

---

87 Ob sich dies mit der zunehmenden Einrichtung von Hochschulniederlassungen in Second Life ändert, bleibt zu beobachten. Nachdem dort zunächst vor allem amerikanische und englischsprachige Universitäten vertreten waren, bieten seit Anfang 2007 auch die Rheinische Fachhochschule Köln (www.rfh-koeln.de/de/aktuelles/meldungen/20070107.php // 20.07.2007) und andere deutsche Hochschulen dort Kurse an.

88 Während zu Beginn des Einsatzes der neuen Medien virtuelle Lernräume kaum im Blick waren (vgl. Arnold u.a. 2004, S. 47), bieten inzwischen sowohl kommerzielle Anbieter als auch open-source-Entwickler eine kaum noch übersehbare Fülle von Systemen an. Teilweise

können die Funktionen von LCMS verschiedenen Abteilungen zugeordnet werden, wobei verschiedene Autoren unterschiedliche Schwerpunkte setzen bzw. unterschiedlich differenziert unterscheiden. Allerdings gibt es zwischen den verschiedenen Modellen Gemeinsamkeiten und Überschneidungen: Baumgartner u.a. (2002, S. 26f.) nennen fünf zentrale Lernraumabteilungen, Schulmeister (2003) zehn; die folgende Darstellung erfolgt in Anlehnung an Arnold u.a. (2004):

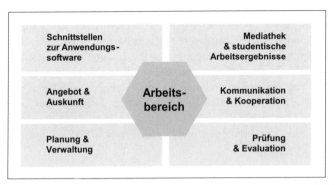

Abb. 5:   Funktionsbereiche eines Lernraumsystems nach Arnold u.a. (2004, S. 49)

Konzentriert man sich auf die Abteilungen, die nicht mit Verwaltung, Information etc. zu tun haben, sondern mit dem Kernbereich Lehre, so zeigen sich hier bereits zwei wesentliche „Verschiebungen" von Schriftlichkeit: (1) „Kommunikation und Kooperation" erfolgt in klassischen Präsenzlernsituationen in der Regel mündlich; in klassischen Fernlernsituationen „über Einsendeaufgaben und Brief, selten über Telefon oder Telefax" (Zimmer 1997, S. 340). In virtuellen Lernräumen findet hier insgesamt eine Verschiebung ins Schriftliche statt, wobei asynchrone Formen (per E-Mail, Mailinglisten, Diskussionsforen) deutlich überwiegen. Synchrone virtuelle Kommunikation wird dagegen zunehmend auch mündlich über Audio- bzw. Videokonferenz realisiert (s.u. Kap. 5.2.1.2). (2) Die im Bereich „Mediathek und studentische Arbeitsergebnisse" zur Verfügung gestellten Inhalte werden in herkömmlicher Präsenzlehre entweder *mündlich* präsentiert oder die Aneignung erfolgte individuell durch *klassische literale Artefakte* wie Bücher, Aufsätze etc. In virtuellen Lernräumen werden stattdessen unterschiedliche Darstellungsformen

werden sie speziell für bestimmte Lehr-/Lernsituationen entwickelt – z.B. zur Unterstützung der Lehre an Präsenzhochschulen wie die Lernplattform „CommSy" (www.commsy.de, vgl. Pape u.a. 2004) –, oder sie sind auf bestimmte fachliche Anforderungen hin konzipiert, wie „tEXtMACHINA", ein System, „das auf die Kernprozesse geisteswissenschaftlicher Tätigkeit ausgerichtet" ist (www.textmachina.unizh.ch/ index.jsp, 05.01.2007). An den meisten Universitäten werden zurzeit verschiedene Systeme parallel verwendet. Für viele Lehrende ist die Handhabung selbst relativ einfach zu bedienender Lernplattformen noch immer ungewohnt; jedoch stellen deren Funktionalitäten in der Regel eine große Hilfe insbesondere bei den ersten Schritten zur Einbindung von E-Learning-Elementen in Veranstaltungen dar.

eingestellt, insbesondere Powerpoint-Folien, Bilder, Graphiken, Animationen, audiovisuelle oder auditive Veranstaltungsaufzeichnungen (Videos, Audioaufzeichnungen, zunehmend auch Podcasts etc.). Als besonders typisch gelten jedoch speziell erstellte hypertextuelle Lernmaterialien, beispielsweise CBTs (Computer Based Trainings) oder WBTs (Web Based Trainings); viele Lernraumsysteme stellen dazu auch eigene Autorensysteme zur Verfügung.

Mit beiden Verschiebungen – von der (traditionell in der Regel) mündlichen Kommunikation zur (asynchronen oder synchronen) schriftlichen Kommunikation bzw. von der traditionell mündlichen Lehre (verbunden mit individueller Lektüre) zur hypertextuellen bzw. stark visuell gestützten Präsentation von Inhalten – findet ein „Funktionswechsel" von Literalität statt. Der „Kontext" einer Lehrveranstaltung wandelt sich von der Präsenzsituation zu einer „immer verfügbaren" bzw. abrufbaren Situation, mit der zugleich auch eine andere „Öffentlichkeit" insbesondere der vorher rein mündlichen Äußerungen einhergeht. In beiden Fällen ist damit auch eine Veränderung der Strukturen und Codes der schriftlichen Äußerungen verbunden.

Perspektivisch muss an dieser Stelle auf eine weitere Entwicklung hingewiesen werden: Vorreiter der E-Learning-Community diskutieren zunehmend auch in Deutschland[89] statt des Einsatzes von Lernplattformen die Nutzung sog. PLE – Personal Learning Environments –, d.h. von den Nutzern auf ihre persönlichen Anforderungen und Gewohnheiten hin konfigurierbaren Lernumgebungen (vgl. Kerres 2005). Diese Diskussion steht im Zusammenhang von Entwicklungen, die unter den eher vagen Begriffen „Web 2.0" oder „Social Software" zusammengefasst werden können.[90] Im Mittelpunkt stehen dabei (sehr unterschiedliche) softwaretechnische Entwicklungen, insbesondere jedoch eine neue Art der Wahrnehmung, Organisation und Nutzung von Internetdiensten, die es den Benutzern ermöglichen, individuell oder gemeinsam Inhalte im Internet zu erstellen und zu bearbeiten. Typische Techniken dafür sind z.B. Wikis und Weblogs, geteilte Bild- oder Videoportale, aber auch das „social bookmarking", d.h. die Möglichkeit, für andere sichtbar oder auch in Gruppen Internetseiten zu markieren, zu kommentieren usw. Verschiedene Anbieter von Lernraumsystemen tragen diesen Entwicklungen insofern bereits Rechnung, als sie entsprechende Funktionen (z.B. Wikis) in ihre Systeme integrieren. Wesentliche Merkmale von Web 2.0 sind nach Michael

---

89 Im nichtdeutschsprachigen Raum ist die Diskussion bereits weiter fortgeschritten. Exemplarisch sei an dieser Stelle verwiesen auf Christian Dalsgard (2006).

90 Der Dale Dougherty und Craig Cline zugeschriebene, zunächst aus Marketinggründen für eine Reihe von Tagungen eingeführte Begriff „Web 2.0" stieß in der Öffentlichkeit schnell auf breite Resonanz. Zwar wird kontrovers diskutiert, ob die damit umschriebenen technischen Entwicklungen wirklich neu sind, oder nicht bereits zur ursprünglichen Idee des Internet gehörten. Einig sind sich viele Autoren jedoch darin, dass eine „größere Gruppe von Menschen [...] das damit verbundene Gefühl einer einschneidenden Veränderung ebenso [empfindet], ohne sie auf eine bestimmte Technologie oder eine einzelne Entwicklung zurückführen zu können" (vgl. Artikel „Web 2.0" in www.wikipedia.de, 05.01.2007).

Kerres (2005), dass die Grenzen zwischen einem (nur lesenden) „User" und dem „Autor" von Internet-Seiten ebenso verschwimmen wie die Grenzen zwischen persönlichem Rechner und entferntem Server und damit auch zwischen privater und öffentlicher Anwendung. Dies trifft auch auf Lernzusammenhänge zu: Zunehmend werden auch Lernende zu Content-Erstellern, Lernen wird ubiquitär und insofern performant, als die Lernenden bestimmte Aktivitäten öffentlich zeigen (ebd.). Aus der Perspektive der Frage nach (Veränderungen von) Literalität rücken damit neue Möglichkeiten des (öffentlichen) individuellen und auch des gemeinsamen Schreibens und der Veränderung von Texten ins Blickfeld, die teilweise in erheblichem Gegensatz zu bisherigen Schreibpraktiken im akademischen Kontext stehen.

Die Darstellung und Untersuchung neuer literaler Praktiken an Hochschulen in den folgenden Abschnitten dieses Kapitels orientiert sich an den hier im Zusammenhang mit virtuellen Lernräumen aufgezeigten Entwicklungstendenzen: Kap. 5.2 befasst sich mit virtuellen Kommunikationsformen, die standardmäßig in den zurzeit üblichen Lernraumsystemen genutzt werden, Kap. 5.3 mit der zentralen schriftbasierten Form der Darstellung von (Lern-)Inhalten, Hypertexten. In Kap. 5.4 geht es exemplarisch für neue schriftliche Formen, die dem Begriff Web 2.0 zugeordnet werden können, um Wikis und Weblogs.

5.2 Virtuelle Kommunikation

Dieses Kapitel befasst sich mit computervermittelten, *schriftlichen*[91] Kommunikationsmedien und -formen, die *explizit* dialogisch ausgerichtet sind, d.h. sich ausdrücklich an einen oder mehrere menschliche Kommunikationspartner wenden – im Unterschied zu „implizit" dialogischen Formen neuer medialer Schriftlichkeit wie Wikis oder (tendenziell) monologischen Formen wie Weblogs[92] (vgl. dazu Kap. 5.4). Zu solchen Formen gab es bisher kein schriftliches Pendant, d.h. sie treten an die Stelle bzw. ergänzen bisher mündliche Kommunikationsformen. Wie von Koch/Oesterreicher (1994, vgl. Kap. 2.1.1.3) gezeigt, können mündliche

---

91 Im Bereich der ortsverteilten synchronen Kommunikation setzen sich immer stärker Audio- und Video- bzw. Webkonferenzen durch. Ihr Einsatz war zunächst mit höherem technischen Aufwand und größerer Störanfälligkeit verbunden. Inzwischen können bereits mit nicht-kommerziellen Internet-Telefonie-Anbietern wie Skype (www.skype.com) qualitativ gute Video-Verbindungen realisiert werden. Gerade in ortsverteilten Lehr-/Lernkontexten solche Ton- und Bildkonferenzen immer häufiger dem Chat als Möglichkeit der synchronen Kommunikation vorgezogen. Dem Thema der Arbeit entsprechend werden diese auditiven bzw. audiovisuellen Kommunikationsformen jedoch hier nur zur abgrenzenden Beschreibung der Potenziale des Textchats herangezogen (Kap. 5.2.1.2).

92 Weblogs richten sich zwar tendenziell an viele Personen und werden auch oft von Lesenden kommentiert; meist sind sie jedoch Werke eines Autors und insofern monologisch. Wikis entstehen in der Regel durch die Zusammenarbeit vieler Personen, jedoch ist der deren individueller Anteil an den Texten nicht erkennbar, insofern können Wikis als implizit dialogisch bezeichnet werden.

Textsorten im Kontext von Hochschulen und Universitäten (z.B. Vorlesungen) trotz ihrer medialen Mündlichkeit oft als formal schriftlich charakterisiert werden, d.h. sie orientieren sich in Gliederung und Stil an schriftlichen Texten. Umgekehrt gelten neue schriftliche Kommunikationsformen wie E-Mails oder Diskussionsforen, insbesondere in nicht-beruflichen bzw. auch nicht-wissenschaftlichen Zusammenhängen trotz ihrer medialen Schriftlichkeit als formal eher mündlich. Da sie damit im Gegensatz zu traditionellen mündlichen und schriftlichen Kommunikationsformen an Hochschulen stehen, ist die Frage umso interessanter, welche Funktionen und Formen sie nun in diesem Zusammenhang bekommen.

Wie in den beiden folgenden so wird auch in diesem Kapitel zunächst der heuristische Rahmen dargestellt, d.h. ein Überblick über zentrale theoretische Erkenntnisse in Bezug auf die jeweilige literale Praxis und ggf. über bisherige Falluntersuchungen im Hochschul- bzw. Wissenschaftskontext gegeben (Kap. 5.2.1); im Anschluss daran werden die Ergebnisse der eigenen Fallstudien vorgestellt (Kap. 5.2.2). Die abschließende Zusammenfassung (Kap. 5.2.3) setzt die Fallstudien in Verbindung zueinander und zum heuristischen Rahmen.

5.2.1 Heuristischer Rahmen

In der Regel wird computervermittelte Kommunikation (CvK, engl.: Computer-Mediated Communication, CMC) aus pädagogischer Perspektive nicht zuerst anhand der formalen, schriftlichen Ausprägungen charakterisiert. Gängiger sind die Beschreibungen als Pull- und Pushmedien oder als Werkzeuge zur asynchronen bzw. synchronen Kommunikation: (1) Push-Kommunikation bedeutet, dass den Empfängern Nachrichten zugesendet werden, z.B. E-Mails, Newsletter usw. In Lernkontexten kann dabei von Vorteil sein, dass Nachrichten nicht übersehen werden und zur zeitlichen Strukturierung von Lernprozessen genutzt werden können, indem zu bestimmten Terminen oder Anlässen Informationen, Aufgaben, Rückmeldungen verschickt werden; als Nachteil wird eine mögliche Informationsüberflutung genannt (vgl. Arnold u.a. 2004, S. 157). Bei Pull-Kommunikation entscheiden die Nutzenden selbst, ob und wann sie nachsehen, ob es – z.B. in einem Diskussionsforum – neue Nachrichten gibt. Dies kann jedoch auch dazu führen, dass Beiträge und Informationen nicht gelesen werden (ebd.). (2) Die Darstellung im folgenden Kapitel orientiert sich an der häufigeren Beschreibung danach, ob Kommunikationsmedien asynchrone – zeitversetzte (Kap. 5.2.1.1) – oder synchrone – zeitgleiche (Kap. 5.2.1.2) – Kommunikation unterstützen. Die meisten Lernplattformen stellen inzwischen für einzelne Teilnehmende bzw. unterschiedliche Teilnehmergruppen standardmäßig verschiedene E-Mailfunktionen und ein Diskussionsforum für asynchrone Kommunikation zur Verfügung sowie für synchrone Kommunikation Chat bzw. einen um ein Whiteboard oder andere visuelle

Möglichkeiten erweiterten virtuellen Klassenraum (vgl. auch Hinze 2004, S. 53ff.).[93]

Zur Beschreibung der Besonderheiten und Effekte computervermittelter Kommunikation wurden seit Mitte der 1980er Jahre verschiedene Theorien und Modelle entwickelt, die sich zwei Gruppen zuordnen lassen (für Überblicke vgl. Döring 2003; Frindte/Köhler 1999): Die Gruppe der *„cues-filtered-out"*- bzw. *Kanalreduktionstheorien* (z.B. Kiesler u.a. 1988; Walther/Parks 2002) geht davon aus, dass durch das Fehlen nonverbaler Ausdrucksmöglichkeiten (wie Mimik und Gestik) und sozialer Hinweise zum Kommunikationspartner (Alter, Geschlecht, Status) die Kommunikation verarmt, oberflächlicher und unverbindlicher wird, da informelle und soziale Kommunikation für Lernprozesse (insbesondere in Gruppen) wichtig sind. Der frühe Nachweis von Ronald Rice (1984), dass Gruppen, die computervermittelt schriftlich synchron kommunizierten, sachlicher und aufgabenbezogener zusammenarbeiteten, wird auch von der neueren Untersuchung von Martina Dittler (2002, S. 196) bestätigt. Die *Theorie der rationalen Medienwahl* (Döring 2003) geht nicht von einer grundsätzlichen Überlegenheit der face-to-face-Kommunikation aus. Zwar unterscheiden Medien sich danach in ihrer sozialen Präsenz und medialen Reichhaltigkeit, d.h. die mündliche Kommunikation bei einem face-to-face-Treffen ist in Bezug auf die Vielfalt der Kommunikationskanäle, die Geschwindigkeit des Feedbacks, die Reichhaltigkeit der Sprache und die soziale Präsenz am reichsten, bei Video, Audio und E-Mail nimmt diese Reichhaltigkeit sukzessive immer mehr ab. Vor die Wahl gestellt, entscheiden sich Kommunikationsteilnehmende jedoch keineswegs immer für die reichhaltigste Kommunikationsform, sondern für die jeweils effektivste und funktionalste (vgl. Hinze 2004, S. 77ff.). Beide Gruppen von Theorien bieten Anknüpfungspunkte in Bezug auf die Frage nach Veränderungen von Literalitäten in wissenschaftlichen Zusammenhängen und auch in Hinblick auf die Auswertung der Fallstudien: (Inwiefern) entsprechen die gewählten Medien der Theorie der rationalen Medienwahl? (Wie) wird das Fehlen der nonverbalen Hinweise ausgeglichen?

Letztere Frage ist insbesondere insofern interessant, als sich in vielen (nicht-akademischen) Kommunikationssituationen im Internet schriftliche Umgangsformen herausgebildet haben, die nicht mit wissenschaftlichen Schreibtraditionen vereinbar zu sein scheinen. Dies ist zum einen eine oft sehr fehlertolerante Rechtschreibung; insbesondere geht es jedoch auch um unterschiedliche, typische Zeichen, die zum Ausgleich der fehlenden nonverbalen Signale zum Ausdruck von Gefühlen oder Zuständen eingesetzt werden, wie Akronyme (z.B. „mfg" für „Mit freundlichen Grüßen"; 4U für „For You"), Soundwörter („hm" oder „haha"), meist in Asterixe

---

93 Audio- und Videokonferenztools sind dagegen zurzeit in die meisten Lernraumsysteme noch nicht standardmäßig integriert; sollen solche synchronen Kommunikationsformen eingesetzt werden, nutzen Hochschulen in der Regel selbst entwickelte oder kommerziell erworbene Tools.

(*) eingebettete Aktionswörter (*lach*, *zwinker*) und vor allem die sog. „Emoticons", d.h. mithilfe von Satz- und Sonderzeichen zusammengesetzte Bilder (Icons), mit denen Gefühle (Emotionen) ausgedrückt werden sollen, z.b. ein lächelndes Gesicht :-) oder Ironie ;-). Die Nutzung solcher Zeichen in Lehr-/Lernkontexten wird kontrovers diskutiert. Einige Autoren befürworten den Einsatz, z.b. um in synchronen Online-Seminaren „spontane Reaktionen wie Ärger oder Lachen [abzubilden, die] in einem Präsenzseminar die Atmosphäre im Raum mitbestimmen" (Merkt 2005, S. 175f.). In der Regel wird jedoch vor einem (übermäßigen) Gebrauch solcher Sonderzeichen abgeraten, um nicht die Seriosität des Lernangebots zu untergraben.

Aber nicht nur im Zusammenhang mit solchen formalen und stilistischen Merkmalen unterscheidet sich die Nutzung der neuen Kommunikationswerkzeuge in wissenschaftlichen bzw. Lehr-/Lern-Zusammenhängen von der allgemeinen Nutzung im Internet oder auch vom Einsatz in betrieblichen Zusammenhängen (auf die sich die meisten Studien zu den oben genannten Theorien beziehen, vgl. Hesse/ Friedrich/2001, S. 8f.). So hat sich z.b. die ursprüngliche Annahme, dass die Kommunikationswerkzeuge bereits deshalb genutzt werden, weil sie in einem virtuellen Lernraum zur Verfügung stehen, nicht bestätigt. Eine mögliche Begründung dafür ist, dass die Akzeptanz und das Funktionieren dieser Kommunikationsformen im Netz zu einem großen Teil auf Faktoren beruht, die in Lernsituationen häufig nicht oder nur zum Teil realisiert werden können, etwa die freiwillige Nutzung (auch in Bezug auf die rationale Medienwahl), mögliche Anonymität, große Teilnehmerzahlen und flache Hierarchien (diese Faktoren nennen Ebersbach u.a. [2005, S. 22ff.] als Erfolgsbedingungen für die Nutzung von Wikis, vgl. Kap. 5.4). Vor dem Hintergrund der in Kap. 3.1 dargestellten Bedeutung spezifischen Textsortenwissens für akademische Schriftlichkeit könnte eine weitere Ursache sein, dass es sich bei allen erwähnten Kommunikationsarten (zunächst) eben noch nicht um Textsorten handelt, sondern um *Kommunikationsformen*, die ihre spezifischen Ausprägungen im jeweiligen Hochschulkontext noch nicht ausgebildet bzw. institutionalisiert und „ritualisiert" haben: „Medien in einem institutionellen Sinn zeichnen sich dadurch aus, dass sie Mitteilungen für einen mehr oder weniger definierten Nutzerkreis auswählen, strukturieren und in einer bestimmten technischen und symbolischen Form präsentieren. Die Nutzung solcher etablierter Medien ist in hohem Masse von Gewohnheit geprägtes, quasi ritualisiertes Verhalten" (Pfammatter 1998, S. 11). Demnach hat der Übergang dieser „Medien als bloße (Übertragungs-)Mittel bei der Kommunikation" zu „Medien als sozialisierte[n] und institutionalisierte[n] Größen" (ebd.) im akademischen Kontext noch nicht stattgefunden.

Offensichtlich ist es für Lernende und Lehrende ungewohnt, bisher mündliche, diskursive Anteile der Lernsituation (asynchron oder synchron) schriftlich zu fassen. So hat sich gezeigt, dass Lehrende „mit der schriftsprachlichen Praxis im telematischen Kontext sehr vertraut sind", diese „Vertrautheit mit der Zunahme der sprechsprachlichen Anteile", die in einem virtuellen Lernraum schriftlich zu formulieren sind, aber deutlich abnimmt (Merkt 2005, S. 192). Danach verringert sich die Affinität der Lehrenden zu den neuen Kommunikationsformen in der Reihenfolge: Textdokument – E-Mail – Newsgroup – Chat (vgl. ebd.).

Um typische Probleme der computervermittelten Kommunikation zu vermeiden, wurden Netiquette-Regeln entwickelt (z.b. Storrer/Waldenberger 1998), die auch in Lehr-/Lern- bzw. wissenschaftlichen Kontexten eingesetzt bzw. für diese konkretisiert werden. Das Kunstwort „Netiquette" setzt sich aus „Netz" (oder „Net") und „Etikette" zusammen; die vermittelten Regeln richten sich „primär an Neulinge [...], transportieren die Wertvorstellungen aus den Gründerjahren des Internet und reflektieren die Erfahrungen der gemeinsamen Netznutzung. Aus diesem Grund sind Netiketten aufschlussreiche Dokumente, um Eigenschaften und Entwicklungen des kommunikativen sozialen Stils im Internet zu beobachten und nachzuzeichnen" (Schütte 2000, S. 154). Sie kombinieren ethische und moralische Aspekte mit allgemeinen Konversationsmaximen und umfassen auch Internet-spezifische Regeln. Die von Lynette Porter (1997) entwickelten Regeln zur Kommunikation per E-Mail in Lernkontexten fordern beispielweise Kürze, Prägnanz, Höflichkeit, die Beachtung von korrekter Grammatik und Rechtschreibung, sowie die Beachtung spezieller Regeln in Mailinglisten und Newsgroups. Weitere Gestaltungsempfehlungen betreffen spezifische Elemente, etwa prägnante und aussagekräftige Betreffzeilen, Strukturierung der Beiträge durch Absätze, sorgfältiges Formulieren und nochmaliges Durchlesen vor dem Absenden, schnelles Antworten bzw. zumindest Absprachen über zeitliche Vereinbarungen, den Vorschlag, in Antworten ggf. paraphrasieren statt zitieren, sowie bei mehreren in einem virtuellen Lernraum zur Verfügung stehenden Kommunikationsmedien das geeignete auszuwählen[94] (Arnold u.a. 2004, S. 159).

Auch mit sog. FAQs – „Frequently Asked Questions" – soll Kommunikationsproblemen zuvorgekommen werden, indem Antworten auf inhaltlich-thematische Fragen sowie Verhaltensweisen bei gruppenspezifischen Kommunikationsproblemen vorgeschlagen werden. Sie sind insofern ein „Destillat des kollektiven Interaktionswissens" bzw. eine „extrakommunikative Domäne der Kommunikationsregulierung" (Schütte 2000, S. 157).

Vor dem Hintergrund der bisher aufgeführten Besonderheiten virtueller Kommunikation in wissenschaftlichen bzw. Lehr-/Lernzusammenhängen (im Unterschied zu anderen Kontexten) ist verständlich, dass der Rolle von Teletutoren in virtuellen Lernsituationen ein besondere Bedeutung beigemessen wird, nicht nur bei der in-

---

94 In der Regel wird vorgeschlagen, mit demselben Medium zu antworten, in dem ein Beitrag verschickt wurde. Um in Konfliktsituationen in Mailinglisten oder Diskussionsforen eine Eskalation zu vermeiden, ist es jedoch oft günstig, nicht-öffentliche Kommunikationsformen wie private E-Mail oder Telefon einzusetzen (vgl. Bubenzer 2001, S. 18; Busch/Meyer 2002).

haltlichen Unterstützung und Anregung, sondern auch in der Anregung der Kommunikation und der Moderation typischer Kommunikationsprobleme (vgl. z.B. Rautenstrauch 2001, S. 53f.; Arnold u.a. 2004, S. 161; Arnold/Thillosen 2003).

Bevor es in den nächsten Abschnitten um *konkrete Merkmale* asynchroner und synchroner Kommunikationsformen geht, soll an dieser Stelle noch ein Sachverhalt angesprochen werden, der in Untersuchungen zum E-Learning bisher kaum berücksichtig wird: die damit einhergehende Veränderung der „unseren Handlungen und Planungen zugrunde gelegten *Zeitmaßstäbe*" (Rosa 2005, S. 208). Zwar geht die Forschung durchaus auf bestimmte zeitliche Aspekte beim Einsatz bestimmter Kommunikationsformen ein, z.b. den höheren Zeitaufwand für einen schriftlichen Chat im Vergleich zu einer mündlichen Diskussion oder die Notwendigkeit, in einem Diskussionsforum oder einer Mailingliste schnell auf neue Beiträge zu antworten, damit die Kommunikation „lebendig" bleibt (vgl. dazu die entsprechenden Abschnitte unten). Jedoch wird die Perspektive nur selten über die Konzeptionierung konkreter Lernsituationen hinaus darauf gelenkt, dass der Einsatz neuer Technologien Auswirkungen auf das gesamte Leben hat und zu einer fundamentalen „Veränderung der Zeitstrukturen in der Moderne" führt, wie etwa die soziologische Untersuchung von Hartmut Rosa (2005) eindrücklich zeigt (vgl. dazu auch Reheis 1998). Die in diesem Kapitel untersuchten digitalen Kommunikationsmedien sind nicht die (alleinige) Ursache dieser „Beschleunigung", sondern vielmehr Teil eines feingliedrig ineinandergreifenden Zirkels neuer Technologien und der (kapitalistischen) Gesellschaftsstrukturen; ihr Beispiel zeigt jedoch die damit neu entstehende Dynamik deutlich: Während es beispielsweise angemessen sei, einen Brief, der acht Tage unterwegs war, auch erst eine Woche später zu beantworten, erscheine „die gleiche Frist für die Beantwortung einer E-Mail-Nachricht, die nach wenigen Sekunden beim Empfänger eingetroffen ist, als unpassend lang" (ebd., S. 208). Im Hintergrund steht auch das paradoxe Phänomen, dass Technologien, die es ermöglichen, Handlungen schneller auszuführen, als dies bisher möglich war, nicht zu einem Gewinn an zeitlichen Ressourcen führen. Im Gegenteil, durch die zugleich „wachsende Anzahl von verfügbaren und potenziell interessanten Gütern und Informationen [verkürzt sich] die Zeitspanne [...], die jedem einzelnen Gegenstand gewidmet werden kann: Wenn wir einen konstanten Anteil unseres Zeitbudgets dem Lesen von Büchern [...] und der Beantwortung von E-Mails widmen, sinkt die durchschnittliche Dauer, die wir jedem Buch, [...] und jeder E-Mail-Nachricht widmen können, parallel zur Steigerung der Zahl an Büchern [...] bzw. zur Zahl der E-Mail-Nachrichten, die wir empfangen und versenden" (ebd., S. 203). Die Auswirkungen dieses Prozesses sind auch im akademischen Kontext[95] deutlich spürbar: „Ein Wissenschaftler beispielsweise findet

---

95 Verschiedene Wirtschaftsunternehmen vor allem in den USA (z.B. Intel) haben inzwischen Maßnahmen wie „No E-Mail Fridays" eingeführt, da der starke Anstieg des E-Mail-Aufkommens in den letzten Jahren von einem Großteil der Mitarbeiter als Stressfaktor wahrgenommen werde und zu einer geringeren Produktivität führe (vgl. Lindner 2007).

nach acht Tagen Urlaub ein übervolles E-Mail-Konto mit Anfragen aller Art, eine Reihe von zu korrigierenden Examensarbeiten, eine eindrucksvolle Anzahl an für seine Forschung relevanten Neuerscheinungen, neue Hard- und Softwareangebote etc. vor [...] Das ‚objektive Geschehen' vollzieht sich rascher, als es im eigenen Handeln und Erleben reaktiv verarbeitet werden kann" (ebd., S. 219). Was bedeutet dies für die Untersuchung des Einsatzes von asynchronen und synchronen neuen Kommunikationsmedien an Hochschulen in den folgenden Abschnitten? Wenn die „Wechselwirkungen zwischen den neuen Möglichkeiten technischer Beschleunigung und flexibler Erreichbarkeit und den sozialen Handlungserwartungen" und der damit einhergehende „strukturelle Beschleunigungszwang der Moderne" (ebd., S. 219) zu einem umfangreichen Veränderungsprozess gehören, dem die Beteiligten sich nicht entziehen können, stellen sich damit zum Beispiel in Hinblick auf die Fallstudien Fragen wie: Nehmen die Beteiligten selbst diesen (übergeordneten) zeitlichen Aspekt bei der Nutzung digitaler Kommunikationsmedien wahr? Wie reagieren sie darauf? Haben sie den Eindruck, dabei mitgestalten zu können? Welche Rolle spielen zeitliche Faktoren in der konkreten Gestaltung von Lehr-/Lernsituationen, auch wenn deren Bedeutung den Beteiligten möglicherweise kaum bewusst ist?

5.2.1.1 Asynchrone Kommunikation

Im folgenden Abschnitt werden die asynchronen Kommunikationsmöglichkeiten ausführlicher thematisiert, die in den meisten Lernraumsystemen angeboten werden, E-Mailfunktionen und Diskussionsforen. Diese Internetdienste in Lehr-/Lernsituationen zu nutzen, ist für viele Teilnehmende immer noch ungewohnt und muss erst eingeübt werden. Dies beginnt mit der Erfahrung, dass sie sich durch schriftliche Beiträge sichtbar machen müssen, damit Lebendigkeit im Lernraum entsteht (Arnold u.a. 2004, S. 159). Fehlende Gruppenwahrnehmung und die Unkenntnis von Kommunikationsregeln (wie der oben thematisierten Netiquette) sind oft die Ursachen typischer Probleme asynchroner Kommunikation in virtuellen Lernsituationen: Einzelne Teilnehmende melden sich nicht oder es tritt eine allgemeine Funkstille ein, einzelne Teilnehmende dominieren die Kommunikation, Beiträge sind unverständlich, weitschweifig oder sehr kurz, Absprachen werden nicht eingehalten (vgl. Linder/Tilke 2001). Häufiger als in Präsenz-Lernsituationen kommt es auch zu Beschimpfungen (das sog. *Flaming*) und Missverständnissen (ebd). Teletutoren werden deshalb vertrauensbildende Maßnahmen zu Beginn einer Veranstaltung empfohlen. Es sollte genaue Absprachen und Aufgabenformulierungen geben, Netiquette- und Feedbackregeln müssen ggf. explizit gemacht werden und die Kommunikationsmedien (insbesondere bei Interventionen) bewusst gewählt werden (vgl. Anm. 94).

Zentral ist zudem die Frage, welche Aufgabenformen sich für den Einsatz welcher asynchronen Kommuniktionstools eignen, nicht nur in Fernstudienkontexten bzw. Blended-Learning-Angeboten, sondern auch begleitend zu Präsenzlernformen. Dabei können z.b. divergente Lernphasen genutzt werden, in denen Einzelne oder Gruppen parallel und getrennt von einander arbeiten und synchrone Abstimmungen weniger wichtig sind (vgl. Hinze 2004, S. 49).

(a) E-Mail und Mailinglisten

Noch vor dem World Wide Web wird E-Mail als wichtigster und am häufigsten genutzter Internetdienst angesehen (www.wikipedia.de, 03.01.2007).

Die sieben für E-Mails (bzw. damit auch für Mails, die über eine Mailingliste versandt werden) charakteristischen Merkmale, die Christa Dürscheid (2005, S. 89f.) nennt, gelten unabhängig von deren Funktion und haben somit auch Einfluss auf die Verwendung von E-Mails an Hochschulen bzw. in akademischen Zusammenhängen: (1) E-Mails werden „screen-to-screen" verfasst und gelesen, ein Ausdruck auf Papier erfolgt in der Regel nicht. Diese Flüchtigkeit ist ein Grund dafür, dass sie mehr Schreibfehler enthalten als traditionelle Texte. (2) Eine E-Mail besteht aus dem Nachrichtenkopf (dem sog. Header, der über Absender, Empfänger, Erstellungsdatum sowie den Übermittlungsweg der Mail informiert) und dem „Body", der die zu übertragenden Informationen sowie ggf. eine Signatur (mit Angaben zum Absender) enthält. (3) E-Mails bieten die Möglichkeit, direkt aus dem Programm aufrufbare Links sowie andere Dateien mitzuversenden, die dann ohne Medienbruch direkt aufgerufen werden können. (4) Durch die „Reply-Funktion" können E-Mails direkt als Antwort auf eine vorhergehende Mail gekennzeichnet werden; dabei können Inhalte, auf die Bezug genommen wird, entweder in Teilen zitiert werden (direktes quoten) oder als Ganzes in eine Antwortmail übernommen werden (indirektes quoten). (5) Gibt es keine technischen Verzögerungen, so können E-Mails sehr schnell beim Empfänger sein. Entsprechend schnell wird oft eine Antwort erwartet, Verzögerungen können als „negative Beziehungsbotschaften" (Döring 2003, S. 57) interpretiert werden. (6) Mit Ausnahme von (in der Regel unbeliebten, da als Sicherheitsrisiko geltenden) HTML-Mails bieten E-Mails kaum Möglichkeiten der typographischen Gestaltung; ihre Darstellung beim Empfänger hängt von dessen E-Mail-Programm ab, der Absendende hat keinen Einfluss darauf. (7) Wie für alle am Computer erstellten Texte charakteristisch, können E-Mails leicht umgestellt, geändert und gelöscht werden. Dies bedeutet, dass die zentralen Bestandteile des Schreibprozesses, Planen, Formulieren und Revidieren (vgl. auch Kap. 3.2) ohne Aufwand und mehrfach durchgeführt werden können. Anders als bei klassischen (Papier)Texten wird die Mail nach der letzten Revision meist ohne Verzögerung verschickt.

Trotz dieser allen E-Mails gemeinsamen Merkmale sind sie aus linguistischer Perspektive zunächst keine „Textsorte", sondern eine „Kommunikationsform", die durch ihren Verwendungszweck und ihren jeweiligen Kontext definiert wird (Ziegler 2002). Zu Beginn der E-Mail-Forschung[96] wurden vor allem die Unterschiede zwischen E-Mails und Briefliteratur hervorgehoben; inzwischen wird E-Mail-Korrespondenz oft als „Fortsetzung der Briefliteratur mit anderen Mitteln" charakterisiert, d.h. in einem anderen Medium und mit größerer Geschwindigkeit (Dürscheid 2005, S. 87). Mit der Beschreibung von E-Mails als „Telefonbriefen" (Schmitz 2002) auf der anderen Seite ist nicht nur ihre Position zwischen Schriftlichkeit und Mündlichkeit gemeint, sondern oft auch ihre Funktion (Dürscheid 2005, S. 87); sie enthalten dann z.b. Inhalte, für die ein Brief nicht geschrieben würde, da dies den Aufwand nicht lohnt, und/oder die nicht in einem Telefonat besprochen würden, da man den Adressaten nicht mit einem direkten Anruf belästigen will.

Oft werden der E-Mail Merkmale zugeschrieben, die als typisch für direkte Interaktion bzw. mündliche Kommunikation gelten (vgl. Günther/Wyss 1996; Jakobs 1998; Dürscheid 1999; Döring 2003), beispielsweise „Assimilations- und Reduktionsformen, Satzabbrüche, umgangssprachliche Ausdruckweisen, Dialektismen etc." (Dürscheid 2005, S. 88). Andererseits hat der „Vergleich von Briefen und E-Mails [...] gezeigt, dass die situative Orientiertheit des Schreibens/Kommunizierens größer ist als die Mediengebundenheit" (Kern/Quasthoff 2001, S. 20). So betont etwa Ulrich Schmitz (2002a, S. 40), dass die in E-Mails verwendeten sprachlichen Mittel erheblich stärker aber von pragmatischen Bedingungen der Kommunikationssituation (z.B. Vertrautheit der Kommunikationspartner, Thema, beruflicher oder privater Lebensbereich) abhängen als von den Bedingungen des Mediums. So haben sich inzwischen in einigen Bereichen E-Mail-Textsorten herausgebildet, die lange nur der Briefkommunikation vorenthalten waren, etwa Bewerbungsschreiben oder Rechnungen. Funktion, Kommunikationssituation und textinterne Merkmale (z.B. Anredeformen und Stil) sind in diesen Fällen (bis auf das Trägermedium) weitgehend mit der Briefliteratur identisch (Dürscheid 2005, S. 88).

Obwohl E-Mail und Mailinglisten als „früheste Möglichkeiten einer elektronisch vermittelten wissenschaftlichen Kommunikation" (Peez 2001, [5]; Döring 1997, S. 15f.) gelten, scheinen sich solche Textsorten im Kontext Hochschule bisher noch kaum herausgebildet zu haben. So zeigt z.B. die Zusammenstellung studentischer E-Mails, die der Jura-Professor Thomas Hoeren im Juni 2006 unter der Überschrift „E-Mail-Gruselkabinett" in „Spiegel Online" veröffentlichte[97], dass die Auffassungen über eine „angemessene" E-Mail-Korrespondenz sehr unterschiedlich sind. Während er die Mails einerseits (z.B. in Bezug auf Rechtschreibung, Wortwahl, Anspruch an die „Erledigung von Anforderungen") als „Fernab der geregelten

---

96 Einen Überblick über die ca. zehnjährige E-Mail-Forschung im deutschsprachigen Raum geben z.B. Christa Dürscheid 2005, S. 87 oder Arne Ziegler 2002, S.10.
97 www.spiegel.de/unispiegel/wunderbar/0,1518,424426,00.html // 30.10.2006.

Bahnen universitärer Kommunikation und brieflichen Anstandes" charakterisiert, geht er zugleich davon aus, dass dem Absender meist selbst nicht bewusst ist, wie sein Schreiben wirkt (Hoeren 2006).

In eine *Mailingliste*, also eine „‚Verteilerliste für E-Mails' [... die sich auf ein] mehr oder weniger scharf umrissenes *Thema*"[98] bezieht, können sich alle an dem Thema Interessierten einschreiben; danach erhalten sie automatisch alle E-Mails, die über die Liste versendet werden und können ihrerseits an die Liste schreiben. Inzwischen gibt es auch zu fachlichen und wissenschaftlichen Themenbereichen zahlreiche Mailinglisten,[99] die entweder für alle Interessierten oder für eine bestimmte Gruppe (z.b. für die Teilnehmenden einer Lehrveranstaltung) zugänglich sind. Mailinglisten können unmoderiert sein oder von einem Moderator begleitet werden (Rautenstrauch 2001, S. 48f.). Durch ihre Öffentlichkeit unterscheidet sich die Kommunikation in Mailinglisten noch einmal erheblich von der E-Mail-Korrespondenz zwischen zwei Personen. Funktional kann sie somit weder mit herkömmlicher Briefkorrespondenz noch mit Telefongesprächen verglichen werden. Bisher vorliegende Untersuchungen von Mailinglisten in Hochschulzusammenhängen zeigen ein weites Spektrum von Einsatzkontexten von einer aus elf Personen bestehenden Mittelbauinitiative (Janich 2002) bis zu der Studierenden-Community eines Fernstudienanbieters mit mehreren Hundert Teilnehmenden (Arnold 2003). In der Regel handelt es sich jedoch um selbstorganisierte Gruppen, die sich aus gemeinsamen, fachlichen Interessen zusammengefunden haben. Zugleich findet sich in einer Mailingliste häufig eine „Zweckgemeinschaft von in der Gesellschaft Ungleichen"[100] (Schütte 2000, S. 154), deren konstruktiver, kommunikativer Umgang miteinander sich – oft zum Erstaunen der Teilnehmenden – nicht von selbst ergibt. Entsprechend müssen (textsorten-)spezifische Normen und Regeln für die jeweilige Kommunikationssituation und Funktion immer neu ausgehandelt werden. Dabei gelten auch in diesen akademischen Kontexten die von Schütte (2000, S. 144–150) genannten drei Gegensatzpaare, zwischen denen sich die Kommunikationsregeln austarieren: öffentlich und privat, Beruf und Freizeit sowie Nähe und Distanz bzw. „drinnen" und „draußen", d.h. die Differenzierung zwischen erfahrenen Teilnehmenden und Neulingen („Newbies").

---

98 www.glossar.de/glossar/index.htm (Glossar des Portals ARCHmatic) // 30.10.2006.

99 Exemplarisch sei an dieser Stelle auf den Mailinglistserver www.lsoft.com/ verwiesen (also einen Anbieter von Mailinglisten), der die deutschsprachigen Mailinglisten der Universitäten Heidelberg, Karlsruhe und der Fraunhofer Gesellschaft verwaltet (www.lsoft.com/scripts/ wl.exe?SC=DE&C= Germany // 06.09.2007). Allein unter Fraunhofer IKM waren dort am 06.09.2007 530 Listen angegeben.

100 Trotz des gemeinsamen Interesses am Thema einer Mailingliste kommen die Teilnehmer häufig aus unterschiedlichen gesellschaftlichen Kontexten und Positionen. Unterschiede in Alter, Geschlecht, Status usw. sind zwar zunächst aufgrund der fehlenden sozialen Hinweisreize (vgl. Kap. 5.2.1) bei einer ausschließlich schriftlichen Kommunikation nicht erkennbar, führen jedoch zu unterschiedlichen Verhaltenserwartungen, etwa in Bezug auf die Form, die inhaltliche Qualität der Diskussion usw.

In Kap. 5.2.2.2 dieser Arbeit wird die Kommunikation in einer Mailingliste im Rahmen einer Fallstudie untersucht. Nicht nur der Zugang zu der E-Mail-Korrespondenz zwischen zwei Personen wäre erheblich komplizierter und ein Korpus entsprechend schwerer zu definieren, auch erscheint die Untersuchung einer *öffentlichen*, asynchronen Kommunikationssituation in einem wissenschaftlichen Kontext für die Fragestellung der Arbeit aufschlussreicher. Abgesehen davon werden mit der Untersuchung der Listenkommunikation zugleich viele Aspekte thematisiert, die auch für die Kommunikation zwischen zwei Personen relevant sind. Rahmengebende Untersuchungskriterien sind, wie in Kap. 4 erläutert, Kontext, Inhalte, Form, Gestaltungsmacht und Kompetenzen. In Bezug auf die formalen Aspekte werden typische textinterne Faktoren – „neuralgische Elemente" (Janich 2002) – wie Betreffzeilen und Anredeformen, Wortwahl, grammatische Richtigkeit, sowie die unterschiedlichen Auffassungen der Beteiligten über den „guten Ton", d.h. einen als angemessen betrachteten Schreibstil berücksichtigt.

(b) Diskussionsforen

Als Diskussionsforen, Discussionboards oder Newsgroups werden im Folgenden asynchrone, strukturierte Internetforen bezeichnet, deren Beiträge in thematischen Diskussions- bzw. Gedankensträngen, sog. „Threads" organisiert sind.[101] Im Gegensatz zur E-Mail-Kommunikation sind Diskussionsforen "Pull-Medien", d.h. die Mitglieder müssen selbst nachsehen, ob es Neuigkeiten gibt. (In einigen Fällen werden aus den Foren auch Nachrichten versandt, wenn neue Postings eingegangen sind.) Ihr besonderer Vorteil im freien Internet liegt oft in der großen Zahl der Teilnehmenden; andererseits können sie durch die Fülle an Nachrichten leicht unübersichtlich werden. Auch hier ist die Situation in geschlossenen Lernkontexten anders. Es muss mit weniger Beiträgen gerechnet werden als in face-to-face-Veranstaltungen; der Vorteil von Foren wird in gut durchdachten Beiträgen und einer übersichtlicheren Anordnung als in Mailinglisten gesehen (vgl. Rautenstrauch 2001, S. 49). Obwohl Diskussionsforen sich in virtuellen Lernsituationen bereits teilweise etabliert haben, muss ihr Einsatz gezielt erfolgen, da Foren, die wenige Teilnehmende haben oder nur wenig besucht werden, schnell zum Erliegen kommen (vgl. Rogalla/Hanses 2001b; Apel 2003, S. 93f.).

---

101 Stefan Münz (2006) weist darauf hin, dass die Bezeichnungen für webbasierte Diskussionsplattformen oft ungenau sind. So werden teilweise z.b. auch Mailinglisten als „Foren" bezeichnet (z.B. Artikel „Internetforum" in www.wikipedia.de // 22.01.2007). Nach Münz unterscheiden sich Diskussionsplattformen nicht nur bezüglich technischer Gegebenheiten der Datenhaltung, sondern vor allem in der Strukturierung, „in der Vorstellung davon, wie typische Diskussionen ablaufen" (ebd.). In diesem Abschnitt geht es um Plattformen, die Münz als „Foren" bezeichnet und die Diskussionen mit aufeinander bezogenen Beiträgen (also Diskussionssträngen, engl. threads) organisiert sind; im Gegensatz dazu sind sog. „Boards" thematisch organisiert, innerhalb der jeweiligen Themenbereiche wird jedoch keinen Bezug der einzelnen Beiträge zueinander geschaffen.

Udo Hinze (2004, S. 55f.) weist auf verschiedene Möglichkeiten, Diskussionsforen zu strukturieren. Wenn alle Foren eines Kurses für alle Teilnehmenden zugänglich sein sollen, wird oft vorgeschlagen, mindestens zwei unterschiedliche Bereiche einzurichten: ein Forum zum inhaltlichen Austausch und eine Möglichkeit zur informellen Kommunikation. Eine andere Möglichkeit ist die Einrichtung geschlossener Räume für einzelne Arbeitsgruppen, deren Ergebnisse dann wieder im Plenum ausgetauscht werden.

Auf jeden Fall sind für den erfolgreichen Einsatz von Diskussionsforen in Lernsituationen eine überlegte Aufgabenstruktur und eine disziplinierte Nutzung durch die Teilnehmenden nötig. Dabei hat sich gezeigt, dass dieses disziplinierte Einhalten von Strukturen und vorgegebenen Diskussionssträngen in der Praxis oft schwierig ist (vgl. Arnold u.a. 2004, S. 158). Da es in kleineren, geschlossenen Gruppen oft schwierig ist, Forendiskussionen über einen längeren Zeitraum lebendig zu halten, wird oft vorgeschlagen, Foren gezielt zu bestimmten Phasen im Kurs einzusetzen, Brainstormings durchzuführen, Aufgaben zu diskutieren usw. und generell offene Fragen zu stellen, auf die es keine richtigen oder falschen Antworten gibt, sondern die Meinungsvielfalt der Teilnehmenden diskutiert werden kann.

Teletutoren oder Moderatoren müssen beim Einsatz von Diskussionsforen vielfältige Aufgaben übernehmen (vgl. Hinze 2004, S. 56f.; Arnold u.a. 2004, S. 158): Dies beginnt bei der Definition der Aufgabe eines Forums, der Strukturierung und Information der Teilnehmenden, der gezielten Anregung der Diskussionen, der inhaltlich und formal angemessenen Form von Antworten usw.

In Kap. 5.2.2.1 dieser Arbeit wird der Einsatz des Diskussionsforums in einer Hochschulveranstaltung in einer Fallstudie untersucht. Anders als bei den offenen, thematischen Foren im Internet scheint in wissenschaftlichen Zusammenhängen der Einsatz eines Forums in einer *geschlossenen* Lerngruppe als typischer. Auch hier werden die in Kap. 4 erläuterten Untersuchungskriterien zugrundegelegt; die im Zusammenhang mit der E-Mail-Kommunikation erwähnten typischen textinternen Faktoren (Betreffzeilen, Anredeformen usw., siehe oben) sind auch hier zu berücksichtigen.

5.2.1.2 Synchrone Kommunikation

Chat ist das am besten erforschte neue schriftliche Kommunikationsmedium[102], wird jedoch nicht nur von den Nutzenden, sondern auch von den meisten Forschenden in der Regel als „Plauder-Medium", d.h. als Medium zur informellen Kommunikation wahrgenommen.

---

102 Die umfangreiche, ständig erweiterte Bibliographie auf den Seiten des Instituts für deutsche Sprache und Literatur der Universität Dortmund umfasst knapp 500 Titel (www.chat-kommunikation.de/; Stand: 06.01.2007).

Die gebräuchlichen Chat-Programme[103] ermöglichen es zwei oder mehr Personen, zeitgleich (bzw. mit äußerst geringen Verzögerungszeiten) schriftlich miteinander zu kommunizieren. Diese synchrone schriftliche Kommunikation erfordert schnelles Agieren und Reagieren und hat noch weitaus stärker als asynchrone Kommunikationsformen zu spezifischen Ausprägungen geführt, die als typisch gelten, z.b. eine hohe Fehlertoleranz und sog. „schriftliche Mündlichkeit". In vielen Communities werden die fehlenden nonverbalen Signale durch Emoticons, Akronoyme, Mehrfachsatzzeichen u.a. ausgeglichen und zur Bildung von Gruppenidentitäten spezielle, schnell wechselnde Jargons ausgebildet (vgl. z.b. Arnold u.a. 2004, S. 160; Rautenstrauch 2001, S. 51). Im freien Internet existieren zahlreiche große Communities zu den unterschiedlichsten Themen, wobei in vielen Gruppen die Anonymität der Teilnehmenden, die Nutzung von Pseudonymen (Nicknames) und Rollenwechsel als quasi selbstverständlich gelten.

In beruflichen, akademischen und Lehr-/Lernkontexten hat sich der Chat keineswegs in vergleichbarem Maße durchgesetzt. Für eine effektive Nutzung des Chat in solchen Zusammenhängen, so die im deutschsprachigen Raum führenden Chat-Experten Michael Beißwenger und Angelika Storrer (2005, S. 9) bedürfe es „einer Kombination aus technischen Funktionen und konversationsstrategischen Konzepten, die für die jeweils anvisierten sozialen Handlungsbereiche (z.b. Beratung, Lehren/Lernen, Community-Bildung) und Interaktionsformate (z.b. 1:1 oder 1:n Beratungsgespräch, n:1 Befragung, n:m Seminardiskussion) einen geeigneten Rahmen schafft, der es erlaubt, die sozialen und konversationellen Strukturierungsprinzipien funktional vergleichbarer mündlicher Diskursarten nachzubilden". Solche sozialen Handlungsbereiche – im Hochschulkontext meist Lehr-/Lernszenarien – und Konversationsstrategien wurden inzwischen entwickelt und erprobt (vgl. unterschiedliche Beispiele ebd.).

Der Einsatz von Chat in Lehr-Lernkontexten wird mit Argumenten sehr unterschiedlicher Art begründet. Oft wird die Bedeutung synchroner Kommunikation in ortsverteilten Lernsituationen, also vor allem in Fernlern- oder Blended-Learning-Szenarien hervorgehoben.[104] Durch die Archivierbarkeit steht das „schriftliche

---

103 Verbreitet sind verschiedene Systeme, die sich in technischer Hinsicht voneinander unterscheiden (vgl. Döring 1999, S. 95f.), z.b. der IRC-Chat (Internet-Relay-Chat), Web-Chat sowie verschiedene Instant-Messaging- bzw. Awareness-Tools, d.h. Systeme, die es ihren Mitgliedern ermöglichen zu sehen, wer gerade online ist und spontan Chat-Kontakt aufzunehmen. (Audio- und Videochat werden an dieser Stelle nicht thematisiert.)

104 In der Tat ist synchrone Kommunikation in Lehr-/Lernkontexten wichtig, allerdings muss dafür nicht unbedingt schriftlicher Chat verwendet werden. So beurteilten beispielsweise die Lehrenden der Virtuellen Fachhochschule (VFH) an verschiedenen Standorten das im Lernraumsystem vorhandene Chat-Werkzeug als nicht ausreichend bzw. auch nicht geeignet, um die vorhandenen Bedürfnisse nach synchroner Kommunikation zu erfüllen. Stattdessen setzten sie in einem Fall ein Audio-System ein, was die Studierenden sehr positiv aufnahmen, da sie es als einfacher und weniger zeitaufwändig empfanden, Fragen mündlich zu formulieren. In einem anderen Fall wurde (als optionales Angebot) mit dem Instant-Messaging-System ICQ zwar ein Chat-Tool genutzt, allerdings eins, in dem sich Lernende und Lehrende

Resultat der Online-Sitzung [...] auch später noch zur Verfügung, und zwar in nützlicher, überarbeitbarer Form" (Naumann 2005, S. 262). Aus inhaltlicher Perspektive spricht dafür die Möglichkeit, Fachexperten zuzuschalten, die sonst nicht verfügbar wären.[105] Der Chat-Einsatz im Fremdsprachenunterricht ist insofern sinnvoll, als damit der Erwerb von schriftsprachlichen Kompetenzen unterstützt wird (z.B. Apfelbaum 2005; Kilian 2005; Linder/Wessner 2005). Marianne Merkt (2005) hat gezeigt, dass durch den Einsatz spezieller Aufgabenformen (Micro-teaching) mit Chat und einem parallel eingesetzten Whiteboard (für Zeichnungen, Post-its usw.) inhaltlich anspruchsvolle Lehre gestaltet werden kann. Die von ihr entwickelten, komplexen Chat-Szenarien gehen jedoch weit über rein schriftliche Chat-Kommunikation hinaus und erfordern von Lehrenden und Lernenden ein hohes Maß an (Bereitschaft zur) Einübung neuer Handlungsweisen, zumal sie zu dem Ergebnis kommt, dass der Wegfall der mündlichen Sprache die Entwicklung einer neuen „multimedialen Sprachkompetenz" erfordere (ebd., S. 178f.).

Im Gegensatz zu den im letzten Abschnitt beschriebenen Möglichkeiten sind die meisten E-Learning-Experten der Meinung, Chat sei „weniger zur intensiven Diskussion komplexer inhaltlicher Fragen geeignet als beispielsweise für Terminabsprachen oder ein kurzes Feedback" (Hinze 2004, S. 75). So wird häufig vorgeschlagen, Chats zu speziellen Gelegenheiten einzusetzen, z.B. als Begrüßungschat oder Krisenchat (Gaiser 2002), für thematische und organisatorische Absprachen oder zum Coaching einzelner Teilnehmender (Rautenstrauch 2001, S. 52; für eine Zusammenstellung von Szenarien vgl. auch Bremer 2005).

Kritische konversationsstrategische, d.h. mit den traditionellen, mündlichen akademischen Diskursen nicht vereinbare Punkte sind vor allem die in der (Freizeit-) Chatkommunikation üblicherweise sehr kurzen, oft auch bruchstückhaften Sätze sowie oft parallel verlaufenden Kommunikationsstränge. In Zusammenhang damit steht auch die Problematik des Sprecherwechsels, des sog. „turn-taking", das in der mündlichen Kommunikation z.B. durch Blickkontakt oder andere Konventionen geregelt wird. In Hochschulzusammenhängen werden deshalb oft nicht nur auf der formalen bzw. stilistischen Ebene Chat-Regeln vereinbart, die nicht der gängigen „Chatiquette" entsprechen (z.B. GROSSBUCHSTABEN zu vermeiden – dies gilt als Schreien – oder nur Sonderzeichen oder Emoticons zu nutzen, die allgemein bekannt sind, vgl. Hinze 2004, S. 58; Arnold u.a. 2004, S. 160). Weitere Regeln betreffen oft sehr strenge Absprachen zur Vergabe von Schreibrechten (häufig nur

---

spontan und jeweils nur für kurze Fragen trafen, sodass langfristig Terminvereinbarungen, thematische und organisatorische Gestaltung der Szenarien nicht nötig bzw. gar nicht möglich waren. Dabei empfanden die Studierenden die zeitnahe Beantwortung von Fragen als positiv; andererseits wurde auch angemerkt, dieses Tool sei insofern „asozial" als nur die jeweils beteiligten Personen von der Diskussion profitierten, die Fragen und Antworten nicht archiviert wurden (vgl. Arnold u.a. 2004, S. 164ff.; Arnold u.a. 2002a).

105 Das E-Learning-Portal e-teaching.org (www.e-teaching.org) führt seit dem Herbst 2006 solche „Expertenchats" nicht nur im Rahmen geschlossener Lehrveranstaltungen durch, sondern als offenes Angebot für allen Interessierten.

durch den Moderator), die Aufforderung, längere Beiträge in mehrere kurze Abschnitte zu teilen und jeweils zu kennzeichnen, wenn die Argumentation noch fortgesetzt wird (z.B. mit drei Punkten „...") bzw. ob der Gedankengang beendet ist (z.b. mit *E* für „Ende") oder die Adressierung von Beiträgen (z.b. durch Nennung des Login-Namens: „@Name: Kommentar") (vgl. z.b. Naumann 2005; Bremer 2005; Beispiele für Konversationsregeln finden sich auch im Anhang der „Vollständigen Bestandsübersicht des Dortmunder Chat-Corpus"[106]). Wichtig ist im deutschsprachigen Raum auch eine Regelung der Anredekonventionen, da gerade im schnellen Chat das übliche Siezen sehr umständlich ist. Teilweise verwenden deshalb Lehrende in Chats den Vornamen der Studierenden und „Sie" (vgl. Weber-Wulff 2003b, S. 371f.).

Die bisher beschriebenen Merkmale erklären, dass Chats in Lehr-/Lernkontexten strukturiert und moderiert werden müssen. Abhängig von der Zahl der Teilnehmenden und der Komplexität des Themas wird oft auch empfohlen, inhaltliche Verantwortlichkeit und Moderation zu trennen (z.b. Naumann 2005, S. 268), zumal die Praxis gezeigt hat, dass die Moderation eines Chats hohe Anforderungen stellt und eingeübt werden muss. Wesentliche Punkte dabei sind beispielsweise, eine Agenda zu erstellen und auf deren Einhaltung zu achten (Themen, Kommunikationsregeln, Zeitrahmen), auf die inhaltliche und formale Disziplin der Teilnehmenden zu achten, bei Abschweifungen zum Thema zurückzuführen und auf das Abschließen von Teilthemen zu achten und kurze Zusammenfassungen für Zuspätkommende zu geben (Hinze 2004, S. 58; Bubenzer 2001, Kinast 2001). Wie auch in auditiven und audiovisuellen synchronen Lernsituationen empfiehlt sich häufig ein „Drehbuch", das verschiedene Ablaufphasen umfasst: einen technischen und organisatorischen Vorlauf, die Begrüßung (affektiv, motivational und kognitiv), die zentrale inhaltliche Phase sowie eine abschließende Bewertung (vgl. Mündemann 2003; Arnold u.a. 2004, S. 51f.).

Allen vorliegenden Untersuchungen und Erfahrungsberichten zum Einsatz von Chat in Lernkontexten machen deutlich, dass damit immer Einübungsprozesse verbunden sind. Zwar kann die von Karin Naumann (2005) gestellte Frage „Kann man Chatten lernen?" bejaht werden; allerdings sollte hinzugefügt werden, dass man in Lehr-/Lernsituationen Chatten lernen *muss*. Häufig haben die Teilnehmenden zunächst das Gefühl, „dass Diskussionen in der Online-Umgebung weniger ertragreich sind als in einer Präsenzsituation" (Merkt 2005, S. 171). „Einige Lernende verzichten nach den ersten chaotischen Erfahrungen mit Chat ganz auf das Kommunikationsmedium oder nutzen es ausschließlich für informelle Kommunikation" (Hinze 2004, S. 57).

---

106 www.chatkorpus.uni-dortmund.de/020_bestand/050_download/bestandsliste.pdf // 11.01.2007.

Aus mehreren Gründen wurde im Rahmen dieser Arbeit keine eigene Falluntersuchung zum Thema Chat durchgeführt: Zunächst aufgrund der mit vielen
E-Learning-Experten geteilten Überzeugung, dass Chat sich insgesamt weniger für
inhaltliche Diskurse als für kurze Absprachen eignet (vgl. oben) und es absehbar
erscheint, dass für ortsverteilte, synchrone Kommunikation in Zukunft zunehmend
auditive und audio-visuelle Werkzeuge genutzt werden. Hinzu kommt, dass Kontexte, Funktionen und Formen der synchronen schriftlichen Kommunikation, wie in
diesem Abschnitt gezeigt, Besonderheiten aufweisen, die die ohnehin schon vorhandene Heterogenität der untersuchten Fälle stark erhöhen würde und die in zahlreichen speziellen Untersuchungen besser dargestellt werden.

5.2.2 Fallstudien

Die beiden in den folgenden Abschnitten vorgestellten Fallstudien befassen sich
mit Funktionen und Formen schriftlicher, asynchroner Kommunikation mit neuen
Medien im Hochschulkontext bzw. zum wissenschaftlichen Austausch. Wie im
Forschungsdesign beschrieben, wird in der ersten Fallstudie mit dem Einsatz eines
Diskussionsforums (also eines pull-Mediums) in einem Hochschulseminar eine
(geschlossene) Hochschul-Lehrveranstaltung untersucht (Kap. 5.2.2.1); die zweite
Fallstudie thematisiert die Nutzung einer Mailingliste (also eines push-Mediums)
für den fachlichen, aber über den Hochschulkontext hinausgreifenden Austausch
(Kap. 5.2.2.2).

5.2.2.1 Fallstudie 1: Einsatz eines Diskussionsforums in einem Hochschulseminar

Wie in Kap. 5.2.1.1(b) erläutert, funktioniert ein Diskussionsforum im offenen
Internet anders als im Kontext einer kleinen, geschlossenen Lerngruppe. Deshalb
werden inzwischen oft bestimmte Aufgabenstellungen empfohlen, um in Studien-
situationen die Kommunikation anzuregen. Das im Folgenden untersuchte Diskussionsforum wurde ausgewählt, weil die Nutzung von Lehrenden und Studierenden
positiv bewertet wurde; außerdem wurden dort unterschiedliche solcher zurzeit
typischer Aufgaben erfolgreich eingesetzt (vgl. Abschnitt *b*); ein weiterer Grund
war die Zugänglichkeit (vgl. Kap. 4.2.1). Die Darstellung beruht auf der Analyse
der Postings[107] sowie einem Interview mit einer der veranstaltungsleitenden
Dozentinnen und zwei Interviews mit Studentinnen.

---

107 Die Postings werden im Folgenden mit dem Einstellungsdatum referenziert. Form und Rechtschreibung wurden beibehalten.

(a) Kontext und Funktion des Diskussionsforums

Das untersuchte Diskussionsforum wurde in einer geographiedidaktischen Veranstaltung der Ruhr-Universität Bochum eingesetzt. Das zweisemestrige Modul fand im Wintersemester 2005/06 und Sommersemester 2006 statt und bestand in jedem Semester aus einer Vorlesung mit begleitendem Seminar. Die teilnehmenden zwölf Studentinnen und elf Studenten hatten das BA-Studium abgeschlossen, die meisten waren im 7. bzw. dann 8. Semester. Geleitet wurde die Veranstaltung von einem Professor sowie zwei Studienrätinnen im Hochschuldienst.

Die mit der Einführung der BA/MA-Studienabschlüsse verbundene Umstellung des Studiengangs hatte der Lehrstuhl zum Anlass genommen, begleitend zu den Präsenzveranstaltungen die Lernplattform Blackboard einzusetzen, die an der Ruhr-Universität als zentrales Lernraumsystem zur Verfügung steht.[108] Im Wintersemester 2005/06 wurde der virtuelle Lernraum vor allem dazu genutzt, Informationen (Termine, Prüfungen usw.) und Materialien bereit zu stellen, insbesondere Powerpoint-Folien der Vorlesung, aber auch Übungsaufgaben und Audiomaterialien (z.B. Radiosendungen und selbsterstellte Interviews mit Experten). Bereits in diesem Semester wurden im Blackboard-Kurs unter der Rubrik „Diskussion" zwei unmoderierte Foren bereitgestellt, von denen eines der Diskussion von Fachfragen dienen und das andere Möglichkeiten zum informellen Austausch bieten sollte. Keins der beiden Foren wurde jedoch genutzt, da die Studierenden diese Funktion aus keiner anderen Lehrveranstaltung kannten und keinen Anlass dazu sahen.

Im Sommersemester 2006 wurden unter der neu eingerichteten Rubrik „Ihre Werke" vermehrt Materialien in die Lernplattform eingestellt, die von den Studierenden erstellt worden waren, vor allem Powerpoint-Vorträge, aber auch Referate und Thesenpapiere. In diesem Semester regte eine der beiden Dozentinnen mehrmals die Nutzung des Diskussionsforums mit unterschiedlichen Aufgabentypen gezielt an. Die Bearbeitung war für die Studierenden freiwillig, bzw. gehörte nicht zum Leistungsnachweis.

Die beiden im Wintersemester 2005/06 angelegten Foren: „Ihre Meinung ist gefragt" zum fachlichen sowie „Didaktiker unter sich" zum informellen Austausch bestanden im Sommersemester 2006 fort. „Ihre Meinung ist gefragt" wurde genutzt, um zwei Aufgaben mit der gesamten Gruppe zu diskutieren; zum Abschluss des Semesters wurden dort außerdem Gruppenprotokolle eingestellt.

---

108 Als Gewinner des RUBeL-Wettbewerbs erhielten sie dabei aufgrund ihres eingereichten Konzepts Unterstützung von der eLearning-Initiative der Ruhr-Universität, RUBeL (vgl. Int._DB_Doz. sowie Mittag/Thillosen 2006). In der RUBeL-Initiative arbeiten verschiedene Institutionen zusammen: Weiterbildungszentrum (didaktische Beratung), Rechenzentrum und Multimedia-Support-Zentrum (technische Unterstützung) sowie Universitätsbibliothek (elektronische Ressourcen; zur Geschichte des eLearning an der Ruhr-Universität und der RUBeL-Wettbewerbe siehe www.rubel.rub.de).

Insgesamt enthielt dieses Forum am Ende des Semesters mit 86 Postings die meisten Nachrichten. Darüber hinaus entstanden im Laufe des Semesters 14 weitere Foren, die von kleineren Arbeitsgruppen genutzt, aber öffentlich für alle einsehbar waren[109] sowie ein Forum zur Nachbereitung einer Exkursion. Diese Foren wurden vor allem für organisatorische Absprachen und zum Austausch von Dokumenten genutzt (vgl. Abschnitt *(b)*); obwohl sie mit zwei bis elf Nachrichten deutlich weniger genutzt wurden, empfanden die befragten Studentinnen diese Foren als sehr nützlich und teilweise günstiger für den Austausch von Dokumenten und zur Organisation als face-to-face-Treffen. Das im Wintersemester bereits bestehende Forum zur informellen Kommunikation bestand weiter, wurde jedoch auch im Sommersemester nicht genutzt. Die folgende Tabelle zeigt, wie sich die 169 bis zum Ende des Sommersemesters 2006 im Diskussionsforum veröffentlichten Nachrichten auf die schließlich bestehenden 17 Einzelforen verteilten:

Art und Thema des Forums	Beiträge im Sommersemester 2006	Beiträge im Wintersemester 2005/06
„Ihre Meinung ist gefragt": Fachliches Forum für die gesamte Studiengruppe	86 Beiträge	Nicht genutzt
„Didaktiker-Treff": Forum zum informellen Austausch für die gesamte Studiengruppe	0 Beiträge	Nicht genutzt
5 Kleingruppenforen zum Thema „Global Cities"	40 Beiträge (verteilt auf fünf Gruppen mit je 10, 11, 9, 7 und 3 Beiträgen)	(Nicht vorhanden)
5 Kleingruppenforen zur Ergebnispräsentation weiterer Kleingruppenarbeiten	27 Beiträge (verteilt auf fünf Gruppen mit je 6, 9, 1, 6 und 5 Beiträgen)	
4 Arbeitsgruppen zum Thema „Netzbasiertes Lernen"	15 Beiträge (verteilt auf vier Gruppen mit je 7, 7, 1 und 0 Beiträgen)	
Exkursionsnachbereitung	8 Beiträge	
Gesamt:	169 Beiträge	

Tab. 4: Übersicht über die in dem untersuchten Diskussionsforum veröffentlichten Beiträge

---

109 Die Lernplattform Blackboard bietet auch die Möglichkeit, geschlossene Gruppenräume zu nutzen.

(b) Inhalte und Form

Da unmittelbar auffällt, wie stark sich die Diskussionsbeiträge zu unterschiedlichen Aufgabenstellungen bzw. thematischen Bereichen nicht nur inhaltlich, sondern auch formal unterscheiden, werden die beiden Untersuchungskriterien „Inhalt" und „Form" im folgenden Abschnitt zusammen betrachtet.

Die erste Aufgabe im Diskussionsforum bestand darin, dass die Studierenden unter Berücksichtigung des Aufsatzes und Vortrags eines externen Referenten mindestens drei Ideen entwickeln sollten, um „den Themenbereich ‚Boden' in den Interessenshorizont der Schülerinnen und Schüler zu bringen" (Aufgabenstellung im Lernraum). Ihre Vorschläge sollten sie bis zu einem bestimmten Termin in das Diskussionsforum einstellen und bis zu einem weiteren Termin Stellung zu mindestens zwei Beiträgen von Mitstudierenden nehmen. Nur eine Studentin beteiligte sich nicht an dieser Aufgabe, für die übrigen 22 zeigt das folgende Beispiel einen typischen Beitrag:

> Zunächst einmal ist zu sagen, dass das Thema „Bodenkunde" sehr vielfältig ist und es schon einige Mühen macht den richtigen Zugang zu diesem zu finden.
> Hier auch ein paar interessante LINKS zu diesem Thema auf die bei meiner Recherche gestoßen bin:
> http://www.der-boden-lebt.nrw.de/
> http://themenpark-umwelt.baden-wuerttemberg.de/servlet/is/10089/
> http://www.bodenwelten.de/start.htm
>
> 1. Um das Schülerinteresse zu wecken sollte meiner Meinung nach der Realitätsbezug hergestellt werden, so dass die SuS [Schüler und Schülerinnen, die Verf.] mit dem Gegenstand des Bodens konfrontiert werden. Hierfür eignet sich die Exkursion wohl als beste Lösung um Bodenkunde interessant zu gestalten. Es stellt sich die Frage, ob die Lehrkraft alleine oder unter Mithilfe der SuS die Exkursion planen soll?
> 2. Ich für meine Person, würde die Exkursion zusammen mit den SuS planen, denn hier könnten doch viele Medien zum Einsatz kommen die auf die SuS sehr motivierend wirken. Filme zur Bodenenstehung und event. der Pc zu Routenplanung der Exkursion. So könnten Aufgaben an die SuS verteilt werden an denen sie sicherlich Spass besitzen.
> 3. Ein anderer Ansatz wäre das Thema Bodenkunde mit aktuellen Ereignissen zu verbinden (Naturkatastrophen: wie z.B. im Moment das Donau-Hochwasser in Osteuropa oder Schlammlavinen
> http://www.faz.net/s/RubB08CD9E6B08746679EDCF370F87A4512/Doc~ E553DE9AEFC4E4D31A169C33F0787EA6F~ATpl~Ecommon~Sspezial.html.)
> So könnte die Aufmerksamkeit auf den Schutz des Bodens gelenkt werden, wenn es sich um Naturkatastrophen handelt, welche durch Bodenzerstörung zurückzuführen sind.
> [19.04.2006]

Wie dieser zitierte Text sind die meisten Beiträge, der Aufgabenstellung entsprechend, relativ lang (zwischen 2.100 und 700 Zeichen); sie enthalten in der Regel eine kurze Einleitung und die geforderten drei (teilweise auch mehr) kurz beschriebenen Unterrichtsvorschläge. Sieben Beiträge enthalten einen oder mehrere

Links, in denen sie auf zum Thema interessante Internet-Seiten verweisen. Das zitierte, typische Beispiel zeigt, dass die Beiträge trotz eher umgangssprachlicher Formulierung und einiger Flüchtigkeitsfehler inhaltlich sachbezogen sind.

Die Kommentare zeigen, dass sich die Studierenden mit den Beiträgen der anderen Kommilitonen auseinandergesetzt haben: „Hab den Link von webgeo mal ausprobiert und da sind echt brauchbare Sachen bei! Vielen Dank für den Tipp!" (21.04.2006). Dabei sprachen sie nicht nur Lob aus, formulierten jedoch ihre kritischen Anmerkungen konstruktiv und wertschätzend. Der folgende kurze Dialog zeigt, dass solche Vorschläge auch angenommen wurden:

Die Idee mit der Internetrecherche finde ich nicht schlecht, nur besteht oftmals die Gefahr, dass die SuS nur Material mitbringen und das ganze gar nicht richtig gelesen haben. Vielleicht sollte man daher die Aufgabenstellung noch weiter eingrenzen und ihnen die Aufgabe geben z.B. ein Merkblatt oder etwas ähnliches zu erstellen, auf der die wichtigsten Ergebnisse der Internetrecherche festgehalten werden sollen. Ansonsten gefallen mir Deine Vorschläge sehr gut. [21.04.2006]

Da muss ich dir Recht geben, [Vorname]! Die Aufgabenstellung muss klar eingegrenzt sein.
Ich erinnere mich nämlich an eine Mathestunde (als Schülerin), in der wir am Rechner gearbeitet haben und das Internet eingeschaltet war...
So allzu viel Mathe habe ich nicht gemacht ;-)

Danke für die Anregung! [02.05.2006]

Die Dozentin war mit der inhaltlichen Qualität der Beiträge so zufrieden, dass sie in Zukunft für eine solche Diskussion auch einmal eine Präsenzveranstaltung ausfallen lassen würde (Int._DB_Doz.).

Als zweite Aufgabe sollten die Studierenden sich ein Lern-CBT ansehen („System Erde"), im Diskussionforum begründen, welche der auf dieser CD angebotenen Lerneinheiten sie in der gymnasialen Oberstufe im Unterricht einsetzen würden und über diese Entscheidungen diskutieren. Zu diesem Thema wurden 14 Beiträge in das Diskussionsforum eingestellt, die alle erheblich kürzer waren als die Unterrichtsvorschläge:

Also erstmal bin ich echt begeistert von der CD System Erde, weil sie so eine Vielzahl an Materialien bietet. Dennoch fällt mir auf, dass die Themen zwar bezüglich Komplexität an die Oberstufe angepasst wurden, aber meiner Meinung nach teilweise doch zu trivial sind. So würden sich z.B. die Themen zur Entstehung der Erde, über das Klima usw. vom Schwierigkeitsgrad eher für das Ende der Mittelstufe eignen. Auch den „Wasserkreislauf" würde ich eher in die Mittelstufe verbannen. Problematisch finde ich das allerdings nicht, da man ja einzelne Materialien je nach Klasse und Thema herausnehmen und verwenden kann. Jetzt zu den einzelnen Themen, die ich in der Oberstufe behandeln wollen würde oder müsste: [...] [02.05.2006]

Für weitere Aufgaben wurden jeweils neue Foren für kleine Arbeitsgruppen zu verschiedenen Themen eingerichtet (z.B. „Global Cities" oder verschiedenen Prüfungsformen im Geographieunterricht, wie „Methodenpass Geographie und Portfolio", „Gruppenarbeit, Projekt und Schülerpräsentation" u.a.). Diese Foren dienten vorwiegend zur Gruppenfindung und für organisatorische Absprachen, teilweise aber auch zur Ergebnisdarstellung oder als Distributionsmedium für andere Textsorten bzw. auch in einer Gruppe erarbeitete (teilweise multimediale) Materialien. Manche Gruppen diskutierten dort die Gliederung für den Beitrag der Kleingruppe im Präsenzseminar und stellten Powerpoint-Folien ein, die dann in der Präsenzveranstaltung direkt aus dem Forum aufgerufen wurden, andere Gruppen nutzten die Foren kaum oder gar nicht (vgl. oben Tabelle 1). Nach Ansicht der befragten Studentinnen stellte diese Art der Forennutzung eine große organisatorische Erleichterung dar und war insofern sehr effektiv und sinnvoll. Beide meinten jedoch auch, für manche Absprachen sei es auch notwendig, sich präsent zu treffen.

Die Textbeiträge unterscheiden sich erheblich von den bisher vorgestellten. Es sind überwiegend kurze Absprachen: „Ich nehm' dann mal Jakarta!! [als Thema bzw. Arbeitsgruppe, Anm. A.Th.]" (04.05.2006) oder auch: „Habe mich doch noch umentschieden. Würde gerne Peking machen, da ich auch selbst schon dort war" (05.05.2006). Ähnlich lauten die Beiträge, mit denen Protokolle der Seminarsitzungen im Gesamtforum eingestellt wurden: „Hier das Protokoll" (11.07.2006). Teilweise wird eine kurze Erläuterung angefügt: „Hier das (noch nicht kontrollierte) Protokoll von Montag, 10.7.06! Ich habe alle in der Präsentations ausformulierten und ausführlichen Anmerkungen und Punkte nicht mehr in das Protokoll übernommen, sondern nur die Kernpunkte reingeschrieben!" (11.07.2006); in einem Fall lautet der („triumphierende") Kommentar: „Tata" (13.07.2006).

In Bezug auf Betreffzeile und Anredeformen, „neuralgische Elemente" asynchroner schriftlicher Kommunikationsformen (vgl. Kap. 5.2.1), kann für das untersuchte Modul festgehalten werden: Die Betreffzeilen der Forenbeiträge sind aussagekräftig und meist sachlich: „Thema Boden im Geographieunterricht", „Bodenkunde im Unterricht"; manchmal werden jedoch auch emotionalere Akzente gesetzt, z.B. „Böden sind auch schön'". Mit Ausnahme direkter Kommentare auf Beiträge von Kommilitonen enthalten die Postings der Studierenden keine Anrede oder Unterschrift. Rechtschreibfehler kommen zwar durchaus vor, jedoch nicht übermäßig häufig. Trotz der umgangssprachlichen Formulierung sind die Beiträge sachbezogen. Emoticons oder andere Sonderzeichen werden nicht verwendet. Eine Ausnahme stellen die Postings der Kursleiterin dar, die immer eine direkte Anrede verwendete und sehr oft Mehrfachsatzzeichen einsetzte (vgl. dazu unten Abschnitt *e*).

(c) Gestaltungsmöglichkeiten und Definitionsmacht

Obwohl die Dozentin im Interview ausdrücklich hervorhob, dass Beiträge in den verschiedenen Foren bewusst nicht zum Leistungsnachweis gehörten, empfanden beide Studentinnen in Bezug auf die Beteiligung einen gewissen Zwiespalt. So betonte insbesondere die eine mehrfach, sie habe das Gefühl gehabt, kontrolliert zu werden oder auch, sich besonders früh zu Wort melden zu müssen, um zu zeigen, dass sie sich selber Gedanken gemacht habe und nicht nur abschreibe (Int_DB_Stud2). Aber auch die andere meinte, dass sie sich beteiligen „mussten". Andererseits gaben beide Studentinnen an, dass sie von den Forendiskussionen profitiert hatten und z.b. auch in den Foren der anderen Arbeitsgruppen nachgesehen hatten, um zu vergleichen, wie weit diese schon seien (Int_DB_Stud2).

Wie dargestellt, waren die formalen Ausprägungen der Forenbeiträge je nach Aufgabentyp sehr unterschiedlich, jedoch immer funktional: Dem jeweiligen Anlass entsprechend wurde z.b. ein Protokoll mit einem kurzen Hinweis ins Forum eingestellt, der Kommentar zu einem Beitrag eines Kommilitonen mit einer Anrede versehen usw. Diese Ausprägungen entstanden offensichtlich eher beiläufig, denn Form und Stil der Forenbeiträge wurden weder im virtuellen Lernraum noch in der Präsenzveranstaltung thematisiert. Eine explizite Netiquette gab es nicht. Die Dozentin sagte im Interview, dass sie sofort in der Präsenzveranstaltung reagiert hätte, wenn es z.b. persönliche Beleidigungen gegeben hätte; dies sei jedoch nicht vorgekommen.

Dozentin und Studentinnen gaben an, dass sie ihre Beiträge sorgfältig überlegt und formuliert haben; eine Studentin hatte längere Beiträge in Word vorformuliert, die Dozentin vor dem Absenden „alles dreimal gelesen". Andererseits war die Toleranz dem Stil anderer Beiträge gegenüber hoch: „Es gibt eben Typen, die sind so" (Int_DB_Stud1). Die Dozentin meinte sogar, dass diese „lässigere" Form eventuell den Bezug auf die inhaltliche Diskussion verstärken könnte. Alle Befragten gaben an, dass ihrer Meinung nach Form und Stil der Beiträge „angemessen" war. Eine Studentin erwähnte, dass in einem privaten Forum, an dem sie teilnehme, die Beträge sprachlich wesentlich schlechter seien (Int_DB_Stud2).

Ebenso bezeichneten alle die Diskussion als wissenschaftlich und begründeten dies mit der Qualität der inhaltlichen Diskussion. In der Forendiskussion stehe der Austausch als Form der Erarbeitung wissenschaftlicher Inhalte und Ergebnisse im Mittelpunkt, so die Dozentin, während bei einer Hausarbeit einer schreibe und der andere bewerte. Die Studentinnen führten außerdem an, dass Quellen und Dokumente in die Diskussion einbezogen und Ergebnisse ausformuliert worden seien.

(d) Kompetenzen

Interessant ist im Zusammenhang mit der Frage danach, welche Kompetenzen zur Nutzung des Seminar-Forums nötig sind, dass während des gesamten ersten Semesters die bereits zur Verfügung stehenden Foren im Blackboard-Kurs nicht genutzt wurden; ebenso, dass auch keine Diskussionen von den Studierenden selbst initiiert wurden, wie auch eine Studentin im Interview selbstkritisch anmerkte. Da die technische Handhabung des Diskussionsforums für die Beteiligten kein Problem darstellte, liegen die Gründe dafür offensichtlich an anderen Stellen: Zunächst kannten die Studierenden diese Funktion bisher nicht aus Studienzusammenhängen; die Bedeutung der Forenbeiträge – die nicht in die Leistungsbewertung eingingen – war somit (noch) nicht im Studienkontext verankert. Da die Teilnehmenden sich bereits lange kannten und in Präsenzveranstaltungen häufig trafen, sahen sie keinen Bedarf für einen schriftlichen, inhaltlichen oder informellen, Austausch. Hinzu kam, dass schriftliche Kommunikation einen hohen Zeiteinsatz erfordert, der noch erhöht wurde, da die Studierenden sorgfältig formulierten, um keine inhaltlich und formal falschen Beiträge zu veröffentlichen. Damit findet sich in diesem Fall bestätigt, dass Kommunikationswerkzeuge in Lernzusammenhängen nicht bereits deshalb genutzt werden, weil sie bereitstehen.

Die Nutzung des Forums war also für alle Beteiligten eine neue Erfahrung. Obwohl die befragten Studentinnen in höheren Semestern waren und bereits mehrfach Lehrveranstaltungen besucht hatten, in denen die Lernplattform Blackboard eingesetzt wurde, war diese Kommunikationsform dort nie genutzt worden. Dies geschah erst durch die gezielte Anregung der Dozentin, die im Interview sehr dezidiert von eigenen Bedenken und Hemmungen in Bezug auf die Nutzung von eLearning-Elementen generell sprach und zunächst im WS 2005/06 an der an der Ruhr-Universität angebotenen Fortbildung „Blended Learning in der Lehre" teilnahm, bevor sie im Sommersemester das Diskussionsforum einsetzte. Da sie sich sehr darüber geärgert hatte, dass der Online-Tutor in der Fortbildung kaum auf die Nachrichten im Forum reagiert hatte, hatte sie für das Seminar, das sie betreute, den Anspruch, auf alle Beiträge antworten zu wollen. In der Praxis stellte es sich als schwierig heraus, auf eine Vielzahl ähnlicher Beiträge mit verschiedenen Unterpunkten immer wieder ausführlich zu antworten. Durch die schriftliche Formulierung wurde es notwendig, ihre Gedanken kürzer, präziser und knapper zu fassen, auch habe sie manchmal nur auf einen Punkt eines Beitrags reagiert und damit die Vielfältigkeit reduziert (Int_DB_Doz.). Auch für die Dozentin bedeutete also das Lesen und Beantworten der Beiträge einen hohen Zeitaufwand. Da das schriftliche, öffentliche Formulieren ihrer Meinung nach jedoch zu qualitativ sehr hochwertigen Beiträgen führte, überlegte sie, dafür in kommenden Semestern ggf. auch einmal eine Präsenzveranstaltung ausfallen zu lassen.

Für die Bearbeitung im Diskussionsforum hielt die Dozentin Arbeitsaufträge für geeignet, bei denen die Studierenden Sachverhalte lesen, durchdenken, hinterfragen, zusammenfassen oder auf den Punkt bringen sollten. Sie sah eine besondere Chance darin, dass die Studierenden alleine und selbständig arbeiten mussten, ihre Arbeitsergebnisse aber mit anderen teilen und diskutieren konnten. Durch Forumsaufgaben würden auch Studierende aktiviert, die sich in einer Präsenzveranstaltung nicht an der Diskussion beteiligten. Zugleich hielt sie nicht alle Aufgabenstellungen für schriftliche Diskussionsaufgaben geeignet. So dürften Arbeitsaufträge ihrer Meinung nach nicht zu umfangreich sein. Auch nehme die schriftliche Bearbeitung die Spontaneität weg, und sie selbst schätzte es – „vielleicht ist das ja egoistisch" – in Präsenzveranstaltungen mitzuerleben, „wenn Studierende etwas entdecken".

Beide Studentinnen gaben an, dass es für diejenigen, die sich erst später zu Wort meldeten, schwierig gewesen sei, neue Aspekte in die Diskussion einzubringen. Zum Teil stellte auch die öffentliche Sichtbarkeit der Beiträge ein Problem dar. So sagte eine der Studentinnen bereits bevor im Interview eine entsprechende Frage gestellt wurde, dass man ja nicht wolle, dass die Dozenten und die anderen alles mitlesen. Für viele Nachrichten habe sie deshalb lieber E-Mails genutzt (Int_DB_Stud2). Auch die andere hatte in einigen Fällen statt des Forums E-Mails oder ICQ genutzt: „Es ist ne offiziellere Sache, weil ja auch die Dozenten Zugriff haben." Die Wahl des ihnen geeignet erscheinenden Kommunikationsinstruments – die rationale Medienwahl – gehörte also ebenfalls zu den notwendigen Kompetenzen bei der Forennutzung.

Obwohl die (unterschiedlichen) Nutzungsformen des Forums als sinnvoll betrachtet wurden, entstand keine Motivation und keine Bereitschaft, diese über die geforderten Anteile hinaus zu nutzen. Auch wenn dies wünschenswert wäre, stellt sich jedoch die Frage, ob dies tatsächlich notwendig ist – auch traditionelle (schriftliche oder mündliche) studentische Beiträge werden in der Regel selten ohne einen konkreten Anlass oder eine Arbeitsaufgabe erstellt. Somit zeigt sich als zentrales Problem, Aufgabenstellungen zu entwickeln, deren öffentliche, schriftliche Beantwortung für alle Beteiligten trotz der in diesem Fall gegebenen hohen Anteile der Präsenzveranstaltungen einen Mehrwert darstellt.

(e) Verhältnis von Präsenzveranstaltung und Online-Diskussion

Für die Dozentin war es sehr wichtig, eine Verbindung zwischen den E-Learning-Anteilen des Moduls – d.h. nicht nur den Diskussionsaufgaben, sondern den auch eingestellten Materialien – und der Präsenzveranstaltung herzustellen. Diskussionsaufgaben setzte sie erst drei bis vier Wochen nach Seminarbeginn ein, um vorher Vertrauen innerhalb der Gruppe zu schaffen.

Direkt nach Ablauf des Termins zur Bearbeitung der ersten Diskussionsaufgabe stellte sie eine Rückmeldung für den gesamten Kurs in das Diskussionsforum ein, die mit der Betreffzeile „DICKES LOB!!!!!!!!!" begann:

... allen Seminarteilnehmerinnen und -teilnehmern!!!
Die von Ihnen gemachten Vorschläge sind alle sinnvoll, durchdacht und im Unterricht umsetzbar und – vor allem vor dem Hintergrund der Interessensforschnung – motivierend für die SuS, sich mit dem „unbeliebten" Thema „Boden" auseinander zu setzen. Soweit es mir sinnvoll erscheint, werde ich zu den jeweiligen Vorschlägen noch Anmerkungen machen [...]

Jetzt wünsche ich Ihnen allen erst einmal ein schönes Wochenende!
Liebe Grüße
[Vorname Nachname] [21.04.2006]

Wie hier angekündigt, veröffentlichte sie Kommentare zu neun Beiträgen und bedauerte im Interview, dass sie nicht zu jedem einzelnen Beitrag Stellung nehmen und durch die schriftliche Formulierung oft auch nur einzelne Punkte herausgreifen konnte. Auch in der Präsenzveranstaltung ging sie auf die Forenbeiträge ein und erklärte dort, warum sie nicht jeden Beitrag kommentierte („Ich habe ihnen aber gesagt, ich habe sie aber trotzdem alle lieb." Int_DB_Doz.). Außerdem nahm sie Anregungen aus den Forenbeiträgen in der Präsenzveranstaltung auf:

Lieber Herr [Nachname],
wenn ich mich recht erinnere, besuchen Sie in diesem Semester das Seminar von Herrn [Nachname] zum Thema „GIS im Erdkundeunterricht" ?!?! Wäre es Ihnen [...] möglich, für die Seminarteilnehmer/innen die eine oder andere Internetseite [...] anzugeben, mit der sinnvoll im Unterricht gearbeitet werden kann?! [...] Sie könnten uns allen einen großen Gefallen tun, wenn Sie Ihr „Wissen" weitergeben würden. Das muss ja nicht heute und morgen sein, aber generell ..??!! [24.04.2006]

Für die beiden befragten Studentinnen hatte sowohl das schriftliche Feedback im Forum als auch die mündliche Rückmeldung in der Veranstaltung große Bedeutung: „Da freut man sich natürlich um so mehr, wenn meine Ideen gewürdigt werden, das tut natürlich immer gut, selbst für Studenten ist das noch wichtig, nicht nur für Schüler" (Int_DB_Stud1).

(f) Zusammenfassung und Fazit

Der Einsatz der verschiedenen Diskussionsforen im untersuchten Modul kann trotz einiger Kritikpunkte als erfolgreich bezeichnet werden: Aus der Perspektive der Dozentin liegt das vor allem an der inhaltlichen Qualität der Beiträge; aufgrund der Erfahrung mit dem untersuchten Forum setzte sie dieses Werkzeug nahezu unverändert auch im folgenden Semester ein, „inhaltlich nicht anders, aber ich trau mich jetzt mehr". Die Studentinnen betrachteten unterschiedliche Aspekte als positiv, in einem Fall eher die inhaltliche Diskussion, im anderen die organisatorische Unterstützung durch das Forum.

157

So trugen gerade die unterschiedlichen Einsatzformen dazu bei, dass durch den Foreneinsatz auf verschiedene Weise Mehrwert geschaffen wurde: Sowohl durch inhaltlichen Austausch als auch durch die Erleichterung organisatorischer Absprachen von Gruppenarbeiten wie als Möglichkeit, Dokumente und Materialien (wie Protokolle und ppt-Folien) auszutauschen. Damit wurde den unterschiedlichen Interessen der Dozentin und den (verschiedenen) Ansprüchen der Studierenden Rechnung getragen. Große Bedeutung hatten die aktivierende Funktion der Dozentin, die Einbindung der Aufgaben in die Präsenzveranstaltung sowie die Vertrautheit der Gruppe untereinander. Rückblickend kann allerdings auch festgehalten werden, dass bei der Planung nicht bedacht wurde, dass die Einbindung schriftlicher Kommunikationsformen in eine Präsenzveranstaltung einen zusätzlichen Zeitaufwand für alle Beteiligten bedeutet, für den entsprechende Freiräume geschaffen werden müssen.

Aus textsortenspezifischer Perspektive kann festgehalten werden, dass die formalen Merkmale der Forenbeiträge sehr unterschiedlich sind und offensichtlich eher beiläufig entstanden. Einige typische Charakteristika nichtwissenschaftlicher Diskussionsforen, wie Emoticons oder die Mehrfachnutzung von Satzzeichen, kommen selten vor. Trotz einiger Rechtschreibfehler kann die Rechtschreibung nicht als „quick and dirty" bezeichnet werden. Trotz des insgesamt eher umgangssprachlichen Stils ist der diskursive Austausch immer auf die Veranstaltungsthemen bezogen und ähnelt damit mündlichen Diskussionen, erweitert aber deren Möglichkeiten z.B. durch eingefügte Links und angehängte Dokumente. Von traditionellen wissenschaftlichen Textsorten unterscheiden sich die Forenbeiträge durch ihre Funktion, ihren Umfang, ihre Struktur und die verwendeten Codes so erheblich, dass sie damit nicht zu vergleichen sind. Dennoch empfanden alle Befragten die Beiträge im Diskussionsforum als angemessen und als wissenschaftlich im Sinne des Austausches und der gemeinsamen Entwicklung von Ergebnissen.

5.2.2.2 Fallstudie 2: Eine wissenschaftliche Mailingliste

Während das in Kap. 5.2.2.1 untersuchte Diskussionsforum dem Kontext „Lehre" zuzuordnen ist und in einer kleinen, geschlossenen Seminargruppe eingesetzt wurde, befasst sich die folgende Fallstudie mit einer Mailingliste, die sich an alle interessierten Personen „aus Hochschulen, ausseruniversitären Forschungsinstituten, Institutionen der Jugendhilfe, der Weiterbildung etc." richtet (Eval-Website[110]). Somit ist sie eher dem Kontext „wissenschaftlicher Austausch" bzw. Forschung zuzuordnen. Ausgewählt wurde die Liste, weil sie sich explizit als in eine diskursive, wissenschaftliche Kultur eingebunden versteht (vgl. Abschnitt *a*) und – im Gegensatz zu vielen anderen (wissenschaftlichen) Listen (vgl. Abschnitt 5.2.1.1)

---

110 Zugang über www.uni-koeln.de/ew-fak/Wiso/mailing.htm // 08.08.2007.

– tatsächlich zum inhaltlichen Austausch genutzt und von den Mitgliedern positiv bewertet wird. Die Darstellung beruht auf der Auswertung unterschiedlicher Datentypen: Die zentralen Quellen waren der Korpus der Mailingliste sowie Telefoninterviews mit dem Moderator und zwei mehrjährigen Mitgliedern der Liste. Zum Zeitpunkt der Untersuchung (Stichdatum: 31.08.2006) enthielt das Archiv 3649 Beiträge.[111] Hinzugezogen wurden außerdem verschiedene Websites[112], auf denen Informationen zur Liste veröffentlicht sind. Die spezielle Situation einer Mailingliste ermöglichte zudem eine teilnehmende Beobachtung ohne einen Eingriff ins Forschungsfeld.[113]

(a) Kontext und Funktion der Mailingliste

Die untersuchte deutschsprachige Mailingliste zum Thema „Evaluation" wurde im März 1997 ausgehend von einem Institut der Universität zu Köln gegründet und soll „den deutschsprachigen Informationsaustausch unter den in diesem Feld Interessierten und Tätigen fördern und für die Information und Diskussion zu allen Gegenstandsfeldern und Ansätzen der Evaluation bereitstehen"[114]. Nach der Gründung wurden gezielt Personen zur Teilnahme eingeladen, sodass die Liste relativ schnell ca. 150 Abonnenten hatte. Nach einer Zeit der kontinuierlichen Zunahme liegt die Zahl der Mitglieder (bei einer wöchentlichen Fluktuation von ca. zwei Personen) seit 2004 konstant bei etwa 600. Dabei ist ein fester Stamm von ca. 150 Personen seit mehreren Jahren eingeschrieben (vgl. Beywl 2006).

Es handelt sich also um eine von einer offiziellen Stelle initiierte Liste, in die sich über die Grenzen von Institutionen hinaus prinzipiell alle Interessierten einschreiben können. Eine alle Listenmitglieder verbindende gemeinsame Organisation oder Aufgabe gibt es nicht. Eine kurze allgemeine Beschreibung von Zielen und Inhalten findet sich (neben einem Hinweis auf die „Nettiquette" [sic] – vgl. dazu Abschnitt *d*) auf der Website der Mailingliste. Danach möchte sie „den deutschsprachigen Informationsaustausch unter den in diesem Feld Interessierten und Tätigen fördern und für die Information und Diskussion zu allen Gegenstandsfeldern und Ansätzen der Evaluation bereitstehen" (Eval-Website; zuletzt abgerufen: 22.01.2007). Dass damit auch der Anspruch verbunden ist, eine diskursive wissenschaftliche Kultur zu pflegen und weiterzutreiben, zeigt ein Kommentar des Moderators in einer Listen-Mail in Bezug auf die Praxis der Mailingliste:

---

111 Für eingeschriebene Mitglieder sind alle Mails der Liste im Archiv zugänglich. Zitiert werden die Postings im Folgenden anonymisiert unter Angabe des Datums und der jeweiligen Archivnummer.

112 www.degeval.de/index.php?class=Calimero_Article&id=277; eine Information des Moderators über die Liste (im Folgenden zitiert als Beywl 2006) findet sich unter: www.univation.org/download/Bericht_forum-evaluation.pdf?PHPSESSID=6apfs0j3sgkr 7h9re5mu19aqs4; beide zuletzt abgerufen am 08.08.2007).

113 Mehrere Autoren betonen den Unterschied, den das zeitliche Miterleben der Listenkommunikation gegenüber einem nachträglichen Nachlesen macht, vgl. z.B. Arnold 2003, S. 124.

114 www.uni-koeln.de/ew-fak/Wiso/mailing.htm.

07.01.2005 16.38.15 [Mail Nr. 2996]115

[...] Es ist weit verbreitet und akzeptiert, dass die Sicht auf die Welt aus verschiedenen Perspektiven erfolgt, unterschiedliche Erfahrungen zu verschiedenen Ueberzeugungen und Wertpositionen fuehren. Dass ein Diskussionskreis von Evaluationsinteressierten diese Form des fairen, toleranten, dabei oft pointierten und streitbaren Umgangs miteinander lebt, dies traegt zu Authentizitaet des Ansatze, der Profession oder der Transdiziplin Evaluation bei (chaqun/e a son/sa facon).

In derselben Mail nennt er eine weitere – für die Teilnehmenden in der Regel nicht erkennbare – Funktion bzw. Auswirkung der Listenkommunikation:

[...] Weiterhin interessant, dass das forum [...] eher ein Katalysator denn der originaere Ort des Kommunizierens zu sein scheint. Ein Extrembeispiel dafür ist die von Frau [Vorname Nachname] angestossene Diskussion, in deren Rahmen bei ihr ca. 40 Anfragen nach dem Papier eingingen. [...]

Für die Mitglieder der Liste ist nicht zu erkennen, wer genau die anderen Teilnehmenden sind. Eine Statistik oder eine einsehbare Mitgliederliste gibt es nicht. Auf der Website der Liste wird angegeben, die Liste habe ca. 400 Mitglieder (Eval-Website; zuletzt aufgerufen 22.01.2007) und in einer Mail vom 07.01.2005 gibt der Moderator an, dass zu Beginn des Jahres 2005 „ca. 640 Mitglieder" in die Liste eingeschrieben waren (Mail Nr. 2996). Eine Auszählung des Archivs der Mailingliste ergibt ca. 720 Absender. Eine persönliche Vorstellung neuer Mitglieder – wie in der Netiquette erbeten – haben etwa 30% der Mitglieder vorgenommen. (Dagegen werden nur in wenigen Mails Abmeldungen listenöffentlich gemacht; die Fluktuation von Mitgliedern ist also für die anderen Teilnehmer in der Regel nicht sichtbar.) Die persönlichen Vorstellungen zeigen eine sehr heterogene Gruppe, die zu einem großen Teil aus Universitätsangehörigen (Studierenden, Mitarbeitern, Professoren u.a.) verschiedener Fachbereiche besteht, außerdem Angehörigen vieler weiterer Berufsgruppen und sehr unterschiedlicher Praxisfelder, die sehr verschiedene Interessenschwerpunkte einbringen, die von Fragen in Bezug auf die eigene Diplomarbeit (z.B. Mail Nr. 1321, 0724, 2511, 2999, 2940) bis hin zu sehr konkreten Fragen in speziellen Praxisfeldern reichen. Teilweise erschließen sich auch aus Anfragen oder Praxisschilderungen sowie aus den Visitenkarten in den Anhängen der Mail weitere Informationen. Es kann jedoch nicht verifiziert werden, ob diese expliziten Darstellungen repräsentativ sind, da nur diejenigen

---

115 Alle Mails der Liste sind im Archiv für eingeschriebene Mitglieder zugänglich. Sie werden im Folgenden unter Angabe der jeweiligen Archivnummer zitiert, jedoch anonymisiert. Die Originalschreibweise wird beibehalten.

Personen, die sich listenöffentlich schriftlich äußern, die Darstellung der Liste gestalten: Sie entsteht erst durch die Beiträge der Mitglieder.

Wie bereits erwähnt, hat die Mailingliste einen Moderator, der seinem eigenen Selbstverständnis zufolge „im Hintergrund" (Mail Nr. 2996) tätig ist, also nicht – wie in anderen Listen teilweise praktiziert – erster Empfänger der eingehenden Mails ist und diese erst nach Prüfung an die anderen Mitglieder weiterleitet. Seine *listenöffentlich sichtbare Tätigkeit* in der Funktion des Moderators besteht vor allem darin, wenn notwendig auf die Netiquette hinzuweisen oder zu gegebenem Anlaß – „die allfaelligen Rituale zum Jahreswechsel" (Mail Nr. 2996) – Metainformationen über die Liste bekannt zu geben (z.B. zu Mitgliederzahlen). Zugleich ist der Moderator ein außerordentlich aktives Listenmitglied.

Wie bereits erwähnt, hat die Mailingliste ein passwortgeschütztes Archiv, das in chronologisch umgekehrter Reihenfolge alle seit April 1998 eingegangenen Mails enthält. Für die Jahrgänge 1998 und 1999 (Mail 1 bis 917) sind nur noch die Betreffzeilen erhalten, alle danach eingegangen Mails können im Wortlaut nachgelesen werden. Das Archiv dokumentiert und nummeriert die Mails in der Reihenfolge ihres Eingangs. Eine Volltextsuche ist nicht möglich, jedoch können gezielte Suchabfrage nach Absendern oder Betreff durchgeführt werden. Das Archiv wurde nach einer Diskussion in der Liste im April 1998 für alle Mitglieder geöffnet und wird, wie einzelne Beiträge zeigen, auch genutzt.[116] Neben den Vorteilen der Archivnutzung ist den Teilnehmern dabei auch bewusst, dass eine solche Ressource gegebenenfalls – inhaltlich und persönlich – ambivalent beurteilt werden kann:

03.11.2004 16.43.22 [Mail Nr. 2930]

[…]Noch ein Hinweis zu Archiven:
Ältere Beiträge müssen kritisch vor dem Hintergrund ihrem Erstellungsdatum gesehen werden. Möglicherweise sind sie veraltet, nicht mehr aktuell und teilweise peinlich, aber damit muss mensch leben ;-)
Schließlich entwickeln wir und die Welt um uns herum immer weiter.

Zum Zeitpunkt der Untersuchung (Stichdatum: 31.08.2006) enthielt das Archiv 3649 Beiträge. Seit 2002 werden jährlich im Durchschnitt ca. 300 Mails über die Liste verschickt; von 1999 bis 2001 wurden zwischen 500 und 600 Mails versandt. Eine Übersicht über die Beitragshäufigkeit zeigt, dass ein sehr großer Teil der Mitglieder (366 Personen) sich nur einmal zu Wort meldete (diejenigen, die gar keine Mails verschickten, können natürlich nicht erfasst werden). Danach fällt die Anzahl der Beiträge signifikant ab. Aus dem Rahmen fallen die 334 Mails des Moderators

---

116 Einer der interviewten Teilnehmer gab an, dass er das Archiv der Liste nicht nutze, jedoch ein eigenes Archiv angelegt habe, in dem er beruflich oder persönlich interessante Postings aus der Liste ablegt (Int._ML_TN_1).

(fast 10% aller Beiträge); ein weiteres Mitglied versandte 131 Mails. Die folgende Übersicht zeigt, wieviele Mails die einzelnen Personen innerhalb des gesamten Untersuchungszeitraums verschickten:

pro Person versandte Mails	1 Mail	2 Mails	3–5 Mails	6–10 Mails	11–20 Mails	21–50 Mails	über 50 (131/334)
Personen	366	154	143	51	31	20	2

Tab. 5:   Anzahl der pro Person in der untersuchten Mailingliste verschickten Mails

In den Jahren 2004 bis 2006 trugen etwa 25 Personen den Grossteil der Kommunikation (vgl. auch Beywl 2006). Dabei kann natürlich nicht erfasst werden, wie viele Personen „nur lesend" an der Liste partizipieren und gar keine öffentlichen Postings sendeten. Interessant ist jedoch, dass ca. ein Drittel der Personen, die zwei Beiträge an die Liste schickten, ihre Beiträge nicht direkt hintereinander im Zusammenhang eines Diskussionsstrangs, sondern teilweise sogar in verschiedenen Jahren posteten; auch unter denjenigen, die drei bis fünf Mails sendeten, finden sich ähnliche Verteilungen. Dies lässt darauf schließen, dass die Listenkommunikation auch für die „nur" lesenden Mitglieder interessant genug ist, um über Jahre weiter eingeschrieben zu bleiben, und dass viele scheinbar „nur Lesende" den Beiträgen aktiv folgen und sich wieder zu Wort melden, wenn sie „etwas zu sagen haben". Über die öffentliche Kommunikation hinaus dient die Liste zudem als „Katalysator" (Mail Nr. 2996), d.h. sie initiiert Bekanntschaften und nicht-öffentlichen (fachlichen) Austausch, wie sowohl der Moderator als auch eine Interviewpartnerin berichteten.

(b) Inhalte

In der Begrüßungsmail, die jedes neue Mitglied der Mailingliste erhält, ist deren Zielsetzung formuliert. Danach will die Liste sowohl „die Diskussion von methodologischen, methodischen, rechtlichen und evaluationspraktischen Fragen" fördern als auch Hinweise auf Tagungen, Publikationen, Weiterbildungen usw. geben. Allerdings wird das Forum in der Praxis entgegen dieser Reihenfolge überwiegend zur Versendung von Informationen genutzt (vgl. Beywl 2006).

Die über die Mailingliste verschickten Nachrichten umfassen ein weites Themenspektrum: persönliche Vorstellungen neuer Mitglieder (häufig gekoppelt mit einer Anfrage), Veranstaltungshinweise (Tagungen, Workshops, Call for Papers, Studiengänge usw.), Stellenangebote, Literaturhinweise und schließlich eine Vielzahl von Anfragen und Diskussionsanstößen, die sich an die gesamte Liste oder kleine Kreise von Fachexperten richten, auf wissenschaftliche Themenbereiche, theoretische Diskussionen oder praktische Verfahrensfragen in unterschiedlichen Praxisfelder bezogen sein können usw. Die nachfolgend zitierte Reaktion auf einen Tagungshinweis zeigt, dass auch kritisch hinterfragt wird, welche Informationen in die Liste gehören und welche nicht (auf den Einwand hin wurde das Programm der Tagung in mehreren Mails diskutiert, an dieser Auseinandersetzung beteiligte sich nicht nur die Person, die die Einladung an die Liste weitergeleitet hatte):

02.03.2006 [Mail Nr. 3483]

Liebe Frau [Nachname],

ich freue mich immer von Ihnen zu lesen; danke fuer die Infromationen.

Da dies eine Evaluationsliste ist erlaube ich mir eine kritische Nachfrage:

Wenn ich mir die Workshops des [Name der Veranstaltung] ansehe beschleicht mich das Gefuehl, dass dies ein prima Angebot fuer diejenigen ist, die qualitativ je auf eine ganz bstimmte Weise FORSCHEN wollen, die Zeit, das Engagement, die Berufung dazu haben, [...]

Man gewinnt den Eindruck – ein an esoterischen (Verzeihung!) interessierten Fragen der qual. Methodologie interessierter Zirrkel trifft sich [...]

Eine Klassifizierung der Inhalte der Mailings erweist sich als kaum möglich, zumal schon die Zuordnung von Themen problematisch ist: So könnte beispielsweise ein Thema wie „qualitative Methoden zur Lehrveranstaltungsevaluation" (Mail Nr. 474) sowohl den Bereichen „qualitative Methoden" wie „Lehrveranstaltungs-evaluation" zugewiesen werden. Einen exemplarischen Eindruck der Problematik sollen an dieser Stelle die 27 Mails geben, die im April 2005 an die Mailingliste gerichtet wurden. Darunter waren vier Vorstellungsmails, zwei Tagungshinweise, zwei Mails zur Evaluierung von Kompetenzen (Anfrage und Reaktion) und ein Diskussionsstrang von 14 Mails zu einer Literaturanfrage. Die Betreffzeilen der übrigen fünf Mails lauteten: „Evaluation von Tsunami-Hilfe" (Mail Nr. 3096), „Modul Organisationsberatung" (Mail Nr. 3088), „Umweltverhalten und Lebens-stile" (Mail Nr. 3076), „Praxisbeispiele im Umwelt- und Technologiebereich ge-sucht" (Mail Nr. 3075) und „Anwendungsfelder für Evaluation" (Mail Nr. 3073).

In dieser Darstellung der Mails vom April 2005 zeigt sich auch eine weitere Facette der Mailingsliste: Elf der Mails erhielten keine listenöffentliche Antwort, außerdem gab es einen kurzen Diskussionsstrang mit zwei Mails und einen langen Thread mit 14 Mails. Eine Auswertung des Archivs zeigt, dass ca. 50 % der Mails keine listen-öffentliche Reaktion erhielten. Die folgende Tabelle zeigt eine klare Tendenz bei der Länge der Diskussionsstränge:

Länge der Threads	2 Mails	3–5 Mails	6–10 Mails	11–20 Mails	20–27 Mails
Anzahl	141	153	65	21	5

Tab. 6: Überblick über die Anzahl und Länge der Threads im untersuchten Diskussionsforum

Inhaltlich behandeln lange Diskussionsstränge eher allgemeine Themen (z.b. die PISA-Studie oder Online-Lernen); bei kurzen Threads geht es oft um spezielle Themen (z.b. „Evaluation von Technologietransfereinrichtung", Mail Nr. 1914; „Stufflebeam genaue Quelle", Mail Nr. 1712).

Obwohl Einzelmails und Hinweise überwiegen, geben nach Ansicht der interviewten Mitglieder die inhaltlichen Diskussionen der Mailingliste ihre besondere Bedeutung und unterscheiden sie von vielen „wissenschaftlichen" Listen, in denen sich keine Diskussionen ergeben, sondern nur Informationen verschickt werden. Sie werden mit Interesse verfolgt und sind der eigentliche Grund dafür, trotz längerer, weniger interessanter Perioden eingeschrieben zu bleiben. Wie in dem folgenden Kommentar des Forenmoderators zu Literaturhinweisen, die ihm auf eine Anfrage hin zugesandt wurden, zeigt sich in solchen Diskussionen der wissenschaftliche Anspruch und Charakter der Liste sowie der produktive und höfliche Umgang mit Listen-Reaktionen: Ein Fragender macht sich die Mühe, die erhaltenen Antworten zu systematisieren und stellt den Gewinn seiner Arbeit den anderen zur Verfügung.

14.04.2005 10.02.47 [Mail Nr. 3087]

Liebe Mitglieder des Forums,

den vielen, die mir Tipps gaben, herzlichen Dank. Bevor ich eine Mini-Auswertung mache, möchte ich meinen verbleibenden Informationsbedarf konkretisieren: ich suche immer noch Bücher/Autoren und Autorinnen, die einen systematischen Vergleich von Ansätzen der Organisationsberatung/der Organisationsentwicklung vornehmen (siehe unten: 5) Darüberhinaus auch solche, die eine kritische Perspektive einnehmen (6). Zufrieden bin ich über den Ertrag bezüglich der speziell auf Evaluation zugeschnittenen Bücher über Organisationsberatung.(7)

Ich werde mir nochmals einige der im Forum genannten Bücher auf meine Interessen bzgl (5) ansehen, habe aber den Eindruck, dass ich "das" Buch noch nicht gefunden habe.

Die bisherigen Vorschläge möchte ich wie folgt einordnen [...]: [Es erfolgt eine ausführliche Einordnung in sieben Kategorien]

Ein anderes Beispiel zeigt die kritische Auseinandersetzung mit den eingehenden Beiträgen. Nachdem auf eine Anfrage zur Erfassung „von ‚Kompetenz' bzw. Kompetenzentwicklung'" (Mail Nr. 3011) zunächst mehrere Antworten auf Literatur oder Websites verwiesen, erfolgte ein kritischer Einwand aus wissenschaftlicher Perspektive:

25.01.2005 14.06.31 [Mail Nr. 3015]

Lieber Herr [Nachname], liebe Listenteilnehmerinnen und -teilnehmer,

meiner Auffassung nach ist das Problem der Erfassung von Kompetenzentwicklung eines der komplexesten innerhalb des Problemkreises Evaluation. Zumindest erheblich komplexer, als es ein Großteil der in den Antworten auf Ihre Frage erwähnten QUEM-Veröffentlichungen suggerieren. (So ist bspw. der Begriff KompetenzMESSUNG m.E. wirklich falsch gewählt.)

Es gibt zumindest zwei Probleme, die in der Literatur, soweit ich es sehe, bislang nicht abschließend geklärt werden konnten:
(1) Das „Kompetenz-Performanz-Problem": […]

(2) Kompetenzen werden als Handlungsdispositionen, also als längerfristige Eigenschaften eines Subjekts verstanden. „Gemessen" (beobachtet, im Assesmentcenter erfasst etc.) werden aber „Performanzen"[…]

[Es folgen weitere Ausführungen sowie mehrere Literaturangaben] […]

Nicht nur inhaltlich, sondern auch durch ihre Form entsprechen solche Beiträge zumindest in Ansätzen wissenschaftlichen Herangehensweisen: Sie sind relativ umfangreich, durch die Aufzählung strukturiert und mit Literaturbelegen versehen. Dem Forenmoderator wurde bereits mehrfach berichtet, dass Postings der Liste in wissenschaftlichen Arbeiten zitiert wurden, was für die inhaltliche Qualität der Mailingliste spricht.

Die interviewten Mitglieder gaben an, dass sie die Liste auch als ein Forum verstehen, dass es ihnen ermöglicht, sich in der Fachdisziplin darzustellen und zu positionieren. Dabei ist die Öffentlichkeit ein wichtiger Faktor: Sie bedenken bei Schreiben an die Liste, wer die Nachricht liest, von persönlichen Bekannten bis zu renommierten Wissenschaftlern. Ebenso besteht auch die Befürchtung, man könne sich blamieren.

Es kann festgehalten werden, dass eine Mischung sehr unterschiedlicher Inhalte an die Mailingliste gerichtet werden. Ein großer Teil besteht aus „Informationen", auf die eine (listenöffentliche) Reaktion nicht notwendig ist; durch die Vorstellung neuer Mitglieder wird ein Beitrag zur Bildung der Community geleistet. Teilweise finden Expertengespräche statt, die möglicherweise nicht für alle interessant sind und an denen sich nur wenige Personen beteiligen können. Dennoch tragen sie zur „Lebendigkeit" der Liste bei. Einer der Interviewpartner betonte, wie wichtig ihm das Mitlesen solcher Diskussionen ist, auch wenn er selbst nicht dazu beitragen kann. Er betrachtet sie als „Fallstudien", die seinen wissenschaftlichen Horizont erweitern. Alle Befragten würden es begrüßen, wenn noch mehr inhaltliche Diskussionen stattfinden würden. Der Moderator der Liste bedauerte, dass insgesamt – anders als etwa in der amerikanischen Liste zum Thema Evaluation (EVALTALK, www.eval.org/ElectronicLists/evaltalk.html // 08.08.2007) – die Bereitschaft zu Diskussionen über politisch brisante Themen, z.b. die Evaluation der Hartz-Reformen, sehr gering sei (vgl. Beywl 2006). Allerdings gebe es „immer wieder einmal spannende" Diskussionen, die das Interesse soweit wach halten, dass sie weiter in der Liste eingeschrieben bleiben.

(c) Form

Die äußere Form der Listenkommunikation kann zunächst als typisch für Mailinglisten bezeichnet werden: Alle eingeschriebenen Mitglieder erhalten jede Mail, die an die Adresse des Servers gerichtet wird; durch den Vermerk „[f-eval]" in der Betreffzeile sind die Postings als Listenbeiträge gekennzeichnet.

Wie in Abschnitt 5.2.1.1 gezeigt, sind die Betreffzeile, die Anredeformen und generell der Stil bzw. der verwendete und akzeptierte Umgangston spezifische formale Merkmale bzw. oft auch „neuralgische" Aspekte der Kommunikation in Mailinglisten.

In der untersuchten Liste hat es sich mit der Zeit etabliert, (wie in der Netiquette der Liste gefordert) die Betreffzeile prägnant zu formulieren. Eine Themenveränderung oder -verschiebung im Laufe einer Diskussion wird oft in der Betreffzeile kenntlich gemacht, in manchen Fällen durch den Moderator der Liste (z.B. „Empfehlungen [vormals Spezialweiterbildungen zur Evaluation]", Mail Nr. 3619). In den meisten Fällen werden auch die in der Netiquette formulierten Regeln eingehalten, in einer Mail nur ein Thema anzusprechen und sich möglichst kurz zu fassen; auf lange Mails wird häufig schon in der Betreffzeile hingewiesen.

Auch Antworten auf Listenmails sind in der Betreffzeile zu erkennen. In den Antworten wird häufig (in Auszügen) aus der Mail zitiert, auf die eingegangen wird. Eine solche Erweiterung der Textgrenzen ist typisch für die Kommunikation in E-Mails (bzw. Mailinglisten; vgl. Kap. 4.2.1). Jedoch ist eine einzelne Mail (mit den Zitationen, die sie enthält) ein klar umgrenzter – und damit zitierbarer – Text, der auch im Nachhinein nicht verändert werden kann. Die Netiquette der Mailingliste fordert, dass Mails, auf die Bezug genommen wird, möglichst kurz zitiert werden. Dies wird jedoch – wie auch sonst häufig in der E-Mail-Kommunikation – nicht immer eingehalten.

Insgesamt ist der Stil der Mailingliste sachlich und fachorientiert. Die übliche Anrede ist das „Sie", Grußformen sind eher formell und auffallend gendersensibel: „Liebe Kolleginnen und Kollegen", „Liebe Teilnehmende"; „Sehr geehrte Frau [Nachname]". Eher informelle Formen wie die Anrede „Moin" und die Unterschrift „[Vorname]" (Mail Nr. 2930) sind selten. Meist werden alle Listenmitglieder adressiert; in einigen Fällen gibt es aber auch – wie in der Mailinglistenkommuni-kation üblich – „versteckte" Mehrfachanreden (Schütte 1999, S. 148). Auch wenn dabei nur eine Person gezielt angesprochen wird, sind die anderen Teilnehmenden natürlich dazu aufgefordert, den Dialog mitzuverfolgen und sich ggf. einzubringen.

Das in der Mailingliste ausschließlich genutzte Zeichensystem ist die Alphabet-schrift. Umlaute werden in der Regel ausgeschrieben. Die mehrfache Nutzung von Satzzeichen (z.B. mehrere Ausrufezeichen hintereinander zur Kennzeichnung von Emotionen), von Emoticons oder Akronymen – in der Literatur als typisch für Mailinglisten bezeichnet (vgl. Kap. 5.2.1.1(a)) – erfolgt sehr selten, in der An-fangszeit der Mailingliste etwas häufiger als gegen Ende des Untersuchungszeit-raums. Ein Mitglied der Liste sendet mit seiner Unterschrift einen speziellen, per-sonalisierten Smiley, in dem er seine Brille und seinen Bart andeutet: 8-}). In einem der Interviews kam zur Sprache, wie sehr dies in der üblichen Kommunika-tion auffällt und wie untypisch dies für die Liste ist. In wenigen Mails werden be-kannte Abkürzungen wie „MfG" („Mit freundlichen Grüßen") genutzt. Eine Aus-prägung „communityspezifischer" Ausdrucksformen, die ebenfalls als typisch für Mailinglisten gilt, gibt es, wenn überhaupt, in Bezug auf (relativ selten genutzte) evaluationsbezogene wissenschaftliche Fachbegriffe und fachspezifische Abkür-zungen: „Suche Ueberblicksliteratur zu OE/OB" (Mail Nr. 3077), also zu „Organi-sationsentwicklung" und „Organisationsberatung". Rechtschreibfehler und gram-matikalische Fehler und das in der E-Mail-Kommunikation häufige Phänomen des „quick and dirty"-Schreibens sind insgesamt selten (gerade auch im Vergleich zu anderen Listen), wenn natürlich auch Flüchtigkeitsfehler vorkommen. Umgangs-sprachliche Formulierungen werden kaum genutzt. Diese sprachliche Qualität der Mailings hoben auch die interviewten Teilnehmenden als Besonderheit hervor, explizit auch im Vergleich zu anderen Listen. Zugleich gaben sie an, eigene Bei-träge sehr sorgfältig zu formulieren und darauf viel Zeit zu verwenden. Damit (sowie überhaupt mit dem Mitverfolgen der Diskussionen) sind also anwachsende Kommunikationszeiten der Listenmitglieder verbunden, die sie allerdings – wie die Interviews bestätigt haben – aufgrund des inhaltlichen Gewinns gerne in Kauf nehmen, zumal die lesende und schreibende Teilnahme an der Liste auf einer frei-willigen Entscheidung der Mitglieder beruht und jederzeit beendet werden kann.

(d) Gestaltungsmöglichkeiten und Definitionsmacht

Auf welche Weise sind die bisher beschriebenen formalen und inhaltlichen Ausprägungen der Liste entstanden? Welche Entwicklungen und Einflussnahmen sind festzustellen?

Wie bereits erwähnt, erhalten alle Personen, die sich neu in die Mailingliste einschreiben, eine Begrüßungsmail. Darin wird auf die Netiquette der Liste hingewiesen, die auch auf der Informationsseite veröffentlicht ist und vom Moderator der Liste regelmäßig aktualisiert wird. Die Urfassung der dort veröffentlichten Regeln stammt aus dem Forum Webkultur; die aktuelle Fassung wurde durch den Moderator am 01.06.2004 veröffentlicht (www.univation.org/index.php?class= Calimero_Webpage&id=9006 // 08.08.2007). In einer Fassung vom 20.04.1999 findet sich der Hinweis darauf, dass die Regeln von Zeit zu Zeit aktualisiert werden: „Die Hauptpunkte wurden vom owner an die etwas anderen Umstände der mailinglist forum-evaluation angepasst, leicht überarbeitet und mit Erfahrungen aus andern Listen ergänzt" (www.uni-koeln.de/ew-fak/Wiso/nett.htm // 08.08.2007). Viele der z.Zt. unter zehn Überschriften zusammengefassten Regeln sind typisch für Mailinglisten, z.B. keine Anhänge, Virenwarnungen oder Kettenmails zu versenden. Darüber hinaus wird der wissenschaftliche Charakter der Liste implizit betont. So werden die neuen Mitglieder beispielsweise gebeten, zuerst einmal eine zeitlang mitzulesen, um „einen Eindruck von Themen und Ton der Liste" zu bekommen, eigene Beiträge „im Themenkreis der Liste" zu halten und dabei prägnante Betreffzeilen anzugeben. Diese Regeln wurden von allen Befragten als wichtig für die Kommunikation bezeichnet. Zwar sei manches „eigentlich selbstverständlich", dennoch könne man dort immer nachschlagen, um etwa zu wissen, wie groß versendete Nachrichten seien dürften; selbst der Moderator gab an, dass er manchmal nachsehe, ob ein Thema wirklich ausgeführt ist, bevor er Teilnehmende (nicht listenöffentlich) auf Verstöße hinweist.

Im Großen und Ganzen werden diese Regeln eingehalten. Dass dies jedoch auch ein Aushandlungsprozess ist und dass unterschiedliche Auffassungen existieren, zeigen mehrfache Diskussionen vor allem aus der Anfangszeit der Liste, in denen es z.B. darum geht, welcher Stil als angemessen erachtet wird und welche Themen als relevant beurteilt werden:

28.02.2001 12.59.36 [Mail Nr. 1517]

Liebe Kolleginnen und Kollegen,

so sehr ich mich freue, auf diesem Weg interessante Informationen zu erhalten, so finde ich es doch etwas laestig – vor allem in Anbetracht der vielen Mails die man auch sonst erhaelt, Einzelgespraeche mitverfolgen zu muessen. Ich bitte daher Informationen, die fuer das ganze Forum von Relevanz sind auch an dieses zu schicken und ansonsten sich direkt an die jeweilige Person zu wenden.
MfG
[Vorname Nachname]

Univ.-Prof. Mag. Dr.Dr. [Vorname Nachname]
[Institutsadresse]

Mit dieser Mail kritisiert die Verfasserin die Praxis anderer Listenmitglieder. Zugleich wird ihr Argument implizit durch die Nennung ihres Status in der Visitenkarte der Mail unterstützt; vielen Listenmitgliedern dürfte aber auch ihr Name allein schon bekannt sein. Ebenso subtil kann eine der fünf Antworten auf diese Mail aufgefasst werden, die stilistisch in der formellen Anrede dezidiert den Titel der Adressatin auslässt und ihr inhaltlich widerspricht:

28.02.2001 15.13.01

Sehr geehrte Frau [Nachname],

für mich lebt ein Forum gerade durch das Mitverfolgen von Einzelgesprächen. So sehe ich nicht nur Fragen, sonder auch kompetente und vielfältige Antworten. Daher ...

Danke für alle offen diskutierten Themen in diesem Forum! [...]

Mit freundlichem Gruß aus Köln

[Vorname Nachname]

Solche Diskussionen werden in der Liste nicht „entschieden". Es erfolgt ein Austausch von Argumenten und Meinungen. Die Tendenz ist, mit Fehlbedienungen der Liste und der Listenregel nachsichtig umzugehen, Beschwerden an den Absender persönlich zu richten, und die Liste von Meta-Diskussionen zu entlasten. Auch der Moderator wendet sich zum Teil nicht-öffentlich an Teilnehmende, um Eskalationen in der Liste zu vermeiden; die interviewten Mitglieder ärgerten sich weniger über Beiträge, die sie als nicht angemessen empfanden, als über Diskussionen über solche Verstöße in der Liste.[117] Auch hier zeigte sich, dass unterschiedliche Vor-

---

117 Wie Wilfried Schütte (1999, S. 143f.) zeigt, ist die metakommunikative Thematisierung von Differenzen wichtig; nimmt sie jedoch überhand, gerät das eigentliche inhaltliche Interesse in den Hintergrund, was ebenfalls zu Missstimmungen führt: Abwehrmechanismen gegen das Aufschaukeln solcher Konflikte wie in der face-to-face-Kommunikation müssen sich in der Internet-Kommunikation erst etablieren.

stellungen über „adäquates Verhalten" bestehen. So empfand ein Interviewpartner es z.B. als unangemessen, dass ein Mitglied „Werbung" für eine eigene Publikation über die Liste verschickte; eine Interviewpartnerin meinte, dass sich tendenziell Frauen und Studentinnen zunächst zu „klein" machten, d.h. zu wenig selbstbewusst auftraten. Mit ihren eigenen Beiträgen versucht sie selbst, einen Gegenpol zu setzen, wofür sie auch, häufig in nur an sie gesendeten, d.h. in nicht-öffentlichen Mails, Anerkennung erfährt.

Auch Auseinandersetzungen um ein Thema werden in der Regel nicht „entschieden", sondern laufen nach einer Weile aus. Dabei bestehen prinzipiell keine hierarchischen Unterschiede zwischen den Teilnehmenden. Alle können ihre Themen und Argumente einbringen, und der Verlauf einer Diskussion hängt vom Engagement derjenigen ab, die eine bestimmte Position vertreten. So kann einem Thema etwa durch viele Beiträge Gewicht gegeben werden, oder es kann durch Schweigen zum Erliegen kommen. Eine entscheidende Frage ist allerdings, wer dazu bereit ist, sich für alle sichtbar schriftlich zu Wort zu melden. So haben dem Moderator Listenmitglieder – nicht nur Studierende –, gesagt, dass sie sich „nicht trauen", sich listenöffentlich zu äußern. Er selbst stößt gelegentlich, „wenn sich länger nichts tut", thematische Diskussionen an. Auch eine Interviewpartnerin berichtete, dass sie „statt aus der Liste auszutreten" einmal eine Diskussion initiiert hat: „Und das hat auch geklappt." Dies bedeutet, dass die „Lebendigkeit" keineswegs von selbst entsteht, sich jedoch zumindest in gewissem Maße steuern oder zumindest anregen lässt.

(e) Kompetenzen

Für eine effiziente Nutzung der Mailingliste sind zunächst technische Kompetenzen der Administratoren notwendig. Zu Beginn gab es häufige technische Probleme, die gegen Ende des Untersuchungszeitraums deutlich seltener auftraten; aber noch im September 2005 führte ein Loop (bei dem aufgrund eines Systemfehlers einige Mails mehrere hundert Mal an alle Mitglieder versandt wurden) dazu, dass der E-Mail-Verkehr für mehrere Monate signifikant abnahm (vgl. auch Beywl 2006).

Auch auf Seiten der Mitglieder der Liste sind Grundkenntnisse und Praxiserfahrungen im Umgang mit der Listenkommunikation notwendig, z.B. das Wissen in Bezug auf Verhaltensregeln wie die Netiquette, die beispielsweise beinhaltet, dass manche gutgemeinten Praktiken, z.B. das Versenden von Viren-Warnungen, Kettenmails oder Anhängen, nicht sinnvoll sind. Die Aufmerksamkeit dafür, wie leicht private Antworten „versehentlich" an das gesamte Forum geschickt werden, entwickelt sich oft erst mit der Praxiserfahrung. Auch solche Vorkommnisse nahmen gegen Ende des Untersuchungszeitraums deutlich ab. Dies zeigt, dass sich die Kommunikation in Mailinglisten allgemein und in dieser speziellen Liste zunehmend etabliert, wie auch der Moderator der Liste konstatiert:

07.01.2005 16.38.15 [Mail Nr. 2996]

Liebe Teilnehmende des forum-evaluation,

die allfaelligen Rituale zum Jahreswechsel [...]

Sehr gefreut habe ich mich in diesem Jahr ueber die gereifte Kultur des Kommunizierens, sowohl in technischer Hinsicht (TechTalk praktisch Null), als auch in formaler und inhaltlicher Sicht [...]

In diesem Sinne
alles Gute

Vorname Nachname, Ort1 & Ort2
- Forenmoderator im Hintergrund -

Die für die Listenkommunikation notwendigen Lese- und Schreibkompetenzen sind eng aufeinander bezogen. Um von der Liste profitieren zu können, muss ein Mitglied die kommunizierten Inhalte verstehen und als für sich bzw. den eigenen (Arbeits-)Kontext bedeutungsvoll oder unnötig beurteilen können. Sinnvoll ist es auch, wichtige Informationen festzuhalten und wiederauffindbar zu speichern, wie dies etwa der oben erwähnte Interviewpartner praktiziert (vgl. Anm. 116). Um schreibend (öffentlich oder privat) an der Listenkommunikation teilzunehmen, müssen die Mitglieder über Fachwissen verfügen und dies im listenüblichen Stil schriftlich formulieren können bzw. den Stil der Liste mit dem eigenen vereinbaren können. Dies ist keineswegs selbstverständlich, wie ein Mailaustausch gegen Ende des Untersuchungszeitraums zeigt. Ausgelöst wurde er durch eine Hilfskraft eines Projekts, die sich als neues Listenmitglied vorstellte und schrieb, sie „wünsche" sich Literaturhinweise zu einem bestimmten Themenbereich (Mail Nr. 3592). Darauf antwortete ein langjähriges Listenmitglied unter Anspielung auf den „Wunsch" und die Tatsache, dass die Studentin selbst ihre Mail nicht mit einem subject gekennzeichnet hatte, in einer ironischen Mail mit der Betreffzeile: „Weihnachten, was: kein subject ..." (Mail Nr. 3596). Die Verärgerung dieses Listenmitglieds beruhte darauf, dass die Studentin nichts über den Kontext des Projektes und ihre bisherigen Rerechercheergebnisse mitgeteilt hatte (wie es den Listenregeln entsprochen hätte), während ihr selbst dieser Verstoß gegen die Listen-Netiquette gar nicht bewusst war.

Um zur öffentlichen Listenkommunikation beizutragen, muss zudem die Bereitschaft bestehen, sich für alle sichtbar schriftlich zu Wort zu melden. Dazu muss auf Seiten des einzelnen Mitglieds die Überzeugung bestehen, dass der eigene Beitrag inhaltlich adäquat und für die anderen Teilnehmenden interessant ist bzw. dass auf eine Anfrage hilfreiche Antworten gegeben werden. Durch die Liste muss dazu eine Atmosphäre geschaffen werden, die die Mitglieder ermutigt, auch nach jahrelanger stiller Teilnahme Beiträge zu schreiben. In der untersuchten Mailingliste kommt dies immer wieder vor:

25.01.2005 [Mail Nr. 3011]

Liebe Liste

[... Vorstellung der Person, Angabe von Adresse, URL, E-Mail und der Interessen-schwerpunkten]

Ich verfolge Ihre Liste nun schon seit mehreren Jahren, allerdings als stiller Leser, ich bin kein Evaluationsexperte.

Ich erlaube mir trotzdem einige Frage an die Runde zu stellen: [...]

(f) Zusammenfassung und Fazit

Die untersuchte Mailingliste ist mit ca. 640 eingeschriebenen Mitgliedern und ca. 300 jährlichen Beiträgen ein aktives Forum. Zwar wünschten sich alle Befragten mehr inhaltliche und teilweise auch kritischere Beiträge; aber obwohl das Potenzial der Liste also nicht ausgeschöpft wird, ist der Moderator der Liste überzeugt, dass sich sein Engagement lohnt, und bleiben viele Mitglieder über viele Jahren ein-geschrieben und beteiligen sich immer wieder einmal an der Diskussion. Anders als in vielen anderen Listen „passiert" genug, um das Interesse wach zu halten.

Dazu tragen unterschiedliche Faktoren bei, beginnend bei der Balance aus schnell rezipierbaren Informationen und inhaltlich anspruchsvollen, intensiven Diskus-sionssträngen. Wie sich gezeigt hat, haben auch die eher stillen Teilnehmenden insofern eine wichtige Rolle innerhalb des Sozialsystems der Liste, als die Vor-stellung von deren Mitlesen zur Motivation der Schreibenden beiträgt, wie alle In-terviews bestätigt haben – und nicht zuletzt leisten viele von ihnen dann doch immer wieder Beiträge zur Diskussion. Die Bedeutung der großen Zahl der ein-geschriebenen Mitglieder und auch die aktivierende Funktion des Moderators sind dabei nicht zu unterschätzen.

Aus textsortenspezifischer Perspektive können zwei wesentliche Faktoren fest-gehalten werden: (1) In der Liste haben sich kontextangemessene Ausprägungen entwickelt: Typische Charakteristika nichtwissenschaftlicher Mailinglisten wurden nicht übernommen (z.B. Emoticons oder die Entwicklung eines listenspezifischen Jargons), spezielle Erwartungen an textexterne Merkmale wie Kontext und Funk-tion der Liste ebenso wie an textinterne, etwa Form und Stil, werden durch die Netiquette und die Informationen auf den Websites transparent gemacht. In Ver-bindung mit den diskursiven Aushandlungen und der mit Verstößen bzw. unter-schiedlichen Stilen geübten Toleranz kann dies als „Sozialisation" in die Kultur dieser (akademischen) Liste verstanden werden. (2) Von traditionellen wissen-schaftlichen Textsorten unterscheiden sich die Listenbeiträge trotz dieses akademi-schen Stils erheblich. Im Gegensatz zu solchen traditionellen Texten steht nicht nur der Umfang der Beiträge, sondern oft auch ihr Charakter als offene Form, Frage, unfertiger Gedanke usw., die bisher im akademischen Kontext nicht schriftlich öffentlich gemacht wurden. Solche „aus vielen kleinen Nachrichtenteilen" bestehenden und damit interaktive Diskussionsprozesse fördernden Texte können mit Baumgartner (2005, S. 4, dort im Zusammenhang mit Weblogs) als „Micro Content" bezeichnet werden.

Mit der Veröffentlichung solcher Inhalte geht eine Veränderung des Wissenschaftsverständnisses und der Praxis der wissenschaftlichen Kommunikation einher. Zwar könnte die Einschreibung in eine Mailingliste zunächst etwa mit dem Abonnement einer Zeitschrift verglichen werden. Im Unterschied dazu aber *entsteht* der Text der Mailingliste erst durch die Beiträge der „Abonnenten". Dies bedeutet ein Verständnis von Wissenschaftlichkeit im Sinne des Austausche und einer Erweiterung des Horizonts. Zugleich werden traditionelle Praktiken hinterfragt, z.B. als „old-boys-network" (Int_ML_TN2), dem das „hierarchiefreie" Modell der Mailingliste entgegengesetzt wird, in dem günstigstenfalls das bessere Argument zählt. Zwar gehen, wie oben beschrieben, in dieser Mailingliste (anders als in vielen anderen virtuellen Kommunikationssituationen) Status, Funktion und Titel oft aus den Vorstellungen der beteiligten Personen in den Beiträgen oder aus Visitenkarten unter den Mails hervor und sind auch wichtig für den inhaltlichen Austausch. Anders als beim mündlichen wissenschaftlichen Austausch, z.B. auf Tagungen, ermöglicht jedoch die schriftliche Manifestation, dass *jedes* Mitglied auf alle Beiträge antworten sowie neue Themen initiieren und in gleicher Reichweite an alle verbreiten kann.

Dies erfordert jedoch auch, dass sich die Beteiligten dafür verantwortlich bzw. dazu „berechtigt" fühlen, Diskussionen anzustoßen und (ggf. kontrovers) auszutragen. Wie sich gezeigt hat, ist dies nicht selbstverständlich (und geschieht in vielen Listen kaum). Aus diesem Grund scheint es für die Akzeptanz sinnvoll zu sein, wenn die Rahmenbedingungen, wie in der untersuchten Liste, transparent und bewusst in der Tradition der bekannten Wissenschaftspraxis *gestaltet* werden. Zugleich zeigte sich, dass dadurch zwar gute Voraussetzungen für eine aktive Beteiligung geschaffen werden – „hergestellt" werden kann ein solches Verhalten jedoch nicht: Der damit initiierte Prozess braucht Zeit und lässt sich nicht gezielt herbeiführen – zumal er von den bisher bekannten akademischen Kommunikationspraktiken abweicht und in seinen Konsequenzen für die eigene (aktive) Gestaltung für alle Beteiligten neu ist.

5.2.3 Zusammenfassung

Beide Fallstudien sind Beispiele für die Nutzung asynchroner Kommunikationsmedien im akademischen Kontext. Der vergleichende Überblick über die zugrundeliegenden Untersuchungskriterien in der folgenden Tabelle zeigt, dass sie darüber hinaus auf den ersten Blick wenig Gemeinsamkeiten zu haben scheinen:

Fallstudie	Diskussionsforum	Mailingliste
Kontext	– Geschlossene Veranstaltung, deren Mitglieder (22 Studierende, 3 Dozierende) sich untereinander gut kannten, – zeitliche Begrenzung (2 Semester), – Beteiligung an den Forenaufgaben freiwillig, – Betreuung des Forums durch eine Dozentin.	– Offene Teilnehmergruppe, ca. 600 Mitglieder, die (ausschließlich) das Interesse am Thema verbindet, – zeitlich unbegrenzt, – freiwillige Teilnahme, – Moderator.
Inhalte	– Bestimmt durch die Aufgabenstellung im Seminar (inhaltliche Diskussion, Organisation von Gruppenaufgaben und Distribution von Materialien wie Protokollen und Vortragsunterlagen), – möglich gewesen wäre auch persönlicher Austausch, der jedoch nicht zustande kam.	– Bestimmt durch die Zielsetzung der Liste (Diskussion von inhaltlichen Themen und Informationen, z.B. über Tagungen usw.), – die Interessen bzw. die Beiträge aller Teilnehmenden.
Form	– Differiert je nach Aufgabenstellung sehr stark: teilweise lange, gegliederte Postings mit Literaturverweisen und Links, teilweise sehr knappe Hinweise, – der verwendete Stil ist insgesamt eher umgangssprachlich, Sonderzeichen wie Emoticons usw. werden jedoch kaum gebraucht, – Einstellen von Links und Dokumenten.	– Insbesondere bei inhaltlichen Diskussionen teilweise relativ lange, gegliederte Postings mit Literaturverweisen, – insgesamt eher formell und sachlich; Sonderzeichen wie Emoticons, listentypischer Jargon o.ä. wird nicht verwendet, – keine Anhänge.
Gestaltung	– Wird nicht explizit thematisiert, – Bedeutung der öffentlichen Sichtbarkeit für Beteiligung und Stil.	– Vorgabe durch die Listen-Netiquette, – explizite Diskussionen in der Liste, – teilweise öffentliche oder auch nicht-öffentliche Hinweise des Moderators.
Kompetenzen	– Inhaltliche Kompetenzen, – Abwägen der Kommunikationsformen, die für die eigenen Bedürfnisse geeignet scheinen, – Verantwortung für die „Lebendigkeit" der Kommunikation übernehmen, – Moderation: geeignete Aufgaben entwickeln, motivierendes Feedback geben, Einbinden der Forendiskussion in die Präsenzveranstaltung.	– Technische Kompetenzen des Administrators, – inhaltliche Kompetenzen, – Fähigkeit, im listenüblichen Stil zu schreiben (Netiquette), – Verantwortung für die „Lebendigkeit" der Listenkommunikation übernehmen, – Moderation: Anregen der Kommunikation, ggf. Vermitteln bei Auseinandersetzungen (z.T. nicht listenöffentlich).

Tab. 7: Vergleichende Übersicht über die Ergebnisse der Fallstudien 1 (Diskussionsforum) und 2 (Mailingliste)

Außer den offensichtlichen Differenzen in Kontext, (Umfang von behandelten) Inhalten, Form, Gestaltungsmacht und dazu notwendigen Kompetenzen verbinden beide Fallstudien jedoch wichtige Gemeinsamkeiten, die teilweise sogar gerade in den unterschiedlichen Ausprägungen in Bezug auf diese Kriterien zum Ausdruck kommen.

In beiden Fällen sind die jeweiligen Medien in typischer Weise genutzt worden: Das Diskussionsforum mit charakteristischen Aufgabenformen für ein geschlossenes Seminar mit wenigen Teilnehmenden, die Mailingliste als offene Community für alle am Austausch über das Thema Interessierten (die über die Website und die Begrüßungsmail über Ziele und Form informiert wurden). Ebenfalls in beiden Fällen entstand für die Teilnehmenden ein Mehrwert durch unterschiedliche Nutzungsarten: Das Forum wurde zur inhaltlichen Diskussion sowie zur Abstimmung von Gruppenarbeiten und Distribution unterschiedlicher Materialien verwendet, die Mailingliste für inhaltlich anspruchsvollen Austausch und schnell rezipierbare Informationen. Die Beiträge im Forum und in der Mailingliste waren (nur) zusätzliche Möglichkeiten der Diskussion und Information für die Beteiligten. Im Studienmodul war die Präsenzveranstaltung weiterhin die zentrale Lehrform, Selbststudium und Leistungsnachweis erfolgte weiterhin anhand der klassischen literalen Textsorten. Die formale Ausprägung war zwar in beiden Fällen unterschiedlich, jedoch immer dem jeweiligen Kontext entsprechend funktional. Für das Forum zeigt sich dies z.B. an der (mit der mündlichen Kommunikation im Seminar vergleichbaren) umgangssprachlichen, aber sachbezogenen inhaltlichen Auseinandersetzung, den kurzen Informationen zu den eingestellten Materialien, sowie am Ausgleich der fehlenden nonverbalen Hinweise der Dozentin durch Mehrfachzeichensetzung. Anders als im Seminar war es in der Mailingliste sinnvoll, fehlende soziale Hinweise z.B. durch Vorstellungsmails und Visitenkarten auszugleichen und Kommunikationsformen durch die Netiquette sowie teilweise öffentliche Aushandlungen zu regeln. In beiden Fällen lassen sich die Postings nicht mit klassischen akademischen Textsorten vergleichen; andererseits sind sie – obwohl literale Kurzformen – oft relativ lang und enthalten teilweise typische Elemente wie Gliederungen in mehrere Abschnitte und Belege, während Merkmale der Freizeit-Kommunikation (wie Emoticons oder die Ausprägung eines eigenen Jargons) nicht genutzt werden. Die Interviews zeigen in beiden Fällen, dass die öffentliche Sichtbarkeit der Beiträge für die Beteiligten wichtig ist und sich auf Inhalt und Form der Beiträge auswirkt.

Beide Formen der Kommunikation haben sich noch nicht wirklich etabliert. Die Nutzung des Diskussionsforums im Seminar war für alle Beteiligten neu, und auch in der seit fast zehn Jahren bestehenden Mailingliste müssen neue Mitglieder immer noch in die Kultur der Liste „sozialisiert" werden. In beiden Fällen zeigte sich, dass die aktive, schreibende Beteiligung sich nicht von selbst entwickelt. Im Seminar wurde dies durch die Aufgabenstellungen angeregt. Aber auch in der

Mailingliste mit ihrer hohen Mitgliederzahl und freiwilligen Teilnahme stellten der Moderator oder andere Mitglieder teilweise gezielt Beiträge ein, um Diskussionen anzuregen. Somit ist die Rolle der Dozentin im Seminar bzw. des Moderators der Mailingliste für das Funktionieren der jeweiligen Diskussion nicht zu unterschätzen. Die Frage, wie sich die „Verantwortung" für die Lebendigkeit der Nutzung der neuen Kommunikationsmedien entwickelt, stellt sich als ein zentrales Problem heraus. Dennoch bezeichneten in beiden Fällen die befragten Mitglieder trotz der erheblichen Unterschiede zu klassischer akademischer Literalität die neuen Praktiken übereinstimmend als wissenschaftlich und empfanden die Nutzung gewinnbringend und inhaltlich weiterführend.

5.3 Hypertexte in Lehre und Forschung

In ihren Grundzügen wurden Hypertextsysteme bereits 1945 von Vannevar Bush (1945; 1991) entwickelt und von Ted Nelson – der 1965 auch den Begriff „Hypertext" prägte (vgl. Nelson 1967) – durch erste computerbasierte Systeme technisch umgesetzt (vgl. Nelson 1974; 1981; Tergan 1997; Gerdes 1997 u.a.m.).[118] Seit der Verbindung der bis dahin von einander getrennten Internetdienste durch eine Arbeitsgruppe des CERN um Tim Berners-Lee zum World Wide Web (WWW) Anfang der 1990er Jahre (vgl. Berners-Lee/Cailliau 1990; Berners-Lee 1999; Gillies/Cailliau 2002) kann das Internet „als weltweitumspannender Hypertext betrachtet" werden (Stahl 2001, S. 21): „Die Informationen im Internet sind seit Aufkommen des World Wide Web und graphischen Browsern fast ausschließlich als Hypertexte aufbereitet. Auch offline finden sich vielfältige Beispiele für Programme, die auf dem Prinzip des Hypertexts basieren" (ebd., S. 20). Die im folgenden Kapitel betrachtete Form neuer Schriftlichkeit ist also die grundlegende Darstellungsform des Internets, zugleich wurden mit ihr auch von Anfang an große Erwartungen in Bezug auf Lehre und Lernen verbunden.

Auch dieses Kapitel beginnt mit einer Darstellung des heuristischen Rahmens, d.h. einem Überblick über zentrale theoretische Erkenntnisse in Bezug auf strukturelle und textsortenspezifische Merkmale von Hypertexten sowie (Entwicklungen hinsichtlich der) Erkenntnisse über deren Einsatz in der Hochschullehre bzw. im Kontext von Wissenschaft und Forschung (Kap. 5.3.1). Im Anschluss daran werden die Ergebnisse der eigenen Fallstudien vorgestellt (Kap. 5.3.2); die abschließende Zusammenfassung (Kap. 5.3.3) setzt die Fallstudien in Beziehung zueinander und zum heuristischen Rahmen.

---

118 Zur historischen Entwicklung von Hypertext und Hypertext-Technologie vgl. z.B. Rainer Kuhlen (1991, S. 309–328), Jakob Nielsen (1996, S. 33–66) und James Gillies/Robert Cailliau (2002); prägnante Überblicke bieten auch Andreas Hendrich (2003, S. 31–40) oder Angelika Storrer (2004, S. 23–30).

5.3.1 Heuristischer Rahmen

In den letzten ca. zwanzig Jahren wurde die Darstellungsform Hypertext aus den Perspektiven unterschiedlicher Fachdisziplinen (z.b. Linguistik, Pädagogik, Psychologie, Informations- und Medienwissenschaften) und mit sehr heterogenen Forschungsinteressen untersucht, und es entstand eine nahezu unübersehbare Fülle an Publikationen.[119] Im Mittelpunkt standen dabei insbesondere Fragen der Rezeption von Hypertexten (am Bildschirm, Mensch-Maschine-Interaktion, Kohärenzbildung) sowie bestimmte Anwendungsformen wie Lernsysteme, Homepages usw. (vgl. Jakobs/Lehnen 2005, S. 159). Erst nach dem Jahr 2000 wurden mit der „*Veralltäglichung* von Hypertext" (ebd.) und der Entwicklung von Normen und Konventionen Hypertexte auch als Textsorten und Kommunikationsformen thematisiert.

Als Grundlage zur Untersuchung charakteristischer Nutzungsformen von Hypertexten im Kontext von Lehre und Wissenschaft in den Fallstudien werden im Folgenden unterschiedliche Aspekte der Hypertextforschung aufgegriffen. Nach einer kurzen Beschreibung der allgemeinen strukturellen Merkmale von Hypertexten und damit in Verbindung stehender (gesellschaftlicher) Theorien (in Kap. 5.3.1.1) erfolgt eine zusammenfassende Übersicht über die Vielfalt theoretischer Überlegungen und praktischer Untersuchungen zum Einsatz von Hypertexten in Lehr-/Lernsituationen auch an Hochschulen (Kap. 5.3.1.2). Die oben angesprochene (in Kap. 5.3.1.3 diskutierte) Klassifizierung von Hypertexten als (wissenschaftlichen) Textsorten bzw. deren Beschreibung als Kommunikationsformen erscheinen insofern aufschlussreich, als sie in diesem Zusammenhang bisher kaum berücksichtigt wurden, obgleich sich der Erwerb von Textsortenwissen als zentrales Element wissenschaftlicher Sozialisation erwiesen hat (vgl. Kap. 1.2 und 3.1). Die (in Kap. 5.3.1.4) zusammengefassten Ergebnisse bzw. offenen Fragen dieser beiden Abschnitte müssen bei der Untersuchung der Fallstudien in besonderem Maße überprüft bzw. berücksichtigt werden.

5.3.1.1 Hypertexte und Hypermedien als Technik und Konzept

Den vielfältigen Untersuchungsperspektiven entsprechend finden sich in der Literatur zahlreiche Definitionen für den Begriff „Hypertext", die jeweils unterschiedliche Aspekte hervorheben. Eine Expertenbefragung durch Jürgen Flender und Ursula Christmann aus dem Jahr 2000 ergab zwei zentrale Merkmale: die nicht-

---

119 So umfasste beispielsweise die Bibliographie-Datenbank zum Thema Hypertext des Linguistik-Servers der Universität Essen im September 2007 über 1.100 Literaturhinweise auf Monographien, Sammelbände, Beiträge in Sammelbänden und Zeitschriften, Tagungsbände, Online-Publikationen, Dissertationen u.a. (vgl. www.linse.uni-due.de/linse/literatur/hypertext. html // 09.09.2007).

lineare Organisation und die Computerbasiertheit. Diese beiden Merkmale werden im Folgenden kurz erläutert, auch in Hinblick auf ihre Bedeutung für die Nutzung von Hypertexten in Lehre und Wissenschaft.

Zur Beschreibung der nicht-linearen Struktur wird in der Regel auf zwei Grundelemente verwiesen, aus denen Hypertexte bestehen, die „Informationellen Einheiten (Teiltexte, Textteile, Knoten, Nodes, Chunks ...) und manifesten Methoden um diese zu verbinden (Links, Textverbindungen, Verknüpfungen, Kanten, Relationen ...)" (Hendrich 2003, S. 41). In Bezug auf beide Elemente, die Knoten und deren Verbindung untereinander, unterscheiden sich Hypertexte erheblich von traditionellen Textformen in Papiermedien.

Definitionen der Informationseinheiten thematisieren deren Umfang – von einzelnen Wörtern bis zu längeren Texten – sowie die Darstellungsformen innerhalb der Knoten. Heute werden (wie auch in dieser Arbeit) die Begriffe „Hypertext" und „Hyper*medien*" in der Regel synonym gebraucht: Eingesetzt werden in sehr vielen Systemen nicht nur (schriftliche) Texte, sondern unterschiedliche Zeichensysteme ebenso wie (bewegte) Bilder (Film oder Animationen), Ton oder andere interaktive Elemente (wie Abstimmungstools, Tests usw.).[120]

In Unterscheidung zu den „informationellen Einheiten" bezeichnete Jakob Nielsen (1996) die Verbindungen zwischen den Knoten als „funktionale Einheiten". In Bezug auf die unterschiedlichen Möglichkeiten der Organisation eines Hypertextes bzw. die Verbindung zwischen den Knoten wird meist zwischen linearen, hierarchischen und rhizomatischen (d.h. vernetzten) Strukturen unterschieden: In linear strukturierten Hypertexten folgt eine Seite der nächsten, Nutzer können sich nur vorwärts oder zurück bewegen; ihr Vorteil wird meist darin gesehen, dass es möglich wäre, sie auch schnell und unkompliziert auszudrucken.[121] Die Organisation hierarchischer Hypertexte lässt sich einem Inhaltsverzeichnis mit Kapiteln und Unterkapiteln vergleichen und verbindet damit eine durch die Entwickler vorgegebene inhaltliche und organisatorische Struktur mit den Möglichkeiten, selbstgesteuerte Lesepfade zu wählen. Rhizomatische Hypertexte bilden ein dezentral und multiselektiv verbundenes Geflecht von Knoten und Verknüpfungen, dessen Gesamtstruktur sich kaum erkennen lässt und das „vielen Hypertextvertretern [...] als ultima ratio, Wissen frei und assoziativ zu repräsentieren" gilt (www.e-teaching.

---

120 Zu der Gesamtstruktur von Hypertexten/-medien gehören außerdem „organisatorische" bzw. Darstellungselemente wie die Framestruktur, Navigationsleisten und -elemente usw.

121 Diese Organisationsform nennt Angelika Storrer (1999, S. 38f.; 2004, S. 29) „E-Texte", im Gegensatz zu „Hypertextdokumenten". Beide Textformen sind durch eine übergreifende Textfunktion und ein übergreifendes Textthema verbunden. E-Texte weisen jedoch „nicht die für Hypertexte typische nichtlineare Organisationsform" auf, können aber schnell und kostengünstig im www publiziert werden. Hypertextdokumente dagegen bestehen aus mehreren Informationseinheiten, die durch interne Links miteinander vernetzt und durch externe Links in ein übergreifendes Hypernetz eingebunden sind. „Hypernetze" verbinden Hyperdokumente miteinander, entweder auf institutionell angebundenen „Sites" oder in thematisch orientierten „Portalen" (ebd.).

org/didaktik/gestaltung/hypertext2/hypertextstruktur2/ // 08.08.2007). Auch in Bezug auf die Organisation von Hypertexten trifft zu, dass inzwischen Hypertextsysteme häufig hybride Organisationsstrukturen haben und die Nutzenden etwa zwischen geführten Touren und freier Navigation wählen können (vgl. Tergan 2002, S. 102). Darüber hinaus gibt es verschiedene Möglichkeiten, Links zu beschreiben, zu charakterisieren oder zu typisieren. Dies beginnt dabei, ob ein Verweis in beide Richtungen aktiv ist oder nicht (also uni- oder bidirektional ist) und ob Links lokal auf Knoten innerhalb eines Hypertextdokuments verweisen oder ins Internet (extrahypertextuelle Verknüpfungen). Wichtig (nicht für die Orientierung der Lesenden, s.u.) sind jedoch vor allem die Begründungen dafür, warum ein Knoten mit einem anderen verbunden wird, d.h. das Verhältnis der beiden miteinander verknüpften Knoten zueinander. Eine solche Verbindung kann „assoziativ" sein, aber auch annotativ, argumentativ, kausal, konzeptuell, kontrastierend, relativierend, illustrativ, organisatorisch, hierarchisch und vieles mehr" (www.e-teaching.org/didaktik/gestaltung/hypertext2/links/linklabel/ // 08.08.2007). Auch diese Verknüpfungsformen können in unterschiedlichen Klassifikationssystemen eingeordnet werden, die sich grob in zwei Richtungen differenzieren lassen: je nachdem, ob sie die „funktionale" Leistung von Links in den Vordergrund rücken oder deren „kognitiven" Beschreibungswert (vgl. Hendrich 2003, S. 44). Die dabei zugrunde liegenden komplexen Theorien können an dieser Stelle nicht ausgeführt werden. Für die beiden Themen der vorliegenden Arbeit – Lehre bzw. Lernen und Wissenschaft bzw. Forschung – erscheint die (von Kuhlen 1991, S. 106) aus kognitiver Perspektive getroffene Unterscheidung zwischen assoziativen und hierarchischen Links insofern als besonders wichtig, als sie sich an zwei unterschiedlichen Arten der Kohärenzbildung, d.h. des inhaltlichen Zusammenhangs von Textteilen, orientiert. Da der Beziehungsgrund zweier Knoten aus einem „hotword" (oder hotspot) zunächst nicht abgelesen werden kann, wird in didaktischen bzw. ergonomischen Hinweisen häufig angeregt, Links durch „label" zu typisieren bzw. erläutern, also z.B. durch einen kurzen Text, ikonographische oder andere optische Markierung (vgl. www.e-teaching.org/didaktik/gestaltung/hypertext2/links/link-label/ // 08.08.2007).

Hypermedien sind also sowohl durch die verwendeten Symbolsysteme (sobald sie über Texte und statische Bilder hinausgehen) als auch durch ihre Struktur – die Verknüpfung zwischen den Knoten – nicht mehr in der klassischen Papierform, sondern nur noch im Medium Bildschirm darstellbar: „Hypertext ist es nur, wenn die Texte mit einem Computer dargestellt werden, wenn der Text folglich eine Prozedur ist […] und wenn der Leser die konkrete Möglichkeit zur Manipulation hat" (Hendrich 2003, S. 31f.). Diese Darstellungsform ermöglicht außer der Wahl des Navigationsweges noch andere Formen eines Potenzials, das oft als typisch für Hypertexte bezeichnet wird, der „Interaktivität": So ist die digitale Strukturierung und Speicherung von Dokumenten im Gegensatz zur Visualisierung auf einem Trägermedium „prädifferent", d.h. sie lässt sich ggf. an verschiedene Trägermedien (Bildschirm, Buch u.a.), aber auch an verschiedene Nutzerprofile flexibel anpassen. Während für die Entwickler von (traditionellen) Printmedien der Produktionsprozess mit der Erstellung identischer Kopien zu einem eindeutigen Abschluss kommt, sind digitale Dokumente (und damit auch Hypertexte) „lebende Dokumente" („living documents"), die inhaltlich und strukturell ständig verändert werden können (vgl. z.B. Storrer 2004, S. 13; Tergan 2002, S. 102f.).

Mit der Hypertext-Technik gehen also Veränderungen einher, die zu einer fundamentalen Wandlung des traditionellen Textbegriffs beitragen: Die (Multi-)Sequenzierung der Informationseinheiten, die lesergesteuerte Rezeption und die Erweiterung der Textgrenzen (sowohl durch die Möglichkeiten schneller Veränderungen innerhalb eines Hypertextcorpus als auch durch externe Links über die Basis eines Hypertextes hinaus). Diese Faktoren haben z.B. Einfluss auf die (Möglichkeit der) situativen Einordnung von Hypertexten, die Erkennbarkeit von Textfunktionen usw. (die in den Fallstudien der vorliegenden Arbeit in den Kategorien „Kontext" und ggf. auch „Definitionsmacht" untersucht werden). Insbesondere betreffen sie jedoch die zentralen Merkmale eines (traditionellen, linearen) Textes, Kohärenz und Kohäsion.

Vor allem frühe Beschreibungen von Hypertexten verbinden die bisher erläuterten technischen und strukturellen Merkmale mit teilweise euphorischen Hoffnungen nicht nur auf die „Befreiung" des Textes, des Autors und des Lesers aus der Diktatur der linearen Strukturen (vgl. Landow 1997, S. 42), sondern auch auf gesellschaftspolitische Implikationen. Bereits Vannevar Bush (1991) verband mit der Technik die Vision eines neuen Verständnisses von Wissenschaft, das der kontinuierlichen Erweiterbarkeit der Wissensdokumentation sowie den neuen Anforderungen an die Schaffung, Dokumentation und Verteilung von Wissen, eines umfassenden Menschheitsgedächtnisses, gerecht zu werden vermochte. Hingewiesen wird auch auf die Konvergenz poststrukturalistischer Theorien, wie denen von Jacques Derrida, Roland Barthes und Michel Foucault, mit dem Konzept des Hypertextes: der Abwehr eines (auch innerhalb der Textgrenzen eines Buches) geschlossenen, logozentristischen Begriffs von Einheit und Wahrheit – im Gegensatz zu einem offenen, in vielfältigen Beziehungen stehenden Textgewebe. Auch in Bezug auf das Intertextualitätskonzept Julia Kristevas, das sich auf die Dialogizität und „Vielstimmigkeit" von Texten richtet, lassen sich Parallelen zu Hypertexten ziehen, da Links als intertextuelle Bezüge verstanden werden können (vgl. zu diesem Abschnitt Hendrich 2003, S. 51ff.).[122]

Für die vorliegende Arbeit sind solche strukturellen Merkmale und die in Verbindung damit diskutierten Hoffnungen oder Befürchtungen in mehrfacher Hinsicht

---

122 Dagegen wird andererseits eingewendet, dass die Navigation in Hypertexten insofern sogar eingeschränkter ist als bei einem Papiermedium, als die Lesenden nur den Pfaden nachgehen können, die von den Autoren vorgegeben wurden (u.a. Müller-Hagedorn 2002, S. 15 und zahlreiche Stellen bei Porombka 2001).

von Bedeutung: Zum einen spiegeln sie sich in der Konzeption von Hypermedien, die zum Lernen entwickelt werden und erfordern (je nach dahinterstehender Überzeugung) für Entwickler und Lesende bzw. Lernende spezielle Kompetenzen. Darüber hinaus stellt sich die Frage, wie sie zur Konzeption traditioneller (linearer) Texte in Forschung und Lehre stehen, die sehr elaborierte Textmuster entwickelt haben, insbesondere auch in Bezug auf Gliederung, Kohärenz und Kohäsion und Textgrenzen, und die sich auch auf eine verlässliche Referenzierbarkeit beziehen (vgl. Kap. 3.1). Diese beiden Aspekte – Konzeptionen von Hypermedien für die Lehre und die Entwicklung von Textmustern von (wissenschaftlichen) Hypertexten – werden in den beiden folgenden Abschnitten untersucht.

5.3.1.2 Hypertexte und Hypermedien in der Lehre

Im Zusammenhang mit (nicht nur universitärer) Lehre und Lernen wurde an den Einsatz von Hypermedia-Systemen von Beginn an hohe Erwartungen geknüpft. Dafür werden unterschiedliche, z.b. inhaltliche oder lerntheoretische Begründungen herangezogen, die auf strukturelle Merkmale, teilweise auch auf ideologische Argumente zurückgreifen, wie sie im letzten Abschnitt zumindest kurz geschildert wurden. Sigmar-Olaf Tergan (2002, S. 104ff.) unterscheidet vier zentrale Begründungsansätze: auf den Gegenstandsbereich bezogene Begründungen, auf die Lernenden bezogene Begründungen, pädagogisch-didaktisch orientierte Begründungen sowie technologisch orientierte Begründungen:

Auf den *Gegenstandsbereich des Lerninhaltes* bezogene Begründungen betrachten die Möglichkeiten der multicodalen (bzw. multisymbolischen) und multiperspektivischen Erschließung durch einen Hypertext als sinnvoll für komplexe, offene, und schlecht strukturierte Gegenstandsbereiche sowie für Inhalte, die sich schnell verändern (z.b. Spiro u.a. 1991).

Auf die *Lernenden bezogene Begründungen* beziehen sich auf allgemeine kognitive Bedingungen des Lernens und greifen dabei auf unterschiedliche lerntheoretische Ansätze zurück: Die Annahme der *kognitiven Plausibilität* ging davon aus, dass netzwerkartig präsentierte Informationen besser in die netzwerkartige Organisation des menschlichen Gedächtnisses integriert werden (vgl. Jonassen 1989). Aus *konstruktivistischer Perspektive* nahm man an, dass das selbstgesteuerte Lernen durch Browsen den Wissenserwerb in besonderer Weise fördere (z.b. Duffy/Jonassen 1992; Kommers u.a. 1992). Auch wurde vermutet, dass Hypertexte in besonderer Weise die als Ziel und Kennzeichen fortgeschrittenen Lernens angesehene *kognitive Flexibilität* unterstütze (z.b. Spiro u.a. 1988). Schließlich wurde die Annahme vertreten, dass multimediale und multicodale Darstellungsformen das Verstehen von Sachverhalten unterstützten (z.b. Mayer 1997). Empirische Studien zeigten jedoch, dass komplexe Hypertexte nur unter bestimmten Bedingungen lernförderlich waren, z.b. bei bestimmten kognitiven Voraussetzungen der Lernenden, in speziell aufbereiteten, problemorientierten Lernumgebungen, oder bei tutorieller Unterstützung; als allgemeingültige Aussagen jedoch treffen diese vier zentralen lerntheoretischen Begründungen nicht zu (vgl. Tergan 2002, S. 106).

Aus *pädagogisch-didaktischer Perspektive* gibt es zahlreiche Gründe für den sinnvollen Einsatz von Hypermedien, z.b. bei unstrukturierten Gegenstandsbereichen, zur Darstellung von interdisziplinären und fallorientierten Zugangsweisen, oder von Inhalten, die multiple Codierungen und Darstellungsformen erfordern, zur Ermöglichung selbstgesteuerten, offenen und konstruktiven sowie kontextbezogenen, situierten Lernens u.a. (vgl. Tergan 2002, S. 107).

Technologisch orientierte Begründungen betreffen z.b. die Anforderung, modernen Formen des Lernens und gesellschaftlichen Veränderungen gerecht zu werden oder den flexiblen, offenen und individuellen Zugriff auf (weltweit) verteiltes Wissen zu ermöglichen (ebd.).

Zugleich mit den Erwartungen an die hypertextuelle Aufbereitung wurden auch die bis heute genannten zentralen Probleme von Hypertexten (nicht nur im Bereich der Lehre) bereits in frühen Publikationen thematisiert (z.B. Conklin 1987; Kuhlen 1991): Die Problematik, des „lost in hyperspace", d.h. der Schwierigkeit, sich innerhalb des Gesamtgebildes zu orientieren und eine mentale Vorstellung (mental map) der aufbereiteten Inhalte zu bilden sowie die Gefahr der kognitiven Überlastung („cognitive overload"), bei der die Aufmerksamkeit der Nutzenden sich auf die Navigation und nicht mehr auf die Inhalte konzentriert. Beide Phänomene verweisen auf die Bedeutung der Struktur von Hypertexten und der Bereitstellung von Navigations- und Orientierungshilfen.

Inzwischen gibt es zahlreiche Untersuchungen zur Lernwirksamkeit von Hypertexten (auch) im Bereich universitärer Lehre. Einige im Zusammenhang dieser Arbeit wichtige Ergebnisse sollen hier zusammengefasst werden. Insgesamt ist es auffällig, dass die bisherige Hypertextforschung sehr klar unterscheidet zwischen Studierenden als Lesenden bzw. mit Hypertexten Lernenden und Lehrenden bzw. Entwicklern von Hypertexten. Dementsprechend wird auf der einen Seite eher die Rezeption untersucht, wobei oft immer noch die „für das Lernen mit Hypertexten und Hypermedien eher unangemessenen traditionellen schulischen Lernerfolgskriterien wie Verstehen und Behalten" angelegt werden (Tergan 2002, S. 111). Interessant ist in diesem Zusammenhang die Untersuchung von Dagmar Unz (2000), die ergab, dass in Studienzusammenhängen auch lineare Texte „hypertextuell", d.h. in Auswahl und Abschnitten, springend usw., gelesen werden, also ein Aspekt, der als wesentlicher Vorteil von Hypertexten gesehen wurde, von traditionellen, linearen Texte schon immer erfüllt wurde (wie auch Anleitungen zum Lesen von Studientexten betonen).[123] Publikationen über die Erstellung lernförderlicher Hypertexte an Hochschulen legen außerdem die Vermutung nahe, dass dies bisher in der Regel immer noch häufig durch engagierte Einzelpersonen erfolgt, die solche Materialien in der Lehre einsetzen wollen, und sich die benötigten Kompetenzen zumeist nach dem Prinzip „learning by doing" aneignen. Die dabei auftretenden Schwierigkeiten werden in vielen Publikationen thematisiert, wobei oft betont wird, dass es dafür keine Anleitungen gebe. In vielen Publikationen werden dann auch (unterschiedliche) Vorschläge oder Anleitungen zur Entwicklung hypermedialer Lernmaterialen gemacht (vgl. u.a. Reinmann-Rothmeier 2003; Müller-Hagedorn 2002).

Im Gegensatz dazu untersuchte Elmar Stahl (2001), ob das (angeleitete) *Schreiben* von Hypertexten eine Methode sein könne, den Wissenserwerb über ein zu erarbeitendes Sachgebiet zu fördern. Obwohl solche Arbeiten in der Hypertextforschung eine Ausnahme bilden, wird hier etwas ausführlicher darauf eingegangen, da sich bereits im Zusammenhang mit traditionellen, linearen Texten herausstellte, dass das lernförderliche Potenzial des Schreibens bislang kaum berücksichtigt wurde (vgl. Kap. 3.2.3). Stahl (2001, S. 211) ging von der Annahme aus, dass die spezielle Struktur der Hypertexte, „eine intensive Verarbeitung der Begriffe des Themengebiets, ihrer Zusammenhänge und verschiedener semantischer Strukturierungen unterstützen können".[124] Untersuchungen in insgesamt acht Projekten mit Schülern und Studierenden bestätigen seine These, zeigten jedoch auch, dass dies nicht „automatisch" geschieht, sondern stark von den begleitenden Instruktionen und einer bewussten Umsetzung abhängt. So hatten z.b. die Gruppen, denen Hypertexte mit der Metapher „Buch" erläutert worden waren, stärkere Probleme, inhaltlich komplexe Themen zu sequenzieren (vgl. ebd., S. 212f.), während Gruppen, denen Hypertexte mit der Metapher von „Räumen" erläutert wurden, erheblich leichter ein Vorstellungsmodell der Struktur von Hypertexten entwickelten und ihre Texte deutlich vernetzter waren. Die Raum-Metapher ließ sich außerdem leicht um den Faktor erweitern, Links zu typisieren (als „Wegweiser" zu gebrauchen) und mögliche Leserperspektiven im Sinne von Orientierung der Nutzer im Informationsraum zu integrieren. In Bezug auf den Wissenserwerb unterschieden sich beide Gruppen nicht. Eine vertiefte Verarbeitung erfolgte dann durch die Aufgabe, typisierte Links zu setzen, wodurch „die Reflexion der ausgedrückten semantischen Zusammenhänge erhöht wird" (ebd., S. 215), was jedoch immer noch nicht zu einem besseren Verständnis der Gesamtstruktur des

---

123 Allerdings zeigt beispielsweise das „polemisch" gemeinte Vorwort einer Seminararbeit, in dem die Autorin betont, sie sei weder beim Schreiben noch bei der Lektüre für ihre Arbeit „linear" vorgegangen (Tiedge 1997), dass Studierenden diese Praxis wissenschaftlichen Arbeitens nicht bewusst ist.

124 Dabei lag die Annahme von John Hayes/Linda Flower (1986) sowie Carl Bereiter/Marlene Scardamalia (1987) zugrunde, dass Schreiben ein Problemlöseprozess (und nicht allein ein Darstellungsprozess) sei und das „knowledge-transforming" zu einer tieferen Verarbeitung des Wissens führe (vgl. Kap. 3.2.3).

Hypertextes führte (ebd., S. 216). Dies wurde schließlich in einer Gruppe erreicht, die Hypertexte nicht als „nicht-linear", sondern als „multi-linear" betrachtete und die konkrete Zielvorgabe hatte, Lesepfade für Lesende mit unterschiedlichen Zielperspektiven zu erstellen (und sich nicht – wie eine Kontrollgruppe – an dem Sachgebiet zu orientieren). Die Mitglieder dieser Gruppe setzten signifikant mehr unterschiedliche Links, sie „explizierten also mehr unterschiedliche Zusammenhänge zwischen den Knoten" (ebd., S. 217) und konnten signifikant mehr „Aussagen zur Struktur ihrer Hypertexte und der Struktur der Inhalte" tätigen als die Kontrollgruppe (ebd.).[125] Die Untersuchung Stahls zeigt, dass das Schreiben von Hypertexten den Prozess des Wissenserwerbs erheblich unterstützen könnte, zugleich jedoch, dass es erworben bzw. bewusst angeleitet werden muss. Bereits in Bezug auf das Schreiben traditioneller wissenschaftlicher Texte wurde (in Kap. 3.2.3) festgehalten, dass zwar allmählich ein Bewusstsein dafür entsteht, dass die damit verbundenen Kompetenzen erworben werden müssen, aber ihr Potenzial bei der Wissensbildung (zumal im deutschsprachigen Raum) erst in Anfängen erkannt und gefördert wird.

Nicht nur das Schreiben von Hypertexten (durch Studierende) wird außerordentlich selten thematisiert. Dies trifft auch auf die mögliche Bedeutung von Hypertexten als Medium der Darstellung wissenschaftlicher Inhalte zu. So ist bisher weder eine zufriedenstellende Beschreibung einer „wissenschaftlichen Website" gelungen – frühe Versuche verschwanden schnell wieder – noch wurden bisher Visionen (in größerem Umfang) in die Tat umgesetzt, deren Ziel es war, über die textuelle Darstellung hinaus Wissenschaft mit Hilfe digitaler Mittel zu erweitern, wie in dem ambitionierten Projekt „Computional Design" von Mihail Nadin (www.code.uni-wuppertal.de/de/computational_design/ // 08.08.2007; vgl. auch Nadin 1999; 2003). Festzuhalten bleibt also an dieser Stelle zunächst, dass im Hochschulkontext Hypertexte zurzeit vor allem als *Lernmedien* betrachtet werden.

In Bezug auf die Praxis der Entwicklung solcher Lernmedien trat jedoch ebenfalls Ernüchterung ein. Die Entwicklung von WBTs und CBTs erwies sich als ein vielschichtiges Verfahren, für das spezielle Kompetenzen erforderlich sind, die Hochschullehrende erst erwerben müssen, und die darüber hinaus ressourcenaufwändig sind und das (ungewohnte) Zusammenarbeiten unterschiedlicher Personengruppen erfordern. Während bei der kommerziellen Produktion von Lernprogrammen inzwischen oft auf Routinen und auf das Erfahrungswissen der beteiligten Personen zurückgegriffen werden kann (vgl. Gücker 2007), ist dies ist an Hochschulen in der Regel (noch) nicht der Fall. Hier eignen sich entweder engagierte einzelne Lehrende das entsprechende Wissen an (z.B. Reinmann-Rothmeier 2003; Müller-Hagedorn 2002) oder aber (komplexe) Modelle und Verfahren zur Entwicklung

---

125 Inwieweit die entstandenen Texte tatsächlich zum Wissenserwerb *für Lernende* geeignet sind (oder nur bei den Schreibenden dazu führten), wäre eine interessante Frage, die hier nicht geklärt werden kann.

hypertextueller Lernmaterialien entstehen im Rahmen von Förderprojekten und können häufig mit dem Ende der Projektförderung nicht verstetigt werden oder lassen sich nicht auf die Bedingungen an anderen Hochschulen übertragen. So gingen etwa die didaktischen Berater im BMBF-geförderten Bundesleitprojekt „Virtuelle Fachhochschule" (VFH) von unterschiedlichen beteiligten Personengruppen aus (fachlich Verantwortliche, Drehbuchschreiber, Produzierende) und beschrieben einen mehrstufigen Entwicklungsprozess vom Schreiben des Drehbuchs über die technische Umsetzung bis zum konkreten, von Teletutoren betreuten Einsatz in der Lehre (Arnold u.a. 2004, S. 109–129). Perspektivisch war dies mit der Forderung verbunden, Lehrenden die Entwicklung solcher Materialen auf das Lehrdeputat anzurechnen und zugleich leistungsstarke Unterstützungsstrukturen, z.B. Medienzentren mit dem entsprechenden Personal (Medienautoren, -designern und -programmierern) zu schaffen (ebd., S. 267) – einer Forderung, die im Alltag der meisten Hochschulen im deutschsprachigen Raum bislang nicht erfüllt ist. Auch für das Baden-Württembergische Verbundprojekt „Virtuelle Hochschule Oberrhein" (Viror) zog deren Projektmanager Paul-Thomas Kandzia (2003, S. 81) das Resümée, dass gerade die aufwendige Produktion von CBTs und WBTs „zu erheblichen Problemen [geführt und …] in hohem Maße zu der aktuellen Situation der ‚Virtuellen Hochschule' beigetragen [hat], die eher ernüchternd eingeschätzt werden muss". Dieser zentrale, mit großen Hoffnungen verbundene Bereich des Projekts scheiterte, da unterschätzt wurde, wie personal- und kostenaufwändig die Erstellung guter Hypertexte als Studienmaterialien ist.

Festzuhalten bleibt an dieser Stelle zunächst, dass sich bisher die Hoffnungen, die mit dem Einsatz von Hypermedien im Bereich der Lehre verbunden waren, weder aus (lern)theoretischer noch aus (umsetzungs)praktischer Perspektive erfüllt haben. Zugleich wurde jedoch auch deren Potenzial noch nicht ausgeschöpft, zum einen aufgrund mangelnder Entwicklungs- und Unterstützungsressourcen, zum anderen aber auch, weil die *Entwicklung* von Hypertexten offensichtlich kaum im Blick ist, weder als studentische noch als wissenschaftliche Aktivität. Die Thematisierung von Hypertexten als Textsorte(n) im folgenden Abschnitt erfolgt vor diesem Hintergrund.

5.3.1.3 Hypermedien als Textsorten oder Kommunikationsformen

Wie oben beschrieben, wurden insbesondere zu Beginn der Hypertextforschung Struktur und Technik „aller" Hypertexte in vielfacher Hinsicht als Chance betrachtet. Bereits an dieser Stelle könnte gefragt werden, ob es bestimmte Textsorten gibt, für die eine lineare Abfolge konstitutiv ist.[126] Als Beispiele hierfür

---

126 Im Gegensatz zu einer linearen Strukturierung des *Textes* beschreibt Hendrich (2003, S. 32) den Umgang mit Hypertexten als „lesergesteuerte Linearisierung bei der Rezeption" vielfach sequenzierter Texte.

nennt Andreas Hendrich (2003, S. 31) Textsorten, „die sich auf das bewusste Vorenthalten von Wissen zur Erzeugung von Spannung verlassen, wie etwa Krimis, oder auf bestimmten Argumentationsfolgen, wie wissenschaftliche Veröffentlichungen", da der Autor in solchen „monosequenzierten Texten [...] den Rezipienten durch die vorgegebene Textführung bei der Kohärenzbildung" unterstützt (Storrer 2000, S. 240).

Darüber hinaus auch zwischen verschiedenen Hypertext*sorten* zu unterscheiden, ist nach Eva-Maria Jakobs und Kathrin Lehnen (2005, S. 162f.) erst möglich, seitdem „Hypertext entwicklungsgeschichtlich das allen neuen Medien eigene Stadium des Imitierens vorhandener Formen und des Experimentierens mit neuen Formen (Trägheitsprinzip) verlässt und sich in die Phase der Konventionalisierung von Mustern begibt."

Erste (sehr heterogene) Klassifizierungsversuche erfolgten im Bereich der Computerlinguistik und setzten bei strukturellen Merkmalen von Websites an. Diesen Ansätzen fehlten jedoch (text)linguistische Definitionen charakterisierender Merkmale von Hypertextsorten in Bezug auf deren Inhalt, Form und Funktion (vgl. ebd., S. 163), wie sie dann erstmals von Georg Rehm (2004) vorgelegt wurden. Hypertextsorten bestehen demnach aus komplexen oder atomaren Modulen, die obligatorisch vorkommen müssen oder fakultative Varianten aufweisen können. Beispielhaft führt Rehm dies an der Textsorte „persönliche Homepage eines Wissenschaftlers" aus. Diese enthält typische, komplexe Module wie das „wissenschaftliche Profil", welches wiederum aus atomaren Modulen wie „Publikationsliste" und „Forschungsinteressen" etc. besteht. Diese Elemente sind erweiterbar, ohne dass die früheren Informationen verschwinden müssen oder unwichtig werden (vgl. Jakobs/Lehnen 2005; Rehm 2004). Dieser Ansatz ist insofern interessant und produktiv, als er „empirisch gesicherte Aussagen zur Auftretenshäufigkeit von Modul-Typen in Hypertextsorten erlaubt und damit Rückschlüsse auf die prototypische Grundstruktur von Hypertextsorten [...] und ihren Konventionalisierungsgrad wie auch auf die textsortenspezifische Auftretenshäufigkeit von Modulen" zulässt (Jakobs/Lehnen 2005, S. 164). Aus inhaltlicher Perspektive betrachtet enthält diese Textsorte Informationen *über* Forschung und Personen, stellt jedoch nicht die Forschungsergebnisse dar, die in der Regel auch im Internet durch lineare Texte präsentiert werden, z.B. durch Links auf pdf-Dokumente (vgl. Kap. 3.3).

Im Gegensatz zu diesem computerlinguistischen Ansatz modifiziert Eva-Maria Jakobs (2003) für ihr Hypertextsorten-Modell den Textmusteransatz von Barbara Sandig (1997). Dabei geht sie von einem Hypertext als „funktional-thematischer Ganzheit" aus und nimmt an, dass Hypertextsorten „konventionell vereinbarte Gebrauchsmuster zur Lösung wiederholt auftretender kommunikativer Aufgaben darstellen" (Jakobs/Lehnen 2005, S. 172). Zur Beschreibung von Hypertextsorten identifiziert sie die Kategorien Themenhierarchien, Strukturierungsmuster, Handlungsinventar, materielle (Text-)Gestalt, Durchschnittsumfang und interaktive

Elemente (dazu ausführlich ebd., S. 164–172). In Bezug auf die Frage nach Hypertexten als Textsorten stellt sich (auch für die vorliegende Arbeit) die Frage, „inwiefern Nutzer Prototypen *im Kopf* haben, wenn sie Hypertexte konsultieren" (ebd., S. 172).

Gegen die Beschreibung von Hypertexten als Textsorten wendet Stefan Meier-Schuegraf (2006, S. 161) ein, dass zwar einzelne Knoten eines Hypertextes „trotz der multicodalen Zeichenverwendung (Text, Bild, Farbe, Layout) noch als kohärente Sinnangebote bestimmbar seien"; problematisch bleibe dabei jedoch deren flexible Textkonstitution, d.h. ihre Hypertextualität, Modularität, Multimodalität und Interaktivität: „Eine kommunikative Funktion der Gesamtwebsite erscheint jedoch angesichts der unterschiedlichen Propositionen und Illokutionen der Einzeltexte als bisher wenig ergiebig." Aus diesem Grund beschreibt er (unter Berufung auf Teichert 2004, S. 46; Holly 1997 und Adamzik 2001, S. 16) Websites als „‚Textnetze', die sich zu unterschiedlichen Textsorten zusammensetzen" (ebd.). Dabei geht er von öffentlich zugänglichen und damit in der Regel mehrfachadressierten und an ein disperses Publikum gerichteten Sites aus. Interaktive Elemente oder interpersonale Kommunikation auf einer solchen Website seien deren *kommunikativer* Funktion untergeordnet bzw. würden durch Moderation und die angebotenen Interaktions- bzw. Kommunikationsangebote in dieser Site konforme Bahnen gelenkt. Insofern seien Hypertexte *Kommunikationsformen* und nicht Textsorten (eine ähnliche Bestimmung ergab sich für Kommunikationsformen im Netz wie E-Mails, Diskussionsforen usw., vgl. Kap. 5.2.1.1). „Eine Website wird [in der beschreibenden Literatur] ähnlich behandelt wie eine Lernsoftware, obwohl beide Phänomene unterschiedlichen kommunikativen Zwecken, Rezeptionssituationen und medialen Umgebungen unterliegen" (ebd., S. 162).

Angelika Storrer (2004, S. 30ff.) schließlich charakterisiert Hypertexte unter einer noch einmal anderen Perspektive mit dem (für eine wissenschaftliche Verwendung zentralen) Schwerpunkt der Kohärenz. Mit Bezug auf das Modell (nicht nur) von Robert-Alain de Beaugrande und Wolfgang Ulrich Dressler (1981) unterscheidet sie zwischen *diskursiver* Kohärenz und *textueller* Kohärenz. Diskursive Kohärenz wird in mündlichen Gesprächssituationen durch den gemeinsamen Wahrnehmungsraum, Mimik, Gestik und die Reaktionen der Gesprächspartner aufeinander und deren wechselseitige Rollen als Textproduzent und -rezipient geschaffen (vgl. auch Kap. 2.1.1). Textuelle Kohärenz (linearer) Texte, die losgelöst von einer speziellen Situation entstehen muss, beruht auf den sprachlichen Mitteln des Textes. Vor diesem Hintergrund verortet Storrer (ebd.) Hypertexte zwischen diskursiver und textueller Kohärenz. Diese Position entsteht durch spezielle Eigenschaften, durch die Hypertexte die Prädifferenz digitaler Daten gegenüber einem Trägersystem (vgl. oben) noch einmal „radikalisieren": durch die Möglichkeiten (des Autors oder des Systems), Daten in Hypertexten kontext-, situations- und nutzerabhängig anzupassen, die Möglichkeiten (der Nutzenden), das System (durch selektive und partielle Lektüre) interaktiv zu beeinflussen sowie durch die Möglichkeiten, Kohärenzbildungshilfen nicht nur schriftlich, sondern auch durch bildliche und auditive Zeichensysteme zu schaffen.[127]

An dieser Stelle kann und soll nicht über die Richtigkeit der unterschiedlichen linguistischen Ansätze entschieden werden. Vielmehr werden daraus für den Zusammenhang dieser Arbeit interessante Fragen aufgegriffen, die aus den verschiedenen Argumentationsstrukturen abgeleitet werden können: Welche (kommunikative) Funktion haben in Lehre und Wissenschaft eingesetzte Hypertexte? Wie können die jeweiligen Rezeptionsbedingungen bzw. medialen Umgebungen beschrieben werden? Bilden sie thematische und funktionale Ganzheiten? Durch welche diskursiven oder textuellen Elemente wird Kohärenz geschaffen? Gibt es in den untersuchten Fällen bereits etablierte (hyper-)textsortenspezifische Muster, an denen sich die Entwickler orientiert haben? Welche Bedeutung haben das (kommunikative) Setting (z.b. der virtuelle Lernraum mit seinen Kommunikationsfunktionen) und die Präsenzlernsituation, in die sie eingebettet sind?

5.3.1.4 Zusammenfassung und offene Fragen

Vermutlich sind Hypertexte immer noch das Medium neuer Schriftlichkeit, das am häufigsten in der Lehre eingesetzt wird. Dennoch hat sich die Nutzung von Hypermedien in der Lehre (und noch mehr in der Wissenschaft) als komplexes Thema erwiesen, das die hohen Erwartungen, die daran geknüpft waren, bisher so nicht erfüllt hat. Dafür gibt es unterschiedliche Gründe: Aus pragmatischer Perspektive erfordert die Umsetzung guter hypertextueller Lernmaterialien mehr Personal und finanzielle Ressourcen und erwies sich aus didaktischer Perspektive als erheblich komplizierter und aufwändiger als ursprünglich angenommen. Auch zeigte sich, dass Aufgabenstellungen im Zusammenhang mit Hypertexten sich bislang noch oft auf die Aneignung von Wissen konzentrieren und die Wirksamkeit von Hypermedien an Textverstehen und -behalten geprüft wird, während Potenziale wie die Materialsuche und Recherche in Hypermedien oder das Schreiben von Hypertexten

---

127 Dies hat für eine „hypertextuelle Kohärenz" nach Storrer (2004, S. 35f.) drei wesentliche Konsequenzen: (1) Da eine antizipierbare Rezeptionsreihenfolge für die Entwickelnden nicht mehr vorhersehbar ist, sind „die Teilthemen sprachlich und inhaltlich so abzuhandeln, dass jedes Modul in verschiedene Leseabfolgen integriert werden kann". (2) Durch den „Wegfall sichtbarer Textgrenzen" – im Gegensatz zu „physisch greifbaren Medien" bleibt das Ganze des Hypertextes unsichtbar – geht der „statische Kohärenzrahmen" verloren, der bisher für Rezipienten einen Geltungsrahmen schaffte. (3) In Hypertexten sind thematische Diskontinuität und unvermittelte Themenwechsel der Normalfall, die der Entwickler nur durch typisierte Links oder Concept Maps explizieren kann. Für Lehr-/Lernzusammenhänge ist dies besonders bedeutsam, da (im Vergleich zu kontinuierlich aufgebauten Texten) ein geringerer Kohärenzgrad erreicht wird, denn das „bisher Gelesene [ist] in einem durchschnittlich geringeren Umfang mental präsent" (ebd., S. 37), da auf wenigere und weniger ausdifferenzierte reaktivierbare Wissensbestände zurückgegriffen werden kann.

durch Studierende noch kaum verwendet werden (vgl. Tergan 2002, S. 111; die Beurteilung von Websites und zur Internetrecherche sind Kompetenzen, die ebenfalls erst erworben werden müssen – Vorschläge für Aufgabenstellungen hierzu macht z.B. Hodel 2007).

Das Schreiben von Hypertexten erfordert – wie auch die Entwickler von Lernmaterialen darstellen – umfassende neue Kompetenzen, die über HTML-Kenntnisse bzw. den Umgang mit Autorensystemen weit hinausgehen und vor allem im Bereich der Strukturierung liegen. Dies ist umso schwieriger, da sich bisher entsprechende wissenschaftliche Hypertextsortenmuster noch nicht etabliert haben – möglicherweise auch deshalb, weil die vernetzte Struktur tatsächlich schwer mit wissenschaftlichen Gliederungs- und Argumentationsstrukturen zu vereinbaren ist, wie die Überlegungen zur Kohäsion und Kohärenz in Hypertexten nahelegen. So werden Hypermedien im Hochschulkontext vor allem als Lernmaterialien für Studierende oder als *Informationen über* Wissenschaft und Wissenschaftler genutzt, in der Regel als „read-only"-Medien. Zur Darstellung wissenschaftlicher Ergebnisse (z.B. anstelle von Aufsätzen oder Seminararbeiten) haben sie sich bisher nicht etabliert. Solche Texte werden – in rapide wachsendem Maße – linear im Internet veröffentlicht, wie etwa die schnell steigende Zahl der Veröffentlichung von Dissertationen als pdf-Dokumente oder der linearen Online-Zeitschriften zeigen (vgl. dazu auch Kap. 3.3).

Bisher können studentische (Seminar- oder Qualifizierungs-)Arbeiten als „Einübungen" in das Schreiben wissenschaftlicher Aufsätze und Monographien betrachtet werden, und auch Lehrbücher sind Veröffentlichungen, die (z.B. in Gliederung und Zitationsweisen) vergleichbaren wissenschaftlichen Kriterien und Standards entsprechen. Hypertextuelle Lernmaterialien jedoch sind nicht nur eine neue Darstellungsform; ihr Status ist mit dem traditioneller Lehrbücher nicht vergleichbar und findet auch kein Äquivalent in anderen wissenschaftlichen (oder studentischen) Arbeiten. Damit entwickelt sich zurzeit also eine deutliche Trennung zwischen hypertextuellen *Lern*materialien und linearer Darstellung von *Forschungs*ergebnissen.

Es erscheint möglich, dass die erwähnten, noch nicht realisierten Potenziale eher durch den Einsatz von Hypertextformen wie Wikis und Weblogs realisiert werden, die – charakteristisch für Web 2.0-Technologien – von vornherein darauf angelegt sind, dass die Nutzenden selber die Initiative ergreifen, entweder als Teil einer Gemeinschaft (z.B in Wikis) oder als individuelle Autorinnen und Autoren (von Weblogs). Bevor dies in Kap. 5.4 untersucht wird, befassen sich die Fallstudien im folgenden Kap. 5.3.2 mit bereits „klassischen" Einsatzformen von Hypertexten in Lehre und Forschung.

5.3.2 Fallstudien

Wie im Forschungsdesign (Kap. 4.2.1) beschrieben, befasst sich die erste der beiden in den folgenden Abschnitten vorgestellten Fallstudien mit einem Hypertext (bzw. einem WBT), der für die Lehre in einer (geschlossenen) Hochschulveranstaltung entwickelt wurde und dort eingesetzt wird (Kap. 5.3.2.1); die zweite Fallstudie (Kap. 5.3.2.2) untersucht eine Dissertation, die im Internet im Hypertextformat veröffentlicht ist, also einen öffentlich zugänglichen wissenschaftlichen Hypertext.

5.3.2.1 Fallstudie 3: Eine Studieneinheit als Web-Based-Training

Wie in Kap. 5.3.1 ausgeführt, lag einer der Gründe für die E-Learning-Euphorie Mitte der 1990er Jahre in den Erwartungen, die damit verbunden waren, Hypertexte als Lernmedien (auch an Hochschulen) einsetzen zu können. Jedoch erwies sich die Erstellung oft als problematisch, auch wenn in vielen Förderprojekten qualitativ hochwertige Materialien – meist CBTs bzw. WBTs – entwickelt wurden. In vielen Fällen gingen den Hochschulen zudem die im Projektverlauf erworbenen Kompetenzen der Entwickler nach dem Ende der Förderlaufzeit verloren, da die finanziellen, personellen und zeitlichen Ressourcen zur Etablierung geeigneter, nachhaltiger Supporteinrichtungen fehlten. Vor diesem Hintergrund wird im folgenden Kapitel bewusst nicht (wie ursprünglich geplant) ein „best-practice-Beispiel" untersucht, das in einem großen Förderprojekt und durch ein eingespieltes Projektteam mit Drehbuchschreibern und Multimediaproducern umgesetzt wurde. Solche Bedingungen entsprechen in der Regel nicht dem Alltag an deutschen Hochschulen. Das stattdessen ausgewählte WBT entstand erst nach Abklingen der E-Learning-Euphorie. Es wurde mit relativ geringen Ressourcen umgesetzt und erscheint insofern typischer für die realen Bedingungen. Dennoch kann es im Sinne der Auswahlkriterien als „funktionierende" Umsetzung bezeichnet werden, da es von Lehrenden und Studierenden positiv beurteilt wird und seit seiner Entwicklung im Wintersemester 2005/06 kontinuierlich eingesetzt wird.

Die Untersuchung basiert auf einer Analyse des WBT[128], einem Telefoninterview mit der Entwicklerin und zwei Interviews mit Studierenden; außerdem konnte auf eine Fragebogenerhebung zurückgegriffen werden, die die Entwicklerin zur Evaluation der Testversion des WBT eingesetzt hatte. Im Kontext der Erprobung des Einsatzes der E-Learning-Elemente in der Veranstaltung entstanden zwei Aufsätze, von denen einer grundsätzlich auf die Nutzung des virtuellen Lernraums gerichtet ist (d.h. nicht das WBT fokussiert, vgl. Siebertz-Reckzeh 2006); der andere reflek-

---

128 Einzelne Seiten bzw. Textabschnitte des WBTs, auf die Bezug genommen wird, werden nach Kapitel-Angaben referenziert.

tiert die Erfahrungen der Initiatorinnen des Einsatzes von E-Learning-Elementen in der Veranstaltung und der WBT-Entwicklerin (vgl. Geldsetzer/Strothmann 2007). Die befragte Dozentin entwickelte das WBT nicht nur; sie kannte die Veranstaltung, in der es eingesetzt wurde, aus der Perspektive der Seminarleiterin und hatte sie selbst als Geschichtsstudentin der Ruhr-Universität besucht. Die beiden befragten Studierenden – eine Studentin und ein Student – hatten (im Sommersemester 2006) mit dem WBT gelernt; der Student betreute dann als studentischer Tutor dieselbe Veranstaltung im Wintersemester 2006/07 und betrachtete das WBT somit zusätzlich aus dieser veränderten Perspektive.

(a) Kontext und Funktion des WBT

Das untersuchte WBT „Xanten kompakt – Die Exkursion zum IPS" wurde für eine Einführungsveranstaltung in die Geschichtswissenschaften an der Ruhr-Universität Bochum entwickelt. Die sog. „Integrierten Proseminare" (IPS)[129] wurden kurz nach der Gründung der Ruhr-Universität Ende der 1960er Jahre als Bindeglied zwischen Schule und Universität entwickelt; seitdem ist diese inzwischen traditionelle Einführungsveranstaltung verpflichtend für alle Studienanfänger der Geschichtswissenschaft. Entsprechend finden in jedem Semester parallel zueinander mehrere Seminare mit je ca. 50 Studierenden statt (je nach der Zahl der Studienanfänger im Wintersemester ca. acht Parallelkurse, im Sommersemester ca. drei Parallelkurse).

Mit der Einführung des gestuften BA/MA-Studiengangs im WS 2001/02 stieg die Zahl der Studienanfänger erheblich; außerdem wurde 2003 die zur Veranstaltung gehörende, ursprünglich dreitägige Exkursion nach Xanten und Kleve auf zwei Tage gekürzt. Das Studienmodul umfasst nun zwei Semester mit je vier Semesterwochenstunden, zusätzlich finden für alle Gruppen verpflichtende zweistündige Tutorien statt, die von studentischen Tutoren geleitet werden. Insgesamt erwerben die Studierenden 12 Creditpoints (CPs). Einige Lehrende nahmen die Veränderungen zum Anlass, begleitend zu den (Präsenz-)Veranstaltungen die Lernplattform Blackboard einzusetzen, die an der Ruhr-Universität als zentrales Lernraumsystem zur Verfügung steht, und sich dabei von der eLearning-Initiative der Ruhr-Univer-

---

129 Der Name der Veranstaltung bezieht sich darauf, dass damit epochenspezifische Einführungen mit dem Ziel abgelöst wurden, epochenübergreifend Methoden historischen Arbeitens zu vermitteln. In allen Parallelveranstaltungen werden drei geschichtliche Epochen behandelt, Alte Geschichte, Mittelalter und Neuzeit. Ziel ist es, anhand von ausgewählten Beispielen sowohl inhaltliche als auch methodische Grundlagen zu vermitteln. Deshalb werden inhaltliche Schwerpunkte gewählt, die in allen drei Epochen untersucht werden können, z.B. Familie und Verwandtschaft, Krieg und Frieden, Religion und Kult usw. Seit den 1970er Jahren gehört die Exkursion nach Xanten (bzw. zurzeit nach Xanten und Kleve) zu diesem Seminar (vgl. Xanten kompakt, Wie das IPS nach Xanten kam sowie Geldsetzer/Strothmann 2007).

sität, RUBeL, beraten zu lassen[130]. Zunächst beteiligten sich nur einige Lehrende der parallelen Veranstaltungen an der Erprobung von Blackboard bzw. dem Einsatz von E-Learning-Elementen; im Sommersemester 2007 wurde der virtuelle Lernraum jedoch in allen acht Kursen genutzt. Die Gestaltung der Blackboard-Kurse liegt in der Verantwortung der jeweiligen Seminarleitung, jedoch stehen verschiedene Informationen und Unterlagen den Studierenden aller Parallelkurse zur Verfügung, z.b. Hinweise zum wissenschaftlichen Arbeiten, bibliographische Angaben und Übersichten über die Veranstaltung. Außerdem können sie auf mehrere Animationen zugreifen, die in Zusammenhang mit dem Gewinn des RUBeL-Wettbewerbs in Zusammenarbeit mit dem Multimedia Support Zentrum (MSZ) entwickelt wurden, z.b. eine römische Münze, die sich drehen und vergrößern lässt, sodass die Prägung und die Inschrift besser lesbar sind, ein interaktives Schaubild zur Verfassung der römischen Republik oder ein Grabstein, auf dem die fehlenden Teile der Inschrift bei Mouseover ergänzt werden (vgl. Braungardt 2007). Die meisten Lehrenden stellen außerdem in ihren Kurs schriftliche Seminarunterlagen ein (z.B. Skripte, Aufsätze, historische Quellen). Eine Evaluation, die über zwei Semester durchgeführt wurde, ergab, dass die zunächst vorhandene Skepsis der Studierenden in Bezug auf E-Learning-Elemente im Lauf der Semester deutlich abnahm (vgl. Siebertz-Reckzeh 2006).

Ein wesentlicher Bestandteil aller IPSe ist außerdem das WBT „Xanten kompakt", um das es im Folgenden geht. Die Idee zur Erstellung dieses hypertextuellen Lernangebots entstand „aus der Not heraus" (Int_WBT1) aufgrund der geschilderten Veränderungen, und da die Lehrenden feststellten, dass die Studierenden trotz eines seit einigen Jahren eingesetzten Readers „ziemlich unvorbereitet" (ebd.) zur Exkursion kamen. Ziel der Exkursion ist es, die Studierenden vor Ort sowohl in verschiedene geschichtliche Epochen (Römer, Mittelalter) als auch in unterschiedliche geschichtliche Untersuchungsmethoden einzuführen. Da bis zum Zeitpunkt der Exkursion nur eine der drei Epochen behandelt werden kann, soll das WBT den Studierenden zur Vorbereitung dienen und dadurch das Präsenzseminar und die gekürzte Exkursion inhaltlich entlasten. Anders als die kleinen Animationen (die im Rahmen des Wettbewerbsgewinns als Auftragsproduktionen vom MSZ umgesetzt worden waren), wurde das WBT mit – sehr begrenzten – personellen, zeitlichen und finanziellen Ressourcen der Fakultät umgesetzt: „Wir haben gesagt, wir nehmen einmal das Geld in die Hand und haben dann was, was wir über mehrere Jahre hin benutzen können" (Int_WBT1). Das Konzept entstand in Zusammenarbeit mehrerer Lehrender, die an den IPSen beteiligt waren und die Verantwortung

---

130 Wie auch die Lehrenden der in Kap. 5.2.2.1. beschriebenen geographiedidaktischen Veranstaltung gehörten sie im (WS 2004/05) zu den Gewinnern des RUBeL-Wettbewerbs. Sie wurden nicht nur bei der Entwicklung und Umsetzung eines Konzepts zum Einsatz von E-Learning-Elementen in den IPSen unterstützt, sondern während der ersten beiden Semester auch durch eine wissenschaftliche Evaluation begleitet (vgl. Siebertz-Reckzeh 2006).

für die inhaltliche Gestaltung der unterschiedlichen Epochen hatten. Für die Umsetzung mit dem Autorenwerkzeug WBTExpress[131] wurde ein Werkauftrag[132] an eine Dozentin vergeben werden, die von zwei studentischen Hilfskräften unterstützt wurde (vgl. dazu unten Abschnitt *e*). Das WBT wurde im Dezember 2005 zum ersten Mal eingesetzt, zunächst probeweise nur in vier Kursen; daraufhin forderten jedoch die Studierenden der anderen Parallelkurse, es ebenfalls nutzen zu können. Die Nutzung des WBT wird nicht formell überprüft oder mit Leistungspunkten bewertet. Einige integrierte Aufgaben dienen ausschließlich der Selbstkontrolle; andererseits gibt es jedoch auch Aufgaben, die explizit in die Exkursion eingebunden werden (vgl. Abschnitt *b* und *d*): „Ich glaub, man hätte es [bei der Exkursion] gemerkt, wenn man sich da gar nicht mit auseinandergesetzt hätte" (Int_WBT2).

(b) Inhalte

Das WBT enthält in seinen fünf Kapiteln[133] zwei unterschiedliche Arten von Informationen bzw. Inhalten: Die beiden einleitenden (jeweils nur wenige Bildschirmseiten umfassenden) Kapitel „Xanten kompakt – Die Exkursion zum IPS" und „Das Wichtigste in Kürze" enthalten zum einen Informationen zur Geschichte der Exkursion (z.B. zur räumlichen Erweiterung der Exkursion um einen Tag in Kleve und zur zeitlichen Kürzung auf zwei Tage), zu den Lernzielen und zum Umgang mit dem WBT. Ursprünglich ebenfalls enthaltene Angaben zum organisatorischen Ablauf, die in jedem Semester wechseln (von der obligatorischen gemeinsamen Anreise mit dem Zug über die Unterkunft bis zu den Zeitplänen), wurden inzwischen aus dem WBT herausgenommen und werden jetzt in den Blackboard-Kursen bekannt gegeben. Der befragte Student hielt die einführenden Seiten des WBT insgesamt für überflüssig: „Die ersten Seiten konnte man getrost überspringen."

Die beiden folgenden Hauptpunkte enthalten umfangreiche Unterlagen sehr unterschiedlicher Art zu den inhaltlichen Teilen der Exkursion. Dabei orientiert sich der Aufbau nicht an der historischen Chronologie, sondern am Ablauf der Exkursion.

---

131 Dieses relativ einfach zu bedienende Rapid Content Developement Tool können alle Lehrenden der Ruhr-Universität Bochum kostenfrei nutzen (vgl. www.rubel.rub.de/tools_tipps/wbtexpress.htm // 08.08.2007).

132 In der Fachliteratur werden teilweise sehr hohe Produktionskosten von bis zu 50.000 Euro für eine „[Selbst-]Lernstunde" genannt (vgl. Wesp 2003, S. 176). Zwar werden diese inzwischen relativiert, da hier teilweise Kostenfaktoren mitgerechnet werden, die bereits abgedeckt sind (wie Personal, Hard- und Software sowie didaktische Materialien oder Multimedia-Drehbücher) und die Produktionskosten mit jedem neuen Einsatz sinken (vgl. Schulmeister 2001, S. 368f.; Astleitner/Sindler 1999, S. 208f.). Deutlich ist jedoch, dass die für das untersuchte Projekt zur Verfügung stehenden 3.000 Euro im Vergleich eine außerordentlich niedrige Summe sind. Gleichwohl zeigt sich auch hier, dass es kaum möglich erscheint, eine solche Arbeit umzusetzen, wenn nicht zumindest einige finanzielle Ressourcen zur Verfügung stehen.

133 Die Kapitel sind nicht nummeriert. Als „Kapitel" werden hier Hauptpunkte im Navigationsmenü bezeichnet.

Das Kapitel „Tag Eins in Kleve" bildet eine thematische Einheit, die auf insgesamt 23 Bildschirmseiten dargestellt wird. Sie beinhaltet unterschiedliche Quellen, z.B. Stadtkarten, historische Stiche oder Dokumente (wie Briefe usw.) sowie Aufsätze zum Thema und eine Literaturliste. Das Kapitel schließt mit drei umfangreichen Arbeitsaufgaben, die die Studierenden bereits vor der Exkursion schriftlich bearbeiten und deren Lösungen zur Exkursion mitgebracht werden sollen. Das Kapitel „Tag Zwei in Xanten" enthält zwei thematische Lerneinheiten (römische Zeit – 29 Seiten – und frühes Mittelalter – 48 Seiten) und ist ähnlich aufgebaut. Das letzte Kapitel enthält ein Quiz mit Multiple-Choice-Fragen zu den Themen des zweiten Exkursionstags.

Für die Entwicklerin lag der Fokus bei der Erstellung darauf, „erst mal die Inhalte reinzukriegen". Zwar lag ihr auch sehr daran, eine „ansprechende Form zu gestalten", sie meinte jedoch, dass man hier ja auch nachträglich nachbessern könnte (vgl. Abschnitt *c*). Beide befragten Studierenden fühlten sich durch das WBT inhaltlich gut auf die Exkursion vorbereitet; der Student fand es insofern sogar fast zu umfangreich, als er meinte, es habe dann während der Exkursion nichts Neues gegeben, was er nicht schon am Bildschirm gesehen hatte. Außerdem schätzten beide, dass die Unterlagen genau auf die Exkursion zugeschnitten waren: „Bei dem WBT wusste man, wo es herkommt, und dass es halt seriös ist, und dass es genau auf unsere Bedürfnisse zugeschnitten war […] da hätte man es, wenn man einfach nur im Internet recherchiert hätte, nicht so gut gefunden" (Int_WBT2).

(c) Form

Das Autorenprogramm (WBTExpress) weist dem WBT ein Layout zu, auf das nur wenig Einfluss genommen werden kann (vgl. dazu Abschnitt *e*). „Xanten kompakt" hat ein dunkelblaues Banner, das außer dem Titel Pfeile enthält, mit denen „linear" Seite für Seite vorwärts oder zurück durch das WBT geblättert werden kann. Der linke Frame zeigt eine (in unterschiedlichen Tiefen) ausklappbare Navigationsleiste mit der die Lernenden sich je nach Interesse und Vorwissen frei an jede Stelle des WBTs bewegen können. Das Hauptfenster schließlich enthält die eigentlichen Inhalte.

Die (thematischen) Lerneinheiten bestehen aus unterschiedlichen Elementen, die inhaltlich aufeinander aufbauen; jede Lerneinheit ist in sich geschlossen. In den Hinweisen zur Arbeit mit dem WBT wird den Studierenden empfohlen, die einzelnen Lerneinheiten nacheinander zu bearbeiten.

Abb. 6: Screenshot der Startseite des WBT „Xanten kompakt – Die Exkursion zum IPS"

Insgesamt umfasst das WBT 112 Bildschirmseiten, die in der Regel inhaltlich geschlossene Kurzeinheiten bilden; oft muss dabei gescrollt werden. Untereinander sind die Seiten kaum mit aktiven Links verbunden (sonst oft ein typisches Merkmal von hypertextuellen Lernmedien); Ausnahmen bilden hier die interaktive Karte des Archäologischen Parks in Xanten und das Xanten-Quiz. In der interaktiven Karte können einzelne Punkte angeklickt werden, die dann zu den Seiten des WBT führen, auf denen ausführliche Erläuterungen zu den jeweiligen Punkten gegeben werden. Für die Entwicklerin war es auch eine Entlastung, zunächst einmal kleinere, in sich relativ geschlossene Einheiten zu schaffen: „Teilweise haben wir uns überlegt, es wäre schöner, die stärker untereinander zu vernetzen. Es war auch ein Zeitproblem, deshalb haben wir das erstmal gelassen, das kann man ja auch hinterher noch machen" (Int_WBT1). Das Xanten-Quiz ist ein Multiple-Choice-Test, der jedoch nicht automatisch ausgewertet wird. Stattdessen führt das Anklicken falscher Antworten auf die Seiten des WBT, auf denen die Informationen zu den jeweiligen Fragen zu finden sind. Das WBT enthält keine Audio-Elemente, automatisch auswertbare Aufgaben oder ein Glossar, Elemente, die sonst oft als typisch gelten. An einzelnen Stellen weisen Links auf externe Websites, z.B. auf die Seiten des Dombauvereins in Xanten oder anderer Institutionen.

Aus stilistischer Perspektive gibt es Unterschiede zwischen den thematischen Einheiten. Auf einigen Seiten werden die Studierenden der IPSe als Adressaten direkt angesprochen, z.B. in Einführungen und Erläuterungen zum Umgang mit dem WBT (wie auf der oben abgebildeten Seite) oder zu Aufgabenstellungen. An diesen Stellen wird teilweise auch der Aufforderungscharakter durch einen etwas

195

emotionaleren Stil betont, etwa durch die Mehrfachsetzung von Ausrufezeichen: „[...] bringen Sie Ihre Notizen mit nach Kleve!!!" Solche Stellen sind jedoch insgesamt eher selten und kommen in den weitaus umfangreicheren, inhaltlich darstellenden Teilen nicht vor. Dort werden ein sachlicher Code und die gängigen, wissenschaftlichen Darstellungsformen (wie Belege, Zitate) verwendet. In seinem überwiegenden Teil entspricht der Stil des WBTs also dem klassischer akademischer Lernmedien.

Die Entwicklerin selbst charakterisiert das WBT nicht als „wissenschaftlichen", sondern als „Lehrtext", der aber „nicht auf wildem rumgoogeln oder Wikipedia-Artikeln basiert, sondern die maßgebliche Fachliteratur für 19-20jährige umsetzt, die sich im ersten Semester befinden und von den fachlichen Hintergründen noch keine Ahnung haben." Entsprechend hätten sie und eine weitere Kollegin versucht, einfach, klar, deutlich und lebendig zu schreiben und zu überlegen, „wie man das so lebendig vermitteln kann, dass sie nicht nach drei Seiten aufhören".

Genutzt werden eine Fülle unterschiedlicher codaler Elemente. Leitmedium ist die Schrift, aber es gibt nur wenige Seiten, die keine Bilder enthalten. Dabei werden sowohl Abbilder (Fotos von Bauwerken und Objekten, z.B. Grabsteinen mit Inschriften, Münzen usw.) verwendet, als auch logische Bilder, vor allem Karten, historische Stadtpläne, Lagepläne u.ä. Die Bilder haben Situierungs-, Zeige- und Konstruktions-Funktion (vgl. Kap. 2.1.2); der Aufbau der Seiten und die Kombination und das Verhältnis von Texten und Bildern wurden sehr bewusst geplant (Int_WBT1, vgl. Abschnitt *e*).

Unter Rückgriff auf die in Kap. 5.3.1.1 vorgestellten möglichen Strukturen von Hypertexten kann das WBT als eine Hybridform zwischen linear und hierarchisch charakterisiert werden. Auch die Entwicklerin merkt an, dass die Struktur „der Buchstruktur so angenähert" ist. Dennoch sieht sie im Vergleich zu dem zuvor genutzten Reader mehrere Vorteile, vor allem die Integration anderer Medien („also Bilder und Fotos, Popup-Fenster") und die freie Navigation: Man kann „sich darauf konzentrieren, wenn man weiß, dass man da die größten Lücken hat, [...] das war der Hauptvorteil aus unserer Sicht"; darüber hinaus hätten sie sich jedoch „auch erhofft, dass das für die Studierenden einfach attraktiver ist". Außerdem erwähnte sie die bessere Zugänglichkeit und die (im Vergleich zur Kopie des Readers) günstigeren Kosten.

Diese Annahmen wurden durch die Studierenden bestätigt, die die Aufbereitung als WBT „besser als nur pdf-files" fanden (Int_WBT3). „Also, das alles in ein Skript zu packen, hätte ich schon schwierig gefunden, weil es 'ne große Menge war und unübersichtlich [...] Im WBT konnte man springen, das fand ich unkomplizierter [...] auf 'ne andere Art und Weise wäre es unangenehmer gewesen, sich das durchzulesen. [... Es war] ungezwungener, als wenn man jetzt so'n Paket Zettel bekommen hätte" (Int_WBT2).

196

In Bezug auf Verbesserungsvorschläge regten beide Studierenden mehr Interaktivität an, z.B. häufigere Quizzes. Auch die Entwicklerin erwähnte diesen Faktor, zumal sie darin ein didaktisches Element sieht, da die Studierenden „das, was sie da gelesen haben, sofort auch umsetzen können [...] unabhängig von der Präsenzlernzeit [...] das müsste noch deutlich verstärkt werden, dass Informationen verfestigen und dauerhafter abgespeichert werden" (Int_WBT1).

(d) Gestaltungsmöglichkeiten und Definitionsmacht

Wer hatte die „Entscheidungskompetenz" bezüglich Struktur und Inhalten des WBTs? Zunächst einmal waren bereits durch das seitenbasierte Autorensystem verschiedene Begrenzungen vorgegeben, z.B. die Art der Strukturierung in Frames und die Darstellung des Inhaltsverzeichnisses. Andererseits bot das Autorensystem auch zahlreiche Möglichkeiten, die nicht ausgeschöpft wurden, beispielsweise umfangreiche automatisch auswertbare Testformen, die Verwendung von Animationen und Audio oder das Setzen interner Links. In Bezug auf deren Einsatz hatte für die Entwicklerin die Vollständigkeit der inhaltlichen Darstellung Priorität vor der Entwicklung didaktischer Komponenten.

Sie selbst gestaltete hauptverantwortlich die Inhalte im Bereich Mittelalter und konnte dort „relativ selbständig agieren". Aber obwohl insgesamt „ein starker Konsens zwischen den Mittelbauern" bestand, also den wissenschaftlichen Mitarbeitern, die für die Fachbereiche Mittelalter, Frühe Neuzeit und Neuzeit zuständig waren, berichtete sie auch von einer „relativ langen Phase, wo alle Lehrenden, die beteiligt waren, sich zusammengesetzt haben und überlegt haben, wie soll's denn aufgebaut sein." Solche zeitaufwändigen Abstimmungsprozesse werden in der Literatur häufig erwähnt (z.B. Reinmann-Rothmeier 2003, S. 93; Arnold u.a. 2004, S. 78f.; siehe Kap. 5.3.1.2) und waren offensichtlich auch hier notwendig, obwohl die Texte und Bildmaterialien von den für die jeweilige Epoche verantwortlichen Lehrenden zur Verfügung gestellt und inhaltlich nicht mehr verändert wurden.

Bei der Erstellung stand die Entwicklerin unter starkem Zeitdruck, da das WBT rechtzeitig vor der Exkursion im Dezember 2005 fertig werden sollte. Viele ihrer Gestaltungsentscheidungen waren deshalb „schon auch den pragmatischen Umständen geschuldet". Dabei erwähnte sie mehrfach, das WBT könne ja auch im Nachhinein geändert werden, was jedoch de facto bisher nicht passiert ist, wie auch der interviewte Student kritisch anmerkte.

(e) Kompetenzen

Beide befragten Studierenden hatten zuvor noch nie mit einem WBT gearbeitet, auch seitdem war in keiner anderen Veranstaltung, die sie besucht hatten, eines eingesetzt worden. Hinweise zur Bearbeitung gab es nicht: „Dadurch, das es nicht kommentiert war, war es ein ziemlicher Wust von Materialien, der da auf einen zukam" (Int_WBT3). Der im Vergleich zu einem Buch nicht absehbare Umfang hatte beide überrascht; ihre jeweiligen Zugangsweisen unterschieden sich dann voneinander. Während der Student das gesamte WBT von Anfang bis Ende linear durcharbeitete, betrachtete die Studentin es eher als Angebot: Es war ein „ziemliches Rumgeklicke im ersten Moment, dass ich erst mal geschaut habe, was für Fenster öffnen sich, was passiert dann, und [...] hab geguckt, welche Themen mich interessieren [...] ich fand einfach interessant, dass da so viel zu sehen war, es war gut strukturiert, das fand ich ziemlich gut, dass man selber 'ne Auswahl treffen konnte [...] teilweise gab es interessante Schaubilder oder Abbildungen zu sehen, Sachen halt über den archäologischen Park fand ich ziemlich interessant und hab die Kriegsgeschichte mal außen vorgelassen" (Int_WBT2). Beide arbeiteten fast ausschließlich zuhause am Bildschirm und druckten nur sehr vereinzelt Seiten aus: „Ich habe mal eine Urkunde [...] ausgedruckt, einfach um es noch mal genauer zu lesen, wir sollten versuchen, das zu übersetzen, weil es teilweise in lateinischer Sprache war; das mach ich dann lieber in aller Ruhe, auch um mal was zu unterstreichen" (ebd.).[134]

Sowohl die Dozentin als auch der Student berichteten von inzwischen behobenen technischen Problemen, da das WBT zunächst auf den Internet-Explorer ausgerichtet war und „nicht mit Mozilla oder anderen Browsern kompatibel ist [...] das führt auch dazu, dass Studenten demotiviert sind" (Int_WBT3).

Auf Seiten der Entwicklerin waren erheblich umfangreichere Kompetenzen notwendig. Zunächst besuchte sie eine an der Ruhr-Universität für Lehrende angebotene hausinterne Schulung für das Autorenprogramm, „das war auch völlig ausreichend für meine Zwecke". Jedoch begründete sie die erfolgreiche Umsetzung auch damit, dass sie sich nach der Schulung jederzeit mit Fragen an die Schulungsleiterin wenden konnte und direkte und persönliche Antworten bekam. Begleitend zu der Schulung gab es einen Blackboard-Kurs, in den Informationen zur Handhabung von WBTExpress sowie Praxisbeispiele und Links zu anderen WBTs eingestellt waren. Diese Beispiele sah sie sich intensiv daraufhin an, „was auch von den Ansprüchen, vom Aufbau dem entspricht, was ich da machen wollte", um sich anregen zu lassen, „um bestimmte technische Fehler nicht zu machen" und zu sehen, „wie eine Seite so aufgebaut ist, die Text-Bild-Verteilung" (Int_WBT1). Notwendig waren für sie außerdem Kenntnisse in Bezug auf Copyright und rechtliche Fragen bei der Nutzung von Quellen und Bildern.

Es hatte ihr Spaß gemacht, ein neues Medium kennenzulernen und überhaupt selbst noch einmal etwas Neues zu lernen, „auch noch mal 'ne neue Möglichkeit, Wissen zu vermitteln." Dabei war es für sie (wie auch für die Dozentin in Fallstudie 1) ein

---

134 Die Fragebogenerhebung für die Testversion des WBT ergab, dass 44 der 89 befragten Studierenden (also ca. 50 %) linear vorgingen; die übrigen wählten unterschiedliche Strategien, z.B. die inhaltlichen Schwerpunkte der eigenen Seminargruppe, die aktuelle Lerneinheit, einzelne Teile der Quizzes u.a.

längerer Prozess, sich mit dem Einsatz elektronischer Medien in der Lehre vertraut zu machen, und sie empfand die Schulung „Blended Learning in der Lehre" der Ruhr-Universität als hilfreich, ebenso die Unterstützung beim Einsatz der Lernplattform Blackboard durch den Gewinn des RUBeL-Wettbewerbs.

(f) Zusammenfassung und Fazit

Das WBT „Xanten kompakt" wird von Lehrenden und Studierenden grundsätzlich positiv beurteilt.[135] Nachdem es zunächst nur in einigen Kursen zum Einsatz kam, forderten die Studierenden der Parallelkurse schnell, es ebenfalls nutzen zu können. Die Studierenden empfanden (trotz einiger technischer Probleme und der zunächst irritierenden Materialfülle) die Handhabung insgesamt als einfach. Inzwischen wird es sowohl von Studierenden wie auch von Lehrenden und studentischen Tutoren nachgefragt, wenn es (z.b. aus technischen Gründen) zeitweise nicht zur Verfügung steht.

Aus textsortenspezifischer Perspektive sind verschiedene Faktoren interessant: Mit seinen fünf Kapiteln und 112 Seiten ist das WBT relativ umfangreich. Die Struktur kann zwischen linear und hierarchisch eingeordnet werden. Eine Verlinkung innerhalb der einzelnen Seiten – ein in der Regel typisches Merkmal hypertextueller Lernmaterialien – ist relativ selten. Die verwendeten Stile differieren je nach Inhalt (z.b. in Bezug auf organisatorische Hinweise zur Exkursion, inhaltliche Einführungen in die unterschiedlichen Themen oder die Tests und Quizzes): Teilweise werden die Adressaten direkt angesprochen, in den meisten Teilen entspricht der Stil einem Lehrwerk und ist eher wissenschaftlich-sachlich. Einen besonderen Mehrwert sehen die Entwicklerin und die Studierenden in der Einbindung unterschiedlicher Codesysteme bzw. unterschiedlicher Formen von Bildern und Abbildern. Textinterne Vernetzung, interaktive Elemente und automatisch auswertbare Tests wurden – vor allem aus pragmatischen Gründen, d.h. knappen zeitlichen und finanziellen Ressourcen – relativ wenig genutzt. Die Möglichkeit vernetzter Darstellung wurde lange als besonders vorteilhaft bei der Wissensbildung eingeschätzt, jedoch auch mit den Gefahren des „lost in hyperspace" und des „cognitive overload" verbunden (vgl. Kap. 5.3.1.2). Im Fall von „Xanten kompakt" bedeutete der weitgehende Verzicht auf Vernetzung eine Entlastung der Entwicklerin; die dennoch vorhandene Möglichkeit des freien Navigierens und Springens zu einzelnen Seiten empfanden die befragten Studierenden als unkomplizierter als in einem Buch. Die Aufbereitung der Inhalte in kleinen, jeweils seitengebundenen Einheiten war mit dem Thema des WBT gut vereinbar. Von der (bei der Erstellung nach Angaben der Entwicklerin einkalkulierten) Möglichkeit der nachträglichen Veränderung wurde bisher noch nicht Gebrauch gemacht.

---

135 In der Fragebogenerhebung beurteilten je 41 Studierende es als „gut" und als „zufriedenstellend".

Da verschiedene, als spezifischer Mehrwert des Mediums geltende Vorteile in „Xanten kompakt" nicht genutzt werden, könnte sich die Frage stellen, inwieweit sich das WBT de facto von dem vorher eingesetzten Reader unterscheidet. Dennoch heben alle Beteiligten hervor, dass aus ihrer Perspektive das WBT besondere Mehrwerte bereit stellt, die weder durch ein traditionelles, schriftliches Lehrwerk noch durch allgemeine Internetressourcen hätten realisiert werden können, insbesondere die verschiedenen eingebundenen Medien und die genau auf die Ziele der Exkursion ausgerichteten Inhalte. Für die Entwicklerin ist die Möglichkeit, Texte – sowohl lineare als auch Hypertexte – zielgruppengerecht zu gestalten, eine der wesentlichen Veränderungen, die mit dem Einsatz digitaler Medien einhergeht.

5.3.2.2 Fallstudie 4: Ein wissenschaftlicher Hypertext

Wie in Kap. 3.2.1.3 ausgeführt, ist die Nutzung von Hypertexten und Hypermedien zur Darstellung wissenschaftlicher Ergebnisse sehr selten. Dennoch erschien es auch in Bezug auf die Untersuchung von Hypermedien aufschlussreich, wie im Untersuchungsdesign (Kap. 4.2.1) angelegt, einen Hypertext, der dem Bereich der Lehre und einem geschlossenen Veranstaltungskontext zugeordnet werden kann, mit einem dem Bereich Forschung zuzuordnenden, öffentlich zugänglichen Hypertext zu vergleichen. Die im Folgenden untersuchte, 1998 als Hypertext – und parallel als traditionelle Monographie – veröffentlichte Dissertation „Entwicklung hypermedialer Lernsysteme" von Astrid Blumstengel entspricht den im Untersuchungsdesign formulierten Auswahlkriterien insofern, als sie ein in Fachkreisen bekannter und in Publikationen häufig zitierter Text ist und damit als „erfolgreich" charakterisiert werden kann. Sie widerspricht den Kriterien jedoch insofern, als sie singulär ist und damit eben keinen „typischen" bzw. bereits „etablierten" Fall darstellen kann. Vielmehr stellt sich vor diesem Hintergrund bereits im Vorhinein die Frage, ob sich anhand der Untersuchung dieses Beispiels gegebenenfalls Gründe dafür aufzeigen lassen, warum sich diese Darstellungsform – anders als die Nutzung von Hypertexten in der Lehre – nicht durchgesetzt hat.

Der Untersuchung liegt die Analyse der Hypertextfassung der Dissertation zugrunde; die Buchpublikation wurde zum Vergleich herangezogen. Darüber hinaus wurden Telefoninterviews mit der Autorin und zwei Rezipienten geführt (einer der Leser wies auf die im Internet vorliegende Dissertation hin, als er erfuhr, dass für die Fallstudie ein wissenschaftlicher Hypertext gesucht wurde; die zweite Leserin wurde für das Interview gebeten, sich die Dissertation anzusehen).[136]

---

136 Der Hypertext ist online verfügbar: http://dsor.upb.de/~blumstengel/main_index_titel.html // 20.06.2007. Zitiert wird die Arbeit nach der Buchveröffentlichung (Blumstengel 1998).

(a) Kontext der Hypertext-Dissertation

Die untersuchte Dissertation befasst sich inhaltlich mit dem Einsatz multi- und hypermedialer Lernsystemen in der universitären Ausbildung (vgl. dazu Abschnitt *b*). Wie bereits erwähnt, liegt die Arbeit sowohl im Hypertextformat als auch als Buchveröffentlichung vor. Beide Fassungen sind im Wortlaut weitgehend identisch, jedoch wurde die Arbeit *ursprünglich* im Hypertextformat verfasst und erst *nachträglich* für die lineare Textfassung bearbeitet. Die Motivation dazu erwuchs aus der Überlegung, dass diese Form dem Gegenstand entsprach: „Theoretische Betrachtungen zum nichtlinearen Schreiben von Hypertext/Hypermedia konnten so um eigene Erfahrungen ergänzt werden. Insbesondere war dabei von Interesse, wie eine wissenschaftliche Arbeit in diesem Medium strukturiert und gestaltet werden kann" (Blumstengel 1998, S. 19). Zwar befasst sie sich in ihrer Arbeit de facto nicht damit, wie sich das *Schreiben* von Hypertexten auf Lernprozesse auswirkt (sondern konzentriert sich ausschließlich auf deren Rezeption durch Lernende), jedoch sind beiden Fassungen „Anmerkungen zur Form der Arbeit" vorangestellt, die für die Frage der vorliegenden Untersuchung nach der Veränderung von Literalitäten im Hochschulkontext sehr aufschlussreich sind. Sie beziehen sich zum einen auf grundsätzliche Chancen und Probleme der Veröffentlichung wissenschaftlicher Arbeiten als Hypertext und thematisieren zum anderen die eigenen Erfahrungen bei der Abfassung des Hypertextes und seiner anschließenden Linearisierung für die Buchveröffentlichung.

Für die Veröffentlichung als Hypertext im Internet führt sie einerseits pragmatische Argumente an, z.B. dass damit große Leserkreise kostengünstig erreicht werden können und das Standard-Format HTML leicht in andere gängige Textverarbeitungssysteme konvertiert werden könne. Zum anderen geht sie aber auch unter Berufung auf Rolf Schulmeister (1996, S. 277f.) und Georg P. Landow (1990, S. 52ff.) darauf ein, dass es von Bedeutung sei, ob ein linearer Text nachträglich in einen Hypertext konvertiert werde und damit im Design einer Imitation linearer Bücher entspreche oder ob ein Text eigens für und in dieser Darstellungsform entwickelt werde. Sie wolle dabei keine „unnütze[n] Limitierungen aus der linearen Darstellungsform" übernehmen, „die Möglichkeiten ‚nichtlinearen‘ Schreibens in einem großen Dokument" testen, und zugleich sollten „die Argumentationsstrukturen nicht verloren gehen [sic!]" (Blumstengel 1998, S. 19).

Blumstengel (ebd., S. 23) zitiert Reinhard Keil-Slawik (1997, S. 37) mit den Worten, dass die „multimediale Aufbereitung von Fachinhalten […] z. B. durchaus im Rahmen einer Diplomarbeit oder Dissertation erfolgen [könnte], wenn es die jeweiligen Ordnungen der Universitäten zuließen." Jedoch sei zurzeit die Erstellung einer linearen Papierversion der Dissertation aus pragmatischen Gründen notwendig, da „die Fragen der Archivierung, Authentizität, Identifikation, Reproduzierbarkeit und Recherchierbarkeit" noch nicht gelöst seien (ebd., S. 37). Auch im Interview drückte sie noch einmal Verständnis für die Forderung der Prüfungsämter nach zehnjähriger, nachprüfbarer Archivierung aus, die mit digitalen Medien grundsätzlich schwerer zu gewährleisten sei.

Da sich in den neun Jahren seitdem hypertextuelle wissenschaftliche Veröffentlichungen jedoch keineswegs etabliert haben, richtet sich die folgende Untersuchung auch darauf zu prüfen, inwieweit der postulierte Einfluss der nicht-linearen Erstellung sich tatsächlich auf die inhaltlichen Ergebnisse der Dissertation ausgewirkt hat (Abschnitt *b*), wie die Autorin mit den von ihr identifizierten Widersprüchen zwischen hypertextueller und traditionell-linearer wissenschaftlicher Textform umging (Abschnitt *c*), welche Gestaltungsmöglichkeiten sie wahrnehmen konnte bzw. welchen Zwängen sie dabei unterworfen war (Abschnitt *d*) sowie schließlich, welche Kompetenzen letztlich für die Umsetzung nötig waren (Abschnitt *e*).

(b) Inhalt

An dieser Stelle kann es nicht um eine inhaltliche Zusammenfassung der untersuchten Dissertation gehen. Festzuhalten ist, dass die Papierversion formal und inhaltlich den in Kap. 3.1.2 dargestellten Anforderungen an wissenschaftliche Arbeiten entspricht: Sie befasst sich mit *einem* im Mittelpunkt stehenden, zentralen Thema, das in sechs Hauptkapiteln behandelt wird und umfasst 250 Buchseiten zuzüglich eines 59-seitigen Anhangs, der das Literaturverzeichnis und die Ergebnisse dreier Befragungen enthält. Dem Buch sind die bereits erwähnten „Anmerkungen zur Form der Arbeit" vorangestellt. Da der Hypertext der Buchfassung inhaltlich und weitgehend sogar im Wortlaut entspricht, richtet sich das Hauptinteresse auf die im folgenden Abschnitt untersuchten formalen Unterschiede der beiden Versionen, zumal, da die hypertextuelle zuerst entstand. Als besonderen Vorteil der hypertextuellen Darstellung nannte die Autorin die Möglichkeit, einfacher von einem Bereich in den anderen zu springen, da manche Themen sehr eng beieinander lägen, was in linearen Fassungen nicht zu erkennen sei; manchmal müsse man vielleicht sogar drei- oder vierdimensional denken. Allerdings gebe es möglicherweise Fachgebiete, in denen ein stringenter Gedankengang wichtiger sei. Einer der Interviewpartner, der selbst promoviert hat, äußert die Befürchtung, dass die ungewohnte Art der Strukturierung sich auch negativ auf die Ergebnisse auswirken könne: „Man muss seine Dissertation auf ein Ziel führen, da könnte es natürlich auch sein, dass man sich so ein bisschen verheddert, in diesem Netz, das man sich selbst spinnt, dass man den Überblick behält." Dies sei bei Blumstengel nicht der Fall, da sie ihre Arbeit auch in linearer Papierform veröffentlicht habe (Int_HT-Diss2).

(c) Form

Beim Aufrufen der URL[137] der Dissertation öffnet sich zunächst die Titelseite, von der aus Links auf sechs übergeordnete Rubriken gesetzt sind, die nicht den sechs Kapiteln der Papierfassung entsprechen: Ein „Abstract", die metareflexiven „Anmerkungen zur Form der Arbeit", die Bereiche „Netzwerk" und „Touren-vorschlag" (hier finden sich die „eigentlichen Inhalte", die sich auf zwei unter-schiedlich strukturierten Wegen aufrufen lassen, zwischen denen die User beliebig wechseln können), sowie die Rubriken „Fazit und Ausblick" und „Literatur". Diese sechs Rubriken werden auf jeder aufgerufenen Seite der Arbeit im Banner angezeigt und können somit jederzeit angesteuert werden. Bei Aufruf des *Touren-vorschlags* öffnet sich links eine Navigationsleiste, die alle Seiten und Unterseiten des Hypertextes enthält, also nicht aufklappbar bzw. minimierbar ist, der Text-bereich enthält die eigentlichen Inhalte.

Der folgende Screenshot zeigt exemplarisch eine typische Seite der Hypertext-Dis-sertation:

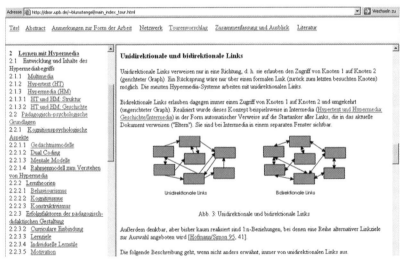

Abb. 7: Screenshot eines Abschnitts der Hypertext-Dissertation (aus Kap. 2.1.3.1)

Das Banner enthält die sechs erwähnten Rubriken (und die Möglichkeit, die Titel-seite anzusteuern), über den Navigationsframe auf der linken Seite kann jedes be-liebige Unterkapitel aufgerufen werden. Der Textteil zeigt einen Ausschnitt aus einem solchen Unterkapitel, in das eine Graphik integriert ist. Im zweiten Text-absatz sind zwei textinterne Verweise, d.h. Links in ein anderes Kapitel, zu sehen

---

137 http://dsor.upb.de/~blumstengel/main_index_titel.html // 20.06.2007.

(markiert durch Unterstreichungen); der Link in der zweiten Zeile unterhalb der Graphik führt in das Literaturverzeichnis des Hypertextes. Am Scrollbalken am rechten Seitenrand ist erkennbar, dass die einzelnen Bildschirmseiten sehr umfangreich sind. Diese Struktur entspricht der Gliederung einer wissenschaftlichen Arbeit in Kapitel und Unterkapitel (vgl. Kap. 3.1.2) und kann in Bezug auf die Darstellung eines Hypertextes als „hierarchisch" (vgl. Kap. 5.3.1.1) bezeichnet werden.

Im Gegensatz dazu zeigt der folgende Screenshot die Bildschirmansicht, die sich bei Anklicken der Rubrik „Netzwerk" öffnet: eine Übersicht über alle Bildschirmseiten des Hypertextdokuments und seine vernetzte Struktur.

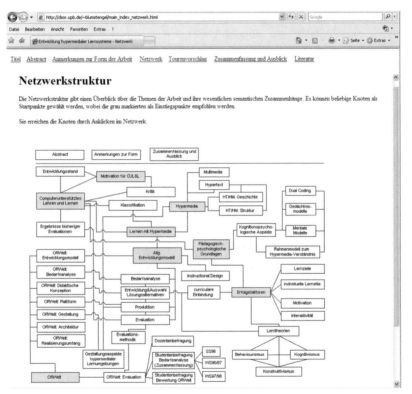

Abb. 8: Screenshot der Navigationsseite „Netzwerk" der Hypertext-Dissertation

Diese Übersicht veranschaulicht Blumstengels Umgang mit dem Problem, dass geschlossene Inhalte in Hypertexten meist in möglichst kleinen Knoten dargestellt werden, der Anspruch einer wissenschaftlichen Arbeit jedoch im Gegensatz dazu in konsistenten, umfassenderen Argumentationslinien besteht. Ihre Lösung des Kohärenzproblems (vgl. Kap. 5.3.1.2) besteht in der Nutzung relativ umfangreicher

Knoten sowie der Einführung sog. „aggregierter Knoten"; diese entsprechen „in etwa den Kapiteleinführungen, Überleitungen und Zusammenfassungen, die auch in linearem Text verwendet werden. Aggregierte Knoten sind notwendig, da eine wissenschaftliche Arbeit keine bloße Zusammenstellung von Fakten ist, wie dies etwa ein Lexikon wäre" (ebd., S. 22).[138] Daraus ergebe sich zwar eine Hierarchie von Seiten, diese sei jedoch nicht so zwingend wie in linearen Texten, da ein (Unter-)Punkt gleichrangig mehreren Oberpunkten zugeordnet werden könne.[139] Die insgesamt (nur) 55 HTML-Seiten des Hypertextes entsprechen also weder den Buchseiten noch der Kapitelgliederung, sondern sind Sinneinheiten, die sich zwar an den Kapiteln orientieren, vorrangig aber der hypertextuellen Darstellungsweise der Inhalte Rechnung tragen. Die befragte Leserin charakterisiert dies als eine „typische hypertextuelle Schreibe, wie man die damals in den Storyspace-Hypertexten gefunden hat, also sehr, sehr assoziativ [...] der Leser muss sich die Struktur selber bilden [...] davon ist man stärker heute wieder weg" (Int_HT-Diss3).

Die Übersicht wurde von der Autorin relativ zu Beginn ihrer Arbeit sehr bewusst geplant, auch als Hilfe zur eigenen Orientierung (Int_HT-Diss1). Die befragte Leserin fand diese Übersicht besonders gut, weil „man ein sehr gutes Gespür davon kriegt, was thematisch von der Diss. abgedeckt wird" (Int_HT-Diss3); auf den Leser dagegen wirkte sie „ziemlich kompliziert": „Da bin ich einfach so'n paar Begriffen nachgegangen, da hab ich einfach mal so draufgeklickt." Die Hypertextstruktur hält er zwar für günstig, „wenn man mal schnell was nachschauen will" oder wenn man bereits einen systematischen Überblick über den Hypertext habe, denn dann könne man sich „treiben lassen". Jedoch hatte er selbst sich, nachdem er die Online-Fassung der Dissertation bei einer Internet-Recherche zum Thema Hypertext entdeckt und interessant gefunden hatte, die Buchfassung gekauft: „Da bin ich auf jeden Fall noch papierzentriert." Bei der Lektüre eines Hypertextes befürchtet er, dass ihm Inhalte „verloren gehen könnten" (Int_HT-Diss2).

Beim Setzen von Links hält sich Blumstengel an einige selbstgesetzte Regeln, um die kognitive Belastung der Lesenden zu mindern und die Texte übersichtlicher zu gestalten: So verlinkt sie innerhalb eines Knotens einen Begriff nur einmal, auch wenn er mehrfach vorkommt; allerdings zeigte sich in den Interviews, dass dieses Prinzip den Lesenden nicht bewusst war. Am Ende eines Knotens schlägt sie eine

---

138 Aggregierte Knoten können auch Einleitung, einige Unterpunkte und die Zusammenfassung eines Kapitels auf eine Bildschirmseite enthalten. Sie widersprechen damit traditionellen Lesegewohnheiten und der Gliederung klassischer wissenschaftlicher Texte: Dort müssten die Lesenden die Ausführung der Unterkapitel überschlagen, um zur Zusammenfassung zu kommen, während sie umgekehrt in den aggregierten Knoten die inhaltliche Ausführung der Unterpunkte nur dann sehen, wenn sie die entsprechenden Links aktiv aufrufen.

139 Die befragte Leserin äußerte sich explizit zu der „kohäsiven Geschlossenheit" der einzelnen Knoten, die „selten über sich hinaus" wiesen. Für sie machte dies zwar die einzelnen Textteile gut verständlich, den Gesamtzusammenhang, der „Spannungsbogen" der Arbeit ginge jedoch damit verloren: „Das fand ich sehr viel schwieriger als wenn ich es jetzt in der klassischen Form gehabt hätte" (Int_HT-Diss3).

Auswahl textinterner Links vor, die aus ihrer Perspektive sinnvolle Navigations-alternativen ergeben, da „die exakte Angabe einer (linearen) Vorgehensweise für die Arbeit, wie sie zu Beginn größerer wissenschaftlicher Texte gebräuchlich ist" ihres Erachtens nicht möglich ist (ebd., S. 20). Textexterne Links bedeuten ihrer Ansicht nach eine besondere Verantwortung für sie als Autorin und werden nicht aus den Knoten heraus vorgeschlagen, sondern von dort auf das Literaturverzeich-nis und dann aus dem Text heraus, um den Lesenden zu verdeutlichen, dass sie nun auf die Seite eines anderen Anbieters navigieren (vgl. ebd., S. 21). Dies führte je-doch auch dazu, dass den Interviewpartnern diese Links gar nicht aufgefallen waren.

Die bisher beschriebenen Darstellungsformen waren für Blumstengel auch Möglichkeiten, für sich als Autorin und für die Lesenden die Orientierung inner-halb des Hypertextes transparenter zu machen, da sie keinerlei Vorbilder bei der Strukturierung hatte (Int_HT-Diss1), nicht auf eine Reihe von in „traditionellen Dokumenten [...] standardisierter und etablierter *Orientierungshilfsmittel*" wie Kapitelnumerierungen oder Seitenzahlen zurückgreifen konnte und „sich noch keine Hypertext-/Hypermedia-Orientierungs- und Navigationsstandards etabliert" hatten (ebd., S. 20).

Die Konversion ihres Hypertextes in die lineare Fassung erforderte dem-entsprechend einen erheblichen Änderungsaufwand (zum folgenden Abschnitt vgl. ebd., S. 32f.): Zunächst legte sie eine grobe Reihenfolge der Knoten fest. Da jeder Punkt nur einmal vorkommen durfte, wurden Unterpunkte jeweils einem aggregierten Knoten fest zugeordnet. Danach erfolgte eine Nummerierung der Kapitel und schließlich die Überprüfung aller gesetzten Links. Hier waren unter-schiedliche Vorgehensweisen erforderlich: (1) Am aufwändigsten war es, statt eines im Hypertext gesetzten Links an diese Stelle der linearen Version das ent-sprechende Unterkapitel einzufügen. Da Links häufig im Satz gesetzt werden, mussten diese Sätze umformuliert, die Links mussten entfernt und das jeweilige Kapitel eingefügt werden. Dadurch wurden teilweise auch aggregierte Knoten gespalten und die Schlussfolgerungen hinter die ausformulierten Kapitel gesetzt. (2) Links wurden durch die in wissenschaftlichen Arbeiten standardisierten Ver-weise ersetzt, z.B. „siehe Kap. 2.3". (3) Links wurden entfernt, da ihre Inhalte als bekannt vorausgesetzt werden konnten. Schließlich mussten auch aktive Links auf das Literaturverzeichnis entfernt werden.

(d) Gestaltungsmöglichkeiten und Definitionsmacht

Verschiedene Einschränkungen der Autorin bei der Gestaltung ihres Hypertextes wurden bereits in den Abschnitten *(a) Kontext* und *(c) Form* aufgeführt. Sie werden an dieser Stelle noch einmal zusammengefasst, um aufzuzeigen, welche Bedeutung ihnen auch im Zusammenhang damit zukommt, dass Hypertexte sich für die Dar-stellung wissenschaftlicher Arbeitsergebnisse bisher nicht etabliert haben.

Zunächst ist zu nennen, dass Blumstengel selbst die von ihr eingeführten Darstellungsformen umfangreicher und aggregierter Knoten zur Ausführung kohärenter, komplexer Gedankengänge damit begründet, dass es ihr in einer wissenschaftlichen Arbeit um mehr als bloß eine lexikonartige Zusammenstellung von Fakten gegangen sei (ebd., S. 22). Auch wenn diese Knoten nicht den Kapiteln der Papierfassung der Arbeit entsprechen, sind es doch längere (innerhalb einer Bildschirmseite lineare) Texte, die ihrer Auffassung nach zur Darstellung wissenschaftlicher Zusammenhänge notwendig sind. Ihre Konvertierung in eine konventionelle Papierfassung mit den traditionellen Gliederungs- und Strukturierungselementen ist zwar aufwändig und mit dem Verlust der verzweigten Struktur und des nicht-hierarchischen Nebeneinander einzelner Abschnitte verbunden; insgesamt führte sie jedoch nicht zu einer Bedeutungsveränderung der Inhalte. Auch die von Blumstengel (ebd., S. 23) selbst thematisierten Fragen „der Archivierung, Authentizität, Identifikation, Reproduzierbarkeit und Recherchierbarkeit" von Hypertexten sind bis heute ungeklärt. So ist etwa der Beleg einzelner Textstellen anhand der Buchfassung erheblich eindeutiger als ein Verweis auf die HTML-Seiten (und wurde deshalb auch für die vorliegende Arbeit genutzt). Wichtiger scheint jedoch, dass die Basis (literaler Dokumentation) wissenschaftlicher Arbeit traditionell die Produktion eines unveränderlichen Textes ist, auf den verlässlich Bezug genommen werden kann. Diese Verlässlichkeit erscheint im Medium des Hypertextes nicht mehr garantiert – und zugleich bedeutet der Verzicht auf die Veränderbarkeit den Verlust eines wesentlichen Vorteils von Hypertexten, der in ihrer unkomplizierten Erweiterbarkeit und Aktualisierbarkeit liegt. Eine befriedigende Lösung für dieses Problem scheint es auch heute noch nicht zu geben; Blumstengel verzichtete, wie dargestellt, zugunsten der Verlässlichkeit auf die Veränderbarkeit ihrer Hypertext-Dissertation.[140]

Ein weiterer zentraler Faktor ist die Definitionsmacht der Institution Hochschule in Bezug auf die Anerkennung hypermedialer Veröffentlichungen. Dies betrifft nicht nur die Reputation von Internetveröffentlichungen (auch in linearer Form, vgl. Kap. 3.3); entscheidend für den vorliegenden Fall ist, dass die Prüfungsordnungen zur-

---

140 Aufgrund der problematischen Referenzierbarkeit wird bei Verweisen auf Internetseiten in der Regel das Datum des letzten Abrufs angegeben. Damit sind jedoch noch nicht die Probleme gelöst, dass sich die Seite beim nächsten Abruf geändert haben kann und dass Änderungen im Vergleich zur vorherigen Fassung in der Regel nicht erkennbar sind. Inzwischen bieten einige Social-Bookmarking-Dienste (z.B. FURL, vgl. www.furl.net // 09.09.2007) die Möglichkeit, nicht nur den Link auf eine bestimmte URL zu setzen, sondern auch eine Kopie dieser Seite von dem Tag zu speichern, an dem das Bookmark gesetzt wurde. Auf diese Weise können die archivierte und die aktuelle Fassung miteinander verglichen werden. Auch in Wikis enthalten inzwischen meist Registerkarten mit Angaben zu den Versionsänderungen und ermöglichen Vergleiche. Damit stellt sich allerdings auch die neue Frage, wie auf Dauer mit den großen Mengen gespeicherter Fassungen umgegangen werden kann bzw. wie diese in der wissenschaftlichen Praxis verwendet werden können, zumal sie oft – anders als aktualisierte Fassungen von traditionellen Veröffentlichungen – nur minimale Veränderungen enthalten.

zeit hypermediale Fassungen von Qualifizierungsarbeiten nicht zulassen. Die Hypothese, dass dabei auch Lesegewohnheiten der Gutachter eine Rolle spielen, kann hier zwar nicht überprüft werden; jedoch kann die Begründung eines Interviewpartners, warum er sich selbst die Buchveröffentlichung gekauft habe, in diesem Sinn gedeutet werden: Dies liege an seinen Lerngewohnheiten; ein Grund für die bisher fehlende Durchsetzung wissenschaftlicher Hypertexte sei „sicherlich [... die] Lernkultur [...], dass dann Leute so ähnlich sozialisiert sind wie ich beim Lernen" (Int_HT-Diss2).

Die bisherige Untersuchung hat also gezeigt, dass Gestaltungsmöglichkeiten, die durch die Nutzung von Hypermedien grundsätzlich eröffnet werden, erheblich modifiziert und eingeschränkt werden müssen, um einem traditionellen Verständnis von Wissenschaftlichkeit (in Bezug auf Veröffentlichungen) Genüge zu tragen. Dies zeigt sich insbesondere an den verschiedenen Methoden, die Blumstengel einsetzt, um die Kohärenzbildung ihrer Argumentation zu wahren und die Textgrenzen ihrer Arbeit zu sichern. Damit drängt sich an dieser Stelle eine Frage auf, die erst in der Zusammenfassung dieses Kapitels ausführlicher diskutiert werden kann: Ob die *lineare Fassung* wissenschaftlicher Texte zur *Darstellung von Ergebnissen* angemessener ist – bzw. ob die Nutzung von *Hypertexten* mit allen damit verbunden Möglichkeiten zu einer anderen, erweiterten Definition des Wissenschaftsbegriffs führt und ihn erfordert, z.B. einen mehr auf Forschung gerichteten, der etwa durch stärkere Vernetzung, inhaltliche Erweiterungs-, Veränderungs- und Aktualisierungsmöglichkeiten sowie Bezüge über die Textgrenzen hinaus usw. abgebildet werden könnte. In Zusammenhang damit stellt sich auch die Frage, ob überhaupt und durch welche Instanzen der Hochschulen solche Veränderungsprozesse, deren Manifestation in (hyper)textuellen Artefakten und formale Anerkennung ausgesprochen werden könnten bzw. müssten; wieder ergibt sich also das Problem, einen gesicherten Stand nachweisen zu können – oder aber die Veränderbarkeit in das Verständnis von Wissenschaft zu integrieren.

Interessanterweise besteht diese Verunsicherung auch auf Seiten der Lesenden. Auf die Frage, woran die Wissenschaftlichkeit des untersuchten Hypertextes festgemacht werden könnte, meinte die Autorin, dass es abgesehen von der Veröffentlichung auf dem Server einer Universität kein „Siegel der Bestätigung dafür gebe" (Int_HT-Diss1). Einer der Interviewpartner verwies zunächst auf die formale Gestaltung der *Buch*veröffentlichung, d.h. Gliederung, Abbildungs- und Literaturverzeichnis, Zitation usw. Dagegen meinte er: „Beim Hypertext ist das schon schwierig [...] an den Inhalten kann ich das erst mal nicht direkt sehen", obwohl „der geschriebene Text [...] den wissenschaftlichen Anspruch und auf den einzelnen Seiten auch die Systematik" habe (Int_HT-Diss2). Er weist darauf hin, dass fast alle wissenschaftlichen Texte „als Papier" veröffentlicht sind: „Also wissenschaftliches Schreiben ist meistens immer noch auf Papierform [...] also ein lineares Dokument [...] man kann also [z.B. auch bei Einreichungen für Tagungen] nichts Multimediales abgeben, oder wenn, ist es nur pseudomultimedial". Dies sei auch der Fall, wenn man „nur vom Inhaltsverzeichnis sich durchklickt in ein Kapitel" oder von den Literaturangaben im Text zum Literaturverzeichnis.

Schließlich müssen noch die ebenfalls von Blumstengel angeführten technischen Begrenzungen hypermedialer Veröffentlichungen genannt werden, z.b. die im Vergleich zu gängigen Textverarbeitungssystemen erheblich geringere Kontrolle über das Layout des Hypertextes und die aufwändige nachträgliche Änderung bzw. Konvertierung der Graphiken in ein anderes Format: „Im Vergleich zu ausgereiften Textverarbeitungssystemen ist die Funktionalität der Editoren insgesamt stark eingeschränkt" (ebd., S. 22).[141] Neun Jahre nach der Publikation der Arbeit haben sich diese Möglichkeiten erheblich erweitert und die Autorensysteme und Editoren vereinfacht. So schlägt z.b. die befragte Leserin eine Vielzahl von Funktionen vor, die heute leicht in einen solchen Hypertext zu integrieren wären und für sie zu einem größeren Mehrwert geführt hätte, z.b. Suchfunktion, Index, Glossar, Stichwortverzeichnisse, Abbildungsverzeichnisse, History-Funktion, eine andere Gestaltung des Literaturverzeichnisses (z.b. als Popup-Fenster, mit der Möglichkeit, alle Referenzen eines Autors im Hypertext anzuzeigen usw.).

(e) Kompetenzen

Zur Erstellung der hier untersuchten Hypertext-Dissertation waren alle Kompetenzen erforderlich, ohne die auch eine umfangreiche, lineare wissenschaftliche Qualifizierungsarbeit nicht geschrieben werden kann: von der Recherche über die Konzeption bis zur Ausführung, sowohl in Bezug auf die Anwendung der wissenschaftlichen Methoden, der praktischen Ausführung sowie der psychischen Voraussetzungen (vgl. Kap. 3.2.2).

Interessanter ist jedoch, dass darüber hinaus sowohl zur Rezeption als auch insbesondere für die Entwicklung weitere Kompetenzen notwendig sind: Beide befragten Rezipienten berichteten von besonderen Anforderungen bezüglich der Orientierung innerhalb des Hypertextes, ihren Entscheidungen zur Navigation bzw. zum weiteren Leseweg und insbesondere zur Kohärenzbildung im Zusammenhang der gesamten Arbeit.

Zentral für die Autorin erscheint (ebenso wie für Entwickler hypertextueller Lehrmedien, vgl. Kap. 5.3.1.2 und Kap. 5.3.2.1) die ungewohnte Kompetenz, wissenschaftliche Inhalte „als vernetzten Hypertext" darzustellen. Dies erfordert auch deren „eigenständige Strukturierung", da im Gegensatz zum hierarchischen und linearen Gliedern, das bereits in der Schule geübt werde, das „Schreiben in

---

141 Diese Feststellung ähnelt verblüffend den zunächst sehr eingeschränkten Satzmöglichkeiten des frühen Buchdrucks im Vergleich zu dem ausgereiften System handschriftlicher Gestaltungsmöglichkeiten (vgl. Kap. 3.4.2).

nichtlinearen Strukturen [...] derzeit kein Bestandteil der Ausbildung" ist (Blumstengel 1998, S. 20).

Erforderlich sind schließlich technische bzw. Handhabungskompetenzen zur Nutzung von HTML-Editoren, Kenntnisse zur Erstellung oder Konvertierung von Grafiken usw.

(f) Zusammenfassung und Fazit

Die untersuchte Hypertext-Dissertation ist seit 1998 im Internet veröffentlicht und wird auch gelesen, wie die Rückmeldungen an die Autorin und Zitationen in Publikationen belegen. Die Autorin gab an, dass sie immer noch auf die Hypertext-Veröffentlichung hin angesprochen wird und ist der Meinung, dass ihre Arbeit als Buchveröffentlichung allein keine vergleichbare Aufmerksamkeit erreicht hätte (Int_HT-Diss1). Aus der Perspektive der Rezipienten stellt die Veröffentlichung einen Sonderfall dar, den sie durchaus würdigen. Der größte Mehrwert, die öffentliche Zugriffsmöglichkeit, wäre jedoch auch durch ein lineares Dokument gegeben, z.B. durch die Veröffentlichung der Dissertation als pdf-Dokument. Die Autorin selbst hat nach Abschluss der Dissertation keinen Hypertext mehr veröffentlicht, jedoch einige lineare Texte. Sie meint allerdings, dass sie dennoch diese Form noch einmal wählen und dabei auch wieder auf ähnliche Weise vorgehen würde (Int_HT-Diss1).

Aus textsortenspezifischer Perspektive können verschiedene Faktoren festgehalten werden: Da sich die hypertextuelle und die lineare Fassung der untersuchten Dissertation im Umfang, aber auch im Stil und in den verwendeten Graphiken entsprechen, ist evident, dass ihre Besonderheiten in der bewusst gestalteten Struktur des Hypertextes liegen, mit der die Autorin zugleich den wissenschaftlichen Anforderungen gerecht zu werden und die Möglichkeiten eines Hypermediums auszunutzen versuchte. Dazu entwickelte sie, da sich bis zu dem Zeitpunkt der Erstellung ihrer Arbeit hierfür noch keine Orientierungs- und Navigationsstandards etabliert hatten, verschiedene Vorschläge: Die Netzwerkstruktur, die umfangreichen Knoten, die (von ihr „erfundene") Rolle der „aggregierten" Knoten, Mehrfachvorschläge zur weiteren Navigation am Ende jedes Knotens sowie ihre speziellen Regeln zur textinternen und -externen Verlinkung. Gleichzeitig kann der Hypertext, dem „Tourenvorschlag" entsprechend, wahlweise auch linear oder hierarchisch (entlang der klassischen Gliederung) gelesen werden. Obwohl diese Ideen und ihre konkrete Umsetzung im Rahmen der Arbeit durchaus funktional erscheinen, haben sie sich seitdem nicht etabliert und wurden auch von beiden befragten Rezipienten nicht konkret erkannt. Auch die Publikation wissenschaftlicher Arbeiten im Hypertextformat hat sich bisher nicht durchgesetzt.

Damit stellt sich die Frage, ob mit der hypertextuellen Darstellung wissenschaftlicher Inhalte ein Mehrwert oder ein zusätzlicher Erkenntnisgewinn für die Autorin und die Rezipienten verbunden ist. Wie bereits erwähnt, wurden verschiedene

Merkmale, die als besonderer Vorteil von Hypermedien gelten, nicht genutzt, um dem wissenschaftlichen Charakter des Hypertextes Rechnung zu tragen. Dies gilt insbesondere für die umfangreichen Bildschirmseiten, die Aktualisierung und die Verlinkung aus dem Text heraus. Spezielle Entwicklungen der Autorin für das Medium wie die langen Textseiten und die aggregierten Knoten haben eher den Charakter linearer Texte. Während laufende Aktualisierungen bei einer Buchver-öffentlichung gar nicht möglich sind, ist ein seit neun Jahren unverändert im Netz stehender Hypertext außerordentlich untypisch. Inzwischen könnten auch andere Funktionen genutzt werden, um die „Lebendigkeit" eines Hypertextes anzuzeigen, z.b. die Möglichkeit, dass Lesende den Text kommentieren können. Auf jeden Fall ist die Veränderung und Weiterentwicklung ein wesentliches Element von Internet-seiten und z.b. einer der Erfolgsfaktoren von Wikipedia. An dieser Stelle geht es nicht darum, dass das Online-Lexikon keine wissenschaftliche Ressource ist bzw. als solche zurzeit nicht akzeptiert werden kann (vgl. Lorenz 2006). Jedoch stellt sich mit dem Vergleich die Frage, ob tatsächlich ein Mehrwert wissenschaftlicher Hypertexte entstehen kann, wenn diese im Kontext und in der Funktion traditio-neller linearer Veröffentlichungen verbleiben. Allerdings würde ein Mehrwert, der durch (ggf. gemeinsame) Weiterentwicklung von Inhalten entstünde, ein anderes Verständnis wissenschaftlicher Publikationen erfordern als bisher üblich. Dies be-tont auch die befragte Leserin. Sie hält „das Netz [… für] ein total wichtiges Publi-kationsmedium für wissenschaftliche Arbeiten" und meint, dass die Bereitstellung von Online-Literatur für wissenschaftliche Kontexte wichtiger sei als WBTs. Dabei bezieht sie sich jedoch auf „wissenschaftliche Textsorten, die im Web genauso funktionieren, wie im Print, nämlich bei den E-Journals zum Beispiel". Dagegen hält sie Hypertexte für weniger geeignet, „weil ich da den Mehrwert bezweifeln würde" (Int_HT-Diss3).

5.3.3   Zusammenfassung

Beide Fallstudien sind Beispiele für den Einsatz von Hypertexten im Hochschul-kontext. Der vergleichende Überblick über die zugrundeliegenden Untersuchungs-kriterien in der folgenden Tabelle zeigt, dass sie mehr Gemeinsamkeiten aufweisen als die in den anderen Kapiteln unter einer Überschrift zusammengefassten neuen literalen Formen. Jedoch gibt es auch hier eine Vielzahl von Unterschieden:

Fallstudie	Ein WBT als Hypertext	Eine Dissertation als Hypertext
Kontext	– Entwickelt 2005 für eine spezielle, sich in jedem Semester wiederholende Einführungsveranstaltung im Fach Geschichtswissenschaften an der Ruhr-Universität Bochum, seitdem unverändert, – Einsatz innerhalb der (geschlossenen) Blackboard-Kurse: Zugriff nur für die eingeschriebenen Studierenden (zwischen 150 und 400 pro Semester), – keine prüfungsrelevante Nutzung.	– Seit 1998 im Internet allen Interessierten öffentlich zugänglicher Hypertext, seitdem unverändert, – für die Anerkennung als Dissertation war parallel eine Buchpublikation notwendig.
Inhalte	– Speziell abgestimmt auf die Belange der Veranstaltung: umfangreiche Vorbereitung auf eine Exkursion mit organisatorischen Hinweisen und dem Schwerpunkt der Einführung in die drei inhaltlichen Themengebiete der Veranstaltung.	– Dissertation zum Thema „Entwicklung hypertextueller Lernsysteme"; entspricht inhaltlich der in sechs Kapitel gegliederten Buchveröffentlichung.
Form	– Hierarchisch strukturierter Hypertext, gegliedert in fünf Hauptkapitel, davon zwei zentrale thematische Schwerpunkte, insgesamt 112 Bildschirmseiten, – relativ geringe interne Vernetzung, verschiedene externe Links, – umfangreicher Einsatz unterschiedlicher bildlicher Symbolsysteme und Dokumente, interaktive Elemente und Übungen, – stilistisch teilweise direkte, emotionalere Anrede der Zielgruppe; insgesamt jedoch eher sachorientiert (wenn auch nicht streng wissenschaftlich); formale Elemente wie Literaturverweise sind integriert.	– Hypertext, der unterschiedliche Navigationswege bietet, vernetzt oder eher hierarchisch; insgesamt 55 HTML-Seiten, – spezielle Strukturierung für den Zweck des Hypertextes durch sog. „aggregierte Knoten", – starke interne Vernetzung; externe Links nicht direkt aus dem Text, sondern vom Literaturverzeichnis aus, – Nutzung unterschiedlicher Typen von Abbildungen im Hypertext, – stilistische Gestaltung ist identisch mit der wissenschaftlichen Buchpublikation.

Gestaltungs-/ Definitionsmacht	– Verantwortlichkeit für die inhaltlichen Themenschwerpunkte lag bei verschiedenen Lehrenden; zwischen diesen waren umfangreiche Abstimmungen notwendig, – konkrete Umsetzung durch eine Dozentin, – teilweise Begrenzungen des Layouts durch das Autorensystem WBTExpress.	– Grundsätzliche Definitionsmacht der Autorin, jedoch eingeschränkt durch den Anspruch, dass der Hypertext den formalen Anforderungen an eine Dissertation entsprechen soll, – keine formale Anerkennung dieser Textsorte, auch wenn der Hypertext auf dem Server der Universität Paderborn veröffentlicht wird, – Einschränkungen im Layout durch das Autorensystem.
Kompetenzen	*Auf Seiten der Entwicklerin:* – Inhaltliche Kompetenzen, – Abstimmung im Team, – Kenntnisse zur Text-Bild-Kombination, – Kenntnisse im Bereich Copyright, – Kompetenzen zur technischen Umsetzung. *Auf Seiten der Studierenden:* – Inhaltliche Kompetenzen, – Kompetenzen zur Orientierung innerhalb eines Hypertextdokuments.	*Auf Seiten der Autorin:* – Umfangreiche inhaltliche Kompetenzen und wissenschaftliche Schreibkompetenzen, – Kompetenzen zur Strukturierung eines wissenschaftlichen Hypertextes, – Kompetenzen zur technischen Realisierung. *Auf Seiten der Lesenden:* – Inhaltliche Kompetenzen, – Kompetenzen zur Orientierung in einem vernetzten, wissenschaftlichen Hypertext.

Tab. 8: Vergleichende Übersicht über die Ergebnisse der Fallstudien 3 (WBT) und 4 (Hypertext-Dissertation)

Beide Hypertext-Fallstudien verbindet (auch im Gegensatz zu den in den anderen Kapiteln untersuchten Fallstudien) ihr großer Umfang sowie ihre traditioneller Hochschullehre bzw. Forschung vergleichbare Funktion (als Lernmaterial bzw. wissenschaftliche Veröffentlichung). Beide ähneln trotz der hypertextuellen Strukturierung in ihrer Gliederung und weiteren formalen Elementen (z.B. Literaturverweisen und dem verwendeten Stil) traditionellen wissenschaftlichen Texten, und beide sind read-only-Artefakte, die nicht auf die (schriftliche) Reaktion oder Fortschreibung durch die Studierenden bzw. Rezipienten hin konzipiert sind. Die verwendeten Codes waren für die jeweilige Textsorte typisch und entsprachen den jeweiligen Codes auch in den linearen Veröffentlichungen (Dissertation und Reader).

Inwieweit wurden in beiden Fällen typische Elemente des Mediums Hypertext genutzt? Hier wurden in den Fallstudien unterschiedliche Akzente gesetzt: Das

WBT ist hierarchisch gegliedert, die einzelnen Bildschirmseiten bieten jeweils eher kurze Sinneinheiten und sind kaum untereinander verlinkt; die Orientierung für die Studierenden innerhalb des Artefakts ist durch diese strukturelle Ähnlichkeit mit einem Papiermedium relativ einfach. Andererseits werden sehr stark unterschiedliche bildliche Medien und interaktive Elemente und Übungen eingesetzt, die einen Mehrwert gegenüber der traditionellen Darstellung in einem Reader darstellen. Auch in die Hypertext-Dissertation sind Bilder und Grafiken eingebunden, jedoch nicht in so starkem Maß wie im WBT. Hier werden dagegen viel stärker als bei dem WBT die strukturellen Möglichkeiten der Vernetzung genutzt, auch durch speziell entwickelte Elemente, etwa die aggregierten Knoten und das Netzwerk. Jedoch zeigte sich, dass trotz der sehr überlegten Struktur die Orientierung in der Hypertext-Dissertation für die Lesenden offensichtlich teilweise schwierig war.

Beide untersuchten Hypertexte wurden seit ihrer Veröffentlichung nicht mehr verändert. Abgesehen von den in beiden Fällen gesetzten externen Links stehen die Textgrenzen damit fest. Dadurch haben die Studierenden (und Lehrenden), die das WBT nutzen, einen sicheren, inhaltlichen Orientierungsrahmen, und die Hypertext-Dissertation entspricht (in Bezug auf den fixierten, archivierten Text und die Zitierbarkeit) dem traditionellen Verständnis bzw. den Anforderungen an Wissenschaftlichkeit, obwohl hier die Referenzierung schwierig bleibt und noch nicht als zufriedenstellend gelöst bezeichnet werden kann. Zugleich wird damit jedoch ein Merkmal, das als besonderer Vorteil des Mediums Hypertext gilt – die schnelle Veränderbarkeit –, in beiden Fallstudien nicht genutzt.

Beide Textsorten waren für die jeweiligen Autorinnen bzw. Entwicklerinnen sowie für die befragten Lesenden neu. Dabei scheint eine zentrale Differenz darin zu liegen, dass das WBT speziell für eine bestimmte Zielgruppe entwickelt wurde. Diese zielgruppenspezifische Gestaltung wurde von allen Befragten – auch in den Interviews zur Hypertext-Dissertation – als ein besonderer Mehrwert von Hypertexten als *Lern*medien betrachtet, ebenso wie die Möglichkeit, in Lernmedien verstärkt andere Symbolsysteme, interaktive Übungen usw. einsetzen zu können, die in wissenschaftlichen Publikationen nicht akzeptiert würden. Zwar wurde das WBT zunächst nicht unbedingt von allen Lehrenden der beteiligten Fakultät anerkannt; die Akzeptanz der Studierenden war jedoch von Beginn an höher als bei dem zuvor eingesetzten Reader. Im Gegensatz dazu erscheint der Mehrwert der hypertextuellen Darstellung der Dissertation fraglich, nicht nur aufgrund des erheblich höheren Erstellungsaufwands und der Probleme bezüglich der formalen Akzeptanz durch das Prüfungsamt. Auch für die Lesenden war dieser Text schwerer einzuordnen, und die den Lese- und Lerngewohnheiten nicht entsprechende Navigation erschien in diesem Kontext offensichtlich schwieriger als im Zusammenhang mit dem WBT.

5.4 Wikis und Weblogs: Kollektive und individuelle Schreibpraktiken

Im folgenden Kapitel werden zwei Mitte der 1990er Jahre entwickelte Technologien behandelt, die es den Nutzenden ermöglichen, ohne spezielle technische oder HTML-Kenntnisse auf unkomplizierte Weise Inhalte im Internet zu veröffentlichen, entweder als (in der Regel) individueller Autor (eines Weblogs) oder als Gruppe, in der die einzelnen Schreibenden bzw. deren Beitrag zum Gesamtwerk meist nicht erkennbar sind (Wiki). Beide Technologien haben seit ca. 2000 immer schneller den Status von „Insidermedien" verloren. Aber obwohl „Weblogs und Wikis […] häufig in einem Atemzug genannt" werden, fragt Michael Pietroforte (2005) nicht zu Unrecht: „Sind Wikis das Gegenteil von Weblogs?" Tatsächlich bestehen zahlreiche Unterschiede zwischen den Technologien und ihren Anwendungsmöglichkeiten. Ausschlaggebend dafür, dass sie dennoch hier in einem Kapitel zusammen untersucht werden, ist nicht nur ihre zentrale technologische Gemeinsamkeit: Beide Technologien beruhen auf einfachen Content-Management-Systemen. Zudem unterscheiden sie sich durch wesentliche Aspekte von den bereits betrachteten neuen literalen Formen: Anders als bei den in Kap. 5.2 untersuchten Kommunikationsformen handelt es sich bei Wikis und Weblogs um „äußerlich nichtdialogische Kommunikation" (Thelen/Gruber 2003, S. 359); im Gegensatz zu den Kap. 5.3 betrachteten „read-only"-Hypertexten können Wikis und Weblogs ohne das Strukturprinzip der Mitgestaltung durch die Nutzenden gar nicht erst entstehen. Wie in der Einleitung zu Kap. 5 ausgeführt (Kap.5.1), werden diese beiden Technologien häufig als typisch für die mit den Begriffen „Web 2.0" und „Social Software" verbundene Auffassung angeführt, dass (erst) damit „die ursprüngliche und zuvor nicht verwirklichte Idee des World Wide Web realisiert" werde (dt. Wikipedia, Art. „Wiki", 25.11.2005). Teilweise wird damit auch die Hoffnung auf eine „soziale Rückeroberung des Netzes" (Eigner u.a. 2003) oder eine „heimliche Medienrevolution" (Möller 2005) verbunden. Deshalb muss auch geprüft werden, ob die „Wiki-Technologie als Motor gesellschaftlichen Wandels" wirkt und inwiefern dies auch im Hochschulkontext der Fall ist.

5.4.1 Heuristischer Rahmen

Analog zu den vorangegangenen Kapiteln werden im Folgenden zunächst die neuen Techniken bzw. die damit verbundenen literalen Praktiken dargestellt (Wikis: Kap. 5.4.1.1; Weblogs: Kap. 5.4.1.2). Dabei wird jeweils kurz auf die Entwicklungsgeschichte, die wesentlichen Funktionen und Charakteristika eingegangen; der Schwerpunkt der Darstellung liegt auf dem zur Nutzung notwendigen Kompetenzen und dem tatsächlichen Einsatz bzw. den damit verbundenen Erwartungen im Hochschulkontext. In der vergleichenden Zusammenfassung (Kap.

5.4.1.3) werden Gemeinsamkeiten und Unterschiede einander gegenübergestellt und in Beziehung zu traditionellen hochschulliteralen Formen gesetzt. Die Fallstudien (Kap. 5.4.2) konkretisieren dies nicht nur; wie die Fallstudien in den anderen Kapiteln sind auch diese darauf gerichtet, Widersprüche zwischen Erwartung und Realität zu identifizieren. Kap. 5.4.3 setzt die Ergebnisse der Fallstudien in Beziehung zueinander und zum heuristischen Rahmen.

5.4.1.1 Wikis

Wikis (auch WikiWikis oder WikiWebs) sind im World Wide Web verfügbare Hypertextsammlungen, die von den Benutzern sowohl gelesen als direkt Online geändert werden können.[142] Der Begriff ist von dem hawaianischen Wort *wikiwiki*, „schnell", abgeleitet. Das erste Wiki, das klassische „Portland Pattern Repository" wurde 1995 von dem us-amerikanischen Softwareentwickler Ward Cunningham als Dokumentationssystem zur Zusammenarbeit von Programmieren entwickelt (vgl. Leuf/Cunningham 2001; auch Möller 2005).[143] Bis Ende 2000 „entwickelt sich das *WikiWeb* explosionsartig, aber noch weitgehend unbemerkt von der Öffentlich-keit" (Leitner 2005). Dies änderte sich im Jahr 2001 mit der Buchveröffentlichung „The Wiki Way" (Leuf/Cunningham 2001) und der Gründung der Online-Enzyklopädie Wikipedia. Insbesondere der Erfolg der gesammelten Wikipedia-Projekte, die 2004 bereits in über fünfzig Sprachen existierten und über eine Million Seiten umfassten (vgl. Leitner 2005), trugen zu der Bekanntheit von Wikis erheblich bei. Veröffentlichungen und Auseinandersetzungen zum Thema Wiki gibt es zurzeit vor allem im Netz, insbesondere in den verschiedenen Wikis selber, in Weblogs, aber auch in Online-Journalen usw. Im deutschsprachigen Raum fanden 2005 erstmals Fachtagungen[144] statt, und es erschienen mehrere (allerdings in weiten Teilen praxisorientierte) Bücher (z.B. Ebersbach/Glaser/Heigl 2005; Möller 2005; Streiff 2005b) sowie erste (Online veröffentlichte) wissenschaftliche Abschlussarbeiten (z.B. Klampfer 2005).

Wikis beruhen auf wenigen zentralen Merkmalen (vgl. Ebersbach/Glaser/Heigl 2005, S. 13f.; Klampfer 2005, S. 4f.): (1) Sie sind als nicht-lineare Hypertexte

---

142 Der Einsatz der Wiki-Software ist aber auch auf privaten Computern und in Intranets möglich.

143 Die frei verfügbare, ursprüngliche Wikisoftware wurde inzwischen weiterentwickelt, 2005 gab es ca. 200 Wiki-Engines oder Wiki-Klone (z.B. UseModWiki, MediaWiki – entwickelt für die Bedürfnisse von Wikipedia –, MoinMoin, PhpWiki, WakkaWiki, TikiWiki, TWiki usw.). Sie unterscheiden sich z.B. durch die verwendete Programmiersprache, Systemanforderungen, Benutzerverwaltung, Erweiterbarkeit, Oberfläche, Sprache, Dokumentation und Weiterentwicklung (vgl. Ebersbach/Glaser/Heigl 2005, S. 18f.).

144 z.B. Wikimania, Frankfurt a.M., 04.-08.08.2005 (http://wikimania2005.wikimedia.org/wiki/Main_Page // 08.08.2007); Wikiposium, Wien, 07.11.2005 (www.ocg.at/kultur/wp2005/doku.php // 08.08.2007; siehe auch Stockinger/Leitner 2007).

strukturiert; typischerweise enthält jede Seite Links zu anderen Seiten. (2) Es gibt wenig technische Hürden und es sind kaum Vorkenntnisse notwendig, um in Wikis zu kommunizieren und sie zu gestalten; Änderungen sind „on the fly" möglich. (3) Es wird keine Client-Software benötigt, d.h. die Nutzenden können mit den gängigen Browsern in Wikis nicht nur lesen, sondern auch schreiben; zusätzliche Software, Plugins, Applets usw. sind nicht erforderlich. (4) Verbunden mit dieser Einfachheit der Nutzung ist die „Wiki-Philosophie", d.h. die Reflexion gesellschaftlicher Prozesse gemeinsamer Arbeit, inhaltlicher Fragen, aber auch sozialer Zusammenhänge innerhalb der Nutzergruppen. (5) Strukturen und Inhalte von Wikis werden durch die Nutzenden „bottom up" (und nicht durch Webdesigner „top down") geschaffen und stehen in einem ständigen Entwicklungs- und Veränderungsprozess.

Um diese Merkmale zu realisieren, enthalten Wikis in der Regel die folgenden, charakteristischen Funktionen (nach Ebersbach/Glaser/Heigl 2005, S. 19ff.):

- *Bearbeitungsfunktion („Edit"):* Nur in besonderen Ausnahmefällen werden bestimmte Seiten von der Veränderbarkeit durch alle Nutzenden ausgenommen (z.B. die Titelseite von Wikipedia);

- *Interne Verlinkung:* Links und neue Seiten können in einem Wiki unkompliziert eingefügt werden, in vielen Wiki-Systemen (allerdings nicht dem von der Wikipedia verwendeten MediaWiki) durch sog. *WikiWords*[145], d.h. Wörtern, die mit einem Großbuchstaben beginnen und einen oder mehrere weitere Großbuchstaben enthalten.

- *History-Funktion:* Im Prinzip werden alle vorhergehenden Versionen gespeichert (meist bis zur ersten Version, möglich ist aber auch eine Begrenzung aus Platzgründen). So kann der Bearbeitungsprozess eines Textes genau mitverfolgt und auch der ursprüngliche Zustand leicht wieder hergestellt werden (Rollback). Diese Funktion dient als Schutz, aber auch zur Koordinierung.

- *RecentChanges:* Möglich ist der (benutzerdefinierte) Überblick über eine bestimmte Anzahl aktueller Änderungen bzw. über die Änderungen innerhalb eines bestimmten Zeitraums; teilweise gibt es auch „Beobachtungslisten" für bestimmte Artikel.

- *SandBox:* In einem solchen „Testfeld" kann der Umgang mit Wikis ausprobiert werden, ohne dass normale Seiten benutzt werden.

- *Suchfunktion:* Sie ermöglicht – Internetsuchmaschinen vergleichbar – eine Stichwortsuche innerhalb eines Wikis.

---

145 Die hierfür oft verwendete Bezeichnung *CamelCase* wird meist aus den dabei entstehenden „KamelHöckern" innerhalb eines Wortes abgeleitet (vgl. Möller 2005, S. 167). Der entsprechende Artikel in der deutschsprachigen Wikipedia weist auch auf eine mögliche Verbindung des Ausdrucks zum Maskottchen der Programmiersprache Perl hin (vgl. Art. Binnenmajuskel: http://de.wikipedia.org/ wiki/CamelCase // 14.01.2006).

Wikis entstanden im Umfeld der „Entwurfsmuster-Theoretiker"[146] (vgl. Wikipedia, Art. Wiki). In deren Terminologie sind Wikis „Multipattern" (pattern = Muster), d.h. mit der Software allein sind noch keine bestimmten Strukturen oder Nutzungsmöglichkeiten verbunden, sondern sie bieten Lösungsschemata für sehr unterschiedliche Anforderungen. So wie die Nutzung von Papier und Schreibwerkzeugen noch keine Entscheidung für eine bestimmte Textsorte bedeutet, kann ein Wiki auf vielfältige Weise eingesetzt werden. Beat Döbeli Honegger (2005, Folie 1–3) vergleicht ein Wiki deshalb mit einem „Schweizer Messer", das viele verschiedene Werkzeuge integriert, sehr unterschiedlich genutzt und den Bedürfnissen entsprechend gezielt eingesetzt werden kann, z.b. als Homepage, als Lernplattform[147], als Notizblock, als Aufsatzheft mit Diskussion, als gemeinsam erstelltes Lexikon, als Textarchiv, aber auch als Kommunikationswerkzeug, d.h. für öffentliche E-Mails, als Forum oder – wenn auch unkomfortabel – als Chat u.a.m. (vgl. auch Streiff 2005b, S. 7). Obwohl diese Nutzungsmöglichkeiten alle im weitesten Sinne mit (neuer) Schriftlichkeit zu tun haben, sollen im Interesse dieser Arbeit hier solche literalen Praktiken besonders betrachtet werden, die *nur* in Wikis umgesetzt werden können, d.h. Formen des *gemeinsamen* Verfassens von (untereinander verlinkten) Texten (und nicht Kommunikationsformen, die auch mit anderen Werkzeugen umgesetzt werden könnten, individuelle Nutzung usw.). Wikis sind in der Regel Textmedien – teilweise wird auch die Kritik geäußert, sie seien „Textwüsten" (Schult 2004). Zwar können in vielen Wiki-Systemen Bilder und andere Medien eingebunden werden, und dies geschieht auch, allerdings im Gegensatz zu „professionellen", kommerziellen Enzyklopädien vergleichsweise selten. Dies kann jedoch auch ein Teil des Prinzips der „Einfachheit" (Leuf/Cunningham 2001, S. 15) der Wiki-Philosophie interpretiert werden.

„Bei Menschen, die zum ersten Mal ein Wiki benutzen, oder davon hören, führen Wikis oft zu einem kleinen Kultur-Schock" (Ebersbach/Glaser/Heigl 2005, S. 9). Warum funktionieren sie? Eric Raymond (1999) benutzte zur Beschreibung der Zusammenarbeit in der Linux-Gemeinschaft die inzwischen häufig auch auf Wikis übertragene Metapher des „chaotischen Basars" im Gegensatz zu dem geplanten, strukturierten Bau einer Kathedrale: „Die Tatsache, dass der Basar zu funktionieren schien, und zwar sehr gut zu funktionieren schien, war ein ausgesprochener Schock." Die Begründungen, die Anja Ebersbach u.a. (2005, S. 22ff.) dafür geben,

---

146 Die Sammlung von Entwurfsmustern des Architekten Christopher Alexander aus den 1970er Jahren (vgl. Alexander u.a. 1977) wurden von Kent Beck, Ward Cunningham, James Coplien (1992), Erich Gamma (Gamma u.a. 1995) und anderen auf die Software-Entwicklung übertragen, wo sich die Idee erheblich stärker verbreitete als in der Architektur.

147 Peter Baumgartner und Marco Kalz (2004, S. 51) bezeichnen Wikis auch als „editierorientierte CMSes" oder „E-CMSes". Wikis unterscheiden sich nach Richard Cyganiak (2002, S. 6) und Alfred Klampfer (2005, S. 6) durch drei wesentliche Momente von traditionellen CMS: durch das Verwischen der Grenzen zwischen Besuchern und Autoren, durch den Verzicht auf eine feste, vorgegebene Struktur und dadurch, dass „die Gesamtheit des Contents als evolutionäres Gebilde" (Klampfer 2005, S. 6) betrachtet wird.

gehen interessanterweise immer davon aus, dass es sich um kreative, selbstorganisierte Gruppenprozesse handelt, für die eine „aufgelockerte, spielerische Atmosphäre und Spaß an der Arbeit" ebenso wichtig sind wie flache Hierachien (vgl. ebd., S. 23). Offene Zugänglichkeit[148] und Freiwilligkeit erscheinen als „unerlässliche Bedingung". Eine „große Zahl testender Teilnehmerinnen und Teilnehmer führt auch dazu, Fehler frühzeitig zu erkennen" (ebd., S. 24); zugleich entsteht dadurch auch die notwendige Unterschiedlichkeit der Teilnehmenden in Bezug auf Nutzungsstrategien und Rollenverteilung (die Übergänge sind dabei immer fließend). So kann beispielsweise das Schreibverhalten sich unterscheiden und ergänzen: Manche Teilnehmenden erarbeiten Inhalte, andere lesen eher Korrektur, verbessern Layout und Stilistik etc. Auch die Rollenverteilung kann unterschiedlich sein: Personen können die Gesamtkoordination übernehmen, bei Debatten schlichten, ordnen, technische Aufgaben übernehmen ebenso wie durch die Art und den Stil der Beiträge provozieren, vermitteln usw. Die „Grenzen der Wiki-Philosophie" (ebd., S. 28–32) sind erreicht, wenn eine Gruppe ein Wiki nicht als Arbeitswerkzeug annimmt und nicht partnerschaftlich arbeitet. Dagegen wurde die oft geäußerte Befürchtung des Vandalismus nach den bisherigen Erfahrungen in der Regel überschätzt (ebd., S. 29).

Wie lässt sich Qualität in Wikis sichern? Im Vergleich mit den (multimedialen und online verfügbaren Ausgaben) traditioneller und kommerzieller Enzyklopädien (wie dem deutschen Brockhaus, der Encyclopedia Britannica usw.) schneiden Wikis oft sehr gut ab (vgl. Schult 2004; Giles 2005).[149] Dieses Ergebnis hat auch den Gründer von Wikipedia, Jimmy Wales, überrascht: Die große Zahl der Teilnehmenden wirkt offensichtlich sowohl qualitativ als auch in Bezug auf die Reaktion auf Fehler als wirksames Regulativ. Inzwischen haben sich aber zur „Qualitätssicherung und zur Konfliktbewältigung" auch „Instanzen, Regeln und Praktiken gebildet". Viele Wikis enthalten eine sogenannte „Wikiquette" (Ebersbach/Glaser/Heigl 2005, S. 30) mit Regeln zum gemeinsamen Verfassen von Texten sowie anderen Praktiken (Löschen von Beiträgen, Diskussion von Änderungen usw.) in der jeweiligen Community.

Die Praxis großer Wikis zeigt zwei Phänomene, die im Zusammenhang mit der Betrachtung von neuer Hochschulliteratur von besonderem Interesse sind: (1) Durch das *gemeinsame* Schreiben von Texten entsteht ein besonderer Anspruch von Objektivität, der auch an wissenschaftliche Texte oft gestellt wird (vgl. Kap. 3.1). Die Auseinandersetzung darüber wird in der Wiki-Gemeinschaft unter dem

---

148 Interessant sind in diesem Zusammenhang die Erfahrungen mit dem Vorgängerprojekt von Wikipedia. Die Qualitätssicherung in der ebenfalls als Enzyklopädie geplanten „Nupedia" sollte dadurch gewährleistet werden, dass die eingereichten Beiträge durch Experten geprüft wurden. Diese Hürde führte dazu, dass in drei Jahren nur 30 Artikel zustande kamen, die inzwischen in Wikipedia integriert wurden (vgl. Möller 2005, S. 170).
149 Dies gilt trotz der seit Ende 2005 in den Medien immer wieder veröffentlichten und breit diskutierten Falschmeldungen in Wikipedia (vgl. z.B. Rühle 2006; Roth 2007).

Stichwort „NPoV", „Neutral Point of View", diskutiert. Dabei findet auch eine kritische Auseinandersetzung mit dem Problem statt, dass es völlige Objektivität nicht geben kann. In Wikipedia wird der Standpunkt vertreten, dass es „zum Prüfstein eines guten Artikels" gehöre zu versuchen, „Ideen und Fakten in einer Weise zu präsentieren, dass sowohl Gegner als auch Befürworter einer solchen Idee deren *Beschreibung* akzeptieren können" (Wikipedia, Art. „Wikipedia: Neutraler Standpunkt").[150] (2) Die Diskussion um den NPoV in Wikis entstand durch die besondere Situation, dass die Autorinnen und Autoren der gemeinsam verfassten Texte – anders als in wissenschaftlichen Publikationen – meist nicht mehr zu erkennen sind (zumal sich Identitäten im Internet auch leicht ändern lassen) und damit klassische Kriterien zur Beurteilung, etwa die Herkunft, Glaubwürdigkeit und Qualität der Texte, fragwürdig erschienen. Es ist auch für die Fragestellung dieser Arbeit interessant, anhand welcher Regeln versucht wird, das Problem zu lösen. Wie entsteht Konsens über die veröffentlichten Texte? Interessanterweise ist eine Maßnahme, typische Charakteristika wissenschaftlichen Schreibens zu nutzen, auf formaler Ebene etwa sachliche, berichtende Sprache, indirekte Rede usw., auf der Ebene der Argumentation Nachprüfbarkeit und logische Argumentation usw. (vgl. Ebersbach/Glaser/Heigel 2005, S. 376ff.). Es muss aber auch hier berücksichtigt werden, dass die Texte in einem sozialen Zusammenhang entstehen (der für diejenigen, die nur die letzte Textfassung lesen, nicht zu erkennen ist). Dies beginnt schon bei der Frage, wer die Schreibenden in einem öffentlichen Wiki sind und was sie zu ihrem Engagement motiviert. Auch innerhalb des „inhärent demokratischen" Mediums Wiki bestehen Machtverhältnisse, die sich z.B. durch unterschiedliche Zugriffsrechte ergeben (ebd., S. 379), jedoch schwer erkennbar sind.

Aus den bisher diskutierten Aspekten ergibt sich im Zusammenhang dieser Arbeit die Frage, inwiefern diese Bedingungen auf einen Hochschulkontext übertragbar sind bzw. schon bei Punkten wie „Freiwilligkeit" auf ihre Grenzen stoßen. Zurzeit werden nur ca. 10-20 Prozent der Wiki-Werkzeuge in Bildungszusammenhängen (Schulen und Hochschulen) genutzt (vgl. Leitner 2005). Der Einsatz von Wikis im Kontext von Forschung und Lehre kann – ihrer multifunktionalen Nutzbarkeit entsprechend – sehr unterschiedliche Formen annehmen: Inzwischen existieren im Internet öffentlich zugängliche Wikis für verschiedene Fachinhalte, die ähnlich wie Wikipedia, von allen interessierten Personen gelesen und weiterentwickelt werden können (z.B. das Jura-Wiki: www.jurawiki.de/ // 08.08.2007).[151] Für solche (Fach-) Wikis ist eine hinreichend große Anzahl engagierter Teilnehmender wichtig, damit

---

150 http://de.wikipedia.org/wiki/Wikipedia:Neutraler_Standpunkt // 24.06.2007. Folgendes Beispiel verdeutlicht das Prinzip: In Wikipedia heißt es nicht mehr: „Picasso war der größte Künstler des 20. Jahrhunderts", sondern: „Picasso wird von vielen als der größte Künstler des 20. Jahrhunderts angesehen" (vgl. Ebersbach/Glaser/Heigel 2005, S. 377f.).

151 Eine umfangreiche, nach Kategorien geordnete Sammlung öffentlich zugänglicher Wikis findet sich unter www.wikiservice.at/gruender/wiki.cgi?WikiVerzeichnis // 08.08.2007).

die Inhalte weiter entwickelt werden, aktuell bleiben und das Interesse daran bestehen bleibt. In der Regel entstehen solche Wikis aufgrund des Engagements einzelner interessierter Personen, d.h. dass in diesen Fällen das Wiki-Prinzip der Freiwilligkeit gewahrt wird. Dies trifft z.b. auch auf das studentische eLibrary-Projekt zu (www.literature.at/elib/index.php5?title=Hauptseite // 09.09.2007), das 2006 den Förderpreis des renommierten medida-prix erhielt (zum medida-prix vgl Brake u.a. 2004). In diesem Projekt werden gemeinfreie Quelltexte, wissenschaftliche Artikel und Diplomarbeiten gesammelt und zur Verfügung gestellt (vgl. Hausar 2007). Dieses Projekt kann auch als Beispiel für eine selbstorganisierte Community of Practice interpretiert werden. Es realisiert damit zugleich eine Veränderung der üblichen akademischen Tradition: Die Technik eröffnet den Studierenden die Möglichkeit, ohne die üblichen akademischen Voraussetzungen über die eigene Gruppe hinaus *öffentlich* wissenschaftliche Ressourcen zur Verfügung zu stellen und zum wissenschaftlichen Diskurs beizutragen (anders als etwa die von Patricia Arnold 2003 untersuchte Gemeinschaft von Fernstudierenden, deren Ziel die Unterstützung innerhalb der geschlossenen Gruppe war).

Einzelne Hochschulen bilden ihre gesamte Internetpräsenz[152] oder spezielle Bereiche (z.b. die Fachschaften) durch ein Wiki ab.[153] In diesen Fällen werden Wikis als Homepage, Portal oder auch als Lernplattform verwendet, die den jeweiligen Bedürfnissen entsprechend inhaltlich, aber auch strukturell sukzessiv erweiterbar sind. Wikis werden an einzelnen Hochschulen zum Austausch innerhalb einer Disziplin oder fächerübergreifend genutzt. Schließlich werden Wikis in Hochschul*veranstaltungen* (auch hochschulübergreifend) auf unterschiedliche Weise eingesetzt, z.b. dadurch, dass Studierende Texte für Wikipedia oder Fachwikis verfassen, Wikis als persönliches Informationsmanagementsystem (PIM) nutzen oder aber gemeinsam in einem Seminar- oder auch Kleingruppenwiki Inhalte erarbeiten. Alfred Klampfer (2005) macht in seiner Diplomarbeit unterschiedliche Vorschläge, wie Wikis (an Schulen) didaktisch genutzt werden können, etwa zum Brainstorming, zur Projektplanung, als Wiki-WebQuest, als Drill-and-Practice-Übungen usw., und bewertet sie aus didaktischer Perspektive. Interessanterweise beziehen sich nur wenige seiner Vorschläge auf das gemeinsame Verfassen von Texten. Hier schlägt er z.b. vor, Wikis zu nutzen, um gemeinsam Merktexte, Protokolle, Dokumentationen und Lernprogramme zu erstellen oder

---

152 Etwa die Pädagogische Hochschule Nordwestschweiz (http://campus.ph.fhnw.ch/ // 09.09.2007).

153 So dient http://wiki.alpha-i.at/ (08.08.2007) der Kooperation und dem Wissensaustausch im Informatikstudium der Universität Wien; die Inhalte des Webportals für die Bioinformatik der FH Weihenstephan (www.bi-wiki.de // 08.08.2007) sind frei nutzbar und dürfen von allen bearbeitet werden. Die FU Berlin stellte auf ihrem Wiki-Server Uni-aktuelle Nachrichten und Informationen verschiedener Fachbereiche zur Verfügung, dieses Wiki war jedoch nur bis 2004 aktiv (www.kom-fu.net/FrontPage // 08.08.2007).

Aufsätze zu veröffentlichen, zu diskutieren und Fortsetzungsgeschichten zu schreiben. Für alle diese Einsatzmöglichkeiten gilt jedoch, dass ihre Erprobung noch ganz am Anfang steht und Ergebnisse noch kaum vorhanden und ausgewertet sind. Die Untersuchungen von Tobias Thelen und Clemens Gruber (2003 und 2005) sind explizit auf den Einsatz von Wikis in Hochschulkontexten ausgerichtet. Dabei führen sie ausdrücklich auch hochschul- und schreibdidaktische Einsatzziele an, z.B. die Einübung eines wissenschaftlichen Schreibstils durch einen inhaltlichen und prozessorientierten Austausch mit anderen im Gegensatz zu den üblicherweise isolierten Schreibformen, die Möglichkeit für Dozenten, anhand der Prozessdokumentation Einblick in „erfolgreiche bzw. gestörte Arbeitsabläufe" zu gewinnen usw. (Thelen/Gruber 2003, S. 358). Ihre ersten Ergebnisse in drei unterschiedlichen Settings zeigen, dass das Wiki vor allem zur Arbeitskoordination, zur Ideensammlung und Diskussion genutzt wurde; destruktives Verhalten oder Streitigkeiten über Textänderungen kamen nicht vor, allerdings wurden – anders als in den in den Zielvorstellungen formuliert – auch kaum gemeinsam komplexere Texte erarbeitet (ebd., S. 364). In einer zweiten Untersuchung im Rahmen eines ortsverteilten Seminars sollten die Mitglieder von Kleingruppen gemeinsam im Wiki eine zur Leistungsbeurteilung relevante Seminararbeit verfassen. Damit wurde die Erwartung verbunden, dass die Studierenden Textproduktionsprozesse und Diskursprozesse miteinander verknüpften „um so eine beidseitige Durchlässigkeit von Diskussion und gemeinsamer Arbeit am Text zu ermöglichen" (Thelen/ Gruber 2005, S. 177). Beide Erwartungen wurden nur sehr selten erfüllt. Die Auswertung von neun Arbeitsgruppen zeigte, dass das Wiki entweder zur Diskussion und Organisation genutzt wurde – die Textproduktion fand dann außerhalb des Wikis statt – oder „als Sammlung von Textstücken verwendet" wurde (ebd.) – in diesen Fällen fand die Diskussion auf anderen Kanälen statt. Revisionen von Texten wurden so gut wie nie vorgenommen. Anders als bei der ersten Untersuchung, bei der sie beobachteten, dass sich in jeder Gruppe unterschiedliche Rollen ausprägten – „Initiatorin, Rekonstruierer, Korrektor, Organisatorin, Beiträger" (Thelen/Gruber 2003, S. 362) – stellten sie nun fest, dass die Aktivitäten einer Gruppe von einzelnen Personen ausgingen, denen die Gruppe dann folgte (Thelen/Gruber 2005, S. 177).

Die Widersprüche zwischen den beiden Untersuchungen von Thelen und Gruber machen es schwierig, eindeutige Ursachen für einige ihrer Beobachtungen auszumachen: Was etwa führte dazu, dass einige Arbeitsgruppen im Wiki Diskussionen austrugen, dort aber keine Texte erstellten, während andere Arbeitsgruppen das Wiki zur Textsammlung, aber nicht zur Diskussion verwendeten? Warum entwickelten sich in der ersten Untersuchung eindeutige Rollendifferenzierungen innerhalb der Wiki-Arbeitsgruppen, während sich in der zweiten Untersuchung die Teilnehmenden einer Gruppe jeweils relativ ähnlich verhielten? Auf jeden Fall zeigen diese Ergebnisse deutlich, dass die Nutzung von Wikis für die Beteiligten noch ungewohnt ist und die von den Initiatoren erhofften Ziele – z.B. das Aufbrechen des isolierten Schreibprozesses und dessen gemeinsame Reflexion – keineswegs unmittelbar eintreten, auch wenn dies aus schreibdidaktischer Perspektive wünschenswert wäre: In beiden Untersuchungen wurde das Wiki selten zum erhofften *gemeinsamen Verfassen* von Texten genutzt, selbst dann nicht, wenn dies in die Leistungsbewertung einbezogen werden sollte. Auch Eingriffe in Texte anderer wurden selten vorgenommen. Beides entspricht nicht den üblichen hochschulliteralen Praktiken: So werden bei Zitaten üblicherweise Fehler nicht korrigiert, sondern mit „sic" gekennzeichnet und übernommen, bei studentischen Texten werden in der Regel Einzel- und nicht Gruppenleistungen gewertet. Auch eine öffentliche und zudem schriftlich dokumentierte Diskussion des Schreibprozesses, wie sie Thelen und Gruber durch den Wiki-Einsatz angestrebten, hat es so bisher nicht gegeben; deren Funktion im Hochschulraum, auch im Kontext der Leistungsbewertung, ist also für die Nutzenden neu – zumal an deutschen Hochschulen selbst die aus schreibdidaktischer Perspektive sinnvolle individuelle Reflexion des Schreibprozesses, z.B. in Schreibtagebüchern, weitgehend unüblich ist (vgl. Bräuer 1998 sowie Kap. 3.2.2).

Auch wenn die Untersuchungen von Thelen und Gruber keineswegs als repräsentativ betrachtet werden können, zeigen sie doch, dass der Wiki-Einsatz an Hochschulen erst ganz am Anfang eines Findungsprozesses steht. Ebenso deutlich ist aber auch, dass er – zumal in dieser Phase – ganz anders verläuft als unter den Bedingungen der großen Wiki-Projekte. Deren Bedingungen des „Funktionierens" – freiwillige Teilnahme, große Teilnehmerzahlen, starke Rollendifferenzierung, Hierarchiefreiheit – sind auf eine kleine Seminargruppe kaum übertragbar.

So hat sich zwar bei Wikis, die veranstaltungsintern genutzt werden, gezeigt, dass die „Handhabung" kein Problem macht, dennoch stellen sich zahlreiche Fragen im Umgang mit einer der üblichen hochschulliteralen Praxis entgegenstehende Form des gemeinsamen Schreibens und „lebender", sich fortentwickelnder Dokumente ebenso wie hinsichtlich deren „Stellenwert" (auch hinsichtlich der Beurteilung von Studienleistungen), die Frage der Hierarchien, der (Möglichkeit der) Bewertung und der freiwilligen Nutzung. Diese Fragen stehen auch im Hintergrund der Untersuchung des Wiki-Einsatzes in einem archäologischen Hochschulseminar, die in der Fallstudie in Kap. 5.4.2.1 dargestellt wird.

5.4.1.2 Weblogs

Weblogs[154] sind häufig aktualisierte Webseiten, die aus fortlaufenden, in der Regel relativ kurzen Beiträgen gebildet werden. Dabei steht die neueste Nachricht immer oben, die weitere Abfolge ist chronologisch abfallend. Weblogs bieten einzelnen

---

154 Die Kurzform des Begriffs Weblog lautet *Blog*, die Autoren und Autorinnen werden *Blogger* genannt, das Schreiben in einem Weblog bezeichnet man als *bloggen*.

Personen (seltener auch kleinen Personen- bzw. Interessengruppen) eine technisch unkomplizierte und leicht handhabbare Möglichkeit, Inhalte auf eigenen Webseiten zu veröffentlichen (vgl. Mosel 2005, S. 9). Ebenso wie Wikis können sie als einfache Content Management bzw. Personal Publishing Systeme bezeichnet werden, sind aber im Gegensatz zu den Multi-User-Gruppen und der Multifunktionalität von Wikis relativ einfach strukturiert. (Da eine zusammenfassende Gegenüberstellung von Weblogs und Wikis in Kap. 5.1.1.3 erfolgt, wird auf die Unterschiede im Folgenden nicht jedes Mal hingewiesen.)

Viele Blogger vertreten die Ansicht, die erste von Tim Bernes Lee veröffentlichte Internetseite *http://info.cern.ch/* sei auch das erste Weblog gewesen (vgl. Przepiorka 2003, S. 4; Felkel 2004, S. 4; Koch/Haarland 2005, S. 73). Sie enthielt bereits zwei Merkmale, die inzwischen als typisch für Weblogs gelten: Sie wurde ständig aktuell gehalten und war umgekehrt chronologisch angeordnet. Als typisch gilt heute außerdem die Individualität bzw. Persönlichkeit des Blogs: Auch wenn ein Blog keine privaten Themen behandelt, „bleibt man bei einem Blog nicht nur wegen des Inhalts hängen, sondern wegen der Sichtweise des Bloggers auf den Inhalt" (Felkel 2004, S. 3). Der Begriff „Weblog" wird auf den Programmierer John Barger zurückgeführt, der seine Seiten „Web-Logbuch" nannte (vgl. ebd., S. 74). Erst seit ab 1999 Softwareprodukte zur Verfügung standen, die es auch technischen Laien erlaubten, solche Seiten ohne umfangreiche technische Vorkenntnisse zu veröffentlichen, wurden Weblogs für einen größeren Personenkreis außerhalb der „Freaks" interessant.

Die folgenden typischen Funktionen sind in der Regel in allen technischen Lösungen enthalten (nach Mosel 2005, S. 29):

- *Verlinkung*: Jeder einzelne Beitrag in einem Weblog (d.h. nicht nur einzelne Seiten, wie sonst häufig im www) ist mit einer eigenen URL aufrufbar und bildet somit einen eindeutig referenzierbaren Informationsknoten (den sog. Permalink, also einen permanent verfügbaren Link). Durch Hyperlinks können einzelne Beiträge oder Stichworte eines Beitrages innerhalb eines Weblogs miteinander verbunden werden und auch auf andere Informationsknoten außerhalb des Weblogs verweisen. Die dadurch entstehende Hypertextstruktur charakterisieren Susanne Draheim und Werner Beuschel (2005, S. 30f.) als (neuartiges) Medium „ohne Rand", da Zitate (bzw. Links) zum integralen Bestandteil des Textes werden.
- *Trackback*: Diese Funktion zeigt an, dass auf den Beitrag eines Weblogs in einem anderen Blog (durch einen Hyperlink) Bezug genommen wurde. Ein Weblog, das auf den Permalink eines anderen Blogs verweist, sendet selbständig einen Trackback-Ping an diesen Beitrag, mit dem von dort aus wiederum der referenzierende Beitrag aufgerufen werden kann. Zugleich wird damit die Vernetzung von aufeinander verweisenden Beiträgen verschiedener Blogs visualisiert (vgl. Mosel 2005, S. 23).

- *Kommentarfunktion*: Im Gegensatz zu einem indirekten Verweis durch Hyperlinks ermöglicht diese Funktion (die optional abgeschaltet oder moderiert werden kann) den Lesenden eines Weblogs, einen Beitrag direkt und gezielt zu kommentieren. Die Kommentare sind jeweils unterhalb des Beitrags abrufbar.

- *Blogroll*: Diese Liste nennt Weblogs, mit denen der Autor eines Blogs in Verbindung steht, die er gerne liest oder auf die er sich oft bezieht.

- *RSS*[155]: Mittels dieses maschinenlesbaren XML-Standards können Inhalte von Weblog-Beiträgen (bzw. auch anderen im Internet verfügbaren Seiten oder Diensten, z.B. Podcasts) automatisch gesammelt und auf anderen Websites oder in sog. RSS-Readern dargestellt werden. Wer diese Funktion abonniert, wird über die neuen Beiträge in einem Weblog informiert, ohne dieses ständig aktiv aufrufen zu müssen.

- *Kalender* und *Suchfunktion*: Sie ermöglichen es, gezielt nach den Beiträgen an einzelnen Tagen oder nach bestimmten Begriffen zu suchen.

Neben der Technik waren es die (politischen bzw. aktuellen) Themen, die relativ schnell zu einem größeren öffentlichen Interesse führten, z.B. die nach dem 11. September 2001 entstandenen sog. „Warblogs", das Blog eines irakischen Architekturstudenten, der unter dem Pseudonym Salam Pax aus dem Irakkrieg berichtete oder die Blogs, die unmittelbar nach der Tsunami-Katastrophe im Pazifik im Dezember 2005 die Situation vor Ort schilderten. In den USA verbreiteten sich Weblogs erheblich früher und schneller als in Deutschland (vgl. Mosel 2005, S. 13). Hier wuchs deren Bekanntheit auch dadurch, dass Nachrichtensender und die Onlinemagazine großer Zeitungen Blogs veröffentlichen (so enthielt die Online-Ausgabe der Wochenzeitung DIE ZEIT im Januar 2007 über 30 Blogs in verschiedenen Sparten). Weltweit existierten nach Schätzungen des Informations-Blogs „The Blog Herald" (www.blogherald.com/ // 08.08.2007) im März 2006 ca. 200 Millionen Blogs und 300.000 Blogs in Deutschland, von denen jedoch viele bereits kurze Zeit nach ihrer Gründung nicht mehr genutzt bzw. weiter gepflegt werden (vgl. von Randow 2006). Die Zahl der „aktiven" Blogs in Deutschland, d.h. Blogs die häufiger als einmal wöchentlich aktualisiert werden, lag danach im März 2006 bei ca. 75.000 (vgl. ebd.).

Mit diesem schnellen Wachstum nimmt auch in Deutschland die Heterogenität der Weblog-Formen zu (Schlobinsiki/Sievers 2005, S. 53). Dabei kann auf verschiedene Weisen systematisiert werden, z.B. in Bezug auf die technische Umsetzung[156], jedoch auch „hinsichtlich Leserzahl, Qualität, [...] Absichten, [...] Formen und Inhalten" (Schönberger 2005, S. 282). Der umfassenden Befragung von über 5.200

---

155 Welche Begriffe hinter diesem Akronym stehen, ist umstritten. Genannt wird meist „Really Simple Syndication", aber auch „Rich Site Summary" oder „RDF Site Summary".

156 Obwohl es zunehmend mehr Audio- und Videoblogs gibt und auch die Zahl der Moblogs (d.h. von mobilen Geräten wie Handys aus mit Inhalten gefüllten Blogs) zunimmt, ist die überwiegende Zahl der Blogs weiterhin (überwiegend) textlich orientiert (vgl. Schlobinski/Sievers 2005, S. 53).

Bloggern von Jan Schmidt (2005, S. 64; siehe auch Schmidt/Wilbers 2006; Schmidt/Mayer 2007) nach stechen zwei Verwendungsformen hervor: das persönliche Journal sowie fachliche Information und Austausch. Etwa ein Drittel der Befragten gab als Motiv an, Wissen teilen zu wollen (Schmidt/Mayer 2007). Diese sog. „W-Blogger" (Wissensblogger) unterscheiden sich durch mehrere Merkmale von den Personen, die ihr Blog vor allem führen, weil es ihnen Spaß macht und sie gerne schreiben: „Der typische W-Blogger ist männlich, formal höher gebildet, in Arbeit, 20 bis 40 Jahre alt, und in höherem Maß technik-affin als andere Blogger" (ebd., S. 61).[157]

Ein zentrales Charakteristikum im Zusammenhang mit Blogs ist die sog. „Blogosphäre" (blogosphere), „die Gesamtheit miteinander vernetzter Weblogs" (Mosel 2005, S. 35). Diese Vernetzung macht Blogs zu einer „sozialen" Software (vgl. Kap. 5.1). Sie geschieht auf zwei Wegen: aus den Beiträgen heraus durch Verlinkung oder Trackback und durch die Blogroll. Im Unterschied zu Mailinglisten und Diskussionsforen gibt es dabei keine einheitliche Infrastruktur oder ein zentrales, kontrollierbares System. Jeder einzelne Blogger kann das eigene Weblog mit dem anderer Blogger verbinden, auf andere verweisen und Netzwerke schaffen, aber es geht – anders als in Wikis – nicht darum, Konsens herzustellen. Deshalb kann es auch keine Netiquette im eigentlichen Sinn geben, jedoch kann man von „Verwendungsgemeinschaften" sprechen, d.h. von Bloggern, die ggf. nicht nur bei einem Provider registriert sind, sondern ihre Blogs auf ähnliche Weise nutzen und teilweise auch durch graphische Elemente ihre Zugehörigkeit zu einer Community zum Ausdruck bringen, wie etwa die „Hard Blogging Scientists" (www.hardbloggingscientists.de/info/ // 08.08.2007). Die in solchen Verwendungsgemeinschaften praktizierten Regeln werden bis zu einem gewissen Grad erst in der Praxis erlernt (vgl. Schmidt/Mayer 2007, S. 63.f).

Ein in allen Blogs wichtiges Merkmal ist das Setzen von Links bzw. Verweisen, die angeben, auf wen ein Beitrag ggf. zurück geht (vgl. Olbertz 2004, S. 122). Dieses Merkmal steht besonders im Gegensatz zu der in der Wiki-Kultur üblichen Praxis der Integration von Inhalten ohne Autorenangaben. Bei Blogs, die Kommentare zulassen, stellt sich auch die Frage der Zensur oder des Löschens von Kommentaren; wobei meist geraten wird, auch kontroverse Beiträge stehen zu lassen. In vielen Blogs wird inzwischen die Meinung vertreten, dass man gegen sog. „Trolle", d.h. Provokateure, in der Regel nichts tun könne, sie aber nicht auch noch „füttern" solle. Stefan Felkel (2004, S. 8) betont die „Inhaltspermanenz" von Blog-Beiträgen: Eigene Beiträge sollen nicht im Nachhinein geändert werden, bzw. wenn dies not-

---

157 So beginnt beispielsweise der E-Learning-Experte Joachim Wedekind seine Vorstellung in seinem „Konzeptblog" mit den Worten: „Als Blogger bin ich in der Altersklasse M60 (naja jedenfalls in fünf Monaten) wohl eher untypisch" (http://konzeptblog.joachim-wedekind.de/?page_id=6 // 26.01.2007).

wendig erscheint, sollten „Abänderungen nicht heimlich korrigiert werden, sondern merkbar und sofort ersichtlich".

Betrachtet man Blogs im Gesamtzusammenhang dieser Arbeit, so rücken sie in eine interessante Position zwischen allen bisher untersuchten medialen bzw. literalen Formen. So verortet sie Jan Schmidt (2006, S. 21) zwischen „normalen" hypertextuellen Webseiten und asynchronen Kommunikationsformen wie Diskussionsforen und E-Mail, zumal sie durch das Abonnement eines RSS-Feeds den Charakter von Push-Medien erhalten können (vgl. Kap. 5.2.1); Peter Schlobinski und Torsten Sievers (2005, S. 67) rücken sie aufgrund ihrer Öffentlichkeit und der Archivierung eher in die Nähe von Webforen als von privaten Mails.

Rebecca Blood, die zu den bekannten us-amerikanischen Blog-Pionieren gehört, bezeichnete Blogs „Form und Format" (zit. nach Koch/Haarland 2004, S. 21 in der Übersetzung von Fugléwicz-Bern): Dass die Struktur und in weiten Teilen auch das Layout eines Blogs festgelegt ist, kann als Entlastung verstanden werden: Da den Autoren diesbezügliche Entscheidungen abgenommen werden, konzentriert sich ihre Gestaltungsmacht auf Inhalte und Stil, die in starker Wechselwirkung mit der (intendierten) Zielgruppe stehen.

In einer internationalen Studie zu den sprachlichen Merkmalen von Blogs, die Ende 2005 erschien (Schlobinski/Siever 2005, S. 58ff.), werden verschiedene makro- und mikrostrukturelle Merkmale betrachtet. Dies beginnt bei der Gestaltung der Framestruktur und den Möglichkeiten, die dem Autor gegeben werden, um sein Blog zu strukturieren, z.B. durch Linkempfehlungen, die Inhaltskategorien, die er seinen Beiträgen zuordnet, die Möglichkeit, Rubriküberschriften zu geben. Ein wichtiger Faktor ist auch der Name des Blogs. Der eigentliche Beitragstext kann anhand unterschiedlicher mikro- und makrostruktureller Merkmale beschrieben werden. Auf mikrostruktureller Ebene sind dies z.B. typographische Merkmale, auf makrostruktureller Ebene die Integration von Hyperlinks und anderen Medien (vor allem statischen Bildern, also Fotos, Graphiken usw., aber auch Tondokumenten, Videos, animierten oder statischen Smileys). In Blogs als asynchronen, unidirektionalen Medien werden der Untersuchung zufolge orthographische Normen stärker beachtet als in der Chat-Kommunikation. Flüchtigkeitsfehler sind in privaten Blogs erheblich häufiger als in Fachblogs oder journalistischen Blogs, kommen jedoch auch dort vor (zumal es sich um unlektorierte und am Bildschirm verfasste Texte handelt). In Bezug auf diese Merkmale kann festgehalten werden: „Ein lockerer sprachlicher Stil und Fotos oder andere Abbildungen gehören für sie [die W-Blogger] nicht zum typischen Weglog, wohl aber (gegenüber anderen Medien) innovative Inhalte oder Bereitstellung von RSS Feeds" (Schmidt/Mayer 2007).[158]

---

158 Im Gegensatz dazu stellte Christa Stocker (2007, S. 109f.) fest, dass es schwierig war, bei Studierenden aus technischen Studiengängen, die auch sonst als Blogger aktiv sind, „standardsprachliche Schreib- und Stilnormen durchzusetzen, die dem sprachlich-kommuni-

Auch geben W-Blogger häufiger Hinweise auf ihre Identität als andere Gruppen, was die Kontextualisierung der von ihnen veröffentlichten Hinweise erleichtert (ebd.).

Repräsentative Aussagen über Form und Sprache in Blogs sind schwierig, „da ein *prototypischer* Weblog noch weniger existiert als *die* prototypische Chat- oder Jugendsprache" (Schlobinski/Sievers 2005, S. 57). Danach finden sich Variationen in Form und Gestaltung eher in tagebuchähnlichen Blogs als etwa in journalistischen, da dort die klassischen Medieninhalte und -formen auf die neue Form des Blogs übertragen würden. Dies kann jedoch auf Blogs im wissenschaftlichen Kontext nicht zutreffen, da es eine vergleichbare Form „klassischer" Kurzinhalte hier nicht gibt.

„Ein Großteil der systematisch reflektierenden Auseinandersetzung mit diesem Phänomen findet zur Zeit in den Weblogs selber statt; die wissenschaftliche Beschäftigung mit der aktuellen Entwicklung befindet sich im deutschsprachigen Raum noch in den Anfängen" (Schmidt/Schönberger/Stegbauer 2005). Inzwischen liegen jedoch auch im deutschsprachigen Raum mehrere Online veröffentlichte Diplomarbeiten vor (Przepiorka 2003; Felkel 2004; Mosel 2005). Weitere Buchveröffentlichungen sind überwiegend praxisorientiert ausgerichtet (Olbertz 2004; Koch/Haarland 2004). Der Anfang 2007 von Christine Schwarz und Ullrich Dittler herausgegebene Sammelband „Online-Communities als soziale Systeme" enthält Beiträge, die Erfahrungen mit dem Einsatz von Weblogs in der Hochschullehre darstellen und reflektieren (z.B. Panke u.a. 2007; Stocker 2007) sowie soziologische Merkmale von sog. „Wissensbloggern" untersuchen (Schmidt 2006; Schmidt/ Mayer 2007, vgl. oben).

In Wissenschaft und Lehre werden Blogs inzwischen auf unterschiedliche Weisen eingesetzt. Dabei verbinden sie zwei Aspekte des Umgangs mit Wissen: die Personalisierung – d.h. die in wissenschaftlichen Zusammenhängen bisher eher unübliche Praxis der Rückbindung von Wissen an einzelne Personen und auch deren Wertung – und die Kodifizierung, d.h. die in Hypertexten im Internet sonst unübliche Praxis, Beiträge (durch Permalinks) dauerhaft zu referenzieren (vgl. Schmidt/Mayer 2007, S. 62). Im Folgenden wird grob unterschieden zwischen dem (noch eher seltenen) Einsatz von Blogs in der Lehre und den (bereits zahlreich existierenden) Fach- und Expertenblogs von Einzelpersonen oder Autorenteams, die im oben ausgeführten Sinne den W-Bloggern zugeordnet werden können. Dazu können ggf. auch (persönliche) Blogs gehören, deren Einrichtung verschiedene Hochschulen ihren Mitgliedern anbieten; wie diese dann genutzt werden, liegt

---

kativen Unterricht an der Hochschule zugrunde liegen (müssen)", da die Studierenden sich auch in formellen Lernkontexten eher an der Sprache informeller Weblogs orientierten.

meist im eigenen Ermessen des jeweiligen Autors bzw. der Autorin.[159] In der Diskussion ist zurzeit beispielsweise auch die Nutzung von Weblogs als E-Portfolios. Ein solches Portfolio bildet eine Lern- (bzw. auch Forscher-)Biographie anhand vieler kurzer, chronologisch angeordneter Bausteine („Micro Content") ab. Damit entstünden personen- bzw. lernendenzentrierte[160] „historisch gewachsene Netzwerke von Argumenten, die fest mit der eigenen persönlichen Erkenntnisgeschichte verbunden sind." Aus didaktischer Perspektive besteht der Gewinn darin, dass (subjektiv ausgewählte, aber für Lesende objektiv aufbereitete) Ergebnisse des Lernprozesses dargestellt werden und zugleich die kritische Reflexion des eigenen Lernprozesses gefördert wird (Baumgartner 2005). Solche Portfolios gehören beispielsweise an der Harvard Lawschool für Studierende und Wissenschaftler bereits zum selbstverständlichen Repertoire (vgl. Panke/Oestermeier 2006).[161]

Zunehmend werden Blogs nun auch an Hochschulen in formellen und informellen Lernsituationen eingesetzt (vgl. Jadin/Batinic 2005), wobei von zahlreichen Autoren darauf hingewiesen wird, dass Weblogs bei der Einbindung in formale Bildungskontexte den Reiz verlieren, der sie im informellen Raum so erfolgreich macht (Panke u.a. 2007; Stocker 2007; Draheim/Beuschel 2005 u.v.m). In den von Panke u.a. (2007, S. 90) beschriebenen Lehrveranstaltungen übernahm das Weblogsystem „jeweils unterschiedliche Lehrfunktion": In einem kleinen Seminar mit 19 Studierenden wurde es als Veranstaltungshomepage eingesetzt, auf die aktuelle Nachrichten und Materialien (Skripte und Folien) abgelegt wurden, ebenso wie Arbeitsergebnisse von Studierenden (z.B. Mindmaps, Präsentationen und Zusammenfassungen).[162] In einer großen Vorlesung diente es als Ablage für Vorlesungsfolien und als Plattform, um Fragen zum Stoff der Veranstaltung zu stellen bzw. Fragen der Kommilitonen zu beantworten. Deren Qualität beurteilte

---

159 Exemplarisch genannt sei an dieser Stelle die Liste der im „weiterbildungsblog" von Joachim Robes genannten, nach der Anzahl der Abonnenten geordneten „20 (+1) deutschsprachigen Bildungsblogs [...] deren Lektüre sich lohnt", die auch aus soziologischer Perspektive aufschlussreich ist: Sie umfasst 5 Gemeinschaftsblogs von Institutionen bzw. Autorenteams sowie 13 Blogs von Autoren und 3 Blogs von Autorinnen (www.weiterbildungsblog.de/archives/001287.html // 27.01.2007).

160 Dagegen sind Foren, Mailinglisten oder auch Wikis *themen*zentriert.

161 Allerdings weisen Veronika Hornung-Prähauser u.a. (2007, S. 27) darauf hin, dass Weblogs nicht „als Portfolio i. e. S." zu bezeichnen seien, da „damit keine zeitlich definierte Zielsetzung, Reflexion etc. verbunden" sei. Vielmehr entspreche ein „auf einem Blog geführtes Tagebuch [...] einem Lerntagebuch, das primär den eigenen, chronologischen Aufzeichnungen dient."

162 Auch Christa Stocker (2007, S. 107f.) berichtet vom Einsatz eines Weblogs als Content-Management-System, wobei das rückwärts-chronologische Strukturierungsprinzip zu Unübersichtlichkeit führte: „doch werden alle Einträge in einer einzigen, langen Reihe auf einer Seite publiziert. Dadurch geraten verschiedene Informationstypen (thematische Einträge, Organisatorisches, Lektürehinweise etc.) durcheinander und das Weblog erscheint bereits nach kurzer Zeit als endlose ‚Schriftrolle'".

die Dozentin als positiv; jedoch lag die Beteiligung der Studierenden nur „knapp über dem geforderten Minimum". Die intensivste Nutzung des Blogs fand in einem virtuellen Doktorandenkolloquium statt, in dem jede Sitzung von einem Teilnehmenden verantwortlich gestaltet wurde. Hieraus wird der Schluss gezogen, dass „insbesondere hierarchiearme Umgebungen einen fruchtbaren Boden für den Einsatz von Weblogs bildeten" (ebd., S. 93) bzw. diese sonst „als Kontroll- und Monitoring-Instrument missverstanden werden" können (ebd.).

Die Untersuchung von Susanne Draheim und Werner Beuschel (2005) ist im Zusammenhang der Fragestellung dieser Arbeit nach Veränderungen von Hochschulliteralität insofern interessant, als sie dem konkreten Weblog-Einsatz einige medientheoretische Überlegungen thesenartig voransetzen, deren Realisierung sie im Anschluss überprüfen. Zu diesen gehören u.a. mehrere Merkmale, die motivierende, auf Selbstorganisation setzende studentische Aktionen implizieren, z.B. die nicht-lineare Struktur des erweiterten Hypertextes und die explorative und ggf. kollektive Nutzung (ebd., S. 30f.). Schließlich geben sie der Hoffnung Ausdruck, „dass regelmäßiges Blogging geeignet [sei], die studentische Kompetenz im wissenschaftlichen Schreiben zu verbessern, etwa um Schreibblockaden abzubauen und die Verwendung von Wissenschaftssprache zu trainieren" (ebd., S. 31). Trotz ihrer generell positiven Bewertung des Weblog-Einsatzes in der Veranstaltung kommen sie jedoch in ihrem Fazit zu einigen ernüchternde Ergebnissen, die gerade die erhofften positiven Auswirkungen der neuen Schreibpraktiken betreffen. Zum einen geht es um die Bereitschaft der Studierenden, sich öffentlich zu äußern: „Eine permanente Anstrengung bestand für den Dozenten darin, die Studierenden zu motivieren, sich über das Medium und nicht über E-Mail auszutauschen" (ebd., S. 33). Eine weitere Schwierigkeit bestand darin, dass sich „der ‚randlose' Hypertext eines Weblogs [vgl. oben] gegen den ‚formalen' Aufbau eines wissenschaftlichen Textes sträubt, d.h. diverse Formatanpassungen nötig werden, die der Motivation der Lernenden nicht unbedingt zuträglich sind" (ebd.). Gerade in Bezug auf die literalen Merkmale von Weblogs schränkt auch Christa Stocker (2007) deren Eignung für den Einsatz in Hochschulveranstaltungen insofern ein, dass sie eher für eine allgemeine Textkritik geeignet seien als für die gerade hier notwendigen detaillierten Textkorrekturen.

Der folgende, systematische Überblick (in Anlehnung an Scott Leslie 2003) fasst abschließend verschiedene Einsatzmöglichkeiten von Weblogs im Kontext von Forschung und Lehre zusammen:

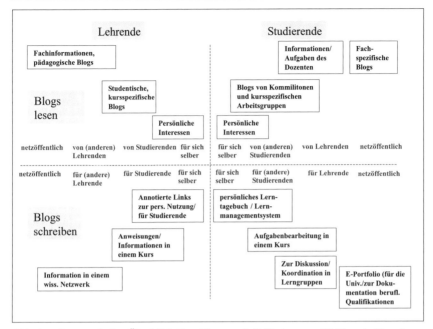

Abb. 9: Systematischer Überblick über Einsatzmöglichkeiten von Weblogs in Forschung und Lehre in Anlehnung an Scott Leslie (2003)

Unterschieden wird dabei zwischen dem Lesen unterschiedlicher Blogs (durch Lehrende und Studierende) in unterschiedlichen Zusammenhängen (aus persönlichem Interesse, im Rahmen einer Veranstaltung, als Fachinformation) und dem Verfassen von (möglicherweise mehreren) Blogs durch Lehrende oder Studierende für unterschiedliche Zielgruppen und Kontexte (als persönliche Dokumente zu Lern- oder Forschungszwecken, zur Instruktion, als Instrument zu Gruppenarbeit, als E-Portfolio).

Die hier aufgezeigte Spannbreite zwischen privater, veranstaltungsgebundener und öffentlicher Nutzung, der Nutzung als Einzelperson oder Gruppe, der lesenden oder schreibenden Nutzung, der freiwilligen oder durch den Einsatz in einer Lehrveranstaltung verpflichtenden Nutzung veranschaulicht zwar das Feld der Möglichkeiten, spiegelt jedoch keineswegs den tatsächlichen Einsatz in der Praxis. Wie oben dargestellt, wächst die Zahl der (W-)Blogs rasant, während sich die (Formen der Nutzung) in der Lehre erst im Erprobungsstadium befinden.

Die in Kap. 5.4.2.2 vorgestellte Fallstudie befasst sich deshalb mit einem schon seit mehreren Jahren existierenden und von seinem Autor als „Fachblog" charakterisierten (W-)Blog; dabei werden dessen genaue Funktion und inhaltliche und formale Aspekte ebenso zu untersuchen sein wie der Nutzen für den Autor und die Lesenden.

5.4.1.3 Vergleichende Zusammenfassung

In den beiden vorangehenden Abschnitten wurden Funktionen, Nutzungsformen und der Einsatz von Wikis und Weblogs im Bereich von Wissenschaft und Hochschulen kurz dargestellt. Wie sich gezeigt hat, ist ein Wiki das weitaus umfassendere System und kann auf sehr unterschiedliche Weisen genutzt werden: „Wiki ist auch ein Weblog – ein Weblog ist aber nicht ein Wiki" (Streiff 2005a). Trotz der Einschränkung, dass ein Wiki also prinzipiell wie ein Weblog genutzt werden *könnte*, erscheint die folgende, an Michael Pietroforte (2005) und Marco Kalz (2005) angelehnte Gegenüberstellung nicht nur hilfreich, um die Unterschiede zwischen Wikis und Weblogs darzustellen. Sie gibt darüber hinaus Hinweise auf die Begründung für wichtige Unterschiede in Bezug auf die schriftliche Praxis der Beteiligten:

Wikis	Weblogs
Verlinkung vs. Vernetzung	
Typisch ist eine umfangreiche Verlinkung innerhalb eines Wikis.	Auch innerhalb eines Blogs werden interne und externe Links gesetzt. Hinzu kommt aber eine („soziale") Vernetzung verschiedener Blogs untereinander.
„Räumliche" vs. „zeitliche" Darstellungsstruktur	
Wikis sind in der Regel hypertextuell bzw. „räumlich" strukturiert (vgl. auch Kap. 5.3.1). Die Struktur eines Wikis ergibt sich aus seinem Inhalt. Wikis sind „living documents", die sich ständig verändern (vgl. Kalz 2005, ppt, Folie 10).	Blogs sind (rückwärts) chronologisch angeordnet. Die einzelnen Beiträge sind in sich geschlossen und eindeutig einem Autor (oder einem Kommentator) zuzuordnen.
Dauerhaftigkeit vs. Aktualität[163]	
Beiträge in Wikis sind in der Regel auf „dauerhafte Gültigkeit" ausgerichtet; sie werden sorgfältig recherchiert und formuliert (Pietroforte 2005).	Zentral in Weblogs sind (tages)aktuelle Beiträge, die oft spontan eingestellt werden.

---

163 Bezüglich der beiden Punkte „Dauerhaftigkeit vs. Aktualität" und „Objektivität vs. Subjektivität" muss jedoch auf den Widerspruch hingewiesen werden, der zwischen dem hohen, eigenen Anspruch von Wikipedia an Sachlichkeit, Nachhaltigkeit und Verlässlichkeit der Artikel und deren durch Medien und Softwarestruktur bedingten Flüchtigkeit und Prozesshaftigkeit besteht (vgl. Lorenz 2006, S. 86).

Objektivität vs. Subjektivität	
In Wikis arbeiten viele Personen zusammen. Das gemeinsame Abfassen von Texten erfordert Abstimmungen und Objektivität (NPoV). Alle Nutzenden haben gleiche (Schreib-)Rechte. Die Autor(inn)en sind nicht mehr eindeutig identifizierbar.	Die meisten Weblogs werden von einzelnen Personen geführt, die ihre individuelle Meinung zum Ausdruck bringen. Die Zugriffs- und Beteiligungsrechte sind für den „Autor" und „Kommentatoren" klar unterschieden.

Tab. 9: Gegenüberstellung von Wikis und Weblogs (in Anlehnung an Michael Pietroforte 2005 und Marco Kalz 2005)

Michael Pietroforte (2005) zieht aus dieser Gegenüberstellung den Schluss, dass die in Gruppen „kollaborativ" entstehenden Wikis insofern „konsensdemokratisch" sind, als eine Einigung auf den Inhalt gemeinsam erfolgen muss; Weblogs bezeichnet er dagegen als „kommunikativ" und „konkurrenzdemokratisch", eine Einigung in Bezug auf die Inhalte verschiedener Weblogs ist nicht notwendig. Der Einfluss von Weblogs entsteht durch eine große Leserschaft und häufige Verweise (was jedoch nicht unbedingt ein hinreichendes Qualitätskriterium sein muss). Ward Cunningham charakterisiert die „Blogosphäre" als eine Gemeinschaft, die ein gemeinsames Werk hervorbringen könnte, während ein Wiki ein gemeinsames Werk ist, aus dem eine Gemeinschaft entstehen könnte (zit. nach Kalz 2005, Folie 11).

Aus der Perspektive der vorliegenden Arbeit ergibt sich aus dieser Gegenüberstellung das interessante Phänomen, dass beide neuen literalen Formen typischen Merkmalen traditioneller wissenschaftlicher Literalität jeweils in Teilaspekten entgegenkommen und ihnen in anderen Teilaspekten widersprechen: Die tendenziell „langlebige Gültigkeit" und Objektivität, die sorgfältigere Recherche und Formulierung in Wikis entsprechen traditioneller Literalität; die gemeinschaftliche Abfassung, bei der die Autoren nicht mehr erkennbar sind, die Veränderbarkeit der Texte und das mit der Wiki-Philosophie verbundene Einverständnis, Texte (z.B. in andere Wikis) zu kopieren und weiter zu bearbeiten, widersprechen ihr. In Weblogs entsprechen die individuelle Autorenschaft, die Konstanz einmal abgefasster Texte und der Umgang mit Eigentumsrechten am Text traditioneller Hochschulliteralität, während die Subjektivität und tendenzielle Kurzlebigkeit der Artefakte ihr widersprechen. Dies bedeutet für die nun folgende Darstellung der Fallbeispiele, dass dabei besonders darauf geachtet wird, ob die traditioneller Hochschul-Literalität entsprechenden Elemente gezielt genutzt wurden und wie mit den Merkmalen umgegangen wurde, die ihr widersprechen.

5.4.2 Fallstudien

In den beiden im Folgenden dargestellten Fallstudien werden die literalen Praktiken bei der Nutzung eines Wikis und eines Weblogs untersucht. Auch hier wird, wie im Forschungsdesign beschrieben, zunächst der Einsatz eines Wikis in einer (geschlossenen) Hochschul-Lehrveranstaltung untersucht (Kap. 5.4.2.1); die zweite Fallstudie befasst sich mit einem Blog, dessen Ziel die fachliche, aber über den geschlossenen Hochschulkontext hinausgreifende Darstellung und Reflexion von Informationen und Wissen ist (Kap. 5.4.2.2).

5.4.2.1 Fallstudie 5: Wiki-Einsatz in einer Hochschulveranstaltung

Wie in Kap. 5.4.1.1 ausgeführt, beruht der Erfolg von Wikis im Internet in der Regel auf Faktoren wie freiwilliger Teilnahme, großen Teilnehmerzahlen, Anonymität und Hierarchiefreiheit, die nicht auf kleine Hochschulseminare übertragen werden können. In formellen Lehr-/Lernkontexten wird der Einsatz von Wikis zurzeit in so unterschiedlichen Szenarien erprobt, dass von einer „typischen" Nutzung noch nicht gesprochen werden kann. Das im Folgenden untersuchte Wiki wurde zunächst ausgewählt, weil der Dozent den Einsatz so positiv bewertete, dass er im folgenden Semester eine sehr ähnliche Aufgabenstellung verwendete. Auch die Studierenden beurteilten (mit kleinen Einschränkungen) die Arbeit mit dem Wiki positiv. Die Aufgabenstellung im untersuchten Wiki zielte auf das gemeinsame Schreiben eines längeren (wissenschaftlichen) Textes in Kleingruppen (vgl. Abschnitt *b*) und ist insofern für die Fragestellung dieser Arbeit aufschlussreicher als die häufig praktizierte Erstellung von Kurzinhalten wie Glossaren oder Bibliographien. Ein weiterer Grund für die Auswahl war auch hier die Zugänglichkeit (vgl. Kap. 4.2.1), zumal es möglich war, die Arbeit im Wiki bereits während der Entstehung der Texte zu beobachten und an der letzten Seminarsitzung des Semesters teilzunehmen, bei der u.a. die Wiki-Aufgabe diskutiert wurde. Die Darstellung beruht auf der Analyse der entstandenen Aufgabenlösungen, einem Telefoninterview mit dem Dozenten sowie Interviews mit einem Studenten und einer Studentin, die die Veranstaltung besuchten, und der Diskussion bei der letzten Seminarsitzung.[164]

---

164 Die aus dem Seminar-Wiki zitierten Textteile werden mit Datum und Uhrzeit der Einstellungszeit referenziert. Form und Rechtschreibung wurden beibehalten. – Der Dozent konnte sich den Wiki-Einsatz im Seminar zugleich im Rahmen des hochschuldidaktischen Qualifizierungsprogramms für Dozierende anrechnen lassen; die Planung des Einsatzes wurde deshalb von einem pädagogischen Mitarbeiter des hochschuldidaktischen Weiterbildungszentrums begleitet.

(a) Kontext und Funktion des Seminar-Wikis

Das untersuchte Wiki wurde in einem archäologischen Seminar zum Thema „Mittelbronzezeit in Mittel- und Westeuropa" der Ruhr-Universität Bochum eingesetzt, an dem elf Studentinnen und drei Studenten zwischen dem 2. und 6. Semester des BA-Studiengangs teilnahmen. Die wöchentliche Präsenzveranstaltung wurde durch den Einsatz der Lernplattform Blackboard unterstützt, in die der Dozent umfangreiche Informationen einstellte, sowohl organisatorischer Art (zum Ablauf der Veranstaltungen, den verlangten Prüfungsleistungen u.ä.), als auch inhaltlich (z.B. Literaturhinweise). Außerdem wurden wöchentlich Abbildungen bronzezeitlicher Funde in Blackboard eingestellt, deren Herkunft und Alter die Studierenden bestimmen sollten. Die Lernplattform Blackboard verfügt nicht über ein zum System gehörendes Wiki, jedoch wurde ein auf dem Datenbankserver der Universität aufgesetztes Wiki-System[165] so in den Blackboard-Kurs integriert, dass für die Studierenden (optisch) der Eindruck entstand, das Wiki gehöre zum Kurs. In Blackboard wurde der schriftlich formulierte Arbeitsauftrag und ein „Survival-guide", d.h. eine Nutzungsanleitung für das Wiki eingestellt. Als während des Semesters Probleme mit dem Hochladen von Graphiken entstanden, eröffnete der Dozent zusätzlich ein Diskussionsforum, in dem Fragen gestellt werden konnten.

In dem Seminar konnten 5 Creditpoints (CPs) erworben werden, von denen einer für die (Kleingruppen-)Arbeit im Wiki vergeben wurde; *Benotung* lag allerdings nicht diese Gruppenarbeit zugrunde, sondern der von jedem einzelnen Studierenden zuvor eingereichte Gliederungsvorschlag. Die übrigen CPs wurden für „traditionelle Arbeitsformen" (Int_Wiki1) wie Referate, Hausarbeiten und die Bestimmungsübungen vergeben. Die Studierenden sprachen dabei sowohl in der letzten Seminarveranstaltung als auch in den Interviews an, dass die verlangte Arbeitsleistung in diesem Seminar – auch im Vergleich zu anderen Seminaren und in Relation zum Studienerfolg – sehr hoch gewesen sei und beurteilten deshalb die für die Wiki-Aufgabe notwendige inhaltliche und technische Arbeitsbelastung als sehr hoch.

Mit der Lernplattform Blackboard hatten die Studierenden unterschiedliche Vorerfahrungen: So gab die befragte Studentin an, bereits erhebliche Schwierigkeiten damit gehabt zu haben, Mails aus dem Kursraum heraus zu verschicken, während der Student schon mehrfach in Veranstaltungen mit Blackboard gearbeitet hatte. In einem Wiki geschrieben hatte noch keiner der Studierenden. Obwohl beide sofort einschränkten, Wikipedia sei natürlich keine zitierfähige Quelle, gaben sie dennoch an, Wikipedia häufig als erste Informations- bzw. Recherchequelle zu nutzen. Dabei beurteilt der Student die Zuverlässigkeit eines Wikipedia-Artikels danach, wie ausführlich dieser ist, ob Weblinks und Literatur angegeben sind und „wie viel Mühe sich einer gegeben hat" (Int_Wiki2).

---

165 DokuWiki: http://wiki.splitbrain.org/wiki:dokuwiki // 08.08.2007.

235

(b) Aufgabenstellung und Inhalt

Für die Wiki-Aufgabe arbeiteten die Studierenden in vier Kleingruppen mit jeweils vier Personen. Alle vier Kleingruppen bearbeiteten dieselbe Aufgabenstellung, nämlich einen ca. 4–5 DIN A 4 Seiten umfassenden Text zum Thema „Mittlere Bronzezeit" zu erstellen. Der beste der dabei entstehenden Texte sollte nach Semesterabschluss statt des bis zu diesem Zeitpunkt dort veröffentlichten und allen Studierenden als Ausgangspunkt bekannten Textes in der Online-Enzyklopädie Wikipedia veröffentlicht werden. Der Ablauf für die Aufgabenbearbeitung war sehr klar strukturiert. Vor Beginn der Gruppenarbeiten entwickelte jeder Studierende einen eigenen Gliederungsvorschlag. Danach arbeiteten die Studierenden zunächst in geschlossenen Kleingruppen an einem gemeinsamen Text, den nur die jeweilige Gruppe im Wiki-Gruppenraum sehen und bearbeiten konnte. Vier Wochen vor Semesterende präsentierten die Kleingruppen den Stand ihrer Gruppenarbeiten in einer Präsenzveranstaltung. Danach hatte jede Gruppe noch einmal eine Woche lang die Gelegenheit, ihren Text zu ändern. Im Anschluss daran wurden alle vier Gruppenergebnisse allen Studierenden zugänglich gemacht, es bestanden jedoch keine Schreibrechte mehr. Abschließend sollte jede Gruppe Kriterien zur Beurteilung der fertigen Wiki-Texte entwickeln. In der letzten Seminarveranstaltung des Semesters stellten die einzelnen Gruppen ihre Kriterien vor, diskutierten sie und bewerteten anhand dieser Kriterien die entstandenen Texte.

Der Dozent betrachtet den Wiki-Einsatz nicht als „revolutionären Ansatz", sondern eher als Umsetzung einer konventionellen Gruppenarbeit in eine neue Form. Inhaltliches Ziel war es für ihn, einen Anlass zu schaffen, das „Inselwissen", das sich die Studierenden in ihren Referaten aneigneten, in den breiteren Kontext der Gesamtveranstaltung zu stellen und „mit anderen Wissensinseln stärker zu vernetzen" (Int_Wiki1). Dabei war ihm bewusst, dass die Arbeit innerhalb geschlossener Kleingruppen „natürlich eigentlich nicht im Sinne eines Wikis ist"; eine andere Form der Gestaltung (z.B. der frühzeitigere Einblick in den Arbeitsstand der anderen Gruppen) wäre jedoch seiner Meinung nach „dem kompetitiven Element in der Zielsetzung entgegengelaufen".

Aus der Perspektive der Studierenden war gerade „die Idee, dass man einen Wikipedia-Artikel erstellt […] sehr gut" (Int_Wiki3), wie sowohl im Seminar-Abschlussgespräch als auch in den Interviews betont wurde. „Ich hätte es als demotivierend gefunden, wenn es nur so eine Trockenübung gewesen wäre; wenn das ganze auf den Unidatenbanken verschwindet, das wäre schon schade gewesen" (Int_Wiki2). „Vor allem wenn man sieht, wie der Grundartikel in Wikipedia ausgesehen hat, ist das Endresultat gut" (Abschlussdiskussion).

Dass alle vier Gruppen das selbe Thema bearbeiteten, beurteilte der interviewte Student positiv „gerade im Sinne der Vergleichbarkeit, sonst hätte ich das nicht gewusst, wie die Leute das unterschiedlich sehen […] theoretisch ist es schön zu sehen, dass es andere Wege gibt, nicht: Ich machs jetzt so, so mach ich es immer"

(Int_Wiki2). Die befragte Studentin hätte es besser gefunden, wenn jede Gruppe ein eigenes Thema behandelt hätte, und damit die Sicherheit bestanden hätte, dass alle Texte in Wikipedia veröffentlicht wurden. Jedoch empfand auch sie es als positiv, dass die Gruppen zu Anfang in geschlossenen Räumen arbeiteten: „Ein bisschen hat man eh rübergelugt [… aber] sonst hätte man sich von der Gliederung der anderen beeinflussen lassen, das find ich schon ganz gut" (Int_Wiki3).

Die Aufgabenstellung förderte auch die Reflexion über die Relevanz der Inhalte, wie sich z.b. daran zeigte, dass die Studierenden in der Abschlussdiskussion und in einem der Interviews die Frage nach der Bedeutung der Forschungsgeschichte thematisieren: Da der zu erstellende Text kurz sein sollte, mussten die Studierenden entscheiden, welche Inhalte sie wie ausführlich behandelten. Dabei kamen drei der vier Gruppen zu dem Ergebnis, dass die für Fachwissenschaftler sehr hohe Bedeutung der Forschungsgeschichte für Laien weniger relevant sei und entsprechend anders dargestellt werden müsse. „In unserer Gruppe sind wir nur kurz darauf eingegangen, zu tiefgreifende Informationen gehören da nicht rein […] Wir haben dann aber noch Literatur angegeben" (Int_Wiki2).

In Bezug auf die Wissenschaftlichkeit der entstandenen Texte unterschieden der Dozent wie die interviewten Studierenden sehr ähnlich zwischen der wissenschaftlichen Erarbeitungsweise – es „fundiert alles auf Literatur [man kann] nicht ins Blaue drauf los schreiben" (Int_Wiki3) – und der inhaltlichen und formalen Gestaltung von Texten, deren Zielgruppe keine Fachwissenschaftler sind (vgl. dazu ausführlich Abschnitt c). Der Student betonte, seiner Meinung nach sei es wissenschaftlich, „das herausgefundene Wissen der Öffentlichkeit zugänglich zu machen, es überprüfbar machen", Wissenschaft sei wertlos, „wenn es niemand erfährt". Er verglich diese Art der Wissenschaftlichkeit auch mit der Arbeit in einem Museum, die er während eines Praktikums kennen gelernt hatte, dort müsse man z.B. Pressemitteilungen machen und dürfe dennoch nicht zu populärwissenschaftlich und zu wenig wissenschaftlich schreiben.

(c) Form

In zwei der Arbeitsgruppen entstanden Texte von ca. 14.500 Zeichen Umfang; die beiden anderen Texte waren mit ca. 19.000 Zeichen deutlich länger. Alle vier Gruppen verfassten lineare Texte; die für Wikis sonst typische Vernetzung durch Hyperlinks wurde also nicht genutzt (was jedoch auch nicht unbedingt der Aufgabenstellung entsprach); lediglich Gruppe 1 legte innerhalb ihres Textes „tote" Hyperlinks an, d.h. sie erstellte keine Inhalte für die verlinkten Seiten. Die folgende Abbildung zeigt die Gliederung und den Anfang der schließlich vom Dozenten in Wikipedia veröffentlichten Fassung. Die dort enthaltenen (von ihm eingefügten) Links verweisen innerhalb von Wikipedia auf Personen und Begriffe, zu denen bereits Artikel existieren (blau markiert) oder verfasst werden könnten (rot markiert):

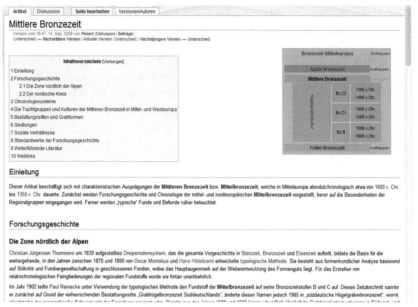

Abb. 10: Screenshot der in Wikipedia eingestellten Version des im Seminar entstandenen Wikitextes

Alle Gruppen und die interviewten Studierende betonten den Einfluss der Zielgruppe auf die Texte: „Sonst geht man davon aus, dass der Dozent weitaus fachkundiger ist, davon geht man bei Wikipedia nicht aus" (Int_Wiki2). Für Laien verständlich zu schreiben hat danach nicht nur Auswirkungen auf den Inhalt. Die meisten der in der Seminardiskussion genannten Kriterien zu Beurteilung der Texte bezogen sich auf die Länge, die Gliederung und den sprachlichen Stil (zumal die Inhalte aufgrund der Aufgabenstellung relativ ähnlich waren).

Beide interviewten Studierenden fanden es schwierig, sich kurz zu fassen: „Für Studenten ist es schwierig, auf kurzem Raum zu schreiben, das macht man sonst nicht" (Int_Wiki2). „Ich hatte mir mein Thema einfacher vorgestellt, es war verdammt schwierig, das so zu kürzen" (Int_Wiki3).[166] Allerdings bestehe ja die Möglichkeit, für vertiefende Ausführungen, Links zu setzen.

Über die Art der Gliederung entstand bei der Seminarsitzung eine Diskussion, als eine Gruppe die eigene Arbeitsweise als „zu wissenschaftlich" kritisierte, und

---

166 Der Dozent berichtete später in einem informellen Gespräch, dass er im folgenden Semester bei der Aufgabenstellung nicht so klar auf den begrenzten Umfang des zu erstellten Textes hingewiesen habe. Daraufhin hätten einige Gruppen erheblich längere Texte erstellt, die jedoch bei der abschließenden Beurteilung im Seminar deutlich schlechter bewertet worden seien.

meinte, man habe eine zu lange Gliederung, „wie für ein Referat", verwendet. Darauf wandte eine andere Gruppe ein, auch sie habe sich an eine solche Gliederung gehalten, da dies inhaltlich sinnvoll sei. Der interviewte Student meinte, im Sinne der guten Nutzbarkeit eines Bildschirmtextes sei es sinnvoll, kleinschrittig zu gliedern. In allen Gruppen kann nachvollzogen werden, dass die Gliederungen im Laufe der Entstehung umfangreicher wurden, jedoch in den meisten Fällen – anders als in Hausarbeiten – nur selten Unterkategorien gebildet wurden.

Der verwendete Stil ist in allen Fällen sachlich, jedoch nach Einschätzung aller Befragten einfacher als in Hausarbeiten bzw. sonstigen wissenschaftlichen Arbeiten; die Studierenden bemühten sich, „relativ allgemein und verständlich zu schreiben" (Int_Wiki2): „Ich hab schon gedacht, es muss relativ einfach sein, das hab ich schon versucht, irgendwie zu beachten" (Int_Wiki3). In der Seminardiskussion wurden als Kriterien weiter genannt, nicht zu viele Fachwörter zu verwenden und keine persönlichen Wertungen einzubringen.

Die Alphabetschrift ist das Leitmedium der entstandenen Texte, in einer Gruppe auch das einzige genutzte Symbolsystem. Die drei anderen Gruppen jedoch banden zwischen fünf und acht Graphiken ein, die Landkarten, Abbildungen von bronzezeitlichen Funden sowie eine Gegenüberstellung verschiedener Chronologien zeigten. Dabei betonten sie in der Seminardiskussion und im Interview die Bedeutung von Bildern für das Fach Archäologie, legten aber zugleich Wert auf eine „sinnvolle" Bebilderung, nicht „um der Bilder willen", sondern um deren Funktion willen. Auch das Layout spielte eine Rolle, d.h. die Größe der Bilder und die Möglichkeit, sie an bestimmten Stellen zu platzieren und von Text umfließen zu lassen (zu den technischen Problemen dabei vgl. Abschnitt *f*).

Ein Ziel des Seminarleiters war es, die Studierenden zum „Umgang mit verschiedenen Textarten" anzuregen und „dieses Wissen aktiv anzuwenden" (Int_Wiki1). Dass dies gelungen ist – wenn auch in den einzelnen Gruppen in unterschiedlichem Maß – zeigen sowohl die entstandenen Texte als auch die Diskussion der Studierenden.

(d) Arbeits- und Schreibprozesse bis zur Veröffentlichung

Anders als andere Medien macht ein Wiki den Entstehungsprozess eines Textes und die Anteile der einzelnen Beteiligten in gewissem Maße öffentlich. Für den Dozenten war auch dies ein Argument für den Einsatz, da es ihm die Möglichkeit gab nachzuvollziehen, welche Textanteile von welchen Studierenden stammten: „Ich hab das jetzt nicht dafür genutzt, das individuell in die Notenvergabe einfließen zu lassen, aber wenn jetzt jemand überhaupt nicht als Autor auftaucht, dann frage ich natürlich, woran das liegt" (Int_Wiki1). Diese Nachfrage ergab dann allerdings, dass in der entsprechenden Gruppe ein Studierender die Aufgabe des Textverwalters im Wiki übernommen hatte und die Textanteile der anderen einstellte.

Eine Auswertung der Versionsänderungen zeigt, dass die einzelnen Seminargruppen sehr unterschiedlich mit dem Wiki arbeiteten. Neben der erwähnten Arbeitsform hatte eine andere Gruppe den zu erstellenden Text in drei inhaltliche Schwerpunkte aufgeteilt, die jeweils von einer Studentin erarbeitet und in das Wiki eingestellt wurden. Diese Gruppe war die einzige, die die jeweiligen Textabschnitte namentlich kennzeichnete. Jede Studentin bearbeitete nur ihren Teilabschnitt; eine von ihnen betrat das Gruppenwiki nur ein Mal, um ihren Textteil einzustellen, die zweite arbeitete dreimal im Wiki, die dritte schließlich 14 Mal, änderte aber, wie die beiden anderen, nur ihre eigenen Textanteile.

Alle vier Gruppen begannen erst relativ spät mit der Arbeit im Wiki. Dabei lagen die Anteile der einzelnen Mitglieder in allen Gruppen sehr weit auseinander; in allen Gruppen gab es jedoch eine Person, die weit häufiger als die anderen im Wiki auftauchte und andere, die nur wenige Arbeitsanteile übernahmen. Auch arbeiteten die Gruppen unterschiedlich häufig im Wiki:

Arbeitsanteile pro Person	Gruppe 1	Gruppe 2	Gruppe 3	Gruppe 4
Person 1	20	17	20	14
Person 2	5	4	8	3
Person 3	1	2	7	1
Person 4	-	2	6	-
Versionen insgesamt	26	25	41	18

Tab. 10: Überblick über die Arbeitsanteile pro Person und Arbeitsgruppe in der Fallstudie Wiki

In dem im Folgenden etwas ausführlicher betrachteten Wiki der Gruppe 3 entstanden die meisten Textversionen und die Arbeitsanteile der einzelnen Mitglieder sind am ausgewogensten. Die Arbeit in diesem Gruppenraum beginnt mit der Einstellung eines umfangreichen Textes von über 6.000 Zeichen, der mit folgenden Worten beginnt:

Die mittlere Bronzezeit ist nahezu überall verbreitet. Von Mittel- und Ostasien mit China, über dem vorderen Orient und dem ägäischen Raum, über Europa, Afrika, bis hin zu Amerika. Wobei anzumerken ist, dass bei Afrika der Forschungsschwerpunkt eher bei Ägypten liegt und bei Amerika das Wissen über die Mittelbronzezeit mit großen Lücken und Unsicherheiten behaftet ist, so dass man hier noch keine einigermaßen verlässliche Aussage machen kann.
[Rohfassung nachnamevorname, 08.06.2006; 9:34]

Bereits eine Minute später veränderte die Autorin die eingestellte Fassung und entfernte die zu großen Graphiken. In der nächsten Version fügte zwei Tage später eine weitere Teilnehmerin einen umfangreichen Text (über 4.600 Zeichen) zu, den sie dem oben zitierten voranstellt, mit dem schließlich in der Endfassung erst der 4. Hauptabschnitt beginnt. Dies zeigt – wie später in den Interviews bestätigt –, dass die (meisten) Texte nicht im Wiki selber entstanden, sondern auf vorherige Word-Versionen zurückgehen, die dann in das Wiki kopiert wurden. Vereinbarungen über die Arbeitsaufteilung und die Arbeitsweise im Wiki wurden, wie die Interviews zeigen, bei Präsenztreffen oder per E-Mail getroffen. Dabei änderten die Studierenden in der Regel nur ihre eigenen Textfassungen, nahmen dabei jedoch Anregungen der anderen auf. Beispielsweise vereinfacht der Verfasser in der folgenden Textänderung seinen eigenen Text, wie in Abschnitt *(b)* beschrieben, in Sprache und Stil, indem er Fachtermini wie „absolutchronologisch" oder fachwissenschaftliche Abkürzungen wie „BzC1" entfernt:

Einführung:

~~Die mittlere Bronzezeit, oder auch Hügelgräberbronzezeit" erstreckt sich absolutchronologisch in Mitteleuropa~~ Auf Grund der dominierenden Bestattungssitte, der Inhumation in oder unter Hügeln, entstand der Name „Hügelgräberbronzezeit". Die Verbreitung dieser Bestattungssitte richt in Ost-West-Richung von ~~ca. 1500~~ Ostfrankreich über Süddeutschland bis ~~ca. 1300 vor Chr., relativchronologisch erstreckt sie sich in Mitteleuropa~~ über zum nördlichen Rand des Mittelgebirges, die ~~Stufen BzC1~~ Schweiz und ~~BzC2. In der nordischen Bronzezeit in Nordeuropa ist diese Gliederung in etwa mit der jüngeren Abschnitt der älteren Bronzezeit gleichzusetzen. Auf Grund der dominierenden Bestattungssitte, der Inhumation in oder unter Hügeln, entstand der Name „Hügelgräberbronzezeit". Die Verbreitung diese Bestattungssitte reicht in Ost-West-Richtung vom~~ Österreich bis zum Karpatenbecken ~~bis in Teile Frankreichs~~, und in Nord-Süd-Richtung von Nordeuropa bis in den Alpinen Raum. [Vergleich zwischen Version 17 und 18]

Veränderungen an den Textteilen anderer wurden nur selten vorgenommen. Die interviewte Studentin fand es zwar gut, diese Texte lesen zu können, „ja, aber was zu ändern …Wenn man das so markieren könnte, das fände ich gut …" (Int_Wiki_Stud2). Dass diese Möglichkeit bestanden hätte, war ihr nicht klar. Auch der Student meinte: „Das ist das Schöne, ein ganz gutes Medium, dass man sich als Gruppe überprüfen kann, sondern jeder kann sagen, nee das ist mir zu lang [...] wenn man sicher war, dass es den anderen nicht stören würde, hat man es halt so geändert" (Int_Wiki_Stud1). Dass dies nur in sehr geringem Umfang geschah, zeigt das folgende typische Beispiel für eine kleine Streichung und eine Ergänzung:

In den 30ern dominierten systematische Fundtypenuntersuchung, z. B. für Österreich durch K. Willvonseder, für Hessen, Nieder- und Oberbayern durch F. Holste, der später ~~auch~~ ein grundlegendes Werk zur mittlebronzezeitl. Hügelgräberkultur Süd- und Westdeutschlands veröffentlichte und 1939 den Begriff „Lüneburger Bronzezeit" prägte. [Vergleich zwischen Version 11 und 12]

In Version 9 wird erstmals ein Inhaltsverzeichnis eingefügt, das zwei Hauptabschnitte und den Unterpunkt „Quellen" umfasst. Die letzte Version dieser Gruppe hat fünf Hauptabschnitte und unterscheidet zwischen „Standardwerke der Forschungsgeschichte" und „Literatur". Weitere kleinere Veränderungen sind z.b. die Korrektur von „Forschunggeschichte" zu „Forschungsgeschichte" von Version 6 zu 7; das Ersetzen der Überschrift „Quellen" durch „Literatur" von Version 23 zu 24 usw. Ein größerer Teil der Veränderungen betrifft schließlich das Layout des entstandenen Textes, insbesondere das Formatieren von Überschriften und Graphiken.

Insgesamt wird deutlich, dass sich das Schreiben innerhalb des geschlossenen Seminarwikis erheblich von der Arbeit in Wikipedia unterscheidet. Die unterschiedlichen Vorgehensweisen der einzelnen Gruppen zeigen darüber hinaus, dass die Studierenden Strategien entwickeln, die sich mit den an einer Universität geforderten Arbeitsweisen und mit ihren eigenen Vorstellungen in Bezug auf Gruppenarbeiten vereinbaren lassen und insofern die Arbeit im Wiki auf ihre eigenen Bedürfnisse und die Ansprüche der Institution hin anpassen.

Für den Dozenten schließlich war das Einfügen des Seminarergebnisses in die öffentliche Wikipedia nicht nur mit der Übertragung, dem Einfügen der Links usw. verbunden. Da die Studierenden auf neuere Forschungsergebnisse zurückgegriffen hatten, erwies es sich als notwendig, Unterschiede zu anderen Wikipedia-Artikeln zugrundeliegenden Chronologien zu erläutern: „Wenn man in größerem Umfang ergänzt, dann ergeben sich daraus ja auch Diskussionen mit anderen Wikipedianern [...] und jetzt die Daten, die von den Studenten verwendet worden waren, stimmten nicht mit der Schema-Tabelle überein, die in allen Artikeln vorgegeben war. Und da kam die Frage auf: Was stimmt denn jetzt, und das muss man dann schon begründen – das muss man jemanden, der nicht mit so einem akademischen Hintergrund da ran geht, erklären – und das muss man dann auch tun" (Int_Wiki1).

(e) Gestaltungsmöglichkeiten und Definitionsmacht

Wodurch haben sich die bisher beschriebenen Ausprägungen der Wiki-Nutzung im Seminar ergeben? Ebenso wie in großen, offenen Wikis bestand ein gemeinsames Interesse am Thema, und die Form des zu erarbeitenden Textes – einschließlich Elementen wie dem „neutralen Standpunkt" (vgl. Kap. 5.4.1.1) – war vorgegeben; anders als dort war die schriftliche Beteiligung nicht freiwillig und es bestand kein hierarchiefreies Miteinander.

Entsprechend hatte der Dozent sehr starken Einfluss auf die Arbeit im Wiki: Er gab nicht nur die sehr strukturierte Aufgabenstellung inklusive eines Richtwerts für die Länge der zu erstellenden Texte vor, sondern teilte auch die Gruppen[167] ein und vergab (durch Freischaltung der Gruppenbereiche) Lese- und Schreibrechte. Letztlich wählte er – trotz der Abstimmung über den besten Text in der letzten Seminarsitzung durch die Studierenden – den Text aus, den er schließlich in Wikipedia einstellte und vorher noch etwas modifizierte bzw. ergänzte.

Innerhalb ihrer jeweiligen Arbeitsgruppen konnten die Studierenden sich untereinander über Gliederung, Inhalte und die sonstige Gestaltung – z.B. das Einfügen von Bildern und das Layout – einigen. Über die von jeder Kleingruppe entwickelten Qualitätskriterien zur Beurteilung der entstandenen Texte wurde bei der letzten Seminarveranstaltung diskutiert; allerdings ging es dabei nicht um eine Einigung oder Abstimmung.

(f) Kompetenzen

Die für die Nutzung des Wikis generell notwendigen Kompetenzen und die von den Studierenden im Laufe der Bearbeitung erworbenen Kompetenzen liegen auf sehr unterschiedlichen Ebenen. Zu nennen sind zunächst Handhabungskompetenzen, d.h. die technische Bedienung. Während sonst häufig berichtet wird, dass dies keine Probleme mache (vgl. Kap. 5.4.1.1), sprachen die interviewten Studierenden von unterschiedlichen Schwierigkeiten schon beim Einstellen von Texten, bei der Formatierung (von Überschriften etc.) und dem Einfügen von Hyperlinks. Als größtes Problem erwies sich die Einbindung von Bildern, die drei Gruppen aus thematischen Gründen als wichtig betrachteten. Dabei war zum einen die Größe der Bilder ein Problem, zum anderen die Positionierung, d.h. die Möglichkeit, die Bilder von Text umfließen zu lassen: „Mit den Bildern war es zu Beginn schwierig, die Größe anpassen war schwierig, vielleicht, weil es nicht richtig erklärt war" (Int_Wiki1). „Da hat uns auch der Dozent geholfen, hat sich sehr engagiert, z.B. für graphische Dinge, wie der Text um das Bild fließt" (Int_Wiki2). Beide Studierenden meinten im Interview, sie hätten eine bessere Einführung in die Handhabung des Wikis benötigt (bzw. die Studentin auch schon in den Umgang mit Blackboard). Vor der Veröffentlichung in Wikipedia wurden schließlich auch die Frage von Urheberrechten bei der Veröffentlichung von Bildern thematisiert.

Weitere Kompetenzen sind das Schreiben bzw. Abstimmen von Texten in Gruppen sowie das im Hochschulkontext nicht übliche Ändern von Texten anderer. Die auf inhaltlicher Ebene erworbenen Kompetenzen bezogen sich zum einen darauf, um-

---

167 Sein Anliegen dabei war die Zusammensetzung leistungsmäßig ähnlicher Gruppen, in denen z.B. Studierende aus höheren und niedrigen Semestern zusammenarbeiteten. Trotzdem stieß diese Methode bei den Studierenden auf Kritik: „Ich fand das mit den zugelosten Gruppen schon etwas schwierig" (Int_Wiki3).

fassende Fachinhalte zu kennen und zu bewerten, zum anderen, diese für den Zweck eines für Laien verständlichen Mediums zu kürzen und entsprechend zu formulieren.

Der Erwerb aller dieser Kompetenzen bzw. die Bearbeitung der Wiki-Aufgabe an sich erforderte von den Studierenden einen weitaus höheren Zeitaufwand als dies bei einer traditionellen Arbeitsform der Fall gewesen wäre. So kritisierten sie bei der Abschlussbesprechung, dass der Arbeitsaufwand in Relation zu den Credit-points sehr hoch gewesen sei. Allerdings ist anzunehmen, dass dieser Aufwand mit zunehmender Vertrautheit mit der Technologie abnimmt und schließlich dem Zeiteinsatz für traditionelle Gruppenarbeitsformen vergleichbar ist – wohingegen sich etwa der Zeitaufwand für die kontinuierliche Beteiligung an einer Foren-diskussion kaum reduzieren lässt.

(g) Zusammenfassung und Fazit

Wenngleich das Ergebnis des untersuchten Wiki-Einsatzes ein in Wikipedia ver-öffentlichter Artikel ist, unterschieden sich doch dessen Entstehung im Seminar-kontext und die Schreibprozesse ganz erheblich von der üblichen Wikipedia-Nutzung. Dies beginnt bei dem formellen Seminarkontext und der keineswegs freiwilligen, sondern durchaus mit Widerständen und Kritik verbundenen Bearbeitung und reicht über die nur sukzessive aus dem „geschützten" Klein-gruppen- und Seminarzusammenhang sich erweiternden Öffentlichkeit und bis zu den im Vergleich sehr vorsichtigen (bzw. auf die gewohnten universitären Gepflogenheiten hin angepassten) Eingriffe bzw. Korrekturen der Studierenden in die Texte anderer.

Die klare Strukturierung der Aufgabenstellung mit ihren zeitlichen Vorgaben und der schrittweisen Erweiterung der Öffentlichkeit widerspricht der Praxis in offenen Wikis, hat jedoch zu dem Erfolg der untersuchten Arbeit beigetragen. Obwohl nicht alle Potenziale (öffentlicher) Wikis ausgeschöpft wurden – insbesondere die Ver-linkung von Texten – kann der Einsatz insbesondere in Hinblick auf die sehr unter-schiedlichen erworbenen Kompetenzen als sehr gelungen bezeichnet werden: Zunächst betrifft dies das vom Dozenten intendierte Überblickswissen über das Thema der Veranstaltung im Gegensatz zu dem vertieften Detailwissen in den Teilgebieten ihrer jeweiligen Hausarbeiten, darüber hinaus jedoch auch die in Ab-schnitt (f) ausführlich dargestellten Kompetenzen von der technischen Handhabung bis zur Metareflexion von Kriterien zur Beurteilung von Texten, der Adressaten-orientierung, Urheberrechten bei Veröffentlichungen von Grafiken im Internet usw.

Dieses positive Ergebnis ist zu einem großen Teil auch auf die Einbettung der Arbeit in die Präsenzveranstaltung und die dortigen Reflexionen und Diskussionen zurückzuführen, die der Dozent jedoch im folgenden Semester noch verstärken wollte (Int_Wiki1).

Gerade im Umgang mit den Unterschieden zu den Nutzungsweisen öffentlicher Wikis scheint sich hier eine produktive „universitäre Umgangspraxis" herausgebildet zu haben, die einige Gemeinsamkeiten mit klassischen literalen Schreibpraktiken an Hochschulen hat – etwa die wissenschaftliche Herangehensweise, die Abstimmung bei Gruppenarbeiten, die Zurückhaltung bei der Änderung von Texten anderer –, jedoch Möglichkeiten des neuen Mediums ebenfalls ausnutzt, insbesondere die neuen Formen von Öffentlichkeit.

5.4.2.2 Fallstudie 6: Ein wissenschaftliches Weblog

In Kap. 5.4.1.2 wurde eine Vielzahl von Nutzungsmöglichkeiten von Weblogs in Lehre und Forschung vorgestellt. Auch hier haben sich insbesondere im Bereich der Lehre noch keine typischen Einsatzszenarien herausgebildet. Jedoch gaben der umfassenden Studie von Jan Schmidt (2006) zufolge etwa ein Drittel aller deutschsprachigen Blogger als Motiv ihrer Aktivitäten den Austausch von Wissen an. Die Zuordnung der Fallstudie „Weblog" zum Bereich „Wissenschaft" (und nicht Lehre) innerhalb des Kapitels „Social Software" entspricht insofern also einer bereits einigermaßen etablierten Verwendungsweise. Zudem entspricht der Autor des untersuchten Blogs den dort identifizierten Merkmalen eines „W-Bloggers" (männlich, Ende 20, formal höher gebildet, technikaffin). Darüber hinaus gab es folgende weiteren Gründe für die Auswahl: Das Blog wurde am Ende des Untersuchungszeitraums seit ca. zweieinhalb Jahren aktiv betrieben und gelesen und kann schon insofern als erfolgreich angesehen werden. Bewusst wurde kein Blog eines bekannten Professors gewählt, das bereits aufgrund von dessen fachlicher Reputation beachtet würde oder aufgrund seiner hierarchischen Position z.B. von Studierenden gelesen würde.[168] Die Falldarstellung beruht auf der Analyse der Beiträge und Kommentare sowie Telefoninterviews mit dem Autor und mit zwei Personen, die das Blog regelmäßig mitverfolgen.[169]

---

168 Bereits nachdem die Auswahl zur Untersuchung dieses Blogs gefallen war, führte der bekannte Blogger Jochen Robes in seinem „Bildungsblog" dieses Blog als zehntes unter den „20 (+ 1) Blogs, die man lesen muss" auf und charakterisiert es als „innovativ": „[W]ie in allen ausgewiesenen e-Learning Weblogs denkt auch er [der Autor] weniger über Web-based Training als über Weblogs, Wikis und Tagging nach, aber auch Bildungspolitisches und Alltägliches" (www.weiterbildungsblog.de/archives/2006_09.html // 16.06.2007).

169 Die Blogbeiträge werden mit ihrer URL (Permalink) und dem Datum der Einstellungszeit referenziert. Form und Rechtschreibung wurden beibehalten. Links innerhalb des Blogs sind durch Unterstreichungen gekennzeichnet. Ein viertes Interview wurde aufgrund einer technischen Panne nicht aufgenommen und deshalb nur am Rande berücksichtigt.

(a) Kontext und Funktion des Weblogs

Das untersuchte deutschsprachige Weblog wurde im Juni 2004 begonnen. Es trägt den Titel „Unfrisierte Gedanken" und wurde in einer (nach einem Systemwechsel im März 2006 nicht mehr veröffentlichten) Beschreibung von seinem Autor folgendermaßen charakterisiert:

> Der Name dieses Weblogs stammt vom polnischen Aphoristiker Stanislaw Jerzy Lec. Die Themen des Weblogs drehen sich hauptsächlich um E-Learning, Bildungstechnologie und Mediendidaktik. Man könnte das Weblog als ein Fachblog bezeichnen, wobei vereinzelt auch persönliche Dinge oder Gedanken als Eintrag hier auftauchen.
> (http://blog.marcokalz.de/index.php?disp=about // 01.10.2005)

Der Autor war zunächst wissenschaftlicher Mitarbeiter an einem Lehrstuhl der Fernuniversität Hagen, dessen Lehrstuhlinhaber ein englisch- und ein deutschsprachiges Weblog betrieb und die Mitglieder seines Lehrstuhls dazu anregte, ebenfalls zu bloggen.[170] Der Autor des untersuchten Blogs betrachtete dies als „ein Experiment, eine explorative Phase, die auch bisher nicht geendet hat" (Int_Blog1). Während des Untersuchungszeitraums wechselte er an die niederländische Fernuniversität Twente und berichtete darüber auch im Blog. Seit März 2006 betreibt er parallel ein englischsprachiges Weblog mit dem Titel „The Day's Refrain", das vor allem dem Austausch über seiner Dissertation dienen soll (vgl. Beitrag vom 14.03.2006). Über eine Zusatzfunktion können beide Blogs zusammengeführt werden.

Die in einem sog. „Blogstock" (einer weiterzureichenden Umfrage an Blogger) gestellten Frage, warum er blogge, beantwortete der Autor öffentlich in seinem Blog:

> 07.08.06 Fang den Blogstock
> [...] Hauptsächlich, um die Netzwerkeffekte zu nutzen, die durch die öffentliche Reflektion entstehen. In gewisser Weise sehe ich es auch ein wenig als eine Pflicht an, zu bloggen, da ich sehr von dem Wissen meines Netzwerkes profitiere und somit auch für andere ein wenig Inspiration bieten möchte. Auch der Gedanke der offenen Wissenschaft bzw. der offenen Inhalte spielt ein wenig in meine Blogmotivation rein. [...]
> (http://blog.marcokalz.de/index.php/2006/08/07/fang_den_blogstock // 30.06.2007)

---

170 Nach einer Systemumstellung im März 2006 ist die persönliche Vorstellung des Autors nicht mehr veröffentlicht; aus zeitlichen Gründen hat er dies bisher auch nicht mehr nachgeholt. Dennoch ist er als Person durch die Angabe seiner Aktivitäten, Veröffentlichungen, Konferenzbesuche etc. deutlich erkennbar.
Eine Interviewpartnerin gehörte ursprünglich zum selben Lehrstuhl und bloggt seit mehreren Jahren. Allerdings entwickelte ihr Blog sich schnell in eine eher private Richtung; sie hat „nicht den Anspruch, über wissenschaftliche Themen zu bloggen" (Int_Blog2).

Das Weblog verfügt über viele typische Funktionen: eine Liste der behandelten Themen, ein Archiv, Trackback, Kommentarfunktion, RSS, Suchfunktion und Kalender. Alle Beiträge und Kommentare können im Archiv nachgelesen bzw. auch per Stichwortsuche, Suche nach Themen oder nach dem Veröffentlichungs-datum gesucht werden.

Wer genau dieses Weblog liest und von wie vielen Personen es gelesen wird, ist natürlich nicht erkennbar. Der Autor selbst spricht von ca. 30 „Abonnenten" bei Bloglines, ist jedoch auch auf anderen Plattformen vertreten und wird zudem häufig über Google gefunden. Diese statistischen Daten sind für ihn durchaus interessant, z.b. auch, wer auf sein Blog verlinkt; allerdings hatten diese Angaben zu Anfang für ihn eine höhere Bedeutung. Dass sein Blog nicht nur wahr-genommen wird, sondern sich die Lesenden auch damit auseinandersetzen, zeigt sich auch daran, dass von den 197 Beiträgen im Untersuchungszeitraum insgesamt 76 kommentiert wurden; dabei gab es zu 35 Beiträgen je einen Kommentar, zu den anderen bis zu elf:

Anzahl der Kommentare	1	2	3	4	5	6	10	11	
Kommentierte Blogbeiträge	35	17	10	3	6	3	1	1	Gesamt: 76

Tab. 11: Übersicht über die Anzahl von Kommentaren zu den Blogbeiträgen

Bis zum Ende des Untersuchungszeitraums (31.12.2006) wurden 197 Beiträge ver-öffentlicht; es wurden also durchschnittlich monatlich sechs bis sieben Beiträge veröffentlicht. Die genaue Verteilung zeigt jedoch, dass die Beitragshäufigkeit im Jahr 2006, dem letzten Jahr des Untersuchungszeitraums erheblich nachließ:

2004		2005		2006	
Monat	Anzahl der Einträge	Monat	Anzahl der Einträge	Monat	Anzahl der Einträge
		Januar	10	Januar	3
		Februar	10	Februar	4
		März	15	März	5
		April	12	April	7
		Mai	6	Mai	0
Juni	11	Juni	11	Juni	1
Juli	12	Juli	1	Juli	1
August	11	August	8	August	6
September	6	September	4	September	5
Oktober	8	Oktober	5	Oktober	5
November	10	November	15	November	1
Dezember	1	Dezember	1	Dezember	2
gesamt	59	gesamt	98	gesamt	40
Monats-durchschnitt	7,3	Monats-durchschnitt	8,1	Monats-durchschnitt	3,3

Tab. 12: Beiträge im untersuchten Weblog im Monatsdurchschnitt

(b) Inhalte

Wie in Abschnitt *(a)* bereits erwähnt, versteht der Autor sein Blog als Fachblog für die Bereiche E-Learning, Bildungstechnologie und Mediendidaktik. Diese Themen differenziert er selbst außerordentlich detailliert in folgende selbstgewählten Kategorien und Unterkategorien:

▪ Alle	▪ Open Source (13)	▪ Web-Community (1)
▪ Aktivitäten (61)	▪ Persönliches (21)	▪ Wikipedia (6)
▪ Konferenzen (38)	▪ Podcasts (0)	▪ Wissenschaft (58)
▪ Lehre (13)	▪ Politik (14)	▪ Bildungstechnologie (84)
▪ Publikationen (13)	▪ Projekte (2)	▪ Standards (7)
▪ Fragen (4)	▪ Tencompetence (3)	▪ E-Learning (70)
▪ Mein Blog (5)	▪ Tooltime (32)	▪ Hype (1)
▪ Moblog (5)	▪ Blogtools (19)	▪ Methodologie (5)
▪ Musik (6)	▪ b2evolution (6)	▪ Pädagogik (34)
▪ Netlife (7)	▪ C3MS (9)	▪ Scientific Publishing (8)
▪ Blogging (32)	▪ CMS (3)	
▪ Seltsam (2)	▪ ePortfolios (5)	
▪ Spam (1)	▪ LCMS (11)	
▪ Webtips (28)	▪ RSS (4)	
▪ Niederländisch (1)	▪ Small Tools (15)	
▪ Open Content (6)	▪ Wiki (21)	

Tab. 13: Übersicht über die Themen bzw. vom Autor vergebenen Schlagworte der Blogbeiträge

Die Übersicht zeigt, dass bei einer solchen persönlichen Verschlagwortung Ober- und Unterkategorien nicht immer völlig eindeutig und sauber verwendet werden[171]; auch gibt es Überschneidungen, so weist er z.B. (eigene oder fremde) Publikationen zwei Bereichen zu, „Aktivitäten – Publikationen" und „Wissenschaft – Scientific Publishing". „Verwandte Themen" werden manchmal geteilt, so werden etwa „Blogtools" (als technische Werkzeuge) und „Blogging" (als „soziales Verhalten") unterschiedlichen Kategorien zugeteilt. Meist teilt der Autor den Beiträgen mehrere Kategorien zu. Dabei fällt auf, dass die Beiträge mit wenigen Kategorien oft persönliche Themen behandeln („Persönliches", „Musik" o.ä.); technischen Themen werden oft zwei bis vier Kategorien zugeordnet; die „wissenschaftlichen" Themen haben die meisten Kategorienzuordnungen, je ein Beitrag sogar zehn und elf:

---

171 „Tagging", also die Möglichkeit, Beiträge selbst verschlagworten zu können (im Gegensatz zu den Schlagwortregistern traditioneller Bibliotheken oder Suchmaschinen), ist ein wesentliches Kennzeichen von Web 2.0-Anwendungen. Auch in diesem Fall zeigen sich sowohl die positiven Seiten als auch die Problematik, dass durch die dadurch entstehende „Folksonomie" (durch die User entwickelte Stichwortsammlungen im Gegensatz zu den „Taxonomien" von Bibliotheken und Suchmaschinen) eine Fülle teilweise schwer unterscheidbarer Suchkriterien entsteht.

Anzahl der zugewiesenen Kategorien	1	2	3	4	5	6	7	8	9	10	11
Blogbeiträge	21	26	22	24	21	10	7	3		1	1

Tab. 14: Anzahl der den Blogbeiträgen zugewiesenen Kategorien

Der Autor selbst gibt an, dass er auf diese Weise versucht, eine „eigene cognitive map" (Int_Blog1) seiner Interessengebiete abzubilden: „Ich versuch halt immer, möglichst eine klare Kategorie zu geben" (ebd.).

Inhaltliche Schwerpunkte liegen in den Bereichen „Bildungstechnologie" (84), E-Learning (70), (eigene) „Aktivitäten" (61) und „Wissenschaft" (58). Technische Themen werden unter dem Oberbegriff „Tooltime" in 32 Beiträgen behandelt; unterhalb dieses Begriffs finden sich aber noch einmal 8 Kategorien, denen insgesamt 93 Beiträgen zugeordnet sind. Thematisch entwickelte sich das Webblog schnell zu einem Fachblog, nachdem der Autor zu Beginn teilweise auch über private Themen schrieb und z.b. reflektierte, ob die Geburt seiner Tochter ein zu persönliches Thema sei, obwohl es doch in seinem Leben eine besondere Bedeutung hat. Von beiden Lesenden wird das Blog als „wissenschaftlich, aber persönlich" (Int_Blog2) charakterisiert, d.h. dass er die Themen sachgerecht behandelt, teilweise auch auf Quellen verweist und dennoch seine persönliche Meinung, z.b. über Software-Entwicklungen oder bildungspolitische Themen zum Ausdruck bringt. Für die Leserin war es wichtig, auf diese Weise „auch mal so hinter die Kulissen von Wissenschaft gucken zu können" und etwas über den „Arbeitsalltag" eines Wissenschaftlers zu erfahren (Int_Blog2).

Das Bloggen selber wird relativ selten thematisiert. Die im Folgenden zitierte Reflexion über die (sozialen) Auswirkungen und Implikationen des Bloggens ist jedoch eine aufschlussreiche Charakterisierung des eigenen Selbstverständnisses:

13.04.05; Kategorien: <u>Wissenschaft</u>, <u>Blogging</u>, **Methodologie**

Weblogs und die Experten-Zuschreibung
[Vorname Nachname] und ich hatten heute ein interessantes Gespräch über Forschungsarbeiten allgemein und das ständige Lesen und Reflektieren von Weblogeinträgen. Dabei hatte ich einen Gedanken, den ich hier einmal ausformulieren will. Durch das Lesen von Weblogs bindet man sich selbst in eine Expertengemeinschaft ein, in der neue Themen mit einer Geschwindigkeit diskutiert, analysiert und auch wieder verworfen werden, die wahrscheinlich mit einer ständigen Konferenz vergleichbar ist. Im Gespräch mit [Vorname] ist mir aufgefallen, dass wir beide die Erfahrung gemacht haben, dass wir den Wissens-Hintergrund, den wir bei den Experten-Bloggern annehmen, auch auf unsere physische Umgebung übertragen. So bin ich immer wieder erstaunt, dass, wenn ich etwas über Wikis und Weblogs erzähle, doch die wenigsten Personen en detail mit diesem Thema etwas anfangen können und erst recht bei der Nutzung im E-Learning noch viele "weiße Flecken" auf den Wissenslandkarten meines Gegenüber bestehen. In diesem Sinne wäre es nun die Aufgabe der bildungstechnologischen Forschung, diese Themen zu systematisieren und auf verständliche Weise auch Nicht-Experten in ihrer didaktischen Tragweite zu erklären. Das Problem ist nur, dass ich dazu neige, nichts verpassen zu wollen und damit eher auf Quantität der Ideen als auf die Qualität zu setzen, was u.a. auch in meinem <u>Furl-Linkdump</u> deutlich wird. Zwar entlastet mich dieser vor dem ständigen Sammeln von Links in meinem Blog, jedoch bewerte ich selten etwas oder schreibe ausführliche Kommentare. Ich bin überzeugt davon, dass man jedoch nur produktiv eine wissenschaftliche Arbeit schreben kann, wenn man sich zumindest für eine Zeit mit seinem Material in ein "stilles Kämmerlein" zurückzieht. Kein Bloglines, kein Furl und am besten auch kein ICQ, Skype oder sonstige Kommunikationsanlässe. Diese Zeit naht.... ;-)!

Ähnliche Postings: <u>2. Forschungskolloquium Bildung und Medien</u>, <u>NMC2004: Small pieces loosely joint</u>, <u>1 Kommentar</u> • <u>Trackback (0)</u>

In diesem Beitrag setzt der Autor das Bloggen in eine mehrfache Beziehung zu seinen anderen wissenschaftlichen bzw. fachlichen Tätigkeiten: Zunächst vergleicht er diese (schriftliche) Aktivität mit dem mündlichen Austausch bei einer Konferenz; dabei betont er den dialogischen Charakter; trotz der zunächst monologischen Schreibform ist Bloggen seiner Meinung nach immer dialogisch ausgerichtet. Ergebnisse und Erkenntnisse dieses Prozesses bringt er auch in die (mündliche) Diskussion in seiner „physischen Umgebung" ein. Im Interview betonte er, für ihn sei es „vor allen Dingen interessant, unfertige Ideen zu publizieren und mal kurz durchzudiskutieren, auch um eine gedankliche Blockade zu beheben". Auf der anderen Seite setzt er das ständige Sammeln von Inhalten (auch durch andere Web 2.0-Technologien wie FURL[172]) in Gegensatz zu „wissenschaftlichem Schreiben", das produktiv nur im „stillen Kämmerlein" erfolgen könne. So würde er selbst „seine Postings nie in seine Publikationsliste einfügen" (Int_Blog1). Einer der Leser meinte dagegen, dass Weblogs den normalen Publikationsweg brechen: „Viele Leute veröffentlichen interessantere Sachen in Weblogs." Dieser Leser

---

172 Ein Social-Bookmarking-Tool (www.furl.net/ // 08.08.2007; vgl. Kap. 5.2.).

zitiert in seinen (klassischen) Publikationen Internet-Ressourcen und auch Weblogs gleichwertig neben klassischen Quellen und beruft sich dabei auf Umberto Eco: Es sei wichtig, die Quelle eines Gedankens anzugeben, den man in seiner Publikation aufgreife; woher dieser Gedanke komme – aus dem Internet oder aus einer Papier-publikation – sei dagegen zweitrangig (Int_Blog3).

(c) Form

Formal weist das untersuchte Weblog, beginnend mit der rückwärts-chrono-logischen Anordnung, viele der charakteristischen Eigenschaften auf. Der Bild-schirm ist in drei Frames geteilt: Das Banner zeigt den Titel des Blogs und den Namen des Autors sowie in einer schmaleren Zeile darüber die Möglichkeit, vom deutschsprachigen Blog „Unfrisierte Gedanken" (UG) in das englischsprachige Forschungsblog „The Days' Refrain" (TDR) zu wechseln oder beide Blogs zusam-menzuführen. Die linke, breitere Spalte enthält die inhaltlichen Beiträge, die rechte, schmalere Spalte informiert über die weiteren Funktionen (Kalender, Archive und letzte Kommentare, Suchfunktion, Kategorien, RSS usw., s.o.). Das Layout ist ein Template, das der Anbieter des Blogtools[173] zur Verfügung stellt.

Abb. 11: Screenshot des Weblogs „Unfrisierte Gedanken"

Jeder Beitrag enthält die typischen Formalia: Nach den Zeilen mit den Metadaten (Datum und Uhrzeit des Postings, Permalink, vom Autor gesetzte Kategorien, Überschrift) folgt der eigentliche Inhalt. Unterhalb des Beitrags wird auf ähnliche Postings, Kommentare und Trackbacks verwiesen, falls es solche gibt. Damit sind

---

173 b2evolution: http://b2evolution.net/index.php // 08.08.2007.

einerseits die einzelnen Beiträge klar umgrenzte (und somit zitierbare) Texte, die auch jeweils mit einer eigenen URL referenziert werden, andererseits sind die Textgrenzen durch die vielfältigen Bezüge (Links und Kommentare) stark erweitert.

Das Leitmedium des Weblogs ist die Alphabetschrift, aber es gibt auch einzelne Beiträge, die nur aus einem Comic oder einem Foto bestehen; in viele (Text)Beiträge sind weitere Medien eingebunden: Fotos (hierzu werden auch z.b. Plakate oder Buchcover gezählt), Graphiken (Abbilder oder logische Bilder), Logos oder Banner von Websites. In insgesamt 73 Beiträgen zitiert der Autor längere Texte anderer Autoren, Tagungshinweise o.ä. und macht diese Zitate durch Umrahmung und graue Hinterlegung kenntlich. Fast die Hälfte dieser Zitate (46) sind auch im deutschsprachigen Blog Englisch. Innerhalb eines Beitrags wird häufig verlinkt: zum Teil auf externe Seiten, die das Thema erläutern oder kommentieren (von Wikis bis zu Tageszeitung), vor allem aber auf andere Blogs. Ein Beitrag befasst sich jeweils mit einem Thema. Das Einbinden anderer Medien und Symbolsysteme wurde von allen Interviewpartnern positiv beurteilt: So erleichtere z.B. die Abbildung eines Buchtitels die Erinnerung (Int_Blog2). Der interviewte Leser fand, dass Fotos von Konferenzen die Beschreibungen lebendiger machten, und meinte, die Zukunft liege in Multimediablogs (Int_Blog3). Seine Entscheidung, auch Videos in sein Blog einzubinden, begründete der Autor damit, dass er dies nicht um des Mediums willen mache, sondern weil es dabei um Inhalte ginge, die sich „nur mit einem Film abbilden" ließen (Int_Blog1).

Der Stil ist insgesamt eher sachlich, manchmal auch ironisch; nie jedoch wirklich umgangssprachlich. Die Rechtschreibung und Grammatik sind bis auf wenige Flüchtigkeitsfehler korrekt. Der Autor selbst gab an, zu Anfang oft lange formuliert zu haben, aber inzwischen immer weniger darüber nachzudenken. Da es ihm um seriöse Inhalte geht, hält er eine „gewählte Ausdrucksweise" für angebrachter als „Umgangsformen", lässt allerdings auch sprachlich locker formulierte Kommentare zu. Die Lesenden beurteilen seinen Stil zwar als „nicht so, wie man in wissenschaftlichen Publikationen schreibt", jedoch dennoch als wissenschaftlich (Int_Blog2). Wenn sie selbst Beiträge in einem Blog kommentierten, achteten sie auf den Stil dieses Blogs (Int_Blog3). Auch gaben beide an, dass sie z.B. für sehr persönliche Anmerkungen eher das Medium E-Mail nutzen würden.

(d) Gestaltungsmöglichkeiten und Definitionsmacht

Auf welche Weise sind die bisher beschriebenen formalen und inhaltlichen Ausprägungen dieses Weblogs entstanden? Welche Entwicklungen und Einflussnahmen sind festzustellen? Wie in Kap. 5.4.1.2 beschrieben, bieten Blogs ihren Autoren auf der einen Seite insofern eine Entlastung an, als ihre äußere Form (relativ) strikt vorgegeben ist; zugleich kann dies auf der anderen Seite zu einer größeren Konzentration auf die Inhalte und deren stilistische Gestaltung führen. Hier stellt sich jedoch die Frage, ob und inwieweit die hier bestehende grundsätzliche Gestaltungs-freiheit durch andere Faktoren beeinflusst wird; im Falle des untersuchten Blogs auch durch den eigenen wissenschaftlichen Anspruch bzw. den Anspruch, inner-halb einer (Fach-)Community ernst genommen zu werden.

Wie bereits erwähnt, gab es während der Laufzeit des Blogs einen Systemwechsel, bei der verschiedene Funktionen unfreiwillig verloren gingen, die seitdem aus Zeit-gründen nicht wieder ergänzt wurden. Ebenfalls erwähnt wurde der bewusst gewählte, sachorientierte Stil.

Welche Rolle für die Gestaltung des Weblogs jedoch vor allem das Verständnis des Bloggens spielt, zeigt sich an einer öffentlich ausgetragenen Auseinandersetzung. Im August 2006 veröffentlichte der Autor einen Beitrag, in dem er berichtet, die Art, wie er sein Blog führe, sei von einem Leser in (persönlichen) E-Mails kritisiert worden. Er zitiert zunächst anonym aus einer Mail und begründet dann sein Ver-ständnis des Bloggens, indem er offensichtlich einige Punkte der Mail aufgreift:

25.08.06
http://blog.marcokalz.de/index.php/2006/08/25/metablogging_dies_ist_keine_kanzel
23:16:45, Kategorien: Blogging, Mein Blog
Metablogging: Dies ist keine Kanzel

[...]

- Wer so normativ ans Bloggen herangeht und wie ein Aufklärer versucht, anderen beizubringen, wie man bloggt, der hat aus meiner Sicht nicht viel vom Bloggen verstanden. Jegliche normative Herangehensweise an das Thema Bloggen ist aus meiner Sicht per se zum Scheitern verurteilt.

- Dass andere sich zu Wort melden, ist für mich u.a. der Sinn des Bloggens. Deshalb benutze ich ein Weblog, in dem mir jeder einen Kommentar hinterlassen kann oder einen Trackback. Wenn ich darauf keinen Wert legen würde, würde ich ein einfaches CMS nutzen (siehe auch meine Publikation zu diesem Thema).

- Ich gebe hier niemandem Ratschläge. Ich reflexiere hier öffentlich über Sachen, die mir durch den Kopf gehen – nicht mehr und nicht weniger. Wer Ratschläge benötigt, der soll um Rat fragen. Meine E-Mail-Adresse lässt sich leicht heraus-finden. Wenn die Mail die üblichen Umgangsformen beachtet, ist die Wahr-scheinlichkeit einer Antwort hoch.

- Ich schreibe hier nicht „von der Kanzel herab" und verkündige unumstößliche Wahrheiten. Wer so sein Weblog betreibt, der soll das gerne machen – für mich ist gerade der spielerische und unfertige Moment des Bloggens reizvoll und dabei muss ich nicht nach jedem Eintrag darauf hinweisen, dass mir hier ja jeder einen Kommentar hinterlassen kann. Das ist für mich weder unglücklich noch peinlich, sondern gehört für mich zur Natur des Bloggens und der transparenten Wissensreflexion für ein disperses Publikum.

So sehr ich auch die Offenheit von Weblogs schätze, finde ich es befremdlich, wenn mir ein Leser meines Weblogs vorschreiben will, wie ich hier schreibe, was ich lösche oder auch verändere. [...]

Aufgrund dieser Erfahrung lässt der Autor keine anonymen Kommentare zu und moderiert die Kommentare in seinem Blog, d.h. Kommentare werden nicht automatisch veröffentlicht, sondern ihm vorher zugeschickt; die Entscheidung zur Veröffentlichung liegt dann bei ihm. Beide befragten Lesenden finden diese Vorgehensweise verständlich.

In Bezug darauf, ob Blog-Beiträge im Nachhinein geändert werden sollten, gingen die Meinungen der Befragten auseinander. Einer der Leser meinte, man müsse dies sogar tun, wenn man feststelle, dass man etwas falsches geschrieben habe; die Leserin meinte, dies solle man eigentlich nicht, sie würde es aber dann machen, wenn sie z.b. feststelle, dass sich Links geändert hätten. Sie nutze dann die „Durchstreichen"-Funktion und kommentiere teilweise auch nachträgliche Änderungen, damit sie als solche erkennbar seien.

(e) Kompetenzen

Trotz der relativ einfachen Handhabung von Blogs sind für eine effiziente Nutzung verschiedene technische Kompetenzen notwendig. Einige werden im Blog auch thematisiert, z.B. das Portieren in eine andere Version, die Erstellung einer Offline-Version etc.

Zentraler ist aber die Bereitschaft, sich ständig auf dem Laufenden zu halten und regelmäßig inhaltlich und formal angemessen darüber zu berichten: „Das Ganze verursacht jede Menge Arbeit" (Int_Blog1). Dazu fühlt der Autor sich nicht „verpflichtet", sondern freut sich darüber, etwas interessantes zu berichten. Dabei ist er etwas unzufrieden damit, dass es ihm nicht gelingt, regelmäßiger zu schreiben, und meint, am schwierigsten sei es gerade, wenn viel passiere und es viel zu berichten gäbe.

Alle befragten Personen, auch der Blog-Autor, verfolgten mehrere (fachliche und andere) Blogs, wobei die Zahlenangaben dazu sehr unterschiedlich waren, von ca. zehn (Int_ Blog3) bis zu über 100 (Int_Blog1; Int_Blog4). Dazu ist es notwendig, schnell Entscheidungen darüber zu treffen, ob Beiträge fachlich oder persönlich relevant sind. Zugleich fallen solche Entscheidungen auf einer anderen Basis als die Beurteilung traditioneller Publikationen: „Man muss als Leser anders arbeiten, man muss sehen: Was der da schreibt, macht das Sinn, stimmt das, wo kann man das prüfen? [...] man muss es irgendwie abwägen anders als Zeitschriften mit Peer-Review" (Int_Blog3).

(f) Bedeutung des Bloggens für die Befragten

Die persönliche und fachliche Bedeutung einer neuen literalen Praxis für die Befragten wird nur in dieser Fallstudie unter einer eigenen Überschrift explizit thematisiert. Der Grund dafür ist, dass die Befragten in allen Interviews – teilweise auf die Zusatzfrage hin, ob es etwas Wichtiges gebe, was bisher nicht zur Sprache gekommen sei – betonten, dass Blogs für sie wichtig seien und Bloggen ihnen großen Spaß mache. Drei der vier Befragten führten ein eigenes Blog, alle verfolgten regelmäßig mehrere Blogs und beteiligten sich aktiv durch Kommentare.

In Bezug auf die Bedeutung von Blogs in der Lehre waren ihre Einschätzungen unterschiedlich. Die befragte Leserin hielt sie in (Fernstudien-)Seminaren für sinnvoll und setzt sie dort ein; der Autor des untersuchten Blogs hält sie nur in einem begrenzten Bereich der Lehre für sinnvoll und würde „mittlerweile [...] nicht mehr als Evangelist auftreten". Auch ein anderer befragter Leser empfand es als das Problem, Studierende zum Führen eines Blogs zu verpflichten und sah es als besonderen Erfolg an, wenn diese nach dem Ende einer Veranstaltung freiwillig weiter bloggen (Int_Blog4).

Auch wenn die Durchsetzung und Reichweite von Blogs in Deutschland noch nicht sehr hoch sei[174], schätzen alle Befragten deren Bedeutung für die Wissenschaft als sehr hoch ein. Dabei spielten unterschiedliche Faktoren eine Rolle. Zunächst sind Blogs eine wichtige Informations- aber auch „Inspirationsquelle" (Int_Blog1). Der Autor des untersuchten Blogs gab an, dass er dadurch schon viele Hinweise für seine Dissertation bekommen habe – „diese Hinweise kommen zu mir, ich suche nicht danach". Die in Blogs veröffentlichten Beiträge zeigen oft ein anderes Wissenschaftsverständnis als traditionelle Publikationen, „wenn Forscher beginnen, über ihre Forschung zu schreiben, vorläufige Ergebnisse" (Int_Blog1). Der interviewte Leser nimmt an, dass durch das schnellere, spontanere und aktuellere Schreiben, das Blogs eröffnen, mehr und interessantere Inhalte veröffentlicht werden. Er prognostiziert, dass Blogs zu einem „ganz normalen Werkzeug werden, wie eine Zeitschrift oder Buchveröffentlichung" und meint, da Wissenschaftler aufgrund ihrer Veröffentlichungen beurteilt werden, sollte „ein gut gepflegtes Weblog dabei auch berücksichtigt werden" (Int_Blog3).

Allen Befragten war die Möglichkeit wichtig, sich unkompliziert zu beteiligen. So meinte ein Interviewpartner, er habe noch nie einen Leserbrief an eine Zeitschrift geschrieben, aber schon oft Blogs kommentiert; die befragte Leserin schätzte im Gegensatz zu der (statischen) Homepage eines Wissenschaftlers, dass sie bei einem Blog nachvollziehen könne, „die Person beschäftigt sich noch hier- und hier- und hiermit, und hier und hier haben wir Anknüpfungspunkte, und – oh ich kann ja sogar selber was zu schreiben, vielleicht, wenn ich 'ne Frage zu 'nem Artikel habe, und die Person kann mir auch antworten" (Int_Blog2). Nicht zuletzt ergeben sich durch Blogs auch (fachliche) Kontakte; so wurde der Autor des untersuchten Blogs schon mehrfach von Personen, die ihn durch sein Blog „entdeckt" hatten, zu Vorträgen oder Tagungen eingeladen.

---

174 Dies kann sich nach Ansicht des Blog-Autors ändern, „wenn diese E-Portfolio-Debatte nach Deutschland herüber kommt."

(g) Zusammenfassung und Fazit

Das untersuchte Weblog wird aktiv betrieben, wobei die Anzahl der monatlichen Beiträge stark differiert. Es enthält die charakteristischen Merkmale von Weblogs (auch) im nichtwissenschaftlichen Kontext, beschränkt sich inhaltlich jedoch bis auf wenige Ausnahmen auf wissenschaftliche bzw. fachliche Themen meist in den Bereichen E-Learning und neue Medien. Dabei verbindet es Informationen (technischer Art, Literatur-, Tagungshinweise usw.) mit teils impliziten, teils sehr dezidierten Stellungnahmen zu technischen Entwicklungen, aber auch (bildungs-) politischen oder (medien)pädagogischen Themen. Diese und die persönlichen Hinweise des Autors geben dem Weblog seine „Persönlichkeit", die es auch für die Lesenden interessant macht. Den Autor wiederum motivieren die Kommentare der Lesenden, sowohl öffentlich im Blog als auch in E-Mails oder auf anderen Wegen zur Fortsetzung seiner Aktivitäten.

Aus sprachlicher Perspektive können unterschiedliche Faktoren festgehalten werden: Insgesamt sind Sprache und Stil sachlich, Fehler kommen nur selten vor, auch Emoticons werden kaum eingesetzt, ein Umgang, der typisch für W-Blogs ist (vgl. Schmidt 2006). Andererseits werden – anders als in wissenschaftlichen Veröffentlichungen – viele Bilder und Graphiken eingesetzt. Auch die in klassischen Veröffentlichungen nicht übliche persönliche Wertung ist ein wichtiger Erfolgsfaktor des Blogs, ebenso die kurzen Nachrichten und die unfertigen, „unfrisierten Gedanken", die dem Autor so wichtig sind, dass sie seinem Blog den Titel gaben. Große Bedeutung haben auch die unterschiedlichen Formen der Vernetzung des Blogs durch *Links* (durch den Autor) und Kommentare und Trackbacks, d.h. durch *andere Personen*, wobei auch ein eher umgangssprachlicher und emotionalerer Stil in den Kommentaren geduldet wird. Wichtig ist die hohe Personalisierung, auch die Verweise auf andere Personen und deren Weblogs oder andere Internetseiten.

5.4.3 Zusammenfassung

Beide in diesem Kapitel untersuchten Fallstudien sind Beispiele für die Nutzung von Social Software im akademischen Kontext. Bereits der Überblick über die zugrundeliegenden, gemeinsamen Vergleichskriterien in der folgenden Tabelle zeigt, dass sie darüber hinaus weniger Gemeinsamkeiten haben als die Fallstudien, die in den vorangegangenen Kapiteln gemeinsam betrachtet wurden:

Fallstudie	Wiki-Einsatz in einem Hochschulseminar	Ein wissenschaftliches Weblog
Kontext	– Einsatz in einem Hochschulseminar im SoSe 2006: Zunächst vier geschlossene Arbeitsgruppen-Wikis, danach Leserechte für die anderen Gruppen, – von einem bestimmten Zeitpunkt an keine Änderungen der Gruppenwikis mehr, – nach Ende der Veranstaltung Veröffentlichung des besten Seminar-Artikels in Wikipedia; seitdem dort typische Weiterarbeit am Text, – keine direkt prüfungsrelevante Nutzung, jedoch gingen die Vorarbeiten in die Punktevergabe ein.	– Seit Juni 2004 kontinuierlich geführtes, deutschsprachiges Blog, das von seinem Autor und von den Lesenden als wissenschaftliches bzw. als Fachblog charakterisiert wird.
Inhalte	– Der Aufgabenstellung im Seminar entsprechend: Entwicklung von vier parallelen Gruppenarbeiten zum selben Thema (Mittlere Bronzezeit).	– Viele (kurze) Beiträge zu sehr unterschiedlichen Themen, die vom Autor in zahlreichen Kategorieren verschlagwortet wurden.
Form	– Im Seminar entstanden vier längere Wiki-Beiträge; in Wikipedia wurde einer der Beiträge veröffentlicht, – Gliederungen der Beiträge entsprechen den Gliederungen wissenschaftlicher Arbeiten; stilistisch sind die Beiträge unkomplizierter formuliert als wissenschaftliche Arbeiten, jedoch immer sachlich und neutral (NPoV), – Einbindung von Bildern und Graphiken, – in den Seminar-Beiträge kaum Nutzung von Links, im Wikipedia-Artikel zahlreiche Links.	– Typisches W-Blog; enthält die meisten für Blogs üblichen Features, – eher kurze Beiträge, insgesamt eher sachlicher Stil, der Autor ist jedoch durch Stellungnahmen, persönliche Wertungen etc. erkennbar, – häufige Einbindung anderer Medien wie Bilder, Logos, teilweise auch Audio, (nach Ende des Untersuchungszeitraums auch Videos), – Verlinkung und Vernetzung mit anderen Blogs, häufige Kommentare von Lesenden.

Gestaltungs-/ Definitions- macht	– Starker Einfluss der anvisierten Veröffentlichung in Wikipedia: Orientierung an den dort üblichen Regeln (z.B. NPoV), – starker Einfluss des Dozenten durch die Aufgabenstellung, die Vergabe von Schreib- und Lese- rechten, die Auswahl und Bearbei- tung des letztlich in Wikipedia ver- öffentlichten Textes, – innerhalb der Arbeitsgruppen: Aushandlung von Gliederung, Inhalten, Layout, Qualitäts- kriterien.	– Grundsätzliche Definitionsmacht des Autors, jedoch eingeschränkt durch seinen Anspruch, ein in der Fach-Community anerkanntes Blog zu führen, – Moderation der Kommentare durch den Autor, d.h. Freigabe der Kom- mentare nachdem er sie gelesen hatte (nach einer negativen Erfah- rung): Diese Praxis wird von den Lesenden akzeptiert.
Kompetenzen	*Auf Seiten des Seminarleiters:* – Inhaltliche Kompetenzen, – Entwicklung einer geeigneten Auf- gabenstellung, – Kompetenzen zur technischen Um- setzung. *Auf Seiten der Studierenden:* – Inhaltliche Kompetenzen, – Handhabungskompetenzen zum Schreiben im Wiki (Einbinden von Bildern, Formatierung usw.), – Abstimmen von Texten und Schreibprozessen in der Gruppe.	*Auf Seiten des Autors:* – Überblick über umfangreiche, für sein Blog relevante Inhalte, – Bereitschaft zu regelmäßigen Bei- trägen, – Kompetenz zu stilistisch angemes- sener Aufbereitung der Beiträge, – Kompetenzen zur technischen Realisierung (Einbindung anderer Medien, Systemumstellung usw.). *Auf Seiten der Lesenden:* – Umgang mit Informationsflut (teil- weise mitverfolgen von über 100 Blogs): Erkennen von Inhalten, die für sie jeweils relevant sind, – ggf. Beteiligung durch eigene Kommentare: Inhaltliche und stilistische Kompetenzen, Bereit- schaft, sich öffentlich sichtbar zu äußern.

Tab. 15: Vergleichende Übersicht über die Ergebnisse der Fallstudien 5 (Wiki-Einsatz in einem Hochschulseminar) und 6 (wissenschaftliches Weblog)

Zunächst einmal scheint der Vergleich der beiden Fallstudien die zu Beginn des Kapitels zitierte Frage von Michael Pietroforte (2005), ob Weblogs nicht das Gegenteil von Wikis seien, in fast jeder Beziehung zu bejahen. Dies beginnt bei dem Kontext: Hier steht dem freiwilligen Führen eines Weblogs seit über drei Jahren das Schreiben eines auf die Dauer eines Semester begrenzten und zumindest (durch die Vorarbeiten) zum Teil in die Benotung einbezogenen Wikis gegenüber. Im Weblog werden zahlreiche Themen durch einen Autor behandelt, jedoch häufig in relativ kurzer und offener Form; im Wiki entstanden in Gruppenarbeit eher umfangreiche, ausgearbeitete, sachlich neutrale Texte.[175]

Die Fallstudien haben jedoch auch Gemeinsamkeiten: In beiden spielt die Einbindung anderer Medien, insbesondere Bilder, eine wichtige Rolle. Die Vernetzung durch Links wird im Weblog sehr intensiv vorgenommen, aber auch der in Wikipedia veröffentlichte Artikel enthält viele Verweise.

Vor allem jedoch werden in beiden Fallstudien aktiv Inhalte erstellt und anderen zur Verfügung gestellt, anders als etwa in den beiden Fallstudien zum Thema „Hypertext", in denen es um die *Rezeption* von Lerninhalten bzw. die Darstellung wissenschaftlicher Ergebnisse ging. Zwar waren auch die Ergebnisse der Gruppenarbeiten in der Wiki-Fallstudie (am Ende des Semesters) abgeschlossene Texte; ein wesentlicher Teil der Arbeit bestand jedoch in der zunächst kleingruppeninternen Entwicklung der Wiki-Beiträge und danach in der seminarinternen Diskussion der Ergebnisse. Damit wurde der sonst nicht erkennbare Entstehungsprozess wissenschaftlicher Texte öffentlich sichtbar gemacht; Revisionen und Veränderungen wurden nachvollziehbar, und innerhalb der Kleingruppen und der Seminargruppe wurden gemeinsame Beurteilungskriterien entwickelt und diskutiert. Hierin wird ein Verständnis von Lehre und Wissenschaft praktiziert, das sich nicht darauf beschränkt, inhaltlich und formal „fertige" Texte der Studierenden zu beurteilen. Vielmehr zeigt es deren Entwicklung als dynamischen Prozess und macht Beurteilungskriterien transparent und in Teilen verhandelbar, ohne wissenschaftliche Standards zu vernachlässigen. Schließlich war die Veröffentlichung des Endergebnisses in Wikipedia nicht nur ein wichtiger Motivationsfaktor für die Studierenden, zugleich wurde damit eine Verbindung zwischen dem inneruniversitären Seminarkontext und der Bedeutung dieser Arbeit für die Öffentlichkeit hergestellt.

Auch das Weblog macht den Charakter wissenschaftlicher Arbeit als unabgeschlossenen Prozess öffentlich sichtbar: Es stellt offene Fragen und Thesen zur Diskussion, verortet sie in einem Netzwerk anderer Bezüge (Texte und Blogs anderer Autoren sowie Kommentare) und entwickelt sie weiter. Anders als in den Wiki-Texten werden hier die Überlegungen eines Wissenschaftlers kontextualisiert und auch personalisiert, was auch für die Lesenden von großer Bedeutung war.

Auch für diese beiden Fallstudien trifft zu, dass die Nutzung der jeweiligen Social Software-Tools nur eine unter vielen anderen, auch traditionellen literalen Lern- bzw. wissenschaftlichen Aktivitäten der beteiligten Personen war. Sie traten also nicht an die Stelle traditioneller literaler Praktiken, sondern ergänzten sie.

---

175 Dies hätte bei der Auswahl anderer Fallstudien natürlich auch anders sein können. So werden Wikis in der Lehre inzwischen auch eingesetzt, um z.B. Kursglossare, Kursbibliographien etc. zu erstellen. In einem solchen Fall wären ebenfalls unterschiedliche Themen behandelt worden, die möglicherweise auch bestimmten Autorinnen und Autoren hätten zugeordnet werden können.

6 Ergebnisse der Falluntersuchungen

In der folgenden Auswertung werden die im 5. Kapitel jeweils einzeln „als Fall" untersuchten und beschriebenen Fallstudien vergleichend und systematisierend betrachtet. Nach einer Zusammenschau von (meist übergeordneten) bei allen Fallstudien beobachteten Phänomenen (Kap. 6.1) werden in einem zweiten Schritt die in allen Fallstudien angelegten Analysedimensionen aufeinander bezogen, um so Gemeinsamkeiten, Unterschiede und schließlich singuläre Merkmale der Fallstudien herauszustellen (Kap. 6.2). Im Anschluss daran wird gefragt, welche unterschiedlichen „Strategien" die Handelnden anwandten, um die neuen literalen Formen an Anforderungen von Lehre und Forschung anzupassen (Kap. 6.3). Daraus ergibt sich die Frage, welches Verständnis von Lehre bzw. Forschung in dem Einsatz der unterschiedlichen neuen literalen Formen zum Ausdruck kommt (Kap. 6.4). Das Kapitel schließt mit einer zusammenfassenden Übersicht über die gewonnenen Ergebnisse (Kap. 6.5).

6.1 Gemeinsamkeiten der untersuchten Fälle

Wie in den Ausführungen zum Forschungsdesign (Kap. 4) erläutert, wurden in dieser Arbeit bewusst sehr unterschiedliche neue literale Formen untersucht, um einen Überblick über deren Spannbreite und Heterogenität zu gewinnen. Die sechs ausgewählten Fälle wurden in drei Kategorien gefasst, virtuelle Kommunikation, Hypertext und Social Software; in diesen drei Kategorien wurde immer je eine Fallstudie aus dem Bereich Lehre und eine Fallstudie aus dem Bereich Wissenschaft/Forschung berücksichtigt:

Kategorie/Kontext	Bereich Lehre	Bereich Forschung
Virtuelle Kommunikation	Fallstudie 1: Diskussionsforum	Fallstudie 2: Mailingliste
Hypertexte	Fallstudie 3: Hypertext als Lernmaterial	Fallstudie 4: eine Dissertation als Hypertext
Social Software	Fallstudie 5: Wiki	Fallstudie 6: Weblog

Tab. 16: Übersicht über die Kategorien und Kontexte der untersuchten Fallstudien

Gemeinsamkeiten und Unterschiede *innerhalb* dieser Kategorien wurden in den Zusammenfassungen der jeweiligen Kapitel (5.2.3, 5.3.3 und 5.4.3) beschrieben. Dabei zeigte sich, dass bereits hier zunächst oft mehr Unterschiede als Gemeinsamkeiten zwischen den Fallstudien zu bestehen scheinen. Dies betrifft nicht nur Merkmale wie die Kontexte und behandelten Themen, die sich notwendigerweise unterscheiden, sondern ebenso die formale Gestaltung, die Definitionsmacht und die benötigten Kompetenzen. Damit bestätigt sich zunächst einmal, dass neue literale Formen und ihr Einsatz an Hochschulen über die unterschiedlichen Techniken hinaus extrem heterogen sind. Bereits bei den – im Vergleich erheblich homogeneren – traditionellen hochschulliteralen Textsorten stellte sich die Frage, ob eine zusammenfassende Subsumierung von Merkmalen den unterschiedlichen Textsorten überhaupt gerecht werden kann (vgl. Kap. 3.1); für die neuen literalen Formen erhöht sich die Relevanz dieser Frage noch einmal erheblich, sodass man fragen könnte, ob eine vergleichende Zusammenfassung überhaupt zulässig ist. Kontexte, Funktionen, Themen, Strukturen und Codes der Artefakte lassen zunächst kaum *verallgemeinerbare Merkmale* erkennen. Wenn im Folgenden dennoch von Gemeinsamkeiten die Rede ist, die über das Produktions- und Rezeptionsmedium – Computer und Internet – und die Nutzung der Alphabetschrift als leitendem Symbolsystem (beides Leitkriterien bei der Fallauswahl) hinausgehen, so liegen diese auf einer anderen Ebene:

(1) In allen Fallbeispielen wurden die neuen literalen Praktiken absichtsvoll und mit Überlegung eingesetzt; d.h. ihre Nutzung erfolgte noch nicht routinemäßig „von selbst". Dabei gab es immer eine „treibende Kraft", einen initiierenden Verantwortlichen, der sich etwas davon versprach, gerade diese neue(n) Praktik(en) einzusetzen. Im Einzelnen waren die Motive sehr unterschiedlich und reichten von der Initiierung eines interdisziplinären Austauschs (Mailingliste) über die Präsentation wissenschaftlicher Ergebnisse (Dissertation als Hypertext) bis zur Verbesserung der Kommunikation in einem Seminar. Zugleich zeigte sich, dass nicht nur die Techniken und Einsatzziele neu waren; gemeinsam ist allen in den Fallstudien untersuchten Praktiken, dass sie sich noch nicht wirklich etabliert haben und ihre Form im Hochschul- bzw. Wissenschaftskontext noch nicht gefunden haben. Anders als für traditionelle wissenschaftliche Textsorten gibt es (noch) keine verbindlichen Regeln zur Gestaltung eines wissenschaftlichen Hypertextes, Weblogs usw. Oft, aber nicht immer, nahm der Initiator der jeweiligen Praxis großen Einfluss auf die inhaltlichen und formalen Nutzungsregeln (vgl. dazu unten Kap. 6.2.1.4).

(2) Wie sich bei der Darstellung des heuristischen Rahmens vor der Untersuchung der Fallstudien zeigte, weisen alle neuen literalen Praktiken (oft mehrere) Elemente auf, die „klassischer Wissenschaftlichkeit" widersprechen und zugleich wesentlich zum Funktionieren bei der „allgemeinen Nutzung im Internet" beitragen, beispielsweise die Möglichkeit der *anonymen Teilnahme* (an Mailinglisten, Diskussionsforen und Wikis), die Nutzung eines *speziellen, informellen Jargons* (in E-Mails und in Diskussionsforen), die *freiwillige Beteiligung*, die schnelle *Veränderbarkeit* und *Veränderung* (von Hypertexten und Wikis) etc. Die Fallstudien zeigen, dass in allen Fällen auf diese Widersprüche zu den traditionellen Anforderungen an Wissenschaftlichkeit reagiert wurde. Dabei wurden unterschiedliche Wege gewählt: Entweder wurde die neue literale Praxis den traditionel-

len Anforderungen an Wissenschaft angenähert – z.b. indem ein „wissenschaftlicherer Code" verwendet wurde (Mailingliste, Diskussionsforum, Weblog), die Veränderbarkeit von Texten und Hypertexten reduziert wurde (z.b. durch ein zeitliches Limit wie im untersuchten Wiki) –, oder die Unterschiede wurden bewusst gemacht und instrumentalisiert, z.b. die durch explizite Personalisierung von Beiträgen (etwa in der Mailingliste und dem Weblog). Solche unterschiedlichen Strategien sind ein zentrales Ergebnis dieser Arbeit und werden in Abschnitt 6.3 ausführlich thematisiert.

6.2 Systematische Auswertung der vergleichenden Analysedimensionen

Wie in Kapitel 4.1.2 ausgeführt, erschien es sinnvoll, gerade bei der vergleichenden Untersuchung sehr heterogener Fälle gemeinsame Analysedimensionen an alle Fallstudien anzulegen. Diese Vergleichskategorien wurden aus zentralen Merkmalen traditioneller Hochschulliteralität abgeleitet (vgl. Kap. 3.1 bis 3.3 und Kap. 4.2.2) und ermöglichen damit sowohl einen Vergleich der Fälle untereinander als auch die Identifizierung von Unterschieden und Gemeinsamkeiten zwischen neuen und traditionellen literalen Formen (Kap. 6.2.1).

Allerdings war die vergleichende Untersuchung zugleich auch darauf gerichtet, *neue* Phänomene zu identifizieren, die sich nicht in den Kategorien fassen ließen, die durch die traditionellen literalen Formen bereits identifiziert worden waren. Deshalb wurden Phänomene, die im Verlauf der Untersuchung zunächst bei einzelnen Fallstudien auffielen, daraufhin überprüft, ob sie allen (oder zumindest mehreren) der neuen literalen Formen gemeinsam sind. Diese Phänomene werden in Kap. 6.2.2 dargestellt.

6.2.1 Gemeinsame Kategorien traditioneller und neuer literaler Praktiken

In Kap. 3.1 (bzw. Kap. 3.5) wurden verschiedene Faktoren als ein Grundgerüst zur Beschreibung traditioneller akademischer Literalität identifiziert: der Kontext, in dem die literale Praxis eine Rolle spielt bzw. ausgeübt wird, die inhaltliche und formale Gestaltung der Artefakte, die notwendigen Kompetenzen zum Lesen und Schreiben wissenschaftlicher Texte sowie die Frage, wer Definitionsmacht in Bezug auf diese Faktoren hat (und eventuell auch die Artefakte bewertet). Diese Faktoren wurden bei der Untersuchung der Fallstudien auch zur Beschreibung neuer literaler Praktiken zugrunde gelegt. Dabei zeigte sich, dass es in allen Bereichen erhebliche Unterschiede im Vergleich zu traditionellen literalen Praktiken gibt.

Diese Unterschiede werden im Folgenden für die jeweiligen Kategorien fallstudienübergreifend systematisch zusammengefasst.

6.2.1.1 Kontext

Wie in Kap. 3.1.1 ausgeführt, hat der „Kontext" entscheidenden Einfluss auf jede literale Praxis; erst der Kontext verleiht einer Praxis ihre besondere Bedeutung: Studierende, die z.B. *im Zusammenhang eines Seminars* ein Protokoll, eine Seminararbeit oder eine Klausur schreiben, erwerben damit nicht nur fachliche Kompetenzen und stellen Inhalte schriftlich dar, sie erarbeiten sich im Laufe ihres Studiums den damit verbundenen (je nach Fach, Dozent usw. variierenden) Umgang mit (oft nicht explizit thematisierten) Regeln – und ihre Studienleistung wird anhand ihres Umgangs mit dieser Praxis beurteilt. Wissenschaftler, die einen Zeitschriftenaufsatz verfassen, einen Verlag für die Veröffentlichung einer Monographie suchen oder Literatur zu einem bestimmten Thema recherchieren, wissen, dass sie sich nicht nur inhaltlich, sondern auch durch die formale Darstellung innerhalb der Scientific Community positionieren (vgl. Street/Lea 1998 sowie Kap. 1.2). Vor diesem Hintergrund werden im Folgenden zunächst einmal die unterschiedlichen Kontexte beschrieben, in denen neue Literalitäten praktiziert werden.

(a) Veränderte Öffentlichkeiten durch neue literale Praktiken

Bereits durch das Untersuchungsdesign waren die Fallstudien grob den Kontexten Lehre und Forschung zugeordnet. Dabei lässt sich zunächst einmal festhalten, dass die dem Bereich Lehre zugeordneten Fallstudien (Diskussionsforum, WBT und Wiki) in geschlossenen Seminargruppen eingesetzt wurden. Aber bereits die Fallstudie Wiki zeigt die Möglichkeit einer sukzessive sich erweiternden Öffentlichkeit von einer kleinen Arbeitsgruppe über die gesamte Seminargruppe bis zur Veröffentlichung im Internet nach Abschluss des Seminars. Von den im Bereich Wissenschaft untersuchten neuen literalen Praktiken kann die Mailingliste als beschränkt öffentlich zugänglich bezeichnet werden; der Zugriff wird jedoch durch eine unkomplizierte Anmeldung eröffnet. Die Artefakte der beiden anderen Fallstudien, Hypertext-Dissertation und Weblog sind über das Internet öffentlich zugänglich.

Die Settings der Fallstudien sind also sehr unterschiedlich, wobei die der Lehre zugeordneten Praktiken in traditionellen, geschlossenen universitären Seminarveranstaltungen eingesetzt wurden. Trotzdem lässt sich in *allen* Fällen sagen, dass durch die neue literale Praxis eine *größere Öffentlichkeit* erreicht wird, als dies mit den traditionellen schriftlichen Formen möglich war. Auch innerhalb der geschlossenen Seminargruppen bildete sich eine neue, seminarinterne „schriftliche Öffentlichkeit", die es so bisher noch nicht gegeben hat. Damit entstanden nicht nur durch die explizit auf die Distribution (WBT) bzw. Entwicklung von Inhalten (Wiki) gerichteten Praktiken, sondern auch durch den kommunikativen Austausch im Diskussionsforum neue Lernressourcen.

Die (Teil-)Öffentlichkeit, die durch das Abonnement der Mailingliste entsteht, ist zugleich eine Bedingung für deren Funktionieren: Anders als bei dem Abonnement einer Zeitschrift entstehen die Texte der Mailingliste erst durch die aktive Beteiligung zumindest eines Teils der Mitglieder. Auch das Weblog bietet seinem Autor einen öffentlichen Raum: Die Blogosphäre, die Vernetzung mit anderen Blogs, das Feedback und die Kommentare der Lesenden sind wesentliche Motive, eine solche Art des Forschungstagebuchs zu führen. Auch für die Hypertext-Dissertation verändert bzw. erweitert sich die Möglichkeit des öffentlichen Zugriffs. Anders als auf eine als Buch veröffentlichte wissenschaftliche Arbeit kann darauf unabhängig von Ort und Zeit zugegriffen werden, sofern die entsprechende Technik, d.h. Computer und Internetverbindung, zur Verfügung steht.[176] Dies ist allerdings kein Charakteristikum des Hypertextformats, sondern trifft auch auf lineare Medien wie pdf-Dokumente zu; gleichwohl bleibt festzuhalten, dass die Zugriffsmöglichkeit und damit die Öffentlichkeit erheblich vereinfacht und erweitert werden.

(b) Funktionen und Bedeutungen neuer Literalitäten

Wurde oben zunächst festgehalten, dass das Diskussionsforum, das Wiki und das WBT in klassischen universitären Veranstaltungen eingesetzt wurden, so ist doch ihre Funktion und Bedeutung nur bedingt mit denen traditioneller Literalitäten (wie Seminararbeiten) zu vergleichen. Dabei ist die Funktion des WBT noch relativ eindeutig. Es tritt an die Stelle sowohl der mündlichen Vermittlung von Inhalten in der Präsenzlehre (bzw. bei der Exkursion) wie auch des klassischen Readers (vgl. auch Kap. 5.1); es bringt für Lehrende (nach der einmaligen Erstellung) und für Studierende eine Entlastung bzw. Möglichkeit der gezielten Vorbereitung. Im Gegensatz zu diesem „read-only"-Medium sind die Funktion von Wiki und Diskussionsforum nicht so klar. Zwar wird auch die Wiki-Arbeit (wie traditionelle Haus-

---

176 Diese technischen Voraussetzungen stellen sicher eine Eingrenzung des freien Zugriffs dar; andererseits hat sich inzwischen gezeigt, dass die prognostizierte Benachteiligung von Bevölkerungsgruppen, die sich diese Technik nicht leisten können, weniger relevant ist als befürchtet, da Schulen, Universitäten, Bibliotheken usw. inzwischen oft die entsprechenden Möglichkeiten für alle zur Verfügung stellen. Zugleich zeigen beispielsweise die Zugriffszahlen auf die auf dem Dissertationsserver der Deutschen Nationalbibliothek Online veröffentlichten Dissertationen (vgl. Kap. 3.3.2) das hohe Interesse an dieser Zugangsmöglichkeit. Es müsste überprüft werden, wie stark die Rezeption eines wissenschaftlichen Werkes tatsächlich davon abhängt, ob darauf Online zugegriffen werden kann, also unabhängig von den Öffnungszeiten von Bibliotheken und davon, ob es dort vorhanden ist, ob auf ein ausgeliehenes Werk gewartet werden muss oder es erst per Fernleihe bestellt werden müsste. Obwohl die Reputation von Buchveröffentlichungen in den meisten Fachgebieten noch immer erheblich höher ist als die von Online-Publikationen, erscheint es jedoch zweifelhaft, ob die bei „Dissertationen Online" oder auch in Open Access Zeitschriften abgerufenen Werke im selben Maße per Fernleihe bestellt worden wären.

arbeiten) zur Leistungsbeurteilung genutzt, ist aber dennoch experimenteller, grup-penorientierter und die Bewertung erfolgt diskursorientierter und weniger hier-archisch. Die Beiträge des Forums schließlich dienten nicht der Leistungs-bewertung (obwohl die Studierenden durchaus eine – wenn auch nicht nur negativ beurteilte soziale Kontrolle empfanden). Vielmehr ging es hier um Meinungsaus-tausch, Diskussion sowie schließlich auch Arbeitsorganisation.

Alle als wissenschaftliche Praktiken untersuchten literalen Formen sind zunächst einmal freiwillige Initiativen: Die beteiligten Personen konnten keineswegs unmit-telbar mit (wissenschaftlicher) Anerkennung rechnen. So wurde die untersuchte Dissertation als Hypertext entwickelt, obwohl die Autorin wusste, dass sie in dieser Form nicht als Qualifizierungsarbeit anerkannt werden würde, sondern die zusätz-liche Arbeit der Linearisierung und Buchveröffentlichung erfordern würde. Die Autorin investierte die Zeit und Arbeitskraft trotzdem, weil sie an der Arbeits- und Schreibform interessiert war. Auch das Schreiben in der Mailingliste bzw. des Weblogs sind freiwillige Initiativen, die inhaltliche Anregungen und Erkenntnisse sowie persönlichen Gewinn, Motivation, und Anerkennung durch Feedback brin-gen; ihre Bedeutung im Kontext Wissenschaft im Vergleich zu Publikationen oder Vorträgen auf Fachtagungen lässt sich zurzeit jedoch noch kaum beurteilen. Aller-dings entstanden für den Autor des Weblogs fachliche Kontakte und Einladungen zu Vorträgen, und auch die Mitglieder der Mailingliste sahen in ihrer Beteiligung dort die Möglichkeit, sich innerhalb der engeren wissenschaftlichen Community des eigenen Fachbereichs, aber auch in einem weiteren Personenkreis bekannt zu machen.

Die bisherige Darstellung zeigt, dass zum Kontext der neuen literalen Praktiken verschiedene Facetten gehören. Zentral ist dabei eine grundsätzlich höhere öffent-liche Verfügbarkeit. Zunächst einmal wird der Zugriff auf literale Artefakte verein-facht. Über diese leichtere Möglichkeit der Rezeption hinaus können aber auch unkompliziert Inhalte produziert werden, die öffentlich zugänglich sind bzw. deren Zugänglichkeit gesteuert und gegebenenfalls leicht erweitert werden kann, von einer kleinen, geschlossenen Arbeitsgruppe bis zur allgemeinen Erreichbarkeit. In den Fallstudien hat sich damit bestätigt, dass eine größere Öffentlichkeit ein typisches Merkmal neuer medialer Formen ist, das auch erheblichen Einfluss auf die Gestaltung nicht nur von Lern*medien*, sondern auch auf Kontexte des Lernens und das Verständnis von Wissen hat (vgl. Nolda 2002, Kap. 2.2.3). Es vereinfacht nicht nur die Distribution und Rezeption von Inhalten, sondern auch den (inhalt-lichen) Austausch und ggf. die gemeinsame inhaltliche Arbeit über die Grenzen von Hochschulen hinaus erheblich, wie etwa die Fallstudien Mailingliste, Weblog und Wiki gezeigt haben, und ermöglicht prinzipiell allen Interessierten eine aktive, schriftliche Teilnahme. Zugleich entstehen damit für die Beteiligten neue Rollen und Aufgaben und eventuell neue Verpflichtungen bzw. auch Möglichkeiten der Bewertung. Diese kann explizit in eine Benotung einfließen, sich aber auch implizit dadurch ergeben, dass man sich, z.B. als Autor eines Weblogs (ähnlich wie durch traditionelle Publikationen) einen gewissen „Status" verschafft.

6.2.1.2 Inhalte

Wie in Kap. 3.1.1 gezeigt, ist ein Merkmal (traditioneller) wissenschaftlicher Texte (das sie von anderen Textsorten unterscheidet), dass sie sich auf *ein* zentrales Thema konzentrieren und ausschließlich dieses behandeln; je nach Textsorte – Seminararbeit bzw. Aufsatz, Abschlussarbeit bzw. Monographie – mehr oder weniger umfangreich bzw. vertieft. Auch einzelne Texte in Aufsatzsammlungen, Zeitschriften usw. widmen sich in der Regel jeweils (mehr oder weniger vertieft) einem Thema.

Von den untersuchten Fallbeispielen entsprechen die beiden Hypertexte von ihrem Umfang her einer Dissertation bzw. mit 120 Bildschirmseiten einem ausführlichen Reader und somit traditionellen Textsorten. Auch die für das Wiki-Projekt entstandenen Texte sind mit einer Länge von ca. 14.500 bis 19.000 Zeichen im Vergleich zu dem Umfang der Artefakte in den anderen Fallstudien noch relativ umfangreich und nehmen somit eine Zwischenposition ein. Die beiden umfangreichen Hypertexte und das Wiki – ebenfalls ein Hypertext – konzentrieren sich außerdem im traditionell wissenschaftlichen Sinne auf *ein* Hauptthema, das sie umfassend und geschlossen darstellen; die schließlich veröffentlichten Fassungen werden nicht mehr verändert (bzw. das Wiki erst wieder nach Abschluss des Seminars mit seiner Veröffentlichung in Wikipedia).

Im Gegensatz dazu sind die Artefakte in den weiteren Fallstudien (Mailingliste, Diskussionsforum, und Weblog) im Vergleich zu klassischen wissenschaftlichen Textsorten sehr *kurz* und können im Anschluss an Baumgartner (2005) als „Micro Content" bezeichnet werden: Oft wurden sie – den Anforderungen an traditionelle schriftliche Darstellung wissenschaftlicher Inhalte widersprechend – als offene Fragen und vorläufige Überlegungen formuliert. Gerade diese Unabgeschlossenheit bzw. Offenheit regten offensichtlich die weitere Kommunikation an. Die Kürze der Beiträge macht übliche Gliederungselemente traditioneller wissenschaftlicher Textsorten weitgehend obsolet (vgl. dazu auch Abschnitt 6.2.1.3). Auch dies verringerte offensichtlich die Hemmschwelle, sich an der Kommunikation zu beteiligen, da es nicht notwendig war, eigene Beiträge den üblichen Anforderungen an wissenschaftliche Texte entsprechend zu formulieren. Dabei bezeichneten einige Beteiligte diese schriftlichen Formen zwar als „nicht eigentlich wissenschaftlich", jedoch als auf wissenschaftlichen Standards beruhend. Oft erfolgte allerdings auch eine gewisse Anpassung an die im akademischen Zusammenhang üblichen stilistischen und formalen Elemente. Charakteristisch für diese Fallstudien ist außerdem, dass *viele unterschiedliche Themen* aufgegriffen werden. Dabei wurde in der Regel der (teilweise in der jeweiligen Netiquette festgehaltene, teilweise unausgesprochene) Grundsatz „ein Beitrag – ein Thema" eingehalten. Dieser klare Zusammenhang erleichtert es, bei einer Fülle von Beiträgen und Themen die Übersicht zu behalten.[177]

Offensichtlich sind die Kürze der Beiträge, die Themenvielfalt und die relativ informelle Form für viele Beteiligten motivierend: Sie regen dazu an, bei push-Medien (Mailingliste, ggf. Weblog) regelmäßig die jeweils neuen Beiträge zu lesen und auf die persönliche Relevanz hin zu prüfen bzw. in pull-Medien nachzusehen, „ob sich etwas neues getan hat" (Diskussionsforum, ggf. Weblog), ohne durch zu umfangreiche Beiträge zu überfordern. Zugleich erleichterten sie es, sich auch aktiv schreibend zu beteiligen. Die Beteiligten können gezielt die Themen aufgreifen, die für sie besonders relevant sind und bei denen sie eigene Kenntnisse einbringen können.

6.2.1.3 Form

Zur formalen Beschreibung traditioneller wissenschaftlicher Texte wurden drei Ebenen unterschieden: die Struktur bzw. Gliederung, der Code bzw. Stil sowie die verwendeten Zeichensysteme (vgl. Kap. 3.1.2). Für lange (Hyper-)Texte ist außerdem wichtig, durch welche Mittel deren Kohärenz und Kohäsion gewährleistet werden soll (vgl. Kap. 5.3.3).

(a) Strukturen

Die typische Gliederung traditioneller wissenschaftlicher Arbeiten ist, unabhängig von fachspezifischen Ausprägungen, ein charakteristisches Merkmal, das akademische Texte bereits durch ihre Form als solche kenntlich macht (vgl. Kap. 3.1). Dem Modell akademischer Literalität von Street/Lea (1998, vgl. Kap. 1.2) zufolge stellt die Abweichung von der historisch und innerhalb einer Fachtradition gewachsenen *Form* eine „Positionierung" dar, da nicht nur durch inhaltliche Argumente, sondern auch durch die Form der Darstellung ein bestimmtes Wissenschaftsverständnis zum Ausdruck gebracht wird.

Wie in der abschließenden Zusammenfassung zur Untersuchung der Fallstudien zum Thema Hypertext in Kap. 5.3.3 hervorgehoben wurde, sind diese neuen literalen Praktiken (trotz ihrer hypertextuellen Struktur) traditionellen wissenschaftlichen Texten nicht nur in ihrem Umfang, sondern auch im Aufbau bzw. der

---

[177] Im Chat dagegen, der in dieser Arbeit nicht in einer Fallstudie untersucht wurde, werden meist mehrere unterschiedliche Themen in einer Sitzung (und dies bedeutet: in einem Text-zusammenhang) behandelt, wie etwa die im Dortmunder Chatkorpus (www.chatkorpus.uni-dortmund.de; 11.01.2007.) oder die von Marianne Merkt (2005) dokumentierten Beispiele zeigen.

Gliederung erheblich ähnlicher als die anderen untersuchten Text- bzw. Kommunikationsformen. Auch hier nehmen die im Wiki-Projekt erstellten Texte eine Zwischenposition ein. (Hier lehnten sich jedoch gerade die Gliederungen – im Gegensatz zu der inhaltlichen und stilistischen Ausführung – an die wissenschaftliche Darstellungen an, wie die Studierenden betonten.) Für die Verwendung von Hypertexten im Hochschulkontext haben die Fallstudien ein in den heuristischen Vorüberlegungen thematisiertes Problem bestätigt: In Zusammenhang mit wissenschaftlichen Inhalten erwies sich die Hypertextstruktur (trotz aller theoretisch postulierten Chancen) als problematisch. Das untersuchte WBT ist dann auch, unterstützt durch die verwendete Autorensoftware, in einer typischen, der Struktur eines Buches ähnlichen, hierarchischen Gliederung gestaltet. Die Autorin der Hypertextdissertation hatte zwar die vernetzte Struktur sehr bewusst geplant; dennoch erwies es sich als schwierig, auf diese Weise die gewohnte Kohäsion und Kohärenz eines wissenschaftlichen Textes abzubilden oder zu ersetzen; jedenfalls hat sich eine solche Struktur zur Darstellung wissenschaftlicher Inhalte seitdem nicht etabliert. In beiden Fällen wurde die Möglichkeit der nachträglichen Veränderung bzw. Erweiterung nicht genutzt und damit eine besondere Chance von Hypertexten nicht ausgeschöpft. Die Gründe hierfür sind sowohl pragmatischer Art als aber auch (traditionellen) wissenschaftlichen Kriterien, wie der unveränderbaren Referenzierbarkeit von Texten, geschuldet (vgl. dazu auch Kap. 6.3.1). Dies bedeutet, dass es gerade für die neuen literalen Praktiken, die den traditionellen wissenschaftlichen Textsorten in Form und Funktion am ähnlichsten sind, offensichtlich besondere Schwierigkeiten macht, in diesem Kontext ihre spezifischen neuen Potenziale zu nutzen.

Die kurzen Texte in Mailingliste, Diskussionsforum und Weblog dagegen benötigen keine spezielle, traditioneller Wissenschaftlichkeit vergleichbare Strukturierung, auch wenn hier in etwas längeren Texten Strukturierungselemente eingesetzt wurden, die in akademischen (oder zumindest fachorientierten) Textsorten verwendet werden, z.B. strukturierende Aufzählungen und Literaturhinweise. Wie im letzten Abschnitt dargestellt, werden diese Textsorten und Kommunikationsformen inhaltlich anders genutzt als traditionelle. Zudem nehmen die technischen Systeme den Nutzenden das Layout, damit allerdings auch diesbezügliche Gestaltungsfreiheiten bzw. Entscheidungen (weitgehend), ab. Dies ermöglicht die Konzentration auf die Inhalte, aber auch auf deren Formulierung, also auf den verwendeten Code.

Bei allen untersuchten Darstellungsformen wurden die Textgrenzen durch externe Links erweitert und dadurch Verbindungen mit anderen Internetressourcen geschaffen. Die erweiterte Öffentlichkeit und der persönliche Kontakt der Beteiligten ermöglichen es also, die strukturellen Merkmale der neuen Praktiken dazu zu nutzen, *inhaltliche Bezüge* auch zwischen unterschiedlichen Text- und Kommunikationsformen zu schaffen. Diese unterscheiden sich von traditionellen Belegen und Verweisen dadurch, dass direkt darauf zugegriffen werden kann. Zitate werden damit nicht nur zum integralen Bestandteil der neuen literalen Formen (vgl. Draheim/Beuschel 2005, S. 30f.), darüber hinaus entstehen neue inter- und trans-*mediale* Bezüge, die über die in der Wissenschaft bisher üblichen inter*textuellen* Verweise hinausgehen (vgl. Fraas/Barczok 2006, vgl. Kap. 7.2.1) und ein neues Forschungsfeld darstellen.

(b) Stile und Codes

Wie die Struktur ist auch der Stil, d.h. die Wortwahl, die Komplexität der Satz-strukturen, die Sachorientierung, ein Charakteristikum wissenschaftlicher Texte. Wie etwa die Streitfrage über die Verwendung des Personalpronomens „ich" bzw. die Neutralität der Texte zeigt, wird auch durch den verwendeten Stil das wissen-schaftliche Selbstverständnis bzw. eine „Positionierung" zum Ausdruck gebracht (vgl. Kap. 1.2 und Kap. 3.1).

Die Hypertext-Dissertation, das WBT und das Wiki sind nicht nur inhaltlich und strukturell traditionellen wissenschaftlichen Texten am ähnlichsten, sondern auch in ihrem sachlichen und neutralen Stil. Dies trifft am stärksten für die Hypertext-Dissertation zu, die im Wortlaut (fast) der Buchveröffentlichung entspricht. Die Autorin des WBT dagegen charakterisierte ihren Stil nicht als wissenschaftlich, sondern als einem Lehrwerk entsprechend. Wichtig war ihr dabei, dass die neuen Medien ein zielgruppenspezifisches Schreiben (in diesem Fall für Studierende der ersten Semester) ermöglichten. Die Studierenden, die im Seminar an einem Wiki-Text gearbeitet hatten, reflektierten bewusst die Unterschiede zwischen einer wissenschaftlichen Hausarbeit und einem für Laien konzipierten Sachtext, der im Online-Lexikon Wikipedia veröffentlicht werden sollte. Zugleich beachteten sie selbstverständlich den neutralen Stil, der für Artikel in Wikipedia ebenso typisch ist wie für wissenschaftliche Texte (vgl. Kap. 5.4.1.1).

Die Artefakte in allen anderen Fallstudien dagegen sind auch stilistisch explizit auf den Austausch mit einem direkten Gegenüber gerichtet: mit den Mitgliedern der Mailingliste, den Teilnehmern des Seminars und den Lesenden des Weblogs. Der Autor des Weblogs und die Autorinnen und Autoren der Mailingliste schreiben in der Ich-Form und stellen sich teilweise ausdrücklich vor (im Diskussionsforum des Seminars ist dies nicht notwendig). Aber trotz dieser – im Gegensatz zu traditio-nellen Formen personalisierten – Literalitäten sind die verwendeten Codes insge-samt eher sachlich und wissenschaftlich als umgangssprachlich; Emoticons werden kaum verwendet, und auch spezifische Jargons, wie sie für Online-Communities als typisch gelten, haben sich in den untersuchten Fällen nicht herausgebildet. Fehler kommen insgesamt selten vor, was auch die Beteiligten oft als Besonderheit her-vorheben. Im Fall der untersuchten Mailingliste gab es eine ausformulierte Listen-Netiquette, die von den Beteiligten als hilfreich eingeschätzt wurde. Im Diskus-sionsforum und im Weblog wurde der Stil nicht thematisiert, sondern entwickelte sich eher beiläufig. Jedoch zeigten die Interviews, dass die Beteiligten durchaus darüber nachdachten. Insgesamt charakterisierten die Beteiligten in fast allen Fallstudien (mit Ausnahme der Hypertext-Dissertation) zwar nicht den Stil bzw. die schriftliche Form, aber die *Intention und die inhaltliche Auseinandersetzung* der Diskussion bzw. des Textes als wissenschaftlich und meinten, dass dies gerade durch den gewählten Stil gefördert worden sei.

(c) Zeichen- und Symbolsysteme

Die Nutzung der Alphabetschrift als leitendem Zeichensystem war ein Kriterium zur Auswahl der untersuchten Fällen. Dennoch spielte in allen Fallstudien (mit Ausnahme des Bereichs Kommunikation, Diskussionsforum und Mailingliste[178]) die Einbindung bildlicher Darstellungen eine wichtige Rolle. In beiden Hypertexten, dem Wiki und dem Weblog wurden statische Abbilder (Fotos, Zeichnungen) und logische Bilder (Karten, strukturelle Darstellungen) integriert. Die Hypertext-Dissertation enthält dieselben Graphiken, wie die Buchfassung. Animationen, interaktive Übungen usw., deren Planung und Erstellung einen hohen Entwicklungsaufwand erfordern, wurden nur im WBT eingesetzt, und auch dort nur in sehr geringem Maße. Nur der Autor des Weblogs band über Fotos und Zeichnungen hinaus auch Darstellungsformen wie Karikaturen, Logos sowie bewegte Bilder (Videos) ein. Dabei betonte, dass er z.B. Videos nicht um der Darstellungsform willen einsetze, sondern weil damit etwas ausgedrückt werden könne, was im Medium Schrift nicht möglich sei.

Wie in Kap. 3.1 und 3.3 gezeigt, haben sich Form und Funktion *traditioneller schriftlicher Textsorten* an Hochschulen durch den Einsatz digitaler Medien zurzeit noch relativ wenig geändert. Der Einsatz bildlicher Darstellungen ist dort noch nicht die Regel und erscheint Autorinnen und Autoren, die sie verwenden, rechtfertigungsbedürftig (z.B. Nolda 2002, S. 17; vgl. Kap. 3.3.1). Dagegen hat sich im Bereich der *traditionellen mündlichen Textsorten* an Hochschulen in den letzten ca. 15 Jahren ein umfassender Wandel vollzogen (vgl. Kap. 3.1.2): Während bis dahin eine visuelle Unterstützung von mündlichen Vorträgen nur in wenigen Fächern wie Kunstgeschichte oder einigen Naturwissenschaften üblich war, werden inzwischen in den meisten Disziplinen computerunterstützte Präsentationen eingesetzt. Der für die *neuen hochschulliteralen Praktiken* in den Fallstudien dieser Arbeit festgestellte Medien- und Codewechsel vollzieht sich also auch im Bereich der mündlichen Lehre und der Wissenschaftspräsentation, z.B. auf Tagungen: Mit dem Einsatz und der zunehmenden Akzeptanz von bislang als "gegenkulturell" geltenden Zeichensystemen zeichnet sich damit deutlich ein Lernkulturwechsel ab (vgl. Kap. 2.3) – auch wenn dies an den traditionellen hochschulliteralen Textsorten noch nicht er-

---

178 In der Mailingliste wird manchmal auf Bilder, z.B. Karikaturen, verwiesen; sie werden aber, um das Versenden von Viren zu vermeiden, nicht über die Liste verschickt. In Beiträgen im Diskussionsforum wurden z.T. im Anhang bildliche Darstellungen oder Powerpoint-Präsentationen beigefügt.

kennbar ist. Für die Befragten in allen Fallstudien war jedoch die Einbindung anderer Symbolsysteme ein besonderer Vorteil des jeweiligen Mediums und sie betonten, dass sie deshalb sehr wichtig sei. Dies zeigt sich auch daran, dass sie sich bewusst nicht nur die entsprechenden technischen bzw. Handhabungskompetenzen aneigneten (WBT, Wiki), sondern die Autorin des WBT sich darüber hinaus auch um Kenntnisse über Visualisierung bemühte, die bisher nicht zu den im Hochschulkontext notwendigen Kompetenzen gehören.

6.2.1.4 Definitionsmacht

Die Frage nach der Definitionsmacht in Bezug auf neue literale Praktiken ist deshalb besonders interessant, weil sich hier noch keine im Rahmen einer Hochschulkultur historisch gewachsenen Regeln herausgebildet haben. Wie die Untersuchung traditioneller Hochschulliteralität(en) gezeigt hat, müssen Studierende diese Regeln erst erlernen bzw. „wachsen in sie hinein", u.a. da sie ein wesentliches Kriterium zur Leistungsbeurteilung sind (vgl. Lea/Streat 1998). Der Begriff „Definitionsmacht" bezieht sich hier also zum einen darauf, wie die Regeln zur Nutzung einer neuen literalen Form innerhalb der Institution Hochschule bzw. in wissenschaftlichen Zusammenhängen festgelegt werden (z.B. in Bezug auf formale wie auf inhaltliche Aspekte), welche Person(en) dabei maßgeblichen Einfluss haben bzw. durch welche Aushandlungsprozesse dies geschieht. Zum anderen muss berücksichtigt werden, ob bzw. in welchem Ausmaß die (mehr oder weniger „korrekte") Nutzung etwa zur Bewertung von Studienleistung beiträgt oder – ggf. indirekt – auf die Gestaltung Einfluss nimmt. Aus diesem Grund macht es natürlich einen entscheidenden Unterschied, ob die Beteiligten – wie bei den Fällen, die dem Bereich „Wissenschaft" zugeordnet sind – freiwillig eine neue literale Form nutzten bzw. sogar initiierten oder an universitären Veranstaltungen teilnahmen, in denen die Nutzung dieser literalen Formen durch die Lehrenden eingesetzt wurden.

In den Fallstudien Diskussionsforum und Wiki wurden die neuen literalen Praktiken jeweils in der Lehre bzw. in geschlossenen Hochschulveranstaltungen eingesetzt. Die Initiative dazu ging von den jeweiligen Lehrenden aus. Diese stellten die Aufgaben für die Forendiskussion und die Wiki-Aufgabe und machten dazu außerdem organisatorische Vorschläge und zeitliche Vorgaben. Obwohl die Studierenden die Aufgaben aktiv bearbeiteten und die konkrete praktische Umsetzung positiv bewerten, ergriffen sie doch von selbst wenig Initiative und eröffneten keine eigenen Diskussionen. Die im Zusammenhang mit dem Wiki-Einsatz entstandenen studentischen Artefakte wurden außerdem in die Leistungsbewertung einbezogen. Obwohl dies für die Beteiligung am Diskussionsforum nicht zutraf, hier also die mit den traditionellen literalen Formen im Fall studentischer Arbeiten immer verbundene Definitionsmacht nicht explizit ausgeübt wurde, empfanden die Studierenden auch ihre sichtbare, schriftliche Beteiligung am Diskussionsforum als eine

Verpflichtung bzw. als Form der Kontrolle – allerdings auch als Möglichkeit, Anerkennung durch die Dozentin zu bekommen.

Die Mailingliste ist eine dem Bereich „Wissenschaft" zugeordnete Fallstudie, die nicht durch eine Einzelperson, sondern durch eine Gruppe gestaltet wird. Dort wird die Nutzungspraxis explizit thematisiert. Die in der Listen-Netiquette formulierten Nutzungsregeln, die teilweise in der Kommunikation angemahnt wurden, wurden ausgehandelt bzw. diskutiert, z.B. welche Inhalte für die Liste als relevant betrachtet werden. Dieser Prozess verlief demokratisch unter allen, die sich daran beteiligten: Wenn beispielsweise zwei Professoren die Auffassung vertraten, bestimmte Themen gehörten nicht in die Mailingliste, so war dies keine verbindliche Entscheidung – anders als dies in einer Seminarveranstaltung möglicherweise gewesen wäre. Dabei zeigte sich, dass es für die Akzeptanz der Liste vorteilhaft war, die schriftliche Kommunikation formal in der bekannten Wissenschaftstradition zu gestalten.

Die Autorinnen der Hypertexte und der Autor des Weblogs sind natürlich in erster Linie selbst für deren thematische und formale Gestaltung verantwortlich. Andererseits ist auch ihnen durch den Kontext implizit eine Vorgabe gegeben: Soll die Dissertation gelesen und (wenn auch nicht institutionell so doch zumindest inhaltlich) anerkannt werden, muss ihre formale Gestaltung zumindest dem Anspruch nach der Gestaltung traditioneller wissenschaftlicher Qualifizierungsarbeiten genügen. Auch der Autor des Weblogs will in Fachkreisen anerkannt werden; allerdings entspricht seine (nicht genau identifizierbare) Leserschaft nicht unbedingt einer rein akademischen Community, sondern dem (noch nicht unbedingt großem Kreis) derjenigen, die diese Medien nutzen; entsprechend bewegt das Blog sich inhaltlich und formal in einem Bereich zwischen der allgemeinen Blogosphäre und einer Fachcommunity. So werden in diesen beiden Fällen bestimmte Strategien genutzt, um die gewünschte Leserschaft zu erreichen (vgl. Kap. 6.3). Die Definitionsmacht zur Gestaltung des WBT lag zunächst bei der Autorin, jedoch traf sie zum einen umfangreiche inhaltliche und strukturelle Absprachen mit ihren Kolleginnen und Kollegen und orientierte sich zum anderen formal sowohl stark an ihrer Zielgruppe und zog Anregungen durch andere WBTs und Hinweise zur visuellen Gestaltung heran.

Trotz dieser Einschränkungen ist jedoch insgesamt deutlich, dass die neuen literalen Formen den Autorinnen und Autoren viel größere Freiheit geben, Veränderungen zu initiieren und „von unten" zu beeinflussen, als dies im Rahmen traditioneller wissenschaftlicher Literalität möglich gewesen wäre.

6.2.1.5 Kompetenzen

Bereits traditionelle hochschulliterale Praktiken erfordern – wie in Kap. 3.3. ausgeführt – umfangreiche Kompetenzen: Das Lesen wissenschaftlicher Texte bedeutet über Verstehen und Behalten hinaus Fähigkeiten, die auf sehr unterschiedlichen Ebenen liegen (etwa, kursorisch zu lesen, das Gelesene kritisch zu beurteilen usw.) und ist eine Voraussetzung für das Schreiben wissenschaftlicher Texte, das mit noch komplexeren Kompetenzen verbunden ist: von der Recherche über das Textsortenwissen und die Fähigkeit des „angemessenen" Schreibens bis hin zu den Kompetenzen zur zeitlichen und organisatorischen Planung eines längeren Schreibprozesses und den dazu notwendigen psychischen Voraussetzungen. Diese Kompetenzen sind für akademische Literalität weiterhin notwendig. Allerdings hat sich gezeigt, dass sich die neuen literalen Formen und Praktiken erheblich von den klassischen unterscheiden. Bis auf die Hypertexte sind die in den Fallstudien untersuchten Artefakte erheblich kürzer und weniger komplex. Zu ihrer Nutzung sind andere Kompetenzen erforderlich, die wiederum auf sehr unterschiedlichen Ebenen liegen. Dies beginnt bei Handhabungskompetenzen, wesentlicher für das Funktionieren bzw. die Akzeptanz dieser Praktiken sind jedoch andere Faktoren.

So ist die Handhabung von E-Mail bzw. Mailingliste und Diskussionsforum inzwischen beinahe selbstverständlich – die tatsächliche Nutzung in Lehr- und Forschungszusammenhängen jedoch keineswegs. Die Initiative bzw. Verantwortung aller Beteiligten für die Lebendigkeit und Fortführung der Diskussion ist noch ungewohnt und ergibt sich nicht von selbst, sondern erfordert spezifische Aufgabenstellungen oder die Anregung der Kommunikation, teilweise auch eine Konsensfindung in Bezug auf die formalen Ausprägungen. Trotzdem kann die Kommunikation auch dann nur in bedingtem Maße durch Lehrende oder Moderatoren angeregt werden. Das Lesen und Reagieren auf Beiträge in einer Mailingliste oder einem Diskussionsforum (ggf. auch in einem Wiki und einem Weblog) erfordert auch die Kompetenz, mit der neuen schriftlichen Informationsflut umgehen zu können, gezielt persönlich relevante Nachrichten zu identifizieren und darauf adäquat – d.h. inhaltlich und formal angemessen – reagieren zu können.

Auch Wikis und Weblogs gelten als in der Handhabung relativ unkompliziert. In der Wiki-Fallstudie zeigte sich jedoch, dass es hier für die Studierenden durchaus Probleme gab, die zu Hemmschwellen bei der Nutzung führten, u.a. die Formatierung der Texte und das Einbinden von Bildern, das sie in diesem Medium als wichtig empfanden. Auch der Autor des Weblogs berichtete, dass bei einer Systemumstellung einige Teile seines Blogs verlorengingen, die er seitdem nicht wieder ergänzt hat. Schreiben in einem Wiki bedeutet außerdem die im Hochschulkontext nicht übliche gemeinsame Entwicklung eines Textes bzw. die Abstimmung einer Gruppe über einen Text und vor allem über Regeln zum Umgang mit der Möglichkeit, Texte anderer ändern zu können.

In Bezug auf die Hypertexte ist zwischen Lese- und Schreib- bzw. Entwicklungs-kompetenzen zu unterscheiden. Dabei sind mit den unterschiedlichen Rollen der beteiligten Personen unterschiedliche Anforderungen verbunden: Nur wenige Personen – in der Regel Lehrende – entwickeln Hypertexte und benötigen dazu Kenntnisse im Umgang mit Autorensoftware, mit der Konzeptionierung umfang-reicher nicht-linearer Texte, mit lerntheoretischen Hintergründen zum Text-Bild-Verhältnis usw. Aber auch das Lesen von Hypertexten zum Wissenserwerb oder zur Information ist in vielen Fällen noch ungewohnt und wird zusätzlich von der Qualität des Hypertextes beeinflusst: Strategien, die beim Lesen und Lernen mit linearen Texten (mehr oder weniger) selbstverständlich angewendet werden, funk-tionieren oft schon auf basalem Niveau nicht, z.b. das Abschätzen des Umfangs, Unterstreichen, Annotationen usw. So kaufte z.b. einer der Leser der Hypertext-Dissertation lieber das Buch, um auf die gewohnte Weise arbeiten zu können und sicher zu gehen, alle relevanten Teile des Textes gesehen zu haben – auch wenn dadurch genuine Vorteile des Mediums verloren gehen.

Notwendig ist insgesamt eine neue Medienkompetenz, die darauf ausgerichtet ist, dass alle Beteiligten ein Gespür dafür entwickeln bzw. auf Dauer lernen, anhand welcher Kriterien sie entscheiden können, welche neue literale Praxis besonders gut für bestimmte Lernaufgaben oder einen spezifische Kontext geeignet ist und was sie in diesem Zusammenhang leisten kann.

6.2.2 Neue Beschreibungskategorien

Ein Ziel der Fallstudienuntersuchung war es, die neuen literalen Praktiken nicht nur anhand der für traditionelle akademische Textsorten typischen Kategorien zu be-schreiben, sondern darüber hinaus Merkmale zu identifizieren, die *nur* auf die neuen Textsorten und Kommunikationsformen zutreffen. Solche Kategorien gibt es, allerdings lassen sich nicht immer alle neuen Text- bzw. Kommunikations-formen damit fassen (wie sich überhaupt immer wieder zeigt, das eine verallge-meinernde Betrachtung nicht unproblematisch ist). Aus diesem Grund werden im folgenden Abschnitt (nur) zwei dieser Kategorien ausführlicher betrachtet: die neu entstehenden Beteiligungs- und Aktivitätsgrade sowie die Kontextualisierung und Individualisierung literaler Artefakte. Es muss deshalb an dieser Stelle darauf hin-gewiesen werden, dass weitere neue Beschreibungskriterien bereits in anderen Ab-schnitten behandelt worden sind – z.B. die veränderte Öffentlichkeit (Kap. 6.2.1.1), die neuen literalen Kurzformen (Kap. 6.2.1.3) und die veränderten Lese- und Schreibpraktiken (Kap. 6.2.1.5) – oder unten noch behandelt werden, z.B. der Umgang mit den unklaren Textgrenzen und der Veränderbarkeit vieler neuer literaler Artefakte (Kap. 6.3.1).

6.2.2.1 Beteiligungs- und Aktivitätsgrade

Traditionelle literale Textsorten werden in der Regel von einer Person verfasst und sind nach der Fertigstellung abgeschlossene Werke, die nicht mehr verändert und individuell rezipiert werden. Dies ist bei neuen literalen Text- und Kommunikationsformen anders. Hier erweitert sich die Spanne möglicher schriftlicher Aktivitäten und Beteiligungsgrade. Oft entstehen die Artefakte durch die schriftliche Diskussion in einer Gruppe und sind auf Fortschreibung, Veränderung und ständige Erweiterung (des Inhalts, aber auch der Textgrenzen) hin konzipiert. Auch Hypertexte, die den traditionellen Textsorten am ähnlichsten sind, werden häufig (wenn auch nicht immer) in Teamarbeit entwickelt, die Abstimmungen auf unterschiedlichen Ebenen der Gestaltung notwendig machen, von Inhalten und Struktur des Hypertextes über das Layout und die technische Umsetzung bis zur Integration in eine konkrete Lernsituation, wie im untersuchten WBT. Die Rezeption des WBT, das von den Lesenden nicht verändert werden kann, ist mit der Lektüre traditioneller Lernmaterialien als „read-only"-Medien vergleichbar, auch wenn sie aktivere Entscheidungen und Formen der Wissenskonstruktion erfordert als das Lesen eines linearen Textes.

Alle anderen untersuchten neuen literalen Praktiken jedoch bieten erweiterte Formen der schriftlichen Partizipation, von der Möglichkeit, Texte anderer zu kommentieren (Weblog), über den dialogischen Austausch (in Mailingliste und Diskussionsforum) bis hin zu der Möglichkeit, von anderen Autoren verfasste Texte (im Wiki) zu verändern. Dass diese letzte Möglichkeit in der untersuchten Fallstudie de facto kaum wahrgenommen wurde, zeigt erneut, dass die Potenziale der neuen literalen Formen nicht selbstverständlich genutzt werden bzw. an den Hochschulkontext angepasst werden. Zum einen gibt es hier noch wenig Erfahrungen mit solchen Praktiken oder zweckdienliche Regeln, zum anderen bestehen vor dem Hintergrund des traditionellen Umgangs mit wissenschaftlichen Texten Hemmungen.

Damit verbunden ist eine *Ausdifferenzierung zunächst der Rolle der Lehrenden, dann aber tatsächlich aller Beteiligten*: Lehrende benötigen über inhaltliche, neue technische sowie Handhabungskompetenzen hinaus auch neue Kompetenzen zur Initiierung der Nutzung neuer Literalitäten (z.b. durch geeignete Aufgabenstellungen), zur schriftlichen Moderation, zur Integration in die Präsenzlehre usw. Studierende bzw. Lesende müssten auf Dauer ein stärkeres Verantwortungsbewusstsein für die eigene Beteiligung und deren Bedeutung entwickeln – denn die neuen literalen Praktiken ermöglichen zwar stärkere Beteiligung, zugleich beruht diese jedoch (zumindest in den wissenschaftlichen Bereichen) auf Freiwilligkeit.

Ein weiterer Faktor ist in diesem Zusammenhang die *zeitliche Dimension*. In welchem Zeitraum – und in welcher Reihenfolge – ein traditioneller Text entsteht, ist an der Schlussversion für die Lesenden (zumindest explizit) nicht mehr erkennbar. Allerdings ist bekannt, dass für viele Schreibende regelmäßiges, kontinuierliches Schreiben ein Problem ist (vgl. Kap. 3.2.2). Die kommunikationsorientierten neuen literalen Praktiken jedoch funktionieren nur, wenn auf Beiträge schnell geantwortet wird, wenn durch die regelmäßige Veröffentlichung von Neuigkeiten Lebendigkeit entsteht usw. Die Schwierigkeit, dies in die Praxis umzusetzen, wurde von den Beteiligten aller entsprechenden Fallstudien (Diskussionsforum, Mailingliste und Weblog) thematisiert. So gab etwa der Autor des Blogs an, er wolle eigentlich regelmäßiger schreiben, käme aber gerade dann nicht dazu, wenn viel Interessantes passierte. Trotz der Probleme wurden jedoch in der untersuchten Mailingliste, im Diskussionsforum und im Blog relativ regelmäßig Beiträge eingestellt. Inwiefern diese typische und hier anregende Kürze und „Unfertigkeit" solcher Beiträge auch für die Praxis traditionellen wissenschaftlichen Schreibens Anregungen geben können, etwa indem Lern- bzw. Schreibtagebücher, deren Nutzung z.B. Gerd Bräuer (1998, vgl. Kap. 3.3) vorschlägt, als (öffentliche oder teilöffentliche) Weblogs und E-Portfolios geführt werden, bleibt in den nächsten Jahren zu erproben.

6.2.2.2 Kontextualisierung und Individualisierung

Viele der untersuchten neuen literalen Praktiken sind implizit oder explizit stärker dialogisch ausgerichtet als traditionelle Textsorten. Außerdem werden sie auch von ortsverteilten Gruppen genutzt (z.B. Mailingliste und Blog); die unterschiedlichen Formen der dabei neu entstehenden schriftlichen Öffentlichkeiten wurden bereits thematisiert. Dass die beteiligten Personen kein gemeinsames Präsenz-Umfeld mehr teilen, führt dazu, dass Nachrichten im Unterschied zu traditionellen wissenschaftlichen Texten sehr häufig explizit ihren Kontext und die Person des Schreibenden thematisieren. So wird in einer an die Mailingliste gerichteten Forschungsfrage der berufliche Kontext des Schreibenden ausgeführt oder der Autor des Blogs nennt seinen konkreten Schreibanlass, z.B. einen Tagungsbesuch; Antworten auf solche Beiträge berufen sich auf ihre Erfahrungen in einem bestimmten Zusammenhang usw. Insbesondere das Blog macht deutlich, dass die sonst in wissenschaftlichen Zusammenhängen nicht übliche Individualisierung ein wesentliches Erfolgsmerkmal bzw. ein Grund ist, das Blog mitzuverfolgen. Welche Kontextinformationen dabei wirklich wichtig sind, ist für die Schreibenden nicht immer eindeutig zu fassen, wie die Frage des Verfassers des Weblogs zeigt, ob die Geburt seiner Tochter ein Thema für das „eigentlich wissenschaftliche" Weblog ist. Aber nicht nur die explizit dialogischen Praktiken werden kontextualisiert: Auch das untersuchte WBT wurde ausdrücklich für die spezielle Studiengruppe entwickelt, was die Autorin generell als Chance der digitalen Medien betrachtete und von den Studierenden auch anerkannt wurde.

6.3 Strategien im Umgang mit neuen literalen Formen an Hochschulen

Ziel der bisherigen Zusammenfassung der Fallstudienergebnisse war es, charakteristische *Merkmale* neuer literaler Praktiken auch in ihren Unterschieden zu klassischen hochschulliteralen Praktiken zu beschreiben. Im folgenden Abschnitt wird nun danach gefragt, welche *Strategien* die Beteiligten einsetzen, um neue literale Praktiken trotz (oder gerade wegen) dieser Abweichungen im wissenschaftlichen Kontext zu nutzen. Dabei werden im Wesentlichen drei unterschiedliche Wege eingeschlagen: Einmal werden Merkmale (wie die Veränderbarkeit von Texten und die unklaren Textgrenzen), die nicht mit denen traditioneller Hochschulliteralität vereinbar erscheinen, (auf verschiedene Weise) an diese angepasst (Kap. 6.3.1). Dann werden Methoden im Umgang damit beschrieben, dass es Bedingungen gibt (wie freiwillige Teilnahme oder Hierarchiefreiheit), die zum Funktionieren neuer Textsorten im Internet wesentlich erscheinen, sich aber nicht auf die Hochschulsituation übertragen lassen (Kap. 6.3.2). Schließlich werden Begründungsstrategien dafür identifiziert, dass neue literale Praktiken in einer Form verwendet werden, die nicht mit traditioneller Hochschulliteralität vereinbar erscheinen, wie die Nutzung eines eher umgangssprachlichen Codes (Kap. 6.3.3).

6.3.1 Anpassung an traditionelle hochschulliterale Schriftlichkeit

Wie schon mehrfach angesprochen, ist es für die Akzeptanz neuer literaler Praktiken oft günstig, wenn Merkmale, die unvereinbar mit akademischen literalen Formen scheinen, entsprechend angepasst werden. Beispiele hierfür sind etwa, dass als Lernmaterialien genutzte Hypertexte wie das untersuchte WBT oft hierarchisch strukturiert und damit der traditionellen Buchform angenähert werden oder dass in der untersuchten Mailingliste bewusst ein sachlicher Code genutzt und auf einen sonst als typisch für Listenkommunikation geltenden gruppenspezifischen Jargon verzichtet wurde.

Im folgenden Abschnitt wird exemplarisch für eine solche Anpassung der Umgang mit einem anderen wesentlichen Aspekt neuer Text- und Kommunikationsformen beschrieben, die Verwischung der Textgrenzen und deren Veränderbarkeit und Unabgeschlossenheit. Dieses charakteristische Merkmal steht im ausdrücklichen Widerspruch zu klassischen Kriterien der Wissenschaftlichkeit, der verlässlichen Gültigkeit und Referenzierbarkeit (vgl. Kap. 2.2.2 und Kap. 3.1). Es ist ein Problem, das in allen Fallstudien in unterschiedlicher Form auftrat und für das jeweils verschiedene Lösungen gesucht wurden: (1) Die Hypertext-Dissertation und das WBT wurden nach ihrer Veröffentlichung nicht mehr verändert. Dies ist untypisch für die Textform und viel weniger pragmatischen Gründen (wie mangelnden Ressourcen) als ihrem Kontext geschuldet, der „Verlässlichkeit" von Lernmaterialien bzw. Unveränderbarkeit wissenschaftlicher Texte. In beiden Fällen wurde damit ein wesentlicher Vorteil dieser Textsorte nicht genutzt. Es erscheint möglich, dass in dieser Anpassung eine Ursache dafür liegt, dass wissenschaftliche Hypertexte sich bisher nicht etabliert haben: Im Vergleich mit einer traditionellen linearen Veröffentlichung einer Dissertation entfällt ein wesentlicher Mehrwert des Hypertextformats, der durch einen Vorteil wie die öffentliche Zugänglichkeit (die auch für lineare pdf-Dokumente gegeben ist) und den erhofften Vorteil der vernetzten Struktur nicht ausgeglichen wird. Für das untersuchte WBT scheint ein solcher Mehrwert durch die Einbindung anderer Medien und die Ausrichtung auf eine spezielle Zielgruppe entstanden zu sein. (2) Die kurzen Texte in Mailingliste, Diskussionsforum und Weblog sind in sich abgegrenzt und erkennbar. Wenn in Antworten daraus zitiert wird, ist dies erkennbar; der ursprüngliche Text wird also in einem weiteren abgegrenzten Text fortgeschrieben. Einmal veröffentlichte Texte werden archiviert und sind damit auch im Nachhinein nachvollziehbar. Im untersuchten Diskussionsforum konnten die Studierenden ihre Beiträge nicht nachträglich verändern; der Autor des Weblogs hätte diese Möglichkeit zwar gehabt, nutzte sie aber nicht; nach einer negativen Erfahrung moderierte er allerdings die Kommentare von Lesenden seines Blogs, d.h. er schaltete diese selbst frei. (3) Die Fallstudie Wiki zeigt eine weitere Möglichkeit: Hier sind mehrere Personen gemeinsam an der Entwicklung eines (Hyper-)Textes beteiligt. Die Veränderbarkeit des Textes wird hier durch den vom Seminarleiter gesetzten *Zeitrahmen* begrenzt, innerhalb dessen der Text von allen Mitgliedern der Arbeitsgruppe verändert werden kann. Eine Möglichkeit, die Veränderungen nachzuvollziehen, bietet außerdem die vom System zur Verfügung gestellte Versionskontrolle. Das Ergebnis ist jedoch eine für Hochschulzusammenhänge typische Endfassung. Durch die Veröffentlichung außerhalb des geschlossenen Seminarkontextes in Wikipedia nach Ende des Semesters wurde der Text dann allerdings wieder in einen anderen Zusammenhang überführt, in dem er nun wieder, wie in Wikipedia üblich, weiter bearbeitet wird und sich verändert.

6.3.2 Umgang mit im Hochschulkontext nicht realisierbaren Bedingungen

In mehreren Fallstudien – insbesondere im Bereich Lehre – konnten einige Faktoren nicht realisiert werden, die als wesentliche Erfolgsbedingungen neuer literaler Praktiken im Internet angesehen werden (z.B. Diskussionsforen, Wikis, Weblogs, teilweise auch Mailinglisten), etwa große Teilnehmerzahlen, freiwillige und anonyme Nutzung sowie flache Hierarchien.

Diese Bedingungen sind in den Fallstudien je nach Kontext in unterschiedlichem Maße realisiert. Anonyme Veröffentlichungen gab es in keiner der Fallstudien: In den Fallbeispielen, die dem Bereich Wissenschaft zugeordnet sind, sind die Namen der Autorin der Dissertation sowie Name und einige Angaben zur Person des Autors des Blogs bekannt (dessen individuelle Gestaltung und Schwerpunktsetzung ein Erfolgsfaktor des Blogs ist), und auch in der Mailingliste geben die Schreibenden immer ihren Namen an, oft auch weitere Informationen zu Person und (beruflichem) Kontext. In den Fallstudien im Bereich Lehre sind die Seminargruppen klein und Studierende und Lehrende kennen einander.

Große Teilnehmerzahlen gibt es nur in der Fallstudie Mailingliste, und dort scheint sie eine der Erfolgsbedingungen zu sein; hier besteht außerdem eine deutliche Gleichberechtigung aller Teilnehmenden in Bezug auf das Anstoßen neuer Diskussionen und der Beteiligung daran, aber auch bezüglich der Definition von Regeln usw. Über die Zugriffszahlen auf die Hypertext-Dissertation und das Blog gibt es keine Angaben; die potenzielle öffentliche Erreichbarkeit und Zugänglichkeit ist allerdings für die jeweiligen Autoren ein Grund für die Nutzung. In diesen Fällen scheint die Frage der Hierarchien weniger relevant; allerdings kann auch berücksichtigt werden, dass die Dissertation in der hypertextuellen Fassung einerseits formal nicht anerkannt wurde, andererseits jedoch auf dem Server der Universität veröffentlicht wurde. Für das Blog gilt, dass der Autor prinzipiell die Gestaltungsmacht hat, andererseits jedoch in seiner wissenschaftlichen Community anerkannt werden will.

Die Fallstudien Diskussionsforum und Wiki sind jeweils im Kontext Lehre in relativ kleinen Seminargruppen angesiedelt, alle Studierenden und Lehrenden kennen einander, zwischen Studierenden und Lehrenden besteht ein hierarchischer Unterschied und die Nutzung der jeweiligen Praktiken ist in diesem Sinne nicht freiwillig: Das Schreiben im Wiki gehörte explizit zum Leistungsnachweis, die Beteiligung an den Diskussionsforen war zwar formal freiwillig, jedoch empfanden die befragten Studierenden durchaus eine „soziale Kontrolle" (auch wenn sie diese nicht nur negativ bewerteten). In diesen beiden Fällen wurde also keine der für das Internet genannten Erfolgsbedingungen realisiert bzw. jeder dieser Punkte wurde gegenteilig genutzt. Warum war der Einsatz der neuen literalen Praktiken dennoch erfolgreich? Eine mögliche Schlussfolgerung ist, dass bei dem Einsatz in kleinen, nicht anonymen und hierarchischen Gruppen die *Verpflichtung* zur Teilnahme notwendig ist. Ein Indikator dafür ist etwa, dass das Diskussionsforum in der untersuchten Veranstaltung im ersten Semester des Moduls nicht genutzt wurde, als die Beteiligung freiwillig war.[179] Inwieweit sich mit dieser Umkehrung der Erfolgs-

---

179 Eine Hypothese, die im Rahmen dieser Arbeit nicht verifiziert werden kann, beruht auf der Beobachtung von Vorlesungen an der Ruhr-Universität Bochum. Danach erscheint es möglich, dass unmoderierte Diskussionsforen in *sehr großen* Veranstaltungen leichter funktionieren: Wenn sich in einer Vorlesung mit 500 Studierenden nur ca. 10–15% freiwillig an Diskussionen beteiligen (wie etwa auch der aktiv schreibenden Mitglieder in der untersuchten Mailingliste), ist damit bereits eine kritische Menge erreicht, die ausreicht, die Diskussion lebendig und interessant zu halten.

bedingungen des Internets gerade in Lehr-/Lernkontexten auch der Charakter des intendierten (bzw. nun initiierten) Austauschs ändert und damit noch seinem ursprünglichen Zweck dienen kann, müsste gesondert untersucht werden. Allerdings wurde der Einsatz von Diskussionsforum und Wiki in den Fallstudien von allen Beteiligten trotzdem grundsätzlich positiv bewertet.

6.3.3 Umdeutung nicht hochschulkonformer Praktiken

Oben wurde bereits angesprochen, dass mit verschiedenen der untersuchten neuen literalen Praktiken Entwicklungen einhergehen, die untypisch für traditionelle Darstellungsformen im wissenschaftlichen Umfeld sind, z.b. die Kontextualisierung und Individualisierung.

An dieser Stelle geht es jedoch nicht um solche inhaltlichen Ausprägungen, sondern um die Frage, ob auch im Hochschulkontext Praktiken beibehalten werden, die typisch für bestimmte neue literale Formen sind, dem Kontext jedoch widersprechen. Insgesamt ist dies allerdings nur sehr selten der Fall. In manchen Fällen, z.b. im Diskussionsforum oder in der Mailingliste, wird ein eher informeller Code verwendet, wenn dies funktional erscheint (z.b. bei kurzen organisatorischen Hinweisen).[180] Am ehesten kann die in traditionellen Medien weniger genutzte Möglichkeit der Einbindung bildlicher Medien in diesem Sinne verstanden werden: Dies wird teilweise auch dahingehend interpretiert, dass hiermit eine bisher vernachlässigte Darstellungsform auch im akademischen Zusammenhang neu genutzt wird und eine neue Bedeutung gewinnt.

Allerdings scheint diese Umdeutung nicht hochschulkonformer Praktiken insgesamt die am wenigsten erfolgversprechende bzw. am seltensten angewendete Form zu sein.

6.4 Funktionen neuer Literalitäten im Kontext von Lehre und Forschung

Wie in Kap. 5.1 gezeigt, führt der Einsatz eines virtuellen Lernraums in der Lehre bzw. die Nutzung der neuen Medien in der Forschung oft zu einer Verschiebung im bisherigen Zusammenspiel schriftlicher und mündlicher Elemente, das im Regelfall selten explizit thematisiert wird. Neue literale Artefakte können an die Stelle von

---

180 Häufiger tritt dies im Chat auf, wie sowohl den Protokollen im Dortmunder Chatkorpus zu entnehmen ist als auch vor allem der Untersuchung von Marianne Merkt (2005). Sie beschreibt ausdrücklich, dass sie die Teilnehmer am Chat dazu aufforderte und ermutigte, Tippfehler zu ignorieren oder Emoticons und Akronyme sowie andere bildliche Darstellungen zu nutzen, um Hemmschwellen abzubauen und das in der verteilten Online-Situation fehlende emotionale Element auch auf diese Weise einzubeziehen.

bisher mündlichen Lehranteilen oder von Lehrbücher treten oder sie haben Funktionen, die so bisher nicht vorkamen und als neue Elemente ebenfalls traditionelle Wechselwirkungen beeinflussen.

Auch hier lässt sich die Funktion der beiden Hypertexte in den Fallstudien wieder am ehesten mit traditionellen Elementen in Lehre und Forschung vergleichen. So ist das WBT eindeutig als Studienmaterial konzipiert; es tritt (aus finanziellen und zeitlichen Gründen) an die Stelle einer mündlich gehaltenen Exkursionsvorbereitung bzw. an einen Vortrag vor Ort. Trotz der integrierten Aufgaben und der Intention, die Studierenden zu selbständigen Lernaktivitäten anzuregen, hat das WBT die Funktion der *Wissensdarstellung und -vermittlung.* Die persönliche Intention der Autorin bei der Entwicklung der Hypertext-Dissertation bestand auch im Erkenntnisgewinn bezüglich dieser neuen Arbeits- und Schreibform; funktional betrachtet entspricht die Veröffentlichung als Hypertext jedoch der Intention eines linearen Textes, der *Darstellung von Forschungsergebnissen.*

Alle anderen untersuchten neuen literalen Praktiken treten nicht so eindeutig an die Stelle von bisher in Lehre und Forschung bekannten mündlichen oder schriftlichen Aktivitäten. Das Diskussionsforum diente zwar auch der Darstellung von Inhalten und dem diskursiven Austausch, ersetzte jedoch weder die mündliche Diskussion im Seminar noch schriftliche Arbeitsformen. Die Arbeit am Wikitext war zwar eine Form des schriftlichen Leistungsnachweises, unterschied sich jedoch erheblich von traditionellen Gruppenarbeitsformen.

Im Untersuchungsdesign waren die Fallstudien Mailingliste und Weblog dem Bereich *Forschung* zugeordnet (einmal im Zusammenhang mit neuen Kommunikationsformen, einmal im Zusammenhang von Social Software). Die untersuchten Artefakte unterschieden sich ebenfalls erheblich von vorher möglichen Formen des Austauschs, etwa der mündlichen Kommunikation auf Tagungen oder schriftlichen Auseinandersetzungen in Zeitschriften. Die Möglichkeit, wie in der untersuchten Mailingliste, mit einer großen, interdisziplinär gemischten Gruppe aus Wissenschaftlern und Praktikern schriftlich in einen kurzfristigen Austausch über sehr unterschiedliche Themen zu treten, war so bisher nicht gegeben. Auch wenn die Tiefe des (öffentlichen) Austauschs dabei in der Regel eher begrenzt war, wurden doch Fragen, Antworten, Anregungen usw. aus vielfältigen Richtungen ausgetauscht. Auch das untersuchte Weblog hat kein Pendant in traditionellen Medien: Hier veröffentlicht ein Wissenschaftler regelmäßig (kurze) Beiträge im Umfeld seines Forschungsbereichs, wobei er sowohl auf allgemeine Entwicklungen eingeht und Links zu anderen Blogs und Webseiten setzt, persönliche Kommentare gibt oder Überlegungen, Beobachtungen usw. in seinem Blog zur Diskussion stellt.

Zusammenfassend können also den verschiedenen neuen literalen Praktiken grob jeweils unterschiedliche Aspekte von Lehre und Forschung zugeordnet werden:

	Lehre	Forschung
Kommunikation	Information, Austausch, Kommunikation, Emotion (*Diskussionsforum*)	Information, Austausch, Kommunikation (*Mailingliste*)
Hypertexte	Wissensvermittlung (*WBT*)	Darstellung von Forschungsergeb-nissen (*Hypertext-Dissertation*)
Social Software	Gemeinsame Wissenskonstruktion (*Wiki*)	Darstellung eines individuellen Arbeitsprozesses (*Weblog*)

Tab. 17: Funktionen des Einsatzes neuer literaler Praktiken in Lehre und Forschung

So wird Wissenschaft bzw. Forschung präsentiert als Darstellung von Forschungs-ergebnissen (Hypertext), als Austausch von Informationen und Diskussion (Mailingliste) und als Darstellung eines individuellen Arbeitsprozesses (Weblog). Die in den neuen literalen Praktiken zum Ausdruck kommenden Auffassungen von Lehre können charakterisiert werden als Wissensvermittlung (Hypertext), als Information, Kommunikation und Emotion (Diskussionsforum) sowie als gemein-same Wissenskonstruktion (Wiki). Dabei können die unterschiedlichen Praktiken parallel genutzt werden und schließen einander nicht aus. Es ist jedoch auffällig, wie eindeutig sich den verschiedenen Text- und Kommunikationsformen auch unterschiedliche Funktionen und Intentionen zuordnen lassen.

6.5 Zusammenfassung

Die untersuchten Fallstudien zeigen sehr heterogene Formen und Funktionen neuer Textsorten bzw. Kommunikationsformen im Umfeld von Lehre und Forschung an Hochschulen.

Interessanterweise sind die beiden untersuchten Hypertexte den klassischen hoch-schulliteralen Formen in vieler Hinsicht am ähnlichsten: in ihrer Funktion innerhalb des akademischen Kontextes, in ihrem Umfang, in ihrer Gliederung (trotz der hypertextuellen Struktur) und weitgehend auch im verwendeten Code. Unter allen untersuchten Fallstudien waren die beiden Hypertexte die einzigen Artefakte, die nur rezipiert werden können: Um mit den Anforderungen von Lehre und Forschung konform zu gehen – dauerhafter Verlässlichkeit und Referenzierbarkeit – wurden sie nach ihrer Veröffentlichung nicht mehr verändert und auch nicht kommen-tiert.[181] Damit gingen jedoch auch wesentliche Merkmale verloren, die (außerhalb

---

181 Technisch könnte – inzwischen unkomplizierter als zum Zeitpunkt der Erstellung der Hyper-text-Dissertation – eine solche Möglichkeit zur Verfügung gestellt werden, de facto war sie jedoch nicht vorhanden. Im Fall des WBT war die Einbindung in die Präsenzlernsituation bei der Exkursion wichtig; die von der Entwicklerin eingeplante Möglichkeit der nachträglichen Änderung und Aktualisierung wurde jedoch nicht genutzt.

wissenschaftlicher Zusammenhänge) nicht nur typisch für das Internet sind, sondern auch zu seinen besonderen Chancen gehören. In diesem Zusammenhang ist es von Bedeutung, dass Hypertexte zur Präsentation wissenschaftlicher Ergebnisse offensichtlich so gut wie gar nicht genutzt werden; die Fallstudie der Hypertext-Dissertation stellt diesbezüglich eine Ausnahme dar, die in die Untersuchung einbezogen wurde, um auch im Bereich „Hypertext" einen Fall darzustellen, der dem Kontext „Forschung" zugeordnet werden kann; jedoch war es bereits schwierig einen solchen Fall überhaupt zu finden (vgl. Kap. 5.3.2.2). Hypertextuelle Artefakte, die der Publikation wissenschaftlicher Aufsätze oder Monografien vergleichbar wären, liegen zurzeit kaum vor, im Gegensatz zu (Meta-)Informationsseiten *über* wissenschaftliche Forschung, z.B. die Internetdarstellungen von Universitäten oder die Homepages von Wissenschaftlern. Während die Potenziale von Hypertexten als *Lern*medien von den Befragten hoch eingeschätzt werden (obwohl verschiedene empirische Untersuchungen dies sehr kritisch betrachten, vgl. Kap. 5.3.1), erscheinen sie ihnen zur Darstellung *wissenschaftlicher Ergebnisse* wenig geeignet.

Das bedeutet, dass Hypertexte offensichtlich als *Lern*medien verwendet werden, nicht aber zur Darstellung wissenschaftlicher Ergebnisse. Eine solche Trennung gibt es für lineare Papiermedien so nicht: Trotz formaler und stilistischer Unterschiede ist das Trägermedium für Lehrtexte dasselbe wie für andere wissenschaftliche Textsorten (vgl. Kap. 3.1). Wenn Hypertexte jedoch nicht als wissenschaftliche Darstellungsform genutzt werden, liegt hier auch eine mögliche Erklärung dafür, warum die Potenziale, die darin lägen, Hypertexte von Studierenden *schreiben* (und nicht nur lesen) zu lassen (vgl. Stahl 2001 und Kap. 5.3.1), bisher kaum in die Lehre einbezogen werden: Studentische Arbeiten dienen in der Regel der Darstellung von Inhalten und der Einübung in wissenschaftliche Arbeitspraktiken und werden nicht als Instrument zur Wissenskonstruktion betrachtet.

Somit können für das Medium Hypertext zwei deutliche Trennlinien konstatiert werden: zwischen der Nutzung in Lehre und Forschung sowie zwischen den Personen, die Hypertexte lesen bzw. entwickeln. Der Einsatz speziell entwickelter Hypertexte als Lernmedien bzw. WBT oder CBT kann möglicherweise als Aufwertung des Bereichs Lehre gedeutet werden. Allerdings erscheint es zumindest im traditionellen Verständnis der Einheit von Forschung und Lehre auch problematisch zu sein, wenn eine Form von Artefakten (in diesem Fall Hypertexte) nicht zur Darstellung von Forschungsergebnissen verwendet wird. Nicht zuletzt bleiben damit Potenziale ungenutzt, diese neue literale Form aktiv schreibend und damit lernend insbesondere zur Konstruktion von Strukturen und Bedeutungszusammenhängen einzusetzen. An dieser Stelle könnte jedoch auch eine Chance für hypertextuelle Kurzformen, wie Wikis und Weblogs, liegen.

Während die untersuchten Hypertexte trotz der dargestellten Unterschiede traditionellen hochschulliteralen Formen in vielen Punkten ähnlich sind, gab es bei allen anderen Fallstudien erhebliche Unterschiede. Mailingliste, Diskussionsforum, Wiki und Weblog sind literale Kurzformen, die nur dann funktionieren, wenn mehrere Personen sich schreibend daran beteiligen und dadurch häufige Veränderungen entstehen. Während ihr Format aus technischer Perspektive vorgegeben ist, können oft viele Personen auf die weitere kontextuelle, inhaltliche und formale Nutzung Einfluss nehmen. Entsprechend sind die Funktionen solcher Textformen in den Fallstudien sehr unterschiedlich und reichen von der Organisation und Begleitung von Lehre über soziale Unterstützung bis zu Fragen, Anregungen und Informationen in Forschungs- und Praxiszusammenhängen. Dies impliziert, dass die jeweilige Funktion einer neuen literalen Form in einem bestimmten Kontext nicht selbsterklärend ist; häufig wird sie explizit formuliert („Die Mailingliste dient ...“; „Dieses Weblog befasst sich mit ...“). Auch allgemeingültige Nutzungspraktiken oder Codes haben sich bisher noch nicht durchgesetzt.

Eine zentrale Bedeutung dieser neuen literalen Formen liegt darin, dass sog. „Micro Content“ (Baumgartner 2005) öffentlich gemacht wird, der vor der Möglichkeit der Internet-Publikation oft gar nicht geschrieben, auf keinen Fall jedoch veröffentlicht worden wäre. Im Gegensatz zu traditionellen hochschulliteralen Formen steht nicht nur die Kürze der Beiträge, sondern auch ihr Charakter als offene Form, Frage, unfertiger Gedanke usw. Wie in Kap. 3.2.3 gezeigt, werden die hohe Bedeutung kurzer, unfertiger Texte und des „schreibenden Denkens“ für den Lernprozess und den Entstehungsprozess traditioneller hochschulliteraler Texte oft kaum beachtet. In dem offensichtlich bestehenden besonderen Reiz, in den neuen Textsorten „unfrisierte Gedanken“ (so der Titel des untersuchten Weblogs) zu publizieren, könnte also eine Chance liegen, auch traditionelle Formen des Lernens und Forschens durch neue literale Praktiken zu unterstützen.

Auffällig ist auch die *explizite* Dialogizität, sowohl im Gegensatz zu persönlichen Arbeits-/Lerntagebüchern (mit denen z.B. Weblogs oft verglichen werden, vgl. Stangl 2004; Baumgartner 2005) als auch im Gegensatz zu der in traditionellen Medien praktizierten *impliziten* Bezugnahme. In Zusammenhang damit ist auch die Geschwindigkeit neuer Beiträge in Verbindung mit der Ausrichtung auf direkte Reaktionen von Bedeutung: Für Lesende werden Mailinglisten, Foren und Wikis, „in denen sich nichts tut“ schnell uninteressant; damit sich aber etwas tut, brauchen die Schreibenden die motivierende Reaktion ihrer Leser.

Können solche Text- bzw. Kommunikationsformen überhaupt „wissenschaftlich“ genannt werden? Viele Beteiligte ordnen sie selbst nicht so ein; dennoch messen sie ihnen für ihre (wissenschaftliche) Arbeit mit unterschiedlichen Begründungen hohe Bedeutung zu, sei es als Gelegenheit, unkompliziert verschiedene Meinungen einzuholen, sei es als Motivation oder Bestätigung. Man kann also festhalten, dass innerhalb wissenschaftlicher Zusammenhänge neue, nicht im klassischen Sinn wissenschaftlich zu nennende literale Formen eine zunehmende Bedeutung gewinnen. Sie besetzen Felder – Informationsaustausch, Dialog, Kommunikation,

Emotion – die im wissenschaftlichen Kontext bisher kaum *schriftlich öffentlich* gemacht wurden. In diesem Sinne handelt es sich nicht um „wissenschaftliche Texte", sondern um Lehr-/Lern- und Forschungsprozesse *begleitende Textformen*. Sie stehen damit also keineswegs in Konkurrenz zu traditionellen literalen Textsorten; diese erscheinen durch die neuen literalen Formen nicht bedroht, ersetzt, in ihrer Bedeutung vermindert oder geändert zu werden.[182] Vielmehr besetzt ein Großteil der neuen literalen Praktiken komplementäre Felder, für die es bisher keine (schriftlichen) Umsetzungsmöglichkeiten gab.

Die Untersuchung hat gezeigt, dass mit den neuen literalen Formen eine starke Ausdifferenzierung von Literalität im Hochschulkontext einhergeht. Mit den neuen Funktionen literaler Äußerungen entstehen zahlreiche neue Schreibanlässe, neue Aktivitäten der beteiligten Personen und neue damit verbundene Rollen. Bisher werden sie im Hochschulraum nur von einen kleinen Personenkreis praktiziert, für den sie eine hohe fachliche und persönliche Bedeutung haben. Wie sie sich im Gesamtkontext etablieren werden, und ob sie das bisherige System verändern, steht noch keineswegs fest: Ist eine Mailingliste (nur) eine zusätzliche Informationsquelle oder muss ein Fachwissenschaftler sich in Zukunft explizit in solche Gemeinschaften einbringen? Entsteht damit ein neuer Druck, sich schnell zu äußern? An welche Lesergruppen wenden sich Weblogs? Müssen Studierende sich an Foren, Chats und Wikis in ihren Kursen beteiligen? In welchem Verhältnis steht der Gewinn im Vergleich zu der zugleich eintretenden zusätzlichen zeitlichen Belastung? Auch ist noch unklar, in welchem Verhältnis die neuen literalen Formen zu den klassischen hochschulliteralen Textsorten stehen.

Es wurde deutlich, dass die *Potenziale* des *Konzepts Literalität* im Hochschulkontext bisher weder durch die traditionellen noch durch die neuen Medien umfassend realisiert wurden: Ein wesentliches Defizit traditioneller hochschulliteraler Praxis besteht z.B. darin, dass das Potenzial des Schreibens zur Unterstützung des Lernens und der Wissenskonstruktion nicht ausgeschöpft werden kann, solange davon ausgegangen wird, dass Schreiben ausschließlich der Darstellung von Inhalten und nicht der Entwicklung von Gedanken diene und damit nur die fertigen Produkte im Fokus der Aufmerksamkeit stehen; zu den noch nicht gelösten Problemen im Zusammenhang mit neuen literalen Praktiken gehört z.B. die Unvereinbarkeit der (für wissenschaftliches Arbeiten notwendigen) dauerhaften Referenzierbarkeit von Texten mit der (für den Erfolg neuer literaler Praktiken wichtigen) Bedeutung der ständigen Veränderbarkeit. Im abschließenden 7. Kapitel dieser Arbeit wird deshalb die leitende Frage dieser Arbeit vor dem Hintergrund der Untersuchungsergebnisse noch einmal aufgegriffen: Inwiefern verändern sich durch die neuen Medien Literalität(en) an Hochschulen? Welche Konsequenzen ergeben sich aus diesen Veränderungsprozessen? Welche Defizite sind zu befürchten? Welche noch

---

182 Dies scheint, wie in Kap. 3.3 gezeigt, eher durch neue Textverarbeitungssysteme, vereinfachte Möglichkeiten des Layouts usw. zu geschehen.

nicht ausgeschöpften Möglichkeiten klassischer Hochschulliteralität können durch die neuen Medien unterstützt werden? Welche neuen Möglichkeiten bieten sich? Wie kann eine verbesserte Nutzung traditioneller und neuer Literalität(en) in Lehre und Forschung pädagogisch unterstützt werden?

7 Zusammenfassung und Ausblick

Diese Arbeit ging von zwei Feststellungen aus: (1) Schriftlichkeit ist ein zentraler und konstitutiver Bestandteil von Forschung und Lehre an Hochschulen, (2) die Entwicklung digitaler Medien und deren Einsatz führt zu Veränderungen der literalen Praktiken an Hochschulen. In Bezug auf die *Bedeutung* dieser Veränderungen gab es zu Beginn – sofern sie überhaupt thematisiert wurden – meist subjektive Einschätzungen, die in zwei Richtungen gingen: Entweder handelte es sich um (häufig polemisch formulierte) Befürchtungen, z.b. von Hochschullehrern und Bildungspolitikern, dass damit nicht nur ein Qualitätsverlust wissenschaftlicher Arbeiten einhergehe, sondern traditionelle Arbeitsweisen verloren gingen, die das Fundament des Studiums und wissenschaftlicher Arbeit bildeten (so z.b. Schick 1990, S. V; SFB/FK 427; Martin 1997 u.a.m.; vgl. Kap. 1) – oder es gab nahezu euphorische Prognosen in Bezug auf qualitative Verbesserungen von Lehre und Wissenschaft, etwa im Zusammenhang mit der Nutzung von Hypertexten (vgl. Bush 1967; Landow 1997 u.v.m.; vgl. Kap. 5.3.1.1). Im Laufe der Entstehungszeit dieser Arbeit begannen sich einige neue Text- und Kommunikationsformen gesamtgesellschaftlich und in Ansätzen auch an den Hochschulen zu etablieren – und es entwickelten sich weitere neue Technologien, die meist dem Zusammenhang von Web 2.0 zugeordnet werden können und damit einer neuen Wahrnehmung des Internet als „sozialem Raum", als dessen Merkmal u.a. gilt, dass die Grenzen zwischen Lesenden und Schreibenden verschwimmen (vgl. Kap. 5.1 und Kap. 5.4.1). Inzwischen liegen zahlreiche Untersuchungen vor, die sich mit sehr unterschiedlichen Einzelaspekten solcher neuen, nicht nur literalen Praktiken auch an Hochschulen befassen. Die etwa zehnjährige Erfahrung mit der Implementierung von E-Learning an Hochschulen im deutschsprachigen Raum ist zwar nicht mit Veränderungen literaler Praktiken gleichzusetzen, bietet jedoch viele Überschneidungspunkte.

Vor diesem Hintergrund war das Ziel der vorliegenden Arbeit zunächst einmal, Kriterien zu entwickeln, anhand derer sich Unterschiede zwischen traditionellen und neuen literalen Praktiken und deren Bedeutung im Kontext Hochschule umfassend beschreiben lassen. Dabei wurde (in Anlehnung an Street 1993 und Street/Lea 1998, vgl. Kap. 1.1 und Kap. 1.2) ein Modell von Hochschulliteralität zugrunde gelegt, das Schriftlichkeit als eingebunden in soziale Zusammenhänge definiert.[183] Entsprechend muss eine adäquate Erfassung über die Beschreibung von formalen Aspekten und Handhabungskompetenzen hinaus weitere Aspekte des Feldes Literalität berücksichtigen, z.B. den Kontext, die verschiedenen Rollen der Beteiligten innerhalb ihrer jeweiligen Institutionen, die Strukturen dieser Institu-

---

183 Im Gegensatz dazu steht das „autonome" Modell, das davon ausgeht, dass bereits die Beherrschung der „Techniken" des Lesens und Schreibens implizit zur Ausbildung bestimmter kognitiver Fähigkeiten wie abstraktem, logischem, geschichtlichem Denken usw. führe (vgl. Ong 1987; dazu Kap. 1.1).

tionen, das implizite Lehr-/Lern- und Wissenschaftsverständnis sowie Wechselwirkungen mit Entwicklungen außerhalb des Systems Hochschule.

Im Mittelpunkt der Arbeit stand schließlich die Untersuchung unterschiedlicher neuer literaler Praktiken in sechs exemplarischen Fallstudien. Ziele dieser Untersuchung waren die vergleichende Beschreibung traditioneller und neuer literaler Praktiken anhand der entwickelten Kriterien und die Identifikation spezifischer Charakteristika neuer literaler Praktiken. Es ging also darum, die Besonderheiten neuer Literalitäten an Hochschulen in Beziehung zu traditionellen Literalitäten zu setzen und dadurch – über Befürchtungen oder Erwartungen hinaus – *tatsächliche* Auswirkungen des diagnostizierten Veränderungsprozesses auf unterschiedlichen Ebenen zu präzisieren. Dies impliziert auch die Diskussion darüber, ob und inwiefern mit der Veränderung literaler Praktiken Veränderungen des Verständnisses von wissenschaftlicher (Aus-)Bildung einhergehen bzw. welche (hochschuldidaktischen) Maßnahmen oder Aktivitäten mit ihrer Anwendung verbunden sind.

Der erste Teil dieses Schlusskapitels fasst die Ergebnisse der Arbeit zusammen und stellt Unterschiede traditioneller und neuer literaler Praktiken an Hochschulen in einem systematischen Überblick nebeneinander (Kap. 7.1). Der daran anschließende Ausblick (Kap. 7.2) setzt das zugrunde gelegte Modell von Hochschulliteralität in Beziehung zu den beobachteten Veränderungen. Daraus ergeben sich – auch in Hinblick auf sich abzeichnende zukünftige Entwicklungen – pädagogische bzw. bildungspolitische Handlungs- und Forschungsdesiderata, mit denen die Arbeit schließt.

7.1 Zusammenfassung der beobachteten Entwicklungen hochschulliteraler Praktiken seit Mitte der 1990er Jahre

Die folgende Zusammenfassung der Ergebnisse dieser Arbeit orientiert sich nicht an der Reihenfolge der Kapitel, sondern fokussiert in einem ersten Schritt die Beiträge der einzelnen Kapitel zur Beschreibung literaler Praktiken bzw. zur Bedeutung von Veränderungen solcher Praktiken (Kap. 7.1.1). Daran anschließend werden im zweiten Schritt typische Merkmale traditioneller und neuer Hochschulliteralitäten systematisch – d.h. anhand der in dieser Arbeit zugrunde gelegten und neu entdeckten Kategorien – in Beziehung zueinander gesetzt (Kap. 7.1.2).

7.1.1 Hochschulliterale Praktiken: Beschreibungskriterien und Bedeutung

Der historische Überblick über die Bedeutung von Literalität in der Geschichte der Universitäten (Kap. 3.4) hat gezeigt, dass bereits in der Antike Studium und

Schriftlichkeit miteinander verbunden waren und dass Schrift und Schriftlichkeit für die europäischen Universitäten seit deren Gründung als Institutionen im 12. Jahrhundert ein konstituierendes Element waren – das sich zugleich fundamental von der Bedeutung von Schrift und Schriftlichkeit an heutigen Universitäten unterschied. In einem Umfeld, das außerhalb der Universitäten mündlich geprägt war, und in dem es selbst an den Universitäten oft nur wenige Handschriften gab, war die Lehre auf die Sicherung und Systematisierung des vorhandenen Wissens – der Schriften der klassischen griechischen und römischen Autoren – ausgerichtet. Mit der scholastischen Methode und dem Zusammenspiel von Vorlesungen und Disputationen – letztere dienten zur Vermittlung und zur Auseinandersetzung mit den Inhalten sowie zur Prüfung – entwickelten sich geeignete *mündliche* Methoden dazu; die Produktion von (eigenen) Texten war nicht das Ziel der mittelalterlichen Universitäten. Grundlegende Veränderungen traten erst in der Folge der Erfindung des (damals „neuen") Mediums Buchdruck ein. Danach führte das Vorhandensein von genügend identischen Texten zwar zu einer Veränderung der Vorlesungs- bzw. Lehrpraxis und dem Entstehen zahlreicher Lehrwerke, hatte jedoch lange Zeit nur wenig Einfluss auf das Wissenschafts- und Selbstverständnis der Universitäten. Dieses veränderte sich nur langsam und vor allem durch den Einfluss außeruniversitärer Entwicklungen in der Forschung und im Publikationswesen von der Weiter*gabe* zur Weiter*entwicklung* des Wissens. Das bis heute vertretene Prinzip der Einheit von Forschung und Lehre als Aufgabe der Universitäten wurde erst mit Gründung der Humboldt-Universität zu Berlin formuliert – also mit der beginnenden Industrialisierung –, und erst in der Folge entwickelten sich die heute üblichen, in dieser Arbeit als „traditionelle Hochschulliteralität(en)" bezeichneten Formen literaler Praxis.

Wichtig im Zusammenhang der vorliegenden Arbeit sind dabei zwei Beobachtungen: zum einen, dass die an Universitäten praktizierte Schriftlichkeit schon immer in Wechselwirkung mit der Schriftlichkeit ihrer gesellschaftlichen Umwelt stand, zum anderen, dass an Universitäten immer auch spezifische Formen von Schriftlichkeit praktiziert und kultiviert wurden, die ihrem Verständnis von Wissen und Wissenschaft entsprachen und durchaus widerständig zu den in ihrem gesellschaftlichen Umfeld zentralen Zeichensystemen waren. Dies bestätigt auch das „ideologische" Modell von Literalität nach Brian Street (1993; vgl. Kap. 1.1), nach dem Schriftlichkeit nicht „als solche" kognitive oder gesellschaftliche Veränderungen auslöst, sondern nur in dem Maße, in dem sie Bedeutung für eine Gesellschaft (bzw. eine Teilgesellschaft oder eine Institution) hat.

Diese Bedeutung des in einer Kultur (und in Binnenkulturen) zentralen Zeichensystems für deren Selbstverständnis wurde in Kap. 2.3 ausführlich dargestellt. Dabei wurde gezeigt, dass Veränderungen des jeweils zentralen Zeichensystems und der genutzten Medien auch zu einem Wandel der Lernkultur führen: Zunächst beeinflussen die genutzten Zeichen- und Symbolsysteme selbst den Lernprozess, wie etwa am Beispiel der unterschiedlichen Bildung mentaler Modelle durch Bilder und Texte gezeigt wurde (u.a. Schnotz 1997; Nolda 2002; vgl. Kap. 2.1.2). Oft eröffnet die Entwicklung neuer Medien bzw. die mediale Präsentation von Inhalten aber auch bis dahin ausgeschlossenen Gruppen Zugriff auf das gesellschaftlich vorhandene Wissen und die Partizipation an Bildungsprozessen. Öffentlich zugängliche Lernmaterialien verändern die Beziehungen der beteiligten Personen und schaffen eine größere Unabhängigkeit im Lehrer-Schüler-Verhältnis. Zugleich hat die mediale Darstellung von Inhalten jedoch auch Einfluss auf deren Bedeutung in einer Gesellschaft und kann neue, bis dahin nicht notwendige Kompetenzen erfordern, deren Erwerb ggf. von der Gesellschaft institutionell unterstützt werden muss: So wurden (erst) mit der Industrialisierung, Verwissenschaftlichung und Verrechtlichung der Gesellschaft im 18. Jahrhundert (vgl. Baurmann 1996) schriftsprachliche Kompetenzen aller Gesellschaftsmitglieder in den europäischen Ländern notwendig und führten zur Etablierung von Schulen als Institutionen für alle Gesellschaftsschichten (vgl. Kap. 2.1.3).

Aus pädagogischer und didaktischer (bzw. im Kontext dieser Arbeit hochschuldidaktischer) Perspektive spielen in diesem Zusammenhang unterschiedliche Aspekte eine Rolle: Zunächst betrifft dies unmittelbar die (didaktische) Gestaltung von Lehr-/Lernprozessen und von (nicht nur literalen) Wissens- bzw. Lehr-/Lernmedien, die historisch schon früh festgestellt werden kann (vgl. Nolda 2002). Jedoch wurde die didaktische Gestaltung der Lehre an Universitäten in expliziter Abgrenzung zu Schulen mit dem „Postulat der ‚Bildung (nur) durch Wissenschaft'" (Huber 2001, S. 1043) bis in die 1970er Jahre weitgehend abgelehnt. Umfassendere Bedeutung hat jedoch darüber hinaus ein auf Vermittlung von *Medienkompetenz* gerichtetes Verständnis von Medienpädagogik. Dieses ursprünglich von Dieter Baacke (1973; 1996; 1997) entwickelte Konzept hat sich inzwischen stark ausdifferenziert. Zur Beschreibung der im Umgang mit traditionellen und neuen literalen Praktiken notwendigen Kompetenzen im Zusammenhang dieser Arbeit erscheint es auch deshalb besonders geeignet, weil es eine hohe Anschlussfähigkeit zu dem als dessen „Vorläufer" bezeichneten Konzept von Lesekompetenz (Groeben 2002a) aufweist. Lese- bzw. Medienkompetenz umfasst danach ein komplexes Bündel von Kompetenzen: von den Handhabungskompetenzen über inhaltliche Verstehensfähigkeit, sozial-kommunikative Kompetenzen und Medienkritik bis hin zur Anwendungsorientierung (vgl. Kap. 2.2.3).

Um (traditionelle und neue) literale Praktiken adäquat darstellen und miteinander vergleichen zu können, müssen außer den zu deren Nutzung erforderlichen Kompetenzen weitere Kategorien in die Beschreibung einbezogen werden. Diese Kategorien wurden aus dem Konzept des Textsortenwissens gewonnen und berücksichtigen sprachsystematische und kommunikationsorientierte Aspekte (vgl. Brinker 2001; Linke/Nussbaumer/Portmann 2004; vgl. Kap. 3.1.1). Danach ermöglicht erst das (zu erwerbende) Wissen um kontextuelle, inhaltliche und formale

Merkmale den Mitgliedern einer Sprachgemeinschaft, spezifische Textsorten zu erkennen, zu beurteilen und sich selbst sprachlich angemessen zu verhalten. Um dem hochschulliteralen Modell von Street/Lea (1998) gerecht zu werden, wurde die Kategorie „Definitionsmacht" – ein Teilaspekt des Bereichs „Kontext" – explizit aufgeführt.

Die damit definierten fünf Kategorien – Kontext, Inhalt, Form, Kompetenzen und Definitionsmacht – bildeten das Kriterienraster, das als Ausgangspunkt der vergleichenden Beschreibung von traditionellen Hochschulliteralitäten (Kap. 3.1 bis 3.3) und neuen hochschulliteralen Praktiken (Kap. 5) genutzt wurde. Um einen umfassenden Überblick über Theorie *und Praxis* neuer Hochschulliteralitäten zu gewinnen, wurden solche neuen Praktiken für die drei zentral erscheinenden Untersuchungsfelder Kommunikation, Hypertext und Social Software untersucht. Die systematische Beschreibung der neuen Literalitäten in jedem Bereich wurde konkretisiert und kritisch überprüft durch die Untersuchung jeweils einer dem Bereich Lehre und einer dem Bereich Wissenschaft zugeordneten Fallstudie. Dabei wurde das Verfahren des Fallstudienvergleichs (als einer Methode der qualitativen Sozialforschung) angewendet (vgl. Kelle/Kluge 1999). Bei der Auswahl der Fälle ging es darum, die Heterogenität und Varianz der neuen literalen Praktiken in den Blick zu nehmen und zugleich Anhaltspunkte für deren Gelingen zu gewinnen. Aus diesem Grund wurden, soweit möglich, Fälle gewählt, die von Studierenden und Lehrenden als „funktionierend" betrachtet wurden.[184] Das zugrunde gelegte Kriterienraster ermöglicht einen Vergleich der Fälle untereinander und mit dem „fixierten Alten" (PAQ 1980, S. 34). Zugleich war die Untersuchung jedoch auch auf die Entdeckung neuer Charakteristika gerichtet (vgl. zum Untersuchungsdesign ausführlich Kap. 4). Im folgenden Abschnitt werden die Ergebnisse der Untersuchung zusammenfassend dargestellt.

7.1.2 Systematischer Vergleich traditioneller und neuer hochschulliteraler Praktiken

Die Ergebnisdarstellung in diesem Abschnitt erfolgt in zwei Schritten, einem kurzen Überblick über die zentralen Merkmale traditioneller Hochschulliteralitäten zu Beginn (Kap. 7.1.2.1) und der Darstellung von Spezifika neuer Praktiken, die abschließend in einer Tabelle vergleichend nebeneinander gestellt werden (Kap. 7.1.2.2).

---

184 Inwieweit diese Fälle sich als „exemplarisch" für die Zukunft erweisen, ist jeweils schwer abzuschätzen. Sie wurden deshalb im Sinne der PAQ (1980, S. 35) als „Vorboten" betrachtet, die möglicherweise mehr über das „Neue" aussagen können als der Durchschnitt.

7.1.2.1 Digitale Medien und traditionelle Hochschulliteralitäten

Unter dem Begriff „traditionelle Hochschulliteralität(en)" wurde in dieser Arbeit eine Fülle von teilweise sehr unterschiedlichen Textsorten bzw. Praktiken zusammengefasst: von Lehrbüchern über studentische literale Arbeitsformen wie Klausuren, Seminar- und Examensarbeiten bis zu wissenschaftlichen Aufsätzen, Monographien usw. Diese heterogenen – und in den einzelnen Fachdisziplinen und Hochschulkulturen noch einmal unterschiedlichen Textsorten – müssten den Prämissen dieser Arbeit zufolge eigentlich als „lokale", d.h. einzeln in ihrem jeweiligen Kontext zu untersuchende Literalitäten betrachtet werden (vgl. Kap. 1.2 und Kap. 3.1).

Sie subsumierend und gemeinsam zu untersuchen, erscheint jedoch speziell für die Fragestellung dieser Arbeit insofern gerechtfertigt, als sie Gemeinsamkeiten im Hinblick auf die definierten Untersuchungskategorien aufweisen, die sie weitgehend von neuen hochschulliteralen Praktiken unterscheiden.

Traditionelle hochschulliterale Textsorten verbindet zunächst, dass ihre (jeweils unterschiedlichen) Funktionen und ihre (jeweils unterschiedlichen) formalen Merkmale relativ eindeutig feststehen: Es sind hochformalisierte Textsorten mit speziellen Merkmalen, sowohl in Bezug auf (vermeintlich weniger wichtige z.B.) textexterne Merkmale wie die Nutzung von weißem Papier im DIN A 4-Format für studentische Arbeiten, die Verwendung sachlicher Schrifttypen usw. – als auch in Bezug auf textinterne Merkmale, wie typische Gliederungsstrukturen usw. (vgl. Kap. 3.1). Hochschulliterale Textsorten dienen in der Regel der Vermittlung und der Darstellung von Inhalten sowie der Leistungsbewertung. Diese Definitionsmacht wird meist nicht explizit thematisiert, sondern ist Teil der unausgesprochenen Traditionen der Institution Universität; sie wird jedoch konkret ausgeübt in der Beurteilung studentischer Arbeiten durch Lehrende ebenso wie in Review-Verfahren für wissenschaftliche Veröffentlichungen usw.

Wissenschaftliche Lese- und Schreibkompetenzen erfordern komplexe Fertigkeiten, wie Recherche- und Beurteilungskompetenzen, passives und aktives wissenschaftliches Textsortenwissen, aber auch Kompetenzen zur Organisation umfangreicher Arbeiten usw. Diese Fertigkeiten unterscheiden sich von allgemeinen literalen Kompetenzen und werden nicht in der Schule erworben (vgl. Kap. 3.2). Das Bewusstsein dafür, dass Studierende beim Erwerb dieser Kompetenzen unterstützt werden müssen, wächst im deutschsprachigen Raum – anders als z.B. in den angelsächsischen Ländern – erst langsam. Auch wird in der Lehre meist nicht berücksichtigt, dass durch Schreiben nicht nur „vorhandenes" Wissen dargestellt wird, sondern dass Schreiben den Prozess der Wissenskonstruktion und -aneignung unterstützt (vgl. Kap. 3.2.3).

Durch die Nutzung digitaler Medien hat sich die zentrale Bedeutung traditioneller hochschulliteraler Textsorten für Forschung und Lehre an Hochschulen bisher nicht geändert. Dies betrifft auch die wesentlichen Merkmale der grundlegenden Textsorten (inhaltliche Ansprüche, Gliederung, verwendete Zeichensysteme und Codes), auch wenn die Ansprüche an die formale Gestaltung (z.B. das Layout) wachsen und die Schreibprozesse sich ändern. Eine bedeutsame Verschiebung liegt jedoch darin, dass traditionelle (d.h. lineare) wissenschaftliche Textsorten (z.B. Dissertationen, Aufsätze in elektronischen Zeitschriften und Datenbanken usw.) nun unkompliziert im Internet veröffentlicht werden können, sowohl bei Verlagen und kommerziellen Anbietern als auch im Kontext der Open Access-Bewegung. Diese potenzielle Zugänglichkeit wissenschaftlicher Texte ist zunächst positiv zu bewerten, auch wenn damit zugleich die Gefahr von Plagiaten wächst. Sie erfordert jedoch umfangreiche neue Recherche- und Bewertungskompetenzen (vgl. Kap. 3.4) – zumal im Internet nicht nur qualitätsgeprüfte wissenschaftliche Quellen zur Verfügung stehen, sondern auch auf umfangreiche andere Textsorten und Kommunikationsformen zugegriffen werden kann: nämlich „neue (hochschulliterale) Textsorten".

7.1.2.2 Neue literale Praktiken im Hochschulkontext

Solche neuen, in Lehre und Wissenschaft eingesetzten Textsorten wurden in dieser Arbeit systematisch und in sechs Fallstudien untersucht: Diskussionsforum und Mailingliste (Kommunikation), Hypertext als Lernmaterial und wissenschaftliche Veröffentlichung sowie Wiki und Weblog (Social Software). „Neu" an diesen Textsorten und Kommunikationsformen sind nicht nur die Techniken und Darstellungsformen, sondern vor allem auch öffentliche und kollaborative Arbeitsformen, die bisher nicht hätten realisiert werden können, z.B. die schnelle und hierarchiefreie Kommunikation innerhalb großer, ortsverteilter Gruppen, das gemeinsame Arbeiten an Texten, deren schnelle Veränderbarkeit usw. Diese neuen Praktiken haben noch keine feststehenden Funktionen und formalen Ausprägungen im Hochschulkontext; ihr Einsatz in Lehre und Wissenschaft erfolgt in der Regel aufgrund der freiwilligen Initiative von Wissenschaftlern. Mit Ausnahme der Hypertext-Dissertation beginnen sich die in den Fallstudien untersuchten Praktiken jedoch zumindest in Ansätzen an Hochschulen zu etablieren, allerdings auf andere Weise als in anderen Kontexten im Internet und auf andere Weise als traditionelle hochschulliterale Praktiken.

Von allen untersuchten Fallstudien sind die Hypertexte trotz ihrer Struktur traditionellen hochschulliteralen Textsorten in ihren Funktionen und Formen am ähnlichsten: Bei beiden handelt es sich um umfangreiche Dokumente, die der Vermittlung (WBT) bzw. Darstellung (Hypertext-Dissertation) von Inhalten dienen. Dabei lag der Mehrwert den Interviews zufolge nicht in der Struktur, sondern für das WBT in der Integration von Bildern und interaktiven Elementen und vor allem in der zielgruppenspezifischen (Aufbereitung, d.h. in Merkmalen, die in der Dissertation nicht genutzt werden konnten.

Bei allen anderen untersuchten neuen Praktiken handelt es sich um literale Kurz-formen – sog. „Micro Content" (Baumgartner 2005) –, deren Funktionen und For-men sich erheblich von traditionellen hochschulliteralen Textsorten unterscheiden. Typische Gliederungsstrukturen sind aufgrund der Kurzform obsolet, in einigen Fällen werden andere Symbolsysteme integriert, der Stil ist in der Regel zwar sachlich, aber weniger formell als in wissenschaftlichen Veröffentlichungen, und die Themen werden oft personalisiert und kontextualisiert, teilweise treten die Autoren als Person in Erscheinung; in Diskussionsforum, Mailingliste und Weblog ist die Nutzung des „Ich" selbstverständlich. Inhaltlich werden häufig Fragen an die Community gerichtet oder noch unfertige Gedanken zur Diskussion gestellt. Die schriftlichen Artefakte dienen weniger der Vermittlung und Darstellung von Inhalten als der Kommunikation, dem Austausch und der gemeinsamen Wissens-konstruktion und eröffnen dem Prozess des „schreibenden Denkens", das bisher im akademischen Kontext nicht schriftlich öffentlich gemacht wurde, einen öffent-lichen Diskursraum. Alle diese Merkmale widersprechen inhaltlich, formal und be-züglich der benötigten Kompetenzen traditionellen schriftlichen Praktiken. Zu-gleich haben die Fallstudien gezeigt, dass es sich positiv auf die Akzeptanz der neuen literalen Formen auswirkte, wenn Merkmale, die unvereinbar mit traditio-nellen akademischen Schreibpraktiken scheinen, diesen zumindest angepasst wer-den, z.B. indem der genutzte Code zwar nicht so formell ist, wie in wissenschaft-lichen Publikationen, aber erheblich formeller als in nicht-wissenschaftlichen Foren und Blogs, indem das WBT eher hierarchisch strukturiert und die Veränderbarkeit von Texten reduziert wurde usw.

Insgesamt kann festgehalten werden, dass diese Praktiken nicht an die Stelle tradi-tioneller Textsorten treten, sondern sich komplementär dazu verhalten oder sie be-gleiten, wie die folgende, zusammenfassende Tabelle für die gemeinsamen Unter-suchungskriterien – Kontexte, Inhalte, Form, Kompetenzen, Definitionsmacht – zeigt:

	Traditionelle literale Praktiken an Hochschulen	**Neue literale Praktiken im Kontext Hochschule/Wissenschaft**
	Kontexte	
Lehre	*Im Rahmen von Lehrveranstaltungen:* – individuelle literale Praktiken (Lek-türe, Schreiben von Klausuren, Haus-arbeiten etc. als Leistungsnachweise).	*Im Rahmen von Lehrveranstaltungen:* – kommunikative und kollaborative, (zumindest) veranstaltungsintern öffentliche Schreibpraktiken (Dis-kussionsforum, Wiki; teilweise auch als Leistungsnachweis).
Wissen-schaft	– individuelle Lektüre und Recherche, Publikation wissenschaftlicher Ergebnisse (Aufsätze, Monographien usw.).	– Öffentliche, diskursive Praktiken (Mailingliste, Weblog).

Inhalte		
Lehre	*Rezeption durch die Studierenden:* – Lehrbücher: umfassende, thematisch auf einen Lehrgegenstand bezogene Einführungen in wissenschaftliche Inhalte und Methoden. *Studentische Textproduktion:* – Seminararbeiten: Relativ umfangreiche, sachliche Arbeiten zu einem wissenschaftlichen Teilthema.	*Rezeption durch die Studierenden:* – WBT: umfassende, auf einen Lehrgegenstand, aber auch auf die konkrete Veranstaltung und Zielgruppe bezogene Einführung in ein Thema. *Studentische Textproduktion:* – Wiki: relativ umfangreiche, sachliche Texte zu einem wissenschaftlichen Teilthema – Diskussionsforum: Kurzinhalte (Micro Content), unterschiedliche Themen, inhaltliche, aber auch organisatorische Hinweise, persönliche Wertungen usw.
Wissen-schaft	– Thematisch auf einen Gegenstand bezogene, umfangreiche, geschlossene Darstellungen wissenschaftlicher Inhalte/Ergebnisse (Aufsätze, Monographien).	– Mailingliste, Weblog: Kurzinhalte zu sehr unterschiedlichen Themen, oft offene Fragen, unfertige Gedanken, persönliche Wertungen usw.
Formale Gestaltung		
Lehre	*Lehrwerke:* – Wissenschaftlicher Darstellungsstil; zunehmend stärkere didaktische Aufbereitung (auch in Layout, Illustration, Stil). *Studentische Texte:* – Ziel: Typische wissenschaftliche Textsorten (siehe Abschnitt „Formale Gestaltung: Wissenschaft").	*WBT:* – Lineare/hierarchische Struktur, überwiegend sachlicher Stil, aber starke Zielgruppenorientierung, umfangreiche Einbindung unterschiedlicher bildlicher Darstellungsformen, teilweise interaktive Aufgabentypen, Links. *Studentische Textproduktion:* – Wiki: an wissenschaftliche Texte angenäherte Gliederungen, sachorientierte, neutrale Texte (sog. „NPoV", d.h. „Neutral Point of View"), umfangreiche Integration bildlicher Darstellungsformen, Links in der Endfassung. – Diskussionsforum: Kurzinhalte, deshalb keine typischen Gliederungen, dialogische Form, personalisierte Texte (Ich-Form); teilweise bildliche Darstellungen in den Anhängen.

Wissen-schaft	– Typische Darstellungsformen wissenschaftlicher Textsorten (mit fachspezifischen Ausprägungen: typische Gliederungen; wissenschaftlicher, sachlicher, neutraler Code, komplexe Satzstrukturen, Fachvokabular usw.); Alphabetschrift, sachliche Buchstabentypen, nur wenige bildliche Darstellungen (keine illustrierenden Bilder).	– Mailingliste, Weblog: Kurzinhalte, deshalb keine wissenschaftlichen Gliederungen; personalisierte Texte (Ich-Form), jedoch (im Gegensatz zur Nutzung dieser Textsorten in anderen Zusammenhängen im WWW) sachlicher Code, wenige Fehler. *Genutzte Symbolsysteme:* – Mailingliste: ausschließlich Alphabetschrift; Weblog: Unterschiedliche Darstellungsformen (Bilder, Audio, bewegte Bilder); umfangreiche Vernetzung (Links, Kommentare).
	Kompetenzen	
Lehre	*Von Studierenden zu erwerbenden Kompetenzen:* – Umfangreiche Lese- und Schreibkompetenzen: Lesen, Verstehen, Behalten wissenschaftlicher Texte; Literaturrecherche, Bewertung der Rechercheergebnisse, kursorische Lektüre, zielgerichtete Lesemethoden (z.B. SQ3R-Methode) usw.; Erwerb von Textmusterwissen: Gestaltungsregeln, (wissenschaftliche und kreative) Arbeitstechniken, Organisation umfangreicher Arbeitsprozesse usw. *Lehrwerke:* – Beachten von Gestaltungsmerkmalen zur Textverständlichkeit und zur lernförderlichen Organisation und Gestaltung von Texten (z.B. zur Einbindung anderer Symbolsysteme, Formulierung von Lernzielen, Sequenzierung, Nutzung von Advance Organizern, Marginalien usw. (Diese Merkmale stehen jedoch oft in Widerspruch zu den formalen Merkmalen *wissenschaftlicher* Textsorten).	*Insgesamt: mehr oder weniger umfangreiche neue Handhabungskompetenzen (WBT, Wiki)* – WBT: Lesekompetenzen für nichtlineare Texte (Studierende); Entwicklungskompetenzen für nicht-lineare Texte, Kenntnisse zum Text-Bild-Verhältnis usw. *Studentische Textproduktion:* – Wiki: inhaltliche Kompetenzen, Kompetenzen zur gemeinsamen Entwicklung von Texten – Diskussionsforum: Kompetenzen zur angemessenen Kommunikation; für Lehrende: Konzeption geeigneter Aufgabenstellungen
Wissen-schaft	– Souveräner Umgang mit wissenschaftlichen Lese- und Schreibkompetenzen; Publikation wissenschaftlicher Texte	– Handhabungskompetenzen; Fähigkeit und Bereitschaft zur (regelmäßigen), inhaltlich und formal angemessenen öffentlichen Kommunikation, Umgang mit einer neuen Informationsflut

Gestaltungs-/Definitionsmacht		
Lehre	– Literale Kompetenzen der Studierenden (Klausuren, Seminar-, Abschlussarbeiten) dienen in der Regel zur Beurteilung von Studienleistungen	– Nutzung neuer literaler Praktiken wird durch Lehrende initiiert – auch wenn neue literale Praktiken nicht explizit zur Leistungsbewertung genutzt werden, sind sie durch ihre Öffentlichkeit (im Seminar) ein Kontrollmedium *Damit unterscheidet sich der Einsatz neuer literaler Praktiken in der Lehre von der Nutzung im WWW und im Bereich Wissenschaft: Dort werden sie in der Regel freiwillig, hierarchiefrei und ggf. anonym genutzt.*
Wissen-schaft	– Abwägung zwischen den Regeln der Institution, der Fachkultur und der eigenen Positionierung; Notwendigkeit für Wissenschaftler zu publizieren, Reviewsysteme usw.	– Mailingliste, Weblog: freiwillige Initiativen der Akteure; häufig ähnliche formale/stilistische Gestaltung wie in der akademischen Community, um auch dort Akzeptanz zu erreichen

Tab. 18: Vergleichende Übersicht über die Merkmale traditioneller und neuer Hochschulliteralitäten

7.2 Ausblick auf die Entwicklungsperspektiven von (neuen) Hochschulliteralitäten

Unter welchen Bedingungen werden neue literale Praktiken an Hochschulen genutzt? Was führt dazu, dass ihr Einsatz akzeptiert und als gelungen bezeichnet wird? Im folgenden Ausblick werden das für die Beantwortung dieser Frage zentrale und schwierige Thema der Definitionsmacht aufgegriffen (Kap. 7.2.1) und Forschungsdesiderata formuliert (Kap. 7.2.2); das abschließende Fazit nennt Anforderungen an die Gestaltung und Reflexion der Implementierung (Kap. 7.2.3).

7.2.1 Definitionsmacht: Wer nutzt und gestaltet neue hochschulliterale Praktiken?

Im Zusammenhang mit Literalität an Hochschulen sind zurzeit zwei Bewegungen zu beobachten: zum einen Veränderungen der in den Hochschulen verankerten traditionellen Literalitäten vor allem durch neue Veröffentlichungsmöglichkeiten im Internet und damit verbunden einer neuen Reichweite, die jedoch nicht zu einer Veränderung der etablierten Formen und Beurteilungssysteme führt;[185] zum ande-

---

185 Diese neuen Öffentlichkeitsräume beeinflussen das wissenschaftliche Arbeiten selbst dann erheblich, wenn dies am Endergebnis *formal* oft nicht erkennbar ist. So sind auch traditionelle

ren das Hineintragen neuer Praktiken in die Hochschulen, entweder zur Nutzung in der Lehre oder um Inhalte über den Hochschulraum hinaus öffentlich zu machen. Diese beiden Bewegungen haben zwei Berührungspunkte: die neuen Öffentlichkeitsräume für bis dahin innerhalb der Hochschulen behandelte Inhalte – sowohl in traditionellen als auch in neuen literalen Formen – und die Nutzung von traditionellen und neuen literalen Praktiken in der Lehre.

Gleichwohl fällt es schwer auszumachen, wo die Definitionsmacht in Bezug auf die neuen literalen Praktiken an Hochschulen verortet werden könnte. Das Modell zur Beschreibung (traditioneller) Hochschulliteralitäten von Brian Street und Mary Lea (1998, vgl. Kap. 1.2), von dem diese Arbeit ausging, bezog sich auf den geschlossenen Kontext Hochschule. Die dort thematisierte Definitionsmacht in Bezug auf Inhalte und formale Gestaltung von Texten beruht auf den Hierarchieverhältnissen innerhalb dieses Systems. Die Nutzung der neuen literalen Formen erfolgt jedoch sowohl im Bereich Wissenschaft als auch im Bereich Lehre überwiegend auf *freiwilligen Einzelinitiativen*. Damit ist es (noch) schwierig, gemeinsame „hochschulinterne" Regeln zu formulieren – zumal viele dieser Praktiken über die Hochschulgrenzen hinausgreifen und somit Nutzungspraktiken aus unterschiedlichen Bereichen berücksichtigen müssten, die de facto in die Gestaltung einfließen.

Die folgende Graphik ist also kein erweitertes Modell, das Kompetenzen zum Umgang mit traditionellen und neuen hochschulliteralen Praktiken charakterisiert und integriert, sondern zeigt vor allem, welche Veränderungsprozesse sich zurzeit innerhalb und außerhalb des Systems Hochschule vollziehen. Teilweise verlaufen sie ohne direkte Berührungen nebeneinander, es gibt jedoch auch vielfältige Bezugspunkte – eine klare Verortung der Gestaltungsmacht ist jedoch zurzeit noch nicht möglich. Es erscheint deshalb aufschlussreich, noch einmal genauer zu betrachten, wer die neuen literalen Praktiken aus welchen Gründen benutzt.

---

hochschulliterale Textsorten – wie beispielsweise die vorliegende Arbeit –, inzwischen in hohem Maße zumindest auf die *Rezeption* neuer literaler Textsorten verwiesen: Die Recherche in elektronischen Datenbanken und Zeitschriften, der Zugriff auf Webseiten und Portale, teilweise auch auf Dokumententypen wie im Internet veröffentlichte computerunterstützte Präsentationen, Weblogs usw. ist *inhaltlich* unabdingbar (auch wenn dabei fächerspezifische Unterschiede bestehen). Ob bzw. in welchem Tempo sich auch die schreibende Teilnahme, z.B. durch das Führen eines eigenen Weblogs, die Entwicklung von Hypertexten usw., etabliert, wird in hohem Maße auch davon abhängen, inwieweit dies über die jeweiligen Internet-Communities hinaus institutionelle Anerkennung in den Hochschulen findet (vgl. dazu Abschnitt 7.2.3).

Gesellschaftliche Veränderungen /
Praktiken der Mediennutzung außerhalb
des Kontexts Hochschule

Hochschulliteralität(en)
(hochschulintern)

Traditionelle Praktiken

klar definierte Formen und Funktionen
im Gesamtkontext der Institution;
Definitionsmacht: hochschulintern.

wissenschaftliches Lesen und Schreiben,
Produktion studentischer Texte (Klausuren,
Hausarbeiten, Examensarbeiten usw.),
Produktion wissenschaftlicher Texte
(Aufsätze, Monographien usw.).

Veränderungen der Textproduktion und
formaler Elemente durch digitale Medien;
Veränderung der Recherche durch
Zugriff auf das Internet;
Bedeutungsveränderung durch
Publikation im Internet.

Neue literale Praktiken

Funktionen und Formen
im Kontext Hochschule unklar;

Definitionsmacht unklar bzw.
verteilt:
bei den initiierenden   bei allen
Lehrenden   Beteiligten

Diskussionsforum Mailingliste
WBT   Hypertext-Dissertation
Wiki --> Wikipedia   Weblog

Nutzung des Internet außerhalb
des Kontexts Hochschule

Abb. 12: Traditionelle und neue hochschulliterale Praktiken im Kontext Hochschule und Gesellschaft

In den dem Bereich Wissenschaft zugeordneten Fallstudien wurden die neuen schriftlichen Veröffentlichungsformen von eher technikaffinen Wissenschaftlern freiwillig genutzt, obwohl es dafür in der Regel keine institutionelle Anerkennung gab, weder symbolisch noch viel weniger manifest etwa in Form von (z.B. finanzieller) Unterstützung oder in Bezug auf Anerkennung als Qualifizierung o.ä.[186] Dennoch haben die Fallstudien – auch die als Hypertext veröffentlichte Dissertation – gezeigt, dass Wissenschaftler bereit sind, neue literale Formen auch ohne eine formale Anerkennung der Institution Universität zu erproben längerfristig zu nutzen und sich dafür einzusetzen. Die dafür genannten Gründe reichen von wissenschaftlichem und persönlichem Erkenntnisgewinn über die mit den neuen literalen Formen erreichte größere Öffentlichkeit bis hin zur Anerkennung durch andere Gemeinschaften als die inneruniversitären (Weblog, Mailingliste). Da diese Veröffentlichungen keine inneruniversitären Praktiken sind und auf Freiwilligkeit beruhen, unterliegen sie weder inhaltlich noch formal den institutionellen Regeln. Zwar stellt der Wunsch nach Anerkennung durch andere Wissenschaftler ein Regulativ dar; dies steht jedoch in Konkurrenz zu den im Internet in anderen

---

186 Insofern bedeuten Fördergelder, etwa von Ministerien, oder Preise, wie etwa der Medida-Prix der GMW (vgl. Brake u.a. 2004), eine Anerkennung und Honorierung des Arbeitsaufwands und des Engagements.

Zusammenhängen üblichen Praktiken. So erwähnte in einem der Interviews die Interviewpartnerin das Blog einer amerikanischen Wissenschaftlerin, in dem diese auch Fotos von den Rosen in ihrem Vorgarten einfüge und auf die Blogs ihrer Söhne verweise. Auf die Frage, ob solche Inhalte in das Blog einer Wissenschaftlerin gehörten, meinte sie nach kurzem Zögern: „Ich glaube, dass es zur *Webkultur* [betont] ganz doll dazu gehört, dass man stärker auch noch ein persönliches Bild nach außen trägt, und dass die Wertigkeit von Information viel stärker auch sozial vermittelt wird [... Es] gehört eher dazu als nicht dazu" (Int_HT3). Sie beantwortete also die Frage danach, ob eine Praxis im Bereich *Wissenschaft* angemessen sei, mit dem Verweis auf die *Webkultur*.[187] Solche Praktiken brechen etablierte wissenschaftliche Darstellungsformen und sie „brechen den üblichen Veröffentlichungsweg" (Int_Blog3), da auch hier die traditionellen Beurteilungs- bzw. Reviewprozesse nicht mehr greifen.

Auch in der Lehre werden neue literale Praktiken zurzeit noch eher vereinzelt und auf freiwillige Initiative einzelner Dozierender genutzt. Insofern erscheint es als typisch, dass der in den Fallstudien in dieser Arbeit untersuchte Einsatz von Diskussionsforum, WBT und Wiki für Lehrende und Studierende Neuland war. Zugleich waren diese Lehrenden – im Gegensatz zu den Akteuren der Fallstudien im Bereich Wissenschaft – dem Einsatz neuer Medien gegenüber zunächst eher skeptisch. Der Anlass dafür, es dennoch zu erproben, war zunächst jeweils die Umstellung auf die neuen BA/MA-Studiengänge und die damit erforderlichen differenzierten Nachweise von Studienleistungen: Paradoxerweise fördern also die häufig eher als restriktiv charakterisierten Rahmenbedingungen der neuen Studiengänge offensichtlich die Nutzung literaler Praktiken, die die relativ engen formalen Begrenzungen traditioneller Praktiken überschreiten und auf Diskurs und gemeinsame Entwicklung von Inhalten ausgerichtet sind[188] – ggf. auch über die Hochschulgrenzen hinaus, wie in der Fallstudie Wiki. Damit sind neue literale Praktiken bereits in die (Macht-)Strukturen der Hochschulen integriert, ohne zu etablierten Formen und Funktionen gefunden zu haben. Zur Beurteilung der Praktiken wurden deshalb pragmatische Kriterien angelegt, z.B. die inhaltliche Qualität der

---

187 Dieses Beispiel ist auch insofern interessant, als Brian Street (1999, S. 222) die Nutzung z.B. von (persönlichen) Anekdoten in *wissenschaftlichen Texten* als ein Beispiel für den Umgang mit Definitionsmacht an der Institution Hochschule anführt: Danach könnte ein anerkannter Wissenschaftler dies tun, da seine hierarchische Position es ihm erlaube, eine Regel wissenschaftlichen Schreibens zu brechen; in einem studentischen Text würde dies jedoch sanktioniert.

188 Auch Gabi Reinmann, Thomas Sporer und Frank Vohle (2007) charakterisieren die „Botschaften" von Bologna und Web 2.0 als einander widerstreitend: Durch den Bologna-Prozess werden danach Rahmenbedingungen geschaffen, die bestimmt sind durch „Fremdorganisation, Außenkontrolle, Individualleistung, hierarchische Verhältnisse und Homogenität", und die den Prinzipien von Web 2.0, „Selbstorganisation, Selbstkontrolle, Kooperation, neue Lerner-/Lehrerrollen, Heterogenität", diametral entgegenstehen. Zugleich entwickeln sie Vorschläge zur Struktur- und Prozessgestaltung zur Integration beider Tendenzen.

studentischen Beiträge (und nicht die formale Gestaltung) in dem untersuchten Diskussionsforum oder die Akzeptanz des erstellten WBT durch die Studierenden. Sowohl im Bereich Wissenschaft als auch im Bereich Lehre entwickeln die Beteiligten zurzeit also *ihre eigenen Vorgehensweisen und Beurteilungskriterien.* Dass auf Konventionen innerhalb der Institution Hochschule dabei noch nicht zurückgegriffen werden kann, vereinfacht engagierten Lehrenden und Forschenden die Erprobung neuer Nutzungsmöglichkeiten, führt jedoch bei weniger internet- und technikaffinen Personen auch zu Skepsis und Unsicherheit, zumal die neuen literalen Praktiken im Kontext Hochschule in der Regel anders „funktionieren" als im Internet. Bedingungen des Funktionierens zu identifizieren, war ein Thema dieser Arbeit. Die Fallstudien gaben dazu verschiedene Hinweise, z.b. in Bezug auf die Bedeutung der unterschiedlichen Kontexte für die Akzeptanz und Nutzung neuer Literalitäten, die Formulierung von Arbeitsaufgaben und die Betreuung von asynchronen Diskussionen, die Anpassung von Codes für akademische Kontexte und den Einsatz von Netiquette-Regeln, die Strukturierung von Lehr-/Lernmedien usw. Allerdings muss an dieser Stelle noch einmal darauf hingewiesen werden, dass in den Fallstudien *Einzelfälle* einer neuen Textsorte bzw. Kommunikationsform bezüglich der Ausprägung spezieller Merkmale im Vergleich mit traditionellen hochschulliteralen Textsorten und den Bedingungen ihres Funktionierens betrachtet wurden. Inwieweit die dabei identifizierten Merkmale tatsächlich verallgemeinerbar sind und ob sie durch weitere Aspekte ergänzt und erweitert werden können, müsste in genrespezifischen weiteren Fallstudien überprüft werden.

7.2.2 Offene Forschungsfragen

Über das Thema der Definitions- bzw. Gestaltungsmacht und über die einzelnen Fallstudien hinaus entstanden eine Fülle neuer Forschungsfragen und Forschungsdesiderata, die auch an andere Forschungsgebiete anknüpfen:

- Mit Ausnahme der beiden Hypertext-Fallstudien zeigte sich in allen anderen Fällen, dass die kontinuierliche, aktive schriftliche Beteiligung an neuen Praktiken ein kritischer Erfolgsfaktor und zugleich ein Problem war. Es wurde mehrfach thematisiert, dass die in anderen Kontexten im Internet mögliche freiwillige, anonyme und hierarchiefreie Beteiligung und die Erleichterung durch die Teilnahme großer Gruppen auf Hochschulkontexte in der Regel nicht übertragbar sind. Gerade ein als besonderer Vorteil der neuen literalen Praktiken geltender Aspekt kann somit nicht realisiert werden, wie sich auch in den jeweiligen Fallstudien zeigte. Ist dieser Verzicht auf die freiwillige Beteiligung unumgänglich? Ist sie ggf. auch positiv zu betrachten, zumal sich damit neue literale Formen den – ebenfalls zur Leistungskontrolle genutzten – traditionellen Hochschulliteralitäten in ihrer Funktion annähern? Welche Möglichkeiten gäbe es, diesen Prozess in die eine oder andere Richtung zu gestalten, z.B.

durch die Anregung neuer Beteiligungsaktivitäten oder die stärkere Formalisierung von Bewertungskriterien?

- Komplementär dazu muss geprüft werden, wie mit Unvereinbarkeiten neuer und traditioneller wissenschaftlicher Textsorten umzugehen ist: Welche Merkmale neuer literaler Praktiken sind unvereinbar mit wissenschaftlichen Arbeitsformen – z.B. unklare Referenzierungen? Welche stellen Ergänzungen traditioneller Praktiken dar? Können für literale Praktiken, die unvereinbar mit wissenschaftlichen Arbeitsformen scheinen, aber möglicherweise inhaltlich weiterführend sind – z.B. flukturierende, sich weiterentwickelnde Textsorten – Arbeitsstrategien entwickelt werden, die auch in akademischen Kontexten akzeptiert werden?

- Aus den beiden genannten Punkten ergibt sich die Anforderung, unterschiedliche Genres, Textsorten und Kommunikationsformen im Hochschulkontext nicht nur zuzulassen und rezipierend und schreibend zu erproben, sondern deren jeweilige Besonderheiten auch explizit zu thematisieren und zu reflektieren. Gemeinsam mit allen Beteiligten müssen diese Praktiken – wie traditionelle Hochschulliteralitäten – eingeübt werden und Kriterien zu deren Bewertung – etwa im Sinne einer „Quellenkritik" (Hodel 2006) – entwickelt werden. Dies impliziert auch die Thematisierung von Strategien im Umgang mit der neuen Informationsflut, d.h. die Kompetenz der „Information literacy".

- Schließlich befinden sich Medien in einem dynamischen Entwicklungsprozess: Dabei entstehen weitere neue Textsorten, Kommunikationsformen und Nutzungskonzepte, die auch für die akademische Praxis relevant sein können. Exemplarisch für ein Nutzungskonzept sei an dieser Stelle auf den Einsatz von Social Bookmarking-Tools und die dadurch entstehenden Communities hingewiesen, die auch als literale Praktiken verstanden werden können, die wissenschaftliche Lern- und Forschungsprozesse unterstützen. In Bezug auf die Bedeutung der Darstellung unterschiedlicher Textsorten *in unterschiedlichen Medien* könnte das von Claudia Fraas und Achim Barczok (2006) von den Literatur-, Kunst- und Kulturwissenschaften auf die Internetforschung übertragene Konzept der Intermedialität und Transmedialität aufschlussreich sein. Sie zeigen, dass das in der Linguistik (wie überhaupt im akademischen schriftlichen Diskurs) übliche Konzept der Inter*textualität* – des Verweises von Texten aufeinander – um eine inter*mediale* Betrachtung erweitert werden muss, die die Bezüge der unterschiedlichen verwendeten Medien aufeinander und deren Beziehung zueinander thematisiert. In Bezug auf Intermedialität unterscheiden Fraas und Barczok noch einmal zwischen *Transmedialität* – „‚Wanderungen' von Themen und Themensequenzen in Diskursen über Mediengrenzen hinaus (z.B. Print – Internet)" (ebd., S. 137) – und *Medienwechseln*. Beide Felder bieten auch Ansatzpunkte für die in dieser Arbeit diskutierten unterschiedlichen Formen von Schriftlichkeit, z.B. zur Beschreibung von Transformationsprozessen: Was geschieht bei der „Wanderung" wissenschaftlicher Inhalte über die

Grenzen der Printmedien hinaus in Hypertexte oder in schriftliche Kurzformen? Welchen Einfluss haben solche unterschiedlichen Präsentations- und Kommunikationsformen auf den (wissenschaftlichen) Umgang mit diesen Themen? Welche Begründungen gibt es dafür, dass in bestimmten Bereichen Medienwechsel stattfinden, in anderen jedoch nicht? Was bedeutet es beispielsweise, wenn in der Lehre nun (weiterhin) lineare Texte, zugleich zunehmend aber auch Hypertexte eingesetzt werden – während wissenschaftliche Arbeiten so gut wie ausschließlich weiterhin nur in Form linearer Texte umgesetzt werden? Gibt es außer den in dieser Arbeit identifizierten Gründen weitere Ursachen dafür? Welche Rolle werden Transmedialität und Medienwechsel in Zukunft im Zusammenhang mit wissenschaftlichem Textsortenwissen spielen?

7.2.3 Die Verantwortung der Hochschulen für die Gestaltung der (neuen) hochschulliteralen Praktiken

„Wenn für Schriftlichkeit irgendeine sichere Zuordnung möglich scheint, so die zu Gelehrsamkeit, zu Wissenschaft und ihren Institutionen. Universität und Schrift gehören sozusagen *ex definitione* ganz unmittelbar zusammen" (Miethke 1990, S. 7).

Solche und ähnliche Aussagen, die sich in vielen Darstellungen zur Universitäts- und Wissenschaftsgeschichte finden (u.a. Brockmeier 1997; Stichweh 1991), treffen weiterhin zu. Jedoch hat sich die an Universitäten praktizierte Schriftlichkeit im Laufe der Geschichte gewandelt – und die vorliegende Arbeit hat gezeigt, dass sie sich derzeit wieder in einem fundamentalen Wandlungsprozess befindet. Welche Konsequenzen der begonnene Prozess letztlich für Forschung und Lehre an Hochschulen hat, ist noch nicht abzusehen. Sicher ist jedoch, dass nicht nur formale Ausprägungen von Schriftlichkeit betroffen sind, sondern dass sich der Umgang mit wissenschaftlichen Inhalten ändert und der Kreis der beteiligten Personen sich erheblich erweitert. Es ist das ausdrückliche Ziel der Akteure, in die „Einheit von Forschung und Lehre" auch Praktiker und Interessierte außerhalb der Universitäten einzubeziehen, wie alle Fallstudien im Kontext Wissenschaft und die Fallstudie „Wiki" im Kontext Lehre gezeigt haben.[189]

Die Veränderung von Schriftlichkeit wurde in dieser Arbeit untersucht als ein Indikator für Veränderungsprozesse an Hochschulen, die sich auch auf anderen Ebenen – und dort teilweise augenfälliger – vollziehen. So beschränkt sich der Einsatz

---

189 Weitere Beispiele finden sich in anderen Mailinglisten und Weblogs; exemplarisch sei hier auf einen Auszug aus dem Editorial des Blogs „E-Learning in der Psychologie" verwiesen: „Das Blog dient also dem Wissensaustausch. [...] Egal ob Sie als Studierender nach Kursen suchen oder sich als Praktiker fortbilden möchten, in der Rubrik Content sollten Sie fündig werden" (http://elearn.zpid.de/index. php?title=editorial_zu_e_learning_in_der_psychologie // 19.08.2007).

neuer, digitaler Medien nicht auf schriftliche Artefakte. Immer häufiger werden z.b. Präsenzveranstaltungen als Podcasts oder Videos aufgezeichnet und Studierenden zur Verfügung gestellt. Interessanterweise verliert damit diese mündliche Veranstaltungsform den dialogischen Charakter, der ihr zumindest potenziell zugeschrieben wird. Die fortschreitende Umsetzung des Bologna-Prozesses verändert die Strukturen von Studiengängen und Hochschulen; der Einfluss dieses Prozesses auf das Selbstverständnis von Hochschulen wird jedoch in Deutschland immer noch meist als starke Restriktion verstanden und – wenn überhaupt – kritisch diskutiert (vgl. Bollenbeck/Wende 2007; Zimmer 2007; Schriewer 2007 u.v.m.). Diese beiden auf sehr unterschiedlichen Ebenen angesiedelten Beispiele für Veränderungen an Hochschulen wurden an dieser Stelle angeführt, weil sie neben den Chancen der Prozesse – den neuen Möglichkeiten der Darstellung von Inhalten bzw. den europaweit vergleichbaren Studienstrukturen – auch Einschränkungen gerade der diskursiven Prozesse von Lehre und Wissenschaft implizieren. Zugleich zeigte sich jedoch in allen drei in dieser Arbeit im Bereich Lehre untersuchten Fallstudien, dass die Einführung der neuen Studiengänge ein wesentlicher Impuls dafür war, neue literale Praktiken einzusetzen, also (im WBT) neue Darstellungsstrukturen und Symbolsysteme zur Gestaltung von Studienmaterialen zu nutzen und (im Diskussionsforum und im Wiki) neue, schriftlich geführte Diskurse in die Lehre zu integrieren. Die untersuchten neuen literalen Praktiken bieten also weit mehr als den Zugriff auf (wissenschaftliche) Inhalte. Auch und gerade im Zusammenhang mit den Einschränkungen, die mit dem Bologna-Prozess verbunden sind – und die zugleich offensichtlich Lehrende veranlassen, neue literale Praktiken in ihren Veranstaltungen einzusetzen –, ist die *öffentliche Schriftlichkeit* neuer Kommunikationsformen wie Foren, Mailinglisten und Weblogs von großer Bedeutung, denn sie eröffnet neue Formen der Beteiligung an (wissenschaftlichen) Diskursen und der Initiierung von (wissenschaftlichen) Diskursen, sowohl hochschulintern als auch ggf. weit über die Grenzen der Hochschulen hinaus.

Dennoch sind de facto solche literalen Praktiken an Hochschulen noch kaum verankert; ihr Einsatz, zumal in der Lehre, ist zumindest im deutschsprachigen Raum noch relativ selten. Gleichwohl ist unstrittig, „dass die digitale Informationskultur in das traditionelle Hochschulsystem eingedrungen ist" (Schmid 2007). Aus ökonomischer Perspektive kann der Einsatz digitaler Medien in Lehre und Forschung damit begründet werden, dass Lehrende und Fakultäten sich ohne deren Nutzung nicht mehr behaupten könnten, „wenn sich erst die ‚Generation Web 2.0' immatrikuliert" (ebd.).

Aus bildungspolitischer Perspektive erscheinen dagegen die *inhaltlichen Argumente* relevanter für den Einsatz der gerade in dieser Arbeit untersuchten neuen literalen Praktiken in Lehre und Wissenschaft: „Viele Leute veröffentlichen interessantere Sachen in Weblogs" (Int_Blog3). Die Fallstudien dieser Arbeit haben gezeigt, dass mit den neuen literalen Praktiken neue Möglichkeiten geschaffen werden, wissenschaftliche Inhalte zugänglich zu machen und die Wissenschaftskommunikation zu erweitern. Dass dies nicht „von selbst geschieht" und mit den neuen literalen Praktiken auch problematische Aspekte verbunden sind – etwa die zunehmende Gefahr des Plagiats, die fehlende verlässliche Referenzierbarkeit usw. – wurde in dieser Arbeit an zahlreichen Stellen thematisiert.

Zurzeit werden neue literale Praktiken noch weitgehend selbstorganisiert ausgeübt: „Wir machen es einfach, es funktioniert" (Arnold 2003, S. 261). Dies bedeutet, dass die Beteiligten, auch wenn es ihnen nicht unbedingt bewusst ist, allein durch ihre je unterschiedliche Form der Teilnahme implizit an Veränderungen der akademischen Kommunikationskultur bzw. Erweiterungen des Wissenschaftsverständnisses mitwirken. Um die Potenziale der neuen literalen Praktiken auch über diesen Kreis von engagierten Insidern hinaus zu nutzen und in den institutionellen Strukturen von Hochschulen zu verankern, ist eine Verbindung dieser aktiven Nutzung mit kritischer Reflexion unerlässlich: Gibt es Lösungen für die thematisierten Widersprüche zu traditionellen Hochschulliteralitäten, Möglichkeiten wissenschaftlicher Qualitätssicherung usw.? Welche Praktiken lassen sich (nicht) sinnvoll aus informellen Zusammenhängen in den Hochschulkontext übertragen? Welche neuen Szenarien können erprobt werden und welche Kriterien werden zu deren Auswertung angelegt?

Die neuen Medien ermöglichen es, die Auseinandersetzung mit diesen Fragen schriftlich öffentlich zu machen – und der schriftliche Diskurs darüber wird in den Netzwerken zahlreicher Foren und Blogs innerhalb und außerhalb des Hochschulkontextes bereits geführt. Die Hochschulen sollten die Diskussion und Gestaltung dieses Prozesses nicht einzelnen Interessierten überlassen, sondern sich als Institutionen aktiv und reflektierend daran beteiligen.

Danksagung

Die vorliegende Arbeit wurde am 30.04.2008 von der Helmut-Schmidt-Universität – Universität der Bundeswehr Hamburg als Dissertation angenommen und Online veröffentlicht („Veränderungen wissenschaftlicher Literalität durch digitale Medien. Neue literale Praktiken im Kontext Hochschule": http://opus.unibw-hamburg.de/opus/volltexte/2008/1409/).

Der ausführliche Dank im Vorwort der Online-Fassung war mir ein besonderes Anliegen. Auch hier möchte ich allen danken, die durch ihre fachliche und persönliche Unterstützung großen Anteil am Entstehen dieser Arbeit hatten: Zuerst dem Betreuer und der Betreuerin meiner Arbeit, Prof. Dr. Gerhard Zimmer und Prof. Dr. Patricia Arnold, meinen Interviewpartnerinnen und -partnern und denjenigen, mit denen ich die ersten Ergebnisse diskutieren konnte, den Mitgliedern des Graduiertenkolloquiums von Prof. Zimmer am Lehrstuhl für Berufs- und Betriebspädagogik an der Universität der Bundeswehr Hamburg sowie meinen Arbeitskolleginnen und -kollegen dort und später an der Stabsstelle eLearning der Ruhr-Universität Bochum.

(Nur) an dieser Stelle ein herzlicher Dank an Christian Ziegler für den Entwurf des Titelbildes und an Marina Michaelsen für ihr aufmerksames Korrekturlesen!

Für ihre inhaltlichen Anregungen und ihre Freundschaft danke ich Dr. Gabriele Molzberger und Dr. Holger Dinkhoff, Dr. Birgit Gaiser, Antje Pabst, Lars Kilian, Alexandra Ringendahl mit Knut Pellny und Greta sowie Jutta und Bernhard Gillner mit Fabian und Christiane.

Besonders nennen möchte ich Prof. em. Dr. Benedikt Schwank OSB, dem diese Arbeit gewidmet ist, Dr. Klaus-Peter Pfeiffer und schließlich meine Eltern und meinen Bruder, Heinz, Elisabeth und Klaus Thillosen.

Tübingen, 26. Juli 2008
Anne Thillosen

Verzeichnis der zitierten Literatur

Adamzik, Kirsten (2001): Grundfragen einer kontrastiven Textologie. In: Dies. (Hrsg.): Kontrastive Textologie, Tübingen: Staufenberg, S. 15–32.

Alexander, Christopher/Ishikawa, Sara/Silverstein, Murray/Jacobson, Max/Fiksfahl-King, Ingrid/Angel, Shlomo (1995; engl. Orig. 1977): Eine Muster-Sprache. Städte, Gebäude, Konstruktion. Wien: Löcker.

Ammon, Ulrich (1999): Deutsch als Wissenschaftssprache. Die Entwicklung im 20. Jahrhundert und die Zukunftsperspektive. In: Wiegand, Herbert Ernst (Hrsg.): Sprache und Sprachen in den Wissenschaften: Geschichte und Gegenwart. Festschrift für Walter de Gruyter & Co. anläßlich einer 250jährigen Verlagstradition. Berlin, New York: de Gruyter, S. 668–685.

Antos, Gerd (1996): Die Produktion schriftlicher Texte. In: Günther, Hartmut/Ludwig, Otto (Hrsg.): Schrift und Schriftlichkeit. Ein interdisziplinäres Handbuch internationaler Forschung (Writing and its use. An interdisciplinary Handbook of International Research). Berlin, New York: de Gruyter (HSK 10.2), S. 1527–1535.

Apel, Heino (2003): Das Forum als zentrales Instrument asynchroner Online-Seminare. In: Apel, Heino/Kraft, Susanne (Hrsg.): Online lehren. Planung und Gestaltung netzbasierter Weiterbildung. Bielefeld: W. Bertelsmann, S. 93–116.

Apfelbaum, Birgit (2005): Einsatzmöglichkeiten von Chat- und MOO-Protokollen in der Fremdsprachenausbildung Französisch. Überlegungen aus diskursanalytischer Sicht. In: Beißwenger, Michael/Storrer, Angelika (Hrsg.): Chat-Kommunikation in Beruf, Bildung und Medien. Konzepte, Werkzeuge, Anwendungsfelder (Symposium 8.–10. Mai 2003). Stuttgart: Ibidem, S. 27–50.

Arnold, Rolf (1999): Lernkulturwandel. Begriffstheoretische Klärungen und erwachsenenpädagogische Illustrationen. In: Nuissl, Ekkehard u.a. (Hrsg.): Literatur- und Forschungsreport Weiterbildung, Nr. 44. Neue Lernkulturen. Frankfurt, Main: DIE, S. 1–37 (www.report-online.net/recherche/einzelhefte_inhalt.asp?id= 384 // 08.08.2007).

Arnold, Rolf/Schüßler, Ingeborg (1998): Wandel der Lernkulturen. Ideen und Bausteine für ein lebendiges Lernen. Darmstadt: Wissenschaftliche Buchgesellschaft.

Arnold, Patricia (2001): Didaktik und Methodik telematischen Lehrens und Lernens. Lernräume, Lernszenarien, Lernmedien. State-of-the-art und Handreichung. Unter Mitarb. von Larissa Rogner und Anne Thillosen. Mit Hinweisen für die Entwicklung der telematischen Lernkultur von Gerhard Zimmer. Münster u.a.: Waxmann (Medien in der Wissenschaft; Bd. 17).

Arnold, Patricia (2003): Kooperatives Lernen im Internet. Qualitative Analyse einer Community of Practice im Fernstudium. Münster u.a: Waxmann (Medien in der Wissenschaft; Bd. 23).

Arnold, Patricia/Kilian, Lars/Thillosen, Anne/Zimmer, Gerhard (2004): E-Learning. Handbuch für Hochschulen und Bildungszentren. Didaktik, Organisation, Qualität. Nürnberg: BW Bildung und Wissen.

Arnold, Patricia/Kilian, Lars/Thillosen, Anne (2002): „So lonely!?" – Online-Betreuung als kritische Erfolgsbedingung beim telematischen Studieren. Ergebnisse einer Befragung von Studierenden und Mentoren in der Virtuellen Fachhochschule für Technik, Informatik und Wirtschaft (VFH). In: Bachmann, Gudrun/ Haefeli, Odette/Kindt, Michael (Hrsg.): Campus 2002. Die virtuelle Hochschule in der Konsolidierungsphase. Münster u.a.: Waxmann (Medien in der Wissenschaft, Bd. 18), S. 334–344.

Arnold, Patricia/Thillosen, Anne (2003): Gestaltung von Teletutoren-Schulungen am Beispiel der Virtuellen Fachhochschule. In: Hohenstein, Andreas/Wilbers, Karl (Hrsg.): Handbuch E-Learning. Expertenwissen aus Wissenschaft und Praxis. Köln: Deutscher Wirtschaftsdienst (Loseblattsammlung, Grundwerk 2001), Beitrag 6.1.3, S. 1–4.

Astleitner, Hermann/Sindler, Alexandra: (1999): Pädagogische Grundlagen virtueller Ausbildung. Telelernen im Fachhochschulbereich. Wien: Universitätsverlag.

Augst, Gerhard/Müller, Karin (1996): Die schriftliche Sprache im Deutschen. In: Günther, Hartmut/Ludwig, Otto (Hrsg.): Schrift und Schriftlichkeit. Ein interdisziplinäres Handbuch internationaler Forschung (Writing and its use. An interdisciplinary Handbook of International Research). Berlin, New York: de Gruyter (HSK 10.2), S. 1500–1506.

Assmann, Aleida (1998): Erinnerungsräume. Formen und Wandlungen des kulturellen Gedächtnisses. München: C.H. Beck.

Assmann, Aleida/Assmann, Jan (1990): Einleitung. Schrift – Kognition – Evolution. Eric A. Havelock und die Technologie kultureller Kommunikation. In: Havelock, Eric A: Schriftlichkeit. Das griechische Alphabet als kulturelle Revolution. Mit einer Einleitung von Aleida und Jan Assmann. Weinheim: VCH, Acta Humaniora, S. 1–35.

Baacke, Dieter (1973): Kommunikation und Kompetenz. Grundlegung einer Didaktik der Kommunikation und ihrer Medien. München: Juventa.

Baacke, Dieter (1996): Medienkompetenz – Begrifflichkeit und sozialer Wandel. In: Rein, Antje von (Hrsg.): Medienkompetenz als Schlüsselbegriff. Bad Heilbrunn: Klinkhardt, S. 112–124.

Baacke, Dieter (1997): Medienpädagogik. Tübingen: Niemeyer (Grundlagen der Medienpädagogik; Bd. 1).

Bachmann, Gudrun/Bremer, Claudia/Carstensen, Doris (2005): Editorial: e-Bologna Teil 1 – Die Perspektive der Lehrentwicklung. In: Zeitschrift für Hochschuldidaktik (ZFHD) Heft 04 (Juni 2005), S. 1–2 (www.zfhd.at/resources/downloads/ ZFHD_04_00_Editorial_Inhalt_1000402.pdf // 07.12.2007).

Bänsch, Axel (7. verb. Aufl. 1999): Wissenschaftliches Arbeiten. Seminar- und Diplomarbeiten. München u.a.: Oldenbourg.

Ballstaedt, Steffen-Peter/Mandl, Heinz/Schnotz, Wolfgang/Tergan, Sigmar-Olaf (1981): Texte verstehen, Texte gestalten. München u.a.: Urban und Schwarzenberg (U-&-S-Psychologie).

Baltzer, Ulrich (2000): Winfried Nöth, Handbuch der Semiotik. 2. vollständig neu bearb. und erw. Aufl. Stuttgart/Weimar [J. B. Metzler] 2000. In: Internationales Archiv für Sozialgeschichte der deutschen Literatur online (http://iasl.uni-muenchen.de/rezensio/liste/baltzer.htm; ins Netz gestellt am 11.10.2000 // 26.05.2003).

Barsch, Achim/Erlinger, Hans Dieter (2002): Medienpädagogik. Eine Einführung. Stuttgart: Klett-Cotta.

Baruchson-Arbib, Shifra/Yaari, Eti (2004): Printed Versus Internet Plagiarism: A Study of Students' Perception. In: International Journal of Information Ethics, Vol. 1 (06/2004) (http://container.zkm.de/ ijie/ijie/no001/ijie_001_05_baruchson. pdf // 08.08.2007).

Barton, Allen H./Lazarsfeld, Paul F. (1984, engl. Orig. 1955): Einige Funktionen von qualitativer Analyse in der Sozialforschung. In: Hopf, Christel/Weingarten, Elmar (Hrsg.): Qualitative Sozialforschung. Stuttgart: Klett-Cotta, S. 41–89.

Barton, David/Hamilton, Mary (1998): Local literacies. Reading and writing in one community. London u.a.: Routledge.

Batinic, Bernad (2002): Online social sciences. Seattle, Wash. u.a.: Hogrefe & Huber.

Batinic, Bernad/Werner, Andreas/Gräf, Lorenz/Bandilla, Wolfgang (1999): Online Research. Methoden, Anwendungen und Ergebnisse. Göttingen u.a.: Hogrefe, Verlag für Psychologie.

Baumert, Jürgen u.a. (Hrsg.) (2000): PISA 2000. Basiskompetenzen von Schülerinnen und Schülern im internationalen Vergleich. Opladen: Leske + Budrich.

Baumgarten Marita (1997): Professoren und Universitäten im 19. Jahrhundert. Zur Sozialgeschichte deutscher Geistes- und Naturwissenschaftler. Göttingen: Vandenhoeck & Ruprecht (Kritische Studien zur Geschichtswissenschaft; Bd. 121).

Baumgartner, Peter (2005): Eine neue Lernkultur entwickeln: Kompetenzbasierte Ausbildung mit Blogs und E-Portfolios. In: Hornung-Prähauser, Veronika (Hrsg.): ePortfolio Forum Austria 2005, Salzburg, Österreich, S. 33–38 (www.educa.ch/dyn/bin/131141-131143-1-eportfoliodeutsch.pdf // 08.08.2007).

Baumgartner, Peter/Kalz, Marco (2004): Content Management Systeme aus bildungstechnologischer Sicht. In: Baumgartner, Peter/Häfele, Hartmut/Maier-Häfele, Kornelia (unter Mitarbeit von Marco Kalz): Content Management Systeme in e-Education. Auswahl, Potenziale und Einsatzmöglichkeiten. Innsbruck 2004 (www.educa.ch/tools/13792/files/ cms_bildungstechnologische_sicht.pdf // 20.06.2007).

Baumgartner, Peter/Häfele, Hartmut/Maier-Häfele, Kornelia (2002): E-Learning Praxishandbuch. Auswahl von Lernplattformen. Marktübersicht – Funktionen – Fachbegriffe. Innsbruck u.a.: StudienVerlag.

Baumgartner, Peter/Payr, Sabine (2001): Studieren und Forschen mit dem Internet. Innsbruck u.a: Studien Verlag.

Baurmann, Jürgen (1996): Der Erwerb von Schriftlichkeit. In: Günther, Hartmut/Ludwig, Otto (Hrsg.): Schrift und Schriftlichkeit. Ein interdisziplinäres Handbuch internationaler Forschung (Writing and its use. An interdisciplinary Handbook of International Research). Berlin, New York: de Gruyter (HSK 10.2), S. 1118–1129.

Beaugrande, Robert-Alain de/Dressler, Wolfgang Ulrich (1981): Einführung in die Textlinguistik. Tübingen: Niemeyer.

Becker-Mrotzeck, Michael (o.J.): Mündlichkeit – Schriftlichkeit – Neue Medien, S. 1–34 (www.uni-koeln.de/ew-fak/Deutsch/materialien/mbm/downloads/ mueschrneumed.rtf. // 05.08.2002).

Becker Mrotzek, Michael/Vogt, Rüdiger (2001): Unterrichtskommunikation: linguistische Analysemethoden und Forschungsergebnisse. Tübingen: Niemeyer (Germanistische Arbeitshefte; Bd. 38).

Bereiter, Carl/Scardamalia, Marlene (1987): The psychology of composition. Hillsdale: Erlbaum.

Behrens, Ulrike (2. Aufl. 2001): Teleteaching ist easy!? Pädagogisch-psychologische Qualitätskriterien und Methoden der Qualitätskontrolle für Teleteaching-Projekte. Landau: Empirische Pädagogik.

Beißwenger, Michael/Storrer, Angelika (2005): Chat-Szenarien für Beruf, Bildung und Medien. In: Dies. (Hrsg.): Chat-Kommunikation in Beruf, Bildung und Medien. Konzepte, Werkzeuge, Anwendungsfelder (Symposium 8.–10. Mai 2003). Stuttgart: Ibidem, S. 9–25.

Bergmann, Jörg R. (1985): Flüchtigkeit und methodische Fixierung sozialer Wirklichkeit. Aufzeichnungen als Daten der interpretativen Soziologie. In: Bonß, Wolfgang/Hartmann, Heinz (Hrsg.): Entzauberte Wissenschaft. Zur Relativität und Geltung soziologischer Forschung (Sonderband 3 der Zeitschrift „Soziale Welt"). Göttingen: Schwarz, S. 299–320 (www.uni-bielefeld.de/soz/personen/bergmann/ PDF/Fluechtigkeit.pdf // 31.10.2005).

Bergmann, Jörg R./Meier, Christoph (2000): Elektronische Prozessdaten und ihre Analyse. In: Flick, Uwe/Kardorff, Ernst von/Steinke, Ines (Hrsg.): Qualitative Sozialforschung. Ein Handbuch. Reinbek bei Hamburg: Rowohlt Taschenbuch, S. 429–437.

Berners-Lee, Tim (1999): Der Web-Report. Der Schöpfer des World Wide Webs über das grenzenlose Potential des Internets. München: Econ.

Berners-Lee, Tim (1999): Talk to the LCS 35th Anniversary celebrations (www.w3.org/1999/04/13-tbl.html // 08.08.2007).

Berners-Lee, Tim/Cailliau, Robert (1990): WorldWideWeb: Proposal for a HyperText Project (www.w3.org/Proposal.html // 19.03.2007).

Beywl, Wolfgang (2006): forum-evaluation – Mailingliste zur Evaluation (www.univation.org/download/Bericht_forum-evaluation.pdf?PHPSESSID= 6apfs0j3sgkr7h9re5mu19aqs4 // 08.08.2007).

Birkerts, Sven (1997): Die Gutenberg-Elegien. Lesen im elektronischen Zeitalter. Mit einem Nachwort von Sigurd Martin. Frankfurt a.M.: Fischer.

Björk, Bo-Christer (2004). Open access to scientific publications – an analysis of the barriers to change. Information Research 9(2), Paper 170 (http://InformationR.net/ir/9-2/paper170.html // 10.07.2007).

Björk, Lennart/Bräuer, Gerd/Rienecker, Lotte/Stray Jörgensen, Peter (2003): Teaching Academic Writing in European Higher Education: An Introduction. In: Dies. (Hrsg.): Teaching Academic Writing in European Higher Education. Dordrecht, Boston, London: Kluwer Academic Publishers (Studies in Writing; vol. 12), S. 1–15.

Björk, Lennart/Räisänen, Christine (1997): Academic writing. A university writing course. Lund: Studentlitteratur.

Björk, Lennart/Räisänen, Christine (2. ed. 1999): Academic writing. A university writing course. Lund: Studentlitteratur.

Bleuel, Jens (1995): Online publizieren im Internet. Elektronische Zeitschriften und Bücher. Pfungstadt u.a.: Ed. Ergon.

Bloomfield, Leonard (2001; engl. Orig. 1933): Die Sprache. Übers., kommentiert und hrsg. von Peter Ernst. Wien: Ed. Praesens.

Blühdorn, Hardarik (1990): Korpuslinguistische Befunde als Ausgangspunkt für eine modifizierte Funktionalstilistik – Anregungen zu einer Wiederaufnahme der Diskussion. In: Linguistische Berichte 127. Forschung, Information, Diskussion. Opladen: Westdeutscher Verlag, S. 217–231.

Blumer, Herbert (1940): The problem of the concept in social psychology. In: American Journal of Sociology 45, S. 707–719.

Blumer, Herbert (1954): What is wrong with social theory? In: American Sociological Review, 19. Jg., H.1, S. 3–10.

Blumstengel, Astrid (1998): Entwicklung hypermedialer Lernsysteme. Berlin: Wissenschaftlicher Verlag Berlin (http://dsor.upb.de/~blumstengel/main_index_titel.html // 20.06.2007).

Bohn, Cornelia (1999): Schriftlichkeit und Gesellschaft. Kommunikation und Sozialität der Neuzeit. Opladen u.a.: Westdt. Verl.

Bollenbeck, Georg/Wende, Waltraud (Hrsg.) (2007): Der Bologna-Prozess und die Veränderung der Hochschullandschaft. Beiträge zum Symposium "Der Bologna-Prozess und die Veränderungen in der Hochschullandschaft" am 2. und 3. Dezember 2005 an der Universität Siegen. Heidelberg: Synchron, Wiss.-Verl. der Autoren (Schriftenreihe Forum Synchron).

Bolz, Norbert (1993): Am Ende der Gutenberg-Galaxis. Die neuen Kommunikationsverhältnisse. München: Fink.

Bonometti, Giovanna/Graf, Heidi (2002): Was ist am selbst gesteuerten Lernen tatsächlich neu? In: Info-Dienst Weiterbildung in Brandenburg (1/2002), S. 4–8.

Bräuer, Gerd (2000): Schreiben als reflexive Praxis. Tagebuch, Arbeitsjournal, Portfolio. Freiburg im Breisgau: Fillibach.

Bräuer, Gerd (1998): Schreibend lernen. Grundlagen einer theoretischen und praktischen Schreibpädagogik. Innsbruck u.a.: Studien-Verlag.

Brake, Christoph (2000): Politikfeld Multimedia. Multimediale Lehre im Netz der Restriktionen. Münster u.a.: Waxmann (Medien in der Wissenschaft; Bd. 11).

Brake,Christoph/Topper, Monika/Wedekind, Joachim (Hrsg.) (2004): Der Medida-Prix. Nachhaltigkeit durch Wettbewerb. Münster u.a.: Waxmann (Medien in der Wissenschaft; Bd. 31).

Braungardt, Kathrin (2007): Perspektiven der E-Learning Support Strategie hinsichtlich der multimedialen Contenterstellung im Kontext von Web 2.0 am Beispiel der Ruhr-Universität Bochum. Masterarbeit zur Erlangung des Grades MASTER OF ARTS im Rahmen des weiterbildenden Studienprogramms Educational Media an der Universität Duisburg-Essen (unveröffentlichtes Manuskript).

Bremer, Claudia (2005): Chats im E-Learning. Rollenspiele und andere didaktische Elemente in der netzgestützten Hochschullehre. In: Beißwenger, Michael/Storrer, Angelika (Hrsg.): Chat-Kommunikation in Beruf, Bildung und Medien. Konzepte, Werkzeuge, Anwendungsfelder (Symposium 8.–10. Mai 2003). Stuttgart: Ibidem, S. 89–100.

Bremer, Claudia/Carstensen, Doris (2005): Editorial: e-Bologna Teil 2 – Die Perspektive der Hochschulentwicklung. In: Zeitschrift für Hochschuldidaktik (ZFHD) Heft 05 (Oktober 2005), S. 1–2 (www.zfhd.at/ resources/downloads/ ZFHD_05_0_Editorial_Inhalt_1000538.pdf // 07.12.2007).

Brinker, Klaus (1996): Die Konstitution schriftlicher Texte In: Günther, Hartmut/ Ludwig, Otto (Hrsg.): Schrift und Schriftlichkeit. Ein interdisziplinäres Handbuch internationaler Forschung (Writing and its use. An interdisciplinary Handbook of International Research). Berlin, New York: de Gruyter (HSK 10.2), S. 1515–1526.

Brinker, Klaus (5., durchges. und erg. Aufl. 2001): Linguistische Textanalyse. Eine Einführung in Grundbegriffe und Methoden. Berlin: Schmidt (Grundlagen der Germanistik; Bd. 29).

Brockmeier, Jens (1997): Literales Bewusstsein. Schriftlichkeit und das Verhältnis von Sprache und Kultur. München: Fink.

Bubenzer, Arndt (2001): Betreuung und Kommunikation mit synchronen Werkzeugen: Chat. 5. Studienmodul des Online-Kurses „Tele-Tutor-Training" der Teleakademie Furtwangen (unveröffentlichtes Manuskript).

Bude, Heinz (1989): Der Essay als Form der Darstellung sozialwissenschaftlicher Erkenntnisse. In: Kölner Zeitschrift für Soziologie und Sozialpsychologie, 41. Jg., Heft 3, S. 526–539.

Bühler, Karl (1965; Orig. 1934): Sprachtheorie. Die Darstellungsfunktion der Sprache. Mit einem Geleitwort von Friedrich Kainz. Stuttgart: Fischer.

Busch, Frank/Meyer, Thomas B. (2002): Der Online-Coach. Wie Trainer virtuelles Lernen optimal fördern können. Weinheim, Basel: Beltz (Beltz-Weiterbildung).

Bush, Vannevar (1945): As we may think. In: Atlantic Monthly 176/1, S. 101–108 (www.ps.uni-sb.de/~duchier/pub/vbush/vbush-all.shtml // 08.08.2007).

Bush, Vannevar (1991, Orig. 1967): Science Pauses. In: Nyce, James M./Kahn, Paul (Ed.): From Memex to Hypertext. Vannevar Bush and the Mind's Machine. Boston, Mass. u.a.: Academic Press, S. 185–196.

Carle, Ursula (2002): Geschlechterkritischer Blick hinter den PISA-Spiegel. Bremen (Vortrag in der Reihe Ortswechsel, Bremen Gästehaus der Universität) (www.grundschulpaedagogik.uni-bremen.de/archiv/ pisa/pisa-vortrag-ulla3.pdf // 01.06.2007).

Chomsky, Noam (1965): Aspects of the Theory of Syntax. Cambridge Mass: MIT.

Cohen, Marcel u.a. (Hrsg.): L'Ecriture et la psychologie des peuples. Centre international de synthèse, XXIIe semaine de synthèse. Paris: Colin.

Collot, Milena/Belmore, Nancy (1996): Electronic language. A new variety of English. In: Herring, Susan C. (ed.): Computer-mediated communication. Linguistic, social and cross-cultural perspectives. Amsterdam u.a.: Benjamins, S. 13–28.

Conklin, Jeff (1987): Hypertext: An Introduction and Survey. In: IEEE Computer 20 (9), S. 17–41.

Coplien, James O. (1992): Advanced C++. Programming styles and idioms. Reading, Mass.: Addison-Wesley.

Costas, Ilse (1992): Der Kampf um das Frauenstudium im internationalen Vergleich. Begünstigende und hemmende Faktoren für die Emanzipation der Frauen aus ihrer intellektuellen Unmündigkeit in unterschiedlichen bürgerlichen Gesellschaften. In: Schlüter, Anne (Hrsg.): Pionierinnen – Feministinnen – Karrierefrauen? Zur Geschichte des Frauenstudiums in Deutschland. Pfaffenweiler: Centaurus (Frauen in Geschichte und Gesellschaft; Bd. 22.), S. 115–144.

Coulmas, Florian (2000, reprinted, 1. Aufl. 1989): The writing systems of the world. Oxford u.a.: Blackwell (The language library).

Christmann, Ursula/Groeben, Norbert (1996): Die Rezeption schriftlicher Texte. In: Günther, Hartmut/Ludwig, Otto (Hrsg.): Schrift und Schriftlichkeit. Ein interdisziplinäres Handbuch internationaler Forschung (Writing and its use. An interdisciplinary Handbook of International Research). Berlin, New York: de Gruyter (HSK 10.2), S. 1536–1545.

Christmann, Ursula/Groeben, Norbert (1996): Textverstehen, Textverständlichkeit – Ein Forschungsüberblick aus Anwendungsperspektive. In: Krings, Hans P. (Hrsg.): Wissenschaftliche Grundlagen der technischen Kommunikation. Tübingen: Narr (Forum für Fremdsprachenforschung; Bd. 32); S. 129–189.

Christmann, Ursula/Groeben, Norbert (1999): Psychologie des Lesens. In: Franzmann, Bodo/Hasemann, Klaus/Löffler, Dietrich/Schön, Erich (Hrsg.): Handbuch Lesen. München: Saur, S. 145–223.

Cyganiak, Richard (2002): Wiki und WCMS: Ein Vergleich (http://richard.cyganiak.de/2002/wiki_und_wcms/wiki_und_wcms.pdf // 20.06.2007).

Dalsgaard, Christian (2006): Social software: E-learning beyond learning management systems. In: European Journal of Open, Distance and E-Learning (Eurodl) (www.eurodl.org/materials/contrib/2006/Christian_Dalsgaard.htm // 05.01.2007).

Denzin, Norman (1970): The Research Act. A Theoretical Introduction to Sociological Methods. Chicago, Ill.: Aldine.

Denzin, Norman (1989): Interpretative Interactionism (Applied social research methods series; 16). Newbury Park CA: Sage.

Deutsche Forschungsgemeinschaft (2005): Publikationsstrategien im Wandel? Ergebnisse einer Umfrage zum Publikations- und Rezeptionsverhalten unter besonderer Berücksichtigung von Open Access. (www.dfg.de/dfg_im_profil/zahlen_und_fakten/statistisches_berichtswesen/open_access/download/oa_ber_dt.pdf // 10.07.2007).

Deutsche Nationalbibliothek: Online-Hochschulschriften – Sammlung, Verzeichnung und Archivierung durch die Deutsche Nationalbibliothek (http://deposit.ddb.de/netzpub/web_online-hochschulschriften_stat.htm // 10.07.2007).

Deutsches Institut für Erwachsenenbildung (DIE) (Hrsg.) (2000): DIE-Forum Weiterbildung: Zukunftsfelder der Weiterbildung. 11.–12. Dezember 2000. Beiträge von DIE-Mitgliedern. Frankfurt a.M.: Deutsches Inst. für Erwachsenenbildung.

Deutsches Pisa-Konsortium (Hrsg.) (2001): PISA 2000: Basiskompetenzen von Schülerinnen und Schülern im internationalen Vergleich. Opladen: Leske + Budrich.

Dewe, Bernd/Sander, Uwe (1996): Medienkompetenz und Erwachsenenbildung. In: Rein, Antje von (Hrsg.): Medienkompetenz als Schlüsselbegriff. Bad Heilbrunn: Klinkhardt, S. 125–142.

Diepold, Peter (2001): Das interdisziplinäre DFG-Projekt „Dissertationen Online". Ergebnisse und Ausblick. Erziehungswissenschaft, 12. Jahrgang, Heft 23 (www.dgfe.de/zeitschr/heft23/Beitrag.htm // 01.07.2007).

Diepold, Peter (2. erw. Aufl. 1997): DFG-Antrag „Dissertationen Online". In: Tröger, Beate/Hobohm, Hans-Christoph (Hrsg.): Weiter auf dem Weg zur virtuellen Bibliothek! Praxis, Projekte, Perspektiven. 2. InetBib-Tagung der Universitätsbibliothek Dortmund und der Fachhochschule Potsdam Fachbereich Archiv-Bibliothek-Dokumentation vom 10.–11. März in Potsdam. Dortmund, Potsdam: Zentrale Vervielfältigungsstelle der Univ. Dortmund, S. 107–111.

Dittler, Martina (2002): Computervermittelte Kommunikation in netzbasierten Lernszenarien. Eine empirische Studie über die Effekte unterschiedlicher Kommunikationsbedingungen auf Lernprozess, Lernerfolg und sozio-emotionale Aspekte bei der kooperativen Bearbeitung von computergestützten Lernfällen. München: Herbert Utz (Wissenschaft).

Dittler, Ullrich/Kahler, Helge/Kindt, Michael/Schwarz, Christine (Ed.) (2005): E-Learning in Europe – Learning Europe: How have new media contributed to the development of higher education? Münster u.a.: Waxmann (Medien in der Wissenschaft; Bd. 35).

Döring, Nicola (1997): Lernen mit dem Internet. In: Issing, Ludwig J./Klimsa, Paul (2. überarb. Aufl. 1997) (Hrsg.): Information und Lernen mit Multimedia. Weinheim: Beltz, S. 304–336.

Döring, Nicola (2. vollst. überarb. u. erw. Aufl. 2003): Sozialpsychologie des Internet. Die Bedeutung des Internet für Kommunikationsprozesse, Identitäten, soziale Beziehungen und Gruppen. Göttingen: Hogrefe (Internet und Psychologie: Neue Medien in der Psychologie).

Dräger, Horst (2003): Pragmatische Lernkultur und lerntheoretische Relevanz der Paradigmen. In: Brödel, Rainer/Siebert, Horst: Ansichten zur Lerngesellschaft. Festschrift für Josef Olbrich. Hohengehren: Schneider (Grundlagen der Berufs- und Erwachsenenbildung; Bd. 32), S. 184–199.

Draheim, Susanne/Beuschel, Werner (2005): Social not technological? Funktionalität und Szenarien für neue Lehr- und Lernformen am Beispiel Weblogs. In: Tavangarian, Djamshid/Nölting, Kristin (Hrsg.): Auf zu neuen Ufern! E-Learning heute und morgen. Münster u.a.: Waxmann (Medien in der Wissenschaft; Bd. 34), S. 27–36.

Dreyer, Boris (2006): Medien für Erziehung, Bildung und Ausbildung in der Antike. In: Christes, Johannes/Klein, Richard/Lüth, Christoph (Hrsg.): Handbuch der Bildung und Erziehung in der Antike. Darmstadt: Wissenschaftliche Buchgesellschaft, S. 223–250.

Dürscheid, Christa (1999): Zwischen Mündlichkeit und Schriftlichkeit: die Kommunikation im Internet. In: Papiere zur Linguistik 60, Heft 1, S. 17–30.

Dürscheid, Christa (2005). E-Mail – verändert sie das Schreiben? In: Siever, Torsten/Schlobinski, Peter/Runkehl, Jens (Hrsg.): Websprache.net. Sprache und Kommunikation im Internet. Berlin, New York: de Gruyter (Linguistik – Impulse & Tendenzen), S. 85–97.

Duffy, Thomas M./Jonassen, David H. (Hrsg.) (1992): Constructivism and the technology of instruction. A conversation. Hillsdale, NJ: Erlbaum.

Ebersbach, Anja/Glaser, Markus/Heigl, Richard (2005): WikiTools. Kooperation im Web. Mit einem Vorwort von Gunter Dueck. Heidelberg: Springer Verlag Berlin.

Eberhardt, Joachim (11.05.2006): Über Literaturverwaltungsprogramme, Dokumentenmanager und andere elektronische Helfer. In: IASLonline (http://iasl.uni-muenchen.de/discuss/lisforen/Eberhardt_Softwaretest.html // 11.07.2007).

Eco, Umberto (6. Aufl. 1988, 1. dt. Aufl. 1972, ital. Original 1968): Einführung in die Semiotik. München: Wilhelm Fink (UTB 105).

Eco, Umberto (3., durchges. Aufl. der dt. Ausgabe 1990, ital. Orig. 1977): Wie man eine wissenschaftliche Abschlußarbeit schreibt. Doktor-, Diplom- und Magisterarbeit in den Geistes- und Sozialwissenschaften. Heidelberg: C.F. Müller.

Eigler, Gunther (1996): Methoden der Textproduktionsforschung In: Günther, Hartmut/Ludwig, Otto (Hrsg.): Schrift und Schriftlichkeit. Ein interdisziplinäres Handbuch internationaler Forschung (Wirting and its use. An interdisciplinary Handbook of International Research). Berlin, New York: de Gruyter (HSK 10.2), S. 992–1005.

Eigner, Christian/Leitner, Helmut/Nausner, Peter/Schneider, Ursula (2003): Online-Communities, Weblogs und die soziale Rückeroberung des Netzes. Graz: Nausner & Nausner.

Eisenberg, Peter (1996a): Das deutsche Schriftsystem. In: Günther, Hartmut/Ludwig, Otto (Hrsg.): Schrift und Schriftlichkeit. Ein interdisziplinäres Handbuch internationaler Forschung (Writing and its use. An interdisciplinary Handbook of International Research). Berlin, New York: de Gruyter (HSK 10.2), S. 1451–1455.

Eisenberg, Peter (1996b): Sprachsystem und Schriftsystem. In: Günther, Hartmut/Ludwig, Otto (Hrsg.): Schrift und Schriftlichkeit. Ein interdisziplinäres Handbuch internationaler Forschung (Writing and its use. An interdisciplinary Handbook of International Research). Berlin, New York: de Gruyter (HSK 10.2), S. 1368–1380.

Eisenstein, Elizabeth (1997, engl. Orig. 1979): Die Druckerpresse. Kulturrevolutionen im frühen modernen Europa. Wien u.a.: Springer.

Elwert, Georg (1987): Die gesellschaftliche Einbettung von Schriftgebrauch. In: Baecker, Dirk/Markowitz, Jürgen (Hrsg): Theorie als Passion. Niklas Luhmann zum 60. Geburtstag. Frankfurt a.M.: Suhrkamp, S. 238–268.

Esselborn-Krumbiegel, Helga (2002): Von der Idee zum Text. Eine Anleitung zum wissenschaftlichen Schreiben. Paderborn u.a.: UTB.

Euler, Dieter/Wilbers, Karl (2005): Radikaler, bologna-konformer Change an einer Hochschule am Beispiel des Selbststudiums der Universität St. Gallen. In: Zeitschrift für Hochschuldidaktik (ZFHD) Heft 05 (Oktober 2005), S. 3–17 (www.zfhd.at/resources/downloads/ZFHD_05_1_EULER_WILBERS_Radikaler_Change_1000499.pdf // 07.12.2007).

Farkas, David K. (2006): Toward a better understanding of PowerPoint deck design. In: Information Design Journal + Dokument Design 14 (2). S. 162–171 (http://faculty.washington.edu/farkas/Farkas-TowardUnderstandingPPT-IDJ+DD-mss.pdf // 04.12.2007).

Fatke, Reinhard (1997): Fallstudien in der Erziehungswissenschaft. In: Friebertshäuser, Barbara/Prengel, Annedore (Hrsg.): Handbuch qualitative Forschungsmethoden in der Erziehungswissenschaft. Weinheim u.a.: Juventa, S. 56–68.

Felkel, Stefan (2004): Weblogs als Kernstruktur in e-learning Environments (http://westner.levrang.de/cms/upload/pdf/Diplomarbeit-Weblogs_als_Kernstruktur_in_e-learning_Environments.zip // 08.08.2007).

Fichte, Johann Gottlieb (verfasst 1807; erste Ausgabe: Stuttgart und Tübingen in der Cottaschen Buchhandlung 1817): Deducirter Plan einer zu Berlin zu errichtenden höheren Lehranstalt. In: Fichte, Immanuel Hermann (Hrsg.) (1845): Johann Gottlieb Fichte's Sämmtliche Werke, Achter Band. Dritte Abtheilung. Populärphilosophische Schriften. Dritter Band: Vermischte Schriften und Aufsätze. Berlin: Verlag Veit und Comp., S. 95–204.

Fielding, Nigel G./Fielding, Jane L. (1986): Linking Data. Qualitative Research Methods, Vol. 4. London: Sage.

Fischer, Burkhart (1999): Blick-Punkte. Neurobiologische Prinzipien des Sehens und der Blicksteuerung. Bern: Huber.

Fischer, Ernst/Haefs, Wilhlem/Mix, York-Gothart (Hrsg.) (1999): Von Almanach bis Zeitung. Ein Handbuch der Medien in Deutschland 1700–1800. München: H.C. Beck.

Flechsig, Karl-Heinz (4. Aufl. 1996): Kleines Handbuch didaktischer Modelle. Eichenzell: Neuland – Verl. für lebendiges Lernen.

Flender, Jürgen/Christmann, Ursula (2000): Hypertext: Prototypische Merkmale und deren Realisierung im Hypertext „Visuelle Wahrnehmung". In: Medienpsychologie, 12, S. 94–116.

Flick, Uwe (1990): Fallanalysen: Geltungsbegründung durch Systematische Perspektiven-Triangulation. In: Jüttemann, Gerd (Hrsg.): Komparative Kasuistik. Heidelberg: Asanger, S. 184–203.

Flick, Uwe (2000a): Design und Prozess qualitativer Forschung. In: Flick, Uwe/Kardorff, Ernst von/Steinke, Ines (Hrsg.): Qualitative Sozialforschung. Ein Handbuch. Reinbek bei Hamburg: Rowohlt Taschenbuch, S. 252–265.

Flick, Uwe (2000b): Triangulation in der qualitativen Forschung. In: Flick, Uwe/Kardorff, Ernst von/Steinke, Ines (Hrsg.): Qualitative Sozialforschung. Ein Handbuch. Reinbek bei Hamburg: Rowohlt Taschenbuch, S. 309–318.

Flick, Uwe (2004): Triangulation. Eine Einführung. Wiesbaden: VSVerlag für Sozialwissenschaften/GWV Fachverlage GmbH.

Gamma, Erich/Helm, Richard/Johnson, Ralph E./Vlissides, John (2004; engl. Orig. 1995): Entwurfsmuster. Elemente wiederverwendbarer objektorientierter Software. München, Boston: Addison Wesley.

Giles, Jim (15.12.2005): Internet encyclopaedia go head to head. In: Nature 438, S. 900–901 (www.nature.com/nature/journal/v438/n7070/full/438900a.html // 20.06.2007).

Glaser, Barney/Strauss, Anselm (1967): The Discovery of Grounded Theory. Strategies for Qualitative Research. New York: Aldine.

Forum Bildung (Hrsg.) (2001): Neue Lern- und Lehrkultur. Vorläufige Empfehlungen und Expertenbericht. Bonn: Forum Bildung (Materialien des Forum Bildung; 10).

Franklin, Tom/van Harmelen, Mark (2007): Web 2.0 for Content for Learning and Teaching in Higher Education (www.tinyurl.com.3a2775 // 07.08.2007).

Fremde Federn: Plagiat Ressourcen (Internetseite zum Thema „Plagiate": http://plagiat.fhtw-berlin.de/index.html // 20.06.2007).

Friebertshäuser, Barbara/Prengel, Annedore (Hrsg.) (1997): Handbuch qualitative Forschungsmethoden in der Erziehungswissenschaft. Weinheim u.a.: Juventa.

Frindte, Wolfgang/Köhler, Thomas (1999) (Hrsg): Kommunikation im Internet. Frankfurt: Peter Lang.

Fritz, Angela (1991): Lesen im Medienumfeld. Eine Studie zur Entwicklung und zum Verhalten von Lesern in der Mediengesellschaft auf der Basis von Sekundäranalysen zur Studie „Kommunikationsverhalten und Medien" im Auftrag der Bertelsmann Stiftung. Mit einer Synopse zur Lese(r)forschung und Lese(r)förderung von Ulrich Saxer. Gütersloh: Verl. Bertelsmann-Stiftung.

Fröhlich, Gerhard (2006): Plagiate und unethische Autorenschaften. In: Information – Wissenschaft & Praxis 57,2, S. 8–89 (www.b-i-t-online.de/daten/iwp-06-02-auszug.pdf // 10.07.2007).

Gaiser, Birgit (2002): Die Gestaltung kooperativer telematischer Lernarrangements. Aachen: Shaker (Berichte aus der Pädagogik).

Gasteiner, Martin/Krameritsch, Jakob (2007): Freiraum Hypertext? Sind nicht-intendierte Prozesse in institutionellen, didaktisierten Rahmen möglich? In: Schwarz, Christine/Dittler, Ullrich (Hrsg): Online-Communities als soziale Systeme. Münster u.a.: Waxmann (Medien in der Wissenschaft, Bd. 40), S. 115–128.

Geldsetzer, Sabine/Strothmann, Meret (2007): Blende(n)d lernen in Bochum. Integration von E-Learning in den BA/MA-Studiengang Geschichte an der Ruhr-Universität Bochum. In: Pöppinghege, Rainer (Hrsg.): Geschichte lehren an der Hochschule. Reformansätze, Methoden, Praxisbeispiele. Schwalbach/Ts: WOCHENSCHAU-Verlag, S. 181–193.

Gerdes, Heike (1997): Hypertext. In: Batinic, Bernad (Hrsg.): Internet für Psychologen. Göttingen u.a.: Hogrefe, S. 137–159.

Gierl, Martin (2004): Korrespondenzen, Disputationen, Zeitschriften. Wissensorganisation und die Entwicklung der gelehrten Medienrepublik zwischen 1670 und 1730. In: Dülmen von, Richard/Rauschenbach, Sina (Hrsg.): Macht des Wissens. Die Entstehung der modernen Wissensgesellschaft. Köln u.a.: Böhlau, S. 417–438.

Giesecke, Michael (1994): Kulturgeschichte als Mediengeschichte. Medienpolitische Schlußfolgerungen aus der Geschichte der Drucktechnologie. In: Hurrle, Gerd/Jelich, Franz-Josef (Hrsg.): Vom Buchdruck in den Cyberspace? Mensch – Maschine – Kommunikation. Dokumentation einer Tagung vom 7.6. bis 9.6.1993, veranstaltet vom DGB-Bildungszentrum Hattingen. Marburg: Schüren.

Giesecke, Michael (1998a): Der Buchdruck in der frühen Neuzeit. Frankfurt a.M.: Suhrkamp.

Giesecke, Michael (2. durchges. Aufl. 1998b): Sinnenwandel, Sprachwandel, Kulturwandel. Studien zur Vorgeschichte der Informationsgesellschaft. Frankfurt a.M.: Suhrkamp.

Gillies, James/Cailliau, Robert (2002): Die Wiege des Web. Die spannende Geschichte des WWW. Heidelberg: dpunkt.

Glaser, Barney (1978): Theoretical Sensibility. Advances in the Methodology of Grounded Theory. Mill Valley, CA: Sociology Press.

Glaser, Barney/Strauss, Anselm (1998, engl. Orig. 1967): Grounded theory. Strategien qualitativer Forschung. Bern u.a.: Huber (Hans Huber Programmbereich Pflege).

Glück, Helmut (1987): Schrift und Schriftlichkeit. Metzler: Stuttgart.

Goody, Jack/Watt, Ian/Gough, Kathleen (1986; engl. Orig.1963): Entstehung und Folgen der Schriftkultur. Frankfurt a.m.: Suhrkamp (Suhrkamp-Taschenbuch Wissenschaft; Bd. 600).

Grabmann, Martin (1909–1911; unv. Nachdr. 1957): Die Geschichte der scholastischen Methode (Die Geschichte der scholastischen Methode; Bd. 1).

Gralki, Heinz-Otto (1979): Hochschulunterricht und Medien. In: Berendt, Brigitte/Gralki, Heinz-Otto/Hecht, Heidemarie/Hoefert, Hans-Wolfgang (Hrsg.): Hochschuldidaktik. Lehren und Lernen im Hochschulalltag. Salzburg: O. Müller, S. 198–200.

Groebel, Jo (1997): Medienentwicklung und Medienkompetenz – Welche Themen für wen? In: Enquete-Kommission: Zukunft der Medien (Hrsg.): Medienkompetenz im Informationszeitalter. Bonn: ZV, S. 111–119.

Groeben, Norbert (1972): Die Verständlichkeit von Unterrichtstexten. Dimensionen und Kriterien rezeptiver Lernstadien. Münster: Aschendorff (Arbeiten zur sozialwissenschaftlichen Psychologie; Bd. 1).

Groeben, Norbert (2002a): Anforderungen an die theoretische Konzeptionalisierung von *Medienkompetenz.* In: Groeben, Norbert/Hurrelmann, Bettina (Hrsg.): Medienkompetenz. Voraussetzungen, Dimensionen, Funktionen. Weinheim u.a.: Juventa, S. 11–24.

Groeben, Norbert (2002b): Dimensionen der *Medienkompetenz.* Deskriptive und normative Aspekte. In: Groeben, Norbert/Hurrelmann, Bettina (Hrsg.): Medienkompetenz. Voraussetzungen, Dimensionen, Funktionen. Weinheim u.a.: Juventa, S. 160–197.

Groeben, Norbert (2002c): Zur konzeptuellen Struktur des Konzepts „Lesekompetenz". In Groeben, Norbert/Hurrelmann, Bettina (Hrsg.): Lesekompetenz: Bedingungen, Dimensionen, Funktionen. Weinheim u.a.: Juventa, S. 11–21.

Groeben, Norbert/Christmann, Ursula (1995): Lesen und Schreiben von Informationstexten. Textverständlichkeit als kulturelle Kompetenz. In: Rosebrock, Cornelia (Hrsg.): Lesen im Medienzeitalter. Biographische und historische Aspekte literarischer Sozialisation. Weinheim u.a.: Juventa., S. 165–194.

Gronemeyer, Reimer (1997): Wenn Lesen zur Schlüsselqualifikation verkommt – Eine Polemik. In: Ring, Klaus/von Trotha, Klaus/Voß, Peter (Hrsg.): Lesen in der Informationsgesellschaft – Perspektiven der Medienkultur. Dokumentation des Kongresses der Stiftung Lesen und der Deutschen Bahn AG in Zusammenarbeit mit dem baden-württembergischen Landesverband der Verlage und Buchhandlungen, dem Land Baden-Württemberg und dem Südwestfunk am 22. und 23. November 1996 in Baden-Baden. Baden-Baden: Nomos-Verl.-Ges., S. 101–103.

Gücker, Robert (2007): Wie E-Learning entsteht. Untersuchung zum Wissen und Können im Beruf Medienautor/in. München: Kopaed (Schriftenreihe eLearning; Bd. 3).

Günther, Hartmut/Ludwig, Otto (Hrsg.) (1994): Schrift und Schriftlichkeit. Ein interdisziplinäres Handbuch internationaler Forschung (Writing and its use. An interdisciplinary Handbook of International Research). Berlin, New York: de Gruyter (HSK 10.1).

Günther, Hartmut/Ludwig, Otto (Hrsg.) (1996): Schrift und Schriftlichkeit. Ein interdisziplinäres Handbuch internationaler Forschung (Writing and its use. An interdisciplinary Handbook of International Research). Berlin, New York: de Gruyter (HSK 10.2).

Günther, Ulla/Wyss, Eva Lia (1996): E-Mail-Briefe – eine neue Textsorte zwischen Mündlichkeit und Schriftlichkeit. In: Hess-Lüttich Ernest W.B./Holly, Werner/ Püschel, Ulrich (Hrsg.): Textstrukturen im Medienwandel. Frankfurt a.M. u.a.: Lang, S. 61–86.

Haarmann, Harald (1998): Universalgeschichte der Schrift. Köln: Parkland.

Haas, Gerhard (1995): Lesen für die Schule, gegen die Schule, in der Schule: Spannende Verhältnisse. In: Rosebrock, Cornelia (Hrsg.): Lesen im Medienzeitalter. Biographische und historische Aspekte literarischer Sozialisation. Weinheim u.a: Juventa, S. 211–228.

Haber, Peter (2007): Digitalisierung und digitale Archivierung. Trends und ausgewählte Projekte. Bern u. Basel (http://infoclio.ch/downloads/infoclio_digitalisierung.pdf // 10.07.2007).

Hausar, Gernot (2007): eLibrary Projekt – das freie Online-Text-Repositorium. Eine Online-Gemeinschaft für die Bereitstellung kostenloser wissenschaftlicher Inhalte. In: Schwarz, Christine/Dittler, Ullrich (Hrsg): Online-Communities als soziale Systeme. Münster u.a.: Waxmann (Medien in der Wissenschaft; Bd. 40), S. 27–39.

Hautzinger, Nina (1999): Vom Buch zum Internet? Eine Analyse der Auswirkungen hypertextueller Strukturen auf Text und Literatur. St. Ingbert: Röhrig (Mannheimer Studien zur Literatur- und Kulturwissenschaft; Bd. 18).

Havelock, Eric A. (1963): Preface to Plato. Oxford: Blackwell.

Havelock, Eric A. (1990): Schriftlichkeit. Das griechische Alphabet als kulturelle Revolution. Mit einer Einleitung von Aleida und Jan Assmann. Weinheim: VCH, Acta Humaniora.

Hayes, John R./Flower, Linda S. (1980): Identifying the organization of writing processes. In: Gregg, Lee W./Steinberg, Erwin R. (Ed.): Cognitive Processes in Writing. Hillsdale: Erlbaum, S. 3–30.

Heise, Elke (2000): Sind Frauen mitgemeint? Eine empirische Untersuchung zum Verständnis des generischen Maskulinums und seiner Alternativen. In: Sprache & Kognition, 19 (Nr. 1/2 2000), S. 3–13.

Hendrich, Andreas (2003): Spurenlesen – Hyperlinks als kohärenzbildendes Element in Hypertext. Dissertation (http://edoc.ub.uni-muenchen.de/ archive/00003054/ 01/Hendrich_Andreas.pdf // 18.03.2007).

Henzler, Herbert (1997): Die Leser als Avantgarde der Informationsgesellschaft. In: Ring, Klaus/von Trotha, Klaus/Voß, Peter (Hrsg.): Lesen in der Informationsgesellschaft – Perspektiven der Medienkultur. Dokumentation des Kongresses der Stiftung Lesen und der Deutschen Bahn AG in Zusammenarbeit mit dem baden-württembergischen Landesverband der Verlage und Buchhandlungen, dem Land Baden-Württemberg und dem Südwestfunk am 22. und 23. November 1996 in Baden-Baden. Baden-Baden: Nomos-Verl.-Ges, S. 52–63.

Hesse, Friedrich W./Friedrich, Helmut F. (2001) (Hrsg): Partizipation und Interaktion im virtuellen Seminar. Münster u.a. Waxmann (Medien in der Wissenschaft; Bd. 13).

Heuer, Ulrike/Botzat, Tatjana/Meisel, Klaus (Hrsg.) (2001): Neue Lehr- und Lernkulturen in der Weiterbildung. Bielefeld: Bertelsmann.

Hiebel, Hans H. (1998): Vorwort. Logik, Leistung und Geschichte neuzeitlicher Medien. Zu den Verfahren der Speicherung und Übertragung von Schrift, Bild und Ton. In: Hiebel, Hans H./Hiebler, Heinz/Kogler, Karl/Walitsch, Herwig: Die Medien. Logik – Leistung – Geschichte. Zu den Verfahren der Speicherung und Übertragung von Schrift, Bild und Ton. München: Fink 1998 (UTB 2029), S. 9–29.

Hiebel, Hans H./Hiebler, Heinz/Kogler, Karl/Walitsch, Herwig: Die Medien. Logik – Leistung – Geschichte. Zu den Verfahren der Speicherung und Übertragung von Schrift, Bild und Ton. München: Fink 1998 (UTB 2029).

Hildenbrand, Bruno (1987): Wer soll bemerken, daß Bernhard krank wird? – Familiale Wirklichkeitskonstruktionsprozesse bei der Erstmanifestation einer schizophrenen Psychose. In: Bergold, Jarg B./Flick, Uwe (Hrsg.): Ein-Sichten – Zugänge zur Sicht des Subjekts mittels qualitativer Forschung. Tübingen: DGVT, S. 151–162.

Hillebrand, Annette/Lange, Bernd-Peter (1996): Medienkompetenz als gesellschaftliche Aufgabe der Zukunft. Die neue Herausforderung der Informationsgesellschaft. In: Rein, Antje von (Hrsg.): Medienkompetenz als Schlüsselbegriff. Bad Heilbrunn: Klinkhardt, S. 24–41.

Hinze, Udo (2004): Computergestütztes kooperatives Lernen. Einführung in Technik, Pädagogik und Organisation des CSCL. Münster u.a.: Waxmann (Medien in der Wissenschaft; Bd. 30).

Hodel, Jan (2007): Historische Online-Kompetenz. Informations- und Kommunikationstechnologie in der Geschichtswissenschaft. In: Pöppinghege, Rainer (Hrsg.): Geschichte lehren an der Hochschule. Reformansätze, Methoden, Praxisbeispiele. Schwalbach/Ts: WOCHENSCHAU-Verlag, S. 194–210 (preprint: http://histnet.ch/hodel/person/docs/JanHodel_HOK2006_PrePrint.pdf // 08.08.2007).

Höge, Holger (2. überarb. u. erw. Aufl. 2002): Schriftliche Arbeiten im Studium. Ein Leitfaden zur Abfassung wissenschaftlicher Texte. Stuttgart u.a.: Kohlhammer.

Hoeren, Thomas (2006): E-Mail-Gruselkabinett. Hallöchen, Herr Professor! In: Spiegel Online, 12. Juli 2006 (www.spiegel.de/unispiegel/wunderbar/0,1518,424426,00.html // 20.01.2007).

Hofmann, Jeanette (1998): „Let A Thousand Proposals Bloom". Mailinglisten als Forschungsquelle. (http://duplox.wz-berlin.de/texte/gortex/ // 10.06.2005).

Holly, Werner (2000): Was sind „Neue Medien" – was sollen „Neue Medien" sein? In: Voß, Günter/Holly, Werner/Boehnke, Klaus (Hrsg.): Neue Medien im Alltag. Begriffsbestimmungen eines interdisziplinären Forschungsfeldes. Opladen: Leske + Budrich. S. 79–106.

Holly, Werner (1997): Zur Rolle von Sprache in Medien. Semiotische und kommunikationsstrukturelle Grundlagen. In: Gesellschaft für Deutsche Sprache (Hrsg.): Muttersprache, Vierteljahresschrift für deutsche Sprache, Jg. 107, S. 64–75.

Hornung-Prähauser, Veronika/Geser, Guntram/Hilzensauer, Wolf/Schaffert, Sandra (2007): Didaktische, organisatorische und technologische Grundlagen von E-Portfolios und Analyse internationaler Beispiele und Erfahrungen mit E-Portfolio-Implementierungen an Hochschulen. Salzburg (http://edumedia.salzburgresearch.at/images/stories/e-portfolio_studie_srfg_fnma.pdf // 09.09.2007)

HRK (2003): Zum Einsatz der Neuen Medien in der Hochschullehre. Entschließung des 199. Plenums vom 17./18.2.2003, S. 1–6 (www.hrk.de/de/download/dateien/Neue_Medien.pdf // 08.08.2007).

Huber, Ludwig (1979): Arbeitsschwerpunkte der Hochschuldidaktik. In: Berendt, Brigitte/Gralki, Heinz-Otto/Hecht, Heidemarie/Hoefert, Hans-Wolfgang (Hrsg.): Hochschuldidaktik. Lehren und Lernen im Hochschulalltag. Salzburg: O. Müller, S. 9–18.

Huber, Ludwig (2. überarb. u. erw. Aufl. 2001): Lehren und Lernen an der Hochschule. In: Roth, Leo (Hrsg.): Pädagogik. Handbuch für Studium und Praxis. München: Oldenbourg, S. 1024–1057.

Hüther, Jürgen/Schorb, Bernd/Brehm-Klotz, Christiane (Hrsg.) (1997): Grundbegriffe der Medienpädagogik. München: KoPäd.

Hufer, Klaus-Peter (1999): Neue Lernkulturen in der politischen Bildung. In: Nuissl, Ekkehard u.a. (Hrsg.): Literatur- und Forschungsreport Weiterbildung, Nr. 44. Neue Lernkulturen. Frankfurt a.M.: DIE, S. 48–57 (www.report-online.net/ recherche/einzelhefte_inhalt.asp?id=384 // 08.08.2007).

Issing, Ludwig J./Klimsa, Paul (Hrsg.) (2. überarb. Aufl. 1997): Information und Lernen mit Multimedia. Weinheim: Beltz PVU.

Issing, Ludwig J./Klimsa, Paul (Hrsg.) (3. vollst. überarb. Aufl. 2002): Information und Lernen mit Multimedia und Internet. Lehrbuch für Studium und Praxis. Weinheim: Beltz PVU.

Jadin, Tanja/Batinic, Bernad (2005): Weblogs im Einsatz bei Online-Gruppenarbeiten. Ein effektives Lernwerkzeug? Vortrag beim Workshop „Weblogs '05. Grundlagen, Einsatzfelder, Perspektiven" in Linz (16.11.–17.11.) (http://elearning.jku.at/docs/jadin.(2005).weblog-im-einsatz-bei-online-gruppenarbeiten.pdf // 08.08.2007).

Jakobs, Eva-Maria (1997): Lesen und Textproduzieren. Source Reading als typisches Beispiel wissenschaftlicher Textproduktion. In: Jakobs, Eva-Maria/Knorr, Dagmar (Hrsg.): Schreiben in den Wissenschaften. Frankfurt a.M., New York: P. Lang (Textproduktion und Medium; Bd. 1), S. 75–90.

Jakobs, Eva Maria (1998): Mediale Wechsel und Sprache. Entwicklungsstadien elektronischer Schreibwerkzeuge und ihr Einfluß auf Kommunikationsformen. In: Hess-Lüttich, Ernest W.B./Holly, Werner/Püschel, Ulrich (Hrsg.): Medien im Wandel. Opladen: Westdeutscher Verlag, S. 187–209.

Jakobs, Eva-Maria (2003): Hypertextsorten. In: Zeitschrift für Germanistische Linguistik 31 (2). Berlin. S. 232–252.

Jakobs, Eva-Maria/Knorr, Dagmar (Hrsg.) (1997): Schreiben in den Wissenschaften. Frankfurt a.M., New York: P. Lang (Textproduktion und Medium; Bd. 1).

Jakobs, Eva-Maria/Lehnen, Kathrin (2005): Hypertext – Klassifikation und Evaluation. In: Siever, Torsten/Schlobinski, Peter/Runkehl, Jens (Hrsg.): Websprache.net. Sprache und Kommunikation im Internet. Berlin, New York: de Gruyter, S. 159–184.

Janich, Nina (2002). Von Lust und Leid. Metakommunikation in der E-Mail am Beispiel einer universitären Mittelbau-Initiative. In: Ziegler, Arne/Dürscheid, Christa (Hrsg.): Kommunikationsform E-Mail. Tübingen: Stauffenburg (Textsorten; Bd. 7), S. 217–243.

Jeanney, Jean-Noel (2006, frz. Orig. 2005): Googles Herausforderung. Für eine europäische Bibliothek. Mit einem neuen Vorwort des Autors zur dt. Ausg., Nachwort Klaus-Dieter Lehmann. Berlin, Hamburg: Wagenbach (Stiftung Preußischer Kulturbesitz Berlin).

Jelitto, Marc (2003): Digitale Medien in der Hochschullehre: Gender Mainstreaming & Evaluation. Forschungsbericht des Fachbereichs Elektronik. Fernuniversität in Hagen (www.ice-bachelor.fernuni-hagen.de/Forschung/Forschungsbereicht1_2003.pdf // 04.12.2003).

Joffe, Josef (2007): An die Wand geworfen. Warum PowerPoint-Präsentationen und Marketing-Jargon Sprache und Geist beschädigen. In: Die Zeit Nr. 31, 26.07.2007 (www.zeit.de/2007/31/Deutsch-Speak?page=all // 10.12.2007).

Jonassen, H.D. (1989): Hypertext/Hypermedia. Englewood Cliffs, NJ: Educational Techology Publications.

Jones, Carys/Turner, John/Street, Brian V. (1999): Introduction. In: Dies. (Hrsg.): Students Writing in the University. Cultural and Epistemological Issues. Amsterdam u.a.: Benjamins (Studies in written Language and Literacy; Bd. 8), S. xvii – xxiv.

Jüttemann, Gerd (1981): Komparative Kasuistik als Strategie psychologischer Forschung. In: Ders. (Hrsg.) (1990): Komparative Kasuistik. Heidelberg: Asanger, S. 21–42.

Kalz, Marco (2005): Wikis in der Bildung. Vortrag im Rahmen des 3. Forschungskolloquiums „E-Learning: Neue Betreuungs- und Prüfungsformen" des Fachbereichs Kultur- und Sozialwissenschaften, ausgerichtet vom Institut für Bildungswissenschaft und Medienforschung der Fernuniversität Hagen (http://blog.marcokalz.de/media/forschungskolloq_wiki_kalz.pdf // 09.09.2007).

Kandzia, Paul-Thomas (2002): E-Learning an Hochschulen – Von Innovation und Frustration. In: Bachmann, Gudrun/Haefeli, Odette/ Kindt, Michael (Hrsg.): Campus 2002. Die Virtuelle Hochschule in der Konsolidierungsphase. Münster u.a.: Waxmann (Medien in der Wissenschaft; Bd. 18), S. 50–58.

Kandzia, Paul-Thomas/Ottmann, Thomas (Hrsg.) (2003): E-Learning für die Hochschule. Erfolgreiche Ansätze für ein flexibleres Studium. Münster u.a.: Waxmann (Medien in der Wissenschaft; Bd. 15).

Keil-Slawik, Reinhard (1997): Multimedia in der Hochschullehre. In: Simon, Hartmut (Hrsg.): Virtueller Campus. Forschung und Entwicklung für neues Lehren und Lernen. Münster u.a.: Waxmann (Medien in der Wissenschaft; Bd. 5), S. 27–42.

Kelle, Udo (1994): Empirisch begründete Theoriebildung. Zur Logik und Methodologie interpretativer Sozialforschung. Weinheim: Deutscher Studien-Verlag.

Kelle, Udo/Kluge, Susann (1999): Vom Einzelfall zum Typus. Fallvergleich und Fallkontrastierung in der qualitativen Sozialforschung. Opladen: Leske + Budrich.

Kelle, Udo/Erzberger, Christian (1999): Integration qualitativer und quantitativer Methoden. Methodologische Modelle und ihre Bedeutung für die Forschungspraxis. In: Kölner Zeitschrift für Soziologie und Sozialpsychologie, 51. Jg., Heft 3, S. 509–531.

Kelle, Udo/Erzberger, Christian (2000): Qualitative und quantitative Methoden: kein Gegensatz. In: Flick, Uwe/Kardorff, Ernst von/Steinke, Ines (Hrsg.): Qualitative Sozialforschung. Ein Handbuch. Reinbek bei Hamburg: Rowohlt Taschenbuch, S. 299–309.

Keller, Alice (2003): Elektronische Zeitschriften. Entwicklungen in den verschiedenen Wissenschaftszweigen. In: zeitenblicke 2 (2003), Nr. 2 (22.10.2003) (www.zeitenblicke.historicum.net/2003/ 02/keller.html // 10.07.2007).

Kern, Friederike/Quasthoff, Uta (2001): Briefe und E-Mails. Linguistische Merkmale und sprachdidaktische Verwendung. In: Deutschunterricht 4/2001, S. 16–21.

Kerres, Michael (1998): Multimediale und telemediale Lernumgebungen. Konzeption und Entwicklung. München: Oldenbourg.

Kerres, Michael (2005): Potenziale von Web 2.0 nutzen. In: Hohenstein, Andreas/ Wilbers, Karl (Hrsg.): Handbuch E-Learning. Expertenwissen aus Wissenschaft und Praxis. Köln: Deutscher Wirtschaftsdienst (Loseblattsammlung, Grundwerk 2001) (vorläufige Fassung online: http://mediendidaktik.uni-duisburg-essen.de/files/web20-a.pdf // 08.01.2007).

Kiesler, Sara/Siegel, Jane/McGuire, Timothy W. (1988): Social psychological aspects of computer-mediated communication. In: Greif, Irene (Ed.): Computer-supported cooperative work. A book of readings. San Mateo, CA: Morgan Kaufman, S. 657–682.

Kilian, Jörg (2005): DaF im Chat. Zur Grammatik geschriebener Umgangssprache und ihrem interaktiven Erwerb in computervermittelten Gesprächen. In: Beißwenger, Michael/Storrer, Angelika (Hrsg.): Chat-Kommunikation in Beruf, Bildung und Medien. Konzepte, Werkzeuge, Anwendungsfelder (Symposium 8.–10. Mai 2003). Stuttgart: Ibidem, S. 201–220.

Kinast, Anke (2001): Betreuung und Kommunikation per Videokonferenz. 5. Studienmodul des Online-Kurses „Tele-Tutor-Training" der Teleakademie Furtwangen (unveröffentlichtes Manuskript).

Klatt, Rüdiger/Gavriilidis, Konstantin/Kleinsimlinghaus, Kirsten/Feldmann, Maresa u.a. (2001): Nutzung elektronischer wissenschaftlicher Informationen in der Hochschulausbildung. Barrieren und Potenziale der innovativen Mediennutzung im Lernalltag der Hochschulen. Kurzfassung (www.ibw.uni-hamburg.de/ bwpat/papers/zu_2/kurzfas_SteFi.pdf // 10.07.2007).

Klampfer, Alfred (2005): Wikis in der Schule. Eine Analyse der Potentiale im Lehr-/ Lernprozess. Abschlussarbeit im Rahmen der B.A.-Prüfung im Hauptfach Erziehungswissenschaft, Lehrgebiet Bildungstechnologie, Fachbereich Kultur- und Sozialwissenschaften an der FernUniversität in Hagen (http://teaching.eduhi.at/alfredklampfer/bachelor-wikis-schule.pdf // 20.06.2007).

Koch, Christian Markus/Haarland, Astrid (2003): Generation Blogger. Bonn: Mitp-Verlag.

Koch, Peter/Oesterreicher, Wulf (1994): Schriftlichkeit und Sprache. In: Günther, Hartmut/Ludwig, Otto (Hrsg.): Schrift und Schriftlichkeit. Ein interdisziplinäres

Handbuch internationaler Forschung (Wirting and its use. An interdisciplinary Handbook of International Research). Berlin, New York: de Gruyter (HSK 10.1), S. 578–604.

Kölbl, Carlos (2000, Juni): Udo Kelle & Susann Kluge (1999). Vom Einzelfall zum Typus. Fallvergleich und Fallkontrastierung in der qualitativen Sozialforschung. [8 Absätze]. Forum Qualitative Sozialforschung/Forum Qualitative Social Research [Online Journal], 1(2) (www.qualitative-research.net/fqs-texte/2-00/2-00review-koelbl-d.htm // 10.06.2005).

Koller, Hermann (1963): Musik und Dichtung im alten Griechenland. Bern u.a.: Francke.

Kommers, Piet A.M./Jonassen, David H./Mayes, J. Terry (1992): Cognitive tools for learning. Proceedings of the NATO Advanced Study Institute on Mindtools: Cognitive Technologies for Modeling Knowledge, held in Enschede, The Netherlands, July, 4–10, 1990. Berlin: Springer (NATO ASI series: Series F, Computer and systems sciences; vol. 81).

Kuhlen, Rainer (1991): Hypertext. Ein nicht-lineares Medium zwischen Buch und Wissensbank. Berlin: Springer.

Kuhlen, Rainer (2004): Wenn Autoren und ihre Werke Kollaborateure werden – was ändert sich dann? Oder: wenn Kommunikation ein Recht, gar ein Menschenrecht wird – was ändert sich dann? In: Bieber, Christoph/Leggewie, Claus (Hrsg.): Interaktivität – ein transdisziplinärer Schlüsselbegriff. Frankfurt: Campus Verlag (www.inf-wiss.uni-konstanz.de/People/RK/Publikationen2004/20040706 _autoren_ kollaborateure.pdf // 20.06.2007).

Kulturwissenschaftliches Forschungskolleg Medien und kulturelle Kommunikation der Universität zu Köln (www.uni-koeln.de/inter-fak/fk-427 // 08.08.2007) (zitiert als SFB/FK 427).

Kretzenbacher, Heinz L. (2005): Deutsch und andere Sprachen in der europäischen Wissenschaftsgeschichte. Goethe-Institut, Online-Redaktion, Juli 2005 (www.goethe.de.kug/buw/fut/thm/de146304.htm // 20.01.2006).

Kruse, Otto (2003): Getting Started. Academic Writing in the First Year of a University Education. In: Björk, Lennart/Bräuer, Gerd/Rienecker, Lotte/Stray Jörgensen, Peter (Hrsg.): Teaching Academic Writing in European Higher Education. Dordrecht, Boston, London: Kluwer Academic Publishers (Studies in Writing; vol. 12), S. 19–28.

Kruse, Otto (12., vollst. neu bearb. Aufl. 2007): Keine Angst vor dem leeren Blatt. Ohne Schreibblockaden durchs Studium. Frankfurt a.M.: Campus.

Kruse, Otto/Jakobs, Eva-Maria (1999): Schreiben lehren an der Hochschule: Ein Überblick. In: Kruse, Otto/Jakobs, Eva-Maria/Ruhmann, Gabriela (Hrsg.): Schlüsselkompetenz Schreiben. Konzepte, Methoden, Projekte für Schreibberatung und Schreibdidaktik an der Hochschule. Neuwied u.a.: Luchterhand (Hochschulwesen – Wissenschaft und Praxis), S. 19–34.

Kruse, Otto/Jakobs, Eva-Maria/Ruhmann, Gabriela (1999): Schlüsselkompetenz Schreiben. Konzepte, Methoden, Projekte für Schreibberatung und Schreibdidaktik an der Hochschule. Neuwied u.a.: Luchterhand (Hochschulwesen – Wissenschaft und Praxis).

Kutter, Markus (1989): Vom Mediensalat zur Dialoggesellschaft. Betrachtung der Medienlandschaft – In den Kulissen der Medienszene. Basel: Reinhardt.

Kvale, Steinar (1996): Interviews. An Introduction to Qualitative Research Interviewing. Thousand Oaks u.a.: Sage.

Lamnek, Siegfried (4., vollst. überarb. Aufl. 2005): Qualitative Sozialforschung. Lehrbuch. Weinheim u.a.: Beltz.

Landow, Georg P. (1990): Popular Fallacies About Hypertext. In: Jonassen, David H./Mandl, Heinz (Ed.): Designing Hypermedia for Learning. Berlin u.a.: Springer (NATO ASI Series, Series F: Computer and System Sciences, vol. 67), S. 39–60.

Landow, Georg P. (rev., amplified. Ed. 1997): Hypertext 2.0: Hypertext – the convergence of contemporary critical theory and technology. Baltimore, Md. u.a.: Johns Hopkins Univ. Press.

Langer, Inghard/Schulz von Thun, Friedemann/Tausch, Reinhard (7., erw. Aufl. 2002): Sich verständlich ausdrücken. München: Reinhardt.

Lea, Mary R. (1994): I Thought I Could Write Till I Came Here. Student writing in Higher Education. In: Gibbs, Graham (Hrsg.): Improving Student Learning. Theory and Practice. Oxford: OSCD.

Lea, Mary R./Street, Brian V. (1998): Student Writing and Staff Feedback in Higher Education: An academic literacies approach. In: Studies in Higher Education, Vol. 23 (2), S. 157–172.

Lehnen, Kathrin (2006): Hypertext – kommunikative Anforderungen am Beispiel von Websites. In: Schlobinski, Peter (Hrsg.): Von *hdl* bis *cul8r*. Sprache und Kommunikation in den Neuen Medien. Mannheim u.a.: Dudenverlag, S. 197–209.

Leitner, Helmut (letzte Änderung 2005): Die Geschichte des Wiki Web. In: WikiWebAt (www.wikiservice.at/wikiweb/wiki.cgi?DieGeschichteDesWikiWeb // 20.06.2007).

Leuf, Bo/Cunningham, Ward (2001): The Wiki Way. Quick Collaboration on the Web. Boston u.a.: Addison Wesley.

Leroi-Gourhan, André (1980; frz. Orig. 1964/65): Hand und Wort. Die Evolution von Technik, Sprache und Kunst. Frankfurt a.M: Suhrkamp.

Leslie, Scott (08.10.2003): Some Uses of Blogs in Education (www.edtechpost.ca/gems/matrix2.gif // 20.06.2007).

Lévi-Strauss, Claude (1968; frz. Orig. 1962): Das wilde Denken. Frankfurt a.M.: Suhrkamp.

Liessmann, Konrad Paul (2006): Theorie der Unbildung. Die Irrtümer der Wissensgesellschaft. Wien: Zsolnay Verlag.

Linde, Andrea (2001): Analphabetismus und Alphabetisierung in Deutschland: Kein Thema für die Erwachsenenbildung? Diplomarbeit 2000, Hamburg (Hamburger Hefte der Erwachsenenbildung/Heft II 2001) (www.alphabetisierung.de/fileadmin/files/Dateien/Downloads_Texte/Linde-Erwachsenenbildung.pdf // 08.08.2007).

Linder, Ute/Tilke, Martin (2001): Spezifische Betreuungssituationen mit Telelernenden. 7. Studienmodul des Online-Kurses „Tele-Tutor-Training" der Teleakademie Furtwangen (unveröffentlichtes Manuskript).

327

Linder, Ute/Wessner, Martin (2005): Wie kann eine Chat-Umgebung lernförderlich gestaltet werden? Hinweise aus einer Feldstudie zu Rollenspielen im Fremdsprachentraining. In: Beißwenger, Michael/Storrer, Angelika (Hrsg.): Chat-Kommunikation in Beruf, Bildung und Medien. Konzepte, Werkzeuge, Anwendungsfelder (Symposium 8.–10.Mai 2003). Stuttgart: Ibidem, S. 221–204.

Lindner, Roland (2007): Gegen den E-Mail-Wahnsinn. Unternehmen verbieten an Freitagen die elektronische Kommunikation und staunen über das Ergebnis. In: Frankfurter Allgemeine Zeitung, 28.12.2007.

Linke, Angelika/Nussbaumer, Markus/Portmann, Paul R. (5., erw. Aufl. 2004): Studienbuch Linguistik. Ergänzt um ein Kapitel „Phonetik/Phonologie" von Urs Willi. Tübingen: Niemeyer (Germanistische Linguistik; Bd. 121).

Lobin, Henning (2007): Textsorte ,Wissenschaftliche Präsentation' – Textlinguistische Bemerkungen zu einer komplexen Kommunikationsform. In: Schnettler,, Bernt/Knoblauch, Hubert (Hrsg.): Powerpoint-Präsentationen. Neue Formen der gesellschaftlichen Kommunikation von Wissen. Konstanz: UVK Verlagsgesellschaft mbH, S. 67–82.

Lorenz, Maren (2006): WIKIPEDIA. Zum Verhältnis von Struktur und Wirkungsmacht eines heimlichen Leitmediums. In: WerkstattGeschichte 43/2006, S. 84–95 (www.phil-gesch.uni-hamburg.de/hist/ hsperson/ lorenz13.pdf // 09.09.2007).

Lück, Wolfgang (8., bearb. Aufl. 2002): Technik des wissenschaftlichen Arbeitens. Seminararbeit, Diplomarbeit, Dissertation. München u.a.: Oldenbourg.

Lüders, Christian/Reichertz, Jo (1986): Wissenschaftliche Praxis ist, wenn alles funktioniert und keiner weiß warum – Bemerkungen zur Entwicklung qualitativer Sozialforschung. In: Sozialwissenschaftliche Literaturrundschau, 12, S. 90–102.

Lüth, Christoph (2006): Griechenland. In: Christes, Johannes/Klein, Richard/Lüth, Christoph (Hrsg.): Handbuch der Bildung und Erziehung in der Antike. Darmstadt: Wissenschaftliche Buchgesellschaft, S. 125–135.

Lurija, Aleksandr R. (1993): Romantische Wissenschaft. Forschungen im Grenzbereich von Seele und Gehirn. Mit einem Essay von Oliver Sacks. Reinbek bei Hamburg: Rowohlt (Rororo Sachbuch; Bd. 9533).

Lurija, Aleksandr R. (1987): Die historische Bedingtheit individueller Erkenntnisprozesse. Berlin: Deutscher Verlag der Wissenschaften.

Mandl, Heinz/Tergan, Sigmar-Olaf/Ballstaedt, Steffen-Peter (1982): Textverständlichkeit – Texte verstehen. In: Treber, Bernhard/Weinert, Franz E. (Hrsg.): Lehr-Lern-Forschung. Ein Überblick in Einzeldarstellungen. München u.a.: Urban und Schwarzenberg (U-&-S-Psychologie: Forschung. S. 158–169.

Margreiter, Reinhard (1999): Realität und Medialität – zur Philosophie des „Medial Turn". In: Medien Journal 1/1999, S. 9–18.

Marti, Hanspeter (2004): Ausbildung. Schule und Universität. In: Dülmen von, Richard/Rauschenbach, Sina (Hrsg): Macht des Wissens. Die Entstehung der modernen Wissensgesellschaft. Köln u.a.: Böhlau, S. 391–416.

Mayer, Richard E. (1997): Multimedia Learning. Are we asking the right questions? Educational Psychologist, Vol. 32, No. 1, S. 1–19.

Mayr, Ernst (1967; engl. Orig. 1963): Artbegriff und Evolution. Hamburg u.a.: Parey.

Mayring, Philipp (3., überarb. Aufl. 1996): Einführung in die qualitative Sozialforschung. Eine Anleitung zu qualitativem Denken. Weinheim: Beltz.

Meier-Schuegraf, Stefan (2006): Websites – Versuch einer (online)diskursorientierten Typologisierung. In: Androutsopoulos, Jannis K./Runkehl, Jens/Schlobinski, Peter/Siever, Torsten (Hrsg.): Neuere Entwicklungen in der linguistischen Internetforschung. Zweites internationales Symposium zur gegenwärtigen linguistischen Forschung über computervermittelte Kommunikation. Universität Hannover, 4.–6. Oktober 2004. Hildesheim u.a.: Georg Olms, S. 161–183.

Mertens, Mathias (o.J.): Die Debatte um PowerPoint (www.zmi.uni-giessen.de/home/publikation-powerpoint.html // 04.12.2007).

Mertens, Mathias/Leggewie, Claus (2004): Technologisches Kokain. Power corrupts, powerpoint corrupts absolutely. Ein Software-Produkt wird gescholten oder: Wie aus billiger Kulturkritik wertvolle Medienkunde wird. In: Freitag 23. Die Ost-West-Wochenzeitung, 28.05.2004 (www.freitag.de/2004/23/04231601.php // 04.12.2007).

Möller, Eric (2005): Die heimliche Medienrevolution. Wie Weblogs, Wikis und freie Software die Welt verändern. Hannover: Heise (http://medienrevolution.dpunkt.de/files/Medienrevolution-1.pdf // 08.08.2007).

Mohnike, Thomas (2005): Das Kompetenznetzwerk Skandinavistik – Ein Modell für den Einsatz neuer Medien für die überregionale Kompetenzbündelung. In: ZFHD Zeitschrift für Hochschuldidaktik Heft 05/Oktober 2005, S. 28–38 (www.zfhd.at/resources/downloads/ZFHD_05_3_MOHNIKE_Netzwerk_Skandinavistik_1000525.pdf // 07.12.2007).

Mosel, Stephan (2005): Praktiken selbstgesteuerten Lernens anhand der Nutzung von web-basierten Personal-Publishing-Systemen. Diplomarbeit, Uni Gießen 2005 (http://weblog.plasticthinking.org/media/1/diplomarbeit-weblogs-lernen.pdf // 08.08.2007).

Mruck, Katja/Gradmann, Stefan/Mey, Günter (April 2004): Open Access: Wissenschaft als Öffentliches Gut [32 Absätze]. Forum Qualitative Sozialforschung/Forum Qualitative Social Research (www.qualitative-research.net/fqs-texte/2-04/2-04mrucketal-d.htm // 10.07.2007).

Müller-Hagedorn, Silke (2002): Wissenschaftliche Kommunikation im multimedialen Hypertext. Bestandsaufnahme und Umsetzung am Beispiel germanistischer Mediävistik. Tübingen: Stauffenburg (Stauffenburg Medien; Bd. 3).

Martin, Sigurd (1997): Nachwort. In: Birkerts, Sven: Die Gutenberg-Elegien. Lesen im elektronischen Zeitalter. Mit einem Nachwort von Sigurd Martin. Frankfurt a.M.: Fischer, S. 310–320.

Matt, Eduard (2000): Darstellung qualitativer Forschung. In: Flick, Uwe/Kardorff, Ernst von/Steinke, Ines (Hrsg.): Qualitative Sozialforschung. Ein Handbuch. Reinbek bei Hamburg: Rowohlt Taschenbuch, S. 578–587.

Maas, Utz (1985): Lesen – Schreiben – Schrift. Die Demotisierung eines professionellen Arcanums im Spätmittelalter und in der frühen Neuzeit. In: Literatur und Linguistik (LiLi) 59/1985, S. 5–81.

McLuhan, Marshall (1968): Die Gutenberg-Galaxis. Das Ende des Buchzeitalters. Düsseldorf, Wien: Econ.

Merkens, Hans (2000): Auswahlverfahren, Sampling, Fallkonstruktion. In: Flick, Uwe/Kardorff, Ernst von/Steinke, Ines (Hrsg.): Qualitative Sozialforschung. Ein Handbuch. Reinbek bei Hamburg: Rowohlt Taschenbuch, S. 286–299.

Merkt, Marianne (2005): Die Gestaltung kooperativen Lernens in akademischen Online-Seminaren. Empirische Untersuchung zur didaktischen Weiterbildung von Hochschullehrenden. Mit dokumentierten Übungen und Lehr- und Lerneinheiten im Anhang. Münster u.a.: Waxmann (Medien in der Wissenschaft; Bd. 33).

Miethke, Jürgen (1990): Die mittelalterlichen Universitäten und das gesprochene Wort. München: Stiftung Historisches Kolleg (Schriften des Historischen Kollegs: Vorträge; Bd. 23).

Miller-Kipp, Gisela/Neuenhausen, Benedikta (2003): Erziehungswissenschaft und Internet. Ergebnisse einer Online-Erhebung. Medienpädagogik. Online-Zeitschrift für Theorie und Praxis der Medienbildung. Ausgabe 5.11.2003 (www.medienpaed.com/03-1/miller03-1.pdf. // 01.07.2007).

Mittag, Jasmin/Thillosen, Anne (2006): eLearning punktet. In: RUBbits, Ausgabe 18, Nov. 2006, S. 4 (www.rz.ruhr-uni-bochum.de/imperia/md/content/rechenzentrum/pdfs/rubbits/ rubbits18.pdf // 08.08.2007).

Mittelstraß, Jürgen (1994): „Die Weisheit hat sich ein Haus gebaut" – die europäische Universität und der Geist der Wissenschaft. In: Patschovsky, Alexander (Hrsg.): Die Universität in Alteuropa. Konstanz: Univ.-Verl., S. 205–223.

Mittelstraß, Jürgen (1999): Lernkultur – Kultur des Lernens. In: Arbeitsgemeinschaft Qualifikations-Entwicklungs-Management (Hrsg.): QUEM-Report, Heft 60. Kompetenz für Europa. Wandel durch Lernen – Wandel im Lernen. Referate auf dem internationalen Fachkongress Berlin 1999, S. 49–64.

Moes, Johannes (2000, Januar): Von der Text- zur Hypertextanalyse. Konsequenzen für die Qualitative Forschung [15 Absätze]. Forum Qualitative Sozialforschung/Forum Qualitative Social Research [Online Journal], 1(1) (www.qualitative-research.net/fqs-texte/1-00/1-00moes-d.htm // 10.06.2005).

Molitor-Lübbert, Sylvie (1996): Schreiben als mentaler und sprachlicher Prozess. In: Günther, Hartmut/Ludwig, Otto (Hrsg.): Schrift und Schriftlichkeit. Ein interdisziplinäres Handbuch internationaler Forschung (Writing and its use. An interdisciplinary Handbook of International Research). Berlin, New York: de Gruyter (HSK 10.2), S. 1005–1027.

Moraw, Peter (1994): Einheit und Vielfalt der Universität im alten Europa. In: Patschovsky, Alexander (Hrsg.): Die Universität in Alteuropa. Konstanz: Univ.-Verl., S. 11–27.

Mruck, Katja/Gersman, Gudrun (2004): Neue Medien in den Sozial-, Geistes- und Kulturwissenschaft. Elektronisches Publizieren und Open Access. Stand und Perspektiven. Köln: Zentrum für Historische Sozialforschung (Historical social research Nr. 107; Sonderband 29/1).

Müller, Klaus (1979): Zur Gestaltung von Skripten für den Hochschulunterricht. In: Berendt, Brigitte/Gralki, Heinz-Otto/Hecht, Heidemarie/Hoefert, Hans-Wolfgang (Hrsg.): Hochschuldidaktik. Lehren und Lernen im Hochschulalltag. Salzburg: O. Müller, S. 214–220.

Müller, Horst M. (1987): Evolution, Kognition und Sprache. Die Evolution des Menschen und die biologischen Grundlagen der Sprachfähigkeit. Berlin u.a.: Parey.

Mündemann, Friedhelm (2003): Methodik und Didaktik synchroner Online-Seminare. In: Apel, Heino/Kraft, Susanne (Hrsg.): Online lehren. Planung und Gestaltung netzbasierter Weiterbildung. Bielefeld: W. Bertelsmann, S. 51–75.

Münz, Stefan (2006): Foren und Boards (http://aktuell.de.selfhtml.org/artikel/gedanken/foren-boards/ // 22.01.2007).

Multimedia in der Hochschullehre. Bericht der BLK-Staatssekretärs-Arbeitsgruppe, Juni 2000. Materialien zur Bildungsplanung und Forschungsförderung. BLK 2000/85 (www.blk-bonn.de/papers/heft85.pdf // 05.08.2002).

Nadin, Mihai (1999, engl. Orig. 1997): Jenseits der Schriftkultur. Das Zeitalter des Augenblicks. Dresden u.a.: Dresden Univ. Press.

Nadin, Mihai (1999, engl. Orig. 1997): Jenseits der Schriftkultur. Das Zeitalter des Augenblicks. Dresden u.a.: Dresden Univ. Press. (www.nadin.name/pdf/jenseits_schriftk.pdf // 08.08.2007).

Nadin, Mihai (2003): Anticipation. The end is where we start from. Basel: Lars Müller.

Naumann, Karin (2005): Kann man Chatten lernen? Regeln und Trainingsmaßnahmen zur erfolgreichen Chat-Kommunikation in Unterrichtsgesprächen. In: Beißwenger, Michael/Storrer, Angelika (Hrsg.): Chat-Kommunikation in Beruf, Bildung und Medien. Konzepte, Werkzeuge, Anwendungsfelder (Symposium 8.–10. Mai 2003). Stuttgart: Ibidem, S. 257–272.

Nelson, Ted H. (1967): Getting it Out of Our System. In: Schecter, Georg (Ed.): Information Retrieval. A Critical View. Washington: Thompson, S. 191–210.

Nelson, Ted H. (rev. ed. 1987a; Orig. 1974): Computer Lib. You can and must understand computers now. Redmond, Washington: Tempus Books of Microsoft Press.

Nelson, Ted H. (1987b; Orig. 1981): Literary machines. The report on, and of, project Xanadu concerning word processing, electronic publishing, hypertext, thinkertoys, tomorrow's intellectual revolution, and certain other topics including knowledge, education and freedm. South Bend, Ind: The Distributers.

Nicol, Natascha/Albrecht, Ralf (1997): Wissenschaftliche Arbeiten schreiben mit WinWord 97. Formvollendete und normgerechte Examens-, Diplom- und Doktorarbeiten. Bonn u.a.: Addison-Wesley.

Nicol, Natascha/Albrecht, Ralf (2004): Wissenschaftliche Arbeiten schreiben mit Word. Formvollendete und normgerechte Examens-, Diplom- und Doktorarbeiten (Word 97 bis Word 2003). München u.a.: Addison-Wesley.

Nielsen, Jakob (1996): Multimedia, Hypertext und Internet. Grundlagen und Praxis des elektronischen Publizierens. Braunschweig: Vieweg (Vieweg Multimedia Engineering).

Nöth, Winfried (2. vollst. neu bearb. u. erw. Aufl. 2000): Handbuch der Semiotik. Stuttgart u.a.: Metzler.

Nolda, Sigrid (2002): Pädagogik und Medien. Eine Einführung. Stuttgart: Kohlhammer (Grundriss der Pädagogik/Erziehungswissenschaft; Bd. 15; Urban-Taschenbücher; Bd. 675).

Nuissl, Ekkehard u.a. (Hrsg.): Literatur- und Forschungsreport Weiterbildung, Nr. 44. Neue Lernkulturen. Frankfurt a.M.: DIE, S. 1–37 (www.report-online.net/recherche/einzelhefte_inhalt.asp?id=384 // 08.08.2007).

Obst, Oliver (2001): Zeitschriftenmanagement V: Elektronische Zeitschriften. In: Bibliotheksdienst, Jahrgang 35, Heft 10 (http://bibliotheksdienst.zlb.de/2001/01_10_04.pdf // 10.07.2007).

Ohler, Peter/Nieding, Gerhild (1997): Kognitive Modellierung der Textverarbeitung und der Informationssuche im World Wide Web. In: Batinic, Bernad (Hrsg.): Internet für Psychologen. Göttingen: Hogrefe, S. 161–180.

Olbertz, Dirk (2004): Das Blog-Buch. Weblogs für Einsteiger & Profis. München: Markt und Technik.

Ong, Walter J. (1987, engl. Orig. 1983): Oralität und Literalität. Die Technologisierung des Wortes. Opladen: Westdt. Verl.

Pabst, Antje/Zimmer, Gerhard M. (2005): Medienforschung und Medienentwicklung. In: Rauner, Felix (Hrsg.): Handbuch Berufsbildungsforschung. Bielefeld: W. Bertelsmann, S. 403–412.

Panke, Stefanie/Gaiser, Birgit Gaiser/Draheim, Susanne (2007): Weblogs als Lerninfrastrukturen zwischen Selbstorganisation und Didaktik. In: Schwarz, Christine/Dittler, Ullrich (Hrsg): Online-Communities als soziale Systeme. Münster u.a.: Waxmann (Medien in der Wissenschaft; Bd. 40), S. 81–97.

Panke, Stefanie/Oestermeier, Uwe (2006): Weblogs in der Lehre – drei Fallbeispiele (www.e-teaching.org/didaktik/gestaltung/kommunikation/weblog/weblogs_25.07.06cr.pdf // 20.06.2007).

Papaspyrou, Chrissostomos (1990): Gebärdensprache und universelle Sprachtheorie. Vergleichende generativ-transformationelle Interpretation von Gebärden- und Lautsprache sowie Entwurf einer Gebärdenschrift. Hamburg: Signum (Internationale Arbeiten zur Gebärdensprache und Kommunikation Gehörloser; Bd. 8).

Pape, Bernd/Krause, Detlev/Oberquelle, Horst (Hrsg.) (2004): Wissensprojekte – Gemeinschaftliches Lernen aus didaktischer, softwaretechnischer und organisatorischer Sicht. Münster u.a.: Waxmann (Medien in der Wissenschaft; Bd. 27).

PAQ (Projektgruppe Automation und Qualifikation) (1980): Empirische Untersuchungen. Berlin: Argument (Argument Sonderband 43).

PAQ (Projektgruppe Automation und Qualifikation) (1987): Widersprüche der Automationsarbeit. Ein Handbuch. Berlin: Argument.

Parry, Adam (1971) (Ed.): The making of Homeric verse. The collected papers of Milman Parry. Oxford: Clarendon Press.

Parry, Milman (1928): L'Epithète traditionelle dans Homère. Paris: Les belles lettres.

Peez, Georg (2001, März). Professionsbezogene Kommunikation mittels Mailingliste. Eine qualitativ-empirische Analyse von Mailinglisten-Beiträgen zur Entstehung eines kunstpädagogischen Servers [109 Absätze]. Forum Qualitative Sozialforschung/Forum Qualitative Social Research [Online Journal], 2(2) (www.qualitative-research.net/fqs-texte/2-01/2-01peez-d.htm // 06.10.2006).

Peters, Otto (1997): Didaktik des Fernstudiums. Erfahrungen und Diskussionsstand in nationaler und internationaler Sich. Neuwied u.a.: Luchterhand.

Peters, Sibylle (2007): Über Ablenkung in Präsentation von Wissen. Freier Vortrag, Lichtbild-Vortrag und Powerpoint-Präsentation – ein Vergleich. In: Schnettler, Bernt/Knoblauch, Hubert (Hrsg.): Powerpoint-Präsentationen. Neue Formen der gesellschaftlichen Kommunikation von Wissen. Konstanz: UVK Verlagsgesellschaft mbH, S. 37–52.

Pfammatter, René (1998): Einleitung. In: Ders. (Hrsg.): Multi Media Mania. Reflexionen zu Aspekten neuer Medien. Konstanz: UVK-Medien, S. 9–18 .

Pias, Claus/Vogl, Joseph/Engell, Lorenz (Hrsg.) (1999): Kursbuch Medienkultur. Die maßgeblichen Theorien von Brecht bis Baudrillard. Stuttgart: DVA.

Pietroforte, Michael (2005): Sind Wikis das Gegenteil von Weblogs? (http://cydome.com/de/mpietroforte/ archives/000855.shtml // 23.01.2007).

Pörksen, Uwe (1994): Wissenschaftssprache und Sprachkritik. Untersuchungen zu Geschichte und Gegenwart. Tübingen: Narr (Forum für Fachsprachen-Forschung; Bd. 22).

Pöttinger, Ida (1997): Lernziel Medienkompetenz. Theoretische Grundlagen und praktische Evaluation anhand eines Hörspielprojekts. München: KoPäd.

Pötzsch, Frederik/Schnettler, Bernt (2006): Bürokraten des Wissens? ›Denkstile‹ computerunterstützter visueller Präsentationen. In: Gebhardt, Winfried/Hitzler, Ronald (Hrsg.): Nomaden, Flaneure, Vagabunden? Wissensformen und Denkstile der Gegenwart. Wiesbaden: VS-Verlag, S. 186–202 (www2.tu-berlin.de/~soziologie/AllgSoz/mitarbeiter/schnettler/lit/Poetzsch& Schnettler2006.pdf // 04.12.2007).

Porombka, Stephan (2001): Hypertext. Zur Kritik eines digitalen Mythos. München: Fink.

Porter, Lynette R. (1997): Creating the virtual classroom. Distance learning with the Internet. New York u.a.: John Wiley & Sons, Inc.

Porter, Roy (1996): Die wissenschaftliche Revolution und die Universitäten. In: Rüegg, Walter (Hrsg.): Geschichte der Universität in Europa. Bd. 2: Von der Reformation zur Französischen Revolution (1500–1800). München: Beck, S. 425–449.

Posner, Roland (1977): Semiotische Forschung in den Einzelwissenschaften. In: Posner, Roland/Reinecke, Hans-Peter (Hrsg.): Zeichenprozesse. Semiotische Forschung in den Einzelwissenschaften. Wiesbaden: Akad. Verl.-Ges. Athenaion (Schwerpunkte Linguistik und Kommunikationswissenschaft; Bd. 14), S. 3–10.

Posner, Roland (1991): Kultur als Zeichensystem. Zur semiotischen Explikation kulturwissenschaftlicher Grundbegriffe. In: Assmann, Aleida/Harth, Dietrich (Hrsg.): Kultur als Lebenswelt und Monument. Frankfurt a.M.: Fischer Taschenbuch (Fischer Wissenschaft), S. 37–74.

Pospeschill, Markus (1996): Schreiben mit dem Computer. In: Günther, Hartmut/Ludwig, Otto (Hrsg.): Schrift und Schriftlichkeit. Ein interdisziplinäres Handbuch internationaler Forschung (Writing and its use. An interdisciplinary Handbook of International Research). Berlin, New York: de Gruyter (HSK 10.2), S. 1068–1074.

Pospiech, Ulrike (2005): Schreibend schreiben lernen. Über die Schreibhandlung zum Text als Sprachwerk. Zur Begründung und Umsetzung eines feedbackorientierten Lehrgangs zur Einführung in das wissenschaftliche Schreiben. Frankfurt a.M. u.a.: Lang.

Postman, Neil (3. Aufl. 1983, engl. Orig. 1982): Das Verschwinden der Kindheit. Frankfurt a.M.: S. Fischer.

Postman, Neil (1987, engl. Orig. 1986): Wir amüsieren uns zu Tode. Urteilsbildung im Zeitalter der Unterhaltungsindustrie. Frankfurt a.M.: Fischer-Taschenbuchverlag.

Prensky, Marc: (2001): Digital Natives, Digital Immigrants (www.twitchspeed.com/site/Prensky%20-%20Digital%20Natives,%20Digital% 20Immigrants%20-%20Part1.htm // 20.07.2007).

Proske, Antje/Körndle, Hermann/Pospiech, Ulrike (2004): Wissenschaftliches Schreiben üben mit digitalen Medien. In: Carstensen, Doris/Barrios, Beate (Hrsg.): Campus 2004. Kommen die digitalen Medien an den Hochschulen in die Jahre? Münster: Waxmann (Medien in der Wissenschaft; Bd. 29), S. 225–234.

Przepiorka, Sven (2003): Weblogs und deren technische Umsetzung (www.tzwaen.com/docs/diplomarbeit-weblogs.pdf // 20.06.2007).

Pyerin, Brigitte (2001): Kreatives wissenschaftliches Schreiben. Tipps und Tricks gegen Schreibblockaden. Weinheim, München: Juventa.

Raible, Wolfgang (1992): Junktion. Eine Dimension der Sprache und ihre Realisierungsformen zwischen Aggregation und Integration. Vorgetragen am 4. Juli 1987; Klaus Heger zum 22.6.1992. Heidelberg: Winter (Sitzungsberichte der Heidelberger Akademie der Wissenschaften: Philosophisch-Historische Klasse; 1992,2).

Randow, Gero von (2006): Es bloggen die Blogger im rauschenden Netz. In: Die Zeit Nr. 11, 09.03.2006 (www.zeit.de/2006/11/C-Blogs?page=1 // 08.08.2007).

Rautenstrauch, Christina (2001): Tele-Tutoren. Qualifizierungsmerkmale einer neu entstehenden Profession. Bielefeld: W. Bertelsmann (Wissen und Bildung im Internet; Bd. 1).

Raymond, Eric (1999): Die Kathedrale und der Basar (Fassung vom 08.08.1999) (http://gnuwin.epfl.ch/ articles/de/Kathedrale/ // 20.06.2007).

Reheis, Fritz (2. überarb. und erg. Aufl. 1998): Die Kreativität der Langsamkeit. Neuer Wohlstand durch Entschleunigung. Darmstadt: Wissenschaftliche Buchgesellschaft.

Rehm, Georg (2004): Texttechnologie und das World Wide Web. In: Lobin, Henning/Lemnitzer, Lothar (Hrsg.): Texttechnologie – Perspektiven und Anwendungen. Tübingen: Stauffenburg, S. 433–464.

Reichertz, Jo (Juni 2000). Zur Gültigkeit von Qualitativer Sozialforschung [76 Absätze]. Forum Qualitative Sozialforschung/Forum Qualitative Social Research [Online Journal], 1(2) (www.qualitative-research.net/fqs-texte/2-00/2-00reichertz-d.htm // 10.06.2005).

Rein, Antje von (Hrsg.) (1996): Medienkompetenz als Schlüsselbegriff. Bad Heilbrunn: Klinkhardt, S. 24–41.

Reinmann-Rothmeier, Gabi (2003) (unter Mitarbeit von Vohle, Frank/Adler, Frederic/Faus, Heidi): Didaktische Innovation durch Blended Learning. Leitlinien anhand eines Beispiels aus der Hochschule. Bern u.a.: Huber.

Reinmann, Gabi/Sporer, Thomas/Vohle, Frank (2007): Bologna und Web 2.0: Wie zusammenbringen, was nicht zusammen passt? In: Keil, Reinhard/Kerres, Michael/Schulmeister, Rolf (Hrsg.): eUniversity – Update Bologna. Münster: Waxmann (Education Quality Forum; Bd. 3), S. 263–278.

Rice, Ronald E. (1984): Mediated group communication. In: Ronald E. Rice u.a. (Hrsg.): The new media. Communication, research and technology. Beverly Hills, CA: Sage, S. 129–156.

Rienecker, Lotte/Stray Jörgensen, Peter (2003): The Genre in Focus, not the Writer. Using Model Examples in Large-Class Workshops. In: Björk, Lennart/Bräuer, Gerd/Rienecker, Lotte/Stray Jörgensen, Peter (Ed.): Teaching Academic Writing in European Higher Education. Dordrecht, Boston, London: Kluwer Academic Publishers (Studies in Writing; vol. 12), S. 59–73.

Robinson, Francis P. (rev. ed. 1961): Effective study. New York: Harper.

Röhrs, Hermann (1995): Der Einfluß der klassischen deutschen Universitätsidee auf die Higher Education in Amerika. Weinheim: Dt. Studien-Verl.

Rogalla, Irmhild/Hanses, Petra (2001): Kommunikation und Betreuung mit asynchronen Werkzeugen: Foren. 4. Studienmodul des Online-Kurses „Tele-Tutor-Training" der Teleakademie Furtwangen (unveröffentlichtes Manuskript).

Rosa, Hartmut (2006): Beschleunigung. Die Veränderung der Zeitstrukturen in der Moderne. Frankfurt a.M.: Suhrkamp (Suhrkamp-Taschenbuch Wissenschaft; Bd. 1760).

Rosebrock, Cornelia (Hrsg.) (1995): Lesen im Medienzeitalter. Biographische und historische Aspekte literarischer Sozialisation. Weinheim u.a: Juventa.

Rosebrock, Cornelia/Zitzelsberger, Olga (2002): Der Begriff Medienkompetenz als Zielperspektive im Diskurs der Pädagogik und Didaktik. In: Groeben, Norbert; Hurrelmann/Bettina (Hrsg.): Medienkompetenz. Voraussetzungen, Dimensionen, Funktionen. Weinheim u.a.: Juventa. S. 148–159.

Roth, Wolf-Dieter (12.01.2007): Die „Wikipedia", die „nicht ganz dicht" ist. In: Heise Online (www.heise.de/tp/r4/artikel/24/24426/1.html // 20.06.2007).

Rüegg, Walter (Hrsg.) (1993): Geschichte der Universität in Europa. Bd. 1: Mittelalter. München: Beck.

Rühle, Alex (04.11.2006): Wikipedia-Fälschungen. Im Daunenfedergestöber. In: Süddeutsche Zeitung (www.sueddeutsche.de/kultur/artikel/631/90541/print.html // 20.06.2007).

Ruhmann, Gabriela (1995): Schreibprobleme – Schreibberatung. In: Baurmann, Jürgen/Weingarten, Rüdiger (Hrsg.): Schreiben – Prozesse, Prozeduren, Produkte. Opladen: Westdeutscher Verlag, S. 85–106.

Russell, David A. (2003): Preface. In: Björk, Lennart/Bräuer, Gerd/Rienecker, Lotte/ Stray Jörgensen, Peter (Hrsg.): Teaching Academic Writing in European Higher Education. Dordrecht, Boston, London: Kluwer Academic Publishers (Studies in Writing; vol. 12), S. V – VIII.

Sanders, Barry (1995): Der Verlust der Sprachkultur. Frankfurt a.M.: S. Fischer.

Sanderson, David (1997): Lexikon der Emotikons. In: Zeitschrift für Semiotik (1997/3), S. 307–315.

Sandig, Barbara (1997): Formulieren und Textmuster. Am Beispiel von Wissenschaftstexten. In: Jakobs, Eva-Maria/Knorr, Dagmar (Hrsg.): Schreiben in den Wissenschaften. Frankfurt a.M.: Peter Lang, S. 25–44.

Sapir, Edward (1961; engl. Orig. 1921): Die Sprache. Eine Einführung in das Wesen der Sprache. München: Hueber.

Scardamalia, Marlene/Bereiter, Carl (1987): Knowledge telling and knowledge transforming in written composition. In: Rosenberg, Sheldon (Ed.): Advances in Applied Psycholinguistics. Vol. 2: Reading, Writing, and Language Learning.

Cambridge u.a.: Cambridge University Press (Cambridge monographs and texts in applied psycholinguistics), S. 142–175.

Schaffert, Sandra (2004): Kostenlose Online-Literatur der Bildungsforschung. In: p@psych e-zine (http://paedpsych.jku.at/ezine/2004/schaffert04/ // 01.07.2007).

Schaffert, Sandra/Hornung-Prähauser, Veronika/Hilzensauer, Wolf/Wieden-Bischof, Diana (2007): E-Portfolio-Einsatz an Hochschulen: Möglichkeiten und Herausforderungen. In: Brahm, Taiga/Seufert, Sabine (Hrsg.): E-Assessment und E-Portfolio: Halten sie, was sie versprechen? SCIL-Arbeitsbericht Nr. 13. St. Gallen: Universität St. Gallen (www.scil.ch/publications/reports/2007-03-brahm-seufert-next-generation-learning.pdf // 01.07.2007).

Schaffert, Sandra/Schmidt, Bernhard (2006): Open Access in der Bildungsforschung und die Einführung einer neuen Online-Zeitschrift. In: Stempfhuber, Maximilian (Hrsg.): In die Zukunft publizieren. Herausforderungen an das Publizieren und die Informationsversorgung in den Wissenschaften (11. Kongress der IuK-Initiative der Wissenschaftlichen Fachgesellschaft in Deutschland). Bonn: Informationszentrum Sozialwissenschaften (www.gesis.org/Information/Forschungsuebersichten/Tagungs-berichte/Publizieren/IuK_Tagungsband_11_Schaffert.pdf // 01.07.2007).

Schätzlein, Frank (2006): Plagiate im Studium. Onlineressourcen und didaktische Aspekte. In: KoOP-News. Newsletter des Zentrums für Hochschul- und Weiterbildung (ZHW) der Universität Hamburg. Nr. 4 (Oktober 2006), S. 5–6 (www.frank-schaetzlein.de/texte/plagiate.htm#koop_2006 // 20.06.2007).

Schick, Walter (3., durchges. Aufl. der dt. Ausg. 1990): Vorwort des Übersetzers. In: Eco, Umberto: Wie man eine wissenschaftliche Abschlußarbeit schreibt. Doktor-, Diplom- und Magisterarbeit in den Geistes- und Sozialwissenschaften. Heidelberg: C.F. Müller, S. V – VII.

Schlobinski, Peter/Siever, Torsten (2005): Editorial zum Projekt „Sprachliche und textuelle Aspekte in Weblogs". In: Dies. (Hrsg.): Sprachliche und textuelle Aspekte in Weblogs. Ein internationales Projekt. Hannover, S. 8–28 (www.mediensprache.net/networx/networx-46.pdf // 09.09.2007).

Schlobinski, Peter/Siever, Torsten (2005): Sprachliche und textuelle Aspekte in deutschen Weblogs. In: Dies. (Hrsg.): Sprachliche und textuelle Aspekte in Weblogs. Ein internationales Projekt. Hannover, S. 52–85 (www.mediensprache.net/networx/networx-46.pdf // 09.09.2007).

Schlüter, Anne (Hrsg.) (1992): Pionierinnen – Feministinnen – Karrierefrauen? Zur Geschichte des Frauenstudiums in Deutschland. Pfaffenweiler: Centaurus-Verlags-Ges. (Frauen in Geschichte und Gesellschaft; Bd. 22).

Schmandt-Besserath, Denise (1994): Forerunners of Writing. In: Günther, Hartmut/ Ludwig, Otto (Hrsg.): Schrift und Schriftlichkeit. Ein interdisziplinäres Handbuch internationaler Forschung (Writing and its use. An interdisciplinary Handbook of International Research). Berlin, New York: de Gruyter (HSK 10.1), S. 264–268.

Schmidt, Jan (2005): Praktiken des Bloggens. Strukturierungsprinzipien der Online-Kommunikation am Beispiel von Weblogs. Bamberg: Universität Berichte der Forschungsstelle „Neue Kommunikationsmedien, Nr. 05-01 (www.bamberg-ge-winnt.de/wordpress/wp-content/pdf/PraktikenDesBloggens.pdf // 09.09.2007)

Schmidt, Jan (2006): Weblogs. Eine kommunikationssoziologische Studie. Konstanz: UVK.

Schmidt, Jan/Mayer, Florian (2007): Wer nutzt Weblogs für kollaborative Lern- und Wissensprozesse? Ergebnisse der Befragung ‚Wie ich blogge?!‘ 2005. In: Schwarz, Christine/Dittler, Ullrich (Hrsg): Online-Communities als soziale Systeme. Münster u.a.: Waxmann (Medien in der Wissenschaft; Bd. 40), S. 61–80.

Schmidt, Jan/Schönberger, Klaus/Stegbauer, Christian (2005): Call for Papers zum Thema „Praktiken des Bloggens – Ansätze und Perspektiven der Weblogforschung" für die Online-Zeitschrift Kommunikation@Gesellschaft (www.schmidtmitdete.de/pdf/Call_PraktikenDesBloggens_k@g.pdf // 09.09.2007).

Schmidt, Jan/Wilbers, Martin (2006): Wie ich blogge?! Erste Ergebnisse der Weblog-Befragung 2005. Berichte der Forschungsstelle „Neue Kommunikationsmedien", Nr. 06-01. Bamberg (http://141.13.22.238/fonkblog/pdf/fonkbericht0601.pdf // 20.06.2007).

Schmidt Siegfried J. (1994): Medien = Kultur? Vortrag im Kunstmuseum Bern am 31. Oktober 1993; Gespräch im Alten Casino Luzern am 29. Oktober 1993. Bern: Benteli (Reihe um 9 – Am Nerv der Zeit. Vorträge im Kunstmuseum Bern).

Schmid, Ulrich (2007): Keine Angst vorm Second Life. Im Wettbewerb um die besten Studenten kommt es auch darauf an, wie mutig sich die Universitäten auf Internet und digitale Lehre einlassen. In: Die Zeit Nr. 30, 19.07.2007, S. 59.

Schmidt-Harzbach, Ingrid (1981): Frauen, Bildung und Universität. In: Prahl, Hans-Werner/Schmitz-Harzbach, Ingrid (Hrsg.): Die Universität. Eine Kultur- und Sozialgeschichte. München u.a.: J.C. Bucher, S. 175–213.

Schmitz, Ulrich (2002). E-Mails kommen in die Jahre. Telefonbriefe auf dem Weg zu sprachlicher Normalität. In: Ziegler, Arne/Dürscheid, Christa (Hrsg.): Kommunikationsform E-Mail. Tübingen: Stauffenburg (Textsorten; Bd. 7), S. 33–56.

Schnettler, Bernt (2007): Präsentationspannen. Risiken ritualisierter Wissenspräsentation. In: Schlesier, Renate/Zellmann, Ulrike (Hrsg.): Ritual als proviziertes Risiko, Würzburg: Königshausen und Neumann (www2.tu-berlin.de/~soziologie/AllgSoz/mitarbeiter/schnettler/lit/Schnettler2007 Pannen.pdf // 04.12.2007).

Schnettler, Bernt/Koblauch, Hubert/Pötzsch, Frederik (2007): Die Powerpoint-Präsentation. Zur Performanz technisierter mündlicher Gattungen in der Wissenschaft. In: Schnettler, Bernt/Knoblauch, Hubert (Hrsg.): Powerpoint-Präsentationen. Neue Formen der gesellschaftlichen Kommunikation von Wissen. Konstanz: UVK Verlagsgesellschaft mbH, S. 9–34.

Schnotz, Wolfgang (1996): Lesen als Textverarbeitung. In: Günther, Hartmut/Ludwig, Otto (Hrsg.): Schrift und Schriftlichkeit. Ein interdisziplinäres Handbuch internationaler Forschung (Writing and its use. An interdisciplinary Handbook of International Research). Berlin, New York: de Gruyter (HSK 0.2), S. 972–983.

Schnotz, Wolfgang (1997): Zeichensysteme und Wissenserwerb mit neuen Informationstechnologien. In: Gruber, Hans/Renkl, Alexander (Hrsg.): Wege zum Können: Determinanten des Kompetenzerwerbs. Bern u.a.: Huber (Psychologie-Forschung), S. 218–235.

Schnotz, Wolfgang (2002): Wissenserwerb mit Texten, Bildern und Diagrammen. In: Issing, Ludwig J./Klimsa, Paul (Hrsg.) (3., vollst. überarb. Aufl. 2002): Information und Lernen mit Multimedia und Internet. Lehrbuch für Studium und Praxis. Weinheim: Beltz PVU, S. 65–81.

Schönberger, Klaus (2005): Persistente und rekombinante Handlungs- und Kommunikationsmuster in der Weblog-Nutzung. Mediennutzung und soziokultureller Wandel. In: Schütz, Astrid u.a. (Hrsg.): Neue Medien im Alltag. Befunde aus den Bereichen: Arbeit, Leben und Freizeit. Lengerich: Pabst Science Publishers, S. 276–294.

Schönrich, Gerhard (1999): Semiotik zur Einführung. Hamburg: Junius (Zur Einführung; Bd. 204).

Schöttker, Detlev (Hrsg.) (1999): Von der Stimme zum Internet. Texte aus der Geschichte der Medienanalyse. Göttingen: Vandenhoeck & Ruprecht (UTB 2109).

Schriewer Jürgen (2007): Bologna – ein neu-europäischer Mythos. In: Zeitschrift für Pädagogik 53 (Heft 2 2007), S. 182–199.

Schröder, Werner (1989): Otfried von Weißenburg. In: Ruh, Kurt u.a. (Hrsg.) (2., völlig neubearb. Aufl. 1989): Die deutsche Literatur des Mittelalters. Verfasserlexikon, Bd. 7. Berlin u.a.: de Gruyter, S. 172–193.

Schütte, Wilfried (2000): Sprache und Kommunikationsformen in Newsgroups und Mailinglisten. In: Kallmeyer, Werner (Hrsg.): Sprache und Medien. Berlin: de Gruyter (Jahrbuch des Instituts für deutsche Sprache 1999), S. 142–178.

Schulmeister, Rolf (1996): Grundlagen hypermedialer Lernsysteme. Theorie – Didaktik – Design. Wokingham u.a.: Addison-Wesley.

Schulmeister, Rolf (2. aktualisierte Aufl. 1997): Grundlagen hypermedialer Lernsysteme. Theorie – Didaktik – Design. München, Wien: Oldenbourg.

Schulmeister, Rolf (2001): Virtuelle Universität – Virtuelle Lernen. Mit einem Kap. von Martin Wessner. München, Wien: Oldenbourg.

Schulmeister, Rolf (2003): Lernplattformen für das virtuelle Lernen. Evaluation und Didaktik. München u.a.: Oldenbourg.

Schult, Thomas J. (2004): Lernen vom Schinken in Scheiben. Was taugen die aktuellen Enzyklopädien auf CD-ROM und DVD? Ein Test. In: Die Zeit Nr. 43, 14.10.2004, (www.zeit.de/2004/43/C-Enzyklop_8adien-Test // 08.08.2007).

Schulz von Thun, Friedemann (2007): Wie gestalte ich meine Vorlesung – und halte die Hörerschaft und mich selbst bei Laune. In: Merkt, Marianne/Mayrberger, Kerstin (Hrsg.): Die Qualität akademischer Lehre. Zur Interdependenz von Hochschuldidaktik und Hochschulentwicklung. Innsbruck: StudienVerlag, S. 115–131.

Schwall, Johannes (2003): The Wiki Phenomenon (www.schwall.de/dl/20030828_the_wiki_way.pdf // 20.06.2007).

Schwarz, Christine/Dittler, Ullrich (Hrsg): Online-Communities als soziale Systeme. Münster u.a.: Waxmann (Medien in der Wissenschaft; Bd. 40).

Schwenk, Bernhard (1996): Geschichte der Bildung und Erziehung von der Antike bis zum Mittelalter. Aus dem Nachlaß hrsg. von Peter Drewek und Achim Leschinsky. Mit einer Einführung von Carsten Colpe. Weinheim: Deutscher Studienverlag.

Schwinges, Rainer C. (1994): Europäische Studenten des späten Mittelalters. In: Patschovsky, Alexander (Hrsg.): Die Universität in Alteuropa. Konstanz: Univ.-Verl., S. 129–146.

Schwinges, Rainer C. (1998): Deutsche Universitätsbesucher im 14. und 15. Jahrhundert. Studien zur Sozialgeschichte des Alten Reiches. Stuttgart: Steiner.

Schwinges, Rainer C. (2001): Humboldt international. Der Export des deutschen Universitätsmodells im 19. und 20. Jahrhundert. Basel: Schwabe.

Scribner, Sylvia/Cole, Michael (1991): Schreiben und Denken. In: Stagl, Gitta/Dvorak, Johann/Jochum, Manfred (Hrsg.): Literatur, Lektüre, Literarität. Vom Umgang mit Lesen und Schreiben. Wien: ÖBV-Büro Medienverbund, S. 336–351.

Sesink, Werner (1990): Einführung in das wissenschaftliche Arbeiten ohne und mit PC. München u.a.: Oldenbourg.

Sesink, Werner (5., unwesentl. veränd. Aufl. 2000): Einführung in das wissenschaftliche Arbeiten. Ohne und mit PC. München u.a.: Oldenbourg.

Sesink, Werner (6., völlig überarbeitete und aktualisierte Aufl. 2003): Einführung in das wissenschaftliche Arbeiten. Mit Internet – Textverarbeitung – Präsentation. München u.a.: Oldenbourg.

Sesink, Werner (7., aktualisierte Aufl. 2007): Einführung in das wissenschaftliche Arbeiten. Internet – Textverarbeitung – Präsentation. München u.a.: Oldenbourg.

Sieber, Marc (1994): Die Universität Basel nach Einführung der Reformation. In: Patschovsky, Alexander (Hrsg.): Die Universität in Alteuropa. Konstanz: Univ.-Verl., S. 69–83.

Siebert, Horst (1999): Driftzonen – Elemente einer mikrodidaktischen Lernkultur. In: Nuissl, Ekkehard u.a. (Hrsg.): Literatur- und Forschungsreport Weiterbildung, Nr. 44. Neue Lernkulturen. Frankfurt a.M.: DIE, S. 10–17 (www.report-online.net/recherche/einzelhefte_inhalt.asp?id=384 // 08.08.2007).

Siebert, Horst (2001): Selbstgesteuertes Lernen und Lernberatung. Neue Lernkulturen in Zeiten der Postmoderne. Neuwied u.a.: Luchterhand (Grundlagen der Weiterbildung).

Siebert, Horst (2002): Nachhaltigkeit des Lernens und neue Lernkulturen. In: GdWZ: Grundlagen der Weiterbildung 13 (3/2002), S. 114–117.

Siebertz-Reckzeh, Karin (2006): eLearning im Kontext der Präsenzlehre. Potenziale für die Förderung von Vertrauen. In: Schweer, Martin K.W. (Hrsg.): Bildung und Vertrauen. Frankfurt a.M.: Peter Lang, S. 171–188.

Spiro, Rand J./Coulson, Richard L./Feltovich, Paul/Anderson, Daniel (1988): Cognitive flexibility theory. Advanced knowledge acquisition in ill-structured domains. In: Patel, Vimla L. (Ed.): Tenth annual Conference of the Cognitive Science Society. Hillsdale, NJ: Erlbaum, S. 375–383.

Stahl, Elmar (2001): Hyper – Text – Schreiben. Die Auswirkungen verschiedener Instruktionen auf Lernprozesse beim Schreiben von Hypertext. München u.a.: Waxmann (Internationale Hochschulschriften; Bd. 378).

Stahlberg, Dagmar/Sczesny, Sabine (2001): Effekte des generischen Maskulinums und alternativer Sprachformen auf den gedanklichen Einbezug von Frauen. In: Psychologische Rundschau 52 (3/2001), S. 131–140.

Steinke, Ines (1999): Kriterien qualitativer Forschung. Ansätze zur Bewertung qualitativ-empirischer Sozialforschung. Weinheim u.a.: Juventa.

Stichweh, Rudolf (1991): Der frühmoderne Staat und die europäische Universität. Zur Interaktion von Politik und Erziehungssystem im Prozeß ihrer Ausdifferenzierung (16.–18. Jahrhundert). Frankfurt a.M.: Suhrkamp.

Stiehler, Hans-Jörg (1997): Medientheorien. In: Hüther, Jürgen/Schorb, Bernd/Brehm-Klotz, Christiane (Hrsg.): Grundbegriffe der Medienpädagogik. München: KoPäd.

Sting, Stephan (1998): Schrift, Bildung und Selbst. Eine pädagogische Geschichte der Schriftlichkeit. Weinheim: Dt. Studien-Verl.

Stocker, Christa (2007): Zwischen Wunsch und Wirklichkeit. Weblogs im Hochschulunterricht. In: Schwarz, Christine/Dittler, Ullrich (Hrsg): Online-Communities als soziale Systeme. Münster u.a.: Waxmann (Medien in der Wissenschaft; Bd. 40), S. 97–114.

Stockinger, Johann/Leitner, Helmut (Hrsg.) (2007): Wikis im Social Web. Wikiposium 2005/06. Wien: Österreichische Computer Gesellschaft (report; Bd. 03).

Stoll, Clifford (2001): LogOut. Warum Computer nichts im Klassenzimmer zu suchen haben und andere High-Tech-Ketzereien. Frankfurt a.M.: Fischer.

Storrer, Angelika (1999): Kohärenz in Text und Hypertext. In: Lobin, Henning (Hrsg.): Text im digitalen Medium. Linguistische Aspekte von Textdesign, Texttechnologie und Hypertextengineering. Opladen: Westdeutscher Verlag, S. 33–65.

Storrer, Angelika (2000): Was ist „hyper" am Hypertext? In: Kallmeyer, Werner (Hrsg.): Sprache und neue Medien. Berlin u.a.: de Gruyter (Jahrbuch 1999 des Instituts für deutsche Sprache), S. 222–249.

Storrer, Angelika (2004): Hypertext und Texttechnologie. In: Knapp, Karlfried u.a. (Hrsg.): Angewandte Linguistik. Ein Lehrbuch. Tübingen, Basel: Francke (UTB; Bd. 8275: Sprachwissenschaften), S. 207–228.

Storrer, Angelika/Waldenberger, Sandra (1998): Zwischen Grice und Knigge: Die Netiketten im Internet. In: Strohner, Hans/Sichelschmidt, Lorenz/Hielscher, Martina (Hrsg.): Medium Sprache. Frankfurt a.M.: Peter Lang (forum ANGEWANDTE LINGUISTK; Bd. 34), S. 63–77.

Strauss, Anselm/Corbin, Juliet (1996): Grounded Theory. Grundlagen qualitativer Sozialforschung. Weinheim: Beltz Psychologie Verlagsunion.

Street, Brian V. (1993): Cross-cultural approaches to literacy. Cambridge u.a.: Cambridge Univ. Press (Cambridge Studies in Oral and Literate Culture).

Street, Brian V. (1995): Social literacies. Critical Approaches to Literacy Development, Ethnography, and Education. London u.a.: Longman (Real language Series).

Street, Brian (1999): Academic Literacies. In: Jones, Carys/Turner, John/Street, Brian V. (Hrsg.): Students Writing in the University. Cultural and Epistemological Issues. Amsterdam u.a.: Benjamins (Studies in written Language and Literacy; Bd. 8), S. 193–227.

Streiff, Andres (2005a): Kommentar zum Weblog-Beitrag von Michael Pietroforte „Sind Wikis das Gegenteil von Weblogs?" (http://cydome.com/de/mpietroforte/archives/000855.shtml // letzter Abruf: 23.01.2007).

Streiff, Andres (2005b): Wiki-Zusammenarbeit im Netz (www.lernklick.ch/pdf/WIKI_BROSCHEURE24-web.pdf // 20.06.2007).

Suter, Beat (2006): Das Neue Schreiben. Von den Widerständen des Schreibwerkzeugs bis zum „fluktuierenden Konkreatisieren". In: Androutsopoulos, Jannis K./Runkehl, Jens/Schlobinski, Peter/Sievers, Torsten (Hrsg.): Neuere Entwicklungen in der linguistischen Internetforschung. Hildesheim u.a.: Olms (Germanistische Linguistik; Bd. 186-87), S. 235–259.

Sutter, Tilmann/Charlton, Michael (2002): Medienkompetenz – einige Anmerkungen zum Kompetenzbegriff. In: Groeben, Norbert/Hurrelmann, Bettina (Hrsg.): Medienkompetenz. Voraussetzungen, Dimensionen, Funktionen. Weinheim u.a.: Juventa. S. 129–147.

Teichert, Ingo (2004): Zwischen Kontinuität und Innovation – Alte und neue Textmuster in einer Werbekampagne der DIBA. In: Wirtschaftspsychologie, Heft 1, S. 45–55.

Tergan, Sigmar-Olaf (1997): Hypertext und Hypermedia. Konzeption, Lernmöglichkeiten, Lernprobleme. In: Issing, Ludwig J./Klimsa, Paul (Hrsg.) (2. überarb. Aufl. 1997): Information und Lernen mit Multimedia, Weinheim: Psychologie Verlags Union , S. 122–136.

Tergan, Sigmar-Olaf (2002): Hypertext und Hypermedia. Konzeption, Lernmöglichkeiten, Lernprobleme und Perspektiven. In: Issing, Ludwig J./Klimsa, Paul (Hrsg.): Information und Lernen mit Multimedia und Internet. Lehrbuch für Studium und Praxis. 3. vollständig überarbeitete Aufl., Weinheim: Psychologie Verlags Union, S. 99–112.

Tergan, Sigmar-Olaf (1997): Lernen mit Texten, Hypertexten und Hypermedien. Retrospektive und State of the Art. In: Gruber, Hans/Renkl, Alexander (Hrsg.): Wege zum Können. Determinanten des Kompetenzerwerbs. Bern u.a.: Huber (Psychologie-Forschung), S. 236–249.

Thelen, Torsten/Gruber, Christian (2003): Kollaboratives Lernen mit WikiWikiWebs. In: Kerres, Michael/Voß, Britta (Hrsg.): Digitaler Campus. Vom Medienprojekt zum nachhaltigen Medieneinsatz in der Hochschule. Münster u.a: Waxmann (Medien in der Wissenschaft, Bd. 24), S. 356–365 (http://tobiasthelen.de/uploads/Wissenschaft/thelen_gruber_2003_kollaboratives_lernen_mit_wikiwikiwebs.pdf // 09.09.2007).

Thelen, Torsten/Gruber, Clemens (2005): Textproduktions- und Kommunikationsprozesse in WikiWikiWebs. In: Huneke, Hans-Werner (Hrsg.): Geschriebene Sprache: Strukturen, Erwerb, Modellbildung. Weinheim: Deutscher Studienverlag, S. 183–202 (http://tobiasthelen.de/uploads/Wissenschaft/thelen_gruber_2005_text produktions_und_kommunikationsprozesse_in_wikiwikiwebs.pdf // 09.09.2007).

Theunert, Helga (1996): Medienkompetenz. Eine pädagogische und altersspezifisch zu fassende Handlungsdimension. In: Schell, Fred/Stolzenburg, Elke/Theunert, Helga (Hrsg.): Medienkompetenz. Grundlagen und pädagogisches Handeln. München: KoPäd, S. 50–59.

Tiedge, Dagmar (1997): Rezeption von Text und Hypertext – ein Vergleich (www.linse.uni-due.de/linse/esel/pdf/rezeption_hypertexte.pdf // 09.09.2007).

Tufte, Edward (2003): The cognitive style of Powerpoint. Cheshire/Connecticut: Graphics Press.

Tulodziecki, Gerhard (1997): Medien in Erziehung und Unterricht. Bad Heilbrunn: Klinkhardt.

Tulodziecki, Gerhard (1998): Entwicklung von Medienkompetenz als Erziehungs- und Bildungsaufgabe. In: Pädagogische Rundschau 52 (6), S. 693–711.

Unz, Dagmar (1998): Didaktisches Design für Lernprogramme in der Wissenschaftlichen Weiterbildung. In: Scheuermann, Friedrich/Schwab, Frank/Augenstein, Heinz (Hrsg.): Studieren und Weiterbilden mit Multimedia. Perspektiven der Fernlehre in der wissenschaftlichen Aus- und Weiterbildung. Nürnberg: BW Verlag (Reihe: Multimediales Lernen in der Berufsbildung).

Unz, Dagmar (2000): Lernen mit Hypertext. Informationssuche und Navigation. Münster u.a.: Waxmann (Internationale Hochschulschriften; Bd. 326).

Vögele, Erika/Mohnike, Thomas/Trahasch, Stephan (2005): EUCOR VIRTUALE – Herausforderungen und Lösungen von e-Bologna im Kontext einer transnationalen Hochschulkooperation. In: Zeitschrift für Hochschuldidaktik (ZFHD) Heft 05 (Oktober 2005), S. 18–27 (www.zfhd.at/resources/downloads/ZFHD_05_2_V_GELE_MOHNIKE_TRAHASCH_Eucor_Virtuale_1000512.pdf // 07.12.2007).

Vössing, Konrad (2006): Rom – Republik und Kaiserzeit. In: Christes, Johannes/Klein, Richard/Lüth, Christoph (Hrsg.): Handbuch der Bildung und Erziehung in der Antike. Darmstadt: Wissenschaftliche Buchgesellschaft, S. 136–145.

Voigt, Susanne (2003): E-Mail-Kommunikation in Organisationen. Eine explorative Studie zu individuellen Nutzungsstrategien. München: Reinhard Fischer (Internet Research; Bd. 11).

Voß, Günter/Holly, Werner/Boehnke, Klaus (Hrsg.): Neue Medien im Alltag. Begriffsbestimmungen eines interdisziplinären Forschungsfeldes. Opladen: Leske + Budrich.

Vygotski, Lev S. (1962; russ. Original 1934): Denken und Sprechen. Frankfurt a.M.: Fischer.

Walther, Joseph B./Parks, Malcolm R. (3. ed. 2002): Cues filtered out, cues filtered in: Computer-mediated communication and relationships. In: Knapp, Mark L./Daly, John A. (Ed.): Handbook of interpersonal communication. Thousand Oaks, CA: Sage, S. 529–563.

Weber, Peter J. (2002): Virtueller Bildungsraum Europa. Bildungspolitische und hochschuldidaktische Anregungen zum Einsatz des Internets an Universitäten. Münster u.a.: Waxmann (Umwelt – Bildung – Forschung; Bd. 9).

Weber, Stefan (2007): Das Google-Copy-Paste-Syndrom. Wie Netzplagiate Ausbildung und Wissen gefährden. Hannover: Heise.

Weber, Wolfgang E.J. (2002): Geschichte der europäischen Universität. Stuttgart: Kohlhammer.

Weber, Wolfgang E.J. (2004): Buchdruck. Repräsentation und Verbreitung von Wissen. In: Dülmen von, Richard/Rauschenbach, Sina (Hrsg.): Macht des Wissens. Die Entstehung der modernen Wissensgesellschaft. Köln u.a.: Böhlau, S. 65–87.

Weber-Wulff, Debora (2003a): Kein Kavaliersdelikt: Wie man Plagiate entdeckt und was dagegen getan werden muß. In: Forschung & Lehre (6/2003), S. 307–308.

Weber-Wulff, Debora (2003b): Teaching by chat. In: Michael Kerres/Britta Voß (Hrsg.): Digitaler Campus. Vom Medienprojekt zum nachhaltigen Medieneinsatz in der Hochschule. Münster u.a.: Waxmann (Medien in der Wissenschaft; Bd. 24), S. 366–375.

Weidenmann, Bernd (2002a): Abbilder in Multimediaanwendungen, In: Issing, Ludwig J./Klimsa, Paul (Hrsg.) (3. vollst. überarb. Aufl. 2002): Information und Lernen mit Multimedia und Internet. Lehrbuch für Studium und Praxis. Weinheim: Beltz PVU, S. 83–96.

Weidenmann, Bernd (2002b): Multicodierung und Multimodalität im Lernprozess. In: Issing, Ludwig J./Klimsa, Paul (Hrsg.) (3. vollst. überarb. Aufl. 2002): Information und Lernen mit Multimedia und Internet. Lehrbuch für Studium und Praxis. Weinheim: Beltz PVU, S. 45–62.

Wenz, Karin (1998): Formen der Mündlichkeit und Schriftlichkeit in digitalen Medien. In: Linguistik online 1/1998, S. 1–8 (www.linguistik-online.de/wenz.htm; 12.03.2007).

Werder, Lutz von (1994a): Wissenschaftliche Texte kreativ lesen. Kreative Methoden für das Lernen an Hochschulen und Universitäten. Berlin, Milow: Schibri.

Werder, Lutz von (1994b): Zur Situation des wissenschaftlichen Lesens an deutschen Universitäten und Hochschulen. Berlin, Milow: Schibri.

Werder, Lutz von (1997): Der Boom des kreativen Schreibens in Deutschland. Eine Umfrage an deutschen Volkshochschulen. In: Werder, Lutz von/Schulte-Steinicke, Barbara (Hrsg.): Die deutsche Schreibkrise. Empirische Umfragen von 1994–2002, Baltmannsweiler: Schneider Verlag Hohengehren 2003, S. 76–84.

Werder, Lutz von (3. Aufl. 2000a): Kreatives Schreiben von Diplom- und Doktorarbeiten. Berlin, Milow: Schibri.

Werder, Lutz von (Projektleitung) (2000b): Wissenschaftliches Lesen und Schreiben. Ein multimediales Lernprogramm des hochschuldidaktischen Zentrums an der Alice-Salomon-Fachhochschule für Sozialarbeit und Sozialpädagogik. 1 CD-ROM mit Ton- und Videosequenzen. Berlin, Milow: Schibri.

Werder, Lutz von/Schulte-Steinicke, Barbara/Schulte, Brigitte/Riffel, Tanja (2002): Zweite Untersuchung zum wissenschaftlichen Schreiben an Universitäten und Fachhochschulen. In: Werder, Lutz von/Schulte-Steinicke, Barbara (Hrsg.): Die deutsche Schreibkrise. Empirische Umfragen von 1994–2002, Baltmannsweiler: Schneider Verlag Hohengehren 2003, S. 66–74.

Wesp, Dieter (2003): Warum erfolgreiches E-Learning so selten ist – Thesen und Erfahrungen. In: Apel, Heino/Kraft, Susanne (2003) (Hrsg.): Online lehren – Planung und Gestaltung netzbasierter Weiterbildung. Bielefeld: Bertelsmann, S.177–195.

Wiese, Johannes (2001): „Neue" Lern- und Lehrkulturen? In: Schul-Management 32 (6/2001), S. 6–7.

Wittpoth, Jürgen (2002): „Lernkulturen" einst und jetzt. In: Brödel, Rainer/Siebert, Horst: Ansichten zur Lerngesellschaft. Festschrift für Josef Olbrich. Hohengehren: Schneider (Grundlagen der Berufs- und Erwachsenenbildung; Bd. 32), S. 155–164.

Wisch, Fritz-Helmut (1990): Lautsprache und Gebärdensprache. Die Wende zur Zwei-sprachigkeit in Erziehung und Bildung Gehörloser. Hamburg: Signum (Inter-nationale Arbeiten zur Gebärdensprache und Kommunikation Gehörloser; Bd. 17).

Wohnsdorf, Gabriele/Weber-Wulff, Debora 2006): Strategien der Plagiats-bekämpfung. In: Information: Wissenschaft & Praxis, 57, Nr. 2, S. 90–98 (www.agi-imc.de/isearch/is_dgi_articles.nsf/ fsDocumentDispWeb?Open FrameSet&Frame=Document&Src=/isearch/is_dgi_articles.nsf/0/27de47720d475 a49c1257122003214f8?OpenDocument&Query=weber-wulff&AutoFramed& Typ=A&key=).

Ziegler, Arne (2002): E-Mail – Textsorte oder Kommunikationsform? Eine text-linguistische Annäherung. In: Ziegler, Arne/Dürscheid, Christa (Hrsg.): Kommu-nikationsform E-Mail. Tübingen: Stauffenburg (Textsorten; Bd. 7), S. 9–32.

Zimmer, Gerhard (1987): Selbstorganisation des Lernens. Kritik der modernen Ar-beitserziehung. Frankfurt u.a.: Peter Lang.

Zimmer, Gerhard (1997a): Konzeptualisierung der Organisation telematischer Lern-formen. In: Aff, Josef/Backes-Gellner, Uschi/Jongbloed, Hans-Carl/Twardy, Martin/Zimmer, Gerhard (Hrsg.): Zwischen Autonomie und Ordnung. Perspekti-ven beruflicher Bildung. Köln: Botermann & Botermann (Wirtschafts-, Berufs-und Sozialpädagogische Texte; Sonderband 7), S. 105–121.

Zimmer, Gerhard (2. überarb. Aufl. 1997b): Mit Multimedia vom Fernunterricht zum Offenen Fernlernen. In: Issing, Ludwig J./Klimsa, Paul (Hrsg.): Information und Lernen mit Multimedia. Weinheim: Beltz, S. 337–352.

Zimmer, Gerhard M. (1999): Der Einsatz von Lernmedien. In: Kramer, Günter/Kiepe, Klaus (Hrsg.): Jahrbuch Ausbildungspraxis 2000 – Erfolgreiches Ausbildungs-management. Kompaktes Ausbildungswissen. Köln: Fachverlag Deutscher Wirt-schaftsdienst, Köln 1999, S. 94-99.

Zimmer, Gerhard M. (2001): Ausblick: Perspektiven der Gestaltung der telematischen Lernkultur. In: Arnold, Patricia: Didaktik und Methodik telematischen Lehrens und Lernens. Lernräume, Lernszenarien, Lernmedien. State-of-the-Art und Hand-reichung. Unter Mitarbeit von Larissa Rogner und Anne Thillosen. Mit Hin-weisen für die Entwicklung telematischer Lernkultur von Gerhard M. Zimmer. Münster: Waxmann (Medien in der Wissenschaft; Bd. 17), S. 126–146.

Zimmer, Gerhard (2006): Kommunikative Kompetenz [communicative compentence]. In: Tsvasman, Leon R. (Hrsg.): Das Große Lexikon Medien- und Kommunika-tion. Kompendium interdisziplinärer Konzepte. Würzburg: Ergon Verlag 2006, S. 208–210.

Zimmer, Gerhard (2007): Die Universität in der informationstechnischen Produk-tionsweise – Perspektiven und Widersprüche. In: Das Argument. Zeitschrift für Philosophie und Sozialwissenschaften Nr. 272, 49. Jg. 4/2007, S. 546–559.

Zocher, Ute: Veränderte Lernkultur – veränderte Lehramtsprüfungen? Plädoyer für eine Professionalisierung in Aus- und Fortbildung. In: Unterricht Arbeit + Tech-nik 3 (9/2001), S. 49–51.

Verzeichnis der Webseiten, Portale und Internetadressen

Im Folgenden werden in alphabetischer Reihenfolge die URLs, Internetadressen und Links aufgeführt und kurz erklärt, die nicht bereits im Literaturverzeichnis bestimmten Texten, Autorinnen und Autoren usw. zugeordnet werden konnten. Es handelt sich vor allem um Portale oder thematische Überblicksseiten. Dabei wird jeweils die URL der Einstiegsseite angegeben. Wenn im Text der Arbeit auf Unterseiten Bezug genommen wurde, sind die genaue URL und das Datum des letzten Abrufs dort angegeben. Die an dieser Stelle aufgeführten URLs wurden alle am 09.09.2007 zuletzt geprüft.

http://audacity.sourceforge.net/: Homepage des kostenfreien, betriebssystemunabhängigen Audioeditors „Audacity".

http://b2evolution.net/index.php/: Homepage des Blog-Anbieters b2evolution.

http://blog.marcokalz.de/: Blog „Unfrisierte Gedanken" des Medienwissenschaftlers Marco Kalz.

http://campus.ph.fhnw.ch/: Campus-Wiki der Pädagogischen Hochschule Nordwestschweiz.

http://cattw-acprts.mcgill.ca/: Homepage der "Canadian Association of Teachers of Technical Writing".

http://de.wikipedia.org/wiki/Hauptseite: Seit Mai 2001 entstandene Startseite der deutschen Wikipedia, einem Enzyklopädie-Projekt in allen Sprachen der Welt, an dem alle Interessierten sich lesend und schreibend beteiligen können.

http://elearn.zpid.de/index.php?title=editorial_zu_e_learning_in_der_psychologie: Blog des Zentrums für Psychologische Information und Dokumentation (ZPID), des überregionalen Fachinformationszentrum für Psychologie in den deutschsprachigen Ländern.

http://konzeptblog.joachim-wedekind.de: „Konzeptblog" des Medienwissenschaftlers Joachim Wedekind.

http://openaccess-germany.de/: Deutsche Plattform, die Informationen zum Thema „open access" zusammenfasst und aufbereitet.

http://wiki.alpha-i.at/: Wiki, das der Kooperation und dem Wissensaustausch im Informatikstudium der Universität Wien dient.

http://wikimania2005.wikimedia.org/wiki/Main_Page: Informationsseite der ersten deutschen Wiki-Konferenz „Wikimania" im August 2005 in Frankfurt.

http://wiki.splitbrain.org/wiki:dokuwiki: Informationsseite der Wiki-Software DokuWiki.

http://writingcenters.org/index.php: Homepage der "International Writing Centers Association" (USA).

www.bi-wiki.de: Webportal bzw. Wiki für den Fachbereich Bioinformatik der FH-Weihenstephan.

www.blogherald.com/: Blogherald, das erste (im März 2003 von Duncan Riley gegründete) Blog als Informationsquelle über Blogs und alle Themen im Bereich „Blogging".

www.chat-kommunikation.de: Internetseite des Instituts für deutsche Sprache und Literatur der Universität Dortmund, das eine umfangreiche, ständig erweiterte Bibliographie zum Forschungsfeld „Computervermittelte Kommunikation" zur Verfügung stellt.

www.chatkorpus.uni-dortmund.de: Teilbereich der Seite www.chat-kommunikation.de, auf der Mitschnitte unterschiedlicher Chat-Anwendungen „als Grundlage und Hilfsmittel sprach- und kommunikationswissenschaftlich motivierter Studien zur synchronen internetbasierten Kommunikation" angeboten werden.

www.code.uni-wuppertal.de/de/computational_design/: Homepage des von Mihai Nadin 1994 begründeten Fachbereichs „Computional Design" an der Universität Wuppertal.

www.commsy.net: webbasierte Open Source-Software zur Unterstützung vernetzter Projektarbeiten, vor allem zur Kommunikation und Koordination kleiner Gruppen.

www.degeval.de: Homepage der 1997 gegründeten Deutschen Gesellschaft für Evaluation e.V. (Degeval).

www.eataw.org: Homepage der "European Association for the Teaching of Academic Writing" (EATAW).

www.e-teaching.org: Umfangreiches Informationsportal zur Gestaltung (tele-)medialer Hochschullehre, 2002 bis 2004 gefördert durch die Bertelsmann Stiftung und Heinz Nixdorf Stiftung, 2005/06 gefördert vom Bundesministerium für Bildung und Forschung (BMBF), redaktionell betreut und weiterentwickelt am Institut für Wissensmedien (IWM) in Tübingen.

www.fk-427.de: Homepage des Kulturwissenschaftliches Forschungskollegs Medien und kulturelle Kommunikation (SFB/FK 427).

www.furl.net/: Homepage des Social-Bookmarking-Dienstes "FURL".

www.glossar.de/glossar/index.htm: Glossar des Portals ARCHmatic.

www.gummibaeren-forschung.de/: ausgehend vom Psychologischen Institut der Universität Bonn gegründeter Forschungsbereich, der sich mit psychologischen Analysen, medizinischen, physiologischen, physikalischen, soziologischen und anderen Aspekten „des großen Forschungsfeldes der Gummibären" befasst.

www.hardbloggingscientists.de/info: Metablog mehrerer Autoren über Blogging im Zusammenhang mit der Frage des gesellschaftlichen Auftrags von Wissenschaft.

www.hrk.de/bologna/de/home/1952.php: Portal der deutschen Hochschulrektorenkonferenz mit Link- und Literaturlisten sowie Studien sowie einer Auswahl von HRK-Beschlüssen zum Bologna-Prozess.

www.jurawiki.de/: freie Kommunikations- und Kooperations-Wiki-Plattform für Juristen und juristisch Interessierte.

www.kom-fu.net/FrontPage: Wiki für aktuelle Nachrichten und Informationen verschiedener Fachbereich auf dem Wiki-Server der FU Berlin (aktiv bis 2004).

www.linse.uni-due.de/linse/: Server des Fachbereichs Geisteswissenschaft, Germanistik/Linguistik, der Universität Duisburg-Essen, Campus Essen, mit einem umfangreichen, ständig aktualisierten Informationsangebot zu linguistischen Themen (Arbeitsmaterialien, kommentierte Linksammlungen, Bibliographien usw.).

www.literature.at/elib/index.php5?title=Hauptseite: Wiki des studentischen Projekts eLibrary, dessen Ziel der Aufbau einer interuniversitären Wissensplattform bzw. einer elektronischen Bibliothek mit Volltexten im Netz ist.

www.lsoft.com/: Provider von Mailinglisten-Software, E-Mail-Marketing-Software und Mailinglisten-Hosting-Services.

www.medien-bildung.net/: Portal des Projektträgers im DLR (Deutsches Zentrum für Luft- und Raumfahrt e.V.) zur Förderung Neue Medien in der Bildung – eLearning-Dienste für die Wissenschaft.

www.ocg.at/kultur/wp2005/doku.php: Homepage der österreichischen Wiki-Konferenz „Wikiposium" im November 2005 in Wien.

www.pisa.oecd.org/: Homepage des OECD Programms für "International Student Assessment" (PISA).

www.powergramo.com/: Homepage des kostenlosen Programms "PowerGramo", mit dem Internet-Telefonie des Anbieters → "Skype" aufgenommen werden können.

www.rfh-koeln.de/: Homepage der Rheinischen Fachhochschule Köln.

www.rubel.rub.de: Homepage der Stabsstelle eLearning der Ruhr-Universität Bochum.

www.ruhr-uni-bochum.de: Homepage der Ruhr-Universität Bochum.

www.skype.net/: Homepage des Internet-Telefonie- bzw. -Conference-Anbieters „Skype".

www.textmachina.unizh.ch/index.jsp: Webbasierte Lernplattform speziell für die Spezifik geisteswissenschaftlicher Verfahrensweisen.

www.theeuropeanlibrary.org/portal/index.html: Portal der „European Library", eines Projekts bzw. einer nicht-kommeriellen Organisation, die die Suche nach digitalen und nicht-digitalen Materialien in 31 europäischen Nationalbibliotheken ermöglicht.

www.uni-koeln.de/ew-fak/Wiso/mailing.htm: Homepage mit Informationen zur Mailing-Liste *"forum-evaluation"*, die 1997 von der Arbeitsstelle für Evaluation pädagogischer Dienstleistungen an der Erziehungswissenschaftlichen Fakultät der Universität zu Köln gegründet wurde.

www.univation.org/: Institut für Evaluation Dr. Beywl & Associates GmbH.

www.vascoda.de/: Portal für wissenschaftliche Informationssuche, gefördert durch das Bundesministerium für Bildung und Forschung (BMBF) und die Deutsche Forschungsgemeinschaft (DFG).

www.weiterbildungsblog.de/: „Weiterbildungsblog" des Kommunikationswissenschaftlers Jochen Robes.

Verzeichnis der Abbildungen und Tabellen

Abbildungen

Tabellen

Gesellschaft für Medien in der Wissenschaft (GMW)

Im Kontext des wissenschaftlichen Lehrens und Forschens gewinnen die so genannten Neuen Medien mehr und mehr an Bedeutung. Die GMW hat sich zur Aufgabe gemacht, diesen Prozess reflektierend, gestaltend und beratend zu begleiten. Die GMW begreift sich als Netzwerk zur interdisziplinären Kommunikation zwischen Theorie und Praxis im deutschsprachigen Raum. Anwender und Forschende aus den verschiedensten Disziplinen kommen durch die GMW miteinander in Kontakt.

Mitte der neunziger Jahre begründete die GMW zusammen mit dem Waxmann Verlag die Buchreihe „Medien in der Wissenschaft", aus der Ihnen hier der Band 49 vorliegt. Im Fokus der Buchreihe liegen hochschulspezifische Fragestellungen zum Einsatz Neuer Medien. Für die GMW stehen dabei die gestalterischen, didaktischen und evaluativen Aspekte der Neuen Medien sowie deren strategisches Potenzial für die Hochschulentwicklung im Vordergrund des Interesses, weniger die technische Seite. Autoren und Herausgeber mit diesen Schwerpunkten sind eingeladen, die Reihe für ihre Veröffentlichungen zu nutzen. Informationen zu Aufnahmekriterien und -modalitäten sind auf der GMW-Webseite zu finden.

Jährlicher Höhepunkt der GMW-Aktivitäten ist die europäische Fachtagung im September. Im Wechsel sind deutsche, österreichische und Schweizer Veranstaltungsorte Gastgeber. Die Konferenz fördert die Entwicklung medienspezifischer Kompetenzen, unterstützt innovative Prozesse an Hochschulen und Bildungseinrichtungen, verdeutlicht das Innovationspotenzial Neuer Medien für Reformen an den Hochschulen, stellt strategische Fragen in den Blickpunkt des Interesses und bietet ein Forum, um neue Mitglieder zu gewinnen. Seit 1997 werden die Beiträge der Tagungen in der vorliegenden Buchreihe publiziert.

Eng verbunden mit der Tagung ist die jährliche Ausrichtung und Verleihung des MEDIDA-PRIX durch die GMW für herausragende mediendidaktische Konzepte und Entwicklungen. Seit dem Jahr 2000 ist es damit gelungen, unter Schirmherrschaft und mit Förderung der Bundesministerien aus Deutschland, Österreich und der Schweiz gemeinsame Kriterien für gute Praxis zu entwickeln und zu verbreiten. Der Preis hat mittlerweile in der E-Learning-Gemeinschaft große Anerkennung gefunden und setzt richtungsweisende Impulse für Projekt- und Produktentwicklungen. Die jährliche Preisverleihung lenkt die öffentliche Aufmerksamkeit auf mediendidaktische Innovationen und Entwicklungen, wie dies kaum einer anderen Auszeichnung gelingt.

Die GMW ist offen für Mitglieder aus allen Fachgruppierungen und Berufsfeldern, die Medien in der Wissenschaft erforschen, entwickeln, herstellen, nutzen und vertreiben. Für diese Zielgruppen bietet die GMW ein gemeinsames Dach, um die Interessen ihrer Mitglieder gegenüber Öffentlichkeit, Politik und Wirtschaft zu bündeln. GMW-Mitglieder profitieren von folgenden Leistungen:

• Reduzierter Beitrag bei den GMW-Tagungen
• Gratis Tagungsband unabhängig vom Besuch der Tagungen

Informieren Sie sich, fragen Sie nach und bringen Sie Ihre Anregungen und Wünsche ein. Werden Sie Mitglied in der GMW! [www.gmw-online.de]

August 2008, für den Vorstand
Prof. Dr. Patricia Arnold

Waxmann

MÜNSTER · NEW YORK · MÜNCHEN · BERLIN

MEDIEN IN DER WISSENSCHAFT

Herausgegeben von der Gesellschaft für
Medien in der Wissenschaft (GMW)

■ BAND 40

Ullrich Dittler, Michael Kindt,
Christine Schwarz (Hrsg.)

**Online-Communities als
soziale Systeme**

Wikis, Weblogs und Social Software
im E-Learning

2007, 224 Seiten, br., 24,90 €,
ISBN 978-3-8309-1775-5

E-Learning in Schule, Hochschule und Betrieben ist leider vielfach hinter den Erwartungen zurückgeblieben. Darüber hinaus setzt zurzeit mit den Online-Communities ein zwar langsamer, doch weit reichender Strukturwandel ein. Wie funktionieren Gemeinschaften also, wenn es sie nur online gibt? Der Band liefert viele Beispiele für die Anwendung von Wikis, Weblogs und Social Software: in virtuellen Autoren-Kollektiven, Unternehmen und studentischen Initiativen.

■ BAND 41

Nadine Ojstersek

**Betreuungskonzepte beim
Blended Learning**

Gestaltung und Organisation
tutorieller Betreuung

2007, 252 Seiten, br., 24,90 €,
ISBN 978-3-8309-1814-1

■ BAND 42

Thorsten Dresing

**Entwicklung und Evaluation
eines hybriden Onlineseminars
zur Textanalyse**

2007, 224 Seiten, br., 24,90 €,
ISBN 978-3-8309-1834-9

■ BAND 43

Jakob Krameritsch

Geschichte(n) im Netzwerk

Hypertext und dessen Potenziale für
die Produktion, Repräsentation und
Rezeption der historischen Erzählung

2007, Seiten, br., 29,90 €,
ISBN 978-3-8309-1835-6

Hypertext, eine Schlüsseltechnologie des WWW, geht mit der Versprechung einher, Dokumente und Menschen zu vernetzen. Entpuppt sich dies nun als Mythos oder stellen hypertextuelle Spezifika vielmehr zentrale Paradigmen künftiger wissenschaftlicher Tätigkeiten dar? Die kritische und liebevolle Annäherung an Möglichkeiten und Grenzen der „Spielwiese Hypertext" für die (Geschichts-)Wissenschaften und deren Rezipient/inn/en bietet zahlreiche Anregungen für den Einsatz von Hypertext im (hoch-)schulischen Unterricht.

■ BAND 44

Marianne Merkt, Rolf Schulmeister,
Kerstin Mayrberger, Angela Sommer,
Ivo van den Berk (Hrsg.)

**Studieren neu erfinden –
Hochschule neu denken**

2007, 432 Seiten, br., 25,50 €,
ISBN 978-3-8309-1877-6

■ BAND 45

Friederike Klippel, Gerhard Koller,
Axel Polleti (Hrsg.)

Fremdsprachenlernen online

Erfahrungen und Erkenntnisse im
Projektverbund SprachChancen

2007, 280 Seiten, br., 29,90 €,
ISBN 978-3-8309-1883-7

■ BAND 46

Jörg Stratmann,
Michael Kerres (Hrsg.)

E-Strategy

Strategisches Informationsmanagement
für Forschung und Lehre

2008, 272 Seiten, br., 29,90 €,
ISBN 978-3-8309-1991-9

Die nachhaltige Verankerung von digitalen
Medien und Services für Forschung und
Lehre ist weiterhin eine große Herausforderung. In dem Sammelband beschreiben
ausgewählte Autoren die strategischen
Bemühungen ihrer Universitäten. Dabei
kommen sowohl traditionelle (Präsenz-)
Hochschulen wie auch Fern-Universitäten
zu Wort.

■ BAND 47

Birgit Gaiser, Thorsten Hampel,
Stefanie Panke (Hrsg.)

Good Tags – Bad Tags

Social Tagging in der
Wissensorganisation

2007, 432 Seiten, br., 25,50 €,
ISBN 978-3-8309-1877-6

„Teile und sammle" könnte der moderne
Leitspruch für das Phänomen „Social Tag-
ging" heißen. Die freie und kollaborative
Verschlagwortung digitaler Ressourcen im
Internet gehört zu den Anwendungen aus
dem Kontext von Web 2.0, die sich zu-
nehmender Beliebtheit erfreuen.
Launischer Hype oder Quantensprung –
was ist dran am „Social Tagging"? Mit der
Zielsetzung, mehr über die Erwartungen,
Anwendungsbereiche und Nutzungsweisen
zu erfahren, wurde im Frühjahr 2008 am
Institut für Wissensmedien (IWM) in
Tübingen ein Workshop der Gesellschaft
für Medien in der Wissenschaft (GMW)
durchgeführt. Diese Publikation fasst die
Ergebnisse der interdisziplinären Veranstaltung zusammen.

■ BAND 48

Sabine Zauchner, Peter Baumgartner,
Edith Blaschitz, Andreas Weissenbäck
(Hrsg.)

**Offener Bildungsraum
Hochschule**

Freiheiten und Notwendigkeiten

2008, 356 Seiten, br., €,
ISBN 978-3-8309-2058-8

Die Beiträge des Bandes setzen sich mit
der Open-Education-Bewegung, Web-2.0-
Entwicklungen und Social Software bzw.
mit bestehenden und bewährten E-Lear-
ning-Konzepten auseinander. Sie thematisieren Möglichkeiten und Konzepte – aber
auch Grenzen – der Integration informeller
Lernwege in formale Universitätsstruk-
turen und stellen die Frage nach neuen
Kompetenzen Lehrender und der Medienkompetenz Studierender. Es werden Chancen beleuchtet, die sich aus der freien Verfügbarkeit von Wissensressourcen ergeben.
Auch rückt die Bedeutung von Web 2.0 für
wissenschaftlich untermauerte didaktische
Konzepte in das Zentrum der Betrachtung.